JN299736

講座 生存基盤論　第6巻

持続型生存基盤論
ハンドブック

東長　靖・石坂晋哉　編

京都大学学術出版会

Yasushi Tonaga and Shinya Ishizaka (eds)
Handbook for Sustainable Humanosphere,
Kyoto: Kyoto University Press, 2012.

本講座の刊行によせて

　アジア・アフリカの熱帯地域には，現在世界人口の約半分が住んでおり，その比率は今後さらに上昇するものと考えられる．資源・エネルギー価格の激変や地球温暖化によって最も深刻な影響を受けるのも，発展途上国の多いこの地域である．かれらのつくる地域社会にとって，どうしても欠かせない「生存基盤」とは何か．また，人類は地球環境の持続性を維持できるような生存基盤をどのようにつくっていけばよいのか．本講座は，これまでの開発研究の中心的話題だった1人当たり所得，教育，健康などの「人間開発」の側面に加え，大地，空気，熱，水などから成る生存のための環境を与えるとともに，化石資源を供給し，地震，津波や噴火によって人間圏をおびやかす「地球圏」，生命のつながりを人間と共有し，生物多様性や生態系の持続性への考慮をわれわれに求めている「生命圏」の二つの圏を視野に入れた「生存圏」の概念を提起することによって，こうした問題に新しい光を当てようとするものである．

　これまでのアジア・アフリカ研究の多くは，欧米や日本の歴史的経験に基づいた，したがってアジア・アフリカ地域全体からみればバイアスのかかった認識枠組から自由ではなかった．認識の偏りは，地域研究や開発研究に限らず，多くの研究者や知識人に共有されている．本講座では，そうした傾向を克服するために，これまで「地表」から人間の眼で見てきた世界を，より三次元的で複眼的な「生存圏」から捉え直すことを提案する．そして，現在なお広く共有されていると思われる二つの見方の根本的な転換を示唆する．

　その第一は，「生産」から「生存」への視座の転換である．産業革命以降の世界で「先進国」となった欧米や（戦後の）日本のような国では，社会の目標が「生産」，とくに1人当たり所得で測った生活水準の上昇に結びつく「生産性の向上」に集約されることが多かった．技術も制度も生産力の上昇を念頭において発達してきた．そうした社会では「労働」，とくに「公共圏」における労働のあり方が社会の価値を集中的に表現してきた．しかし，より

長期のタイムスパンをとり，先進国だけではなく世界を分析単位とするなら，このような「生産」への関心の集中は，限られた時期に，一部の地域で有力になった現象にすぎない．現生人類が20万年以上にわたって生き延びてきたのは，生産も含めた，しかしより根源的な，「生存」の力を鍛えてきたからである．そして，その主たる鍛錬の場は公共圏というよりは，家族や隣人のつながりから構成され，再生産を担う「親密圏」であり，それは，生命圏や地球圏からもたらされる疾病や災害に対処する場でもあった．そこでの価値を表現するのは労働というよりは広い意味における「ケア」のあり方である．現在必要とされているのは，生産性の向上や労働の尊さといった価値を否定することなく，しかしその意味を，もう一度この「生存」の観点から捉え直すことではないだろうか．

　第二は，「温帯」から「熱帯」への視座の転換である．熱帯は地球が得る太陽エネルギーの大部分を吸収し，大気や海流の動きをつうじて，温帯などにその一部を配分している．つまり，地球の物質・エネルギー循環の中心は熱帯である．また，それとも関連して，生物相（動植物，細菌など）の活動は熱帯において最も活発である．生物多様性の問題に挑み，地球全体の生命圏の力を引き出すには，熱帯を中心に考えなければならない．そればかりではない．人類は1万年以上にわたる作物化，家畜化，耕地の拡大をつうじて，自然をみずからの必要にあわせて改変してきたが，それは決して温帯の，資源の稀少な環境で始まったのではない．熱帯の自然の圧倒的な力に跪き，戦いながらもそれとの共生を求めて，人間社会の側から自然を「ケア」する努力が積み重ねられてきたのである．にもかかわらず，過去2世紀にわたる技術，制度の革新は，ほとんどが温帯で生み出されてきた．工業化の論理は生命圏との共生の論理ではない．現在人類が消費するエネルギーは，生活用のそれを含めても，じつに7割以上が化石エネルギーである．われわれは，地球環境における熱帯の本質的な基軸性と，技術や制度の発達における温帯の主導性との間に大きなミスマッチをみる．これを矯正しなければ，人類が地球環境を理解し，それと共生していくことはできない．温帯に住む人々も，熱帯を中心とした地球「生存圏」の全体と正しく共鳴しなければ生きていけなくなるのではないだろうか．

本講座の課題は，このような問題意識から，人類の生存基盤が持続する条件をできるだけ幅広く探ることである．人間環境の持続性を分析する基本単位として「生存圏」を設定し，そこで個人が生きるために，あるいは地域社会が自己を維持するために必要な物質的精神的諸条件を「生存基盤」と呼ぶとすれば，われわれの最終目標は，ローカルな，リージョナルな，あるいはグローバルな文脈で，持続型の生存基盤を構築する可能性を具体的に明らかにすることである．生存基盤論は，そのための分析枠組として構想された．

　本講座は，京都大学グローバルCOE「生存基盤持続型発展を目指す地域研究拠点」(2007-2012年)の最終成果報告であり，中間報告として刊行した『地球圏・生命圏・人間圏 ── 持続的な生存基盤を求めて』(杉原薫・川井秀一・河野泰之・田辺明生編，京都大学学術出版会，2010年)を継承，発展させたものである．

2012年3月
編者を代表して

杉原　薫

序　文

　「講座　生存基盤論」の最終巻にあたる本書は，京都大学で平成 19-23 年度にわたり推進してきたグローバル COE プログラム「生存基盤持続型の発展を目指す地域研究拠点」において創成してきた「持続型生存基盤論」という新しい知的パラダイムを，次代に継承発展させていくための工具書（レファレンス）を目指すものである．

　本プログラムの研究成果を，教育の側面にも展開するべく，平成 21 年 4 月には，京都大学大学院アジア・アフリカ地域研究研究科にグローバル地域研究専攻が設置され，そのなかに「持続型生存基盤論講座」が設けられるにいたった．本書の主たるターゲットは，このような次世代を担う学部生から修士課程程度の学生である．しかし同時に，新しい知的領域に関心を抱く読書人や，すでに何らかのディシプリンで確立した位置にある研究者に刺激を与えることも狙っている．

　本書は，3 編から成り立っている．この内，第 1 編・第 2 編には，持続型生存基盤論に関わる諸領域・諸概念についての研究案内を配した．各項目の冒頭には，その項目の理解にとって重要な「キーワード」を記している．また本文末には，本書のほかの箇所で述べられる「関連用語」を挙げた．興味をもたれた項目から関連項目へ，さらにそこから別の項目へと，知的なサーフィンを楽しんでいただければ幸いである．なお関連用語は，まず第 1 編・第 2 編から選び，その後にグロッサリーである第 3 編の用語に言及した．

　第 1 編は「既存の学問から持続型生存基盤論へ」と題され，現在すでに存在するディシプリンから，持続型生存基盤論への導入の役割を果たす．中はさらに 3 章に分かれているが，第 1 章は，持続型生存基盤論を創出するために必要な既往研究ディシプリン各々につき，持続型生存基盤論に関わりのある先行研究を整理する．当該ディシプリンの初学者を対象にした研究案内

を基本としつつも，可能なかぎりにおいて，既存のディシプリンでは，この「持続型生存基盤論」で問題にしているような事柄について，どういうアプローチをしてきたのか，しつつあるのか，その功績と他方限界はどこにあるのか，にまで説き及ぶことを試みた．

第1編第2章は，持続型生存基盤論と深い関わりをもつアジア・アフリカ地域研究に関する先行研究のサーベイを行う．各地域ごとに，歴史，生態・生業・地理，政治・経済・社会・文化の3項目を立てて，それぞれの地域を概観している．また，グローバル化している現代の問題をカバーすべく，「グローバル地域研究」についても論じることにした．

第1編第3章は，持続型生存基盤論の現在を示すものである．上述のように，平成21年度から京都大学では持続型生存基盤論講座を設け，教育を行っているが，そこで現在開講されている科目の内容を簡潔に紹介している．

第1編が「過去から現在へ」にたとえられるとすれば，第2編は「現在から未来へ」と目を転じようとする．「持続型生存基盤論の眺望」と題する第2編は，持続型生存基盤論において重要な問題群を取り上げて解説する．

第2編で取り上げるのは新しい問題意識に基づくイシューなので，第1編のように先行研究をくわしくサーベイするというよりはむしろ，問題意識の提示とそれに取り組む手掛かりの提言などを中心に論じることを心掛けた．

この際，第2編全体を大きく，
第1章：地表から生存圏へ／地球圏・生命圏・人間圏
第2章：生産から生存へ／生存基盤
第3章：温帯から熱帯へ／発展径路（複数発展径路論）
の三つのテーマに分けたうえで，それぞれのテーマの中にさらにいくつかのトピック，サブ・トピックをぶら下げていくというアンブレラのような形をとることにした．ただし，持続型生存基盤論にとって重要と思われる項目群を挙げてからこのアンブレラに組み上げたため，アンブレラによっては，内部が比較的ゆるやかに結びついているものもある．なお，アンブレラ作成の作業にあたっては，西真如，佐藤孝宏の両氏にご協力いただいた．

第1編，第2編が「読む」研究案内だとすると，第3編は「引く」グロッサリーである．「持続型生存基盤論」は新しい知的パラダイムであり，既存の学問の領域を超え，かつまたぐものである．したがって，ここで必要とされるのは，人文科学・社会科学・自然科学のいずれかの知識・情報にとどまるものではない．むしろ持続型生存基盤論は，多くのディシプリンを組み合わせることによって，切り拓かれていくべき学問領域である．

　しかしながら，これが言うは易く，行うは難い事業であることは，言うを俟たない．ことさら，「持続型生存基盤論講座」に新しく入ってきた学生をはじめ，この新しい知的パラダイムにこれから取り組もうとする人々は，最初のうち，議論がかわされるなかで用いられる術語の多様さにとまどうことが少なくないだろう．それぞれのディシプリン内ではふつうに用いられている術語であっても，別のディシプリンの研究者にとって全く耳慣れないものであることはしばしば起こる．しかし，各ディシプリンにおいて重要なそれらの術語に慣れ，基本的概念を共有し，お互いに共通理解できる場を少しずつ広げることこそが，学際研究の基本である．

　第3編「グロッサリー」は，この目的のために編まれたものである．具体的には，持続型生存基盤論に関連する用語約1,000項目を取り上げ，それぞれの項目を200字程度で簡潔に説明している．その際，元来のディシプリン別に分けず，五十音順にすべての用語を配列することにより，議論の過程で不明な術語がでてきた場合に，いつでも参照することが可能なツールとなることを目指した．第2編でくわしく論じる項目についても立項し，最低限の説明のみを与えたうえで，該当項目を参照できるように工夫した．

　項目選択にあたっては，第1編第1章で取り上げたディシプリンで用いられる用語を中心としつつ，宗教学・社会学・宇宙工学・バイオテクノロジーなどの用語をも取り込んだ．なお，グロッサリー項目の確認作業にあたっては，佐藤史郎氏にご協力いただいた．

　まだ新しいこの知的パラダイムが次世代に受け継がれ，大きく花開くことに本書がいささかでも役に立つことを願いつつ．

平成24年9月　　東長　靖・石坂晋哉

中東地域地図

アフリカ地域地図

「西サハラ」の表記は,小田英郎ほか監修『アフリカを知る事典』(平凡社,2010年)に依拠した.

南アジア地域地図

東南アジア地域地図

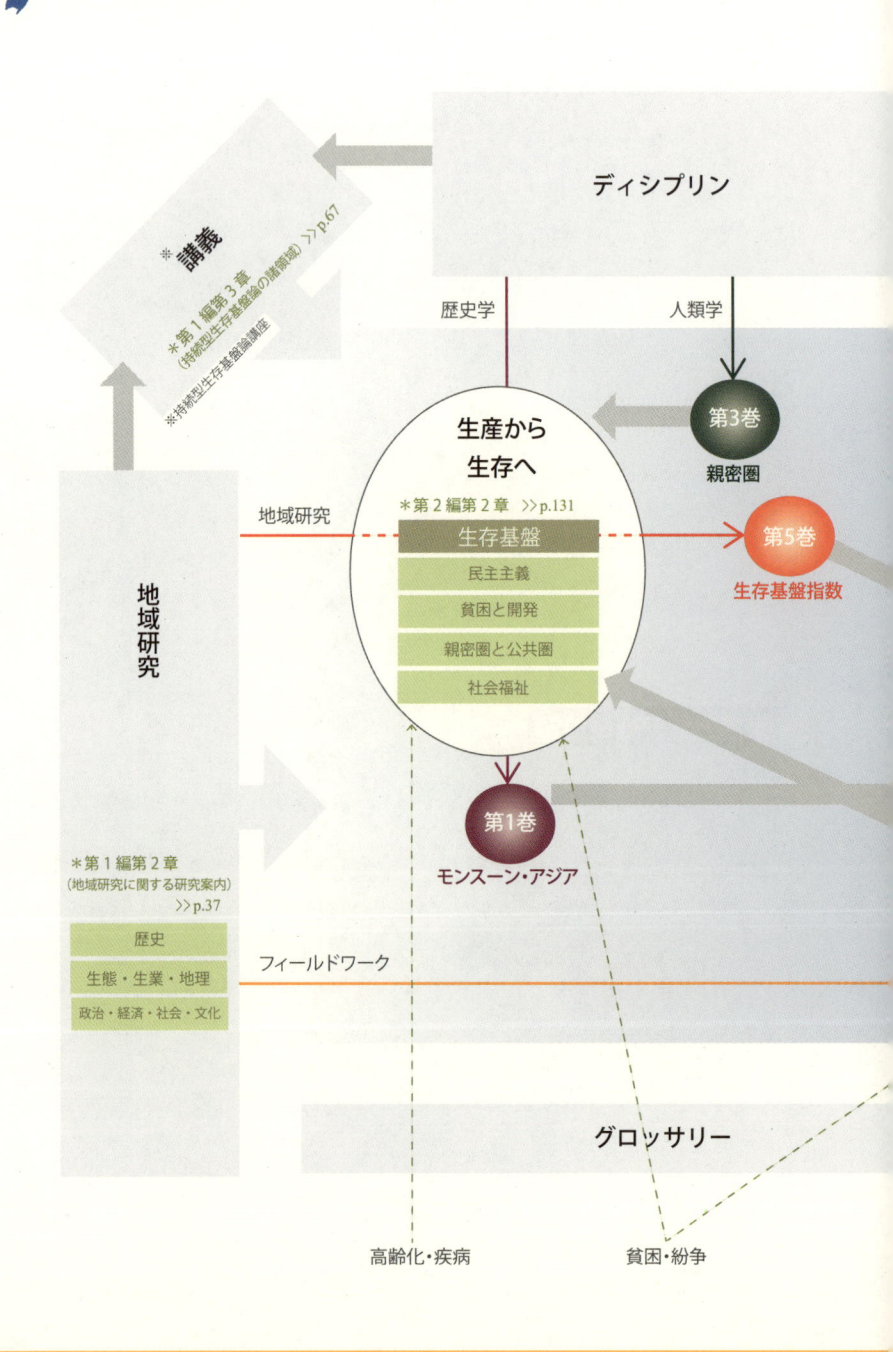

持続型生存基盤論チャート

※ 講義
*第1編第3章
(持続型生存基盤論の諸領域) >> p.67
※持続型生存基盤論講座

ディシプリン

歴史学　　人類学

第3巻
親密圏

生産から生存へ
*第2編第2章　>> p.131

- 生存基盤
- 民主主義
- 貧困と開発
- 親密圏と公共圏
- 社会福祉

地域研究

第5巻
生存基盤指数

第1巻
モンスーン・アジア

地域研究

*第1編第2章
(地域研究に関する研究案内)
>> p.37

- 歴史
- 生態・生業・地理
- 政治・経済・社会・文化

フィールドワーク

グロッサリー

高齢化・疾病　　貧困・紛争

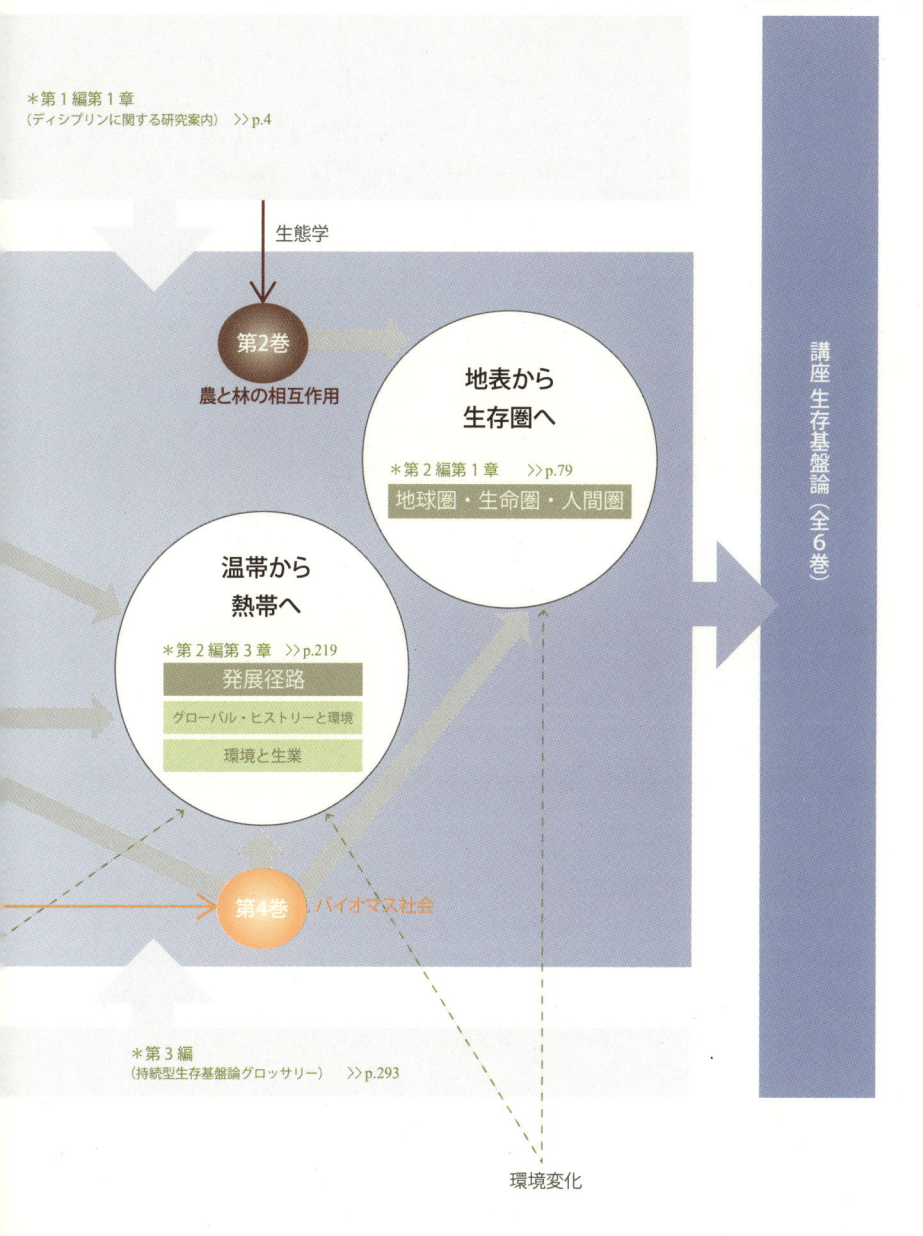

- 黄緑色は，本書での対応箇所を示している．
- ▬▬ は，本書における立項名を示している．

*第1編第1章
（ディシプリンに関する研究案内） >> p.4

生態学

第2巻
農と林の相互作用

地表から生存圏へ

*第2編第1章 >> p.79
地球圏・生命圏・人間圏

温帯から熱帯へ

*第2編第3章 >> p.219
発展径路
グローバル・ヒストリーと環境
環境と生業

第4巻 バイオマス社会

講座 生存基盤論（全6巻）

*第3編
（持続型生存基盤論グロッサリー） >> p.293

環境変化

凡　例

全編共通
1. 各項目名の直後には対応する原語を示した．英語以外の場合には，言語名も明記した．ただしアラビア語と併記のものは，混同を避けるため英語と明記した．
2. 日本で独自にもちいられる用語で，外国語訳は必ずしも存在しない場合があるので，その場合は原語を示さなかった．
3. 項目の原語が中国語の場合はピンイン付きのローマ字表記で記した．

第1編・第2編
1. 各項目冒頭に「キーワード」を付し，当該項目の理解に重要な概念を明示した．
2. 各項目末尾に「関連用語」を掲げ，本書内で立っている項目の相互参照を容易にした．関連用語としては，まず第1編・第2編で言及のある項目名をその番号とともに挙げ，そのあとに第3編にある用語を五十音順に記載した．
3. 項目末の文献一覧は言語の別にかかわらずすべてローマ字順に配列した．

第3編
1. 項目は和文・英文の別にかかわらずすべて五十音順で配列した．
2. 長音は，前の文字の母音を伸ばすものとして配列した．たとえば，オーラルヒストリーは「おおら」の位置，カーストは「かあす」の位置に配列した．
3. ローマ字の読み方は慣用に従い，たとえばRNAは「あある」，OAPECは「おあぺ」の位置に配列してた．
4. 本編では各専門領域に対する読者の理解を深めるため，以下のような参照指示を使用した．記号の意味は以下のとおりである．
   (1) ➡軍事における革命　第3編の項目（軍事における革命）を見よ．
   (2) ➡ 2-2-02　第2編の項目（2-2-02 生存基盤）を見よ．
   (3) ⇒ 2-2-02 生存基盤　「生存基盤」も見よ．⇒ 2-2-02 生存基盤, 泥炭湿地林　第2編の項目（2-2-02 生存基盤），第3編の項目（泥炭湿地林）も見よ．
   (4) *)　本書のなかで別に立項されている．たとえば，「RNA」の項目説明でリボ核酸（Ribo Nucleic Acid）を省略した名前．構造はDNA*)に……．この場合，DNAが第3編「てぃい」の位置に立項されている．

目　次

本講座の刊行によせて　　i
序文　東長　靖・石坂晋哉　　v
地図　　viii
持続型生存基盤論チャート　　x
凡例　　xii

第1編　既存の学問から持続型生存基盤論へ

第1章　ディシプリンに関する研究案内

1-1-01　地域研究　　4
1-1-02　法学　　6
1-1-03　政治学　　8
1-1-04　経済学　　10
1-1-05　国際関係論　　12
1-1-06　人類学　　14
1-1-07　歴史学　　16
1-1-08　地理学　　18
1-1-09　農学　　20
1-1-10　生態学　　22
1-1-11　医学　　24
1-1-12　森林科学　　26
1-1-13　材料科学　　28
1-1-14　気候学・水文学　　30
1-1-15　物質循環論　　32

1-1-16　エネルギー科学　34

第2章　地域研究に関する研究案内

　　1-2-01　アフリカの歴史　38
　　1-2-02　アフリカの生態・生業・地理　40
　　1-2-03　アフリカの政治・経済・社会・文化　42
　　1-2-04　中東の歴史　44
　　1-2-05　中東の生態・生業・地理　46
　　1-2-06　中東の政治・経済・社会・文化　48
　　1-2-07　南アジアの歴史　50
　　1-2-08　南アジアの生態・生業・地理　52
　　1-2-09　南アジアの政治・経済・社会・文化　54
　　1-2-10　東南アジアの歴史　56
　　1-2-11　東南アジアの生態・生業・地理　58
　　1-2-12　東南アジアの政治・経済・社会・文化　60
　　1-2-13　グローバル地域研究からみた歴史　62
　　1-2-14　グローバル地域研究からみた政治・経済・社会・文化　64

第3章　持続型生存基盤論の諸領域

　　1-3-01　持続型生存基盤研究――歴史と方法　68
　　1-3-02　持続型生存基盤研究――環境と技術　69
　　1-3-03　人間環境関係論　70
　　1-3-04　熱帯乾燥域生存基盤論　71
　　1-3-05　熱帯森林資源論　72
　　1-3-06　野生動物保全論　73
　　1-3-07　生存圏科学論　74
　　1-3-08　国際環境医学論　76

第2編　持続型生存基盤論の眺望

第1章　地表から生存圏へ

 2-1-01　地表から生存圏へ　80
 2-1-02　地球圏・生命圏・人間圏——土地再考　86

地球圏を中心に

  2-1-A01　水循環　92
   2-1-A02　干ばつ　94
   2-1-A03　灌漑　95
   2-1-A04　洪水　96
   2-1-A05　水資源　97
  2-1-A06　熱循環　98
   2-1-A07　エネルギー　100
   2-1-A08　再生可能資源　101
   2-1-A09　枯渇性資源　102
   2-1-A10　移動〔地球圏〕　103
  2-1-A11　炭素循環　104
  2-1-A12　複雑系　106
  2-1-A13　地震　108

生命圏を中心に

  2-1-B01　生物多様性　110
   2-1-B02　移動〔生命圏〕　112
   2-1-B03　保全生物学　113
   2-1-B04　生態系サービス　114
   2-1-B05　生物資源　115
  2-1-B06　撹乱　116
  2-1-B07　エコロジー　118
  2-1-B08　宗教と環境　120

人間圏を中心に

  2-1-C01　不確実性　122

2-1-C02　移動〔人間圏〕　124
　　　2-1-C03　牧畜　125
　2-1-C04　リスク　126
　2-1-C05　災害　128
　　　2-1-C06　脆弱性　130

第2章　生産から生存へ

　2-2-01　生産から生存へ　132
　2-2-02　生存基盤　138
　2-2-A01　民主主義　144
　　　2-2-A02　エージェンシー（行為主体性）　150
　　　2-2-A03　生存権　151
　2-2-A04　公共性　152
　2-2-A05　ネットワーク　154
　2-2-A06　社会運動　156
　　　2-2-A07　グローカリゼーション　158
　　　2-2-A08　先住民　159
　2-2-A09　改宗　160
　2-2-A10　暴力　162
　2-2-A11　安全保障　164
　　　2-2-A12　ガバナンス　166
　　　2-2-A13　国家　167
　　　2-2-A14　主権国家システム　168
　　　2-2-A15　国境　169
　2-2-B01　貧困と開発　170
　2-2-B02　ポスト開発　176
　2-2-B03　貧困　178
　　　2-2-B04　潜在能力　180
　　　2-2-B05　生存のなかの生産　181
　　　2-2-B06　公共財　182

　　　　2-2-B07　環境税　　184
　　　　2-2-B08　環境認証制度　　185
　　　2-2-B09　コモンズ　　186
　　　2-2-B10　ソーシャル・キャピタル（社会関係資本）　　188
　　　2-2-B11　マイクロファイナンス　　190
　2-2-C01　親密圏と公共圏　　192
　2-2-C02　社会福祉　　198
　　　2-2-C03　再生産　　204
　　　　2-2-C04　つながり　　206
　　　　2-2-C05　連鎖的生命　　207
　　　　2-2-C06　身体　　208
　　　　2-2-C07　家族　　209
　　　2-2-C08　自我と共感　　210
　　　2-2-C09　ケア　　212
　　　2-2-C10　子育て　　214
　　　2-2-C11　介護　　216
　　　　2-2-C12　QOL　　218

第3章　温帯から熱帯へ

　2-3-01　温帯から熱帯へ　　220
　2-3-02　発展径路（複数発展径路論）　　226
　2-3-A01　グローバル・ヒストリーと環境　　232
　　　2-3-A02　「一つの歴史」と「複数の歴史」　　238
　　　2-3-A03　資本主義　　240
　　　2-3-A04　技術　　242
　　　　2-3-A05　工業化　　245
　　　　2-3-A06　労働　　246
　　　　2-3-A07　自由貿易　　247
　　　　2-3-A08　開発主義　　248
　　　2-3-A09　グローバル化　　249

        2-3-A10　気候 / 気候区分　　252
            2-3-A11　乾燥地帯　　254
            2-3-A12　モンスーン　　255
            2-3-A13　熱帯雨林　　256
            2-3-A14　山岳域　　257
    2-3-B01　環境と生業　　258
        2-3-B02　森林　　264
            2-3-B03　バイオマス　　266
            2-3-B04　森林減少と保全　　267
        2-3-B05　農法　　268
            2-3-B06　穀物〔アジア〕　　270
            2-3-B07　穀物〔アフリカ〕　　272
        2-3-B08　炭　　274
        2-3-B09　交換 / 交易　　276
        2-3-B10　都市　　278
        2-3-B11　熱帯バイオマス社会　　280
    2-3-C01　生存基盤指数　　282
        2-3-C02　人間開発　　288
        2-3-C03　持続可能性　　290
            2-3-C04　環境収容力　　292
            2-3-C05　世界人口　　293
            2-3-C06　エコロジカル・フットプリント　　294

第3編　グロッサリー　　295

編者紹介　519
執筆者紹介　520
索引　523

第 1 編

既存の学問から持続型生存基盤論へ

第1章
ディシプリンに関する研究案内

キーワード◆「国際」性批判，世界単位，学際性

地域研究　Area Studies

●地域をみる三つの論点

　地域研究は，世界に存在する諸地域を研究する分野として20世紀後半に大きく発展した．ここで言う諸地域は「中東」「東南アジア」「サハラ以南アフリカ」「西欧」「北アメリカ」などさまざまであるが，これは世界をなんらかの基準で分割したものではなく，それぞれの地域がもつ固有の生態環境的な諸条件や歴史性，近代以降の世界の一体化にともなう経緯などを反映している．さらに，地域名の名づけにはその地域を対象とする地域研究の学術的な展開も影響を与えている．

　この「地域」とは何かを考える場合，三つの論点からみることができる．第一は，何との関係で地域というまとまりを把握するかという点である．地域は，国家よりも大きく，地球社会よりも小さい単位と考えられるが，その両者に対してどのような関係であるかが問題となる．

　現在の国際システムは近代国家＝国民国家を基本単位とし，地域紛争や戦争も多くの場合は国家間の対立に根ざしているうえ，国家主権の名で市民や個人の自由がしばしば抑圧されている．同様に，国家を単位とする「国際」(inter-national) 性は限界をもっており，地域研究にはそれらに対する批判的観点が内在する．

　他方，地球社会を構想する場合に，地域はその下位単位なのか，逆に地球社会がたんに諸地域の総和として考えられるのか，という問題がある．地域統合は，ヨーロッパ (EU)，東南アジア (ASEAN) などで成功をおさめてきたが，それが地球社会へ向かう一つの段階なのか，むしろ他の地域との差異化によってブロック化が生じる動きなのかが問われる．

　第二は，近現代の地域形成において，列強による世界分割を重視するのか，地域の内在的な力を重視するのか，という点である．かつての歴史研究では，前者に力点が置かれることもあったが，近年では地域の内発的要素を重視する考え方が強い．とはいえ最近では，グローバル化の進展につれ，従来の地域区分が流動化すると同時に，地域を超えた地球的問題群がより重みをもつようになっている．

　第三は，地域を具体的な内実をもった実体とみるのか，認識論的・関係論的にのみ捕捉されるものとみるのか，という点である．自然や地理，生態環境を重視する視点からは，地域の固有性は非常に古くからあると考えられる．地域を「世界単位」をとおして捉える見方は，実体論である．他方，関係論的な見方からは，地域はあくまで他地域との関係や，地域ではないものとの差異化によって捕捉されるから，独立した実体とは言いきれない．地域研究では一般に，それぞれの地域の固有性を探るという目的から，前者の立場に傾くことが多いが，国際関係学では後者の見方も強い．近年の近代化や都市化によっていずれの地域にも類似した現象がみられることは，地域の固有性がかつては実体であったとしても，それが減じつつあることを示唆する．

● 日本の地域研究の役割

戦後の国際的な学問動向をみると，地域研究の発展には米国が大きな役割を果たした．研究内容は米国自体の国際的な覇権を反映して，政策との結びつきが非常に強かった．日本では，戦後日本の自省から，60年代以降に発展した地域研究は覇権的立場を排して，相互理解を追究するものとなった．冷戦時代には，米ソそれぞれで地域研究は東西対立の影響を受けたが，日本ではアジア・アフリカの固有性と内的な論理を理解しようとする姿勢が貫かれた．さらに冷戦が終焉すると，世界的な一極体制のもとで「普遍的な価値」に依拠する考え方が強くなり，米国でも地域の固有性の主張を「文明の衝突」論で捉えようとする見方が生まれた．普遍主義の隆盛は，地域研究を弱める面をもっている．

日本では1990年代以降も地域研究が発展を続け，既存の諸科学が「蛸壺」化している閉塞性を打破するために，学際的な地域研究がブレークスルーを創り出すべきとの期待が高まった．文理融合をめざす京大型の地域研究も，この面で大いに貢献した．また既存の学問の危機を打破する方法として，西欧や北米をも「地域」の一つとして捉え，「近代」を相対化する営為もなされてきた．日本学術会議では，第20期（2006-09年）から分野別委員会の一つとして「地域研究委員会」が設置され，社会的認知も高まった．

地域研究はさまざまなディシプリン（専門的な学問領域）を横断する学際的な側面を強くもっているため，「地域研究はディシプリンか？」をめぐる論争も行われてきた．ディシプリンを特定の認識枠組みや方法を前提とする科学とするならば，地域研究は社会学や医学などと比肩しうるディシプリンではない．実際に，地域研究をなんらかのディシプリンと臨地研究（フィールドワーク）の複合にすぎないとみなす立場もある．しかし，「継承されうる学知の集合体」として独自の領域をもっていることをディシプリンの特質とみなすならば，今日，地域研究は疑いもなく一つのディシプリンであろう．

▶関連用語：2-2-A14 主権国家システム，2-3-A09 グローバル化，国民国家，文明の衝突

文献
加藤普章編 2000.『エリア・スタディ入門 —— 地域研究の学び方 [新版]』昭和堂．
木村靖二・長沢栄治編 2000.『地域への展望（地域の世界史12）』山川出版社．
松原正毅 1997.「地域研究序説」『地域研究論集』1(1).
長崎暢子編 2002.『地域研究への招待（現代南アジア1）』東京大学出版会．
佐藤次高 2003.『イスラーム地域研究の可能性（イスラーム地域研究叢書1）』東京大学出版会．
高谷好一編 1999.『〈地域間研究〉の試み（上・下）』京都大学学術出版会．
——— 2010.『世界単位論』京都大学学術出版会．
坪内良博編 1999.『「総合的地域研究」を求めて』京都大学学術出版会．
山口博一ほか編 2006.『地域研究の課題と方法』文化書房博文社．
山影進編 1994.『対立と共存の国際理論』東京大学出版会．

〔小杉 泰〕

法学　Jurisprudence

キーワード◆法, 正義

● 近代法学の成立と展開

　法とは，ある社会で妥当性が承認されている規範のうち，その実現に公的な制度的保障をともなうものをいう．法学は，狭義には法解釈学を指し，実定法の内容について体系的で整合的な説明をすることを目的とするが，広義では，社会が自らのあるべき姿を言語化しそれに向かって自己構築していくための公的なシステムたる法体制とそこから派生する法現象の全体について総合的に探究することを課題とする（三ヶ月 1982; 末川 2009）．

　現代法文化の二大源泉たるローマ法とイギリス法において，法の前の平等という原則が打ち立てられた．法は，恣意的な権力行使から自由で，インパーソナルな公正性をもつものとして，その専門性が確立された（木庭 2009）．また，12世紀ヨーロッパでのローマ法の再発見において，教会の権威から自律的な法テキストの解釈の試みが始まり，ここに法学は神学から分離した（ルジャンドル 2003）．

　中世までは，自然法こそが法の哲学的基礎とされたが，絶対主義王制成立以降の近代ヨーロッパでは，人が意志的に定立した法である実定法こそが法であるという，法実証主義の理念の影響力が強まった．法は神や自然といった自らをこえる基礎を失い，その妥当性の根拠をめぐって，幸福の総量の最大化を求める功利主義や，個人の権利を重視する自由主義などの間で活発な議論が展開された．

　近代法学では，法を国家によって定立された規範で，サンクションをもちいて強制される命令として捉える見方が強い影響力をもった．しかしこうした強制命令モデルは，国家が法をつうじて社会成員をしばるだけでなく，国家も法によって活動が統制されること，社会では多様なアクターが法に準拠しつつ主体的に行為していること，を見逃してしまいがちである．そこで，現代法学は，正義や権利はいかに実現されるのか，というより実践的な課題へと焦点を移していった．

● 現代法学の課題

　ハート（Herbert Lionel Adolphus Hart）は，この法実証主義を継承しつつ，法学の使命は，法の言葉がいかに使用され，何を遂行しているのかを解明することであると論じ，法学に「言語論的転回」をもたらした（ハート 1976）．これを受けてドゥウォーキン（Ronald Dworkin）は，法実証主義を批判し，法の総体が整合性をもちうるような構成的解釈をつうじて，法全体が暗黙に含意する政治＝道徳哲学（自由主義的原理）を明らかにしていくことこそが法的実践であると主張した（ドゥウォーキン 2003）．この論争の背景には，法が法として一貫性をもちつつ同時に社会情勢の動態への柔軟な適合性と妥当性をもたなければならないという，矛盾した要請をいかに解決するかという，現代社会ならではの問いがあった．

　現代社会において，法が（1）社会統制，（2）紛争解決，（3）活動促進，（4）

資源配分という社会的機能を果たしていくには（平井 2002），多様なアクターが公正な手続きのもと対等な立場で交渉と議論を行う場を公共的に構築していく必要がある（田中 1993）．ただし差異や対立の存在を前提としたうえで，相互的な尊重と配慮に基づいた社会秩序の構築が課題だとの指摘もある（井上 2003）．

これに対して，近年，いわゆるコミュニタリアン的立場から共同性のなかの徳の涵養の重要性が主張されているほか（e.g. マッキンタイア 1993），フェミニズムに端を発して，個人の普遍的権利に基づく「正義の倫理」だけでなく，相互的関係性における「ケアの倫理」を重視することが提唱されている（ギリガン 1986；Slote 2007；本講座第 3 巻序章）．さらに多文化主義は多様な集団の文化的固有性の尊重と平等な配慮を求めている（テイラーほか 1996）．この背景には，法の一般的規範からとりこぼされてしまう「他者」の声をいかにすくいあげていけるのかという問題がある．法システムはこの共約不可能性をみすえながら，他者への応答責任を果たし，絶えざる自己変容を遂げることが求められる（ルーマン 2003）．

また科学技術の発展した現在，生命倫理や地球環境の問題など，これまでの法概念における論理性だけでは対応できない事態が現出しつつある．さらに現代のリスク社会においては，合理的な因果性に基づく法の制度設計には限界がある．不確実な未来に動態的に対応しうる妥当性と柔軟性を兼ねそなえた法秩序を，いかに創造的に構築していけるかが現在問われている（村上 1997）．

▶関連用語：1-1-03 政治学，2-1-C04 リスク，2-2-C09 ケア，言語論的転回

── 文献 ──
ドゥウォーキン，R. 著，木下毅ほか訳 2003．『権利論［増補版］』木鐸社．
フルッサー，W. 著，村上淳一訳 1996．『サブジェクトからプロジェクトへ』東京大学出版会．
ギリガン，C. 著，生田久美子・並木美智子訳 1986．『もうひとつの声』川島書店．
ハート，H. L. A. 著，矢崎光圀監訳 1976．『法の概念』みすず書房．
平井宜雄 2002．「現代法律学の課題」平井宜雄編『社会科学への招待　法律学』日本評論社．
井上達夫 2003．『法という企て』東京大学出版会．
木庭顕 2009．『法存立の歴史的基盤』東京大学出版会．
ルーマン，N. 著，馬場靖雄訳 2003．『近代の観察』法政大学出版局．
ルジャンドル，P. 著，西谷修ほか訳 2003．『ドグマ人類学総説』平凡社．
マッキンタイア，A. 著，篠崎榮訳 1993．『美徳なき時代』みすず書房．
三ヶ月章 1982．『法学入門』弘文堂．
村上淳一 1997．『〈法〉の歴史』東京大学出版会．
Slote, M. 2007. *The Ethics of Care and Empathy*, Routledge.
末川博編 2009．『法学入門［第 6 版］』有斐閣．
田中成明 1993．『法的空間』東京大学出版会．
テイラー，C. ほか著，A. ガットマン編，佐々木毅ほか訳 1996．『マルチカルチュラリズム』岩波書店．

〔田辺明生〕

キーワード◆権力，境界線

政治学　Politics / Political Science

●近代政治学における国家と権力

　政治学とは政治に関する学であり，政治（politics）の語源は古典古代ギリシアのポリス（polis，都市国家）にある．したがって政治および政治学という概念は国家に代表される統治機構と深く結びついてきた．理想国家と国家の類型について論じたプラトンとアリストテレスから西洋政治学が始まり，ダンテとマキアヴェッリが国家の教会からの自律を主張して神学から独立した政治学に道を拓き，ホッブズやロック，ルソーは国家の起源を神ではなく人間（個人）間の社会契約に求めて国家を世俗的に正統化した．他方で，国家など既存の権力や権威による恣意的な支配から私的領域における理性的個人の自由を擁護するリベラリズムは，立憲主義，人権，私的所有権，寛容，政教分離，権力分立などの原理を確立した．近代政治学は，公私二元論に基づき政治と社会・経済を概念的に截然と区別したうえで，国家を中心とする公的領域に関心を集中していたのである．

　ヴェーバーは近代国家の特徴を，正当な物理的暴力の行使を独占することを要求し，それに成功していることに見いだし，国家や政治の根本は正当な暴力に支えられた支配関係，つまり権威と服従であると考えた．政治とは，複数の国家または人間集団の間で権力の配分やそれに対する影響力を求めて争われる営みであると定義された（ヴェーバー 2009）．換言すれば権力こそ，経済学における貨幣に相当する，政治学の共通尺度であった．

●伝統的権力観への挑戦

　ただし政治学における権力観も決して一様ではなく，ヴェーバー（1960）の権力概念が「自己の意思を他人の行動に対して押しつける可能性」という主客の二項対立に基づくものであるのに対して，生産様式と階級対立を重視するマルクスおよびマルクス主義の場合，支配関係を支える構造としての権力を問題とした（マルクス・エンゲルス 1971）．この構造的権力という視点から社会や私生活のさまざまな領域で作用する規律権力を分析し，従来は政治学の対象とされてこなかった文化や制度，知識のあり方を系譜学的に考察したのがフーコー（1977）である．こうした構造への着目は，公的領域と私的領域の峻別というリベラリズムの前提を突き崩した．

　さらに別の角度から再検討を迫ったのはフェミニズムである．1960年代にアメリカ合衆国で始まり，「個人的なことは政治的である」というスローガンを掲げて公私二分論を批判した第二波フェミニズムは，家庭という私的領域のなかに存在する男女間の権力関係を政治争点化し，政治学の扱う領域を大きく広げた．

　加えて，公共空間における対等な人間の間のコミュニケーションと討議・熟議を重視するアレント（1994）やハーバーマス（1994）の公共性論は，国家や行政に限定されてきた公共性を定義し直すと

ともに，市民社会と区別される公共圏を提唱し，公私の境界線を引き直した．

これに対してロールズ（2010）は社会契約説を再構成して功利主義を内在的に克服し，リベラリズムと規範理論の復権を果たした．そして彼の『正義論』を批判するかたちで，自由や正義についてリバタリアニズムやコミュニタリアニズムに立脚した重要な議論が数多く展開されることとなった．さらにロールズの提示したリベラリズムと平等論の接合可能性を発展させるものとして，セン（1999）は「潜在能力」論を展開した．

● 多文化主義と生存基盤

他方で，移民排斥の気運がさまざまな国で昂揚するなか，そもそもある政治共同体のなかで誰に市民権が承認されるのかが重大な政治争点となっている．敵と味方を区別する決断こそ政治であるというシュミット（1970）の定義が端的に示しているように，同一性と差異の間，「我々」と「奴ら」の間に境界線を引くことは，政治の重要な一面である．

同質的で平等な国民からなる国民国家の前提が動揺し，国内に複数のエスニック集団が存在する政治状況では，他者との敵対でなく共存を実現し，共同体を持続する理論的基盤として，多文化主義の重要性は依然として衰えていない（ガットマン 1996）．

少数派たるアイデンティティをそなえた集団に平等な政治的立場を承認する多文化主義は，個人主義と多元主義論を前提とする自由民主主義を根本的に批判する．だが特定集団の個別的権利と個人の普遍的権利の間で二者択一をするべきではない．そもそも人は個人であると同時に多様な集団の一員であり，重層的で多元的な存在として生きている．人々が特定のアイデンティティに固定されず，多様な生活様式ならびに生存基盤論が共存できる条件を追究することが，現代の政治学には要請されているのである．

▶関連用語：2-2-A01 民主主義，2-2-A04 公共性，2-2-A13 国家，アイデンティティ，権力

文献

アレント，H. 著，志水速雄訳 1994．『人間の条件』ちくま学芸文庫．
フーコー，M. 著，田村俶訳 1977．『監獄の誕生』新潮社．
ガットマン，A. 編，佐々木毅ほか訳 1996．『マルチカルチュラリズム』岩波書店．
ハーバーマス，J. 著，細谷貞雄・山田正行訳 1994．『公共性の構造転換』未來社．
マルクス，K.・F. エンゲルス著，大内兵衛・向坂逸郎訳 1971．『共産党宣言』岩波文庫．
小野紀明 1996．『二十世紀の政治思想』岩波書店．
―――― 2005．『政治理論の現在』世界思想社．
ロールズ，J. 著，川本隆史ほか訳 2010．『正義論』紀伊國屋書店．
シュミット，C. 著，田中浩・原田武雄訳 1970．『政治的なものの概念』未來社．
セン，A. 著，池本幸生ほか訳 1999．『不平等の再検討』岩波書店．
ヴェーバー，M. 著，世良晃志郎訳 1960．『支配の社会学 1』創文社．
―――― 著，中山元訳 2009．『職業としての政治／職業としての学問』日経 BP 社．

〔上田知亮〕

経済学　Economics

キーワード◆市場，近代資本主義，経済学批判

●経済学の諸潮流

経済学とは，生産や消費といった人間が日々行うさまざまな経済活動の連関とその法則性をモデル化によって解明する学問である．経済学の祖アダム・スミス以降の経済学者たちの主たる研究関心は，近代資本主義の経済活動の主舞台である「市場」を介した経済活動のメカニズム（市場メカニズム）の解明であることから，経済学は市場の学問とも呼ばれている．

19世紀後半に成立した近代経済学は，人々の望ましい経済状態（ここではパレート効率的な状態）を，市場メカニズムをとおしていかに実現するかに探究の重心を置いている．この考え方は，20世紀半ば以降，新古典派経済学によって，数学的にも洗練されたモデルとなり，ミクロ経済学の標準的な理論としての地位を確立した（奥野・鈴村 1985, 1988）．

他方，各経済主体が合理的行動をとったとしても，マクロでみると必ずしも望ましい状態が実現できるとは限らないと考え，政府の裁量的政策による経済状態の改善を主張するケインズ経済学が20世紀半ばに登場した（齊藤 2010）．新古典派経済学とケインズ経済学は，市場と政府の役割をめぐって論争を繰り返しながら現在にいたっている（三輪 1998; 吉川 2000）．

マルクス経済学は，近代経済学とは対照的に市場メカニズムに対して批判的であり，そのメカニズムの矛盾や弊害を指摘することで，近代資本主義を乗り越える方途を模索している（大谷 2001）．マルクス経済学は，ソ連型社会主義のイデオローグとしての役割を担った経緯から，冷戦終結後はその学問的影響力も低下している．しかしながら，1970年代からは教条主義とは一線を画した研究（マルクス・ルネッサンス）が興隆している．

●持続的生存基盤パラダイム形成のために

経済学という学問は，一貫して市場メカニズムの解明に精力を注いできた．以下では，市場が必ずしも十全に発達していない地域も多くみられるアジア・アフリカ地域における持続型生存基盤パラダイム形成のために経済学の知見がいかに活用できるかを考えてみたい．

［市場の学問としての経済学の活用］

開発経済学（絵所 1997），農業経済学（速水・神門 2002），環境経済学（植田 1996）は，市場メカニズムが完全には機能し得ない領域を扱う学である．いずれの学においても，それぞれの検討対象固有の事情・条件に起因する市場メカニズムの阻害要因の克服に際して，政府の役割を重視している点が特徴的である．

市場化した新興国の経済的不安定性や，地球環境問題における市場取引の限界などを引き合いに，市場メカニズムを前提とするこれらの学が批判の矢面に立たされることは多い．しかし，市場メカニズムが相対的に優れたものであることは，近代西洋の経験やソ連型計画経済の失敗から明らかである．これらの学の知見を持続型生存基盤パラダイムに取り入れる

余地は依然として大きい.

[経済学の新潮流の活用]

近代経済学では 1990 年代以降，市場メカニズムが有効に機能するための補完的条件として「制度」に注目が集まるようになってきている．比較制度分析（青木 2003）と呼ばれるこの新領域は，ゲーム理論（岡田 2011）や契約理論（伊藤 2003）をもちいて，制度の経済システムに与える影響が分析されている．ここでの制度には慣習や人々の相互信頼関係といった，これまで経済学が考察の対象外としてきたものまで含まれるようになっている．この新潮流は，アジア・アフリカ地域に対して，そこで豊富に蓄積された在地の知がいかに持続型生存基盤の形成へ寄与しうるかを明確化し得よう．

[経済学批判の正しい活用]

不況や経済危機が起こるたびに，近代資本主義を理論的に支えている経済学は役に立たないという声が沸き上がる．しかし，多くの場合，そのような批判には近代資本主義や経済学に対する厳密な吟味が決定的に欠けている．

近代資本主義を代替するパラダイムの構想は，近代資本主義や経済学に対する科学的な分析とロジカルな批判という手続きを踏んだ上に成り立つものであろう．その際に，マルクス経済学の二つの新たな潮流は参考になる．一つは，数理的手法によって近代資本主義の矛盾や弊害を解明する分析的マルクス経済学（高増・松井 1999），もう一つは，教条的な部分を切り離し，近代資本主義の構造の把握に徹する宇野経済学（宇野 1964）である．他方，近代経済学においても理論内部からの批判も試みられており（岩井 1987），これらの野心的試みから正しい経済学批判の手がかりを得られるだろう．

▶関連用語：2-3-A02 資本主義，開発経済学，環境経済学，ゲーム理論，契約理論，市場と市場経済，市場の失敗

文献

青木昌彦著，瀧澤弘和ほか訳 2003．『比較制度分析に向けて』NTT 出版．
絵所秀紀 1997．『開発の政治経済学』日本評論社．
速水佑次郎・神門善久 2002．『農業経済論［新版］』岩波書店．
伊藤秀史 2003．『契約の経済理論』有斐閣．
岩井克人 1987．『不均衡動学の理論』岩波書店．
三輪芳朗 1998．『政府の能力』有斐閣．
岡田章 2011．『ゲーム理論［新版］』有斐閣．
奥野正寛・鈴村興太郎 1985, 1988．『ミクロ経済学（Ⅰ・Ⅱ）』岩波書店．
大谷禎之介 2001．『図解 社会経済学』桜井書店．
齊藤誠ほか 2010．『マクロ経済学』有斐閣．
高増明・松井暁編 1999．『アナリティカル・マルキシズム』ナカニシヤ出版．
植田和弘 1996．『環境経済学』岩波書店．
宇野弘蔵 1964．『経済原論』岩波書店．
吉川洋 2000．『現代マクロ経済学』創文社．

〔長岡慎介〕

国際関係論　International Relations

●狭義のアプローチ

国際関係論は，文字どおり，「国と国の関係」を研究するところから始まった．西欧的な主権国家システムが生まれたのは17世紀だが，国際関係論が独立した重要な学問分野となったのは，20世紀前半に人類が二つの世界大戦を経験してからである（有賀 2010）．

国際社会は，世界政府が存在しないという意味でアナーキーである（ブル 2000）．そのような世界へのアプローチの第一は現実主義である．国益の最大化を求める国民国家を分析単位とし，勢力均衡や単如覇権によってシステムが安定する条件を探る．ホッブズ主義とも呼ばれ，日本では高坂（1978）が古典である．

これと好対照をなすのが理想主義である．国益の衝突を超えた地球市民の共存と協力を志向し，平和的な世界政府を指向する．「永遠平和のために」を念頭に置いて，カント主義と呼ばれることもある（カント 2006）．日本国憲法の基礎をなし，日本流の平和学を生み出した．

第三に，制度主義の流れがある．グロティウス主義とも呼ばれる．国際社会は完全なアナーキーではなく，現実には国際法や国際慣行の網の目があり，相互信頼や自制がある．ここを丁寧にみていこうというアプローチだ．いわゆる英国学派も，広くはこの流れに位置づけられる（ワイト 1991）．狭義の国際関係論は国際政治学の一部とみなすこともできるだろう．

●広義のアプローチ

だが，現実の国際関係論の守備範囲は，国際政治学よりも広い．とりわけ日本の国際関係論は，国際法と歴史研究，そして地域研究を重視する伝統が強いとされる（中嶋 1992; 猪口 2007）．国際関係の研究者の間では，国際社会が直面する主要な課題は，もはや国と国の関係だけでは分析も対処もできなくなってきたという認識が共有されてきている．

それらの課題には，新興感染症や自然災害，先端科学の暴走，経済危機，麻薬やテロリズム，内戦や独裁などが含まれる．かつての国際関係論は，「戦争か平和か」を問うものであったが，これらは平和が内包する戦争状態，あるいは，グローバル化のもとで越境する「非伝統的な安全保障の課題」である．

国家安全保障を相対化する人間の安全保障のアプローチも，広義の国際関係論の一部である（佐藤・安藤 2004）．さらに，相互依存の時代を迎え，企業や市民社会など，国際関係のアクターが多様化してきたことも見逃せない（Keohane and Nye 1977）．国と国の戦争ではない「新しい戦争」を論じたカルドアの視角の斬新さは，まだ記憶に新しい（カルドー 2003）．

現在の国際関係論の方法論は多彩である．現実主義の延長上に，新古典派経済学の影響を受けて計量色の濃い仕事をする流れがある．国際経済学に近い国際政治経済学（IPE）も定着してきているし（ストレンジ 1994），歴史に接近する雄

渾な世界システム論も影響を与えている（ウォーラーステイン 2006）．マルクス派とりわけグラムシ派の国際関係論があり（Cox 1987），フーコー的な批判理論の視点から国際関係を語る者もいる．

近年注目されているのが，構築主義（コンストラクティビズム）の方法論である（Wendt 1999）．国際社会を客体として捉えるのではなく，主観が物質的な力をもつ世界として捉え，国際規範が構築される動態的なプロセスを明らかにする．

国際関係論は，生存基盤をめぐる問題意識とも密接に関わっている．たとえば，地球圏の温暖化や生命圏の多様性も国際的なフォーラムで活発に議論されており，国際関係論の格好の素材である．

しかし，より本質的には，国際関係論が地域研究と融合する可能性に着目すべきであろう．地域研究が上向し，複数の世界単位で構成される全体を考察の対象とするとき，他方，国際関係論が下向し，サブシステムにおける国際関係のせめぎ合いを考察の対象とするとき，この二つの分野の垣根はぐっと低くなる．両者に共通するのは，既成の学問分野を横断しようとする越境性である．

西欧国民国家体制の解剖学から始まった国際関係論は，対象と方法論を拡張することで進化を遂げてきた．かつての「文明の生態史観」の着想もきわめて国際関係論的であった（梅棹 1967）．生存基盤研究もまた，広義の国際関係論に含めることができるかもしれない．「熱帯の国際関係論」が生まれつつある．

▶関連用語：2-2-A11 安全保障，2-2-A14 主権国家システム，2-2-A15 国境，2-3-A09 グローバル化

文献
有賀貞 2010．『国際関係史』東京大学出版会．
ブル，H. 著，臼杵英一訳 2000．『国際社会論』岩波書店．
Cox, R. W. 1987. *Production, Power, and World Order*, Columbia University Press.
ガルトゥング，J. 著，高柳先男ほか訳 1991．『構造的暴力と平和』中央大学出版部．
ホッブズ，T. 著，水田洋訳 1992．『リヴァイアサン』岩波文庫．
猪口孝 2007．『国際関係論の系譜』東京大学出版会．
カルドー，M. 著，山本武彦・渡部正樹訳 2003．『新・戦争論』岩波書店．
カント，I. 著，中山元訳 2006．『永遠平和のために，他』光文社．
Keohane, R. O. K. and J. S. Nye 1977. *Power and Interdependence*, Little, Brown.
高坂正堯 1978．『古典外交の成熟と崩壊』中央公論社．
中嶋嶺雄 1992．『国際関係論』中公新書．
佐藤誠・安藤次男編 2004．『人間の安全保障』東信堂．
ストレンジ，S. 著，西川潤・佐藤元彦訳 1994．『国際政治経済学入門』東洋経済新報社．
梅棹忠夫 1967．『文明の生態史観』中央公論社．
ウォーラーステイン，I. 著，川北稔訳 2006．『近代世界システム（Ⅰ・Ⅱ）』岩波書店．
Wendt, A. 1999. *Social Theory of International Politics*, Cambridge University Press.
ワイト，M. 著，佐藤誠ほか訳 1991．『国際理論』日本経済評論社．

〔峯　陽一〕

人類学　Anthropology

キーワード◆民族誌，関係性の学

●人類学の諸潮流

　人類学は，人類についての総合的な学問であり，人間とは何か ── 人類の多様性と普遍性 ── を，多様なアプローチをつうじて明らかにすることを目指していた．

　人間とは何か，という問いは人間が意識をもつようになって以来ずっと問い続けてきた問いであろうが，近代人類学の成立は，19世紀末のトレス海峡調査と，1922年に発表された二つの民族誌（マリノフスキー 2010; Brown 1922）だとされる．そこで人類学者にとってのホームである欧米から遠く離れた社会においてフィールドワークを行い，参与観察をつうじて質的なデータを収集し，記述的な民族誌を作成する，という基本的な手法が確立したからである．こうして人類学者は，比較的規模が小さく，伝統的な生活を維持している社会で調査を行い，その組織構造や親族関係，儀礼，慣習法，信仰，生業や自然観などを包括的に記述する民族誌を生み出していったが，彼らが提示する「他者」の姿は欧米社会に大きな影響を与えた．こうして人類学は，意図的にあるいは結果的に，欧米の概念枠組みや社会の仕組み ── たとえば市場経済システム（モース 2009; ポラニー 2009）── にアンチテーゼを突き付けるという役割も担ったのである．

　また，蓄積する研究成果をさまざまな仕方で比較と一般化を試みる人類学者もいた．そのうちレヴィ＝ストロース（e.g. 1976）の構造主義は学問領域を横断して大きなインパクトを与えた．しかし他方で，民族誌の集積が示す多様性をもとに，研究上の基本概念自体の有効性に疑問を呈する者もあり（Schneider 1984），人類学の関心は次第に，人類の普遍性の探究から，個々の対象社会における事象の理解の深化を目指すものへと移っていく．その後も記号論や象徴分析（e.g. ターナー 1981）や，一つの意味の体系としての文化を分析する解釈人類学（ギアーツ 1987）など，多様なアプローチが登場し，多くの民族誌が蓄積されたが，こうしたアプローチはあくまでも，人類学が提示する理論ではなく，個々の民族誌というテクストのための分析手法であったといえる（ただし重要な例外として，一部の生態人類学や，認知人類学などが挙げられる）．

●人類学からみた生存基盤研究

　そうしたなかで，1980年代半ば以降，グローバリゼーションの進展やポスト・コロニアル状況下での民族紛争などを背景に，それまでの人類学の研究姿勢・手法を見直す動きが高まる．そこではフィールドワークや民族誌作成にともなう権力関係がつよく意識されるようになり（クリフォード・マーカス 1996），伝統的な人類学研究に対する危機が叫ばれた．この結果，「多声的」や「マルチ・サイテッド」など，実験的な手法をもちいた民族誌の産出や，生殖医療を含む科学技術の実践活動やグローバルな社会運動の

ネットワーク（Fortun 2001; Riles 2001）などの現代的なテーマへの人類学の研究対象の拡大が引き起こされた．このようななかで，まだ必ずしも多数派とは言えないが，「人類学はヒトを作り上げる関係性の学である」（Viveiros de Castro 2003）と位置づけ，人とモノがおりなす関係性のネットワークに焦点を当てながら，人類学にとって根本的な社会／自然という対立や，比較という方法を練り直そうという動きが，次第に強まりつつある（Strathern 2004）．

人類学をこうした「関係性の学」として捉え直してみれば，広義の人間圏の探求を一つの軸とする生存基盤研究と人類学が密接な関わりをもつことがみえてくる．生態人類学者たちはある社会集団がいかに彼らを取り巻く環境を認識し，それに適応しているかを多面的に明らかにしてきたし，親族関係をもとにする「つながり」（速水 2009）や，生をめぐる親密圏と広義の政治に関する研究は，人間の生存を取り巻く，グローバルとローカルな仕組み，在来知と科学知，あるいは地理的文化的その他の意味で互いに遠いと思われていた人々を結びつける，創造的な生の関係性の再編の動きを明らかにしつつある（本講座第3巻など）．生存基盤研究における人類学の役割は，こうした，明確な枠組みにうまく回収し得ないブリコラージュのプロセスを発見し，それを丹念に記述していくこと，またそれをつうじて，生存基盤に関わる枠組みにつねに再考を迫ることにあるだろう．

▶関連用語：2-2-A07 グローカリゼーション，2-2-C03 つながり，構造主義（構造人類学），生態人類学，民族誌

文献

Brown, A. R. 1922. *The Andaman Islanders*, The University Press [Cambridge].
クリフォード，J.・G. マーカス編，春日直樹ほか訳 1996.『文化を書く』紀伊國屋書店．
Fortun, K. 2001. *Advocacy after Bhopal*, University of Chicago Press.
ギアーツ，C. 著，吉田禎吾ほか訳 1987.『文化の解釈学1・2』岩波書店．
速水洋子 2009.『差異とつながりの民族誌』世界思想社．
レヴィ＝ストロース，C. 著，大橋保夫訳 1976.『野生の思考』みすず書房．
マリノフスキー，B. 著，増田義郎訳 2010.『西太平洋の遠洋航海者』講談社．
モース，M. 著，吉田禎吾・江川純一訳 2009.『贈与論』筑摩書房．
ポラニー，K. 著，野口建彦・栖原学訳 2009.『「新訳」大転換』東洋経済新報社．
Riles, A. 2001. *The Network Inside Out*, University of Michigan Press.
Schneider, D. M. 1984. *A Critique of the Study of Kinship*, University of Michigan Press.
Strathern, M. 2004. *Partial Connections* [updated edition], Altamira Press.
ターナー，V. 著，梶原景昭訳 1981.『象徴と社会』紀伊國屋書店．
Viveiros de Castro, E. 2003. *And*, Manchester Papers in Social Anthropology, no. 7.

〔木村周平〕

キーワード◆記憶と歴史，史料批判，歴史解釈

歴史学　History

●歴史研究の対象と目的

一般にある研究領域のあり方については，①その研究が何を対象とするか，②その研究の目的は何か，③その研究はどのような手法をもって行われるかを手がかりに述べることができよう．

歴史学が研究対象とするのは簡単に言えば「過去に起きた出来事」である．ただしこの場合の「過去」の上限は，せいぜい人類の登場以降，通常は人類が記録を残しはじめて以降である．一方下限は理論的には「ついいましがた」までが含まれるが，通常は現在からある程度（数年から十数年）遡った時点であり，そのことは我々の社会において，個人あるいは集団の「記憶」がさまざまな手順と段階を経て「歴史」へと変成されていくプロセスと関係している（小関 1999）．

一方歴史研究の目的は何かという点については論者によりさまざまな見解が提示されている．かつてはヘーゲルやマルクスにみられるように，過去の事象の広範な研究から帰納的に推論される何らかの歴史的「法則」を解明し，もって社会の行く末を予見することが求められた．しかし歴史研究におけるこのような法則定立への指向は，それが帰納的な議論であることや，予測が未来に与える影響への盲目のゆえに強く批判された（ポパー 1961）．遅塚忠躬は，歴史研究はどちらかといえば「個性記述型」(ideographic) なものであり，その成果は個人の思索の深化に資するとする（遅塚 2010）．

この点は歴史学が果たして自然科学のような客観的な学問なのかという点とも関連する．遅塚はポパーの「反証可能性」による科学の定義が歴史研究にも適用可能である，すなわち歴史学は自然科学と基本的に同様の科学的作業だと考える．一方ギャディスは歴史学を，他の社会科学や自然科学のように還元主義的ではなく，たとえば生態学のごとくすべての因子が相互依存的であるようなシステムを扱う「複雑系」の科学に対比しうるものとみる（ギャディス 2004）．

●歴史研究の手法

そこで問題になるのは，歴史学がどのような手法で研究を行うかである．ヘーゲルとほぼ同時代のドイツの歴史家ランケは歴史法則解明への指向を批判し，歴史家は「それが実際いかにあったか」を客観的に描き出すことに傾注すべきだと考え，史料の批判的検討をつうじた過去の出来事の再構成を至上の目的とした．自然科学や社会科学（一部例外があるが）と異なり，再実験，再調査が不可能な歴史家は，偏にこの史料を分析，比較照合し（史料批判），そこから過去を探るのである（林 1970）．そのような作業を経て認識され確定された歴史的事実に立脚し，それらの事実の由来，次の時代への影響，あるいは同時代における相互連関についての解釈を施して歴史を記述することが歴史研究の実体であるとされる（遅塚 2010; 小田中 2000）．

さて，この「解釈」の段階については発展史観や唯物史観のごとき歴史観（あるいは歴史理論）が大きな影響力をもってきた．当然，歴史観や理論が異なれば，事実やその相互関係に賦与される解釈や説明は異なるが，いわゆるポストモダン的状況下での「大きな物語」の喪失（リオタール1989）は，そのような解釈をより多様化させている．一方前世紀半ば以降，論理的に解釈に先立つはずの事実確定の段階 ── ランケ以後多くの実証的歴史研究者が最も精力を傾けた作業 ── に対して批判的省察が加えられてきた．いわゆる「言語論的転回」以降，言語自体の自律性と意味生成機能，およびその言語をもちいて書かれたテキストが，その外部に言語に対応する「事実」をもつ必要がないという認識は，最も重要な史料の一つである叙述史料が何らかの歴史的「事実」（=過去に実際に起きた出来事）を反映しているかどうか決定することができないという主張へとつながった．さらにテキストのみならず，そもそも歴史家が描き出す過去自体が，歴史家によって選択的にプロット化された結果にすぎないというホワイトの議論（White 1973）は，いわゆる「物語り論」とともに，過去の事実の客観的再構成という古典的歴史研究の態度を根底から揺るがせた．これに加えて1960年代以降に盛んになったサバルタン研究やフェミニズム研究は，同じ出来事でもそれを観察する立場が異なれば全く異なる様相を呈するということに研究者の注意を向けた．

● 生存基盤としての歴史

かくして現代の歴史研究者はこれまでにないほど，自らの主体性に自覚的であることを求められているのだが，そのことによって史料批判を主とする事実確定の作業が不要となるわけではもちろんない．証拠・情報の信頼性を可能な限り精密に検証することは，歴史学のみならずあらゆる学問の基礎的作業だからである．そしてそのように確定された事実こそが，主体的な他者同士の対話を保障するのであり，この点はグローバリゼーション下で我々の生存基盤をいかに維持するかを考える際に重要となるであろう（本書2-3-A02参照）．

▶ 関連用語：2-1-A12 複雑系，言語論的転回，ポストモダニズム，歴史観

文献

遅塚忠躬 2010. 『史学概論』東京大学出版会．
ギャディス, J. L. 著，浜林正夫・柴田知薫子訳 2004. 『歴史の風景』大月書店．
林健太郎 1970. 『史学概論 新版』有斐閣．
小関隆 1999. 「コメモレイションの文化史のために」阿部安成他編『記憶のかたち ── コメモレイションの文化史』柏書房．
リオタール, J.-F. 著，小林康夫訳 1989. 『ポストモダンの条件』水声社．
小田中直樹 2000. 「言語論的転回と歴史学」『史学雑誌』109(9)．
ポパー, K. 著 久野収・市井三郎訳 1961. 『歴史主義の貧困』中央公論社．
White, H. 1973. *Metahistory*, Johns Hopkins University Press.

〔稲葉 穣〕

キーワード◆空間, 自然と人間の関係性の学

地理学　Geography

● 地理学の諸潮流

　地理学は，大気圏から岩石圏，水圏，生物圏，人文圏に及ぶ地表空間のあらゆる事象を射程に，地理的な差異や多様性が生じる理由を科学的に説明することを目指す学問である．近代地理学は，18世紀から19世紀初頭にフンボルトとリッターによって確立された．フンボルトは，宇宙から人類まで幅広い分野を網羅した研究を『コスモス』全5巻にまとめ（Humboldt 1845-1862），リッターは著書『一般比較地理学』のなかで人間の歴史と自然条件との関係を検討した（Ritter 1864）．当時の地理学は博物学としての性格が強く，自然と人間を網羅した総合の学であった．

　地理学はその後，地域の状況を体系的に記述する地誌学と普遍的な法則性を解明する系統地理学へと分かれて発展した．しかし，地誌学は，特定地域における地理的現象の羅列的記述にとどまる傾向にあり，系統地理学が主流となっていった．そして，系統地理学は地形学や気候学などの自然地理学諸分野，人文地理学に細分化して発展した．また，1950年代から60年代にかけて起こった計量革命によって空間科学的アプローチが主流となり（計量地理学），地理空間のモデル構築や未来予測を行うことを目的とした研究が中心となる．他方，実証主義的アプローチに対する批判もあらわれ，人間にとっての場所の経験を「トポフィリア（場所愛）」という概念で捉えたトゥアンの研究（トゥアン1992）などにより，認知や意味空間という主観的な世界に注目する人文主義アプローチがあらわれた．こうしたなかで，自然と人間の総合的学問としての地理学が見直されつつある．

● 地理学からみた生存基盤研究

　近代地理学が博物学として出発したころ，当時の自然観はキリスト教的世界観に強く影響を受けていた．ラッツェルは，このような神学に基づいた見方に対して『人類地理学』を著し，生物としての人間が自然環境条件に強く影響を受けることを指摘した（ラッツェル2006）．この考え方は，当時飛躍的に発達してきたダーウィン進化論の影響を受けたものであり，人間の存在を神学の世界から自然のなかに位置づけることに成功した．しかし，ラッツェルの環境論は，自然環境が人間の行動をあまりにも強く規定するように描かれたため，環境決定論と呼ばれ，批判を受けた．

　サウアーを中心とするバークレー学派は，環境決定論に対して異論を提起し，人間が自然に対して受動的に反応するだけの存在ではなく，地表空間に文化を介して能動的に働きかける存在であることを指摘した（e.g. Sauer 1925）．

　他方，1960年代から70年代にかけては，空間を物理的空間として扱う計量地理学に対し，マルクス主義的な視点をもつラディカル地理学からの批判があらわれた．ラディカル地理学は，社会問題

に対する問題提起と異議申し立てを行い，その空間的な形態を検討するものであった．このような地理学を主導した一人が，空間編成論とも呼ばれる新たな社会・経済地理学のパラダイムをつくったハーヴェイである（ハーヴェイ 1989, 1990）．また，ソジャは，ジェンダーや民族などの差異に基づき，権力をもつ側がもたざる側に加える抑圧に対して，そうでない側が抵抗するために選び取る物理的・象徴的・比喩的空間を第三空間と名づけ，知覚され測定可能で地図化できる第一空間と，人々によって認知され表象される第二空間を分析の中心としてきた従来の地理学に問題提起を行った（ソジャ 2005）．

ラディカル地理学は，自然と人間との関係を射程とする地理学にも影響を与え，ポリティカル・エコロジー論の発展をうながした（島田 1999）．これは，環境問題などの人間-環境系の問題について，地域社会とそれを取り巻く国家や市場などの外部世界との関係に注目し，政治経済と文化生態をあわせた包括的な視点からアプローチを行う分析視角である．この視角の有効性は，脆弱性の概念を適用することで，地域の内部的な差異に注目しつつ，政治経済と自然環境の関連動態を検討する回路が確保される点であり，同時に社会的差異と環境問題のあり方の変化過程における第三空間へのアプローチが可能となる点である（上田 2003）．生存基盤としての地理空間を地理学から検討する際，社会的差異と自然環境との関連動態への注目が重要になるだろう．

自然地理学分野においては，トロールを中心とするドイツの地理学派が，景観概念を基盤とした景観生態学（地生態学）を確立した．この分野は，自然地理学の一分野として確立したばかりでなく，自然地理学と人文地理学をあわせた総合的な地理学として位置づけられ，現在も発展がみられる．生存基盤研究において地理学に期待されるもう一つの点は，地理学の原点ともいえる自然と人間との総合の学としてのアプローチであろう．

▶関連用語：2-1-C06 脆弱性，環境決定論，ポリティカル・エコロジー

文献

ハーヴェイ, D. 著, 松石勝彦・水岡不二雄訳 1989, 1990. 『空間編成の経済理論（上・下）』大明堂.
Humboldt, A. von 1845-1862. *Kosmos: Entwurf einer Physischen Weltbeschreibung* (Bd. 1-5), J. G. Cotta.
ラッツェル, F. 著, 由比濱省吾訳 2006. 『人類地理学』古今書院.
Ritter, C. 1864. *Comparative Geography*, American Book Company.
Sauer, C. O. 1925. "The Morphology of Landscape", *University of California Publications in Geography*, 2.
島田周平 1999.「新しいアフリカ農村研究の可能性を求めて」池野旬編『アフリカ農村像の再検討』アジア経済研究所.
ソジャ, E. 著, 加藤政洋訳 2005.『第三空間』青土社.
トゥアン, Y. F. 著, 小野有五・阿部一訳 1992.『トポフィリア』せりか書房.
上田元 2003.「発展途上世界の地域研究」村山祐司編『シリーズ人文地理学2 地域研究』朝倉書店.

〔藤岡悠一郎〕

キーワード◆近代農学, 南方資源, 熱帯農学

農学　Agricultural Science / Agronomy

●農学の成立とそのあり方をめぐって

「農学栄えて農業滅びる」という警句が農学分野で古くから使われる．それにならうと，個人的感懐ではあるが，近年は「科学栄えて農学滅びる」という状況に陥っているようにもみえる．その現状を農学の「発展」とみるべきか，あるいはその「破綻」ととるべきか，農学諸分野で研究に携わる個々の研究者によってその受けとめ方は異なる．

一方で，近年，「自然との共生」や「みどり」「生き物」「生命」「食」「農」などを念頭に農学を専攻しようとする学生が増えている．歓迎すべきことではあるが，はたしてその期待に応えうるほどの農学が用意されているのか．また，こういう期待を抱く若い世代は，農業現場や農家の現状をどれほど承知しているのか．彼らが念頭におくさまざまな課題に本気で取り組むためには新たな農学が構想される必要があるのかもしれない．

ヨーロッパで成立した近代農学を直輸入した日本は，近代科学の学理に基づく農学の確立と技術の開発に邁進した（飯沼 1969）．農学を，水田稲作を主要な農業とする日本において「日本農学」として体系化しようとする努力が払われ，それが具体的な技術として農業の発展に活かされた（農業発達史調査会 1956; 農林水産技術会議・日本農業研究所 1971; 日本農学会 1980; 農林水産技術会議事務局 1995）．また，急速に変化する現代社会にあって，農学の価値追求的な側面を評価する考えも打ち出されている（津野 1975; 祖田 2000）．

こうした努力にもかかわらず，依然として，農学が抱える「宿痾」とでもいうべきものが「個別と総合」という課題である．「農学及び農の諸学に於て綜合を閑却するならば，たとひ，対象を農業の中にとる場合でも，未だ眞の農学及び農の諸学とは称し難く，只その要素的の研究に止る．この本質を自覚することによつてはじめて，農学又は農の諸学が眞に農業の学となり得るであろう」（盛永 1951）という言葉に，昔も今も変わらない農学をとりまく本質的な課題がうかがえる．近年，科学としての農学の存在は認めつつも，実際に農業を営む人が農のあり方を新たな「百姓の学」として表現しようとする声もあがっている（宇根 2010）．「農」に携わる生活者の立場から新しい農学の思想を打ち立てようとする声として耳を傾ける必要がある．

●熱帯農学をめぐって

日本農学が，環境の異なる熱帯でも調査・研究を進めるようになった背景には，熱帯の豊富な植物資源を獲得しようとする戦前の帝国主義下における国家間の競争があった．台湾領有（1895年）を経て，日本の農学は本格的に南方資源の開発に向けた研究に取りかかることになった．ほとんど研究蓄積のなかった日本では，西欧の植民地農業とくにプランテーション作物に関する研究書の翻訳から始

めねばならなかったが，1920年代後半からは，「南方農業」「南方資源」を扱う多くの研究が国策による科学者動員体制のもとで推進された（田中・今井2006）．

太平洋戦争の敗戦が日本における熱帯農業研究に断絶をもたらしたあと，新たに日本の農学が熱帯農業研究に本格的に取り組むようになるのは，経済復興を遂げてコロンボ計画に参画した1954年以降のことである．独立後，自国の経済運営を図らねばならなかった開発途上国，とくに自国民の食料確保のためにイネの増産を図らねばならなかった南・東南アジア諸国への稲作技術協力として研究者・技術者の派遣，研修生の受け入れが組織的に進められ，稲作の「緑の革命」の技術開発・普及に大きく貢献した（熱帯農業研究センター 1987）．こうした東南アジアでの経験は，現在，熱帯アフリカの技術協力にも生かされ，熱帯農業研究は地域的にもそして研究対象としても多様な分野にわたるようになっている．

国際的な技術協力は，イネの栽培技術改良という日本農学の得意とする分野で進められた．しかし，熱帯の途上国には社会や環境に関わるさまざまな問題群がある．また，対象となる作物も多岐にわたるため，より総合的なアプローチによって問題解決にあたるとともに，地域の住民参加を積極的にうながすような開発・普及の方法が求められている．戦前の資源開発，戦後の技術協力の時代から，現在では対象地域の住民とともに地域に則した持続的な農業発展を追求する時代となっている．そのためにもより総合的な視野をもった人材の育成が必要となっている（石塚1982）．熱帯農学の分野でも，農学がもつ総合性と統合性が強く求められるようになっている．

▶関連用語：開発援助，工学的適応，農学的適応，緑の革命

文献

飯沼二郎 1969．『明治前期の農業教育』京都大学人文科学研究所．
石塚喜明 1982．「我が国に於ける熱帯農業研究の軌跡」日本熱帯農業学会創立25周年記念出版物刊行会編『熱帯農業の現状と課題』日本熱帯農業学会創立25周年記念事業委員会．
盛永俊太郎 1951．『農学考』養賢堂．
熱帯農業研究センター 1987．『稲作における日本の農業技術協力の展開』農林統計協会．
日本農学会編 1980．『日本農学50年史』養賢堂．
農業発達史調査会編 1956．『日本農業発達史 第9巻（第5編 農学の発達）』中央公論社．
農林水産技術会議事務局編 1995．『昭和農業技術発達史 第1巻 農業動向編』山漁村文化協会．
農林水産技術会議・日本農業研究所編 1971．『戦後農業技術発達史 第9巻 総括編』農林統計協会．
祖田修 2000．『農学原論』岩波書店．
田中耕司・今井良一 2006．「植民地経営と農業技術」田中耕司編『岩波講座「帝国」日本の学知 第7巻 実学としての科学技術』岩波書店．
津野幸人 1975．『農学の思想』農山漁村文化協会．
宇根豊 2010．『百姓学宣言』農山漁村文化協会．

〔田中耕司〕

1-1-10

キーワード◆生物，環境，相互作用，個体群，群集

生態学　Ecology

●生態学の領域とその歴史的発展

　生態学とは，生物の生活と，それをとりまく環境との相互作用を研究する生物学の一分野である．生態学が研究対象とするのは，生物の個体，同種の集団である個体群，複数の生物種が相互関係をもちながら形成する群集，さらには景観や地域生態系を構成する複数の群集の複合体にまで及ぶ．生態学は生物を対象とするが，生物の生活にとって物質的な背景は重要である．生物が利用する物質やエネルギーの循環に着目する分野として生態系生態学がある．また生態学は生物進化における自然選択や生存戦略を考えるために必須の情報を提供する分野であり，進化論においても重要な役割を果たしている．

　近代的な生態学の基盤は，20世紀中ごろまでに確立した．たとえば，植物個体の光合成や呼吸といったレベルの生理生態学の基盤はボイセン-イェンセン（1981）によって確立された．エルトン（1990）は動物生態学の基礎を確立するとともに，食物連鎖など多くの重要概念をまとめた．植物群落とその時間的変遷（遷移）についての概念をまとめ，植生科学や群集・景観レベルの生態学の基盤をつくったのはホイッタカーらである（ホイッタカーほか1979）．生態系生態学の基礎概念は，オダム（1974，1975）によってまとめられた．動物個体や個体群の行動に焦点をあてて行動生態学の確立に寄与したのはクレブスらである（クレブス・デイビス1994）．日本においても，植物の生産生態学分野における門司正三・佐伯敏郎や吉良龍夫グループ，動物個体群生態学分野における内田，森下，巌らの貢献など，世界的なレベルの業績があり，現在の日本の生態学研究はきわめて活発で評価も高い．

　生態学は個体以上のさまざまなレベルの生物現象を扱う科学として隣接分野との連携を深めながら，その研究内容をきわめて多様にしている．それらを網羅的に扱った教科書としては，ベゴンほか（2003）が挙げられる．高度な生態学の内容を紹介する日本語の教科書としては，植物生態学分野の甲山隆司ほか（2004）と動物生態学分野の嶋田ほか（2005）の2冊が挙げられる．入門書としては，日本生態学会編（2004）が理解しやすい．

　対象とする生物を人類や人間社会として，人類の生存戦略を扱う生態人類学という分野も形成された．一般社会のなかにも生態学的な視点は浸透している．自然重視あるいは環境重視というイメージを想起させる「エコロジー」という言葉が浸透し，最近では省エネルギーや省資源を奨励するための「エコポイント制度」という呼称も使われた．

●生存基盤研究としての生態学

　生態学は純粋理学としての側面をもつと同時に，人間社会が直面する問題に対する理解と解決策の策定に貢献する，実学としての性質も強い．1980年代から

米国生態学会は，生態学を政策決定に寄与することのできる学問へと積極的に転換を図り，現在，同学会ウェブサイトで「公共政策とメディア」という項目をメインメニューの一つとするほど力を入れている．日本でも，1990年以降，環境政策や生物保全への貢献を積極的に意識する研究が台頭してきたように思われる．

人間社会が抱えるさまざまな環境問題の解明と解決に生態学が貢献している例としては，イナゴなどの害虫の大発生に対応するための個体群動態研究に基づく予測警報ネットワークの確立，農業生産力の最大化のための密度効果理論や養分効率に関する生理生態学的な研究，生物生産力の地球規模調査による地球の環境収容力の解明，環境汚染物質の動態と生物濃縮を解明しその対策に果たした生態系生態学，希少な生物や生物群集の保全のための保全生態学や分子生態学の貢献など数限りない．この意味で，生態学は人類の生存基盤の維持に大きな貢献をしている．しかし，これらの事例では，生態学は「問題の顕在化→メカニズムの解明→解決策の提示」という流れのなかで機能しており，発生した問題に対する対症療法的な役目に甘んじていたように思われる．生存基盤研究のなかにおける生態学が果たすべき役目とは，生態学が明らかにした網の目のように絡み合った生物同士，生物と環境の相互関係を見通すことのできる視点を，生存基盤の基本的な設計原理のなかに組み込んでいくことであろう．農林業や工業という産業システム，あるいはエネルギーシステムや社会経済システムの再構築のなかで，地球圏と生物圏の原理を反映させた安定性と弾力性の高い生存圏を確立するうえで，生態学的な視点はきわめて有効と考えられる．

▶関連用語：2-1-A11 炭素循環，2-1-B01 生物多様性，2-1-B03 保全生物学，2-1-B07 エコロジー，2-3-C03 持続可能性

文献

ベゴン，M. ほか著，堀道雄監訳 2003．『生態学 —— 個体・個体群・群集の科学［原著第3版］』京都大学学術出版会．
ボイセン-イェンセン，P. 著，野本宣夫ほか訳 1981．『植物の物質生産』東海大学出版会．
エルトン，C. S. 著，江崎保男ほか訳 1990．『動物群集の様式』思索社．
ホイッタカー，R. H. ほか著，宝月欣二訳 1979．『生態学概説』培風館．
甲山隆司ほか 2004．『植物生態学 —— Plant Ecology』朝倉書店．
クレブス，J. R.・N. B. デイビス編著，山岸哲・巌佐庸監訳 1994．『進化からみた行動生態学［原著第3版］』蒼樹書房．
日本生態学会編 2004．『生態学入門』東京化学同人．
オダム，E. P. 著，三島次郎訳 1974, 1975．『生態学の基礎（上・下）』培風館．
嶋田正和ほか 2005．『動物生態学［新版］』海游社．

〔神崎 護〕

1-1-11
キーワード◆ disease, illness, sickness

医学　Medicine

●さまざまな「医学」

　医術はそもそも，病いを患う者の苦痛や不安を癒すための伝統的手技として発展してきた．医術が系統的な理論・技術として捉えられるようになった「医学」には，歴史的にも，また地域別にもさまざまなものがある．ギリシャ医学，イスラーム医学，中国医学，アーユルヴェーダ医学，チベット医学などである．

　医学における実践は，ある考えに基づいて病気の状態を判断し治療方法を決定するが，医学の相違は，治療方法よりも，考え方の違いにある．世界各地には，いろいろな医学の体系があるが，これらの違いは，生命や病気に対する考え方の違いといっても過言ではない（小川 1999）．

　近代にはいって，科学的な体系としての西洋医学が確立し，江戸期には漢方医学とオランダ医学が主流であった日本が，明治期に西洋医学に全面的に転換する際にも，基礎理論を重視するドイツ医学か実践の臨床をより重視するイギリス医学を選ぶかで大議論が行われた．戦後は，米国医学が主流となったが，現代医学は，近代科学としての西洋医学的な考え方が大勢をしめている（松林・奥宮 2006）．

　しかしながら，現代医学のなかにおいても，人間の生存基盤という広い視野にたてば，病気に対する考え方には，以下のような視点が必要である．

●病気の概念

　「病気」を表す英語には，語感を異にする三つの概念がある．disease, illness, sickness である（Matsubayashi et al. 2009）．

　disease（疾病）という語は，人間になんらかの症状をきたす原因が何で，どのようなメカニズムによって，その異状がもたらされたのか，どう対処すれば科学的に適切か，といった近代科学に基づいた原因志向的概念ともいえる．感染症，血管障害，がんといった疾病に関する医学的分類は，すべて，「病気はどのような原因とどのようなメカニズムでおこってくるか」といった近代医学的発想である disease の概念からうまれた．

　一方，illness（やまい）という語は，疾病の結果として患者が体験する苦痛，自覚症状，不安など，患者の主観的体験のありようを重視する概念である．illness のありようは，その地域の文化的背景に大きく左右される．患者が癒しを求めるのは，disease ではなく，むしろ illness である場合が多い．

　disease を解きあかそうとする近代医学の論理は，客観性，再現性，普遍性といった，いわゆる科学的根拠に基づく優れた利点はある．だが個人の異なる価値観に応じた要請には十分に答えられないという冷徹な欠点をもあわせもっている（Matsubayashi et al. 1996, 1997b, 1999）．

　感冒とは，西洋医学的にはウイルス感染である場合が多いが，同じ風邪といっても，個人によって症状が異なれば，診断や治療も異なる．個人の症状の違いにより薬剤や治療法を工夫して調合する伝

統医学もしくは代替医療は，個人の特性と価値観を重視するという点で，diseaseよりも illness を問題にしている．21世紀医療の現場では，個々人の要請にこたえる医療が再度重んじられるようになり，オーダーメード医療を含む近代西洋医療と代替・伝統医療を必要に応じて組み合わせた「統合医療」がより主流となる．

第三の病気の概念は，sickness（病的状態）という語で表される．sickness という語感は，illness や disease が「正常ならざるもの」，「善からぬ状態」，「異状」として社会化された概念である．ハンセン氏病や AIDS は，生物学的な基盤をもとに発症する disease ではあるが，患者が苦しむのは illness であり，また社会から差別を受ける sickness であるともいえる．

なわず社会も病気とは捉えていなかった状態から，さまざまな「病的状態」を発見し，社会化してきた．高血圧，高コレステロール血症など，将来の心血管事故の発生を統計確率的に高めるリスク因子は，disease ではあるかもしれないが医師から知らされないかぎり illness ではなかった (Matsubayashi et al. 1997a)．

医療者はともすれば disease, illness, sickness を一元的に解釈しがちで，科学的前提で疾病の原因解明とその治療に重きを置く傾向があるが，真に患者が求めているのは illness の緩解であり，sickness からの復権だろう（Matsubayashi et al. 1997a, 1997b, 2010, 2011）．

▶関連用語：2-2-C05 身体, 2-2-C09 ケア, 2-2-C11 介護, 2-2-C12 QOL

● 医学と病気

近代医学の発展は，患者の苦痛をとも

文献

松林公蔵 2011a.「なぜ人は高地で暮らすようになったのか」奥宮清人編『生老病死のエコロジー』昭和堂．
――― 2011b.「青海省にみる老・病・死と生きがい」奥宮清人編『生老病死のエコロジー』昭和堂．
松林公蔵・奥宮清人 2006.「世界一の長寿社会を達成した近代日本の歩み」田中耕司編『岩波講座「帝国」日本の学知第 7 巻 実学としての科学技術』岩波書店．
Matsubayashi, K. et al. 1996. "Secular Improvement in Self-care Independence of Old People Living in Community in Kahoku, Japan", *Lancet*, 347.
――― et al. 1997a. "Global Burden of Disease", *Lancet*, 350.
――― et al. 1997b. "Home-blood Pressure Control in Japanese Hypertensive Population", *Lancet*, 350.
――― et al. 1999. "Frailty in Elderly Japanese", *Lancet*, 353.
――― et al. 2006. "Older Adult's View of 'Successful Aging'", *J. Am. Geriatr. Soc.*, 54.
――― et al. 2009. "Changing Attitudes of Elderly Japanese toward Disease", *J. Am. Geriatr. Soc.*, 57(9).
――― et al. 2010. "Mood Disorders in the Community-Dwelling Elderly in Asia", *J. Am. Geriatr. Soc.*, 58(1).
――― et al. 2011. 'Field Medicine' Reconsidering for 'Optimal Aging'", *J. Am. Geriatr. Soc.*, 59.
小川鼎 1999.『三医学の歴史』中公新書．

〔松林公蔵〕

森林科学　Forest Science

●林学から森林科学へ

　森林科学は森林，林業に関する学問分野である．その源流は，中部ヨーロッパ，とくにドイツに発祥した林学にある．この地域では16-17世紀に森林の開拓と農牧地への拡大転換が進み，森林が著しく荒廃した結果，林地の回復，復興を図るための科学技術が必要となり，林業知識・技術の蓄積と教育が始まり，18世紀にはハーティヒにより林学校が創設（1787年）されている．19世紀初頭になると，発展した近代科学の手法や成果を取り入れて体系化が進み，近代林学が形成された（日本林業技術協会 2001）．

　わが国の林業の歴史も古い．吉野地域は500年の歴史をもつ日本最古の林業地として知られ，少なくとも16世紀後半には植林が行われている（谷 2008）．17世紀初頭（江戸初期）には木曽など一部地域で山林管理がなされる一方，伐採・搬出技術が発達し，18世紀には吉野林業ほか各地でスギ人工造林技術が確立している（タットマン 1998）．学問としての林学は明治15年（1882年）に創始された東京山林学校によるドイツ林学の導入に始まる．林学の本格的な発展は第二次世界大戦以降のことである．

　一方，熱帯域の林業では，19世紀後半より英領インド，ビルマでチークなど有用樹種の植林が行われているが，豊かな植生を背景に主として天然林から用材，薪炭材，薬用植物，食物等の林産物が採取されてきた．しかし，近年の急激な天然林の減少の一方で人工林は増加しつつあり（FAO 2008），環境劣化に対する認識の高まりもあって木材の供給は天然木から造林木へ移行しつつある．20世紀初頭から本格化したパラゴムノキ，アブラヤシなどのプランテーション（農業）作物の植栽は，その後これら樹木の廃棄立木のリサイクル利用のための木材加工技術の発達をうながした．20世紀後半には，アカシア・マンギウム（*Acacia mangium* Wild），ファルカータ（*Paraserianthes falcata* Backer）などの早生樹による持続林業の試みと関わる利用技術の開発が盛んである（Kamis and Taylor 1993）．

　以上の発展経緯から，林学は元来応用科学の性格が強い．林業を支える実学としての側面から森林の造成（更新/保育）と管理（計画/経営）から原木生産（伐採/搬出）と林産物の加工利用までを含む技術と政策を扱う分野のほか，生態系としての森林や環境との関わりを扱う分野がある．研究手法からは，(1)林業政策や経営などに関する政治学，経営・経済学，(2)治山・治水や樹木・木材についての理工学，(3)森林を生態系として捉えた生物学，生態学，環境学的手法に大別される．このうち樹木・木材分野は「木質科学」として取り扱われることも多い．

　20世紀後半以降，国連人間環境会議（1972年）を契機とした国連環境開発会議（地球サミット1992年）での気候変動枠組条約，生物多様性条約，森林原則声明の採択，前2者を受けて発効した京

都議定書（2005年）および名古屋議定書（2010年），さらには気候変動に関する政府間パネル報告書（2007年）等によって森林への社会的関心が拡がるとともに，従来の木材生産に重きを置いた林学から持続性に主眼を置き総合的な観点から「森林科学」として学問体系を再構築する動きがあらわれている．炭素・水循環などの地球環境，動植物・微生物を含めた生態系，バイオマス資源の利活用，地域社会との関係など多元的，複合的な課題の解決に向けて森林科学の役割が重要になってきたためである．「森林科学」が用語として一般化したのは，日本林学会（現日本森林学会）の会報「森林科学」の刊行（1991年）と軌を一にするが，このような森林の社会的貢献や環境サービスが強く意識された背景がある（佐々木ほか2007）．

● 森林科学からみた生存基盤研究

森林は陸域生命圏に在って，有史以来人類の最も手近な食料・資材・エネルギー提供の場であり，直接的で基本的な生存基盤であった．森林は炭素を貯蔵し，地球圏において物質循環の重要な構成要素として働き，生命圏からみれば生物多様性を保持する必要不可欠なエコシステムである．また，人間圏の視点からは再生産可能なバイオマスの貴重な供給源である．

熱帯には豊かなバイオマスを原型のまま低次利用する伝統的社会が存在する．一方，21世紀には化石資源の枯渇にともないグリーンエネルギーなど，バイオマスのポテンシャルを最大限に引き出す高度バイオマス社会への動きが加速している．森林生産と生態環境の持続性に加え，利用のあり方，地域コミュニティの調和ある発展，社会林業と産業造林の共存など，人間活動と生存基盤としての森林の持続を図る技術開発，制度構築が重要になっている（Uryu et al. 2008; 杉原ほか2010）．森林科学は生存圏の持続性確保に向けた取り組み（生存基盤研究）について森林を主たる対象に取り組む学問分野である．

▶関連用語：2-1-A11 炭素循環，2-1-B01 生物多様性，2-3-B02 森林

文献
Food and Agriculture Organization of the United Nations (FAO) 2008. *Global Forest Resources Assessment 2005*.
Kamis, A. and D. Taylor (eds) 1993. "Acacia Mangium Growing and Utilization", *Winrock International and The Food and Agriculture Organization of the United Nations*.
日本林業技術協会編 2001．『森林・林業百科事典』丸善．
佐々木惠彦ほか編 2007．『森林科学』文永堂出版．
杉原薫・川井秀一・河野泰之・田辺明生編 2010．『地球圏・生命圏・人間圏 —— 持続的な生存基盤を求めて』京都大学学術出版会．
谷彌兵衛 2008．『近世吉野林業史』思文閣．
タットマン，C. 著，熊崎実訳 1998．『日本人はどのように森をつくってきたのか』築地書館．
Uryu, Y. et al. 2008. "Deforestation, Forest Degradation, Biodiversity Loss and CO_2 Emissions in Riau, Sumatra, Indonesia", *WWF Indonesia Technical Report*, Indonesia.

〔川井秀一〕

材料科学　Materials Science

●材料開発と人間活動の拡大

　材料は，金属材料，セラミックス材料，高分子材料およびそれらの複合材料に分類される．ガラスや陶器，磁器はセラミックス材料，木材や皮革は天然の高分子材料である（Ashby 1992）．

　材料の特性が部品の性能を決め，それが製品の価値に影響することから，さまざまな材料が人類の手によって産み出され，改良されてきた．とくに，産業革命以降の社会において材料が果たした役割は大きい．鉄を耐熱材料としてもちいることで蒸気機関が発明され，工場生産を飛躍的に高めるとともに，蒸気機関車や蒸気船が長距離にわたる人や物の移動を活発化させ，人間の活動範囲を大きく拡大した（内田 1982）．

　21世紀に入って台頭したのは，石炭や石油を原料とした合成高分子である．最初の工業化は1907年のフェノール樹脂であるが，20世紀の半ばから大量生産・大量消費の時代を支える素材として，合成高分子の種類，生産量が石油化学産業の繁栄とともに急増した．

　プラスチックは，鋼鉄などの金属材料に比べ絶対的強度は低いが，軽くて，その割に強く成型性に優れているなど，使い勝手の良い材料である．車体の軽量化が燃費の向上に大きく貢献する自動車では，バンパーや燃料タンクなどが鉄製部品から軽量のプラスチック部品へと置き換えられつつある．プラスチックは繊維状の材料で補強することで強度を飛躍的に向上できることから，ガラスを細く引き延ばした繊維でプラスチックを補強したガラス繊維強化材料（Glass fiber reinforced plastic; GFRP）が開発され，産業用大型タンクや船体の材料に使われてきた．GFRPより軽量で高強度の材料が，炭素繊維強化材料（Carbon fiber reinforced plastic; CFRP）である．CFRPは燃費の向上を目的としてロケットの燃料タンクや大型旅客機の主翼などにもちいられるようになっている．

　材料の開発は，このように人類の生活を豊かにするとともに，人類の生存圏拡大につながる宇宙や深海といったフロンティアへの挑戦にも貢献している．その一方で，材料の発展に支えられた人間活動の拡大は，エネルギーや物質の大量消費をもたらし，20世紀の終わりには資源の枯渇や環境汚染，地球温暖化といった人類の生存を脅かす問題が顕在化してきた．1972年，ローマクラブによる「成長の限界」の指摘以降，人類の地球生命圏（バイオスフィア）に関する認識は飛躍的に高まり（山本 1994），そのなかでLCA（Life Cycle Assessment および Life Cycle Analysis）という新しい材料評価の指標が出てきた．LCAは，原料から始まり，製造，利用，廃棄のライフサイクルにおいて放出される炭酸ガス量や消費される資源・エネルギー量を定量的に算出し，それに基づいて人間，生態系，自然環境への影響を評価するものである．現在は材料選択の重要な指標となっている．

●持続型生存基盤を支える材料

近年,中国やインドといった多くの人口を抱える国での人間活動の活発化が,エネルギーや資源の消費を加速化し,原油や鉄鉱石といった資源の価格高騰をもたらしている.これに対して,軽量で高強度の材料,高温強度に優れた材料,超伝導材料といった省エネルギー,省資源に貢献する材料や太陽電池や燃料電池にもちいエネルギーを効率的に生み出す材料の開発が進められている.そこでは,ナノテクノロジーに代表される原子レベルや分子レベルでの材料の構造制御が主役である.

並行して,持続型資源であるバイオマスをもちいた材料開発が進められている.バイオマスは生物が生産する資源の総称である.そのなかで最も資源的に豊富なのは水と炭酸ガスから太陽光により生産される植物バイオマスであり,それを石油資源の代替として使おうとする動きがある.糖やデンプンからプラスチックを製造する研究が進められ,ポリ乳酸樹脂などが商業化されている.石油資源由来のプラスチックをバイオベースに置き換える研究も進められ,主要なプラスチック材料であるポリエチレンがバイオベースのエタノールから合成され,商業化されている.

しかしながら,植物バイオマスから製造されるプラスチックは,あくまでも石油由来プラスチックの代替であり,その特性を上回るものではない.一方で,人間の能力と社会的要求との乖離は年々拡大している.そのような状況において持続型生存基盤を確保するには,生物が進化の過程で獲得した優れた機能を活用する新しい材料製造システムの導入が必要である.一例として,セルロースナノファイバーをもちいた材料開発が挙げられる.セルロースナノファイバーは,すべての植物細胞の基本骨格物質で,木材の約5割を占める幅5-20nm程度のナノファイバーである.セルロースの分子鎖が伸びきった状態で結晶化しているため,鋼鉄の5倍以上の強度を示す.セルロースナノファイバーを樹脂で固めた複合材料(繊維強化材料)は鋼鉄の5分の1の軽さで鋼鉄と同じ強度が得られることから,未来の自動車用材料として期待されている.今後は,化石資源ベースのプラスチックからバイオプラスチックのような持続的・低炭素材料への産業資材の転換を図りつつ,同時に,生物機能を活用した新素材開発が重要になる.

▶関連用語:2-1-B05 生物資源, 2-1-B08 再生可能資源, 2-3-B04 技術, 2-3-C04 持続可能性

文献

Ashby, M. F. 1992. *Materials Selection in Mechanical Design*, Pergamon Press.
内田盛也 1982.『先端複合材料 —— 高度物性をめざして』工業調査会.
山本良一 1994.『エコマテリアルのすべて —— 地球にやさしい材料革命』日本実業出版社.
矢野浩之ほか編 2011.『新版 複合材料・技術総覧』産業技術サービスセンター.

〔矢野浩之〕

気候学・水文学　Climatology / Hydrology

●気候学・水文学の方法的基礎

　気候学と水文学は，地球科学の一分野であると同時に，自然地理学にも存在する学問分野である．気候とはある地域における大気の平均的な状態を指しており，気候学は大気の構成要素である気温や降水量をデータから算出し，時空間的な変動やサイクルなどを解析する学問分野である．一方，水文学は，主として陸地における水の循環過程や，地域的な水のあり方・分布・移動・水収支等を研究する学問分野である．両者は地球圏に関連の深い学問分野であるが，生命圏や人間圏を理解するうえでも重要な学問である．

　自然科学には，法則の候補となる仮説をたてて因果関係を説明しようとする演繹的アプローチと，事実を集めてそのなかから法則の候補となる規則性を探し出す帰納的アプローチをもちいる学問分野が存在する．たとえば演繹を重視するのが数学や物理学なら，帰納を重視するのが博物学であると言える．生物学などは博物学志向の強い学問であったが，分子生物学の発展により帰納的アプローチが重視されるようになった．気候学および水文学も元々は博物学的な要素を強くもっていたが，地球科学の一分野である気象学と同じ温度，降水，気圧などのデータを使ってきたこともあり，演繹的なアプローチも重視していた．さらに近年，航空技術やレーダー技術の発達などにより気候システム全体を捉える技術が向上したことにより，長期における気象現象のメカニズムを捉える，より演繹的なアプローチへとシフトしている．

●気候学・水文学とは何か

　気候学には，取り扱う手法の違いから古典気候学，近代気候学があり，対象の違いから季節学，生物気候学，産業気候学，生気候学，災害気候学，農業気候学などがある．またスケールの違いから，大気候学，中気候学，小気候学，微気候学の別がある．さらに地質時代の気候復元などを行う古気候学なども存在する．ただし，物理量による気象観測が系統的に行われるようになったのはここ百数十年にすぎないことから，測器をもちいた気象観測のない時代の気候についての議論は，化石や花粉，氷床コアなどの定性的な情報を元に行う．なかでも有名なのが，南極ボストーク基地の氷床コアからは，過去42万年にわたる大気中の二酸化炭素やメタンが，気温と連動していることを示した研究である (Barnola et al. 1987)．

　水文学は，地球上の水循環，主として陸地における循環過程を対象とする．なかでも人間活動にとって重要な，河川水，地下水，湖沼水を対象とした水の動きを中心に扱う．水は学問の対象としてのみでなく水資源としても重要であるため，水文学は理学，工学，農学などのさまざまな分野において研究が行われてきており，横断的な研究領域という側面をもつ．対象によって，水文統計学，地下水水文

学,河川水文学,農業水文学,森林水文学等が存在し,地形学との境界分野である水文地形学や,陸水学と生態学の境界分野である陸水生態学なども,水文学に含む場合がある.

● 気候学・水文学と生存基盤研究

近年クローズアップされている地球温暖化,ヒートアイランド,エルニーニョ,酸性雨などの環境問題へのアプローチにも,気候学や水文学が果たす役割は大きい.さまざまな地球観測プロジェクトをとおして,学術的なデータが蓄積されており,地球システムにおけるさまざまな相互作用関係を理解する手掛かりが得られつつある.たとえば,気候が生態系をつくり,生態系が気候を維持してきたという仮説も,今後はさまざまなスケールで実証されていくと期待される.そして人間圏における水利用をとおして,どのように水文システムを改変・利用してきたかを,理解する必要がある.今後コンピューターをもちいたシミュレーション技術や,人工衛星を含むさまざまな観測技術が発展していくことが期待されるが,人類の活動と自然の相互作用の理解はまだまだ不十分であると言わざるを得ない.気候学と水文学は演繹的アプローチと帰納的アプローチをあわせもつことから,両者を融合させることで地球圏と人間圏の相互作用を解明できる可能性がある.

▶関連用語:2-3-01 温帯から熱帯へ,2-1-A01 水循環,2-1-A02 干ばつ,2-1-A04 洪水,2-3-A10 気候/気候区分,リモートセンシング

文献

Barnola, J. M. et al. 1987. "Vostok Ice Core Provides 160,000-year Record of Atmospheric CO_2", *Nature*, 329.
Brutsaert, W. 2005. *Hydrology: An Introduction*, Cambridge University Press.
池淵周一ほか 2005.『エース水文学』朝倉書店.
近藤純正 1994.『水環境の気象学』朝倉書店.
――― 2000.『地表面に近い大気の科学』東京大学出版会.
甲山治 2010.「地球圏の駆動力としての熱帯」杉原薫・川井秀一・河野泰之・田辺明生編『地球圏・生命圏・人間圏 —— 持続的な生存基盤を求めて』京都大学学術出版会.
新田尚ほか 2002.『キーワード気象の事典』朝倉書店.
小倉義光 1999.『一般気象学 [第 2 版]』東京大学出版会.
武田喬男ほか 1992.『水の気象学』(気象の教室 3) 東京大学出版会.
吉野正敏・福岡義隆 2003.『環境気候学』東京大学出版会.

〔甲山　治〕

1-1-15　　　　　　　　　　　　　　　　　　　　　　　　キーワード◆フロー，ストック

物質循環論　Material Cycle / Nutrient Cycle

●物質循環とは

　物質循環とは，ある系内におけるストック（貯蔵量）とフロー（単位時間当たりの流量）で解釈される物質の動きをいう．系とは，機能や構造が異なる要素（サブシステム）によって構成され，それらが互いに物質やエネルギーのやりとりを行う集合体を指す（鳥海ほか2010）．系内で物質の循環過程を担っている駆動力と素過程の相互作用や系全体のふるまいを明らかにすることが，物質循環研究の目的である．対象となる「物質」は広義にはあらゆる物質が含まれる．炭素，窒素，リンなどの生元素（炭素，水素，酸素，窒素，リン，硫黄など，生命を構成する必須元素）だけでなく，水，重金属や薬品など化学物質の環境影響評価，廃棄物のライフサイクルアセスメントなど多岐にわたる．研究分野は幅広く，地質学，物理学，地球化学，海洋学，生態学，農学，土壌学，工学などで研究される．ここでは生存基盤論に重要である生元素の物質循環について記述したい．

　生元素の循環で扱われる空間スケールは，地球全体を対象とするグローバルなスケールから個体やその周辺環境といったミクロなスケールまでと幅広い．時間スケールは地球化学等では地殻変動を入れた数十万〜数百万年スケールまでを考えることもできるが，現代の環境問題を考えるうえでは数日〜数百年スケールが重要になる．循環の駆動力は生物圏内での食物連鎖，生物の移動，太陽エネルギーによる水や大気の循環，重力，化学反応，噴火，そして人間活動である．

　なかでも産業革命後の人間活動は自然の物質循環を大きく変える力をもっていた．生命の歴史においては，シアノバクテリアの作用で大気組成が変化したことが知られるが，人間活動が他の生命活動と異なるのはフローを異常に増加させ，動的平衡状態にあった物質の収支バランスが崩れたことといえる．近年の物質循環研究は，放射性同位体や安定同位体測定技術などの分析技術の向上によって大きく飛躍し，複雑な因果関係をもつ環境問題に対しても威力を発揮してきた．

●炭素・窒素・リンの循環

　炭素循環のうち最も重要なのは，大気・海洋・生物圏の各サブシステム間での炭素の移動であり，百年スケールで変動する現象として捉えられる．生物が利用できる形態の炭素は，地球上で海洋に最も多くストックされており（Schlesinger 1997），大気との間でつねに二酸化炭素の交換を行っている．大気中の二酸化炭素は緑色植物による光合成で陸域や水域に固定され，生物の呼吸によって大気へと戻る．また，生物の遺骸を構成する炭素は土壌や海底に蓄積され，百万年スケールで石炭や石油を形成する．このような化石資源を人為的に燃やし，大気中に戻る二酸化炭素のフローが従来よりも大きく増加したことが，地球温暖化問題が人為的に誘発されたと言われる所以で

ある.

　窒素は大気を最大のストック(大気の78%)とするが,その多くがN_2の形で存在するために,ほとんどの生物は直接利用することができない.そのため,窒素固定を行う微生物に固定された窒素を間接的に利用するか,生物の遺骸から分解されて生成された硝酸塩等を利用する.硝酸態窒素の一部は脱窒細菌によって大気中へと戻る.窒素循環が変わったのは,大気中の窒素をアンモニアに化学合成するハーバー・ボッシュ法が発明されてからである(ヘイガー 2010).これは,「緑の革命」を支える窒素肥料の生産量を指数関数的に増加させ,食糧の増産と人口の増加に大きく貢献した(新藤 2004).一方で,窒素の環境への過剰な放出は大気汚染・酸性雨・生物多様性の低下・地下水汚染・オゾン層の破壊・地球温暖化・富栄養化・貧酸素化・有毒藻類の増殖などさまざまな環境問題を引き起こした(Townsend and Howarth 2010).

　リンは陸域の岩石や堆積物をおもな起源として風化作用により土壌中に溶出し,河川水に溶けたリン酸塩や生物を介して運搬される.また,鉱物粒子が風に乗って運ばれることもある.リンの最も大きな貯蔵プールは湖沼や海洋の堆積物とされる(Schlesinger 1997).リンは気体にならないために不完全な循環となり,百年スケールでは陸から海へと一方向的に流れる.そのため,貯蔵プールである海洋から陸域への再循環を促進する海鳥や魚がきわめて重要な働きをする(オダム 1991).良質の肥料であるグアノやリン鉱石は,高い生産力をもつペルー沖海域で海鳥が魚を採り,陸域で糞をすることでリンが再循環されるものである.リン循環もまた人為的な影響を強く受け,農地に投入された肥料分由来のリン酸塩が湖沼や海域に流入して起こる富栄養化と,それにともなう藻類の異常増殖が問題となってきた.一方でリン鉱石は近い将来の枯渇が予想され,資源の安定供給と富栄養化の抑制を同時に解決するため,下水汚泥のリサイクルが期待される(大竹 2011).

▶関連用語:2-1-A01 水循環,2-1-A11 炭素循環,富栄養化

文献

ヘイガー,T. 著,渡会圭子訳 2010.『大気を変える錬金術』みすず書房.
室田武 2001.『物質循環のエコロジー』晃洋書房.
日本地球化学会監修,南川雅男・吉岡崇人編 2005.『地球化学講座 5　生物地球化学』培風館.
オダム,E. P. 著,三島次郎訳『基礎生態学』培風館.
大竹久夫編 2011.『リン資源枯渇危機とはなにか』大阪大学出版会.
Schlesinger, W. H. 1997. *Biogeochemistry: An Analysis of Global Change* [2nd edition], Academic Press.
新藤純子 2004.「人間活動に伴う窒素負荷の増大と生態系影響」『地球環境』9.
鳥海光弘ほか 2010.『新装版　地球惑星科学 2　地球システム科学』岩波書店.
Townsend, A. R. and R. W. Howarth 2010. "Fixing the Global Nitrogen Problem", *Scientific American, 302*.

〔藤田素子〕

1-1-16　キーワード◆問題解決型志向，プラットフォーム戦略思考

エネルギー科学　Energy Science

●**エネルギー科学とは何か**

エネルギー科学（energy science）は，自然科学系から人文・社会科学系にわたる複合領域からなる問題解決型志向に基づく新しい学術分野である（京都大学大学院エネルギー科学研究科 2008, 2009）．すなわち，地球温暖化や環境汚染などの地球環境問題や，資源枯渇，燃料・電力の安定需給にかかるエネルギー安全保障問題に対して実効力のある解決策を講じるために創成された学問といえよう．

自然科学においてエネルギーに関する研究は熱力学として発展し，三つの基本法則である「エネルギー保存，エントロピー増大，絶対零度基準」のエネルギーの質に関する概念が定義されてきた（新宮 2006）．その研究手法は，三つの基本法則に基づく理論と実験により検証する「論理実証型」といえる．一方で，経済学などの人文・社会科学では，エネルギーは燃料や電気など多様な形態の商品群の一つであり，人間活動におけるその価値は市場によって価格として表示される（山路 2007）．その研究手法の一つは文献学的方法から研究者の解釈の妥当性を主張する「論理整合型」といえる．

エネルギー科学が学術研究の分野として体系化されはじめた歴史は久しくないが，その概念は19世紀末にクラウジウスによって提唱されている（クラウジウス 1885）．17世紀後半にパパンにより世界初のシリンダー式蒸気機関が開発され，その半世紀後にニューコメンによる改良を経，18世紀末にワットにより高圧蒸気機関の技術の開発によって人間の交通や生活の激変がもたらされた（田辺 1979）．技術の改良や革新により，過去には考えつかなかった方法で，自然に蓄えられたエネルギー源である化石燃料が爆発的に人間活動のために利用されるようになった．このような背景のもと，当時クラウジウスは，将来の課題として「自然から与えられたエネルギー源の消費に対してある種の経済学を導入することと，限りある地球上の自然資源の浪費を防ぐこと」の必要性を唱えており，それが現在のエネルギー科学の概念の礎となったと考えられている（新宮 2006）．

一方，現代の社会基盤は限りあるエネルギー資源の大量消費を前提として成り立っている．近年の人間活動の急速なグローバル化によって，エネルギー問題の高度・複雑化が加速している．このように時代や多様な社会要請にともなって変化するエネルギー問題を解決するための手段として，「エネルギー科学」の研究手法も多様性が必要となってきている．

●**生存基盤研究におけるエネルギー科学**

2011年3月11日に発生した東日本大震災は，エネルギー安定供給の脆弱性を露見させ，エネルギー政策の見直しを日本の喫緊の課題とし，エネルギー安定確保等を世界的課題として認識させることとなった（経済産業省 2011）．大震災後も世界の経済情勢は待ったなしに歩を進め

ており，新興国を中心として世界のエネルギー需要は急増し，エネルギー資源権益確保をめぐる国際競争が熾烈化している（経済産業省 2011）．さらに福島第一原子力発電所の事故はエネルギー問題が政治学，経済学，哲学など人文・社会科学と，工学，理学，農学など自然科学の間にある密接な相関をあらためて印象づける結果となった．これを機に科学者が自らのもつ専門分野の視点から，この共通するエネルギー問題の理解に努め，問題解決の手段についての多様な見識を深めることとなった．この多様性は「エネルギー科学」を自然科学と人文・社会科学の融合から成る複合体として捉え，専門分野を細分化していく従来の研究アプローチとは異なる視点を与えうる．つまり「エネルギー科学」をいずれの専門分野からでも到達が可能な「分野のプラットフォーム」として捉えることである．それにより，専門分野の学域を意識せずに，より俯瞰的な視点で多様な解を導き出す手段を与えるのではないかと考えられる．このような発想は「プラットフォーム戦略思考」と呼ばれ，多くの分野へ取り入れられつつある（平野 2010）．

▶関連用語：2-1-A09 枯渇性資源, 地球環境問題

【複合型（例）】

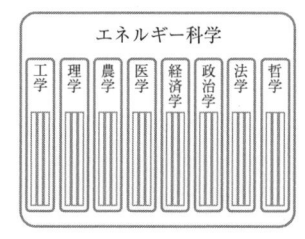

構成する専門分野が細分化されすぎると，他分野との間に境界を意識してしまい，俯瞰的な視点で捉えにくい．

【プラットフォーム型（例）】

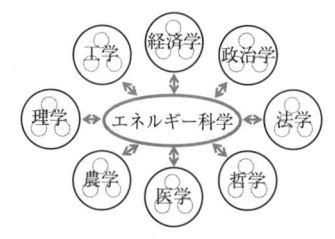

「エネルギー科学」という場をつうじて，関連する専門分野を繋ぎ，自らの分野から他分野との相関や波及効果に関して俯瞰的な視点を与えようとする枠組．

文献

クラウジウス，R. 著，河宮哲郎訳 1988「自然界のエネルギー貯蔵とそれを人類の利益のために利用すること」『中京大学教養論叢』．
平野敦士カール，アンドレイ・ハギウ 2010．『プラットフォーム戦略』東洋経済新報社．
経済産業省 2011．『エネルギー白書』経済産業省．
京都大学大学院エネルギー科学研究科 2008．『エネルギー科学研究科の理念に基づく教育体系の整備報告書』．
――― 2009．『京都大学大学院エネルギー科学研究科自己点検・評価報告書』．
シンガー，C. ほか編，田辺振太郎訳編 1979．『技術の歴史・第 7 巻 産業革命（上）』筑摩書房．
新宮秀夫 2006．「エネルギー節約は最大の資源・幸福の基礎」『エネルギー・資源』27．
山路憲治 2007．『エネルギー学の視点』日本電気協会新聞部．

〔園部太郎〕

第2章
地域研究に関する研究案内

キーワード◆文字，時間，植民地主義

アフリカの歴史

●アフリカ史研究の歴史

　縄文時代の遺跡，弥生時代の集落，邪馬台国，前方後円墳．これらに関する文字情報の記録はあまり残っていないが，われわれは必ずしも「レベルが低い」とは思わない．人間の技術に優劣はつけられるかもしれないが，人間の文化に優劣はつけられないからである．

　サハラ以南の大陸全体をみると，アフリカ人もあまり文書記録を残していないが，アラビア語の旅行記，そしてヨーロッパの冒険家や宣教師の旅行記や書簡，植民地行政官の記録は貴重な史料である．井野瀬・北川（2011）が示すように，近現代史においてイギリス帝国の記録の物量は群を抜いて充実している．

　独立の時代を迎えると，デヴィドソンの一連の著作（デヴィドソン 1964，1978a，1978b）など，ヨーロッパの左派知識人による力強いアフリカ史の書物群が生み出された．ディアスポラ知識人による従属論的アフリカ史も衝撃的だった（ロドネー 1978）．当時の研究の多くはマルクス主義の方法論の影響を受けていた．

　しかし，冷戦の終焉とともに「進歩的ナショナル・ヒストリー」の枠組みは崩壊する．歓迎すべきは，歴史研究の方法論が多様化したことだろう．日本の研究者による『新書アフリカ史』には環境史の特徴がよくでている（宮本・松田 1997）．女性史研究も活発である（富永・永原 2006）．世界的には，社会史や考古学の進展，そしてアフリカ人歴史家の活躍が目立つようになってきた．その古典的な前例は Diop（1954）である．

　アフリカと他の大陸の比較史も今後の進展が期待されるが，これまでの代表的な仕事といえば Iliffe（1987，2007）だろう．アフリカ社会の初期条件を土地豊富・人口稀少と特徴づけたうえで，生業の多様性，政体の多様性，貧困，そして複雑な人口移動の様態を重厚な筆致で明らかにしている．

●「歴史」の要求

　歴史は人間のあらゆる営みの基礎である．したがって専門・非専門で障壁を設けるのではなく，あらゆるアフリカ研究者がアフリカ史を語ればいいし，語るべきである．だから，たとえば人類学者が歴史を語ってもいいわけで，最近の山川出版社の『アフリカ史』の編者も，人類学者の川田順造氏である（川田 2009）．

　しかし，本来ならこのような通史は，狭義のアフリカ史家が編集すべきところだろう．南アフリカ史研究の場合，社会人類学者ウィルソンが『オックスフォード南アフリカ史』の編集に力を発揮したことがある（Wilson and Thompson 1969，1971）．だが人類学者が南アフリカの通史を編んだのはこの一回限りのことで，その後は若手の歴史研究者の分厚い層が育っていった．日本の現状は少し寂しい気がしないでもない．

　歴史研究はクロノロジカルなものである．つまり，時間の流れに沿って出来

事の因果を整理していくのが基本である．そして考証の手続きにも，これまで蓄積されてきたテクニックやルールがある．計量経済学には数学の知識が必要だというのと，ある意味では同じこと．今のところ日本語では Parker and Rathbone (2007)，あるいは Reid (2008) のようなスタンダードで簡潔なアフリカの通史を読むことはできない．

近年では，碩学クーパーのアフリカ現代史 (Cooper 2002) など，すぐれた「アフリカ20世紀史」が生まれてきている．黒人指導者の野蛮を強調する歴史観 (Meredith 2005) には，ベルギーのコンゴ植民地支配に対する思慮深い告発がよい解毒剤になるだろう (Hochschild 1999)．気がつけば「同時代」が歴史になるのだ．過去の記憶の延長線上に「直近の過去」を分厚く描くこと．そして，考古学的手法を活用しながら「長大な過去」をイメージ豊かに描くことが，今後のアフリカ史研究の焦点となりそうだ．

歴史作品としては，よかれあしかれ，集合的な通史のかわりに伝記作品がよく読まれる時代になっている．ケニアのワンガリ・マータイ，リベリアのエレン・サーリーフ，リーマ・ボウイなど，アフリカ女性たちがノーベル平和賞を受賞する時代になってきた．パンアフリカニストの偉人伝はすでにある (Adi and Sherwood 2003)．今を生きる強い女たち，男たちの生き方の記録もまた，次の時代の歴史研究の基礎になりそうだ．

▶関連用語：2-1-B07 不確実性，2-3-A03 資本主義，2-3-A10 気候/気候区分，2-3-B07 穀物〔アフリカ〕

文献

Adi, H. and M. Sherwood 2003. *Pan-African History*, Routledge.
Cooper, F. 2002. *Africa since 1940*, Cambridge University Press.
デヴィドソン，B. 著，内山敏訳 1964．『アフリカ史案内』岩波書店．
―――著，貫名美隆訳 1978a．『アフリカの過去』理論社．
―――著，内山敏訳 1978b．『ブラックマザー』理論社．
Diop, C. A. 1954. *Nations négres et culture*, Présence africaine.
Hochschild, A. 1999. *King Leopold's Ghost*, Macmillan.
Iliffe, J. 1987. *The African Poor*, Cambridge University Press.
――― 2007. *Africans* [2nd edition], Cambridge University Press.
井野瀬久美惠・北川勝彦編 2011．『アフリカと帝国』晃洋書房．
川田順造編 2009．『アフリカ史』山川出版社．
Meredith, M. 2005. *The State of Africa: A History of Fifty Years of Independence*, Free Press.
宮本正興・松田素二編 1997．『新書アフリカ史』講談社現代新書．
Parker, J. and R. Rathbone 2007. *African History: A Very Short Introduction*, Oxford University Press.
Reid, R. 2008. *A History of Modern Africa*, Wiley-Blackwell.
ロドネー，W. 著，北沢正雄訳 1978．『世界資本主義とアフリカ』柘植書房．
富永智津子・永原陽子編 2006．『新しいアフリカ史像を求めて』御茶の水書房．
Wilson, M. and L. Thompson 1969, 1971. *Oxford History of South Africa* [2 vols], Clarendon Press.

〔峯　陽一〕

アフリカの生態・生業・地理

キーワード◆環境変動, 生態史

●自然環境の変動

アフリカ大陸の自然環境は, 過去に大規模な変動を繰り返してきた. 環境変動に関する研究は, 地形, 気候, 植生の変動とそれが人類や動植物に与えた影響を長大な時間スケールのもとに明らかにしている. たとえば, 現在のアフリカの植生帯はコンゴ盆地に広がる熱帯雨林を中心に亜熱帯疎開林, サバンナ, ステップ, 沙漠が同心円状に広がるが (Chidumayo and Gumbo 2010), それらはいくども起こった大陸, 地殻 (山縣 2005), 気候の変動 (篠田 2002) と連動しつつ前進後退を繰り返してきたことが知られている.

自然環境の変化が詳細に復元されている約2万年前から現在までをたどると (門村 1992), まず最終氷期の寒冷期 (2万-1万2,000年前) にはアフリカの大部分で強い乾燥化が進んだことで, コンゴ盆地の熱帯雨林が大幅に縮小・断片化していった. このとき, 森林性の動植物は減少した森林を「避難場所」としながらかろうじて絶滅を逃れたと考えられている. その後, 1万2,000年前ごろからは湿潤気候が回復していき, 世界最大の砂漠として知られる現在のサハラでさえ豊かな緑で覆われるようになった. 「緑のサハラ」と呼ばれるこのころのサハラには, 大型の哺乳類や魚類が生息し, 狩猟採集にくわえて牧畜や農耕も営まれはじめていたという (ベルウッド 2008). しかし, この湿潤期は4,500年前ごろに訪れた気候の冷涼化とともに終焉を迎えた.

森林の後退とサハラの砂漠化が再び進行し, 「緑のサハラ」に暮らしていた人々は湿潤な環境をもとめて南下を始めた. この移動は民族間の接触や農耕文化の伝播につながったといわれる (水野 2007).

自然環境の変動は, 生命の誕生と進化をもたらすきっかけともなってきた. われわれ人類もその例外ではない. 人類の起源や進化について精細な研究を展開してきた自然人類学は, 大地溝帯の隆起にみる地殻変動とそれにともなう気候変動の影響を強く受けたアフリカで, 熱帯雨林が断片化し, 地上での生活領域が開けたことが, 人類の誕生に結びついた必要条件だったと論じている (山極 2007).

環境変動は長い歴史のなかで人類を含めた生命のあり方に大きな影響をもたらしてきた. 同一の環境に生命が多種多様なかたちで存在していることをふまえると, もちろん, 自然環境のみが生命のあり方を決定してきたと考えるわけにはいかない. だが, 環境変動が生命圏や人間圏に対して想像にあまりあるインパクトを与えてきたことに間違いはない.

●人と自然の相互関係

自然環境が人の暮らしに影響を与えてきたと同時に, 人もまた自然環境にはたらきかけ, さまざまな改変をもたらしてきた. そのような人と自然の相互関係を歴史的に解き明かし, 人間活動が自然に対して果たしてきた役割を再考する生態史 (環境史) 研究が近年さかんになって

いる（市川 2003; 池谷 2009）．

　アフリカにおける生態史研究の一つは，コンゴ盆地の熱帯雨林を舞台に展開されてきた．一見手つかずの立派な原生林にみえる植生は，そこに暮らす狩猟採集民や焼畑農耕民による関与を何世紀にもわたって受け，循環してきたという．たとえば，ピグミー系狩猟採集民は，蜂蜜採集やキャンプ地の形成をとおして閉塞した林内を切り開き，光のさす開放空間をつくりだす．キャンプ地には彼らが食して廃棄した果実や，土壌肥沃に資する生活物資の残渣が蓄積する．キャンプ地は数週間から数ヵ月の短い期間で移動させられ，その跡地は有用植物が優占する植生で覆われていく．こうした過程を人々は何世紀も継続し，広大な森林をくまなく改変してきた．彼らは森林産物の消費をとおして，森林を住みやすい生活空間へ変えてきたとともに，将来の再生産の種を撒いてきたといえる（市川 2010）．

　コンゴ盆地の外縁にあたる湿潤サバンナでは，人々のより強い意図のもとに植生形成が進められた歴史が報告されている．ギニア南部にはサバンナのなかに森林が島状に分布する景観（「森の島」）が広がっている．この「森の島」は従来，住民による森林の破壊的利用から逃れた名残と考えられたが，実際には防火，水源涵養，外敵の侵略を防ぐ要塞，聖地等を得るために住民が集落周辺に樹木を植栽・保護して形成したことが明らかにされた（Fairhead and Leach 1996）．この発見は自然への人的介入を否定的に捉える自然保護の見方に再考を迫る契機ともなった．

　生態史研究によれば，人々がたんに自然の産物に依存するだけでなく，自然の循環や再生をうながしてきた．温暖化や自然保護にむけた国際的な取り組みが活発化する現在こそ，地域社会が歴史的に培ってきた人と自然の関係を十分に参照する必要があろう．

▶関連用語：2-3-A13 熱帯雨林，2-3-B01 環境と生業，地球環境問題

文献
ベルウッド，P.・長田俊樹・佐藤洋一郎監訳 2008．『農耕起源の人類史』京都大学学術出版会．
Boffa, M. C. 1995. *Agroforestry Parklands in Sub-Saharan Africa*, FAO.
Chidumayo, E. N. and D. J. Gumbo (eds) 2010. *The Dry Forests and Woodlands of Africa*, Earthscan.
Fairhead, J. and M. Leach 1996. *Misreading the African Landscape*, Cambridge University Press.
市川光雄 2003．「環境問題に対する3つの生態学」池谷和信編『地球環境問題の人類学』世界思想社．
───── 2010．「植生からみる生態史」木村大治・北西功一編『森棲みの生態誌』京都大学学術出版会．
池谷和信 2009．『地球環境史からの問い』岩波書店．
門村浩 1992．「サヘル ── 変動するエコトーン」門村浩・勝俣誠編『サハラのほとり』TOTO 出版．
水野一晴 2007．「自然特性と大地域区分」池谷ほか編『朝倉世界地理講座　アフリカ〈I〉』朝倉書店．
篠田雅人 2002．『砂漠と気候』成山堂．
山縣耕太郎 2005．「地形からみたアフリカ」水野一晴編『アフリカ自然学』古今書院．
山極寿一 2007．「環境変動と人類の起源」池谷ほか編『朝倉世界地理講座　アフリカ〈I〉』朝倉書店．

〔平井將公〕

キーワード◆開発主義，人口，農業集約化，デモクラシー

アフリカの政治・経済・社会・文化

●開発主義の台頭と人口問題

　アフリカ諸国の多くは，豊かな天然資源に恵まれながら，世界経済における辺境とみなされてきた．コリアーは，アフリカのように民族的に多様な社会においては，天然資源から得た利益の配分に過大なコストが要求され，結果として民主主義の制度は機能不全に陥り，経済が停滞してしまうと論じた (Collier 2007)．

　ところが21世紀初頭のアフリカでは，旺盛な経済成長をみせる国が増えてきた．2001年から2010年までの間，サハラ以南アフリカの経済成長率はつねに世界平均を上回っていた．破綻したポストコロニアル新家産制国家からの移行（武内 2009）を模索するアフリカにおいて注目すべきは，「開発主義国家」の台頭であろう．たとえば，ルワンダやエチオピア，南アフリカといった国を挙げることができる．これら3国に共通するのは，過去の人種的・民族的対立を乗り越えて社会の統合を達成しようとする強い政治的意思である．これらの国は経済成長を最優先課題とし，その果実をなるべく幅広く配分することで，国民統合を達成しようとしている．中国やインドといった新興国からの投資や，海外に居住する移民（いわゆるディアスポラ）からの送金，そして援助によって得られる富をどう配分するかが，開発主義による統合の鍵となる．

　開発主義に傾斜する3国が，ともにアフリカのなかでは人口稠密な社会であることも偶然ではない．食糧を安定的に供給するためには，大規模な投資によって農業部門の近代化を図る必要があると，エチオピア政府の指導者は確信している．

　サハラ以南アフリカの人口は，2050年までに倍増して17億人を超えると予測される．人口稠密社会への歴史的な移行は，グローバル経済への接合とともにアフリカ政治経済の転換をうながすであろう．だがその転換の先にある選択肢は，開発主義国家だけなのだろうか．この問いに答えるのは容易ではない．アフリカの政治経済に関する過去の重要な研究は，グローバル経済への密接な接合を前提とせず，流動性の高い土地豊富社会を議論の前提としてきた．たとえばベリーは，アフリカの農民は土地よりも社会的ネットワークに投資することで，資源へのアクセスを確保してきたと述べる (Berry 1993)．他方でアイリフは，土地豊富社会における構造的貧困という視点から，アフリカにおける社会的排除の問題を論じている (Iliffe 1987)．

　これからのアフリカは，対立，排除，格差の問題に直面しながら，どのように社会の統合を達成してゆくのか．この問題を考える手がかりの一つを，農業生態学的な議論の蓄積に見いだすことができる．アフリカ農村社会には経済的な格差が社会の階層化につながるのを押しとどめようとする傾向が認められるが，一定の条件が整えば，社会全体が制度的，技術的な移行を遂げる場合がある（掛谷 1994）．近藤によれば，タンザニア

農耕民ベナは近年、市場経済への関与を深めつつ、在来技術と近代技術を融合させながら、集約的な農林業の体系を編みだした（近藤 2011）。近藤の分析は、人口増加が内発的な農業集約化をもたらすというボズラップの議論にも呼応する（Boserup 1965）。峯は、ボズラップや掛谷の業績をふまえつつ、開発経済学の立場から、市場経済下のアフリカ社会において経済の多様性を承認し、同時に当事者の問題解決能力の蓄積をうながすような倫理の確立が重要だと説く（峯 1999）。

● アフリカのデモクラシー

いま一つの手がかりは、ポスト植民地期のアフリカにおける社会統合を論じたマムダニの業績である。マムダニによれば近代アフリカの政治空間は、市民社会とエスニシティという二つの領域に分岐している。市民的な協調と、エスニックな連帯による参加とを同時に達成する政治運動だけが、アフリカの社会統合を実現しうる（Mamdani 1996）。西は、市民社会とエスニシティという二つの公共性を結びつけて民主的な再配分の回路をつくりだした実例を、エチオピアの住民組織運動に求めている（西 2009）。

アフリカ的なデモクラシーの探求は、アフリカにおいて承認されるべき生の価値とは何かという文学的な問いにゆきつく。ナイジェリアの口承文学から圧倒的に豊かな人生観を汲み出したチュツオーラの作品（Tutuola 1952）、変化する社会のなかで自らの生の価値を見いだそうとする女性の苦悩を描いたエメチェタの『母であることの喜び』（Emecheta 1979）などが、アフリカに生きることの意味を教えてくれる。

▶関連用語：2-2-A02 民主主義、2-2-A04 公共性、2-2-B01 貧困と開発、2-3-C05 世界人口、開発経済学

文献
Berry, S. 1993. *No Condition Is Permanent*, University of Wisconsin Press.
Boserup, E. 1965. *The Conditions of Agricultural Growth*, George Allen and Unwin.
Collier, P. 2007. *The Bottom Billion*, Oxford University Press.
Emecheta, B. 1979. *The Joys of Motherhood*, Braziller.
Iliffe, J. 1987. *The African Poor: A History*, Cambridge University Press.
掛谷誠 1994.「焼畑農耕民と平準化」大塚柳太郎編『講座地球に生きる 3』雄山閣出版.
近藤史 2011.『タンザニア南部高地における在来農業の創造的展開と互助労働システム』（京都大学アフリカ研究シリーズ）京都大学アフリカ地域研究資料センター.
Mamdani, M. 1996. *Citizen and Subject*, Princeton University Press.
峯陽一 1999.『現代アフリカと開発経済学』日本評論社.
西真如 2009.『現代アフリカの公共性』昭和堂.
武内進一 2009.『現代アフリカの紛争と国家』明石書店.
Tutuola, A. 1952. *The palm wine drinkard*, Faber and Faber Ltd.

〔西　真如〕

キーワード◆西アジア史，イスラーム史，歴史

中東の歴史

●中東史とイスラーム史

　歴史学の視点から西アジア地域を考えた場合，まず最も注目されるのが，その歴史的な古さであり，また人的流動性の高さである．メソポタミア地域が人類史上，最も古い文明をもつとされることはよく知られている．またこの地域はつねにさまざまな人間集団の入り乱れ，支配するところとなった．とくに，西アジア地域の歴史は地中海地域との関連性が極めて強く，実際には，この両者を一体のものと捉え，西部の地中海・シリア・エジプト地域と，東部のイラク・イラン地域の連関の歴史として理解するべきである．そのうえで，さらに時代に応じて中央ユーラシア，南アジア，ヨーロッパ，インド洋海域との連動，人的移動・交流・対立を強く意識する必要がある．とくに16世紀までの中央アジア勢力の強い影響力と16世紀以降のヨーロッパのそれ以上に大きな影響力は，つねに念頭に置かれる必要がある．

　すなわち西アジア史は考古学・西洋史・東洋史の三分野にまたがった地点に成立する．そしてその事実自体が「西アジア史」を考えるうえで，日本の高校世界史教育の地域編成の問題や「イスラーム世界」という既存の概念をも含めて，興味深いディシプリン上の問題を抱えていることを指摘できる（羽田2005; 加藤2002）．

　このことをあえて強調するのは，日本のみならず国際的な学問上，7世紀以降の西アジア史がややもすると「イスラーム史」と一体となる傾向をもつからである．

　強力な文化原理であるイスラームが現代の西アジア社会形成に決定的な意味をもったことは明らかであり，その意味で西アジア史がイスラーム史として語られるのは，無理のないことである．日本の代表的なイスラーム史研究である嶋田（1977），佐藤（2004），小杉（2006）には，その観点が堅持されている．しかし，イスラームは当然のことながら自ら「歴史文化の説明原理」であるという性格をもっており，このためあらゆる歴史・社会現象を「イスラームの内側から理解し説明する」性格をもっている．西アジア史を取り扱おうとする者は，この点に十分に自覚的でなければならない．

●中東史研究の課題

　一方で，この自覚自体にも注意をする必要がある．なぜなら，さまざまな歴史事象が「イスラーム内在的なものか」「非イスラームの継承か」という不毛な二分論に陥りがちであるからである．このことが最も端的にあらわれているのが初期イスラーム史の分野である．「イスラーム中心的視点」から逃れ，非イスラーム的残存物をも手がかりに西アジア史を立体的に再構成する意欲をもって手がけられた一連の「懐疑主義者」の研究は，イスラームの叙述史料に対し過度の懐疑的立場を推し進めた．この結果，イ

スラーム史料に文献学的に取り組んできた人々との間に大きな対立が生まれている．この件については後述するハンドブック（三浦ほか 1995; 小杉ほか 2008）の清水の担当項を参照．

さらに同様のことは，イスラーム時代以降の歴史にも指摘することができる．多種多様な文明の移動と交流の結果生じた中世以降の西アジア文化圏は，言語によって互いに重なりあう3つの文明圏を内包するという多重性をもっていた．これがアラビア語圏，ペルシア語圏，トルコ語圏である．山川出版社の世界各国史『西アジア史』がアラブ・トルコ・イランの編成になっているのは，国民国家の枠組みではないことに注意したい（佐藤 2002; 永田 2002）．この問題は，近年，日本において「ペルシア語文化圏」という概念が提出されるにいたって，その内包する複雑性がより強く認識されている（森本 2009）．

アラブ史，イラン史，トルコ史は，それぞれが主要な文明の担い手であると同時に，複雑な支配関係，対抗関係，文化的影響関係をもっている．それにもかかわらず，もしくはそれゆえにこそ，それぞれの歴史について自地域中心主義的内向性が生まれがちである．このことは近年西アジア史，イスラーム史の研究が各国で急速に深化しつつあり，同時にテーマや手法の専門性が増し，関心領域を自ずと限定せざるを得ない状況のなかで，その度合いを増しつつあるといってよい．西アジア史をイスラームのみならず多角的視点で理解する必要性があると同様に，言語文化圏についても，より広く多重な視点をつねに確保する必要があるであろう．その意味で，イスラーム時代以降の西アジア史を研究する者は，最低限この3言語の史料を自ら読解する能力を身につける必要があるとされる．

以上，西アジア史の研究史やトピックの変遷などは一切捨象し，西アジア史にまつわる，より構造的な問題を取り上げて紹介した．すでにこの分野には，いくつかの先行する入門ハンドブックが存在する（三浦ほか 1995; 小杉ほか 2008）．各論についてはそちらを参照されたい．

▶関連用語：2-1-C02 移動〔人間圏〕，2-2-A13 国家

文献

羽田正 2005.『イスラーム世界の創造』東京大学出版会.
加藤博 2002.『イスラム世界論』東京大学出版会.
小杉泰 2006.『イスラーム帝国のジハード』講談社.
小杉泰ほか編 2008.『イスラーム世界研究マニュアル』名古屋大学出版会.
三浦徹ほか編 1995.『イスラーム研究ハンドブック』栄光教育文化研究所.
森本一夫編 2009.『ペルシア語が結んだ世界』北海道大学出版会.
永田雄三編 2002.『西アジア史（Ⅱイラン・トルコ）』山川出版社.
佐藤次高 2004.『イスラームの国家と王権』岩波書店.
佐藤次高編 2002.『西アジア史（Ⅰアラブ）』山川出版社.
嶋田襄平 1977.『イスラームの国家と社会』岩波書店.

〔清水和裕〕

中東の生態・生業・地理

●「中東」の呼び名とその生態

　中東という地域名は比較的新しい．19世紀末にはオスマン帝国の支配領域を指す「近東」とペルシア湾一帯を指す「中東」がもちいられ，20世紀初頭は両者を合わせて「中近東」と呼ぶことが多くなり，さらに第二次世界大戦中に連合軍がもちいた「中東」が，戦後に国連でも地域名として定着した．70年代以降は，アラブ・イスラーム地域としての共通性から，中東・北アフリカ（MENA），あるいは北アフリカを含めて中東と呼ぶことが通例となった．

　つまり，西洋列強がアジア，アフリカを植民地化する過程で，南アジア以西のイスラーム世界の分割を競うアリーナとして近東・中東（それとならんで東アジアでは「極東」）が設定され，それに対抗する独立闘争や地域内からの再統合の動きが外的な力と拮抗するなかで，最終的に「中東」という地域が成立したのである．中東は言語別に，北アフリカを含むアラブ諸国と，トルコ，イランの三つに分けて考えられる．しかし，オスマン朝下のアラブ地域の中のパレスチナにユダヤ民族国家としてのイスラエルが成立し（1948年），現代ヘブライ語の領域が生じたうえ，アラブ・イスラエル紛争によって地域統合が阻害される状況が生じた．自然環境に基づく国境線はほとんど存在せず，いずれの地域名称も，極度の政治性を帯びている．

　南アジアから西へ，中東，北アフリカにかけて，タール沙漠，イラン沙漠，アラビア沙漠，サハラ沙漠というように，広大な沙漠が連続している．乾燥地は一見すると不毛にみえるが，嶋田義仁は「乾燥地域には移動を妨げる森や河川などが存在しないうえに，長距離の交易を支えるラクダやウマ，ロバなどの運搬・移動手段としての大型家畜が存在し，同時にこれら大型家畜は広域空間の政治秩序を維持する，あるいはこれを拡大する，優れた軍事・戦闘手段としても機能した」，「近代以前の世界の物流の中心は，このアフロ・ユーラシア内陸乾燥地」であり，「文明形成のエンジン」であるとしている（嶋田 2009: 111-114）．

　中東の乾燥地帯で人間が暮らすためには水源が必要であり，オアシスやワーディー（涸れ谷），時には外来河川がある場所に集住地や都市がつくられた．沙漠のなかを流れる大きな河川によって肥沃な農業地帯が成立した顕著な事例は，エジプトのナイル川，イラクのティグリス川，ユーフラテス川の流域であり，大型のオアシスとしては，人間が居住しつづけている「最古の都市」と言われるシリアのダマスカスを擁するグータなどが挙げられる．乾燥地と水源が組み合わさった生態環境を「乾燥オアシス地帯」と呼ぶことができる．

●イスラーム文明から現代へ

　中東では古代において，最も早く農耕が生まれるとともに，牧畜と遊牧が誕生

した．また，古代オリエントの時代から都市文明が栄え，イスラーム以前にはイランとメソポタミアを支配するサーサーン朝ペルシアと地中海地域を支配するビザンツ帝国が覇を競った．7世紀に生まれたイスラーム国家は，前者を制覇し後者の版図の大半を奪って，新しい文明圏をうち立てた．この文明は，ペルシア，ギリシアやヘレニズム，メソポタミアやエジプトなどの科学・技術のみならず，インドや中国の知識をも統合した．

イスラーム文明圏では8世紀以降に灌漑技術の革新と普及がおこり，主として熱帯産の作物が温帯にも広められ，大きな農業革新が起きた．それは西欧にも及び，アラビア語起源の西欧語の作物名（ライス，レモン，オレンジなど）にその影響が記されている．とくに，乾燥地帯で農業を行うために，イランのカナート（暗渠をもちいた水路）の灌漑方式を広域に普及させ，水車とならんで風車を開発したことも，生態環境に適合的な技術として特筆に値する．

イスラーム帝国の成立によって，地中海とインド洋の交易圏が結び合わされ，中国からヨーロッパまでを結ぶ世界的な貿易ネットワークが形成された．さらに，ディーナール金貨とディルハム銀貨による二本位制によって，非常に広域の市場が成立し，貨幣経済が早くから発達した．ラクダは「沙漠の舟」と言われ，サハラ交易路などで大きな役割を果たし，またダウ船をもちいた海洋交易が環インド洋圏などで栄えた．

近現代において地域名が中近東あるいは中東となってからは，主として，西欧とアジアを結ぶ通商の要地として重要性が増し，大英帝国はスエズ運河やアデン港などの「インドへの道」を支配することに腐心した．さらに石油が「発見」され，世界的なエネルギー革命が起きると，中東は原油の確認埋蔵量のほぼ3分の2（天然ガスは世界のほぼ半分）を有する地域として，今日まで国際経済の死活的な地域となっている．そのような性質のゆえに，現代の中東は上位の国際システムがより強く「浸透している（介入を受ける）」地域であるとの考え方もある．

▶関連用語：オアシス，カナート，乾燥オアシス地帯，石油輸出国機構

文献

アルハサン，A. Y.・D. R. ヒル著，多田博一ほか訳 1999．『イスラム技術の歴史』平凡社．
堀内勝 1979．『砂漠の文化』教育社．
板垣雄三 1992．『歴史の現在と地域学』岩波書店．
加藤博 1995．『文明としてのイスラム』東京大学出版会．
小堀巌 1996．『乾燥地帯の水利体系』大明堂．
小杉泰 2006．『イスラーム帝国のジハード』講談社．
嶋田義仁 2009．「砂漠が育んだ文明」池谷和信編『地球環境史からの問い』岩波書店．
ターナー，H. R. 著，久保儀明訳 2001．『図説　科学で読むイスラム文化』青土社．
Watson, A. M. 1983. *Agricultural Innovation in the Early Islamic World*, Cambridge University Press.
家島彦一 1991．『イスラム世界の成立と国際商業』岩波書店．

〔小杉　泰〕

キーワード◆イスラーム復興，スーフィズム

中東の政治・経済・社会・文化

　中東は北アフリカとひとつながりの地域として理解されることが多い．ここでは，西はモロッコ・モーリタニアから東はアフガニスタンにいたる地域に関する研究を行う際に，導入となる書目について，日本語のものを中心に述べる．個々のトピックについてさらに深く調べたい場合は，小杉ほか（2008），三浦ほか（1995）を参照されたい．辞典としては大塚ほか（2002）を勧める．

●中東の政治経済

　現代中東・北アフリカについて調べる際にまず頼りとすべき事典は，4巻本の *Encyclopedia of the Modern Middle East and North Africa* である．年鑑である *Yearbook of Islamic and Middle Eastern Law*，雑誌 *Arab Law Quarterly* もつねに参照すべきであろう．

　中東政治を考える際に重要なトピックのいくつかについて，以下導きとなる研究を挙げていきたい．「イスラム原理主義」として一般に知られる現象については，急進派への過度の注目に警告を発し，より平和的で草の根の運動と接続させることを意図して，「イスラーム復興」や「イスラーム主義」という概念で理解することが多くなっている（臼杵 1999；大塚 2004）．中道派への目配りも忘れてはならない．

　パレスチナ問題については，奈良本（2005）が歴史的概観を与える一方，臼杵（2004）はイスラエルの側からの視点

も交えつつ考察する．近年の中東の民主化については，まだ学問的な評価ができる段階ではないが，NIHUイスラーム地域研究プロジェクトの「中東・イスラーム諸国の民主化」ホームページ（http://www.l.u-tokyo.ac.jp/~dbmedm06/）が大いに参考になる．イランのみならず，イラク・レバノンや湾岸などでも大きな社会的意味をもつシーア派については，Halm（1991）で，まずシーア派諸派に関する概括的な知識を得た後，現代の各国の状況に関する研究に進むことが望ましい．また，中東の政治問題の少なからぬ部分は，マイノリティの問題に起因している．モザイク国家レバノンの状況や，クルド人・ベルベル人などの民族問題，コプト教徒等の東方キリスト教やユダヤ教との関係などが考察されるべきである．

　中東の経済に関して，近年とみに注目を浴びているのが，資本主義へのオルタナティブとなる可能性も秘めているイスラーム経済の分野である．これに関しては，まず小杉・長岡（2011）の一読を勧める．長岡（2010）は経済学の立場から，両角（2011）は法学の立場からのこの分野の最新の成果である．また，石油をはじめとするエネルギーの問題も，きわめて重要な問題である（福田 1996）．

●中東の社会文化

　中東の社会文化について，人類学からアプローチしたものとして，アイケルマン（1988），大塚（1989）がある．都市と

社会問題については羽田・三浦（1991），ジェンダーについては，6 巻からなる *Encyclopedia of Women & Islamic Cultures* が参考になる．

イスラーム世界のほかの地域同様，中東でも人々の暮らしと間近に存在しているものに，聖者信仰やタリーカ（スーフィー教団）がある．これについては，赤堀（2008）にまずあたるのがよい．より専門的な論集として赤堀ほか（2005）がある．近代になって，中東の一部で，イスラーム復興や近代主義の立場から激しい非難がなされたために，現代では力を失ったかのように誤解されることの多いスーフィズムや聖者信仰・タリーカだが，実際には多くの国でいまだに大きな役割を果たしている．

イスラーム法学や神学というと，一般の人々は原理主義者を思い浮かべることが多いようだが，当然のことながら，昔も今も，それらイスラーム諸学を担っているのはウラマー層である．谷口（2011）は中世を主として扱うが，まず読むのに適している．現代研究としては，イラン革命時のウラマー層を扱った Keddie（1983）などがある．

近年の新しい知の試みとして，近代科学をイスラーム化しようとする「知のイスラーム化」の議論と実践がある．これに関しては小杉（2007）が参考になる．

▶関連用語：イスラーム銀行，再イスラーム化，シャリーア

文献

赤堀雅幸編 2008.『民衆のイスラーム』山川出版社．
赤堀雅幸ほか編 2005.『イスラームの神秘主義と聖者信仰』東京大学出版会．
アイケルマン，D. F. 著，大塚和夫訳 1988.『中東 —— 人類学的考察』岩波書店．
福田安志編 1996.『GCC 諸国の石油と経済開発』アジア経済研究所．
Halm, H., trans. by J. Watson 1991. *Shiism*, Edinburgh University Press.
羽田正・三浦徹編 1991.『イスラム都市研究』東京大学出版会．
Keddie, N. R. (ed.) 1983. *Religion and Politics in Iran*, Yale University Press.
小杉泰 2007.「イスラーム世界における文理融合論」『イスラーム世界研究』1(2).
小杉泰ほか編 2008.『イスラーム世界研究マニュアル』名古屋大学出版会．
小杉泰・長岡慎介 2010.『イスラーム銀行』山川出版社．
三浦徹ほか編 1995.『イスラーム研究ハンドブック』栄光教育文化研究所．
両角吉晃 2011.『イスラーム法における信用と「利息」禁止』羽鳥書店．
長岡慎介 2011.『現代イスラーム金融論』名古屋大学出版会．
奈良本英佑 2005.『パレスチナの歴史』明石書店．
大塚和夫 1989.『異文化としてのイスラーム』同文舘出版．
―― 2004.『イスラーム主義とは何か』岩波書店．
大塚和夫ほか編 2002.『岩波イスラーム辞典』岩波書店．
谷口淳一 2011.『聖なる学問，俗なる人生』山川出版社．
臼杵陽 1999.『原理主義』岩波書店．
―― 2004.『世界化するパレスチナ / イスラエル紛争』岩波書店．

〔東長　靖〕

キーワード◆職分権，南アジア型発展径路

南アジアの歴史

　南アジアは，ヒマラヤ山脈とインド洋に囲まれた巨大半島部を本体とする地域である．インド，パキスタン，バングラデシュ，スリランカ，ネパール，ブータン，モルディヴの7ヵ国が含まれるが，歴史的にはアフガニスタンも含めて考えられる場合が多い．ここでは，南アジア史研究の日本語基本文献について紹介したうえで，持続型生存基盤論パラダイムと関連の深い二つのトピックに触れたい．

●南アジア史研究の基本文献

　南アジアの通史を1冊にまとめたものとしては，辛島（2004），内藤・中村（2006）がある．また，中公文庫「世界の歴史」シリーズの山崎（2009），佐藤ほか（2009），狭間・長崎（2009）も南アジア史を扱っている．より専門的な議論については，山崎・小西（2007），小谷（2007），辛島（2007）が詳しい（このシリーズの「近現代」の巻は近刊予定）．

　近年のインド人歴史家による代表的な著作としては，サルカール（1993），チャンドラ（1999），チャンドラ（2001）が挙げられる．また，1980年代以降エリート中心の歴史を否定して「サバルタン（グラムシに由来する概念で，下層民衆の意）」主体の歴史叙述をめざし，歴史学のみならずポストコロニアル批評の領域などにも大きな影響を及ぼしたサバルタン研究グループの作品としてグハほか（1998）がある．

　南アジア史研究の流れを知るためには，辛島（2004）の序章（辛島昇「新しい歴史解釈と南アジア」）と，長崎（2002）の第3章（小谷「日本の歴史学におけるインド」），そして大石（2008）が参考になる．

　インド思想史・哲学・仏教史の領域に関する文献は膨大にあるが，ここでは，長尾（1988），中村（1988-1999），奈良・下田（2010）を挙げておきたい．

　日本–南アジア関係の通史としては，山崎・高橋（1993）がある．この分野に関しては，戦前から戦中にかけてのアジア主義やインド国民軍に関する研究が進みつつあるが，その時期の経済関係史の全体像を見通せるような研究はない．「明治から第二次大戦までの日印関係の歴史をふりかえってみると，政治や思想，文化の面の交流にくらべて，経済関係が突出した地位を占めていた」（山崎・高橋 1993: 111-112）といった基本的な事実すら，最近は南アジア研究者の間でも忘れ去られているようにみえる．実証的かつ総合的な近現代日本–南アジア経済関係史研究の登場がまたれる．

　南アジア史の個々のトピックや史資料の状況については，辛島（2004）の巻末の参考文献と，長崎（2002）の付章（藤井毅「南アジア研究ガイド」）が詳しい．日本各地の研究機関における南アジア関係の資料の状況については，NIHUプロジェクト「現代インド地域研究」（http://www.indas.asafas.kyoto-u.ac.jp/）の「資料紹介」ページも参照されたい．

● 「職分権」，「南アジア型発展径路」

　日本の南アジア研究が世界に誇る到達点の一つが「職分権」に関する研究だろう。植民地期の土地政策をつうじてインドの経済・社会・政治関係が「土地」中心となる以前は，カーストの理念とも結びついた「職分」をめぐる関係性が中心的だった（Kotani et al. 2008; 田辺 2010）。

　経済史の分野では，「径路依存性」という概念を土台として，南アジア型発展径路の特質を捉えようとする動きがある。杉原（2010）によると，西洋と東アジアではいずれも生産効率性をめざす発展径路が形成されてきた（西洋が資本集約的，東アジアは労働集約的）のに対し，熱帯的な予測不可能な環境に適応する必要性があった南アジアでは，まずは生存基盤確保を主眼に置く発展径路が形成されてきた。また，脇村（2010a, 2010b）は，南アジアの社会経済発展を長期の歴史のなかで捉えるならば，「開放体系」という特徴が浮かびあがってくると指摘している。

▶関連用語：径路依存性，サバルタン研究

文献

チャンドラ, S. 著, 小名康之・長島弘訳 1999.『中世インドの歴史』山川出版社.
――――著, 粟屋利江訳 2001.『近代インドの歴史』山川出版社.
グハ, R. ほか著, 竹中千春訳 1998.『サバルタンの歴史』岩波書店.
狭間直樹・長崎暢子 2009.『自立へ向かうアジア』中央公論新社.
辛島昇ほか 2004.『南アジア史』山川出版社.
辛島昇編 2007.『南アジア史 3 ―― 南インド』山川出版社.
小谷汪之編 2007.『南アジア史 2 ―― 中世・近世』山川出版社.
Kotani, H. et al. 2008. "Indian History from Medieval to Modern Periods", *International Journal of South Asian Studies*, 1.
長尾雅人ほか編 1988.『インド思想（1・2・3）』（岩波講座東洋思想 5・6・7）岩波書店.
長崎暢子編 2002.『現代南アジア 1 ―― 地域研究への招待』東京大学出版会.
内藤雅雄・中村平治編 2006.『南アジアの歴史』有斐閣.
中村元 1988-1999.『中村元選集［決定版］』全 32 巻（別巻 8）春秋社.
奈良康明・下田正弘編 2010.『新アジア仏教史　インド（1・2・3）』佼成出版社.
大石高志 2008.「歴史研究の変化と展望」『南アジア研究』20.
サルカール, S. 著, 長崎暢子ほか訳 1993.『新しいインド近代史（I・II）』研文出版.
佐藤正哲ほか 2009.『ムガル帝国から英領インドへ』中央公論新社.
杉原薫 2010.「南アジア型経済発展径路の特質」『南アジア研究』22.
田辺明生 2010.『カーストと平等性』東京大学出版会.
脇村孝平 2010a.「「開放体系」としてのインド亜大陸」『南アジア研究』22.
―――― 2010b.「グローバル化の経済史」川越修ほか『ワークショップ社会経済史』ナカニシヤ出版.
山崎元一 2009.『古代インドの文明と社会』中央公論新社.
山崎元一・小西正捷編 2007.『南アジア史 1 ―― 先史・古代』山川出版社.
山崎利男・高橋満編 1993.『日本とインド　交流の歴史』三省堂.

〔石坂晋哉〕

南アジアの生態・生業・地理

●南アジアの位置

　北をヒンドゥークシ・カラコルム・ヒマラヤ山脈，東をパトカイ・アラカン山脈，西をスレイマン山脈で仕切られ，南は大きくインド洋に囲まれた南アジアは，バングラデシュ，ブータン，ネパール，インド，スリランカ，パキスタンおよびモルディブという七つの国家の領域によって構成される．その総面積は448万 km^2（世界の総陸土面積の3.3％）であるが，2010年における総人口は15億9,876万人（全世界人口の23.2％）を占める（FAO 2012）．イギリス人によって「インド亜大陸」と名付けられたこの陸塊は，およそ5,000万年前にユーラシア大陸と衝突し，ヒマラヤ・チベット山塊を形成したとされる．本項では，南アジアがもつ多様な生態環境と生業，とくに作付作物について，北から南へと順に説明してゆくことにしよう．

●生態環境と作付作物の多様性

　インド亜大陸の北部を取り囲む高山地帯，とくにカラコルム・ヒマラヤ山脈では，標高1,000 m以下から4,000 m以上の山々にいたるまでの高度変化により，亜熱帯林→落葉樹林→針葉樹林→草地→氷雪地帯と植生が大きく変化する．ただし，モンスーンの影響の違いから，北西部ヒマラヤは全体的に乾燥して植生も乏しいのに対して，東部ヒマラヤは湿潤でかなりの部分が森林に覆われているなど，東西方向でも植生が大きく異なる．

高度と作目の関係についてみると，標高1,500 m程度までの土地では，水利の便の良いところで水田水稲作が認められるほか，トウモロコシやシコクビエなどの畑地が広がる．2,000 mを過ぎるとジャガイモやオオムギなどの耐寒性作物が多くなる．作物栽培の限界は標高3,000 m程度である．農業だけでなく，ヒツジ，ウシ，ヤク，ゾムといった畜産も重要である（山本ほか2000）．

　高山地帯の南には，インダスおよびガンガーによって運ばれた沖積土壌に覆われた平原地帯が広がる．この平原地帯の様相も，高山地帯と同様に東西で大きく異なる．年間降水量が500 mmに満たないインダス平原の農業は，インダス流域における灌漑開発によって支えられている．コムギの作付けは流域全体で認められ，総作付面積の3分の1以上を占める．そのほか，綿花，イネといった主要作物栽培に加え，大型家畜を中心とする畜産も一般的に行われている（デュラン＝ダステス 2007）．東側に広がるヒンドスタン平原は，ガンガー流域を上・中・下流部の三つに分けるとその実情が正確に捉えられる（高谷 2001）．比較的乾燥した上流部では，インダス流域と同様に用水路灌漑をもちいたコムギ栽培が卓越する．中流部では水路灌漑網を井戸灌漑が補完し，イネ，コムギ，マメ類，サトウキビおよび野菜のローテーションが展開されている（海田 2000）．ガンガー川がブラマプトラ川およびメグナ川と合流し

て海へと注ぐベンガル・デルタは，年間降水量1,500 mmから3,000 mmの多雨地帯であるが（本講座第2巻第8章），この降水量の4倍以上の水が河川をつうじて流入する（ジョンソン1986b）。サイクロンと洪水により毎年大きな被害を受けるこの地域には過剰な水が存在しているが，80年代にみられたコメの生産性向上は，小規模揚水灌漑の普及による乾季の灌漑用水の確保によるものであった（藤田2005）。

平原部の南には，肥沃な黒色土（レグール）で覆われたデカン高原が広がる。年間降水量が500 mmから1,000 mmで，その大半が南西モンスーン季に集中するこの地域では，シコクビエ，トウジンビエ，ソルガムなどのミレットとマメ類などを混播・混植する，ミレット農耕が広く行われている。畜力を積極的に利用した，この地域の農耕システムがもつ卓越性は，応地（2002）などで詳説されている。デカン高原の東部や南部では，ラテライト土壌が広がり，土壌肥沃度はあまり高くない。オリッサを中心とするデカン高原東部では，比較的多い雨を利用して水稲作が卓越する。また，デカン高原南部では，ため池灌漑を利用した水稲作と天水畑における雑穀栽培が広く行われていたが，90年代以降，おもに上流部でサトウキビや野菜などの商品作物栽培が広がる一方，下流域で休閑地が急速に増大しているなど，水資源賦存量の違いが流域内部における作付けの違いを生み出している（Sato and Ramasamy 2011）。

インド亜大陸西南海岸部は，アラビア海からもたらされる南西モンスーンの湿った気流が，西ガーツ山脈にぶつかり，3,000 mmを超える熱帯多雨林地帯を形成する。稲作が広く行われるほか，古来，コショウの産地として有名である。

▶関連用語：2-3-A12 モンスーン，地下水

文献

デュラン＝ダステス，F. 著，田辺裕・竹内信夫監訳 2007.『インド・南アジア（ベラン　世界地理体系12）』朝倉書店．
Food and Agriculture Organization of the United Nations (FAO) 2012. FAOStat http://faostat.fao.org/default.aspx（2012年3月9日アクセス）．
藤田幸一 2005.『バングラデシュ　農村開発のなかの階層変動』京都大学学術出版会．
ジョンソン, B. L. C. 著，山中一郎ほか訳 1986a.『南アジアの国土と経済　第1巻　インド』二宮書店．
―――― 1986b.『南アジアの国土と経済　第2巻　バングラデシュ』二宮書店．
海田能宏 2000.「湿潤地帯の農業農村開発」農業土木学会『農業土木ハンドブック　本編［改訂第6版］』丸善．
応地利明 2002.「環境調和型農耕としてのデカンのミレット栽培」柳澤悠編『現代南アジア　4　開発と環境』東京大学出版会．
Sato, T. and P. Ramasamy 2011. "The Effects of Expansion of Private Wells on Rural Livelihood in Tank Intensive Watersheds",『東南アジア研究』49(1)．
高谷好一 2001.『新編・世界単位から世界を見る』京都大学学術出版会．
山本紀夫・稲村哲也編著 2000.『ヒマラヤの環境誌』八坂書房．

〔佐藤孝宏〕

南アジアの政治・経済・社会・文化

●南アジア地域研究のための基本的工具

南アジア地域研究の基本的工具としては，辛島ほか (2002) がある．国別には，インド (山下・岡光 2010)，パキスタン (黒崎ほか 2004) のほか，各国情報は明石書店のエリア・スタディーズ・シリーズを参照されたい．また，南アジアの政治・経済・社会・文化のさまざまな面に影響を与えてきたヒンドゥー教について知るには，橋本ほか (2005) がある．

また，特定領域研究「南アジア世界の構造変動とネットワーク」(1998-2000 年度) の成果が，叢書現代南アジア全 6 巻として刊行されている (長崎 2002；絵所 2002；堀本・広瀬 2002；柳澤 2002；小谷 2003；秋田・水島 2003)．

以下，南アジアの政治，経済，社会，文化，そして環境について学ぶための日本語の基本文献を紹介する．

●南アジアの政治・経済・社会・文化

南アジアの政治の概説としては，堀本・三輪 (2012) を勧めたい．インド民主主義の動向について詳しく論じているのが，近藤 (2009)，広瀬ほか (2011) である．インドの外交・軍事については，西原・堀本 (2010) がある．

南アジアの政治に関し，1990 年代ごろから盛んに議論された論点に，公共圏や市民社会をめぐる問題がある．それらの議論のレビューとして，中里 (2001)，粟屋 (2002) がある．

インドならびに南アジアの最近の経済発展の状況については数多くの文献があるが，ここでは絵所 (2008)，石上・佐藤 (2011) を挙げておきたい．

南アジアの社会と文化については，田中・田辺 (2010) が，ポストコロニアルやグローバリゼーションといった視点からの知見を取り入れた入門書である．南アジア社会に関する研究史の全体像を知るには，田辺 (2008) が参考になる．

これまでの南アジア社会研究においてとりわけ盛んに議論されてきたのは，カーストとは何かという問いである．社会学者デュモンは，インドのカーストにおける上下の序列関係が，西洋でよくみられる経済・政治的な階級とは異なり，浄・不浄という宗教的観念によって決定されていると主張した (デュモン 2001)．デュモン以降の代表的なカースト研究としては，浄・不浄とは別の論理である「ケガレ」観念に注目する研究 (関根 1995) や，カースト・アイデンティティが 19 世紀以降の政策によって強まってきたことを強調する研究 (藤井 2003)，植民地期のカースト団体の成立や独立後インドの留保制度との関連でのカーストの変容に注目する研究 (押川 1994) などがある．

1970 年代以降，南アジアにおいても「環境」が政治や社会の主要なアジェンダの一つになってきた．南アジアの灌漑制度をめぐっては堀井ほか (1996) が，インドの環境運動については真実 (2001)，石坂 (2010) などがある．

●現代南アジア研究の最前線

　日本の南アジア地域研究の最新の動向を知るためには，日本南アジア学会の和文学会誌『南アジア研究』と，英文学会誌 International Journal of South Asian Studies をチェックすることが重要である。また，2010年度に始まったNIHU「現代インド地域研究」プロジェクトでは，学術フォーラム誌『現代インド研究』を刊行し，資料紹介を含むホームページを運営している。また，日印協会の『現代インド・フォーラム』や，インド文化交流センターの『インド通信』にも，現代南アジアに関する論考やエッセイが掲載されており，参考になる。

▶関連用語：2-2-A09 改宗，サバルタン研究，浄と不浄

文献

秋田茂・水島司編 2003.『現代南アジア6　世界システムとネットワーク』東京大学出版会.
粟屋利江 2002.「南アジアにおける『公共圏』・『市民社会』をめぐる研究動向」『南アジア研究』14.
デュモン，L. 著，田中雅一・渡辺公三訳 2001.『ホモ・ヒエラルキクス』みすず書房.
絵所秀紀編 2002.『現代南アジア2　経済自由化のゆくえ』東京大学出版会.
絵所秀紀 2008.『離陸したインド経済』ミネルヴァ書房.
藤井毅 2003.『歴史のなかのカースト』岩波書店.
橋本泰元ほか 2005.『ヒンドゥー教の事典』東京堂出版.
広瀬崇子ほか編 2011.『インド民主主義の発展と現実』勁草書房.
堀井健三ほか編 1996.『アジアの灌漑制度』新評論.
堀本武功・三輪博樹編 2012.『現代南アジアの政治』放送大学教育振興会.
堀本武功・広瀬崇子編 2002.『現代南アジア3　民主主義へのとりくみ』東京大学出版会.
石上悦朗・佐藤隆広編 2011.『現代インド・南アジア経済論』ミネルヴァ書房.
石坂晋哉 2010.『現代インドの環境思想と環境運動』昭和堂.
辛島昇ほか監修 2002.『南アジアを知る事典［新訂増補］』平凡社.
近藤則夫編 2009.『インド民主主義体制のゆくえ』日本貿易振興機構アジア経済研究所.
小谷汪之編 2003.『現代南アジア5　社会・文化・ジェンダー』東京大学出版会.
黒崎卓ほか編 2004.『現代パキスタン分析』岩波書店.
真実一美 2001.『開発と環境』世界思想社.
長崎暢子編 2002.『現代南アジア1　地域研究への招待』東京大学出版会.
中里成章 2001.「インド近代史における公共性の問題」斎藤照子編『東南アジア世界の再編（岩波講座東南アジア史5）』岩波書店.
西原正・堀本武功編 2010.『軍事大国化するインド』亜紀書房.
押川文子 1994.「インド政治とカースト」中兼和津次編『近代化と構造変動』東京大学出版会.
関根康正 1995.『ケガレの人類学』東京大学出版会.
田辺明生 2008.「構造から生成へ」『南アジア研究』20.
田中雅一・田辺明生編 2011.『南アジア社会を学ぶ人のために』世界思想社.
山下博司・岡光信子 2010.『インドを知る事典』東京堂出版.
柳澤悠編 2002.『現代南アジア4　開発と環境』東京大学出版会.

〔石坂晋哉〕

1-2-10　　　　　　　　　　　　　　　　キーワード◆自律史, 歴史研究, 地域研究
東南アジアの歴史

●**対象としての東南アジア**

　東南アジアという地域概念が一般化したのはそれほど古いことではない（石井1989）．「キリスト教世界」や「中華帝国」といったわかりやすい統一性のシンボルをもたず民族も文化も多様な東南アジアを，実体をともなった一つのまとまりある歴史世界として捉えうるか否かは，現在においても議論のあるところである．それゆえ，この地域の歴史を，中国やインドの周辺部ではなく，王朝史・植民地史の寄せ集めでもないかたちで描く作業もまたきわめて新しい．日本の教育界でも，前近代はインド（ベトナムは中国）の周辺地域，近現代は欧米の植民地史と独立闘争史として扱うことが1990年代までは一般的だった．この地を冷戦の最前線とした20世紀後半の国際政治が，東南アジアという地域認識を一般社会において担保する大きな要因となったことは否めない．

　セデスの古典的名著（Coedes 1968, 仏語初版は1944年出版）は，古代におけるインド文明の伝播と展開（インド化）を軸とすることで東南アジアほぼ全域をカバーすることに成功した．だが，その論旨は外部の大文明に対する東南アジア側の主体的反応を軽視し，植民地主義擁護や他律史観につながるものだった．草創期の東南アジア史は，その意味で西洋中心主義の世界史とインドや中国というアジア内大文明の双方から周縁と位置づけられた．この二重の周縁化への抵抗は，独立後の各国のナショナリズムとも共鳴して，20世紀の東南アジア史研究の通奏低音となり，歴史展開の内在的要因を重視する自律史（Smail 1961）や国家の類型論など王朝興亡史にとどまらない構造的把握（Benda 1963）が目指されるようになった．リードの『交易の時代の東南アジア』（Reid 1988, 1993）はこのような流れの一つの到達点である．

●**東南アジア「史」のアプローチ**

　文献資料に乏しい東南アジアでは，所有や暴力によらないで成立する国家像を描き出したギアーツの『ヌガラ』（ギアッ1990）など隣接諸学の影響も大きかった．また，アナール派の手法を取り入れたリードの著作は「全体史」を目指す点で，地域の総合的理解を目指す地域研究との相性も良かった．日本の地域研究は自然科学との相互乗り入れに大きな特徴があり，歴史研究と地域研究を結合させた渡部ほか（1987）などの成果が生まれた．交易とネットワーク支配を基盤とする国家類型として提出された「港市国家」論（Kathirithamby-Wells and Villiers 1991）は，これに農学の成果を加えて発展させた石井米雄などをつうじて日本史にも影響を与えている．「マンダラ」論（Wolters 1982）や「銀河政体」論（Tambiah 1976）は，未開・未成熟と切り捨てられていた前近代東南アジア国家の構造が，小人口世界など地域特有の与件に適応した支配形態であることを示すなどユニークな国

家論が提出された.

　これらの成果の上に「東南アジア史」という枠組みが学界で市民権を得るようになると，戦後しばらくは低調だった中国・インド・欧米との関係史を見直す動きが生まれ，とりわけ中国の経済成長は華人ネットワークへの関心を増大させた（Reid 1997）．このトレンドは従来から広域のネットワークを研究していたアジア間交易論（杉原 1996）やグローバルヒストリー（Pomeranz 2000）と呼応するかたちで議論の射程を広げつつある．ユーラシアの両端地域（西欧，日本，東南アジア大陸部）が，14 世紀以降に共通の歴史的統合過程を歩んだというリーバーマンの野心的比較史（Lieberman 2003, 2009）は，東南アジアという枠組を東南アジア史側から積極的に破った議論という点で記念碑的著作となった．いまや東南アジア史は自律か他律かという二項対立を超えたより柔軟かつ複眼的な議論を包含する場へと変化している.

▶関連用語：2-2-A14 主権国家システム，交易の時代

文献

Benda, H. 1962. "The Structure of Southeast Asian History", *Journal of Southeast Asian History*, 3.
Coedes, G. 1968. *The Indianized States of Southeast Asia*, ed. by Walter F. Vella, trans. by Sue Brown Cowing, University of Hawaii Press.
ギアツ，C. 著，小泉潤二訳 1990. 『ヌガラ —— 19 世紀バリの劇場国家』みすず書房.
石井米雄 1989. 「東南アジア地域認識の歩み」『上智アジア学』7.
Kathirithamby-Wells, J. and J. Villiers (eds) 1991. *The Southeast Asian Port and Polity*, Singapore University Press.
Lieberman, V. 2003, 2009. *Strange Parallels* [2 vols], Cambridge University Press.
Pomeranz, K. 2000. *The Great Divergence*, Princeton University Press.
Reid, A. 1988, 1993. *Southeast Asia in the Age of Commerce 1450–1680* [2 vols], Yale University Press.
Reid, A. (ed.) 1997. *The Last Stand of Asian Autonomies*, Macmillan.
Smail, J. 1961. "On the Possibility of Autonomous History of Modern Southeast Asia", *Journal of Southeast Asian History*, 2.
杉原薫 1996. 『アジア間貿易の形成と構造』ミネルヴァ書房.
Tambiah, S. J. 1976. *World Conqueror and World Renouncer*, Cambridge University Press.
渡部忠世ほか編 1987. 『稲のアジア史（全 3 巻）』小学館.
Wolters, O. W. 1982. *History, Culture, and Region in Southeast Asian Perspectives*, Institute of Southeast Asian Studies (Revised ed. Cornell University Southeast Asian Program, 1999).

〔蓮田隆志〕

キーワード◆自然科学系地域研究, 農村社会, 資源管理, 生物多様性

東南アジアの生態・生業・地理

1960年代より自然科学系地域研究が, 人文学や社会科学系の研究との関係を, 当初の相互補完から統合化へ, そして共進化へと展開してきた歩みを概観しよう.

● 学際研究による総合的地域理解

個々のディシプリンは, 地域社会に対する独自のアプローチをもつ. それを束ね相互に補完することで, 総合的な地域理解に近づくことができる. そのための方法論は, 多分野の研究者が, ともに現地を歩き, 議論を重ねることである. その最初の試みがタイを舞台とする共同研究だった. 石井は, 仲間との議論から学んだ稲作技術の多様性を,「農学的適応」と「工学的適応」と総括した (石井1975). 歴史学者である石井は, これを, 国家としてのタイの発展過程を論じるための基本的視座として提示したのだが, 農学系の研究者にとっても有効な枠組みであった. また, 地質学を専攻していた高谷は, チャオプラヤ・デルタの詳細な現地調査に基づいて, 地質, 地形, 土壌, 水文環境, 土地利用, 農業技術, 集落形成, 農村構造の関係性をモデル化した (高谷1982). これは基本的視座として現在でも有効である (Molle and Srijiantr 2003). 1970年代には, 人口学者である坪内をリーダーに南スマトラのコムリン川, ムシ川流域を対象とした調査が実施された (坪内1979). この調査に参加した土壌学者の古川は, その後, インドネシア各地を調査し, 低湿地の土壌, 生態, 土地利用, 農業を包括的に論じた (古川1992). これらの研究をふまえて,『事典東南アジア』(1997年) の編纂ほか, 多様な生態と生業が提示された (高谷1985; 渡部1987; 横山ほか2008).

● 個体認識による総合化

次の段階は統合化である. 視点や成果を共有するのみならず, 調査対象とデータを共有し, より実証的な地域研究を目指した. データ収集の単位は一般的に, 自然科学では空間が単位となるが, 人文学や社会科学では人や人の集団が単位となる. この差異を乗り越えるために編み出された方法論が空間や人の個体認識である. まず, 個々の空間や人, 世帯などを総合的に理解し, その積み上げとして地域社会の総合的な理解を目指すアプローチである. これを最初に試みたのが, 1980年代初頭に実施されたタイ東北部の一農村を対象とした共同研究である. リーダーの福井は, 人口, 農業, 家計等の個別データを駆使し, 人口増加過程における農村社会の動態を論じ, 開拓移住の重要性を指摘した (福井1988). また, 桜井は, ベトナム・紅河デルタの一農村を対象として, 人々が内戦や社会主義化, そして市場経済の導入をどのように生き延びたのかを論じ (桜井2006), 紅河デルタ農村においてはドイモイこそが革命だと示唆した. さらに, 個々の地域社会の緻密な理解を横断的に俯瞰するメタ分析に基づいて生態や生業の変化要因を普

遍性と固有性の観点から検討する研究も盛んになりつつある（Leisz et al. 2010）．

●グローバル・イシューへの挑戦

　相互補完や統合化が地域社会の総合的理解を目指したのに対して，近年の自然科学系の東南アジア研究は，資源管理や開発研究などの学際的テーマに重点を置くようになった．これは，一つには，東南アジアに関する情報が圧倒的に不足していた時代が終わり，研究者が自らの国や地域に関する研究を発信するようになったからである．同時に，地球環境や生物多様性などのグローバル・イシューを展望し，実証的な理論化により，より普遍で応用力のある提言を目指すものである．そのためには，ディシプリンが共進化を遂げなければならない．生態学的研究が，人為的な介入が必ずしも生態系を劣化させないことを明らかにすると，農学的研究が，人為的に生み出された生態系の重要性を指摘し（Brookfield 2001; 河野 2008），それをふまえて現場からのガバナンス論が展開されようとしている（井上 2004; 市川ほか 2010）．また，開発過程に内在する疾病の蔓延や貧困化などのリスクに関する議論も深まりつつある（茂木 2006; Kono et al. 2009）．さらに生態学や水産学と社会科学の連携による湖水域や沿岸域の資源管理に関する研究も盛んになりつつある（秋道ほか 2008）．

▶関連用語：2-1-B01 生物多様性，作付体系，樹木作物，森林産物，多生業空間

文献
秋道智彌・黒倉寿編 2008.『人と魚の自然誌』世界思想社．
Brookfield, H. 2001. *Exploring Agrodiversity*, Columbia University Press.
福井捷朗 1988.『ドンデーン村』創文社．
古川久雄 1992.『インドネシアの低湿地』勁草書房．
石井米雄編 1975.『タイ国 ── ひとつの稲作社会』創文社．
市川昌広・生方史数・内藤大輔編 2010.『熱帯アジアの人々と森林管理制度』人文書院．
井上真 2004.『コモンズの思想を求めて』岩波書店．
河野泰之編 2008.『生業の生態史』弘文堂．
Kono, Y. et al. (eds) 2009. "Agency, Opportunity and Risk", Special Issue of *Southeast Asian Studies*, 47(4).
茂木幹義 2006.『マラリヤ・蚊・水田』海游舎．
Molle, F. and T. Srijiantr (eds) 2003. *Thailand's Rice Bowl*, White Lotus Press.
Leisz, S. J. et al. (eds) 2010. "Mechanisms of Land Use Change in Mainland Southeast Asia", Special Issue of *Southeast Asian Studies*, 47(3).
桜井由躬雄 2006.『バックコック ── 歴史地域学の試み』東京大学大学院人文社会系研究科．
高谷好一 1982.『熱帯デルタの農業発展』創文社．
─── 1985.『東南アジアの自然と土地利用』勁草書房．
坪内良博編 1979.「南スマトラ」『東南アジア研究』特集号 17(3)．
渡部忠世ほか編 1987.『稲のアジア史』小学館．
横山智・落合雪野編 2008.『ラオス農山村地域研究』めこん．

〔河野泰之〕

東南アジアの政治・経済・社会・文化

東南アジアという地域単位は，政治・軍事的に決められたもので，一つの地域とする自明な基準があるわけではない．言語・文化・政体の成り立ち・宗教，いずれをとっても多様で，同地域の内外へ重なりつつ広がる．そうした広がりのなかで，近代国家が形成され，その集合体として東南アジアが外から規定された．

● **社会・文化的多様性の共存・動態**

東南アジアの社会・文化的多様性は，生態的特質と交易と農業政体同士の相互関係という内的動態と，外的刺激とが重層的に紡ぎだした結果である．ヒンドゥー教や仏教思想，サンスクリット語やパーリ語などインド文明の影響は，王権思想や国家の建設・統合原理の礎をなし，王宮の儀礼，建築，工芸や文芸にも大きな影響をもたらした．それはアニミズム的諸相とともに，現在にいたる文化の基層を成している．一方，紀元前から中国の影響も大きく，とくにベトナムではその政治制度の影響も強かった．

その基層の上に大陸部にはスリランカ系の上座仏教（石井1991），島嶼部には中近東からインド経由でイスラームがもたらされた．イスラームは，島嶼部でヒンドゥー的なものと融合し受容され，文字，文芸，建築そして教育に影響を与えつつローカル化し浸透した．フィリピンには，スペイン植民統治下でカトリック文化がもたらされた．15-16世紀，大航海時代の交易を経て，16-18世紀には，島嶼部では植民地下の農業生産へ移行し，開拓農民・労働者の移動がさかんになる．大陸部では比較的安定した王朝がベトナム，ビルマ，タイに成立する．それは王朝に連なる平地の民と，その外縁にある森の民（あるいは山地の民）との対置関係の形成過程でもある（リーチ1987）．

19世紀にはほとんどの地域が植民地下にあり，中央権力による統治諸制度が導入・整備された．近代資本主義的な経営の一方で発展を制限されたローカルな経済の二重構造，中国やインドからの労働力流入や都市と農村間の人口変動が顕著となる．教育・医療・科学や制度をつうじ，西洋文化は生活の諸局面まで影響を及ぼした．民族分類も行われ，現在あるかたちでの各国民族範疇も固定化された．20世紀のナショナリズム運動から日本の侵攻への反発を経て，諸国は第二次世界大戦後独立を果たす（Anderson 1998）．独立後は，いずれの国もエスノナショナリズム的な国家建設がその政治のみならず文化をも特徴づける．1950-70年代に各国は開発独裁のもとで外資を導入し，政治的安定のもとで経済発展を目指す．1987年には東南アジア諸国連合（ASEAN）が成立し，冷戦下で地域紛争の自律的解決が目指された．早くからNICSに数えられたシンガポールとともに，80年代末にはインドネシア，マレーシア，タイも著しく経済発展し，新中間層と呼ばれる人々を中心に政治参加を求めて民主化運動を展開する．1997

年アジア通貨危機により，それまでの成長路線の修正を求められた．また中央と地方の格差を見直す地方の活性化，国家主導の開発に代えて地方分権化が促進されている．2000年代には中国の高度成長を台風の目玉に，諸国は，豊かになる一方で階層分化も激しく，経済政策は再定義を求められるようになった．各国では文化的にもローカルなものとグローバルなものとの葛藤状況のなかで，ローカルの見直し，再定義，復興や再創造が進む一方，グローバルな消費文化の流入，域内外の人の移動も目覚ましい．

● 社会・文化の共通項

以上のように文化・宗教・経済行為が交錯する結節点にあって重層多元的な文化がみられるが，一定の社会の型も見いだせる．おもに，大陸部平地で中国の影響の少ない地域やマレー世界を中心として，親族構造は双系的で，結婚後の居住は妻方，財産相続は均分ながら親と同居する娘が優遇される傾向の強い社会がみられる（北原1989；立本2004）．これに対して，大陸部の山地や中国の影響の強い地域，および島嶼部の東インドネシアでは単系出自の親族構造がみられる．とくに前者の特質をもつ東南アジア社会は，「緩やかに構造化された社会」とも，ネットワーク社会とも特徴づけられ（前田1989），集団としての外延が不明瞭で，それを構成する二者関係の連鎖の重要性，パトロン-クライアント関係などが鍵概念とされてきた．また，年長と年少，階層などの社会的特徴に比して，ジェンダーの差異が必ずしもすべての局面で二項対立をともなわないこと，そして女性の経済的自立性が高いことも指摘されてきた（Atkinson and Errington 1991）．

熱帯の生態環境で，河川流域に広がる稲作社会，その上流の森の世界，河口の沿岸交易の港をつなぎ，その相互作用のもと，権力との関係の緩やかさ，構造よりも対人的二者関係の重要性，また交易をつうじて外世界と関わりながら柔軟多層に諸文化を受け入れつつローカル化してきた．これが多様性が特徴づける東南アジアの基盤にあった．だが，民族対立や階層分化，貧困は大きな問題として残り，多様性の共存はまだ課題でもある．

▶関連用語：双系制，ルースな構造の社会

文献
Anderson, B. 1998. *The Spectre of Comparisons*, Verso Books.
Atkinson, J. M. and S. Errington 1991. *Power and Difference*, Stanford University Press.
石井米雄 1991.『講座仏教の受容と変容2　東南アジア編』佼成出版社．
北原淳 1989.『東南アジアの社会学』世界思想社．
リーチ，E. 著，関本照夫訳 1987.『高地ビルマの政治体系』弘文堂．
前田成文 1989.『東南アジアの組織原理』勁草書房．
白石隆 2000.『海の帝国』中公新書．
末廣昭 2000.『キャッチアップ型工業化論』名古屋大学出版会．
立本成文 2004.『家族圏と地域研究』京都大学学術出版会．

〔速水洋子〕

グローバル地域研究からみた歴史

キーワード◆文明, 世界システム, グローバル・ヒストリー

●「文明」から「世界システム」へ

「グローバル」という視野による歴史叙述の本格的な試みは, 第二次世界大戦後に始まった. その基本的なかたちはマクニールの『世界史』のなかで明確に示されている. その骨格を示すと, 以下のとおりである. 〈紀元前数千年前に始まる古代の文明が基になって, 中東・インド・中国・ヨーロッパの諸文明が形成され, 紀元後1500年ごろまでこれらは相互に交流し再編されつつ, それぞれほぼ独立性を保っていた. しかし, 大航海時代を分水嶺にしてこれらの諸文明はヨーロッパの優勢のもとで一体化を開始し, 産業革命や帝国主義の時代を経て最終的には「地球社会」の到来を迎えた〉云々. シュペングラーやトインビーの衣鉢を継ぐマクニールの世界史像は, 「文明」という単位を重視する. ただし, 16世紀以降におけるヨーロッパの興隆による世界の一体化を強調する点で, 基本的には「ヨーロッパ中心的」(Euro-centric) な傾向をもつことは否めない.

1970年代には, 上記のような「文明」単位の歴史叙述に代わって, 「世界システム」を単位とする, より統合的な歴史叙述が登場した. ウォーラーステインによる「近代世界システム」を基軸とする歴史叙述である. これによると, 16世紀 (正確には「長期の16世紀」) に「中核」としてのヨーロッパによって「周辺」としての新大陸 (「スペイン領新世界」) が統合され, 「ヨーロッパ世界経済」 (=「近代世界システム」) が成立したとされる. さらに, 18世紀後半から19世紀前半にかけて, インド亜大陸, オスマン帝国, ロシア帝国, 西アフリカなどが「近代世界システム」に包摂されたとされる. 「世界システム」論は, 第一にヨーロッパと非ヨーロッパ世界との経済格差の歴史的起源を主題化した. 第二に, 「文明」に代わる「世界システム」という統合的な分析単位を採用した. ただし, 力の作用がもっぱら「中核」(ヨーロッパ) から「周辺」(非ヨーロッパ世界) へ働くという論理になっており, 「周辺」は受動的な位置づけしか与えられていない. その意味で, 「ヨーロッパ中心的」な世界史叙述という限界を免れていない.

●ヨーロッパ中心主義を超えて

20世紀末, とくに2000年代に入って「グローバル・ヒストリー」と呼称する潮流があらわれた. これは, 既存の歴史叙述の「ヨーロッパ中心性」に対する強い批判から生まれた, 新しい歴史叙述の試みである. その代表作である *The Great Divergence* (『大いなる分岐』; Pomeranz 2000) と並び, ほぼ同じ方向性を目指すフランクの『リオリエント』によると, すでに16世紀以来ユーラシア大陸規模の「グローバル経済」(アジアもヨーロッパもともに含まれる) が存在していたとされ, むしろその「グローバル経済」においては, アジアの方が「中核」でヨーロッパは「周辺」にすぎなかった. そ

の理由として，フランクは近世の世界的な銀流通に着目し，新世界から得た銀を持ってアジアの交易圏に参入したヨーロッパに対して，中国はつねに貿易黒字国であったという史実を挙げる．このような見方は，じつは 1980 年代以来積み重ねられてきたアジア経済史研究，とくに近世（明代・清代）中国史研究と近世インド洋交易研究によって提起された歴史像に依拠するものである．かくして，近世において，ヨーロッパとアジアとの間に，経済発展という基準では，大きな格差はなかったとする含意に帰結する．この点で，1500 年を分水嶺としてヨーロッパの優位が始まったとする世界史像に大きな転換を迫った．

このようなグローバル・ヒストリーの潮流に先行して，わが国では，1990 年代からいわゆる「アジア交易圏論」（濱下・川勝 1991），「アジア間貿易論」（杉原 1996）と呼ばれる研究潮流が存在したが，近世から近代にかけてアジア内の確固とした域内貿易や国際分業の存在を照射し，自律的な歴史発展の像を描き出していた．

グローバル・ヒストリーの登場は，20 世紀の第四四半世紀以降におけるアジア諸国の経済発展，とくに中国やインドの顕著な経済成長という現実の変化が，歴史意識に鋭く反映したものである．しかし，その挑戦はまだ始まったばかりである．他方で，既存の歴史叙述の立場からの反批判も盛んになされており，当分は論争的な状況が続くであろう．

▶関連用語：2-3-A01 グローバル・ヒストリーと環境，世界システム論

文献
アブー＝ルゴド，J. L. 著，佐藤次高ほか訳 2001．『ヨーロッパ覇権以前（上・下）』岩波書店．
アリギ，G. 著，中山智香子監訳 2011．『北京のアダム・スミス』作品社．
フランク，A. G. 著，山下範久訳 2000．『リオリエント』藤原書店．
フリン，D. 著，秋田茂・西村雄志編 2010．『グローバル化と銀』山川出版社．
濱下武志・川勝平太 1991．『アジア交易圏と日本の工業化 —— 1500-1900 年』リブロポート．
羽田正 2011．『新しい世界史へ —— 地球市民のための構想』岩波新書．
川北稔編 2001．『知の教科書 ウォーラーステイン』講談社．
岸本美緒 1998．『東アジアの「近世」』（世界史リブレット）山川出版社．
マクニール，W. H. 著，増田義郎・佐々木昭夫訳 2008．『世界史（上・下）』中公文庫．
水島司 2010．『グローバル・ヒストリー入門』（世界史リブレット）山川出版社．
Pomeranz, K. 2000. *The Great Divergence: China, Europe, and the Making of the Modern World Economy*, Princeton University Press.
杉原薫 1996．『アジア間貿易の形成と構造』ミネルヴァ書房．
ウォーラーステイン，I. 著，川北稔訳 1981．『近代世界システム —— 農業資本主義と「ヨーロッパ世界経済」』（1・2）』岩波書店．
——— 1993．『近代世界システム 1600〜1750 —— 重商主義と「ヨーロッパ世界経済」の凝集』名古屋大学出版会．
——— 1997．『近代世界システム 1730〜1840s —— 大西洋革命の時代』名古屋大学出版会．
山下範久 2003．『世界システム論で読む日本』講談社．

〔脇村孝平〕

キーワード◆グローカリゼーション，メタ地域

グローバル地域研究からみた政治・経済・社会・文化

　地域研究は，20世紀に成立した国際社会が国民国家を単位として運営されることを批判して，より広域的な「地域」を単位として地域の固有性を重視する一方，来たるべき地球社会への眺望を視野に入れた考察を重ねてきた．その意味で地域研究には，もともとグローバルな視座が内包されている．さらに，20世紀後半になって地球的問題群が姿をあらわし，冷戦の終焉後にグローバル化が急速に進むと，いっそうグローバルな観点が必要とされるようになった．「グローバル地域研究」では，地域研究がもつグローバル性をより強調し，「グローバルに地域研究を展開する」ことをめざす．その「グローバル」は人類のみならず，環境や生態，他の生命を含めた地球社会の全体を指している．

　また，グローバル化の現象は画一化の方向にだけ作用するわけではなく，それぞれの地域において時代相に対する固有の対応を発現する．それをローカル化と呼ぶならば，グローバル化(globalization)はローカル化(localization)を必然的かつ双補的にともなう「グローカリゼーション」(glocalization)と理解することができる．「グローバル」の認識には，この側面も含まれる．

　グローバル化によって，モノ・カネ・情報が境界を越えて流通することが加速しているが，その一方でヒトの移動は，かつてより大規模になったものの，自由な移動や移住は実現せず，国境によって大きく規制されている．言い換えると，経済のグローバル化が進む一方，政治面では国家，民族などの役割が増大する面もみられる．冷戦後には，民族的な摩擦や紛争などが激化する事例が多くみられた．

　また「地域」の境界も，冷戦後に変容している．たとえば，東アジアと東南アジアを分ける意義が減退し，両者を合わせて東アジアとしたり，ソ連が崩壊すると，共通項としてのイスラームに着目して中央アジアを中東とつなげて考える見方も生まれた．地域を超える単位として，イスラーム世界，第三世界，人類社会などを「メタ地域」として捉える考え方もある．グローバル化時代には，宗教や文化がより大きな役割を果たすことも指摘されている．

　その一方で地域研究は，「中東地域研究」「東南アジア地域研究」といったように，地域名を冠するのが通例である．そして対象地域について，その固有性や特質を明らかにすることを第一の責務としている．それぞれの地域が異なる性質を有するのは，各地域に固有の生態環境や文化があり，また生業の史的な展開や国際的な交易ネットワーク上の位置などが異なることを考えれば，理の当然である．地域研究を学ぶ動機の一つが，各地域の伝統的な生活様式や文化に対する関心であることも珍しくない．

　しかし，グローバル化が進展すると，生産技術の世界的な拡散や消費物資の国際的流通と均一化などが生じて，地域間

に明確な差異がみられなくなる．そのうえ，地球温暖化に代表される環境破壊をはじめとして，地球的問題群は個別の地域の差異を超える問題として立ちはだかっている．この点をめぐって，地域性とグローバル性の両方を強調する「グローバル地域研究」がどのような立場をとるかは，一つの論点となるであろう．

大きく分けて，それに対する二つの対応がある．一つは，グローバル化がもたらす均一化，地球的問題群の共通性にもかかわらず，そのような流れに対する人々の対応は地域ごとの特性や資産に依存していることである．グローバルな市場経済に対して，地域の人々が在地の文化や生活様式を活用して対応策を編みだし，地域の資源と知恵を生かして新しい経済戦略を立てているかを見ると，そのなかに豊かな地域の固有性が見えてくる．

もう一つは，経済や情報のグローバル化の進展にもかかわらず，政治面では国民国家体制や地域政治が持続していることである．冷戦が終焉した後の 1990 年代には，国民国家の命運が尽きつつある，あるいは大きく揺らいでいるという見方が広がったが，その後，その体制は意外に強固であることが判明した．言い換えると，政治はグローバル化していないのであり，国民国家の限界を超えて，よりよい地球社会を構想するという地域研究の課題はそのまま生き続けている．

地球的問題群も，国民国家の総和としての現行の国際社会では中途半端な解決策しか施行できないことが明白である．環境破壊の緩和，飢餓や貧困の廃絶，南北格差の解消，資源危機への対応，核兵器の廃絶，地域紛争や摩擦の軽減，軍拡と武力行使の抑制など，どれを見ても新しい知見と改革へのイニシアティブが必要とされている．現在のシステムの根底にある生産と利益の極大化を推進する資本主義や，それを支える「温帯型」の発展径路を修正することが不可欠であり，その意味において，グローバル地域研究の視座を強化していくことが求められているといえよう．

▶関連用語：2-2-A07 グローカリゼーション，2-3-A07 グローバル化，国民国家，地球環境問題

文献

小杉泰 1998．『イスラーム世界（21 世紀の世界政治 4）』筑摩書房．
日本国際政治学会編 2009．『地域から見た国際政治（日本の国際政治学 3)』有斐閣．
ロバートソン，R. 著，阿部美哉訳 1997．『グローバリゼーション ── 地球文化の社会理論』東京大学出版会．
杉原薫・川井秀一・河野泰之・田辺明生編 2010．『地球圏・生命圏・人間圏 ── 持続的な生存基盤を求めて』京都大学学術出版会．
高谷好一 1993．『新世界秩序を求めて』中公新書．
――― 2001．『地球地域学序説』弘文堂．
田中明彦 2003．『新しい中世』日経ビジネス人文庫．
田辺明生 2010．『カーストと平等性』東京大学出版会．

〔小杉　泰〕

第3章
持続型生存基盤論の諸領域

1-3-01 ▶▶▶ 持続型生存基盤研究 ── 歴史と方法
An Historical Approach to the Study of Sustainable Humanosphere

キーワード●エネルギー，ミクロ寄生，森林伐採

　生存基盤を総合的に捉えるための一つの方法は歴史を振り返ることである．地球圏，生命圏，人間圏にはそれぞれ独自の論理をもつ，異なった時間スケールの歴史があり，それらの交錯によって地球史が構成されてきた．人類の生存基盤を理解するには人類史だけではなく，このような意味での地球史を対象としなければならない．

　Christian (2004) は46億年前に生まれたとされる地球の歴史を，この時間スケールの要求するすぐれた想像力と距離感を駆使して描いている．地球は太陽エネルギーを吸収・分配することによって生命圏，人間圏を支えてきた．現在ではそれに，地球圏に蓄積されてきた化石エネルギーの利用が加わる．これが，火の発見から化石エネルギーの大量の利用に至る，人間の環境との関わりの歴史の第一の側面である．技術と制度は，エネルギー利用と密接に関連して発達した．

　他方，約40億年前に成立したとされる生命圏は，進化と適応という独自の論理をもって生態系を発達させてきた．森林に蓄積されている膨大なバイオマスと生物多様性は，気候や土地利用に大きな影響を与えることによって，自然環境を規定するもう一つの要素となった．人類は，1万年ほど前の農業革命を契機として，いわゆる「人為的自然」をつくり出してきた．と同時に人間も他の動物とともに「ミクロ寄生」のシステムの一部となり，感染症や気候変動による災害と闘いながら人口を増加させてきた．これが人間と環境の関わりに関する第二の大きな物語である．Williams (2006), Richards (2003) は，その結果としての森林伐採と耕地拡大の歴史を描いてみせた．

　人間圏の歴史は，政治（支配），経済（交換），社会（共同体）の論理だけで理解されてはならない．農業革命，産業革命の結果，技術や制度の発展によって人間の環境への介入は広く深くなってきたけれども，われわれにとって地球圏と生命圏の論理が持続することは，人間圏の論理の持続と同じ重要性をもっている．生存基盤の持続型発展径路を研究するには，これら三つの圏を総合的に理解する方法にたつことが不可欠である．

▶関連用語：2-1-01 地表から生存圏へ，2-1-02 地球圏・生命圏・人間圏 ── 土地再考，2-3-A01 グローバル・ヒストリーと環境

文献
Christian, D. 2004. *Maps of Time: An Introduction to Big History*, University of California Press.
Richards, R. 2003. *The Unending Frontier: An Environmental History of the Early Modern World*, University of California Press.
Williams, M. 2006. *Deforesting the Earth: From Prehistory to Global Crisis, An Abridgment*, University of Chicago Press.

〔杉原　薫〕

1-3-02 ▶▶▶ 持続型生存基盤研究 ── 環境と技術
An Approach to the Study of Sustainable Humanosphere: Environment and Technology

キーワード◉ゆらぎ，共進化

　人間社会の持続性を高めるためには，まず，生存基盤に地球圏や生命圏の働きが深く埋め込まれていることを認識する必要がある（ピアス 2008）．土地や水，栽培作物は生存基盤の骨格をなす．土木工学や農学など科学技術体系が人間圏の発展に大いに貢献しているが，その効力は限定的な条件でしか発揮されない．私たちは，洪水や土砂崩れを極端な気象時に発生するので自然災害と呼ぶが，地球圏の視座に立つならば，それらは長い時間にわたって繰り返してきた更新やゆらぎの一過程でしかない（釜井・守随 2002）．作物栽培は，播種や施肥や作物に対する養生等の人間の営為のみで成り立っているのではない．土壌を醸成するのは地中小動物や微生物であり（スチュワート 2010），作物の受粉（再生産）を担うのは昆虫や風である（ジェイコブセン 2009）．

　このような地球圏や生命圏の働きを認識するために，その現象に立脚し，学際的に解明しようとする新たな動きに注目しなければならない．土地利用を結節点として，地質構造や地形形成，水文環境と農業技術や社会史，経済構造の関係性を明らかにしようとする土地利用論は一つの典型である（高谷 1982）．海洋や水産資源の中長期的な変動に着目したレジーム論や生態リスク論は，地球圏や生命圏のゆらぎに迫る研究であろう（川崎 2009；松田 2008）．農業生産は，自然生態系の働きなしには成り立たないにもかかわらず，それが農業生産にどう関わっているのか，現在の農業生態学はまだ解明できていない（石川 2008）．人間圏を地球圏や生命圏に対する適応やそれらのゆらぎや変動に対するレジリアンスの視座から研究を推進する必要がある．

　そのうえで，私たちは地球圏や生命圏の働きを前提とした潜在的な技術論を探索しなければならない（Brookfield 2001）．私たちが目指すのは，地球圏や生命圏に対する一方的な適応ではなく，いわば共進化とでも呼ぶべき関係の構築である．

▶関連用語：ランドスケープ管理，レジーム・シフト，ローカル・ナレッジ（在来知）

文献
Brookfield, H. 2001. *Exploring Agrodiversity*, Columbia University Press.
石川拓治 2008．『奇跡のリンゴ ──「絶対不可能」を覆した農家木村秋則の記録』幻冬舎．
ジェイコブセン，R. 著，中里京子訳 2009．『ハチはなぜ大量死したのか』文藝春秋．
釜井俊孝・守随治雄 2002．『斜面防災都市』理工図書．
松田裕之 2008．『生態リスク学入門』共立出版．
ピアス，F. 著，古草秀子訳 2008．『水の未来』日経 BP 社．
スチュワート，A. 著，今西康子訳 2010．『ミミズの話 ── 人類にとって重要な生きもの』飛鳥新社．
高谷好一 1982．『熱帯デルタの農業発展』創文社．

〔河野泰之〕

1-3-03 ▶▶▶ 人間環境関係論　Studies on Human-environment Relations

キーワード●生存，相互作用

　人間環境関係論は，人間と環境を一つの生存ユニットと捉え，両者の相互関係を問うものである．生きるとは，人間が自らの環境 —— 他の人間，動植物，風，土，水，熱など —— と関わり合いながら，身体という有機体秩序を動態的に維持し（シュレーディンガー 2008），集合的な再生産をつうじて「生(イノチ)のかたち」を後世に継承していくことだ（本講座第3巻序章）．人間は生の過程で，自らを取り巻く環境と物質・エネルギーおよび情報・価値をやりとりし，人間環境を（再）構築する．

　ここでいう「環境」は，人間との物質的かつ情報的な相互作用を行う生存基盤の全体であり，人間の生命作用そのものの一部である．ここでは，人間が行為主体であるだけでなく，環境を構成する他者や動植物や山川も人間と関わり合う行為主体であり，それらの主体相互の働きかけや応答のネットワークがある．また，情報（生命体にとって意味作用をもつかたち）の面では，行為主体はさまざまな特定の意味や価値をそこに認知し応答する．ここで環境は，客観的・普遍的な視点から定量的には捉えきれず，「環世界」（ユクスキュル・クリサート 2005）のごとく，生きる主体の視点からある意味と価値をもってあらわれる．

　人間は環境との相互作用のなかで，自らの生の軌跡を環境にいわば刻みつけていく．人間の営為は，物質的・文化的なかたちやパターンという生の「履歴」として人間環境に蓄積・展開されるのだ（桑子 1999）．そこでは，自らの生きる社会生態的環境とどのような相互作用を営み，どのような情報 —— 私たちの生の証(あかし)としての意味と価値 —— を環境に刻んでいくのかが，私たちの生き方として問われる．人間が環境に与えるインパクトが著しく大きい科学技術時代において，人間と環境の相互関係構築にむけ，技術・制度・倫理の諸側面から総合的に考察することは，危急の課題である．

▶関連用語：2-2-A02 エージェンシー（行為主体性），2-2-C09 ケア，生(イノチ)

文献
ベイトソン，G. 著，佐藤良明訳 2000．『精神の生態学』新思索社．
桑子敏雄 1999．『西行の風景』日本放送出版協会．
Latour, B. 1993. *We Have Never Been Modern*, Harvard University Press.
三木成夫 1992．『海・呼吸・古代形象』うぶすな書院．
中村桂子 2000．『生命誌の世界』日本放送出版協会．
Rose, N. 2007. *The Politics of Life Itself*, Princeton University Press.
シュレーディンガー著，岡小天・鎮目恭夫訳 2008．『生命とは何か』岩波書店．
清水博 2003．『場の思想』東京大学出版会．
ユクスキュル，J.・C. クリサート著，日高敏隆・羽田節子訳 2005．『生物から見た世界』岩波文庫．

〔田辺明生〕

1-3-04 ▶▶▶ 熱帯乾燥域生存基盤論　Sustainable Humanosphere in Arid Areas

キーワード◉熱帯乾燥域, 遊牧, イスラーム金融

乾燥地域ないしは半乾燥地域と呼ばれる地域は, 水資源の希少性によって特徴づけられる. 雨が全く降らない極沙漠, 年間降雨量が 250 mm 以下の沙漠が, 中央アジアから中東, 北アフリカへとつらなる乾燥地域の相当部分を占めている. 多くが熱帯または亜熱帯に属するため, 「熱帯乾燥域」と総称することができる.

沙漠は「水の少ない場所」を指すが, その成分は砂（砂漠）・土（土漠）のほか, 岩石沙漠もある. 沙漠やその周辺では, 限定された生物しか住むことができない. 人間が居住しうるのも, オアシス, ワーディー（涸れ谷）などの水源がある場所である. 中東のナイル川やユーフラテス川などは遠方の降水が乾燥地域に達して, 生存可能な環境をつくっている.

このため, 乾燥地域で生活を営むための技術として, 遊動牧畜（遊牧）が古くから発展した. 現在の説ではおおむね, 農耕・牧畜の技術が確立した後に遊牧が始まったとされるが, 両者が並行して展開したとの説も捨てがたい. 牧畜・遊牧には, トゲを有する沙漠の植物をも食べるヤギ, ラクダの家畜化が大きく貢献した. 大きな荷駄を運ぶことができるラクダは「沙漠の船」として交易, 運輸に活躍した.

8 世紀以降のイスラーム文明圏の発展は, インド洋交易圏と地中海交易圏の結合や, 陸上における交易ルートの開発によるものであった. イスラーム文明は, 定住文明である中国文明や西欧文明が遊牧民を外敵・野蛮とするのに対して, 遊牧文化をもとりこんだ点に特徴がある.

遊牧民がもつ移動力と軍事力はかつて大きな力をもったが, 産業革命以降は定住文明の軍事力が彼らを圧倒し, 生産や社会運営に関する遊牧的な技術は等閑視されるようになった. 新しい生存基盤持続型の発展径路を考えるうえでは, それらの価値を再考する必要がある.

また, 20 世紀後半から中東の湾岸諸国で, イスラーム銀行が発展した. 「リバー」（利子）や「ガラル」（不確実性）の排除, 実物経済の重視, さらに「ポスト金融資本主義」の追究などは, 熱帯乾燥域の生存基盤と結びついて発達したイスラーム的な商業倫理を体現しており, それを現代的に再生しようとするイスラーム金融の実験は多面的な意義を有する.

▶関連用語：イスラーム金融, 乾燥オアシス地帯, 沙漠, 遊牧

文献
小杉泰 2011. 『イスラーム　文明と国家の形成』京都大学学術出版会.
長岡慎介 2011. 『現代イスラーム金融論』名古屋大学出版会.
日本沙漠学会編 2009. 『沙漠の事典』丸善.
杉山正明 2011. 『遊牧民から見た世界史［増補版］』日経ビジネス人文庫.

〔小杉　泰〕

1-3-05 ▶▶▶ 熱帯森林資源論　Tropical Forest Resource Management

キーワード◉生態資源，生物資源，環境資源

生態系を資源と捉える「生態資源」という言葉が使われ始めている．印東（2007）は，資源人類学の視点から生態資源を「単なる生物資源ではなく，自然環境や人間活動を含む，ある生態系に包括されるもののうち，そこに生活する人間が有用であると認識した自然物や現象を指す」と定義した．しかし，「資源」のもつ多様な意義とそれに関わる人間生活の多様性に鑑み，生態資源を生物資源と環境資源の二つの観点から捉えることで，現在われわれが抱える地球環境や農林水産物の持続的生産の問題を検討する視座が提起できる．この資源論には生態学の重要な特性としての個体群動態と資源の分配 (van Noordwijk et al. 2001)，社会経済学からグローバル化（小林 2008a），森林土壌学での異なる空間レベルの生態系における物質循環・フロー（小林 2008b）などの視座がある．一方，2006 年の FAO Forestry Paper では森林資源を生態系サービスとして，生態系機能まで含め理解する概念が提唱された．さらに，熱帯林生態系を資源として捉えれば，文化的・生態機能・社会経済価値をもつと考えられる．

生物資源は生物個体数とバイオマス量で代表される生物に関わる地球上の存在を指す．生物情報を集積することで，今まで人間が利用していない生物資源利用の進展が期待できる．環境資源を非生物に起源する物質として規定すると，水資源，土地資源などが代表的なものである．熱帯林生態系において土壌は環境資源であり，人類にとって，この生産基盤の持続的維持が生存基盤として重要となる．熱帯林の減少・劣化にともない，森林資源に関しては，共有森林資源管理，統合的森林管理など天然資源の持続的な管理・利用方法が検討されてきた．その基底には，開発により地域の生態資源がグローバル化し，ローカル資源としての生物資源と環境資源の変容が起き，地域社会の生活に影響が生じていることがある．また，国のガバナンスにおけるエネルギー・水・食糧・土地利用政策が地域社会で，個人や家族・地域社会の安全を保障する生活資源としての機能に影響し，地域住民の貧困と格差が森林資源への依存度の相違により生活の中で顕在化する．持続的熱帯林資源の管理方法が重要になる．

▶関連用語：2-1-A08 再生可能資源，2-3-B02 森林

文献
印東道子 2007．「生態資源の利用と象徴化」内堀基光編『資源と人間』弘文堂．
小林繁男 2008a．「森林に依存する人々の人間安全保障」『山林』1491．
────── 2008b．「生態資源としての森林土壌」『森林立地』50(2)．
van Noordwijk, M, et al. 2001, "Negotiation Support Models for Integrated Natural Resource Management in Tropical Forest Margins", *Conservation Ecology*, 5(2).

〔小林繁男〕

1-3-06 ▶▶▶ 野生動物保全論　Wildlife Conservation

キーワード●保全生物学，地域の自然観・動物観

　野生動物の保全という問題群は，生態系の保全を目標とする保全生物学の一部を構成する．保全生物学とは，近代以降の産業の発展，世界人口の増大，化石燃料の大規模利用による人間活動の飛躍的増大により，自然環境が急速に劣化・減少しつつあるというゆるやかな合意のもと，ある一定範囲の地域に生息する生物種および非生物的環境との関係を含んだ各相互関係の維持継続を目的とした応用科学である．したがって狭義には，ある地域に生息する野生動物の生息数・生息状況を調査し，その地域の自然環境が直面する（多くは人間活動由来の）危機を特定し，それを避ける現実的方策を探る研究といえる（プリマック・小堀1997）．

　これに対し，熱帯を中心とした発展途上地域では，地域の人々からさまざまな抵抗を受けることが多い．自然保護政策は，程度の差はあれ地域住民の生計・経済活動を制限するものである．護るべきとされる野生動物は，しばしば地域住民にとっての狩猟対象であり，重要な現金収入源となっている（岩井2001）．また害獣として作物に被害を与えたり，大型獣の場合は人身被害をもたらす（中村2002）．さらに，保全政策が基づく科学的価値観それ自体が地域住民に共有されておらず，しばしば紛争の原因となる．保全対象動物が地域の動物観では忌み嫌われる邪悪な存在となっている事例（Richards 2000）や，地域の伝統文化が保護してきた森や動物に外部からの保全政策が介入して混乱をもたらす聖地・聖獣保全の事例（山越2006）が示すように，地域の自然観・動物観の理解を欠いたトップダウンの保全政策が抱える問題は大きい．

　今日，野生動物保全の現場では，グローバルに展開する狭義の保全生物学の理念と，世界各地に広がる無数のローカルな価値観との衝突がある．両者の間に立つ者には，自らが依拠し透明化した近代科学的価値観（あるいは自らのローカルな価値観）を意識化・対象化し，問い直すことが求められる（本講座第3巻第10章）．

▶関連用語：2-1-B03 保全生物学，保全と保存，ローカル・ナレッジ（在来知）

文献　　　
岩井雪乃 2001．「住民の狩猟と自然保護政策の乖離」『環境社会学研究』7．
中村千秋 2002．『アフリカで象と暮らす』文春文庫．
プリマック，R. B.・小堀洋美 1997．『保全生物学のすすめ』文一総合出版．
Richards, P. 2000. "Chimpanzees as Political Animals in Sierra Leone", in J. Knight (ed.), *Natural Enemies: People-Wildlife Conflicts in Anthropological Perspective*, Routledge.
山越言 2006．「野生チンパンジーとの共存を支える在来知に基づいた保全モデル」『環境社会学研究』12．

〔山越　言〕

キーワード◆地球大気環境，木質バイオマス

生存圏科学論
Science for Diagnostics and Control of Humanosphere

　人類の生存圏である人間生活圏，森林圏，大気圏，宇宙圏における人間社会の持続的発展を考えるうえで，自然あるいは人為起源の現象がどう生起しているのかを知ることが重要である．とくに地球大気環境の精密な計測をふまえ，観測情報を統合的に解析することでその変動メカニズムを分析できる．また，木質バイオマス資源としての森林の作用に注目し，生命科学的観点から木質形成機構の解析・統御方法について考察することで森林の環境修復を目指す．以下では，関連したいくつかのテーマの概要を記す．

●地球大気環境の精密計測
　衛星から見る地球とその大気質の変化　人類が人工衛星という手段を得てから半世紀あまりが経過したが，衛星からの遠隔観測によって得られる地球大気に関するさまざまなデータをとおして，衛星観測がわれわれにもたらしたものは計り知れない．近年，オゾンホールや温暖化といったグローバルな環境変化が大きな社会問題となっているが，これらに共通するのはその影響が局所的な地域に閉じることなく全球にまで広がって問題を引き起こす点である．そのような影響についても，大気の輸送と変質の過程をとおした考察をする必要がある．
　大気のリモートセンシング　電波・光をもちいたリモートセンシング技術は，今や精密な地球大気計測に必要不可欠である．その基本原理と観測への応用例については，以下の点からの理解が参考になる――電波の種類と性質，自然の中に現れる光の屈折や反射の現象，大気レーダーの観測原理と大気研究成果の例，さらに，多くの受信アンテナや周波数をもちいたレーダーイメージングの原理と観測例，光をもちいたレーダーであるライダーについてレイリー散乱・ラマン散乱の性質と大気観測への応用，高度100-1,000 kmの超高層大気の波動現象とレーダーや観測ロケットをもちいた研究例である．
　太陽地球系結合過程　地球上のほとんどの大気現象のエネルギー源は太陽放射であり，太陽活動の短期・長周期変動が大気状態に大きな影響を与えている．また，異なる高度の大気層が相互に結合し合って，物質・エネルギーのグローバルなフローを起こしている．最新の研究成果から，とくにこれらの現象が顕著な赤道域の理解が深まっている．
　精密衛星測位による大気圏環境計測　GPSに代表される衛星測位は宇宙規模の三角測量で，地殻変動，火山噴火予知などの地球固体圏の変動監視に広くもちいられている．衛星測位用のマイクロ波が地球大気中を伝搬する際に生じる遅延を活用すれば，電子密度，気温，水蒸気等の大気情報が得られる．これら学際的新課題はGPS気象学と呼ばれる．

●木質バイオマス資源としての森林
　未来資源の創生に向けた樹木バイオテクノロジー　地球上の再生可能バイオマス資

源のうち最も多量に存在するのは，森林バイオマス資源である．この化学的利用を理解する基礎として，森林バイオマス資源の化学成分組成と組織構造の理解が必要である．また，樹木が形成される生化学的機構，さらには先端バイオテクノロジーをもちいた循環型社会に適合する森林バイオマスの育種についての理解も重要である．

先端科学と木の文化 仏像や建造物にもちいられた木材の材質を調べることで，わが国固有の用材選択の歴史や，文化交流，物流などの知見を得ることができる．ところが，それらの多くは文化財指定であり，科学的調査は容易ではない．最近では，先端技術による非破壊，非侵襲で樹種の調査を行うことで，たとえば日韓の仮面の制作事情が明らかになっている．一方で，樹木は長年にわたりその土地の水を吸い上げ，二酸化炭素を固定して木材を生産しつづける．水や二酸化炭素中の水素，炭素，酸素の安定同位体比は太陽活動や気候に依存し，その記録が年輪のセルロースに刻まれる．近年の同位体分析法の精度の向上によってその微量な変化の探索が可能となり，年輪をもちいた古気候の復元が進められている．

木材腐朽キノコとその働き 木材を腐らせるキノコの仲間は，植物細胞壁中の難分解性ポリマーであるリグニンを分解する能力をもち，光合成で合成されたセルロースをはじめとする多糖類の資化を行うことができる．キノコの定義や生態学的な分類，リグニンを分解するメカニズム，地球上の炭素循環における働きについて理解を深めることは重要である．

バイオマス資源の有用化学品への変換 バイオマスは再生産可能資源であり，化石資源に替わる有機物資源としてその利用が期待されている．多糖類をリグニンが覆う構造をもつ植物細胞壁成分を，エタノールをはじめ多様な化成品へと変換するプロセスでは，リグニンの分解と多糖類の糖化をできるだけ温和な条件で迅速に行うことが必要である．

地球温暖化を防ぐ地上植物／人間生活の質を支える植物 地球温暖化は，人間活動の活発化にともなって排出が増加した CO_2 が一つの原因である．それを吸収する光合成生物である植物が温暖化防止に果たす役割について，生物学的および生化学的側面からの理解が重要である．また，植物の生産する香り，色素，生理活性成分等を中心とした天然有機化合物の例から，人間の生活が非常に多くの面で植物に支えられていることがわかる．同時に，それらがどのようにつくられ，どのように貯められるか，その機構を明らかにすることも重要である．

▶関連用語：2-3-A10 気候／気候区分，2-3-B02 森林

文献

Christou, P. and H. Klee (eds) 2004. *Handbook of Plant Biochemistry* Vols. 1 & 2, John Wiley & Sons Inc.
深尾昌一郎・浜津享助 2009.『気象と大気のレーダーリモートセンシング』京都大学学術出版会．
福島和彦ほか編 2011.『木質の形成［第2版］』海青社．
近藤昭彦監修，植田充美 2005.『エコバイオエネルギーの最前線』シーエムシー出版．

〔塩谷雅人，山本 衛，津田敏隆，梅澤俊明，杉山淳司，本田与一，矢崎一史〕

1-3-08 ▶▶▶ 国際環境医学論　Ecological Medicine

キーワード●生態，文化，疾病

　現代医学における疾病研究は，人体における疾病発症の科学的メカニズムをさぐり，生物としての人間全体に共通する普遍法則を明らかにしてその治療法の確立をめざす生物科学的アプローチが主流である（松林 2001，2002）．実験科学を主体とした医学生物学には，地域や生態系という概念はなじみにくい．たとえば，動物実験によって，病原菌の感染を初期段階で抑制する免疫機構が発見され敗血症の予防につながるメカニズムがすでに解明されている．しかし，感染症の種類と敗血症による死亡率が，地域によって異なることは明らかである．かつて西洋人がもたらした天然痘やインフルエンザその他の伝染病によって，コロンブス発見以前の南米先住民の人口の 95％を死亡させた原因にせまるには，歴史的また生態学的研究を必要とする．逆に，アフリカ，ニューギニアなどでは，マラリアや黄熱病などの疾病が，西洋人がそれらの地域を植民地化するうえで最大の障害となった事実も，地域固有の生態学的考察ぬきには困難であろう．このように地球規模の疫学的視点・歴史的視点で人間と疾病との関連を考えるとき，医学生物学的グローバリズムとは別の，その地域固有の生態系や人間の文化を重視するアプローチが重要である（Kimura 2010）．

　一つの生態系あるいは文明は固有の疾病をもたらし，時に疾病は文明や社会を変革さえする．パプアニューギニアにおけるクルー，東南アジアのハンセン氏病，アフリカに蔓延するエイズ，欧米諸国における心臓病と癌，これらはたしかに生物学的レベルの疾病ではあるが，その時代の生態系や文明，社会の価値観と密接な関連がある．結核や梅毒などの感染症にしても，たとえコレラやチフスなどの急性伝染性疾患ですら，そこに病原菌があるというだけで「病気」がおこるのではない．病原菌を伝播・繁殖させる条件があり，また感染者の免疫系が感染を克服できないときに初めて発病する．その条件とは，生態系とともに，人間がつくったもの，すなわち社会でもある．このようなアプローチを，私たちは，フィールド医学をつうじた「国際環境医学論」と考える（Matsubayashi 2011）．

▶関連用語：2-1-C04 リスク，2-3-01 温帯から熱帯へ，2-3-A10 気候 / 気候区分

文献

Kimura, Y. et al. 2009. "Comprehensive Geriatric Assessment of Elderly Highlanders in Qinhai, China IV:", *Geriatr. Gerontol. Int.*, 9(4).
松林公蔵 2001.「フィールド医学を切り拓く」『エコソフィア』8.
―― 2002.「エコツーリズムと疾病・老化」『科学』72.
Matsubayashi, K. et al. 2011. "'Field Medicine' reconsidering for 'Optimal Aging'", *J. Am. Geriatr. Soc.*, 59.

〔松林公蔵〕

第 2 編

持続型生存基盤論の眺望

第 1 章
地表から生存圏へ

2-1-01
地表から生存圏へ
from land-based to humanosphere-based perspective

◆キーワード◆
私的所有権，国家，地域生存圏，持続性

● 地表・私的所有権・国家

　近代ヨーロッパにおける資本主義の発展は，資本，労働と並ぶ最も重要な生産要素として土地を選び取ることによって可能となった．自然のあらゆる要素のなかから，土地，とくに地表が取り出され，切り取られた「地片」として自由に売買できるようになったのである．土地の生産性を上げるには，地主や農業資本家の裁量権を保証し，必要に応じて所有権を集中し，穀作と牧畜をローテーションにした資本主義的な農業を発達させる必要があった．そのために，近代的な私的所有権が確立し，私的所有権の保護は，近代国家の重要な任務となった（ノース・トマス 1994; North 1995）．

　こうして，切り取られた「地片」が本来は独自のシステムをもった生態系の一部だったという事実は，政治・経済の制度的枠組みにとってはしだいに二次的なものとなっていった．森林も，共有地（コモンズ）も，農業のための水利も，すべてが基本的には土地所有権制度の枠組のなかで解釈された．それによって，社会の関心を，一定の土地から得られる収穫をいかに上げるかという問題に集中させることが可能となったのである．

　「地表」中心の考え方は海洋を含む地球のすべての表面に準用され，「国境」に基づいた主権国家システムが成立した．国境線はしばしば政治的軍事的理由で決定され，河川や山系，海域に存在する生態系を分断した．国内行政の単位も基本的には「地表」を中心に構想されてきた．技術が進んでもこの傾向が是正されるわけではない．たとえば，メコン川の上流でダムが建設され，下流で漁業が盛んになるというように，国際河川の高度利用が進むと，生態系の論理と政治的区分との間にガバナンス上のズレが発生する．技術の発展が新しい，しばしばより深刻な問題を発生させるのである（de Jong et al. 2010）．

●生態系と生存圏

　1935年にタンズリー（A. G. Tansley）によって提案された生態系（エコ・システム）という概念は，「ある地域に生息している多種類の生物全体と，それらの生活の基盤になっている土壌や水，気象，海流などの物理的化学的な環境を全体として一つのシステムと見な」すことで成立した（巌佐2003）．すなわち，生態系は，たんに「食物連鎖」のような生物相に注目したシステムだけを捉えるのではなく，「土壌や水，気象，海流などの物理的化学的な環境」も視野に入れた「一つのシステム」であるとされた．われわれも，生物相（生命圏）とその「物理的科学的な環境」（地球圏の生命圏を支える部分）を，まずそれぞれに独自の論理をもったものとして捉え，そのうえでその交錯を問題にしようとする．

　もっとも，この定義では人間の関与は明示されていない．現実には，たとえば大規模植林による新しい植生とそこにおける生物相の関係を見ればわかるように，人間の関与が生態系を大きく規定していることも少なくない（本講座第4巻参照）．現在の自然環境をより包括的に捉えるには，それ自身に内在する論理を取り出し，それらと人間圏の論理との交錯の過程を，人文科学，社会科学の視点を取り入れて理解すべきである．

　したがって，われわれは，地球圏，生命圏，人間圏の三つを「生存圏」として統一的に捉える．自然環境がこれまで地表の側から理解されてきたとすれば，それを「生存圏」という観点から理解しようとする立場は，私的所有権や国家といった制度をいったん離れて，物質・エネルギー循環の総体を統治できるような制度の構築をめざす．また，近代社会の規範では，農業生産は人間の自然への働きかけであり，「地表」は人間を除く「自然」の代表ないし代理指標とされてきた．技術や制度の形成に際し，人間は「切り取られた自然」と対置された．これに対し，「生存圏」に焦点を当てた見方では，人間が直接には統治できないような，自然の巨大な空間全体と対峙することが要請される．自然の統治といっても，その内容は，自然を改変するというよりは，自然の論理を理解し，それを人間が生かしていくことのほうに力点がある．技術も制度も，そのような大自然に鼓舞された，広い環境調和力をもったものに進化していかなければならない．

●生存圏の構造

　地球圏，生命圏，人間圏の三つの圏は，歴史的に異なったタイムスパンをもっている．地球圏は約46億年前に成立し，その数億年後に地球に生命が誕生して，生命圏ができた．現生人類は20万年前にあらわれたにすぎない．三つの圏は，それぞれ独自の生成，発展（そしておそらく消滅）の論理をもっていると思われる．

　狭義の地球圏とは地圏（地殻，マントル，核）のことであるが，上部に岩石圏，土壌圏，水圏，大気圏ができて，生物が生息する環境が成立した（Christian 2004; McNeill 2000）．これを広義の地球圏と呼ぶ．地球は，太陽系の一部としてそのエネルギーを受け取るという，非循環的で一方向的な運動の論理をもっている．ただし，地球内部では，大気や水の循環によって熱帯に吸収された太陽エネルギーが高緯度地域に輸送されるという「循環」のメカニズムが成立しており，それによって広汎な地域での人類の生息が可能になった．人間の体内時計への影響からもわかるように，このような地球圏の論理が生命圏，人間圏の運動を深部で規定していることは明らかである．火山の噴火や地震・津波は，通常狭義の地球圏の論理で生ずると理解される．災害を人類がどのように受け止め，人間圏のなかに「内生化」してきたか，それが社会の構造をどう規定しているかの研究はまだ始まったばかりである．

　生命圏は生命体の再生産，変異の論理，すなわち進化の論理を内包する．生産者（植物），消費者（動物），分解者（バクテリア・カビ）からなる生命体の活動が，地球圏の表層に生態系を形成すると同時に，地球圏の運動にも影響を及ぼす（Gringvald 1998; Hutchinson 1970; Whittaker et al. 1975）．多くの「種」は何度も絶滅の危機に遭うか，実際に絶滅した．現在われわれが「生物多様性」と呼んでいるものは，その意味では生命圏の壮絶な歴史を生き抜いてきた生命体の集合だとも言える．自然科学的な生態系の研究は，地球圏の表層部分を生命圏の視点を取り入れて考察することによって，さまざまな偶然が重なってできたある地域の「自然」の構造を取り出してみせる．歴史的に再編されてきた地形や食物連鎖が驚くべき均衡を保って存在することが示されることもあれば，生物多様性が急速に失われている現実が照らし出されることもある．

　人間圏は，地球圏，生命圏に支えられて存在しつつ，二つの圏に大きな影響を与えている．人類社会の生成，発展の論理には，人間の目的意識的な活動が内包

されており，それによっていわば生命圏の論理から「逸脱」した，独自の論理を形成してきた．もちろん，現実には，人類が二つの圏に及ぼした影響は，人口の増加や生活水準の向上といった目的を達成するための意図的な環境の改変によるものだけではない．環境への影響は，たとえば地球温暖化のように，「意図せざる帰結」であることも少なくない．にもかかわらず，人間の活動の独自性はその目的意識性，知識の集積力，それらに基礎づけられた判断力にある．生存圏が人間活動のもつ独特の危うさを内包していることは，圏全体の性格に本質的な不安定性を賦与しているように思われる．

●人類史的展望

環境の持続性という概念を，人類社会の発展が地球圏，生命圏の論理と整合的な状態と定義するならば，18世紀までの発展径路は，これを決定的に阻害するような方向には向かわなかった．自然は基本的には地球圏の論理（循環のメカニズムがスムーズに維持されている状態）と生命圏の論理（生態系や食物連鎖が人間の介入によって編成されるのではなく，むしろ人間の介入をみずからのシステムに統合している状態）によって統治されていた．言い換えれば，地域生存圏の発展径路は自然の論理からの制約を受けていた．16-18世紀の世界は，人口の増加を反映して未開地が開拓され，世界中で森林と生物多様性の減少を招くという「耕地拡大と生命資源の稀少化の時代」だった (Richards 1990, 2003)．しかし，1人当たりの食糧，エネルギー消費量の上昇のスピードは緩慢であり，人為的な環境破壊の危機がグローバル化することはなかった．

ところが，産業革命以降の化石燃料（とくに石炭と石油）の大量の使用は，地球圏・生命圏と人間圏の関係を根本的に変えてしまった (Clark 1990)．すなわち，動力機械の使用によって人間による自然の改変力が一挙に強まるとともに，交通革命によって化石燃料を世界各地に運ぶことができるようになり，これまでの径路で前提されていたローカル，リージョナルな生産にとっての資源・エネルギー面の制約は打破された．地域を単位として長い間培われてきた人間と自然の相互作用系は生存圏の自立性，持続性を保証する基本的なメカニズムだったが，いわばその「統治権」が失われ，グローバルな市場メカニズムが，環境の持続性についての適切なモニタリング機能を内蔵しないまま，それに取って代わった．そして，商品，資本，労働力の自由な移動が国際的な資源配分を効率的にし，人口増

加と経済成長に貢献した．この変化の原動力となったのが工業化の世界的普及である．増加した人口の多くは都市に住み，農業よりも工業やサービス部門の雇用に吸収されるようになった．資本主義は，その資源基盤を地域生存圏から分離することによって，生産を「生存の足枷」から解放したのである．

その結果，近代人の生活は都市的になり，人工的な素材で作ったモノ，交通，インフラに支えられたグローバルなつながりに依存するようになった．そして，人類社会の発展径路はこれまでの径路から大きく逸脱し，先進国で公害問題を起こすとともに，熱帯における森林伐採，環境劣化を加速させたり，地球温暖化を深刻にしたりした．

生存基盤の持続的発展を構想するためには，従来の工業化径路を前提とした環境の持続性を志向するのではなく，人類史の本来の発展径路に立ち戻って，地域生存圏の論理に基づく発展径路を復権させ，そこに先端技術や効率的な制度を吸収する方向性を見いだす必要がある．

▶関連用語：2-2-02 生存基盤，2-3-02 発展径路，2-3-C03 持続可能性

文献

Burke, E. and K. Pomeranz (eds) 2009. *The Environment and World History*, University of California Press.

Christian, D. 2004. *Maps of Time: An Introduction to Big History*, University of California Press.

Clark, J. G. 1990. *The Political Economy of World Energy*, Harvester Wheatsheaf.

クロスビー，A. W. 著，佐々木昭夫訳 1998.『ヨーロッパ帝国主義の謎』岩波書店．

de Jong, W., D. Snelder and N. Ishikawa (eds) 2010. *Transborder Governance of Forests, Rivers and Seas*, Earthscan.

Gringvald, J. 1998. "Introduction: The Invisibility of the Vernadskian Revolution", in V. I. Vernadsky (author) and M. A. S. Macmenamin (ed.), *The Biosphere, Complete Annotated Edition*, Springer-Verlag.

Hutchinson, G. E. 1970. "The Biosphere", *Scientific American*, 223(3).

池谷和信編 2009.『地球環境史からの問い』岩波書店．

巖佐庸 2003.「生態系生態学 ecosystem ecology」巖佐庸・松本忠夫・菊沢喜八郎・日本生態学会編『生態学事典』共立出版．

ジョーンズ，E. L. 著，安元稔・脇村孝平訳 2000.『ヨーロッパの奇跡』名古屋大学出版会．

Kottek, M., J. Grieser, C. Beck, B. Rudolf, and F. Rubel 2006. "World Map of the Köppen-Geiger

Climate Classification Updated", *Meteorologische Zeitschrift*, 15(3).
Maddison, A. 2007. *Contours of the World Economy, 1–2030 AD*, Oxford University Press.
McNeill, J. R. 2000. *Something New Under the Sun: An Environmental History of the Twentieth-century World*, W. W. Norton.
McNeill, W. H. 1978. "Human Migration: A Historical Overview", in McNeill and R. S. Adams (eds), *Human Migration: Patterns and Policies*, Indiana University Press.
マクニール，W. H. 著，佐々木昭夫訳 2007.『疫病と世界史（上・下）』中央公論新社．
ノース，D. C.・R. P. トマス著，速水融・穐本洋哉訳 1994.『西欧世界の勃興［増補版］』ミネルヴァ書房．
North, D. C. 1995. "The New Institutional Economics and Third World Development", in J. Harriss, J. Hunter and C. M. Lewis (eds), *The New Institutional Economics and Third World Development*, Routledge.
ピアス，F. 著，古草秀子訳 2008.『水の未来』日経 BP 社．
Richards, J. F. 1990. "Land Transformation", in B. L. Turner II, W. C. Clark, R. W. Kates, J. F. Richards, J. T. Mathews and W. B. Meyer (eds), *The Earth As Transformed by Human Action: Global and Regional Changes in the Biosphere over the Past 300 Years*, Cambridge University Press.
――― 2003. *The Unending Frontier: An Environmental History of the Early Modern World*, University of California Press.
Richards, J. F. and R. P. Tucker 1988. "Introduction", in J. F. Richards and R. P. Tucker (eds), *World Deforestation in the Twentieth Century*, Durham: Duke University Press.
Shaffer, L. 1994. "Southernization", *Journal of World History*, 5(1).
Smil, V. 1994. *Energy in World History*, Westview Press.
――― 2003. *The Earth's Biosphere*, MIT Press.
Stern, N. 2007. *The Economics of Climate Change*, Cambridge University Press.
杉原薫 2010a.「持続型生存基盤パラダイムとは何か」杉原薫・川井秀一・河野泰之・田辺明生編『地球圏・生命圏・人間圏 ―― 持続的な生存基盤を求めて』京都大学学術出版会．
――― 2010b.「グローバル・ヒストリーと複数発展径路」杉原薫・川井秀一・河野泰之・田辺明生編『地球圏・生命圏・人間圏 ―― 持続的な生存基盤を求めて』京都大学学術出版会．
Thomas, K. 1983. *Man and the Natural World: Changing Attitudes in England, 1500–1800*, Allen Lane.
Whittaker, R. H., G. E. Likens and H. Lieth 1975. "Scope and Purpose of the Volume", in H. Lieth and R. H. Whittaker (eds), *Primary Productivity of the Biosphere*, New York: Springer-Verlag.

〔杉原　薫〕

2-1-02
地球圏・生命圏・人間圏 ── 土地再考
from land-based to humanosphere-based perspective: land reconsidered

◆キーワード◆
自然災害，土地利用

●生存圏を構成する三つの圏

　持続型生存基盤論では，私たちが生きている時空間を生存圏とし，そこに地球圏，生命圏，人間圏の三つの圏を想定する（本講座第1巻）．私たちの生存は，人間圏のみならず，地球圏や生命圏の持続性にも支えられており，かつ私たちの日常の生活の場である人間圏の持続性は，地球圏や生命圏の持続性を前提としなければ成り立ち得ないからである．人間社会の持続性をいかに実現していくのかという課題に，生存圏という最も広い視座からアプローチしようとするのが持続型生存基盤論である．

　生存圏という視座は，人間の活動と環境の動態の関係性をめぐるさまざまな課題を統合して考えようという試みである．地球圏や生命圏は，人間圏とは異なる論理をもつ．人間圏の持続性の前提として地球圏や生命圏の持続性を考えるということは，人間圏の論理に合うように地球圏や生命圏を改変し制御するのではなく，地球圏や生命圏の論理をふまえて人間圏の論理を再構築するということである．これは，たんに，地球環境問題や生態系保全，大規模自然災害等にいかに取り組むかという個別の課題を超えて，今，私たちが手にしている知識体系や技術体系をいかに鍛えなおすかという，より根本的な問いかけでもある（本講座第2巻序章; 渡邊ほか 2008）．

　それでは地球圏と生命圏の論理とは何か．もちろん二つの圏には，さまざまな論理が働いているが，現段階では，私たちは，地球圏については循環，生命圏については多様化を核となる論理と捉えている（本講座第5巻）．地球には，その駆動力として太陽エネルギーが絶えず供給されている．それを，地球全体にあまねく再配分し，物理化学的により安定した系として地球を維持しようとするメカニ

ズムが地球圏における循環である．地球圏において，大気，物質，水はつねに動いている．この動きは，時間的，空間的に多層なスケールをもつ．これらの動きのもとで，生命体が生存空間を拡大し，生態学的平衡を追求するメカニズムが生命圏の多様化である．

●地球圏における土地，生命圏における土地

　生存圏という概念を導入することにより，持続的生存基盤論は，これまでの学問体系にどのような視座を導入しようとし，何を変えようとしているのか．ここでは土地をめぐって考えてみよう．土地が，最も重要な生存基盤の一つだからである．私たちは土地に居住し，土地を耕して農作物を得る．私たちの生活基盤も生産施設も，ほぼすべてが土地に立地している．土地は，人間の生存と人間社会の生産に不可欠の資源であり，したがって人口が増加すると社会的，経済的な価値をもつ．そのため所有や使用をめぐる制度構築が不可欠であり，それが社会構造の基礎条件をも規定する．このように土地は人間圏の根本に位置づけることができる．しかし，人間圏における土地は地表，すなわち人間社会に最も近い土地の一部にすぎない．地球圏や生命圏の論理をふまえて，土地を生存圏として考えることにより，どのような眺望を拓くことができるのか．

　土地は，地球圏において，プレートテクトニクスによる大陸の移動や造山運動のような数億年を単位とする地殻変動，数万年を単位とする氷期／間氷期による海洋と陸域の伸縮，数百年から数千年を単位とする雨や風による流域レベルの侵食と堆積によって形成されてきた．大規模な地震や火山の噴火，土壌侵食により一瞬にして地貌が変化する場合もある．生命圏や人間圏は，地球圏のさまざまな時間スケールの循環が合成された土地を基盤として成立している（本講座第2巻第1章，第11章）．生命圏としての土地は，生産者，消費者，分解者としての生命体の連鎖をはぐくみ，土地を土壌へと転換する（久馬 2005）．動物，植物から菌類にいたる多様な生命体の活動は，地下数 m から地上数十 m に及び，それらが物質とエネルギーの循環をつうじた生態系を構成している（Montgomery 2007）．生命圏は，遺伝子や種，生態系の多様化により，あらゆる土地へと浸透し（Jarvis et al. 2007），土地のみならず，気候や地形など地球圏にも影響を与えている（神崎・山田 2009; 木村・波多野 2005）．

●生存圏における土地

　これまでの土地研究をふまえて，持続型生存基盤論としての土地研究を進展させる方向性として，大きく以下の3点を指摘できる．第一は，地球圏や生命圏としての土地をより深く理解するという方向である．地球の動きや生命体の動きが「想定外」だとすれば，それは私たちの理解がいまだ不完全なものであることを示しているにすぎない（本講座第2巻第1章）．第二は，地球圏と生命圏としての土地に関するより深い理解をふまえて，地球圏や生命圏と人間圏の関係性という視点からの土地研究である．私たちは，それぞれの土地の形成過程や生態系を十分に理解しないまま土地を利用した結果，自然災害を招き（釜井・守随 2002; 大橋 2001），肥沃な土壌を疲弊させてしまう（久馬 2005）という過ちを克服できていない．そして第三は，土地をめぐる制度や資源としての土地に焦点をあてた人間圏における土地研究である．

　第一の方向は，地球物理学や地質学，地形学，土壌学などの狭い意味での土地を対象とする研究領域や大気科学や海洋科学，気候学，気象学，水文学等の土地を取り巻く環境を対象とする研究領域，さらに動物相や植物相の分布と生態系を論じる生態学をさらに進展させるということである．ただし，細分化された個別のディシプリンの枠組みにおける進展ではなく，ディシプリンをつなぎ，より統合的に地球圏と生命圏を理解しようとする進展である．ケッペンに代表される世界の気候区分は，地表でしか気候や気象を観測し，景観を観察することができなかった時代の限られたデータに基づいた研究成果だが，それが学際的な視点から作成された気候区分だったからこそ，熱帯と温帯や湿潤地帯と乾燥地帯といった世界の諸地域の土地の属性に関する議論に広く生かされた（本講座第5巻第2章）．日本列島を，東北日本と西南日本，内帯と外帯という二つの地質構造区分によって分け，それが広い意味での土地の属性，すなわち自然環境にとって決定的な意味をもつことを示した小出の業績は，地質学，地形学，河川工学等をつなぐ傑出したものである（小出 1970, 1973）．地球環境問題や大規模自然災害への関心が高まるなか，近年，観測技術が目覚ましく進歩している（近藤 2000; 甲山 2009）．これらのデータを活用して，物質や水，熱循環を解明し，地球圏や生命圏の論理を究める研究を展開していかなければならない．

　第二の方向，すなわち地球圏や生命圏と人間圏の関係性についてである．地球

史,文明史的視点からの研究(松井 2007; フェイガン 2009; 梅棹 1974; 宮崎 1993)を
ふまえて,地域社会のレベルでこの関係性を追求する研究を展開する必要がある.
これは,小出による日本を対象とした研究に触発され,東南アジア研究において
大きく展開した.それは,それまでの地誌研究(e.g. Pendleton 1962)や農業地理研
究(e.g. グリッグ 1977)から地域研究への展開とみることもできる.石井(1975)は,
タイ国の歴史において,政治権力の中心地の自然環境と権力基盤に密接な関連が
あること,農業技術の発展と国家の農業への関与が自然環境によって規定されて
いることを看破した.この成果をふまえた高谷(1982)は,チャオプラヤ・デル
タを対象として,地形学,水文学的に土地をさらに詳細に区分し,土地の属性が
土地利用や農業技術のみならず,地域社会の形成史に埋め込まれていることを明
らかにした.さらに,農地や集落,都市等の人間社会が改変,創出した景観にお
いて形成された生態系に関する研究も重要である.人間の営みは生命圏や地球圏
のごく一部を制御するのみであり,人為的な攪乱が生命圏や地球圏に新たな動き
を生み,それが人間圏に新たな対策を迫るという果てしない応答を人間圏と地球
圏,生命圏は繰り返しているのである(古川 1992; 石川 2008; ステュワート 2010; ジェ
イコブセン 2009).自然環境決定論を超えた土地と人間社会の関係性に関する研
究を,さまざまな空間スケールで展開していく必要がある(高谷 1985, 2001; 河野
2008).

　第三の課題,すなわち人間圏における土地研究に関しては膨大な研究の蓄積が
あるが,持続型生存基盤論という観点からみるならば,土地資源の稀少性と土地
管理が大きな課題である(秋道・市川 2008).安心して暮らせる生活基盤の確立,
人口増加や栄養状態の改善に対応した食料の増産,化石資源に代わるバイオマス
のエネルギー利用,生物多様性保全のための保護区の設定など,今日の人類社会
が直面する多くの課題を解決するためには土地が必要である.多用途な土地利用
が世界各地で競合し,土地資源が稀少化している.それぞれの用途が生み出す付
加価値を比較する基準の欠如が,土地利用の混乱を招き,それが社会不安を引き
起こしている(佐藤 2002).このような状況を解決するために,土地のマッピン
グと登記,利用制限からなる近代的な土地管理制度が,熱帯の発展途上国で急速
に導入されつつある.ヨーロッパや東アジアにおいては,土地管理制度を,慣習
的な土地利用と数百年かけてすり合わせることによって確立してきた.この過程
を経ることなく導入されつつある発展途上国の土地管理制度は,土地利用の混乱

にさらに拍車をかけている(市川ほか 2010; 本講座第 2 巻第 8 章). 人間圏の拡張を地球圏, 生命圏といかに調和させるのかが問われている.

これまで個別に論じられてきたこれら三つの課題を統合的に論じようとするところに持続型生存基盤論の斬新性がある. 土地の地球圏や生命圏としての属性や歴史的に形成された土地と地域社会の関係性をふまえて, 生存圏における土地を再考していかなければならない.

▶関連用語：2-3-B05 農法, 土地・労働基盤社会, 時間論

文献

秋道智彌・市川昌広編 2008.『東南アジアの森に何が起こっているか』人文書院.
フェイガン, B. 著, 東郷えりか・桃井緑美子訳 2009.『歴史を変えた気候変動』河出書房新社.
古川久雄 1992.『インドネシアの低湿地』勁草書房.
グリッグ, D. B. 著, 飯沼二郎・山内豊二・宇佐美好文訳 1977.『世界農業の形成過程』大明堂.
市川昌広ほか編 2010.『熱帯アジアの人々と森林管理制度』人文書院.
石井米雄編 1975.『タイ国 ─ ひとつの稲作社会』創文社.
石川拓治 2008.『奇跡のリンゴ』幻冬舎.
ジェイコブセン, R. 著, 中里京子訳 2009.『ハチはなぜ大量死したのか』文藝春秋.
Jarvis, D. I., C. Padoch and H. D. Cooper (eds) *Managing Biodiversity in Agricultural Ecosystems*, Columbia University Press.
釜井俊孝・守隨治雄 2002.『斜面防災都市』理工図書.
神崎護・山田明徳 2009.「生存基盤としての生物多様性」杉原薫ほか編『地球圏・生命圏・人間圏 ─ 持続的な生存基盤を求めて』京都大学学術出版会.
木村眞人・波多野隆介編 2005.『土壌圏と地球温暖化』名古屋大学出版会.
小出博 1970.『日本の河川』東京大学出版会.
─── 1973.『日本の国土(上・下)』東京大学出版会.
近藤純正 2000.『地表面に近い大気の科学』東京大学出版会.
河野泰之編 2008.『論集モンスーンアジアの生態史 第 1 巻 生業の生態史』弘文堂.
甲山治 2009.「地球圏の駆動力としての熱帯」杉原薫ほか編『地球圏・生命圏・人間圏 ─ 持続的な生存基盤を求めて』京都大学学術出版会.
久馬一剛 2005.『土とは何だろうか?』京都大学学術出版会.
松井孝典 2007.『地球システムの崩壊』新潮社.

Montgomery, D. R. 2007. *Dirt: The Erosion of Civilizations*, The Regents of the University of California.
宮崎市定 1993.『アジア史』岩波書店.
大橋慶三郎 2001.『道づくりのすべて』全国林業改良普及協会.
Pendleton, R. L. 1962. *Thailand: Aspects of Landscape and Life*, Duell, Saloan & Pearce.
佐藤仁 2002.『稀少資源のポリティクス』東京大学出版会.
ステュワート，A. 著，今西康子訳 2010.『ミミズの話』飛鳥新社.
高谷好一 1982.『熱帯デルタの農業発展』創文社.
——— 1985.『東南アジアの自然と土地利用』勁草書房.
——— 2001.『新編「世界単位」から世界を見る』京都大学学術出版会.
梅棹忠夫 1974.『文明の生態史観』中央公論社.
渡邊誠一郎・安成哲三・桧山哲哉編 2008.『新しい地球学』名古屋大学出版会.

〔河野泰之〕

キーワード◆大気・海洋・陸域の相互作用, 学融合, 陸面過程モデル

水循環　hydrological cycle

● 水循環とは何か

　水循環とは，太陽エネルギーを主因として引き起こされる，地球における継続的な水の循環のことである．水は，固相（雪，氷など），液相（降雨，地表水など），気相（水蒸気）と状態を変化させながら地球圏を循環している．そのため，水循環は，温度（正確には温位）のかたちでの熱輸送（顕熱輸送）に加えて，相変化にしたがって放出もしくは吸収される熱を介した熱輸送（潜熱輸送）をともなう．このような熱輸送を熱循環といい，水循環と熱循環の働きによって，地球上には多様な気候が形成されている（近藤1994）．

　地球に入ってきた太陽エネルギーは地球圏の大気・水循環および海洋循環プロセスを経て宇宙空間に再放出され，地球全体として定常状態を保つ過程において地球上の各地域に熱や水が配分される．赤道域から極域への熱移動が主流である熱循環に対して，水循環はより複雑な過程を経る．水環境は東西の非対称が顕著である．たとえば東南アジア大陸部からインド亜大陸にかけては多雨地帯であるのに対して，同緯度帯のアラビア半島からアフリカ・サハラにかけては乾燥地帯が広がっている．これらは，直接的には，海と陸の配置による熱的コントラストやヒマラヤ・チベットの山岳域，海流の影響を受けた結果だが，その背景には，地球の形状，地球の自転の影響（コリオリ力），海流，海陸の熱容量の違い，植生と土壌の影響などが複雑に相関し合っている．水循環は，南北と東西の両方向への循環を含み，かつ水環境の平準化と特異化の両面をもつメカニズムである．

● 大気・海洋・陸域の相互作用

　地球圏において，水は，海洋→大気→陸域（地表面→河川・地下水）→海洋と循環している．水循環において貯留量に注目すると，海洋における貯留が陸域における貯留よりも圧倒的に大きい．陸域における貯留の大部分は氷河と積雪である．一方，循環量に注目すると，海洋では降水より蒸発のほうが多く，陸域では蒸発より降水のほうが多い．この過不足は，陸域から海洋への河川および地下水流を介する水（液相）の移動により調整され，それと同じ量の水蒸気（気相）が，大気圏において海洋から陸域へ輸送されている（Oki and Kanae 2006）．すなわち陸域での降水は，地表面からの蒸発散（蒸発と蒸散）に加えて，海洋から陸域へ輸送された水蒸気が源となっている．これは，同時に海洋で蓄えた熱を気化の潜熱として奪い，降水時に凝結熱として陸域に開放している，すなわち海洋から陸域へ，潜熱を輸送していることを意味する（Brutsaert 2005）．

　このように水循環は，大気と海洋と陸域の相互作用として成り立っている．このうち，「気象学」に代表される大気科学と「海洋学」に代表される海洋科学は，基礎となる理論が流体力学であるために早くから学融合が進んだ．海洋の循

環には，大別すると風成循環と熱塩循環が存在する．このうち風成循環は，海洋上を吹く風の摩擦力を運動エネルギーとする海洋表層の循環である．風成循環と大気循環は緊密に相互作用しており，両者ともコリオリ力の影響を受ける．一方，熱塩循環は，風成循環に比べて桁違いにゆっくりしたペースで，深層も含めた地球の海洋全体を流れている．この循環が全海洋を一巡するのには1,000年程度の時間を要する．熱塩循環は，数十年から数百年を単位とする長期的な気候変動をコントロールする最も重要な要素の一つであると考えられる．

大気と海洋の融合研究の例としては，「エルニーニョ・南方振動」(El Niño-Southern Oscillation; ENSO)が挙げられる．すなわち，大気に関してはインドネシア付近と南太平洋東部で，海面の気圧がシーソーのように連動して変化し(片方の気圧が平年より高いと，もう片方が低くなる傾向)，海洋では赤道太平洋の海面水温や海流などが変動する自然現象である．大気に主眼をあてた場合にはたんに「南方振動」と呼ぶこともあり，一方，海洋に着目する場合には「エルニーニョ現象」と呼ばれる．エルニーニョ現象と南方振動は，当初は別々に議論されていたが，研究が進むにつれて，両者が強く関係していることが明らかになった．エルニーニョ・南方振動の「発見」は，学融合の成果として広く知られている．

これらに加えて，近年，河川流出や土壌水分変動，地下水流動など陸域の水の動態を研究する「水文学」との学融合が進みつつある(池淵ほか2006)．陸域のうち，水や熱の大気との交換に寄与する地表面部分を陸面(land surface)と呼ぶが，大気・海洋との相互作用解明にむけ，陸域における水循環過程を組み込んだモデルを陸面過程モデルという．陸面過程モデルは，気象予測の現場で活用されるとともに，気候の将来予測や過去の気候の再現に利用されている．

▶関連用語：2-1-A06 熱循環，2-1-A12 複雑系，2-3-01 温帯から熱帯へ

文献

Brutsaert, W. 2005. *Hydrology: An Introduction*, Cambridge University Press.
池淵周一ほか2006. 『エース水文学』朝倉書店.
近藤純正1994. 『水環境の気象学』朝倉書店.
Oki, T. and S. Kanae 2006. "Global Hydrological Cycles and World Water Resources", *Science*, 313.

〔甲山　治〕

2-1-A02 ▶▶▶ 干ばつ　drought

キーワード●耐乾性，干害，沙漠化

　干ばつとは，長期間にわたって無降雨状態が続くことを指す．沙漠において干ばつは常態であり，明確な乾季と雨季をもつ地域においては季節的現象であり，多くの湿潤地帯ではランダムに発生する現象である（Kramer and Boyer 1995）．干ばつの結果，土壌中の水分が減少して農作物の生育に障害が生じることを干害という（日本農業気象学会1997）．植物が正常に生育するには，蒸散によって失われる水を根から吸収し，体内の水分バランスをある程度一定に保つ必要がある．干ばつによる代謝活動の低下を最小限に抑えるために，植物がもつ適応能力のことを耐乾性という．耐乾性の強弱は種によって異なるが，同一種であっても，干ばつに遭遇するまでの生育環境に大きく影響される．湿潤条件下で生育した個体は，断続的な干ばつ条件下で生育した個体に比べて，根系の広がりが小さいことなどが例として挙げられる．よって，干害が発生するか否かは，無降雨期間の長さによって一律に決まるものではない．地球圏の現象である干ばつと，生命圏の現象である干害は，明確に分けて考える必要がある．
　1992年の地球サミットで採択されたアジェンダ21では，沙漠化を「乾燥，半乾燥および乾燥半湿潤地域において，気候変動や人間活動を含むさまざまな要因から引き起こされる，土地の劣化」と定義している．太陽エネルギーの吸収量は，赤道域で最大となり，高緯度になるほど減少する．赤道付近でより多く吸収された太陽エネルギーを機動力として，ハドレー循環と呼ばれる大気循環が発生し，南北緯度30度付近では乾燥した気候が卓越する．サハラ砂漠からゴビ砂漠までつながるGreat Arid Zoneは，このような地球圏のもつ循環のメカニズムの結果として生成されたものである．ただし，十分な排水が確保されないまま過剰な灌漑を行った結果生じる土壌の塩類化や，温室効果ガスの排出の結果として生じる気候変動も沙漠化を促進する．水という生存基盤を持続させてゆくためには，地球圏や生命圏の特性を深く理解し，尊重したうえで，それに対して能動的に適応してゆく必要があると考えられる．

▶関連用語：2-3-A11 乾燥地帯，塩害，循環する水

文献
バローズ，W. J. 著，松野太郎監訳 2003．『気候変動』シュプリンガー・ジャパン．
Kramer, P. J. and J. S. Boyer 1995. *Water relations of plant and soils* http://dspace.udel.edu:8080/dspace/handle/19716/2830（2012年2月3日アクセス），Academic Press.
日本農業気象学会 1997．『新編農業気象学用語解説集』日本農業気象学会．
The United Nations Programme of Action From Rio 2002. *Earth Summit Agenda 21* http://www.un.org/esa/dsd/agenda21/index.shtml（2012年2月3日アクセス）．
ピアス，F. 著，古草秀子訳 2008．『水の未来』日経BP社．

〔佐藤孝宏〕

2-1-A03 ▶▶▶ 灌漑　irrigation

キーワード◆"水制御"思想，"水と共に生きる"思想

　灌漑とは，作物に必要な水分を供給し，土地の生産力を永続的に高めるため，水を圃場に組織的に導き，行きとどいた管理のもとで地域的に分配することをいう（日本農業気象学会1997）．現在，世界の耕作地全体のうちおよそ17%が灌漑されているが，この灌漑農地で世界の食料の3分の1以上が生産されていることを考えれば（クラーク2006），灌漑の重要性は疑うべくもない．ただし，灌漑に利用できる水の量には限界がある．地球上に存在する14.1億km^3の水のうち，97.4%は塩分濃度が高すぎて利用できない．淡水は残りの3,700万km^3だけであるが，このうちの76.6%は南・北極の氷冠や氷河・永久凍土層が，23.1%は地下水および土壌中の水分が占め，湖沼水や河川水はそれぞれ淡水の0.28%および0.005%を占めるにすぎない（海田1997）．

　地球全体の水文循環から推定すると，年降水量にして平均830 mmの雨が地球上の陸地面積全体に降ることになるが（海田1997），実際には年間降水量が250 mm以下の砂漠から，2500 mm以上の熱帯雨林まで，地域によって異なる多様な水文環境が存在する．人類が農業を開始した直後から始まったと考えられる灌漑も，それぞれの地域の水文環境に適応しながら発達し，形成・発展してきた（海田1997; Palanisami 2000; 福井・星川 2009; 古川2011; 真木1999など）．海田（1997）が指摘するとおり，これらの水利用を大別すると，地中海域で生起して西欧で発達した"水制御"思想と，アジアの"水と共に生きる"思想の二つに大別でき，前者は，近代技術と結びついて世界の水資源開発の大きな潮流となってきた．現在，世界の各地で水利用に関するさまざまな問題が頻発しているが（ピアス2008），"水と共に生きる"思想なくしてはこれらの問題に対処できなくなっているのではないだろうか．

▶関連用語：循環する水，水利共同体，緑の革命

文献

クラーク，R.・J. キング著，沖大幹監訳 2006.『水の世界地図』丸善．
福井捷朗・星川圭介 2009.『タムノップ —— タイ・カンボジアの消えつつある堰灌漑』めこん．
古川久雄 2011.『オアシス農業起源論』京都大学学術出版会．
海田能宏 1997.「世界の水資源問題と国際協力」水文・水資源学会編『水文・水資源ハンドブック』朝倉書店．
真木太一 1999.『写真で見る中国の食糧環境と農林業』筑波書房．
日本農業気象学会編 1997.『新編農業気象学用語解説集』日本農業気象学会．
Palanisami, K. 2000. *Tank Irrigation Revival for Prosperity*, Asian Publication Services.
ピアス，F. 著，古草秀子訳 2008.『水の未来』日経BP社．

〔佐藤孝宏〕

2-1-A04 ▶▶▶ 洪水　flood

キーワード●大雨，河川，氾濫原

　洪水は，大雨や融雪などの多すぎる水が原因で引き起こされる自然災害である．多くの場合は河川が増水・氾濫することで，人間社会へ深刻な影響を与える．河川は，主として降水量と蒸発量のバランスによって，その流量が増減する．増水した際には上流から土砂を運ぶため，河川は土砂の堆積による平坦な地形をつくり，平水時は堆積土砂に溝のような流路を形成し流れる．しかし増水時には，通常の流路を越えて周囲の平坦地にあふれる．このような現象を洪水と呼び，定期的に洪水が及ぶ地域を氾濫原と呼ぶ．多くの地域では降水現象は季節的なサイクルに依存するために，氾濫原への洪水は通常の自然現象であった．

　「エジプトはナイルの賜物」という言葉が示すように，氾濫原である平坦で肥沃な地は，古くから耕作地として開発された．しかし氾濫原の利用が進むにつれて，規模の大きな洪水は人間社会への影響が大きいことから，河川をコントロールする必要が出てきた．このような対策のことを，治水という．中国における夏王朝の皇帝であった禹は，国家事業として黄河や淮河流域における治水事業を行った．日本国内では，江戸幕府による利根川流路の東遷によって，元来沼地であった江戸の洪水災害が激減し，都市としての発展が始まった．このように古来より治水は治世者の重大な問題であったが，今日においても変わりはなく，河川周辺の住民を洪水から守るためにさまざまな施策が行われている．

　氾濫原は平坦でアクセスが良好なため，近年は住宅地や工業生産地，商業地としての利用が進んだ．氾濫を防ぐために堤防を建設し，河川流路を固定した流れに閉じ込めるといった工学的なアプローチをとることになった．堤防を境界として，居住地外の河川側を堤外地，居住地側を堤内地という．河川側の水を外水，外水の氾濫によって水害が生じた場合を外水氾濫という．また堤内地の排水が追いつかないために水が敷地内にあふれた水を内水，内水の氾濫によって水害が生じた場合を内水氾濫という．

▶関連用語：2-1-C05 災害，水害

文献
甲山治ほか 2009．「分布型流出モデルを用いた融雪洪水の再現計算」『京都大学防災研究所年報』52(B)．
立川康人ほか 2006．「広域分布型洪水流出モデルを用いた実時間流出予測システムの開発と淀川流域への適用」『京都大学防災研究所年報』49(B)．

〔甲山　治〕

2-1-A05 ▶▶▶ 水資源　water resource

キーワード◉水資源賦存量，水資源開発，バーチャルウォーター

　水はすべての生命に必要不可欠であり，人間が生活や生産活動を行う際にも，基本となる資源である．地球上には膨大な量の水が存在するが，97%は海水であり，水資源としての用途はかぎられる．残りの3%の淡水のうちの約70%は極地と一部の山岳域に氷河として存在しているため，実際に通常利用可能な淡水は河川水や湖水，地下水など全体の約1%にすぎない．水は循環する資源であるため，湖水や河川水および地下帯水層や貯水池に蓄えられた水資源は，化石水とも呼ばれる一部の深層地下水を除いて再生可能である．

　水資源は主としてその地域の降水と蒸発に依存するために，分布に大きな偏りがある．ある地域の降水から蒸発量を引いたものを水資源賦存量と呼び，これが理論上利用可能な水資源量である．すなわち水資源賦存量と利用効率の積である．一方，世界の各地での水資源の利用可能量には大きな開きがあり，また地域によっては季節および年ごとの降水量の変動も大きい．もともと降水量の少ない地域では，水資源賦存量が少ないため，多くの人々が水不足に悩まされている．降水の季節変動や年々変動が大きな地域では変動への対応が重要であり，ダム等の建設によって水資源賦存量の利用効率を高める必要がある．一方，雨の多い地域では，洪水を制御する技術が重要である．

　日本の水資源開発は，水田による稲作農業を中心に展開してきた．稲作の伝来以降，ため池の築造に始まり，小・中河川の利用が行われた．江戸時代以降は，利根川など大河川の治水工事と新田開発が進められ，沖積平野の水田化が急速に進んだ．近代以降は工業用水の需要が急激に増大し，同時に人口増加と伝染病予防に対応するため都市部に近代水道の整備が進んだ．その一方で，都市化・工業化の進展による電力需要の増大から水力発電事業が大きく発展した．1950年代以降は，経済成長と人口の増加にともなう，生活用水，工業用水，農業用水の需要が急増したため，多目的ダムの建設などによる総合的な開発が行われた．日本は水資源開発の先進国であり，現在は途上国への技術移転が行われている．

　日本では，渇水年を除いて水資源が不足する事態はまれだが，諸外国から農作物等を大量に輸入しており，それらを自国で栽培した場合は膨大な水が必要である．農作物等として取引される水をバーチャルウォーター（Virtual Water，仮想水）といい，水資源を議論する際には十分に考慮する必要がある．

▶関連用語：グリーンウォーター，循環する水，ブルーウォーター

文献
池淵周一・赤井浩一 2001.『水資源工学』(基礎土木工学シリーズ) 森北出版.
Oki, T. and S. Kanae 2006. "Global Hydrological Cycles and World Water Resources", *Science*, 313.

〔甲山　治〕

キーワード◆熱収支, 顕熱輸送, 潜熱輸送

熱循環　heat cycle

● 熱循環とは何か

　熱循環は気候システムにおける駆動力であり，地球に入ってきた太陽放射エネルギーを地球圏の大気・水循環および海洋循環を経て宇宙空間に再放出し，地球全体として定常状態を保つためのプロセスである．その過程において地球上の各地域に熱や水が配分される．地球全体でみると，地球の大気および表面が吸収する太陽放射の熱量（日射量）と，地球大気から地球放射として出ていく熱量（赤外放射量）は等しく，熱収支は閉じている．しかし，地球が球体であるために，太陽から地球への熱供給は，地表面の単位面積当たりで考えると，赤道域で大きく，南北の極域に向かって高緯度になるほど小さくなる．一方，赤外放射量も赤道域で大きく極域で小さいが，その南北較差は日射量ほど顕著ではない．その結果，赤道域では入ってくる熱量が出ていく熱量より大きく，中緯度地帯では両者が均衡しており，極域では逆転する．このアンバランスを調整するのが大気と水の循環による南北間の熱輸送である．この熱輸送がなければ，赤道域はより高温に，極域はより低温になるので，これは地球レベルで気温を平準化する働きをもつ．すなわち，熱帯が受け取る太陽エネルギーが駆動力となって，地球規模の大気と水の運動が引き起こされている．水循環はまた，熱循環を必然的にともなう．水は，固相（雪，氷など），液相（降雨，地表水など），気相（水蒸気）と状態を変化させながら地球圏を循環している．そのため，水循環は，温度（正確には温位）のかたちでの熱輸送（顕熱輸送）にくわえて，相変化にしたがって放出もしくは吸収される熱を介した熱輸送（潜熱輸送）をともなう．私たちは，これを気温や湿度，降水量として表現される気候として認識している．このような熱循環と水循環の結果，地球上には多様な気候が形成されている（近藤1987）．

　地球全体でみると入射する太陽放射エネルギーと，反射および地球放射として地球外に放出されるエネルギーは，釣り合っている（会田1982）．しかし地球上にはさまざまな気候が存在し，植生などの土地被覆状況も異なることから，地域によって熱のやり取りは異なる．この分野のパイオニア研究として，ブディコの地球の熱収支図が挙げられる．同様の全球図としてケッペンの気候区分図が挙げられるが，植生分布を元に作成されたケッペンの図に比べ，ブディコの図はより熱循環の考えを反映したものとなっている．ブディコは放射乾燥度という概念をもちいて，熱収支と水収支とを結びつける重要な業績を残した（ブディコ1973）．たとえば高緯度に位置するツンドラ地帯においては，降水量は少ないものの気温が低く，すなわち熱が十分でないため蒸発が少なく水が余っている地域である．このような考えは，河川管理や気象予測などの分野にも応用されており，降水量，流出高，熱循環の相互関係を解析する際

にも，基本となる考えである．

●熱循環と環境問題

地球温暖化に関する議論の際に，石油，石炭，天然ガスなどの化石燃料の使用が焦点となる．これらは古い時代のバイオマスから生成したものであり，そもそもは太陽エネルギーを光合成によってバイオマス内に蓄積したものである．化石燃料を使用することは，すなわち過去に蓄えられたエネルギーを現在使用することである．使用されたエネルギー自体は地球外に放出されるため，地球の平均気温に影響を与えるものではない．しかし代表的な温室効果ガスである二酸化炭素を増加させるため，大気の組成と相互作用の関係にある熱循環を変化させる．二酸化炭素の増加は，車や工場，焼畑などから排出されるエアロゾルと並んで，人間活動が熱循環に与える影響の代表的なものである．

このような熱循環のメカニズムを研究する学問領域としては，気候学，気象学，大気化学，水文学，地理学などの地球物理分野，エネルギー工学や電力工学などの物理工学分野，植物生理学や生化学などの生物学分野など多岐にわたる．循環型・低炭素社会やエコタウンをデザインする際にも考慮すべき要素であり，建築学や土木工学においても重要である．

▶関連用語：2-3-01 温帯から熱帯へ，2-3-A10 気候／気候区分，温室効果ガス

文献

会田勝 1982．『大気と放射過程』(気象学のプロムナード 8) 東京堂出版．
ブディコ，M. I. 著，内嶋善兵衛・岩切敏訳 1973．『気候と生命(上・下)』東京大学出版会．
吉良龍夫 1948．「温量指数による垂直的な気候帯のわかちかたについて」『寒地農学』2．
近藤純正 1987．『身近な気象の科学』東京大学出版会．

〔甲山　治〕

2-1-A07 ▶▶ エネルギー energy

キーワード●化石燃料，太陽エネルギー

　エネルギーとは，外部に対して行うことができる仕事量であり，運動エネルギーや位置エネルギーといった力学的エネルギーのほか，化学エネルギー，熱，電気，光，質量（核）等もエネルギーである．これらのエネルギーは相互に変換可能であり，資源として利用する場合にはエネルギー資源と呼ばれ，なかでも化石燃料は枯渇性資源と呼ばれる．石炭，石油という化石燃料を燃焼させることで得られるエネルギー量は莫大なものである．18世紀まで人間はエネルギー的視点では地球圏の手のひらで遊んでいただけで他の生物との差は大きくはなかったが，19世紀に入り化石燃料，そして20世紀に入り質量（核）エネルギーを利用するようになって，地球圏そのものすべてを飲み込むような生物となってしまい，環境問題やエネルギー問題に代表されるさまざまな問題を引き起こすようになった．化石燃料は過去の蓄積エネルギーにすぎず，人間活動は過去を食いつぶすことで支えられていた．現在注目されているのは地球圏が得ている最大最高の現在進行形のエネルギーである太陽エネルギーである．地球に届く太陽エネルギーは約17京4,000兆Wであり，2008年に全人類が消費したエネルギー約15兆Wと比較して約1万倍である．太陽エネルギー利用は太陽熱，太陽光など直接的利用のほかに，広義の太陽エネルギー利用と考えられる風力，バイオマス，海洋，小水力なども含まれている．太陽エネルギーは安定性が悪いため，それだけで現在の社会を支えることは難しい．そこでスマートグリッドと蓄電池をもちいた電力系統のネットワーク化，気象条件と昼夜変動を回避して安定性を飛躍的に向上させる宇宙太陽発電所SPS，再生産可能なバイオマス技術等が研究されている．GDPとエネルギー消費量はほぼ比例関係にあるため，今の安定大規模なエネルギー源に支えられて発展した人間社会を，再び不安定小規模エネルギー源で支えられる社会へとパラダイムシフトさせるか，不安定な太陽エネルギーを科学技術でカバーして持続可能な生存圏を築くか，そのハイブリッドか，今後人類は自らの生存のために選択を迫られている．

▶関連用語：2-3-A05 工業化，2-3-B03 バイオマス，2-3-C03 持続可能性，宇宙太陽発電所

文献
エネルギー・資源学会編 1996．『エネルギー・資源ハンドブック』オーム社．
松本紘 2011．『宇宙太陽光発電所』ディスカヴァー・トゥエンティワン．
日本太陽エネルギー学会編 2001．『新太陽エネルギー利用ハンドブック』日本太陽エネルギー学会．
『スマートグリッド政策ハンドブック2010年版』エスビーアイ・インフォメーション．
吉川暹編 2006．『新エネルギー最前線』化学同人．

〔篠原真毅〕

2-1-A08 ▶▶▶ 再生可能資源　recyclable resource / renewable resource

キーワード◉自然エネルギー，資源リサイクル

　再生可能資源とは，自然のプロセスにより，人間をはじめとした生物の利用速度を超えて補給される天然資源のことである．対義語としては，枯渇性資源もしくは再生不能資源が相当する．太陽，潮汐，風，地熱等の自然エネルギーは永続的であり，それらを資源として活用することができれば利用可能量を超えて使用してしまう危険はない．一方，枯渇性資源は石油，石炭，天然ガス等の化石燃料が代表的である．枯渇性資源も自然由来の資源であるが，人間活動のサイクルよりもはるかに長期間をかけて蓄積された資源であることに留意する必要がある．

　再生可能資源には，酸素，淡水，木材等のバイオマスも含まれているが，環境からの供給能力以上に使用すれば枯渇性資源となりうる．したがって自然の循環やメカニズムを知ることで，資源の枯渇を防ぐ必要がある．たとえば地下水には涵養（リチャージ）されるのにとてつもなく長期の時間がかかるものがあり，そのような地下水を化石水と呼んで区別する．化石水は一度使ったら資源としては利用不可能であり，化石燃料と同じく持続可能な使用量以上に使用することがありうる．たとえば，アメリカ中部のオガララ帯水層は世界最大級の地下水層で，総面積は 450,000 km^2（日本の国土の約1.2倍）に及ぶが，汲み上げた地下水を散水して豊かな穀倉地帯を維持しているために地下水資源の枯渇が懸念されている．

　再生可能資源を議論する際に，自然エネルギーの新たな活用のみが注目されがちだが，従来は廃棄していた資源をリサイクルするという資源利用効率化に向けた取り組みも行われている．2001年に日本で施行された資源有効利用促進法では，環境への負荷が少ない循環型社会形成をめざし，廃棄物の発生を抑えて資源を有効に利用するため，再生資源や再生部品などの利用促進を図るよう定められている．現在のところ資源リサイクルは先進国主導で行われているが，今後は途上国への技術移転が期待される．再生可能資源をめぐってはさまざまな議論が存在するが，効率よく活用するためには理学や工学的アプローチにくわえて，社会の仕組みそのものを議論する必要がある．

▶関連用語：2-1-B05 生物資源，2-1-B09 枯渇性資源，地下水

文献

遠藤崇浩 2008.「オガララ帯水層の水問題」『水利科学』52.
小宮山宏ほか編 2010.『サステイナビリティ学3　資源利用と循環型社会』東京大学出版会.
髙月紘 2004.『ごみ問題とライフスタイル』日本評論社.

〔甲山　治〕

2-1-A09 ▶▶▶ 枯渇性資源　non-renewable resource

キーワード●化石燃料, 温暖化ガス

　枯渇性資源とは，石油，石炭，天然ガス，ウラン等に代表されるエネルギーを生み出す埋蔵資源のことである．ウラン以外は化石燃料と称される．これらの資源がいずれ枯渇するであろうという予測は可採年数という指標であらわされることが多い．可採年数は可採埋蔵量で決まり，これから技術的・経済的に掘り出すことができる埋蔵量を実際の年間使用量予測で割った年数の指標のことである．2010年末で可採年数は石油が46.2年，石炭が118年，天然ガスが58.6年，ウランが100年以上とされている．可採年数は，採掘技術の向上によってそれまでは採掘できなかった資源が発掘できるようになったり，消費量予測が下がると増加する．実際はこの可採年数は1980年代以降をみても年々減っていくことはなく，一貫して30-50年の間で推移してきたため，資源の枯渇性に対し疑問を呈する声も多い．しかし資源の枯渇性を指摘したハバートが1956年に米国石油学会で発表した論文の予測モデルはアメリカの石油生産のピークを1966-71年の間と予測し，実際に1971年ごろにピークを迎えたため，資源の枯渇性を示す曲線として今でも最新データを加えながら予測にもちいられている．枯渇性資源は人間圏の時間スケールでは再生産されているようにはみえず，いずれ枯渇する可能性が高い，と認識されている．

　枯渇性資源は生み出すエネルギー量が薪等と比べ桁違いに大きかったため，人間圏の活動を比較的に拡大する原動力となった．石油のエネルギー密度は42-44 MJ/kg，石炭は22-29 MJ/kg，ウランは6.6×10^7 MJ/kgと桁違いに大きい．枯渇性資源のうち化石燃料は燃焼時に二酸化炭素等の温暖化ガスを大量に発生する問題も大きい．発電所の建設，運用，廃棄時トータルで発生する二酸化炭素は，石油火力発電で846 g-CO_2/kWh，LNG（天然ガス）発電で-CO_2/kWh，631 原子力発電で22 g-CO_2/kWhと評価されている．これらの理由で枯渇性資源の利用は見直される機運にある．代替としては太陽エネルギーを元にした電気エネルギーがある．

▶関連用語：2-3-A05 工業化，2-3-C03 持続可能性

文献

BP Statistical Review of World Energy 2011.
Campbell. C. J. and J. H. Latherrere 1998. "The End of Cheap Oil", *Scientific American*, 1998.3.
エネルギー・資源学会編 1996.『エネルギー・資源ハンドブック』オーム社.
Hubbert, M. K. 1956. "Nuclear Energy and the Fossil Fuels", Presented before the Spring Meeting of the Southern District, American Petroleum Institute, 1956.3.7-9.
吉岡完治ほか 1998.「宇宙太陽発電衛星のCO_2負荷」『学振未来』WG2-1.

〔篠原真毅〕

2-1-A10 ▶▶▶ 移動〔地球圏〕 motion [geosphere]

キーワード◉循環, ゆらぎ

　地球圏における移動とは,物質とエネルギーの循環である.熱帯に供給される太陽エネルギーを再配分し,地球を物理化学的に安定した系として維持するためのメカニズムが循環である.循環はゆらぎをもち,それが,地球圏を超えて,生命圏や人間圏に影響を与える.たとえば,赤道付近の太平洋の水温のゆらぎが水循環のゆらぎを生む.エルニーニョ・南方振動である.この大気と海面が連動した地球圏のゆらぎは,干ばつや洪水の原因となり,森林生態系や農業生産に直接的な影響を与え,不作や飢饉,森林火災を生み,人口移動(移住)や社会不安を誘発する(本講座第2巻第2章).このように,地球圏のわずかなゆらぎが,生命圏や人間圏にとっては決定的な変動となることがある.地球圏は,生命圏や人間圏の基盤をなすものであり,かつそれが複雑系だからである.地球圏における循環は長短さまざまな周期をもつ.世界の海水はコンベアベルトで循環している.熱塩循環である.北大西洋北部で深層にもぐりこんだ海水は,南大西洋からインド洋を経て太平洋北部で表層に浮上し,逆ルートで北大西洋北部に戻る.このサイクルは1,000年から2,000年を要する.この水流は,北大西洋北部における海流のわずかなゆらぎが原因となって,数十年周期で強くなったり弱くなったりする.これが,レジーム・シフトというグローバルな数十年スケールの海洋生物の変動現象を生む.日本におけるイワシやニシンやサバなどの回遊魚の漁獲量は経年的に大きく変動する.それはながらく乱獲の結果であると考えられてきた.だからこそ,魚類の再生産力を考慮した漁獲量の制限が水産資源管理の基本となってきた.レジーム・シフトの発見は,この資源管理に根本的な見直しを迫っている.気候変動が人類の歴史の決定的な要因となってきたことは疑いようがない.かつ私たちは,地球圏の循環の構造や循環のもつゆらぎのメカニズムを追求しているが,それらが科学的に完全に解明されることは困難であろう.地球圏の循環とゆらぎを前提として持続型生存基盤を構想しなければならない.

▶関連用語:2-1-B02 移動〔生命圏〕,2-1-C02 移動〔人間圏〕,エントロピー,レジーム・シフト

文献
ブラック, M.・J. キング著, 沖明訳 2010.『水の世界地図』丸善.
フェイガン, B. 著, 東郷えりか・桃井緑美子訳 2009.『歴史を変えた気候変動』河出書房新社.
川崎健 2009.『イワシと気候変動』岩波新書.
松井孝典 2007.『地球システムの崩壊』新潮社.
マクニール, J. R. 著, 海津正倫・溝口常俊監訳 2011.『20世紀環境史』名古屋大学出版会.
新田尚ほか 2002.『キーワード気象の事典』朝倉書店.
ピアース, F. 著, 古草秀子訳 2008.『水の未来』日経BP社.

〔河野泰之〕

キーワード◆二酸化炭素, カーボン・フットプリント

炭素循環　carbon cycle

●地球における炭素循環

炭素循環とは, 大きくは地球上と大気中, 海洋中の炭素の交換という生化学的な循環である. 地球上の炭素循環のうち主要なものは, 陸域生態系および化石燃料を含む堆積物に分けられ, 大気, 海洋, 陸域生態系, 地殻中の堆積物がおもな炭素貯蔵庫 (リザーバー) である. なお炭素の移動は, さまざまな化学的, 物理的, 地質学的, 生物学的なプロセスを経て相互に移動する経路を介して行われる. 全球の炭素収支は炭素リザーバー同士でなされる炭素交換のバランスで示される. このうち地殻中の堆積物には無機態と有機態を合わせると 75×10^{21} g もの炭素が存在している. これらは地球表層における物質循環の時間スケールを比べると実質的には不活性であり, 地球上の炭素循環を議論するうえでは対象から外される. 残りの地球表層のリザーバーのうち大気での二酸化炭素は炭素換算で 7,500 億 t, 海洋中の溶存炭酸が 38 兆 t, 溶存有機物が 6,000-7,000 億 t, 海底表層堆積物が 1,500 億 t, 陸上の炭酸塩鉱物が 1.1 兆 t, 土壌中の腐植物質が 1.6 兆 t, 植生が 6,100 億 t である (Hedges 1992). すなわち地球表層圏内では, 海洋が大気の 50 倍程度, 陸域の 12 倍に相当する最大の炭素貯蔵庫となっている.

大気中炭素収支の主要な構成要素は, 人間活動による排出量, 大気と海洋間の交換量, 大気と陸域生態系との間の交換量である. 陸域生態系の二酸化炭素の放出や吸収は, 大気観測によって推定することができる. 樹木など個々の植生レベルではその部位ごとの炭素収支をチャンバー法で測定することにより, 樹種による違いや気象条件への応答性を理解することが可能である. 群落レベルでは微気象学的方法によるフラックス観測ネットワークが形成されつつあり, 自然植生, 農地や都市といった土地利用ごとの二酸化炭素収支を把握することが可能である. 上記のような定点での観測をスケールアップし面的な評価を行うためには, 衛星画像や飛行機観測といったリモートセンシング技術を応用する必要がある (井上 2004). 将来的には, 物理および生化学過程に基づいた炭素収支のモデル (e.g. Ito et al. 2002) を構築することで, 陸域における広域の炭素収支を算出できる可能性がある. ただし大気と陸域生態系との炭素交換過程には不確実性が多く, 現状では将来の予測も困難である.

一方, 海洋中の炭素貯蔵量も物理・化学および生物過程をとおして, 気候のフィードバックにより影響されることが考えられるが, 長期の温暖化による海洋循環の変化の研究は始まったばかりである. 大局的には, 二酸化炭素は海流とともに地球の自転によって中緯度の辺りで下へ潜り, それが循環してきて赤道辺りで湧出し, 大気中に放出されると考えられる. 南半球と北半球で比較すると, 北半球では海洋による二酸化炭素の吸収量があまり大きくないが, これは化石燃料

を大量に消費する工業国が北半球の中緯度地方に集中しているためと考えられる (小川 2000).

●**カーボン・フットプリント**

近年には二酸化炭素をはじめとした温室効果ガスの人為的な放出が急増し,これによって地球の放射平衡に無視できない影響を与え,気温の上昇といった気候変化を引き起こしつつあると考えられている.個人がそれぞれ生活のなかで排出している温室効果ガスについて,生活のどの部分でどれだけのガスがどのように出されているかということを把握し,できるところから温室効果ガスの排出量を減らしていこうという活動の一環として,カーボン・フットプリントという概念が提唱された.人間活動が,環境に与える負荷を資源の再生産や廃棄物の浄化に必要な面積としてあらわすエコロジカル・フットプリントと同じく,人間活動が温室効果ガスの排出によって地球環境を踏みつけた足跡という比喩からきている.カーボン・フットプリントは,個人や企業単位で排出したであろう温室効果ガス排出量をあらわす.温室効果ガスとしては,二酸化炭素のほかに,水蒸気,メタン,オゾン,一酸化二窒素,フロンなど多様な化合物がある.温室効果ガスが気候に与えるメカニズムに関して,科学的な解明はいまだ不十分である.ただし近年増大しつつある地球環境へ人間活動が与える負荷を可能な範囲で減少させることは必要であり,なかでも炭素循環は重要な指標となりうる.

▶関連用語:2-3-C06 エコロジカル・フットプリント,温室効果ガス

文献

Hedges, J. I. 1992. "Global Biogeochemical Cycles: Progress and Problems", *Marine Chemistry*, 39 (1–3).
井上元 2004.「大気から見た二酸化炭素収支」『地球環境』9(2): 221-230.
Ito, A. and T. Oikawa 2002. "A Simulation Model of the Carbon Cycle in Land Ecosystems (Sim-CYCLE): A Description Based on Dry-matter Production Theory and Plot-scale Validation", *Ecological Modeling*, 151.
小川浩史 2000.「地球上の炭素循環における海洋の溶存有機物の役割」『ぶんせき』5.
Wiedmann, T. and J. Minx 2008. "A Definition of 'Carbon Footprint'", in C. C. Pertsova (ed.), *Ecological Economics Research Trends*, Nova Science Publishers.

〔甲山 治〕

キーワード◆相互作用，予測困難，サンタフェ研究所

複雑系　complex system

●複雑系の「発見」

　普段感じることはなくとも，複雑系の考え方は日常の生活にも垣間見ることができる．寝坊して予定のバスに乗り遅れるとか，気まぐれに昼ごはんをいつもと違う食堂で食べるとか，そのような変化であれば普段の生活に変化を及ぼすものではないが，事故や食中毒の可能性もゼロとは言い切れない．たとえばそれが第一希望の入社試験や重要なコンパの前であれば，その影響はなおさらである．このようなさして重要ではない微細な変化が，将来に大きく影響する可能性がある系を複雑系と呼ぶ．

　広義の複雑系とは，多数または未知の要素が関係して系全体の振る舞いが決まるシステムにおいて，それぞれの要素が相互作用するために予測困難な系である．狭義の複雑系では，さらに構成要素の関係性が動的に変化する．複雑系においては小さな要素の組み合わせでも未来に大きな影響を与える可能性があることから，例外的な事象を除いて正確な未来予想は不可能である．複雑な全体を分解し個々の要素を調べることで全体を理解しようとする還元主義的なアプローチでは難しく，複雑な系の全体をその複雑さを含んだまま理解する必要がある（蔵本2007）．気候変動研究や生態学などの学問分野は，まさに複雑系である．

　複雑系の議論は，1960年以降計算機の発達とともに，まずは自然科学の分野で発達した．たとえば地球物理・大気科学分野では1972年にローレンツが計算機シミュレーションをもちいて，ブラジルでの蝶の羽ばたきというごく小さい要素であってもテキサスでトルネードが起きるか，という気候変動に大きく影響を与える可能性を示した発表を行い，バタフライ効果として広く知られるようになった．気候は，大気・海洋・陸域が相互作用しており，さらにはエアロゾルや温室効果ガスの排出や，都市化に代表される土地利用の改変など，人間活動の影響も含んだ，「複雑系」として変動すると言える．そのほかにも，1938年ウィーバーによって提唱され，1953年にワトソンとクリックによるDNA二重螺旋モデルなどの成果が得られた分子生物学においても，現実の自然選択・淘汰はただの確率では起こり得ないことが計算機シミュレーションによって示されている．これらは，還元主義的なアプローチの限界として紹介されることが多い．

●複雑系における学際的研究

　現在，複雑系は，自然科学，数学，社会科学などの多岐にわたる分野で研究されているが，複雑系に特化した学際的研究分野として，計算複雑性理論，複雑系経済学，システム生態学などがよく知られている．なかでも異分野融合に関しては，米国のサンタフェ研究所（Santa Fe Institute）が著名である．サンタフェ研究所は，1984年米国ニューメキシコ州サンタフェに設立された非営利組織で，ロ

スアラモス国立研究所のコーワンの構想に基づき，ノーベル賞受賞者のゲルマン，アンダーソン（物理学），アロー（経済学）らの賛同により設立された．社会科学における成果としては，米国において複雑系の経済学を立ち上げたアーサーが提唱し，経済において最初にある一定の優位性を獲得したものがシェアを伸ばすという「収穫逓増」が知られている．日本でも，米国科学ジャーナリストのワールドロップの著作である『複雑系』が1996年に出版され，サンタフェ研究所の複雑系研究が社会的ブームとなった（ワールドロップ 1996)．

経済現象や人間活動などは広義の複雑系であるために，自然科学分野だけでなく人文・社会科学分野でも同様な議論が行われているが，実際にはこれらの多くは複雑系の学問とは扱われない．現在複雑系は大きな概念としてや，現象を説明するための手段など，さまざまなもちいられ方をしているため注意が必要である．

▶関連用語：サンタフェ研究所，相互作用，予測困難

文献
キャスティ，J. L. 著，佐々木光俊訳 1996.『複雑性とパラドックス』白揚社．
江守正多 2008.『地球温暖化の予測は「正しい」か？』(DOJIN 選書 20) 化学同人．
蔵本由紀 2007.『非線形科学』集英社新書．
レヴィン，S. 著，重定南奈子・高須夫悟訳 2003.『持続不可能性』文一総合出版．
ワールドロップ，M. 著，田中三彦訳 1996.『複雑系 —— 科学革命の震源地・サンタフェ研究所の天才たち』新潮社．

〔甲山　治〕

2-1-A13

キーワード◆歴史地震, 地域情報学, データベース

地震 historical seismology

先般の東日本大震災は「知」の災害の側面があった．歴史分野からは貞観地震，地震考古分野からは巨大津波，原子力分野からは炉心溶融などの事実や懸念が発信されていたが，これらの災害知は関連研究セクター間ですら共有されておらず，災害政策などへ活かされることはなかった．地域研究も同様の「知」の問題を抱えている．地域研究は地域を「知る」ための研究セクターであり，細分化された専門性の高い研究を展開している．活動の過程で貴重な「地域の「知」」を集積しているが，それらはつねに分散・非共有・消滅の問題を抱えている．

この問題を解決するために，地域研究統合情報センターでは，多様な地域研究資料や研究成果を収集・蓄積・共有・統合・分析するための地域研究情報基盤（京都大学地域研究統合情報センター 2011）を構築し，地域と分野ごとに細分化されている「地域の「知」」を網羅するレポジトリの実現を目指している．さらに地域研究情報基盤のレポジトリを利用して，情報学と「地域の「知」」のシナジーによる新しい地域研究パラダイムの構築と，それを支援するツールの開発を進めている（Hara 2010）．

地域研究情報基盤には，雑誌記事，写真，映画，地図など多様な地域研究資料が蓄積されているが，テキストデータの取り扱いが課題として残されている．本項では，地域研究情報基盤におけるテキストデータ処理を指向した研究事例として，歴史地震史料のデジタル化を取り上げる．また，その応用例として，地震記事に含まれている時空間情報に着目したデータ処理の可能性について言及する．これらにより，地震研究の現状と未来への眺望の一端を示したい．

●歴史地震史料のデジタルテキスト化

わが国の歴史地震記事は，田山実編『大日本地震史料』，武者金吉編『増訂大日本地震史料』，武者金吉編『日本地震史料』および東京大学地震研究所編『新収日本地震史料』の歴史地震史料集に網羅されていると言われている．これらの史料（以下，基礎史料）を元に，古代・中世における全地震記事の本文批判と史料のデジタル化さらにデータベース構築に至る研究を開始した（石橋 2003）．その目的は，典拠の信頼性・異本関係・記述の信憑性・校訂などの本文批判をつうじて信頼性の高い地震記事の選別・修正を行い，これらの成果を反映させた精度の高いテキストデータベースを構築することである．

本研究では基礎史料のデジタル化から着手した．特色は，基礎史料のデジタルテキスト化と本文批判を効率的に行うためにXML（文書の構造に着目してタグを付与するマークアップ言語）を導入した点にある．基礎史料の本文批判は，デジタルテキストであるXMLデータの校正と合わせて行っている．本文批判は歴史学者と地震学者による協同作業である．

XMLを利用するメリットの一つに豊富なテキスト処理ツールを挙げることができる．これらのツールを駆使することにより，一つのXMLデータからデータベース・PDF・HTMLなどの多様なデータファイルを容易に構築することができる．

●歴史地震史料の計量的処理

本研究のもう一つの目標に震度データベースの構築がある．これは地震の位置・時間・震度・揺れの性質・震度判定の根拠・出典などを要素とするデータベースである．

基礎史料を眺めてみると，各記事には必ず時間情報が付与されており，その内容は地震の事象と場所に関する記述である．そこで震度データベース構築の予備実験として，地震の発生時間と記事の内容に関連した位置の同定を試みた．予備実験では，まず記事を読んで建物・場所・都市・町・村・遺跡・地形などの地名に関係する語彙を抽出した．次に抽出した地名に対応する現在の地名を推定し，これに基づいて緯度と経度を求めた．地名が市町村名などのように広がりをもつ場合は，市町村役場など，対象を代表しうる地点の緯度・経度を採用した．時間は年月日までを太陽暦に換算した．

現在であれば各地に設置された地震計の計測値から震度データベースを構築できる．しかし歴史地震の場合は，史料に記載された内容あるいは考古学等による研究成果などから推定するしか方法がない．歴史地震に関する震度データベースの構築についてはまだ着手したばかりであり，厳密な意味での解析の対象とはならないが，このようなデータが集積されれば，地震災害対策のための貴重なデータとなりうる．

増訂日本地震史料と新収日本地震史料のデジタル化とデータベース化は終了し，本文批判および校訂作業を継続している．ここには史料の構造化，デジタル化，版下作成，史料の統合・再配列など多くの複雑な文書処理が関連している．これらの処理をコンピュータ環境の違いを気にせず効率的に行ううえで，XMLの導入は有効であったと考えている．

ここで取り上げたデータベースは地震災害に関するごく一部の「知識」にすぎないが，このような「知識」が地域研究情報基盤などをつうじて共有されるようになれば，災害対応や地域研究などに貢献できると期待している．

▶関連用語：科学技術社会論（STS），災害エスノグラフィ，GIS

文献

Hara, S. 2010. "Area Informatics: Concept and Status", Springer Lecture Note in *Computer Science*, 6259.

石橋克彦 2003.「古代・中世の全地震史料の校訂・電子化と国際標準震度データベース構築に関する研究」(科学研究費補助金基盤研究(A)(1) http://historical.seismology.jp/erice/（2012年4月10日アクセス）．

京都大学地域研究統合情報センター2011.「地域研究統合情報センターデータベース」http://www.cias.kyoto-u.ac.jp/database/（2012年4月10日アクセス）．

〔原　正一郎〕

2-1-B01

キーワード◆中規模攪乱仮説，生態系サービス

生物多様性　biodiversity

● 生物多様性の定義と指標

　生物多様性の定義には，1993年の生物多様性条約によって提唱された「すべての生物の間の変異性を指すものとし，遺伝子の多様性，種の多様性，および生態系の多様性を含む」が最も一般的にもちいられ（巌佐ほか2003）．生物多様性は，ミクロからマクロスケールまでの生物の総体とそこに生じる複雑な相互作用と，それを生み出すプロセスをも含めた幅広い概念といえる．生態学には古くから種多様性（species diversity）という概念があり，種の豊かさの時間的・空間的パターンが研究の対象となってきた．一方，生物多様性は1988年にウィルソンが提唱し，生物多様性条約の端緒となった比較的新しい言葉で（Wilson 1988），生物の絶滅と多様性喪失を食い止めようとする，強い政治的なメッセージが込められている．条約の基本理念では，生物多様性の保全とともに生物資源から得られる利益の公平な配分が強調されており，人類にとっての生物多様性の価値が明記されている．

　生物多様性の評価には，ある種の遺伝的変異やある群集の種多様性（種数とほぼ同義）といったミクロなスケールから，生態系スケール，景観スケールまでが含まれ，多様性をあらわす指標には，α多様性（ある生息地内の種の豊かさ），β多様性（生息地の多様さ），γ多様性（地域全体の生物相）という異なるレベル（Whittaker 1960, 1972）がある．種数だけでなく種ごとの個体数を加味した場合の指標も多く考案されており，代表的なものとしてシャノン指数，シンプソンの多様度指数などがある（小林1995）．群集の相互作用の要であるキーストーン種や，その種の生存を保障することで他の多くの種が生存できるアンブレラ種などを選び，効率的に保全を行う指針にすることもある．

● 攪乱と生物多様性

　熱帯域は，生物多様性が世界で最も高い場所である．たとえば，地球上で種名が付いている維管束植物25万種のうち3分の2にあたる17万種が，面積にして3％にすぎない熱帯雨林に分布している（湯本1999）．そのうち半分が中南米，3万5,000種が熱帯アフリカ，そして4万種が熱帯アジアに分布する．なぜ熱帯に生物種が多いかについては古くから議論があるものの，決定的な解決にはいたっていない．熱帯では地質学的に生態系の歴史が古い，安定な気候をもつ，豊富な太陽エネルギーによる高い生産力がある，種間競争が厳しい，生物間の共生関係が多種の共存をうながすなど，さまざまな仮説が提案されている（嶋田ほか1992）．現在もまだ新種が発見される熱帯は，生物多様性の宝庫であると同時に，最も開発の危機にさらされている場所であるといえる．

　近年では人間活動による攪乱が大きなインパクトをもち，生物多様性が減少している．台風や火災，地滑りなどの適度な自然攪乱は種の多様性を高めるとする

中規模撹乱仮説（Connell 1978）によって，自然条件下や粗放的な農業景観の多様性の高さを説明できることが多いが，その程度が逸脱している場合は多様性が減少する．外来侵入種による在来種の駆逐や生態系構造の変化も問題となっている．生物種の地域間移動は自然に起こるものだが，航空機・船舶などを介してより頻繁に大量の生物種が移動するようになったことが原因とされる（川道ほか 2001）．

● 生物多様性の価値

種にどのような価値があり，生物多様性をなぜ保全する必要があるのかについてはさまざまな議論がなされてきた．途方もない数の生物種の役割をすべて明らかにすることは不可能だが，理論的にはリベット仮説（Ehrlich and Ehrlich 1981），重複余剰種仮説（Lawton and Brown 1994），その中間の立場などが挙げられているが，いずれも群集の安定性といった生態系の機能を多様性によって説明しようとするものである．そもそも生物種の絶滅は人為的な影響とは無関係に自然に起こるもので，低レベルの絶滅と，気候変動などによる大量絶滅が繰り返されてきた．しかし産業革命以降の種の絶滅速度は，化石から推定された過去の100倍ともいわれ，第6の大量絶滅時代とされる．生物進化の結果創られた種を，人間の都合で絶滅させるべきではないという倫理的な理由のほかに，生態系の機能に高い価値を置くことの有用性が注目されつつある．たとえば植物は生命の生存に欠かせない酸素を供給し，森林は水循環・栄養塩循環をコントロールし，遺伝資源・文化的価値などさまざまな生態系サービスを提供している．生物多様性は間接・直接にかかわらず，人類の生存を支える基盤の一つといえるだろう．

▶関連用語：2-3-A13 熱帯雨林，2-3-B04 森林環境と保全，グリーン・ポリティックス（緑の政治），生物多様性条約，農業生物多様性

文献
Connell, J. H. 1978. "Diversity in Tropical Rain Forests and Coral Reefs", *Science*, 1999.
Ehrlich, P. R. and A. H. Ehrlich 1981. *Extinction: The Causes and Consequences of the Disappearance of Species*, Random House.
巌佐庸ほか・日本生態学会編 2003．『生態学事典』共立出版．
川道美枝子ほか編 2001．『移入・外来・侵入種 ── 生物多様性を脅かすもの』築地書館．
小林四郎 1995．『生物群集の多変量解析』蒼樹書房．
Lawton, J. H. and V. K. Brown 1994. "Redundancy in Ecosystems", in Schulze, E. D. and H. A. Mooney (eds) *Biodiversity and Ecosystem Function*, Springer-Verlag.
嶋田正和ほか 1992．『動物生態学』海遊舎．
Whittaker, R. H. 1960. "Vegetation of Siskiyou Mountains, Oregon and California", *Ecological Monographs*, 30.
────── 1972. "Evolution and Measurement of Species Diversity", *Taxon*, 21.
Wilson, E. O. 1988. *Biodiversity*, National Academy Press.
湯本貴和 1999．『熱帯雨林』岩波新書．

〔藤田素子〕

2-1-B02 ▶▶▶ 移動〔生命圏〕 migration / dispersal [biosphere]

キーワード◉分散，回遊

　生命圏における生物個体の移動には二つのタイプがあり，複数の生息地間を方向性をもって移動するタイプと，無方向的に分散するタイプがある．前者の例としては，鳥類や魚，海棲哺乳類などの季節的な渡り・回遊（Newton 2008）から，日周的な採餌場とねぐらとの行き来などがあり，数キロスケールで起こるものから全球スケールで起こるものまで含まれる．一方後者は，風・水・鳥・哺乳類などが介する植物の種子分散や（上田 1999），生息地の分布拡大をともなう分散などが挙げられる．こういった生物の移動パターンや能力は，よりよい環境に移動する性質をもつ個体が生き残り，子孫を残す確率が高まるために自然選択されてきたと考えられる．また近年では，移入種や病原菌など人為的に引き起こされた移動による個体数の爆発的な増加や，それによって起こる在来の生物や人間への影響が問題となることもある（川道ほか 2001）．生物の移動にともなって海から陸など重力に逆らった栄養塩の移動が起きたり，送粉者を共有する複数の群集間で開花期がずれることが知られている．

　こういった移動のパターンの解明は，技術の発展によって大いに進展しつつある．たとえば動物の移動ルートや生態は，小型の水深・水温や速度などのセンサー（日本バイオロギング研究会 2009），位置情報を記録するGPSロガーとそのデータ送信システム（樋口 2002）などを利用することで解明されつつある．また，DNAの解析が簡便に行えるようになったことで，種子と成木の親子関係解析による分散距離の推定や，地理的に離れている集団・種間の遺伝的類縁関係を調べることによって，過去の分散の歴史が分かることもある（西海 2009）．

▶関連用語：2-1-A10 移動（地球圏），2-1-C02 移動（人間圏），生態系

文献

樋口広芳 2002．「渡り鳥の衛星追跡と保全への利用」山岸哲・樋口広芳編『これからの鳥類学』裳華房．

川道美枝子ほか編 2001．『移入・外来・侵入種 —— 生物多様性を脅かすもの』築地書館．

Newton, I. 2008. *The Migration Ecology of Birds*, London: Academic Press.

日本バイオロギング研究会 2009．『バイオロギング』京都通信社．

西海功 2009．「陸鳥類の集団の構造と由来」樋口広芳・黒沢令子編『鳥の自然史 —— 空間分布をめぐって』北海道大学出版会．

上田恵介 1999．『種子散布〈助けあいの進化論 1〉鳥が運ぶ種子』築地書館．

〔藤田素子〕

2-1-B03 ▶▶▶ 保全生物学　Conservation Biology

キーワード●島の平衡理論，群集の中立理論

1980年代後半以降，生態系の破壊と生物種の絶滅に関する危機感から，保全生物学という新しい科学が誕生した．保全生物学は，個体群生態学・群集生態学などを基盤とし，生物学や社会科学も含めて分野横断的に生物多様性の保全という明確な目標に取り組む応用科学である．保全生物学の理論で最も重要なものは，島嶼生物地理学の平衡理論（MacArthur and Wilson 1967）とされ，のちの群集の中立理論（ハベル2009）や保護区の大きさを議論したSLOSS問題（Laurance 2009），コリドー・孤立分断化・不均質性などの空間パターンと生態的プロセスを解析する景観生態学（ターナーほか2004），メタ個体群動態（Hanski 1999）など，種・群集・生態系の複数のレベルを対象に多くの議論や学問分野が発展した．

保全生物学は，これらの基礎的な分野と相互に影響しあいながら，地理情報システム（GIS），リモートセンシングや数理モデル，社会科学などを取り入れ発展を続けている．近年の応用例としては，個体群の存続性解析（PVA）（Akçakaya 2000），景観生態学を基盤とした数多くの生息適地モデル（HSI）（U. S. Fish and Wildlife Service 1981）の開発，温暖化による生物多様性への影響分析（Thuiller et al. 2005）などが挙げられる．

▶関連用語：群集中立説コリドー，景観生態学

文献

Akçakaya, H. R. 2000. "Viability Analyses with Habitat-based Metapopulation Models", *Population Ecology*, 42.

Hanski, I. 1999. *Metapopulation Ecology*, Oxford University Press.

ハベル，S. P. 著，平尾聡秀ほか訳．2009.『群集生態学』文一総合出版.

Laurance, W. F. 2009. "Beyond Island Biogeography Theory", in *The Theory of Island Biogeography Revisited*, Princeton University Press.

MacArthur, R. H. and E. O. Wilson 1967. *The Theory of Island Biogeography*, Princeton University Press.

Thuiller, W. et al. 2005. "Climate change threats to plant diversity in Europe", *Proceedings of the National Academy of Sciences*, 102.

ターナー，M. G. ほか著，中越信和・原慶太郎訳2004.『景観生態学』文一総合出版.

U. S. Fish and Wildlife Service 1981. *Standards for Development of Habitat Suitability Index Models for Use in the Habitat Evaluation Procedure*, U. S. Fish and Wildlife W. Service, Division Ecological Services, Manual 103.

〔藤田素子〕

2-1-B04 ▶▶▶ 生態系サービス　ecosystem service

キーワード◉PES，生態系機能

　生態系を構成している生物と環境の相互作用からは，エネルギーや物質の循環・生物生産をはじめとしてさまざまな生態系の機能が生じる．そのうち人間がその恩恵を得ている機能を，生態系サービスと呼ぶ．自然資本がストックをあらわすのに対し，生態系サービスはそこからのフローとして捉えられる．土壌形成や栄養塩の循環といった「基盤サービス」，洪水や土壌浸食などの制御，害虫のコントロール，大気・水循環・気候の調整機能などの「調整サービス」，食料や素材，遺伝資源の提供などの「供給サービス」，レクリエーション・文化的価値の提供などの「文化的サービス」がその例である (Millennium Ecosystem Assessment 2005)．これらは十分にその価値が認識されてこなかったために，森林や水域などへの負荷が増加し，公共の利益の損失が問題となってきた (Daily 1997) が，無料・無限であるとされてきた自然の恩恵を「生態系サービス」と呼ぶことで，その経済的価値が認識されるようになった（デイリー・エリソン 2010）．生態系サービスの経済的価値としては，生命圏全体で年間 16-54 兆 US ドルとする Costanza et al. (1997) の試算が代表的なものである．近年では生態系サービスの受益者が利用料などの対価を支払う制度として，PES (Payment for Ecosystem Services) が導入されつつあり，REDD もその一形態として分類される（林 2010）．また，このような経済的な取り組みを裏づける生態学研究も進んでおり，生態系機能が種多様性の増加とともに上昇することが示された例 (Hooper et al. 2005; Balvanera et al. 2006) や，生態系サービスの提供者 (ESPs) の同定や生態系におけるその機能の評価などが提案されている (Kremen 2005)．

▶関連用語：エコロジー経済学，生態系，生物多様性条約，REDD

文献

Balvanera, P. et al. 2006. "Quantifying the Evidence for Biodiversity Effects on Ecosystem Functioning and Services", *Ecology Letters*, 9.
Costanza, R. et al. 1997. "The Value of the World's Ecosystem Services and Natural Capital", *Nature*, 387.
Daily, G. G. (eds) 1997. *Nature's Services*, Island Press.
デイリー，G. C.・C. エリソン著，藤岡伸子ほか訳 2010.『生態系サービスという挑戦』名古屋大学出版会．
林希一郎 2010.『生物多様性・生態系と経済の基礎知識』中央法規出版．
Hooper, D. U. et al. 2005. "Effects of Biodiversity on Ecosystem Functioning", *Ecological Monographs*, 75.
Kremen, C. 2005. "Managing Ecosystem Services", *Ecology Letters*, 8.
World Resource Institute, Millennium Ecosystem Assessment. 2005. *Ecosystem and Human Well-being*, Washington, D. C.: World Resource Institute.

〔藤田素子〕

2-1-B05 ▶▶▶ 生物資源　bioresource

キーワード● ABS，遺伝資源

人間の生活に利用される自然資源のうち，食料，衣料，医薬品，燃料など生物由来の資源を生物資源という．その対象は水産物，林産物，農産物，微生物など幅広い．近年では遺伝情報や遺伝子工学で開発された生産物も遺伝資源としての重要性が高まっている．なかでも植物は炭素を多く含み，再生可能なエネルギー資源（バイオマス資源）としても利用される（渡辺 2010）．レジリアンス（resilience；回復力）を超えて利用され，絶滅の危機にある野生生物資源は，ワシントン条約や生物多様性条約などで保護され持続的な利用が求められている．そのため野生生物資源管理には個体数管理や生態系管理などの方法（松田 2000）が適用されてきたが，それらは地域住民による利用や国家による強力なリーダーシップのもとで行われる活動（資源開発政策など）と相容れない場合もみられ，多くの課題がある（赤嶺 2010；アッシャー 2006）．資源の持続的な利用には，科学的なデータの蓄積と解釈を基盤として，それを十分に理解した人々による意志決定システムの構築が必要であろう．また，有用な生物資源の多くは発展途上国を擁する熱帯地域に存在し（渡辺 2002），資源の利用・管理をめぐって国際的に問題となることがある．たとえば，途上国の先住民のもつ医療等の伝統的知識や生物資源をもとに医薬品などを開発することは，盗賊行為（biopiracy）に等しいと主張する論者もいる（シヴァ 2005）．そのため生物多様性条約の枠組みのなかでも，途上国は自国の生物資源から利益を得た先進国の企業などに対し，利益の公正かつ衡平な配分（access and benefit-sharing）を求めて議論が続いている（西村 2010）．

▶関連用語：2-3-B03 バイオマス，生物多様性条約

文献

赤嶺淳 2010．『ナマコを歩く』新泉社．
アッシャー，W. 著，佐藤仁訳 2006．『発展途上国の資源政治学』東京大学出版会．
松田裕之 2000．『環境生態学序説』共立出版．
西村智朗 2010．「遺伝資源へのアクセスおよび利益配分に関する名古屋議定書」『立命館法学』333・334．
シヴァ，V. 著，奥田暁子訳 2005．『生物多様性の保護か，生命の収奪か』明石書店．
渡辺弘之 2002．『熱帯林の保全と非木材林産物』京都大学学術出版会．
渡辺隆司 2010．「産業構造の大転換」杉原薫・川井秀一・河野泰之・田辺明生編『地球圏・生命圏・人間圏 ── 持続的な生存基盤を求めて』京都大学学術出版会．

〔藤田素子〕

キーワード◆自然攪乱, 人為的攪乱, 中規模攪乱仮説

攪乱　disturbance

●攪乱とは

　攪乱とは，生物・群集・生態系の構造や機能に影響を与える破壊的な事象を指す．攪乱を大きく分けると，非生物的なもの（ハリケーン，竜巻，火山の噴火），生物的なもの（外来種，外来の害虫，病原体の拡散），あるいは両者が融合したもの（火災）がある（Turner et al. 1993）．一般には「生態系，群集，個体群の構造を破壊し，資源・基質の利用可能量や物理的環境を変化させ，不連続な空間と時間に発生する事象」という定義が広くもちいられている（White and Pickett 1985）．攪乱の時空間的な動態は，攪乱体制（disturbance regime）によって特徴づけられる．攪乱体制には，空間的な分布，頻度（一定期間内に発生した平均回数），反復間隔（攪乱と攪乱の時間的な間隔の平均値），循環間隔（ある調査面積と同じ面積が攪乱を受けるのに必要な平均時間），予測性（反復間隔の逆数），サイズ（攪乱面積，一定期間における面積，各攪乱の平均攪乱面積など），強度（一定時間あるいは一定面積における物理的力），影響度（生物，群集，生態系に与える攪乱の影響），相乗効果（他の攪乱に与える影響）が含まれる（White and Pickett 1985）．また，攪乱の生態的な影響とその後の遷移パターンを決定する最も重要な要因は，攪乱後に生き残った個体，立枯木，埋土種子，リター，土壌微生物や土壌菌類のような生物の残存物と，土砂崩れや斜面崩壊，および溶岩流や岩石の移動のような環境の物理的変化による痕跡である（Turner and Dale 1998; Foster et al. 1998）．

●生態系における攪乱の役割

　攪乱は，ギャップを形成することによって，生物の成育環境を大きく変え，個体の更新や種の交替をうながす機能をもつ．たとえば，倒木によって森林にギャップが生じると，ギャップ形成以前に発芽して成長を抑制されていた稚樹，埋土休眠種子のほか，周囲から運び込まれた種子が育つことができるようになる（Connell 1989）．このように攪乱の重要な役割は，さまざまな遷移段階の植生パッチを創出し，環境の空間的不均質性を維持することである（Watt 1947; Whittaker and Levin 1977; White and Pickett 1985; Hobbs and Huenneke 1992）．Connell (1978) は，熱帯降雨林やサンゴ礁における種の多様性が，群集の非平衡状態の下で維持されていることを明らかにし，中程度に攪乱を受けている地域で群集内の種数の豊富さが最も高くなるとする「中規模攪乱仮説」(intermediate disturbance hypothesis) を提唱した．一方で，攪乱の程度が強すぎる場合には，個体数を回復することができず，絶滅する種が増えて多様性が減少する．反対に攪乱が弱すぎると，生態的に類似した種に競争排除がみられるため，多様性が減少する（Huston 1979）．

●人為的な攪乱

　ダーウィンが『種の起源』(Darwin 1859) のなかで，草地を頻繁に刈ること

で植物の種多様性が維持されることを指摘したように，古くは土地や資源の管理にともなう適度の人為的撹乱によって，さまざまな生物の生息地が維持されていた．日本の雑木林が，焼畑農耕の場，その後は薪炭や刈敷採集の場として維持されることで，照葉樹林帯が落葉広葉樹林に覆われていた時代の遺存種である植物や動物の生息を可能にしていたこと（守山1988），弥生時代の水田造成が，洪水が起こす物理的撹乱を少しずつ肩代わりしながら，後背湿地の浅い水辺と淡水生物の生息地を確保してきたこと（守山1997）などはその例である．ヨーロッパにおける三圃式農業や，熱帯における休閑期間の長い焼畑農業なども同様の例である．その後，(1) 治水や灌漑にともなう自然撹乱の規模や頻度の改変，(2) 道路や水路の建設にともなう生物の移入や分散の制限，(3) 土地利用による植生パターンの均質化や集約的利用による生態系プロセスの改変が進んだ．その結果，人為による撹乱体制と自然撹乱体制は，空間的な分布，頻度，強度，影響度などの各特徴において全く異なる様相をもつにいたった（Dobson et al. 1997）．

生態系は，外部からの撹乱が加えられたときに系の復元性を保証する恒常性維持機能（レジリアンス）をそなえている（レヴィン 2003）．人間活動にともなう強度の撹乱（森林伐採，汚染，温暖化）は，この生態系のレジリアンスを超えて，さまざまな環境問題を引き起こしている（Mori 2011）．

▶関連用語：2-1-B01 生物多様性，2-3-B05 農法

文献

Connell, J. H. 1978. "Diversity in Tropical Rain Forests and Coral Reefs", *Science*, 1999.
—— 1989. "Some Process Affecting the Species Composition in Forest Gaps", *Ecology*, 70.
Darwin, C. 1859. The Origin of Species by Means of Natural Selection [1st edition], London: John Murray.
Dobson, A. P. et al. 1997. "Hope for the Future: Restoration Ecology and Conservation Biology", *Science*, 277.
Foster, D. R. et al. 1998. "Landscape Patterns and Legacies Resulting from Large Infrequent Forest Disturbance", *Ecosystems*, 1.
Hobbs, R. J. and L. F. Huenneke 1992. "Disturbance, Diversity, and Invasion", *Conservation Biology*, 6.
Huston, M. A. 1979. "A General Hypothesis of Species Diversity", *American Naturalist*, 113.
レヴィン，S. A. 著，重定南奈子・高須夫悟訳 2003.『持続不可能性』文一総合出版.
Mori, A. S. 2011. "Making Society More Resilient", *Nature*, 474.
守山弘 1988.『自然を守るとはどういうことか』農山漁村文化協会.
—— 1997.『水田を守るとはどういうことか』農山漁村文化協会.
Turner, M. G. and V. H. Dale 1998. "Comparing Large, Infrequent Disturbances", *Ecosystems*, 1.
Turner, M. G. et al. 1993. "A Revised Concept of Landscape Equilibrium", *Landscape Ecology*, 8.
Watt, A. S. 1947. "Pattern and Process in the Plant Community", *Journal of Ecology*, 35.
White, P. S. and S. T. A. Pickett 1985. "Natural Disturbance and Patch Dynamics", in P. S. White and S. T. A. Pickett (eds), *The Ecology of Natural Disturbance and Patch Dynamics*, Academic Press.
Whittaker, R. H. and S. A. Levin 1977. "The Role of Mosaic Phenomena in Natural Communities", *Theoretical Population Biology*, 12.

〔片岡美和〕

キーワード◆生態系，倫理，危機意識

エコロジー　ecology

●エコロジー思想・運動の系譜

　もともとエコロジーとは，動植物の相互関係および生息地（自生地）との関係を研究する学問，すなわち「生態学」を意味する語であった．この学問分野としての狭義のエコロジー（生態学）とは別に，1960年代後半以降，生態系や生物多様性の保護・再生を掲げる思想や運動一般を指す語としても使われるようになった．この広義のエコロジーは，すなわち，倫理の適用範囲を人間圏の内部で完結させず生命圏・地球圏をも含んだ関係性のうちに捉え直そうとする運動であり，また哲学・社会思想に生命圏・地球圏に関する近代自然科学の知見を組み込もうとする運動だといえる．

　エコロジー思想にはさまざまな流れがある．たとえばレオポルドの「土地倫理」の考え方は，個人間や個人と社会の間の関係を律する規則としての倫理を「土地 (land)」（土壌，水，植物，動物の総体）にまで拡張すべきだと提唱するものであった（レオポルド1986）．こうした考え方は，のちの「動物の解放」論（シンガー1988）や「自然物の当事者適格」論（ストーン1990），「自然の権利」概念（ナッシュ1999）などとともに，環境倫理学や法学的なエコロジー論の基礎となった．

　哲学的発展において重要な役割を果たしたのがネスである．ネスは，先進国の人々の豊かな生活と健康を現状のまま守ることを目指すエコロジーをシャロウ・エコロジー（皮相的なエコロジー）と呼んで批判し，意識やライフスタイルのラディカルな変革を訴えるディープ・エコロジーを提唱した．その中核は，人間の「自己」意識を多様な生命からなる生態系全体に広げることで「自己実現」をはかる点にある．また，あらゆる生命体は，おのおの自己実現のための平等な権利をもつとするその生命圏平等主義は，その後とくに米国で，手付かずの自然をそのまま残そうとする原生自然保存の運動の根拠ともなった（ドレングソン2001）．

　ただしディープ・エコロジーは，環境問題の社会的コンテクストを軽視している．たとえば，社会的公正・正義を重視するソーシャル・エコロジーの立場に立つならば，自然に対する人間の支配は，人間社会内部における支配とヒエラルキーの構造に支えられているのであり，したがって人間の社会的関係性の変革こそが優先的課題である．また，自然が搾取され荒廃することと女性への抑圧・差別とがパラレルな関係にあるとするエコ・フェミニズムの知見に学ぶならば，環境問題の解決には家父長制の変革が不可欠である (cf. 森岡1994; 小原1995)．

　1962年に出版され，たちまちベストセラーとなったカーソンの『沈黙の春』は，世界的な環境運動の新たな局面を切り開くきっかけをつくった書物として位置づけられる．カーソンはそこで，農薬や殺虫剤などの化学薬品の濫用が，広範囲かつ長期にわたる生態系の崩壊を引き起こすとともに，食物連鎖の過程で汚染

度が高まり人間自身をも汚染するにいたると警告した（カーソン 1964）．それまでの環境運動の主流が，自然資源の有効利用を目的として適切な管理をめざす保全（conservation）派と，原生自然を手付かずのまま保存（preservation）すべきだとする勢力とからなっていたのに対し，カーソン以後は，人間圏の諸活動が生命圏や地球圏の論理を破壊することによって人間の生存基盤自体が崩されるという危機意識に根差したエコロジー運動が広がっていくことになった（cf. 鬼頭 1996）．

●近年の展開

エコロジーは，1972 年の「国連人間環境会議」（ストックホルム会議）や 1992 年の「環境と開発に関する国連会議」（地球環境サミット，リオ・サミット）などを経て国際的な政治的アジェンダになってきた．1997 年の「第 3 回気候変動枠組条約締約国会議」（地球温暖化防止京都会議，COP3）以降，先進国の政府は，エコロジーの名のもとで温室効果ガス削減やリサイクル推進の政策を積極的に打ち出すようになっている．こうした流れを受けて先進国の企業も 2000 年代以降，商品の販売戦略として「エコロジー」のラベルを多くもちいるようになっている．これらの傾向は上述のエコロジー思想・運動の成果であるが，今後のエコロジー思想・運動には，エコロジー政策やエコロジー商品に対するチェック機能を強めることも求められているといえよう．

他方，アジア・アフリカ地域においても，森林伐採や大規模ダム建設による立ち退きなどによって生存基盤が脅かされた地域住民たちにより，生活防衛とエコロジーが一体になった運動が活発に展開されている．これをマルティネス＝アリエとグハは「貧者の環境主義」（environmentalism of the poor）と名づけた（Guha and Martinez-Alier 1997; Martinez-Alier 2002）．そこでは，上述のおもに先進国で発展したエコロジー運動と連携しつつも，反植民地主義の思想・運動や土着の文化・世界観を重視した運動が展開されている．

▶関連用語：1-1-10 生態学，2-1-B03 保全生物学，2-3-C03 持続可能性，植民地主義，グリーンポリティックス，保全と保存

文献

カーソン，R. 著，青樹築一訳 1964．『沈黙の春』新潮社．
ドレングソン，A. 著，井上有一編 2001．『ディープ・エコロジー』昭和堂．
Guha, R. and J. Martinez-Alier 1997. *Varieties of Environmentalism*, Earthscan.
鬼頭秀一 1996．『自然保護を問いなおす』ちくま書房．
レオポルド，A. 著，新島義昭訳 1986．『野生のうたが聞こえる』講談社．
Martinez-Alier, J. 2002. *The Environmentalism of the Poor*, Edward Elgar.
森岡正博 1994．『生命観を問いなおす』筑摩書房．
ナッシュ，R. 著，松野弘訳 1999．『自然の権利』筑摩書房．
小原秀雄監修 1995．『環境思想の系譜 1・2・3』東海大学出版会．
シンガー，P. 著，戸田清訳 1988．『動物の解放』技術と人間．
ストーン，C. 著，岡嵜修・山田敏雄訳 2006．「樹木の当事者適格」川本ほか編『権利と価値』有斐閣．

〔石坂晋哉〕

宗教と環境　religion and environment

1960年代末以降，欧米では，環境問題解決の糸口を，東洋の諸宗教やアニミズム，原始宗教などの教義や実践に求めようとする動きが広がった．そこにはさまざまな潮流があるが (cf. Gottlieb 1995; Taylor 2005)，背景にはカウンターカルチャーの影響があったといわれている．

●キリスト教と環境問題

そうした流れのなかでとりわけ重要なのが，歴史家ホワイト (Lynn White Jr.) が1967年に発表した論文「現在の生態学的危機の歴史的根源」に端を発する論争である．ホワイトはここで，環境問題の歴史的根源は，ユダヤ・キリスト教的世界観にみられる人間中心主義にあると主張した．たとえば『創世記』の記述は自然に対する人間の支配権を肯定しているという (ホワイト 1972)．これに対し，広範な議論が巻き起こったが，とりわけ哲学者パスモア (John Arthur Passmore) は1974年に『自然に対する人間の責任』でキリスト教を弁護する反論を行った．パスモアは，旧約聖書の記述を，人間が「羊飼い」として，支配下にある動植物の世話をすべきと説いているとも解釈できると指摘し，「スチュワード」(執事，管財人) として責任をもって環境保全にあたるという思想をキリスト教的世界観に基づいて打ち出していくことができると主張した (パスモア 1979)．

以上は，特定の宗教や宗派の教義や実践のなかに，環境問題の根源や，あるいは環境問題解決に向けた展望を見いだそうとするものである．しかしこうした議論は，「〇〇教は (環境問題を引き起こした) 悪い宗教だ」「〇〇教は (環境問題を解決してくれる) すばらしい宗教だ」といったかたちでの単純な他宗教断罪・自宗教称揚につながる (利用される) 危険性もあり，その点は注意が必要であろう．

●精神的危機としての環境問題

他方，伝統的諸宗教はすべて同一の超越的真理に発するという「永遠の哲学」(sophia perennis) の立場から，宗教と環境に関して1960年代半ば以降，積極的に発言してきたのが，イスラーム学者のナスル (Seyyed Hossein Nasr) である (Nasr 1981, 1996, 1997)．ナスル (1997) によると，環境危機は，「近代人の精神的 (Spiritual) 危機」のあらわれなのであって，本質的には人間の霊性 (spirituality) のレベルの問題である．しかし今日そのことは一般に理解されていない．多くの人が，環境問題には技術的に対処するだけでよいと考えているし，環境運動のなかにも既成宗教と連携しようとする動きはほとんどみられない．さらに，東洋やネイティヴ・アメリカンの"知恵"などに突破口を見いだそうとしている人々の多くも，残念ながら，センチメンタルなレベルでしか問題を捉えていないと言わざるを得ない．真正の霊性に基づいた正統派の (とくに西洋キリスト教正統派の) 神学の内部からこそ「エコロジー神学」

を発展させていく必要があるのに，そのような動きはほとんどみられない，とナスルは批判している．

またナスルは，今日の環境危機の根源は，聖書の記述などにあるのではなく，「宇宙 (cosmos) の漸進的な脱聖化 (de-sacralization)」(Nasr 1997: 6) にこそあると指摘する．それは歴史的には，合理主義とルネッサンスの人間中心主義により可能となった科学革命のなかで，ベーコン (Francis Bacon) にみられるように「神の栄光のためにではなく世俗的な権力と富のために，自然を支配し，自然に潜む秘密を暴く」(Nasr 1997: 6) ものとして機能する科学がつくられたことに由来する．そして問題は，そうした近代科学を，自然を知るための「一つの」方法としてではなく，それ自体で完結している全体主義的な哲学――あらゆるリアリティを物理的領域のみに還元して捉え，非科学的世界観が存在することすら決して受け入れない――としてふるまわせつづける科学主義にある．中世ヨーロッパの人間は，神のみが絶対なのであって人間は相対的存在にすぎないことをつねに自覚していたはずだとナスルは言う．人間が，みずからが何者であるかを忘れてしまったことによってもたらされた危機を克服するための方法は，精神的な再生でしかあり得ない．真の精神的な再生をつうじてのみ，人間と自然世界との新たな共生への道が拓かれるのだとナスルは訴えている (Nasr 1997: 3-10)．

ナスルの関心の焦点は，正統派神学の霊性に基づいた環境問題への取り組みである．しかし，正統派神学の専門家ではなくてもナスルが指摘するような「精神的危機」を自覚して環境運動にコミットしている人々は少なくないであろう．たとえばインドで森林保護やダム反対の運動を推進してきた活動家のバフグナー (Sunderlal Bahuguna) は，「人間が自然の屠殺者になってしまったこと」をまず深く悔い改める必要があることを繰り返し訴えている (cf. 石坂 2010)．そうした現場の実践と宗教界とが環境問題解決に向けてもっと協働していくことも，必要ではないかと思われる．

▶関連用語：1-3-03 人間環境関係論，聖と俗

文献

Gottlieb, R. S. (ed.) 1996. *This Sacred Earth*, Routledge.
石坂晋哉 2010.『現代インドの環境思想と環境運動』昭和堂．
鬼頭秀一 1996.『自然保護を問いなおす』筑摩書房．
Nandy, A. 1987. *Traditions, Tyranny and Utopias*, Oxford University Press.
Nasr, S. H. 1981. *Knowledge and the Sacred*, Edinburgh University Press (Gifford Lectures http://www.giffordlectures.org/Browse.asp?PubID=TPKATS&Cover=TRUE　2012年3月5日アクセス).
――― 1996. *Religion and the Order of Nature*, Oxford University Press.
――― 1997. *Man and Nature*, ABC International Group.
パスモア，J. 著，間瀬啓允訳 1979.『自然に対する人間の責任』岩波書店．
Taylor, B. (ed.) 2005. *Encyclopedia of Religion and Nature*, Continuum.
ホワイト，L. 著，青木靖三訳 1972.『機械と神』みすず書房．

〔石坂晋哉〕

キーワード◆予測不可能，三つの生態学，潜在力

不確実性　uncertainty

●不確実性の定義と研究潮流

不確実性は近年，さまざまな分野で注目されている．起こりうる危険の起因や発生確率，それによってもたらされる結果がある程度予測できる場合をリスク (risk) とし，発生の確率とそれによる結果が予測できない場合には不確実性をもちいて区別する．つまり不確実性は，従来の確率論に基づいてリスクを予測し危険を事前に防ごうとするリスク・マネジメントでは対処できない性質をもち，予測不可能 (unpredictable) とも言われる．

不確実性が注目される背景には，近年の地球温暖化にともなう異常気象や自然災害の増加と，グローバル化と情報革命にともなう人・モノ・情報の流動化がある．とくに近代科学技術をもちいても予測や対処できないような大災害にそなえるためには，従来のリスク・マネジメントの考え方だけでは不十分であり，不確実性に配慮した総合的な分析と対策が求められる．

2011 年 3 月に起きた東日本大震災後の東京電力福島第一原子力発電所の事故は代表的な例である．日本の原子力発電所は，最先端の科学技術をもちいてリスクを予測し，危険を人為的に制御できるとされた．しかし，地震による大津波によって原子炉に対するすべての制御が失われ，大事故となった．電力会社や原子力専門家は大津波が「想定外」と説明しているが，つまり不確実な災害や危険がリスク・マネジメントの対象になっていないため，対策が考えられなかった．このことから，不確実性に注目することの重要性が改めて知らされた．

今日，不確実性をキーワードとする研究分野は，複雑系の科学，生態学における撹乱や非平衡系の研究，そして環境人類学やポリティカル・エコロジー論に代表されるような人文・社会科学における学際的な研究が挙げられる．代表的な方法論としてスコーンズの社会科学におけるニュー・エコロジー理論の適用がある (Scoones 1999)．彼は従来の社会科学において，時間的・空間的な変動や多様性，不確実性，そして歴史的な視点が議論から排除され，社会分析が部分的で，限定されたものになったと批判した．対象社会の社会・政治・経済そして生態環境の変動と相互作用に注目すると同時に，ローカルとグローバルな視点から自然と人間社会を複合的に分析する方法論を提唱した．

また，フィールドワークをとおして人間と自然の相互関係を実証的に研究する生態人類学から発展した環境人類学では，環境問題を理解するために，人間−自然の共時的な相互作用に注目する文化生態学，人間−自然関係の歴史的な変化と展開に注目する歴史生態学，そしてローカルな生産システムを国家やグローバルな政治経済のなかに位置づける政治生態学という三つの生態学を融合した視角を提起している (市川 2003)．さらに，ポリティカル・エコロジーの分野では，マ

クロな政治的・経済的な変化によって，ローカル社会の脆弱性（vulnerability）が増大し，社会変化への対応にみられるローカルな回復能力（resilience）の維持を強調している（島田 2001, 2007）．

●**不確実性と持続型生存基盤**

以上の諸分野に共通する特徴は，研究対象がもつ不確実性を所与のものとして捉え，近代科学のように細分化した実験やモデルのシミュレーションだけで説明しないこと，不確実性を認識し対処する主体とプロセスを詳細に記述・分析することをとおして，自然や社会がもつ回復能力と潜在力を発見し，新たな発展戦略を考察することである．

一例として，遊牧民を含めた東アフリカ乾燥生態系をみてみよう（Sun 2005）．赤道直下に位置するこの地域は，降雨量が少なく降雨の季節的・地域的な変動が大きく，そして干ばつが不規則的に発生するという自然環境の特徴をもち，主として遊牧民が暮らしている．彼らは，干ばつなどの自然災害や，家畜の伝染病や，家畜の略奪や民族間の対立などさまざまな不確実性とともに生きている．調査から，彼らは自然資源の分布や地形・季節にともなう環境の変動を熟知しており，多様な資源を変動に応じて効率よく利用していること，高い移動性と社会的なセーフティネットを発達させて自然災害による被害を回避・軽減していること，そして地域をとりまくマクロな政治・経済状況の変化に対して社会的な柔軟性をもって多角的な生計戦略を展開していることが明らかになった．しかし今日，気候変動や国家政治と市場経済の拡大によって，在来の生業システムの脆弱性が高まっている．この地域の持続型生存基盤を考えるうえで，人々が不確実性に対応する在来の知識・技術，そして潜在力を高めることは重要であろう（本講座第3巻第11章）．

▶関連用語：2-1-A12 複雑系, 2-1-C06 脆弱性, 2-1-A02 干ばつ, 2-1-C03 牧畜

文献

Berkes, F. et al. (eds) 2003. *Navigating Social-Ecological System*, Cambridge University Press.
Berry, S. 1993. *No Condition is Permanent*, University of Wisconsin Press.
Bryant, R. L. and S. Bailey 1997. *Third World Political Ecology*, Routledge.
市川光雄 2003.「環境問題に対する3つの生態学」池谷和信編『地球環境問題の人類学』世界思想社.
池谷和信編 2003.『地球環境問題の人類学』世界思想社.
Scoones, I. (ed.) 1995. *Living with Uncertainty*, SRP, Exeter.
Scoones, I. 1999. "New Ecology and the Social Sciences", *Annual Review Anthropology*, 287.
島田周平 2001.「アフリカ研究におけるポリティカル・エコロジー論」『人文地理』53(5).
——— 2007.『アフリカ —— 可能性を生きる農民』京都大学学術出版会.
Sun, X. 2005. "Dynamics of Continuity and Changes of Pastoral Subsistence among the Rendille in Northern Kenya", *Supplementary issue of African Study Monographs*, 31.

〔孫　暁剛〕

2-1-C02 ▶▶▶ 移動〔人間圏〕　migration [human society]

キーワード●循環, 回避, 流動化

　移動は人類の環境に対する基本的な適応戦略である．進化の過程で，農耕が始まるまでの数百万年間，人類の祖先は移動しながら狩猟採集生活を行ってきた．今日のように地球の隅々まで進出したのは，約6万年前に東アフリカから始まった大移動の結果である．移動の意味は，大きく三つの側面が考えられる．つまり，自然資源の持続的（循環的）な利用，リスクの回避，そして新たな生計戦略の創出である．

　まず移動と資源の利用をみてみる．狩猟採集民社会では，森や原野につくられた集落を拠点に狩猟採集活動を行っている．日帰りできる範囲に野生動植物資源が少なくなったり，反対に運搬できないほどの大型動物を仕留めたりすると，集落ごと移動する（田中 1971）．農耕社会でも焼畑に代表されるように，数年使った畑を放棄して新しい耕作地へ移動する．その結果，畑地に自然植生が戻り土壌養分が回復し，数年後にまた畑地として利用できる（伊谷 2002）．このように，自然資源を最後まで使い切るのではなく，将来の回復を見込んで移動が行われる．

　次に，移動は自然災害や紛争などのリスクを回避する重要な手段である．干ばつなどの自然災害が頻発する乾燥地域に暮らす遊牧民は，災害時にも利用できる牧草地を維持するだけではなく，近隣民族との間に互助的な関係を築き避難先を確保している．また，家畜強盗や民族間の対立，資源をめぐる競合を避けるためにもひんぱんに移動する（田中ほか 2004）．

　移動はまた，新たな生計技術や経済機会をつくり出す．近年，伝統社会の多くは増大する不確実性に対応するため，生業の多角化や人・モノの流動化を図っている．出稼ぎや商業活動，あるいは学校教育を受けるための移動も増えている（湖中 2006）．

　近代的な国家政治・経済システムの拡大と定住化によって，土地や資源をめぐる争いが激化している．西田（1986）は，人類が長い遊動生活から獲得してきた肉体的，心理的，社会的能力や行動様式が定住によって崩壊したと指摘している．持続可能な資源利用と生存基盤の安定化を考えるとき，移動の重要性を再認識すべきだろう．

▶関連用語：2-1-B02 移動〔生命圏〕, 2-1-C05 災害, 2-2-A15 国境

文献
伊谷樹一 2002.「アフリカ・ミオンボ林帯とその周辺地域の在来農法」『アジア・アフリカ地域研究』2.
湖中真哉 2006.『牧畜二重経済の人類学』世界思想社.
西田正規 1986.『定住革命 —— 遊動と定住の人類史』新曜社.
田中二郎 1971.『ブッシュマン —— 生態人類学的研究』思索社.
田中二郎ほか 2004.『遊動民 —— アフリカの原野に生きる』昭和堂.

〔孫　暁剛〕

2-1-C03 ▶▶▶ 牧畜　pastoralism

キーワード●家畜，乾燥地域，移動性

　牧畜は自然・家畜・人間の三要素からなる生業といわれる．人間が直接に利用できない植物資源を家畜となる草食動物に食べさせて，そして人間が家畜からミルクや肉などの畜産物を得て生計を成り立たせている．人類はこれによって，狩猟採集や農耕に適さない自然環境にまで生活の場を広げてきた．牧畜に依存する人々のなかでは，自然環境の制約と社会的・文化的な影響によって，家畜飼養だけを行う専業牧畜民，農耕や狩猟採集と組み合わせる兼業牧畜民，そして家畜をおもに交易対象として利用する商業牧畜民などがいる（佐藤 2002）．

　今日，牧畜は主として低・中緯度の乾燥地域に展開されている．これらの地域は，モンゴル高原から中央アジアを通り，アラビア半島から北アフリカ，そしてサハラ砂漠の南に位置するサヘル地帯までの乾燥ベルトに一致している．自然環境の特徴としては，年平均降雨量が 600 mm 以下で天水農耕の限界を超えており，干ばつなどの自然災害が頻発するため，非平衡生態系として位置づけられる（池谷 2006; Ellis 1995）．

　牧畜民は厳しい自然環境のなかで，自然環境と家畜の生態について詳細な知識と経験を蓄積し，さまざまな適応戦略をつくり上げた．人々は大型家畜としてラクダ・ウマ・ウシ，そして小型家畜のヤギとヒツジとを組み合わせて飼養して広範な資源利用を可能にし，自然災害によるダメージを避けるために高い移動性を維持している．そして，労働力の調整や畜産物の平等な分配という社会的な柔軟性をもっている．さらに，家畜を文化的に高く評価し，社会的な交換財として協力関係や非常時のセーフティネットを構築するために利用している．不確実性をもつ環境での持続可能な生存基盤を考えるとき，このような適応戦略の理解は不可欠であろう（太田 1998; 孫 2012）．

▶関連用語：2-1-A02 干ばつ，2-1-C01 不確実性，2-1-C02 移動〔人間圏〕，2-3-A11 乾燥地帯

文献

Ellis, J. 1995. "Climate Variability and Complex Ecosystem Dynamics", in I. Scoones (ed.), *Living with Uncertainty: New Direction in Pastoral Development in Africa*, Intermediate Technology Publications.
池谷和信 2006.『現代の牧畜民 ── 乾燥地域の暮らし』古今書院．
太田至 1998.「アフリカの牧畜民社会における開発援助と社会変容」高村泰雄・重田眞義編『アフリカ農業の諸問題』京都大学学術出版会．
佐藤俊 2002.『遊牧民の世界』京都大学学術出版会．
孫曉剛 2012.『遊牧と定住の人類学』昭和堂．

〔孫　曉剛〕

リスク　risk

●リスクとは何か

現代社会においては，金融から医療・福祉，自然災害から食の安全にいたるまで，人間の生存を脅かす諸問題をリスクとして捉え，それを分析・管理し，対応するというあり方が，きわめて広範な領域に浸透している．リスクは毎日のようにマスメディアに登場することで日常的な語彙になっており，「リスクとは何か」を明確にするのはきわめて難しい．以下では説明を単純化するため，乱暴を承知で「広義のリスク」／「狭義のリスク」という区別を導入しよう．

広義のリスクというのは次のようなことを指す．つまり，人間の生活はつねに未来 ── 定義上，何が起きるかは知り得ない，不確実なものである ── に対する不安をともなっており，そうした不安（あるいはその実現としての不幸）に対して人はつねに思いをめぐらせたり，何かしらそなえたりしている．こうした未来に対する「構え」を，ここでは広義のリスクと呼ぼう．その場合，将来に生じうる問題は何であれリスクに含まれうるが，実際に何を／どれほどのリスクとして捉えるか（リスク認知）は人によって異なる（Slovic 1987）．

これに対し，ここで狭義のリスクと呼ぶものは，近代になって発明された，確率統計をもちいて将来の問題に対応する技術（あるいはそれを制度化したもの）のことを指す．そこではリスクは「望ましくない事象を発生させる確率，ないし期待損失」あるいは「損失×その損失発生の確率」として数値的に表現され（日本リスク学会 2000），ある主体が合理的に意思決定を行うためのツールとなる．人はその決定次第では利益を得ることも，逆に損害をこうむることもある．

以上の区別をふまえて整理すれば，現代においては狭義のリスクに関わる技術が洗練されることで，かつては単に危険や不安を感じるだけだった事象をリスクとして捉えて分析すること ── 実際にはどれほどの被害を及ぼしうるのかを評価したり，さらにはその事象そのものの発生を抑えたり（リスク・マネジメント），あるいは社会的に許容できるレベルを考えたり（リスク・コミュニケーション）するようなこと ── が可能になっており，その結果，あらゆるものをリスクとして捉える見方（広義のリスク）が広まっているのである．

●生存基盤とリスク

さて，こうしたものとしてのリスクは，現在の私たちの生存基盤との関わりにおいて，次の2点できわめて重要な問題を提起している．

一つめは，ドイツの社会学者ベックが提起するような，現代に特有の，計量不可能なリスクの発生である．彼が念頭に置いているのは，環境汚染や原発の事故などであるが，山口（2002）によると，それは3重の「ない」から説明できる．つまり，(1) 空間的，時間的，社会的に

その影響範囲を限定することができない，(2) 責任の所在をつきとめることができない，(3) 被害を補償することができない，である．こうしたリスクは，計量にもとづく評価と分析を基礎とするような通常のしかたでは対応できない問題なのである．

二つめは，セーフティネットの問題である．リスクについては19世紀後半に，西欧における工業化の進展の過程で多発した産業事故の経験などから，社会のなかでランダムに発生する損害に対しては社会全体で補償するという動きがあらわれ，社会保険などとして制度化された．これは福祉国家という思想につながるものだが，これは集合の成員にある事象が起きる確率はみな等しいとする想定，言い換えれば社会の成員の等質性を基礎に置いたものであった．

しかし，1970年代ごろから，福祉国家の行き詰まりのなかで進展したいわゆる「新自由主義」といわれる政治経済システムはこうした考えに対して否定的である．たとえば一つの社会において肺癌による死亡率が経年的に一定でも，喫煙者と非喫煙者の肺癌死亡率を別々に算出すると両者の間に大きな差異がある，という分析例がありうる．その場合，「喫煙者」は喫煙するという自己の意思決定でリスクを高めているのだからその負担を「非喫煙者」に共有させるのはよくない，として「喫煙者」と「非喫煙者」の保険負担を別々にする，という考え方は一つの合理性をもっている．

これを突き詰めれば，集合はいくらでも細分化され，最終的には個々人のレベルにまで行き着く．そして個々人は自分の抱えているリスクを，自分のそれまでの意思決定の積み重ねの結果として引き受けさせられることになる．「新自由主義」ではこうした考え方がとられるが，そこでは個々人の能動的で自由な意思決定が称揚される一方，「社会」というセーフティネットがもはや機能せず，結果的に弱者は切り捨てられてしまう．

リスクは，こうした二つの側面から私たちの生存基盤の持続性に対して深刻な問題を突きつけている．現代的なリスクに対する工学的な取り組みと多様な当事者のリスク認知を統合的に研究すること，およびローカルにあらわれつつある，リスクに対応するための創造的な人々の営為を，臨地調査をつうじて明らかにしていくことが必要である．

▶関連用語：2-2-A14 安全保障，2-2-C02 社会福祉

文献
ベック，U. 著，東廉・伊藤美登里訳 1998．『危険社会』法政大学出版局．
日本リスク学会 2000．『リスク学事典』TBS ブリタニカ．
Slovic, P. 1987. "Perception of Risk", *Science*, 27.
山口節郎 2002．『現代社会のゆらぎとリスク』新曜社．

〔木村周平〕

災害　disaster

●災害とは

災害とは，予想外の外的な力によって社会的な被害が生じる出来事であり，またそれに関わるプロセスのことである．災害はまず，台風や洪水などによる自然災害と，産業事故などの人為災害とに分けることができる．後者が基本的には人間圏内部の問題であるのに対し，前者は人間圏と地球圏あるいは生命圏との関わりあいのなかで現れるものであり，以下ではおもにこちらを扱う．

とはいえ自然災害というカテゴリーに含まれるものもきわめて多岐にわたる．発生のしかたも，地震のように突発的にあらわれるものと，干ばつのようにゆっくりと被害を生じるものがあるし，周期性も災害の種類や地域的特徴によって大きく異なる．加えて被害を及ぼす範囲も，多くは洪水や地滑りのように局所的なものだが，とくに近年は環境破壊やエルニーニョ現象のような，より広域的に影響を及ぼすものも注目を浴びているし，政治経済のグローバル化やメディアの発達などによって，遠く離れた地域に二次的な被害を及ぼすこともある．

英語では災害は disaster だが，自然の極端な挙動を hazard と呼び，disaster はその挙動の結果としてあらわれる社会的な影響のことを指す．それぞれの社会の周囲ではさまざまな hazard が発生するのだが，それを disaster に転化しないよう，さまざまな対応がとられている．時にそうした対応の隙間を縫って災害が発生し，被害が生じると，社会はまた対応のしかたを改善する．そうした災害対応の発展を，以下では二つに分けて説明する．

多くの社会はそれを取り巻く世界について，長い時間をかけてローカルな認識や対応，信仰や説明のパターンをつくりあげ，それをつうじて世界を認識・解釈し，その関係性を壊さないようにしながらそれぞれの生のあり方を持続させてきた．hazard への対応もそうした関係のなかに含まれるが，それは「社会的な実践のなかに埋め込まれた災害対応」とでもいうべきものである（地理学や人類学，民俗学などではそれを「災害文化」と呼んでいる）．そうした事例としては，生業や信仰，家屋や社会関係とも洪水と深くつながっているバングラデシュなどがよく知られている（Oliver-Smith and Hoffman 1999）．

●防災と脆弱性

これに対し，現代社会において主流なのは，科学技術を応用した災害対策である．その発展には気象学や土木工学，地球物理学などの理工系の学問が大きく貢献し，大きな成果を挙げてきた．そのアプローチは上で述べた自然現象としての hazard に焦点を当て，そのコントロールやマネジメントを行うものである．とくに先進国においては，災害対策はそのような枠組みのなかで制度化され，ローカルな住民の問題というより，中央政府や地方行政などの公的組織が対応すべき，

専門的な業務となっている.

このアプローチは国際開発援助の流れのなかで途上国にも波及していったが,しかし1970年代ごろから,そのようなアプローチに対し,それぞれの地域的な文脈についての知識が不足しており,現地社会においてむしろ問題を拡大している,という批判がなされるようになる.そこであらわれたのが,「脆弱性」(vulnerability) という概念だが,これは災害を偶然的で誰しも同じ確率で被害を受ける可能性のある出来事としてではなく,被害の分布や程度は日常の社会過程においてその人(集団)が置かれた状況に対応していると考えるものである (Blaikie et al. 2004).

そうした考え方に基づいて,近年は「コミュニティ防災」が災害対策の中心的な課題となっている.つまり,ローカルな人々自身による問題の認識を重視し,彼ら自身のもつ伝統的な知識や記憶,社会的ネットワークなどの資源を評価・活用しつつ,それにハザードマップやシミュレーションなどによる詳細な被害予測等の先端的な科学技術の成果を組み合わせることで,災害からの「回復力」(レジリアンス,resilience)や「対応力」(capacity) の醸成を支援する,ということである (Bankoff et al. 2004).

とはいえ,やはり考えなければならない課題も少なくない.たとえば,ローカルな対応が,グローバルな被害をもたらす災害に対しどのような対応ができるのかということや,災害に立ち向かう「コミュニティ」だとか「地域」というものをどのようにつくりあげればよいのか,などはきわめて重要な問題である.こうした点は,災害という問題に対する,人文系/理工系という垣根を取り払った総合的な研究実践に加え,制度的な側面からの一層の取り組みの必要性を示している.

▶関連用語:2-1-C01 不確実性,2-1-A13 地震

文献

Bankoff, G. et al. (eds) 2004. *Mapping Vulnerability: Disasters, Development, and People*, Earthscan Publications.
Blaikie, P. M. et al. (eds) 2004. *At Risk: Natural Hazards, People's Vulnerability and Disasters* [2nd edition], Routledge.
萩原良巳ほか編 2006.『総合防災学への道』京都大学学術出版会.
ミッチェル,ジェイムス・K. 編,中林一樹訳 2006.『巨大都市と変貌する災害』古今書院.
Mileti, D. S. 1999. *Disaster by Design: A Reassessment of Natural Hazard in the United States*, Joseph Henry Press.
Oliver-Smith, A. and S. M. Hoffman 1999. *The Angry Earth: Disaster in Anthropological Perspective*, Routledge.
清水展 2003.『噴火のこだま』九州大学出版会.

〔木村周平〕

2-1-C06 ▶▶▶ 脆弱性　vulnerability

キーワード●被害, 開発

　脆弱性というのは生態学から心理学, コンピュータ科学にいたるまで非常に広範囲に使われる概念であり, ある主体やシステムの外的な危険や衝撃, ストレスにたいする被害の受けやすさとしてまとめることができる. ここでのポイントは, 被害は外力によって一元的に決まるのではなく, 主体やシステムの外力への対応力によって変化する, ということである. 脆弱性はこの対応力の受動的な表現であり, 脆弱性と対になってもちいられることの多いレジリアンス (resilience, 回復能力などの諸訳がある) という概念は, この対応力のポジティブな表現である.

　生存基盤との関わりにおいてはまず, 脆弱性という概念は, 貧困や飢饉などの社会的な問題の発生原理を説明するためのものとして位置づけられる. つまり, 社会 (あるいは個人や世帯等) が自然災害や戦争などに巻き込まれたとき, それによって受ける被害にばらつきがあることを, その社会 (個人・世帯等) の側から理解しようとするのである. これについて, 地理学者の島田 (2007) は, センの「エンタイトルメント」との近さを指摘しているが, ここではもう一つ, こうしたアプローチが, とくに途上国を対象とする研究において, (1) 被害を受けやすくする社会や個人の属性・要因を明らかにすることと, (2)「より脆弱な (=脆弱性という属性をもった) 個人あるいは集団」を見つけ出し, エンパワーすることという, 複数の含意をはらむことも確認しておきたい. (1) の方向性については, たとえばワッツとボーレによる exposure/capacity/potentiality という三分類 (Watts and Bohle 1993; 島田 2007; cf. Wisner et al. 2004) など, 複数の分類や概念化の試みがある. また (2) の方向性も早くからあらわれ, たとえば国連開発計画 (UNDP) は,「災害による年間死者数」や「人間開発指数の平均」など七つの指標によって構成された「災害脆弱性指標」を作成している.

　ただし, はじめに述べたように, この概念は含意が広く, vulnerability を人間存在における重要な性質と考える (この場合, 被傷性・可傷性などと訳される) 思想家もいる. この概念を指標化し実用的に利用すると同時に, その指標がいかなる人間観・世界観にもとづいているかにも目配りが必要である.

▶関連用語: 2-1-C04 リスク, レジリアンス

文献
Blankie, P. M. et al. (eds) 2004. *At Risk: Natural Hazards, People's Vulnerability and Disasters* [2nd edition], Routledge.
島田周平 2007.『アフリカ　可能性を生きる農民』京都大学学術出版会.
Watts, M. J. and H. G. Bohle 1993. "The Space of Vulnerability", *Progress in Human Geography*, 17(1).

〔木村周平〕

第2章
生産から生存へ

2-2-01

生産から生存へ　from production to livelihood

◆キーワード◆
労働，ケア，親密圏，平等，多様性

　産業革命以降の世界で先進国となった欧米や，（とくに戦後の）日本のような国では，社会の目標が生産，とくに1人当たり所得で測った生活水準の上昇に結びつく「生産性の向上」に集約されることが多かった．技術も制度も生産力の上昇を念頭において発達してきた．しかし，より長期のタイムスパンをとり，先進国だけではなく世界を分析単位として考えるなら，このような生産への関心の集中は，限られた時期に，一部の地域で有力になった現象にすぎない．生存圏全体から見れば，人間の社会はその活動のほんの一部を切り取って制度をつくり，生産のための技術を発達させてきた．人類が生き延びてきたのは，生産も含めた，しかしより根源的な，生存のための力を鍛えてきたからだと考えられる．生産性の向上はたしかに重要だが，その改善の方向と速度は，生存基盤の確保と持続についての長期の径路依存性をふまえて判断する必要がある．

●生産と労働

　資本主義社会は，自然から「土地」を切り取って商品化したのと同じように，人間からも「労働力」の部分を切り取って，商品化した．労働力は，土地とともに，主要な生産要素の一つとなり，社会の関心は，生産のための労働力の確保とその陶冶に向かった．初期の段階では，安価な労働力を大量に確保するだけの，いわば「使い捨て型」の労働力利用も少なくなかったが(Lewis 1954, 1978)，やがて義務教育が普及し，人的資本への投資の合理性も認識されるようになった．現在では，アジア諸国の開発主義においても，教育水準を上げ，健康を維持することは大きな課題だと認識されている．だが，その場合にも教育や健康そのものに意味を見いだすというよりは，その重要性は開発という目的との関連で認識され，「生産中心主義」の観点からの労働力の質の向上がめざされてきた（ホリデイ・ワイルディング 2007; 杉原 2007a）．

欧米の福祉システムには，福祉を国家が主導する型，家族に多くをまかせる型，市場の力を借りる型などが存在する（エスピン－アンデルセン 2001）．しかし，はっきりしているのは，最も市場志向の強いアングロ・サクソン型の国家も含めて，20世紀後半にはGDPに占める財政支出の比率が教育，健康，社会保障を中心に大きく上昇したことだ．それは，生産にかぎらず，社会が人間の生活を全体として保障しようという20世紀前半に生まれた福祉国家の考え方がさまざまな方法の改変を経ながら普及した結果である．日本国憲法は，すべての国民には，たんに「生命を維持する」だけではなく，「健康で文化的な生活を営む権利」があるとする，いわゆる生存権の思想を掲げているが，それは，ヨーロッパで根づいたこうした思想を明確に憲法の条文にしたものであった．

　日本でも，生活過程への関心は強かった．戦前の日本の社会政策・社会福祉の歴史にも，一部に先進的な試みがみられる．また，日本の大企業は，両大戦間期にはすでに基幹労働者の家族に社宅を提供したり，子供を教育したりしていた．労働者の確保とインセンティブの向上が大きな理由だったが，労務管理の視野は，欧米諸国のそれよりも体系的に，労働過程の外の生活過程に及んでいたとも言える（杉原・玉井 1996）．

　にもかかわらず，それらの試みは，生存の場としての人間圏の全体を覆うことはなかった．人間社会の構造は，現在でも基本的には生産や分配をつかさどる政治経済の公的な領域（公共圏）と，消費や再生産をつかさどる私的な領域（親密圏）に分かれている．公共圏という概念は，公的領域の拡大やその質的な変革への視点を持つ概念として練り上げられてきたが，ハーバーマス的な市民的公共圏において，自立した個人として参加する資格は，事実上成人男性に対して付与されるものであった（本講座第3巻序章）．

　また，国家の社会政策・社会保障は，いわば親密圏の領域への公共圏からの対応であるが，それは「ゆりかごから墓場まで」を国家が覆い尽くすということではない．福祉国家は，親密圏における愛情やケアを前提とし，それに依存しつつその一部を代替・補完するものとして生まれた．生命・種としての人間により近い，本来の親密圏の論理の持続性評価は，なお公共圏のそれの背後に隠れたかたちでしか表現されていない（キティ2010）．生存に関わる領域の可視化は試みられてはきたが，それはこれまでのところ，公共圏を基本にして社会のルールをつくるという構造を前提したうえでの努力にとどまっているように思われる．

●生存とケア

　しかし，人間は，まず生命体として生きなければならない．種として，再生産にも携わっている．ときには個体の死を賭けても再生産の継続を試みる．

　「生きる力」「つなぐ力」は，第一義的には個人の生存を家族や社会関係のなかで保証するところの「親密圏」の確保によって可能となる．生まれたばかりの子供にとって，あるいは死に直面する老人にとって，最も重要な「生存に関わる価値」は愛情，尊重，尊厳などであって，自由や勤勉の精神ではない（本講座第3巻第2章）．われわれはそれらを総称して，最も広い意味での「ケア」という概念で呼ぶ．ケアは，人間開発に関わるすべての価値の根底にあり，人間圏だけでなく，地球圏，生命圏を含む生存圏との人間の交渉能力とその前提となる理解力を規定する価値である．

　なぜ，「人間開発に関わる価値」だけでは不十分なのか．A. K. センの「潜在能力」(capability) という考え方は，個人の「福祉」(well-being) の確保と発展に焦点を当てたものである（セン 1992）．人間開発指数の作成の背後には，「1人当たり所得」では捉えきれない，個人の潜在能力への着目があった．教育水準の向上，平均余命の上昇などの目標は，所得よりも一歩近いポイントで潜在能力を測ろうという動機で設定された．その後指数は何度も改善されたが，その努力は，政治的自由，差別，格差，ジェンダー，リスク，「人間の安全保障」などのキーワードで表現される，個人の潜在能力を増すためにはどうすれば良いかをより体系的に測ろうとする方向で行われてきた．とくに公共圏における個人のエンパワーメントに焦点が当てられてきたと考えられる（本講座第5巻第1章）．

　われわれも，自由な個人の多様な活動の総和が大きくなればなるほど，社会が豊かになるという J. S. ミル『自由論』の考え方に共感する（杉原 2007b）．しかし，われわれは，人類史を，公共圏的権利の拡大の歴史としてだけ見るのではなく，具体的な生活の場でケアの実践をつうじて生存基盤を確保し，それを持続的に拡張してきた過程こそを中心に据えて理解したいと考える（本講座第3巻第4章）．

　第一に，人間は生まれた瞬間，死ぬ直前にはしばしば親密圏にいて，愛情や尊厳が最も重要な価値となる．社会に出て，公共圏で活躍している年齢の間も，親密圏の価値が重要でなくなるわけではない．教育年限が長くなり，高齢化が進むにつれて，今後人類が親密圏で過ごす時間は増えることはあっても減ることはな

いであろう．しかも，子育てや教育，介護や医療のように，親密圏と公共圏の協働が必要な分野の重要性は拡大しており，親密圏のしっかりしていない社会は生産現場を支える人材を確保できなくなりつつある．また，人類が親密圏で過ごす時間が長く，濃くなるということは，そこでの消費が多様化，高度化するということである．技術や制度も公共圏だけではなく，親密圏の質の向上への適応が求められている．すなわち，現代においては，生産ではなく生存を，労働ではなくケアをベースにした親密圏と公共圏の連携が人間圏の質を決めつつある．その限りで，工業化以前の，いわば人類史の正道に戻りつつあると言えよう．

第二に，人間が自然環境にどのように対峙するかは，人間圏にとって，潜在能力の開発にひけをとらない重要性を持っている．なぜなら，人類史を地球の歴史や生命の歴史から切り離し，人類史としてのみ構想するのでは，生存基盤の持続性を確保することはできないからだ．人類史はあくまで地球圏，生命圏の歴史の一部であり，それらを母体として出現し，やがてそれらを一部制御しはじめたところの「部分」であるにすぎない．

人間の側から見れば，生存基盤の確保にとって直接重要なことは，資源（エネルギー，水，食糧，生産要素としての土地など）の確保と環境の制御（疫病，自然災害，公害への対応）であって，地球圏，生命圏の長期的持続（水熱循環の維持やエコシステムの保全）ではない．そこから，時間，空間スケールの違いに由来するさまざまな立場の違いや利害対立が生じる可能性が存在する．すなわち，一方では人間は，生存基盤の直接的確保と生活水準の向上のために，自然に介入し，制御しようとする．と同時に，自然環境への介入が環境の持続性を損なわないようにという配慮もしなければならない．場合によっては，環境保全のために，資源の獲得を制限しなければならない．われわれは，こうした課題を背負った人間が三つの圏に対峙するときに取るべき姿勢を「ケア」と表現する．人間は，自らを取り巻く環境を承認し，自然に対しても他の人間に対してもその存在の持続を尊重し，そのために必要な事項に配慮しなければならない．すなわち，人間は，三つの圏のなかでそれらとの関係のあり方を定義し，方向づける視座，自律性と共感能力をもたなければならない．ケアは，この意味においても，潜在能力の開発をその一部とするところの，より根底的な価値である（本講座第5巻第8章）．

●多様性と平等

　生存基盤とは，個人が生きるために，あるいは家族や地域社会が自己を再生産するために必要な物質的精神的諸条件のことである．この観点からは，公共圏と親密圏を二つの領域に分割する理由はない．むしろ，生産，分配，消費，再生産に関わるすべての活動が，領域を超えて，均等に取り上げられなければならない．それが，人間圏における「生産」から「生存」への視座の転換の一つの内容となるであろう．

　「平等」は，いわばこうした実態に対応するために，人類史の比較的遅い時期につくり出された価値である．現代では，すべての人間は，人種，年齢，性別，健康の状態にかかわらず，平等だとされる．つまり，生まれた瞬間，死ぬ直前，あるいは重度の障害をもつ人間のニーズは，公共圏で活躍する人間のニーズとは異なるにもかかわらず，すべての人間が等しく生存権をもつことが理想とされる．われわれもこうした自由，平等の理念を受け入れる．それは，多様な潜在能力を有する個人を平等に扱い，そのうえで自由や多様性の開花をうながす思想である．人類は，「生存に関わる価値」が顕現する領域においては，本能的に，あるいはさまざまな方法をもちいて，多様性の承認と多様なニーズのケアに向かって進んできた．生命圏における多様性に比べると，理念の共有と行為主体性に依拠した多様性の希求であり，それが人間圏の特質であると言えよう（本講座第1巻終章）．

▶関連用語：2-3-02 発展径路，2-3-C01 生存基盤指数，2-3-C02 人間開発

文献

エスピン-アンデルセン，G. 著，岡沢憲芙・宮本太郎監訳 2001．『福祉資本主義の三つの世界 —— 比較福祉国家の理論と動態』ミネルヴァ書房．
ハーバーマス，J. 著，細谷貞雄・山田正行訳 1994．『公共性の構造転換』未来社．
広井良典・駒村康平編 2003．『アジアの社会保障』東京大学出版会．
ホリデイ，I.・P. ワイルディング編著，埋橋孝文ほか訳 2007．『東アジアの福祉資本主義』法律文化社．
キティ，E. F. 著，岡野八代・牟田和恵訳 2010．『愛の労働あるいは依存とケアの正義論』白澤社．
Lewis, W. A. 1954. "Economic Development with Unlimited Supplies of Labour", *Manchester*

School, 22(2).

―― 1978. *Growth and Fluctuations, 1870-1913*, George Allen and Unwin.

Lindert, P. H. 2004. *Growing Public: Social Spending and Economic Growth, Vol.1*, Cambridge University Press.

松林公蔵・奥宮清人 2006.「世界一の長寿社会を達成した近代日本の歩み」田中耕司編『「帝国」日本の学知 第7巻 実学としての科学技術』岩波書店.

西真如 2009.『現代アフリカの公共性』昭和堂.

落合恵美子・赤枝香奈子編 2012.『アジア女性と親密性の労働』京都大学学術出版会.

ライリー,J. 著,門司和彦・金田英子・松山章子・駒澤大佐訳 2008.『健康転換と寿命延長の世界誌』明和出版.

佐藤孝宏・和田泰三 2010.「生存基盤指数からみる世界」杉原薫・川井秀一・河野泰之・田辺明生編『地球圏・生命圏・人間圏 ―― 持続的な生存基盤を求めて』京都大学学術出版会.

セン,A. K. 著,池本幸生・野上裕生・佐藤仁訳 1997.『不平等の再検討』岩波書店.

――,石塚雅彦訳 2000.『自由と経済開発』日本経済新聞社.

杉原薫 2007a.「東アジアの経済発展と労働・生活の質」社会政策学会編『経済発展と社会政策 東アジアにおける差異と共通性』法律文化社.

―― 2007b.「J. S. ミル『自由論』」日本経済新聞社編『経済学 名著と現代』日本経済新聞出版社.

―― 2010.「グローバル・ヒストリーと複数発展径路」杉原薫・川井秀一・河野泰之・田辺明生編『地球圏・生命圏・人間圏 ―― 持続的な生存基盤を求めて』京都大学学術出版会.

杉原薫・玉井金五編 1996.『大正・大阪・スラム [増補版]』新評論.

田辺明生 2009.『カーストと平等性』東京大学出版会.

〔杉原　薫〕

生存基盤
the basis of livelihood catering for survival, reproduction and subsistence (see text)

◆キーワード◆
生存圏，発展径路，物質代謝，疾病，家族，食糧

●生存基盤の定義

　生存基盤とは何だろうか．「生存」とは，生き存（なが）えること，すなわち生き続けることである．命あるものはすべて生存しているが，私たちが人間である以上，個，群，あるいは類としての「人間の生存」がまずは想定される．個体としての人間の生存には必ず終わりがあるので，1人ひとりの人間は「死ぬまで生きる」しかない．他方，類としての人間の生存が予見できる未来に終わりを迎えるかについては，わからないとしかいえない．自己の10年後の姿が不確実であるのと少なくとも同じ程度に，人類の100年後の姿は不確実である．

　「基盤」とは，土台であり，基礎であり，条件である．したがって，本質的に不確実な生存を確かなものにするのが「生存基盤」だといえる．命あるものの生存を客観的に見れば，生命体とその外的環境の物質代謝の過程である．脇村孝平の定式化を借りるなら，人間にとっての生存基盤とは，人間と自然の「物質代謝過程を根底で規定する条件」と定義できるだろう（本講座第1巻第2章）．

　歴史をつうじて，集合的な人間の社会は自然との物質代謝を加速させることで，消費可能な財をより多く生産し，人口扶養力を劇的に増大させてきた．しかし，そのことで人類社会の生存基盤の持続可能性が自動的に確保されてきたかといえば，大いに疑問である．生産に対するフェティシズムは，実のところ，人類全体の生存基盤を破壊しかねない地点へと私たちを導いてきたのではないか．

●生存基盤の内実（1）個体の維持

　生存基盤の内実を，より具体的に3つの側面から彫琢してみよう．ときとして過酷な気候条件や地形，植生，敵対的な動物（ときに他の人間を含む）に囲まれながら生存を維持していくことは，人間個体にとって切実な要請であり続けてきた．

個体の不条理な死を最大限回避し，1人ひとりが生を全うできるという意味での生存（survival）の確保は，人間存在の根源的な課題である．人間圏の歴史では天変地異，飢え，争いが生き残りへの最大の脅威となる瞬間が何度も繰り返されてきたが，より日常的には，個体の身体や心の均衡を崩す病，とりわけ生命圏と人間圏の交渉のもとで広がる感染症の脅威が重くのしかかってきた．急性および慢性の飢え，劣悪な住環境もまた，人々の病への抵抗力を低下させる．

　アフリカで生まれ，火を使い始めた人間たちは，狩猟採集を主たる生業として長大な時間を生きてきた．私たちの先人たちの多くは，十分な太陽エネルギーと水が存在する熱帯で，それらを利用して得られる食糧を確保するとともに，ミクロ寄生を回避する移住などをつうじて，病から身を守る工夫をこらしてきた．乾燥地で牧畜や耕作が導入されるとカロリー供給は安定化したが，人畜感染症の拡大，出産増による女性の身体への負担は，かえって平均余命を短くしたようだ．まずは温帯，続いて熱帯の国々における20世紀の平均余命の劇的な延長は，基礎的な保健医療の普及によって実現した．現代の長寿国においては，高齢者の生活の質を高めることが大きな課題になっている．

　実存の単位は「こわれもの」としての生身の個人である．個体としての自らの生存への関心は，生を受けた他者の生存を全うさせようとする関心と表裏一体のものである．ここから，対象を生命圏・地球圏へと広げる人間主体の「ケア」の原理が派生したと考えることもできるだろう．

●生存基盤の内実（2）生の再生産

　ケアが機能する原初的な空間は，近親者の空間としての親密圏だったと思われる．「個体を超えた生存」という契機は，生の再生産（reproduction）という，生存基盤の第2の側面を浮上させる．生殖という行為は生物学的なものだが，子供を産み，育て，非労働時間においても人間の生を全うさせ，命を失う者を送り出すという，世代を超えた人間の生の再生産のサイクルは，ローカルな生存基盤の単位において，さまざまな制度や技術を発達させてきた．女性の地位も，歴史的および地域的にきわめて多様だった．存在の相互承認に基づくケアの実践は，人間圏の営みに「人間的な価値」を与えている．

　私的所有制度と近代公共圏は，自然と社会に埋め込まれている人間個人を，経済発展や統治の観点から切り取り，抽象化して，制度化したものである．しかし

現実の人間は，法や規則を忘れて自然と触れ合い，子育てに夢中になり，老人の語りに耳を傾けることで倫理や社会性を学ぶ．公共圏の論理と実践は，そのような親密圏の日常から独立して存在しうるものではない．

　人間が「群れ」をなして生きる親密な族的空間は，人間が個体として，また世代として再生産される空間である．それは，生理的早産によって生まれる哺乳類としての人間が最初に包み込まれる社会であり，文化資本が再生産される場でもある．生の再生産を実現する機能はある程度まで公共圏の社会保障によって代替されてきた．しかし，拡大家族であれ，大家族であれ，核家族であれ，原初的な協調的対立の空間としての家族が消滅することはなかったし，これからもないだろう．

●生存基盤の内実（3）生存に必須の財

　族的空間を主要な場とする生の再生産を基礎として，人間の経済社会の総体が再生産され，かくして生存基盤の物質的基礎が保証される．社会的分業の展開とともに，生産と消費の網の目は徐々に複雑化していった．しかし，自然に働きかけて多様な財をつくり出す人間の活動は，もともとは個体の維持と生の再生産という二重の生存動機を確実に実現させるための営みだったはずである．そこで一義的に重要になるのは，必要生活手段（subsistence）を構成する食糧や住居を継続的に確保することである．

　スミス（Adam Smith）以来，経済学でサブシステンスと言えば，人間の生存に不可欠な最低限の財ないし生活水準を指すことが多い．必要生活手段という観念は，生業（livelihoods）の全体から，人間の生存に関わる必須の財をとりだしたものだと考えてもよいだろう（なお，livelihoodの原義はより広く，「生命と生活を支え，持続させるもの」「生き生きとしていること」という意味である）．しかし「最低水準」の内容は文化的に多様であり，歴史的にも大きく変化してきた．社会的分業もそれに対応して深化し，統治や交換という契機が内生化されていった．

　必要生活手段の具体的な内容は，社会をとりまく地勢・気候・生態系からも大きな影響を受ける．食糧に限っても，米作・麦作，そして雑穀・根菜・トウモロコシの栽培，牧畜や狩猟漁撈との組み合わせの豊富なパターンがある．地域社会において支配的な「食の生産」のかたちは，その社会の制度や技術の内実に歴史的に大きな影響を与えてきた．生存単位の構成員に必要生活手段を持続的に提供

する営みの一環として，人々はローカルな生存基盤の再生産に気を配り，森林資源や入会地，水産資源を管理する制度を入念に練り上げてきた．ローカルな生存圏の均衡を崩すようなグローバルな介入が始まり，生産が生存動機から際限なく乖離していくようになったのは，人類の歴史においては一瞬前のことである．

●生存圏の全体性

　古典的な唯物史観では，生産諸関係の総体としての経済構造が社会の土台すなわち下部構造をなし，そこに政治・法律・価値観の諸形態からなる上部構造が乗っているとされる．だが，「生存基盤」は，この場合の下部構造に対応するものではない．上部構造と下部構造という枠組みは人間圏の構造を切り取っただけのものだからである．人間圏と自然（生命圏・地球圏）の物質代謝は特定の経済構造のもとで成立しているが，それは制度や技術，意識や価値の総体によって方向づけられ，その全体的な枠組みのもとで機能する．圏間の物質代謝の全体性と精神の応答．そこに内包される相互的な破壊の可能性．そして人間圏内部における複数の価値の対抗と相互浸透．これらすべてが生存基盤をめぐる複眼的な思考の対象領域となる．

　地球圏，生命圏，人間圏には，それぞれに独自の論理があるはずである．しかし，人間の知の体系としての科学にはつねに限界があり，気候変動，自然災害，新興感染症の拡大などは，正確に予想することも完全に予防することもできない．持続可能な生存基盤を確保するという問題意識においては，世俗的なものであれ，宗教的なものであれ，共感や畏れによるものであれ，人間の知が及ばない巨大な力に対する人間の感応力と適応力を鍛えることが，きわめて重要な課題となる．私たちは，人間圏による他圏の利用という構図から離れ，眼前に屹立する3つの圏を少なくとも同等の重さをもつものとして扱わなければならない．

●熱帯生存圏の復権と発展径路の収斂の展望

　最後に，生存圏の歴史を大きく俯瞰し，人間のなんらかの共同性を回復する根拠地としての熱帯生存基盤の基軸的な重要性に触れておきたい．まず，地球圏と生命圏の強靱な潜在力（potentiality）を有する熱帯が，長期にわたって人間の生存の主要な舞台であったことを確認しよう．熱帯・亜熱帯においては，温帯と比較して強い太陽エネルギーと水の循環が豊富な森林バイオマスと多様な生物を生み

出す．アフリカに始まる人類史の曙において，人々に持続的な生存基盤を提供したのが広義の熱帯であったことは間違いない．そこで人類は，まず火の利用によってローカルな生存基盤を確保し，やがて熱帯周縁部の乾燥地帯において定着農耕を軌道に乗せ，各地でリージョナルな生態系に依存する多様な農業社会を形成していった．人口増加の舞台は熱帯から温帯へと徐々に拡大し，耕地の拡大によりフロンティアが減少し，生命資源も稀少化していったが，その速度はまだ緩慢であった．

ところが18世紀，アフリカの北方の温帯地域で始まった化石燃料（石炭・石油）の大規模な投入をともなう産業革命によって，人類の生存圏の相貌は様変わりする．グローバルな市場経済の広がりと技術革新によって，地球の人口扶養力が高まり，人類は「生存の足枷」から解放された．しかし，豊かな「定常状態」に到達する条件を獲得したはずの人類は，同じコインの裏面として，生存に必須の財の分配の不平等化，さらに環境破壊，地球温暖化，地域紛争，新興感染症の広がりなど，人々の生の維持と再生産を脅かす深刻な危機に直面するようになった．西欧的な公共圏の統治システムが世界の規範となる一方，親密圏の空間と機能は各地で大きな変容を経験している．

人類史は不均等発展の歴史である．温帯の経済社会が成長の限界に直面する一方で，人口の重心は明らかに温帯から熱帯へと回帰しつつある．現在，世界人口のおよそ6割は熱帯世界で暮らしている．すなわち，温帯発展径路の帰結としての地球的な生存圏の危機のもとで，熱帯世界がすでに人類の多数派に生存基盤を提供しているという現実がある．温帯の発展径路には，ヨーロッパ起源の資本集約型の発展径路と，東アジアで展開した労働集約型の発展径路がある．世界の生存圏において熱帯で暮らす人々の比重が高まっていることを考えれば，熱帯において歴史的に形成されてきたような，環境に大きな負荷を与えない生存基盤の特質を生かしながら，温帯の両径路で発展した技術や制度をそこに選択的に吸収し，飼い慣らし，熱帯そのものにおいて持続可能な生存基盤を回復・実現していく努力が重要になるだろう．

復権する熱帯型発展径路と既存の温帯型発展径路の収斂の可能性を考えるうえで示唆に富むのが，モンスーン・アジアである．そこでは，ヒマラヤ水系が供給する豊富な水の力により，熱帯から温帯を包含する広大な地域において，稲作を共通項とする多様で力強い生存基盤がつくり出されてきた．亜熱帯から亜寒帯に

広がる日本列島の生態系と生業の多様性のなかでの「まとまり」は，より広大なモンスーン・アジアにおける多様性と「まとまり」の理解を可能にする小宇宙的空間だともいえる．

▶関連用語：2-1-01 地表から生存圏へ，2-2-A01 生産から生存へ，2-2-A22 エコロジー，2-2-A24 不確実性，2-2-C01 親密圏と公共圏，2-2-C02 再生産，2-3-01 温帯から熱帯へ，2-3-02 発展径路，2-3-A01 グローバル・ヒストリーと環境，2-3-C02 人間開発

文献

※生存基盤講座の全体像に関わる本項「生存基盤」の参考文献としては，講座生存基盤論全6巻（とりわけ第1巻），および杉原薫・川井秀一・河野泰之・田辺明生編『地球圏・生命圏・人間圏 ── 持続的な生存基盤を求めて』(京都大学学術出版会，2010年) に盛り込まれた包括的な諸文献を参照されたし．以下は本項の執筆者による若干の追加である．

アリストテレス著，出隆訳 1959-61.『形而上学（上・下）』岩波文庫．
花崎皋平 1981.『生きる場の哲学──共感からの出発』岩波新書．
市井三郎 1971.『歴史の進歩とはなにか』岩波新書．
イリイチ，I. 著，玉野井芳郎・栗原彬訳 2006.『シャドウ・ワーク』岩波現代文庫．
マルクス，K. 著，武田隆夫ほか訳 1956.『経済学批判』岩波文庫．
Mill, J. S. 2008. *Principles of Political Economy and Chapters on Socialism*, Oxford University Press.
ポラニー，K. 著，野口建彦・栖原学訳 2009.『「新訳」大転換』東洋経済新報社．
Sen, A. K. 1987. *Gender and Cooperative Conflicts*, World Institute for Development Economics Research (WIDER).
スミス，A. 著，水田洋・杉山忠平訳 2000-2001.『国富論（全4巻）』岩波文庫．
立岩真也 1997.『私的所有論』勁草書房．
内田義彦 1981.『作品としての社会科学』岩波書店．

〔峯　陽一〕

2-2-A01

民主主義　democracy

◆キーワード◆リベラル・デモクラシー，位置ある自己，深い民主主義，応答責任，関係性のネットワーク

●民主主義とリベラリズム

　民主主義の語源はギリシア語の demokratia で，demos（人民）が kratia（権力）をもつことを示す．つまり民主主義とは「人民による支配」のことである．民主主義が可能となるためには，社会に存在する多元的な人々の利害と価値を尊重しつつ，同時に，それらの人々の対話と協力を確保しなければならない．これによってはじめて人民は，社会の多様性を生かしながら，一つの集団としての決定をなすことができるからだ．

　だが近代国家における民主主義の制度的基盤としては，選挙をつうじた代議制があるものの，民主主義の理念については「人民主権」というほかには，それほどはっきりとした内容があるわけではない．そのため，民主主義を採りながらも，人民の名による専横を抑え，多元性への自由と少数派の権利擁護を実現するために，リベラリズム（自由主義）の原則の範囲内で民主制を運用しようというリベラル・デモクラシーの枠組みが現在では主流となっている．

　リベラリズムの考え方において基盤となるのは，個人が自らの選択にしたがって生きる自由と，自らとは違う考えや価値をもつ他者の存在を尊重する寛容の原理である．これは，自らの考え方に忠実に生きると同時に，自己の限界を意識して他者から学ぼうとする謙抑的な自己啓蒙と多元的共生の精神に基づく．

●近代国家とリベラル・デモクラシー

　リベラル・デモクラシーにおいて，国家の存在意義は，正義 ── 一言でいうならば人権保障 ── を実現することにおかれる．この正義は，特定のよき生の構想に縛られることがなく，人々が唯一共有することのできる統合原理である．そのため，それは，人民自身の民主的手続きを経た決定によっても侵されてはな

らないとされる．つまり，リベラル・デモクラシーにおいて，民主主義はリベラリズムの下位に包摂されるのであり，その範囲内においてのみ正当性を認められる．そしてそのリベラリズムを保証するのが，近代国家の公権力である．

　リベラル・デモクラシーにおける民主主義の微妙な位置づけを理解するためには，そもそも近代国家が民主主義に対して両義的な関係にあったことに注意しなければならない (Parekh 1996: 39-40)．

　歴史的にみて，欧米の近代国家は，絶対主義とポピュリズム（人民主義）という，両極端を避けようとしてきた．民主主義が，国家主権の基盤は人民にあり，国家政治は人民の利益のために行われるという意味であるかぎり，近代国家はそれを自らの正当性基盤として採用する．しかし，人民は集団として自己決定権をもち，その意思を遂行するのが民主主義であるというポピュリスト的理念は，政治的にしばしば利用されはしたものの，近代国家の基本原則としては認められてこなかった．近代国家の支配層は，人民主権および人民の利益の名において統治したものの，人民が，人民自身の利益を正しく理解し，その実現を合理的に追求できるかどうかについては，少なくとも懐疑的であったし，多くの場合は否定的な立場にあった．

　近代国家と民主主義，そして，支配層と人民の間の両義的な関係を妥協に導いてきたのが，代議制という制度であり，またリベラル・デモクラシーという理念であった．これによって，近代国家は，人民主権という体裁を保ちつつ，同時に，人民の声にふりまわされることなく，国家統治の一貫性を追求することができたのであった．

● リベラル・デモクラシーの限界

　しかし，ネーションという単位を超えて，政治経済や社会文化のグローバル化が進む現在，民主主義なるものを，国民国家を単位とする代表制に必ずしも限定できなくなっている．ネーションの単位を超えた地域的なつながり（たとえばEUやASEANやSAARCそして東アジア共同体への動き）や，グローバルな市民社会（NGOやNPO）の動きが活発化していること，またネーションに内包された諸中間集団の政治的重要性が増していることも，民主主義を考える際に視野にいれる必要がある．グローバル化にともない，民主主義の領域は多元化しているのである．

　またリベラリズムが依拠してきた公と私および正義と善の区別についても，近

年，その維持が難しい状況となっている．リベラリズムが想定していた公共領域という範囲を超えて政治は広がっており，性や食などの，これまで私的とされてきた領域を含む生命・生活の全体について，人々は自己統治という民主主義の原理を適用することを要求しはじめている．公私および正義・善の区別を超えて，民主主義のアジェンダは広範化している．

こうした状況のなかで，民主主義の主体は誰か，という問題についても再考されるようになってきた．リベラリズムにおいては，個人という主体を，社会や政体に先行する基本的な単位として前提していた．しかし，そもそも個々人は，社会性のつながりのなかではじめて存在しうる．個人と社会のどちらかが先にあるのではなく，むしろあるといえるのは，関係性のネットワークであり，個体はそのなかの結節点としてあるのだ．この意味で，民主主義の主人公たる人間は，他者との関係のなかにおかれた「位置ある自己」である．とすれば，民主主義の主体は，それがいかなる社会・政治状況のなかのどのような位置づけにあるかに応じて，きわめて多様であるはずだ．

●民主主義の問い直し

民主主義の領域の多元化，アジェンダの広範化，そして，その主体の多様化のなかで，現在，民主主義についてのラディカルな問い直しがなされている．アパドゥライは，グローバルな市民ネットワークをつうじた多元的な社会集団の相互行為に「深い民主主義」の可能性を求め (Appadurai 2002)，他方，チャタジーは，市民社会の正当なメンバーとして扱ってもらえない不法占拠者などの非「市民」が国家に対して生存保障を要求する「政治社会」に民主化の潜在力をみている (Chatterjee 2004)．またネグリとハートが〈帝国〉に抗するマルチチュードのグローバルな連帯に希望を見いだそうとするのに対し（ネグリ・ハート 2003），ラトゥールはさらに視野を広げ，人間と非人間のつながりを民主主義のアジェンダとするために「モノの議会」(parliament of things) の必要性を示唆する (Latour 1993, 2005)．さらには，セールは，自然を外部化してしまった「社会契約」を批判し，人間は地球と共生関係の「自然契約」を結ぶべきだと提唱する（セール 1994）．

すべての人が自らの生の価値を持続的に追求できるような，持続型生存基盤の構築が政治の重要アジェンダとしてとりあげられるなかで，人間と環境の相互作用のネットワークのあり方こそが民主主義の問題として問われなければならない

だろう．そして今という時代はまさに生の形式そのものの新たな可能性が科学技術とともに出現しつつあるときである（Fischer 2003; Rose 2007）．そのことは，生殖技術や遺伝子治療そしてロボット技術（機械の人間化）やサイボーグ技術（人と機械の有機的な結びつき）の発展を例に挙げるまでもなく明らかであろう．ここにおいて，自然と社会をいかに新たにつなぎ直すかが科学と政治の共通の課題としてあらわれている．

◉応答責任をつうじた関係性の再構築

　人々の生命・生活の構築過程を焦点にすえるならば，民主主義とは，関係性のなかに位置づけられた多元的な主体が，自然を含む他者との交流のなかで，それぞれの行為主体性を発揮して，よりよき関係性のネットワークを実現していくプロセスこそを指すということになる．つまりデモクラシーは，人々が位置ある自己として他者との関係性における応答責任（responsibility）を果たし，その応答関係のなかで自己のアイデンティティを築いていく営為の総体であり，そうした人々のつながりが，全体として自律的な秩序形成と豊饒化を遂げていく過程を指すということとなろう．

　そして，民主的な社会とは，地域の歴史的・文化的な基盤に立ちつつ，同時に，よりよき生のために，自他の関係性を構築し直せるような，未来へとつねに開かれた社会のことにほかならない．民主主義は，ある特定の政治制度に還元できるものではなく，むしろ，オルタナティブの自己決定の可能性に開かれた社会的・政治的・技術的条件こそを指すといえよう（デリダほか 2002）．

　生存基盤という地球的なネットワークを意識しつつ，生命・生活の場から新たな社会のビジョンそしてそれを実現する技術と制度を立ち上げること．それが新たな時代の民主主義の条件である．

▶関連用語：2-2-A06 社会運動，2-2-A13 国家，2-2-C04 つながり，市民社会，社会契約，正当性と正統性，生モラル政治，ネーション，ポピュリズム，リベラリズム

文献

Appadurai, A. 2002. "Deep Democracy: Urban Governmentality and the Horizon of Politics", *Public Culture*, 14(1).

アリストテレス著,山本光雄訳 1961.『政治学』岩波文庫.
アーレント,H. 著,大久保和郎ほか訳 1981.『全体主義の起原(全 3 巻)』みすず書房.
Chatterjee, P. 2004. *The Politics of the Governed: Reflections on Popular Politics in Most of the World*, Columbia University Press.
クリック,B. 著,添谷育志・金田耕一訳・解説 2004.『1 冊でわかる デモクラシー』岩波書店.
ダール,R. A. 著,高畠通敏・前田筒訳 1981.『ポリアーキー』三一書房.
―――― 著,中村孝文訳 2001.『デモクラシーとは何か』岩波書店.
デリダ,J. ほか著,青木隆嘉訳 2002.『脱構築とプラグマティズム』法政大学出版局.
Fischer, M. M. J. 2003. *Emergent Forms of Life and the Anthropological Voice*, Duke University Press.
福田歓一 1977.『近代民主主義とその展望』岩波新書.
Held, D. 1995. *Democracy and the Global Order: From the Modern State to Cosmopolitan Governance*, Stanford University Press.
ハンチントン,S. P. 著,坪郷實ほか訳 1995.『第三の波 ―― 20 世紀後半の民主化』三嶺書房.
ハミルトン,A. ほか著,斎藤眞・中野勝郎訳 1999.『ザ・フェデラリスト』岩波文庫.
石坂晋哉 2011.『現代インドの環境思想と環境運動 ―― ガーンディー主義と〈つながりの政治〉』昭和堂.
Latour, B. 1993. *We Have Never Been Modern*, Harvard University Press.
―――― 2005. "From Realpoltik to Dingpolitik: or How to Make Things Public", in B. Latour and P. Weibel (eds), *Making Things Public: Atmospheres of Democracy*, MIT Press.
ラクラウ,E.・C. ムフ著,山崎カヲル・石澤武訳 1992.『ポスト・マルクス主義と政治 ―― 根源的民主主義のために』大村書店.
レイプハルト,A. 著,内山秀夫訳 1979.『多元社会のデモクラシー』三一書房.
リンゼイ,A. D. 著,永岡薫訳 1992.『民主主義の本質 ―― イギリス・デモクラシーとピュウリタニズム[増補版]』未來社.
リンス,J. 著,睦月規子ほか訳 1995.『全体主義体制と権威主義体制』法律文化社.
リンス,J.・A. ステパン著,荒井祐介ほか訳 2005.『民主化の理論 ―― 民主主義への移行と定着の課題』一芸社.
ロウィ,T. 1981.『自由主義の終焉 ―― 現代政府の問題性』木鐸社.
Lipset, S. M. 1981. *Political Man: the Social Bases of Politics*, Johns Hopkins University Press.
マクファーソン,C. B. 著,田口富久治訳 1978.『自由民主主義は生き残れるか』岩波新書.
メルッチ,A. 著,山之内靖ほか訳 1997.『現在に生きる遊牧民』岩波書店.
ミル,J. S. 著,塩尻公明・木村健康訳 1971.『自由論』岩波文庫.

オドンネル, G.・P. シュミッター著, 真柄秀子・井戸正伸訳 1986.『民主化の比較政治学』未來社.
中溝和弥 2012.『インド　暴力と民主主義』東京大学出版会.
ネグリ, A.・M. ハート著, 水島一憲ほか訳 2003.『帝国』以文社.
西真如 2009.『現代アフリカの公共性』昭和堂.
大嶽秀夫・鴨武彦・曽根泰教 1996.『政治学』有斐閣.
Parekh, B. 1996. "The Nature of the Modern State", in D. L. Sheth and A. Nandy (eds), *The Multiverse of Democracy: Essays in Honour of Rajni Kothari*, Sage Publications.
プラトン著, 藤沢令夫訳 1979.『国家（上・下）』岩波文庫.
パットナム, R. D. 著, 河田潤一訳 2001.『哲学する民主主義 ── 伝統と改革の市民的構造』NTT 出版.
Rose, N. 2007. *The Politics of Life Itself*, Princeton University Press.
ルソー, J.-J. 著, 桑原武夫・前川貞次郎訳 1954.『社会契約論』岩波文庫.
シュムペーター, J. 著, 中山伊知郎・東畑精一訳 1995.『資本主義・社会主義・民主主義』東洋経済新報社.
セール, M. 著, 及川馥・米山親能訳 1994.『自然契約』法政大学出版局.
杉田敦 2001.『デモクラシーの論じ方』ちくま新書.
田辺明生 2008.「民主主義 ── ばらばらで一緒に生きるために」春日直樹編『人類学で世界をみる ── 医療・生活・政治・経済』ミネルヴァ書房.
トゥレーヌ, A. 著, 寿里茂・西川潤訳 1970.『脱工業化の社会』河出書房新社.
トクヴィル, A. 著, 松本礼二訳 2005.『アメリカのデモクラシー　第 1 巻（上・下）』岩波文庫.
山口定 1989.『政治体制』東京大学出版会.

〔田辺明生〕

2-2-A02 ▶▶▶ エージェンシー（行為主体性） agency

キーワード●関係性, 行為

人間は, 関係性のなかで行為をつうじて他に働きかけ, そのありかたを変化させ, 自己のおかれた環境および自己自身の位置づけを変容する力をもつ. 自己と世界の変容のために発揮される能力をエージェンシー（行為主体性）という.

エージェンシーという概念は, 構造や制度の決定論に対して, 人間が世界に働きかける行為の自発性, 変革性, 創造性の側面を指すためにもちいられる. ただしこれは, 主体と客体の分断を前提とし, 個人の内面的で自律的な意志を想起させる「主体性」とは区別されねばならない. そこでは主体の行為の結果は客体の変容としてのみあらわれるため, 行為の結果としての世界の変容にともなう自己への影響という, 自己と環境の相互作用の側面が捉えられないうらみがある. また主体の確立は, 権力構造に対する従属をともなうと指摘されて以来（アルチュセール 1972; フーコー 1986）,「主体＝従属」(subject) という概念によっては, それらが捉えにくくなっている. さらに個人 (individual) という概念は, 個の自律性や一貫性を前提とし, 身体の重層性や他の身体との感応性や連関性に充分な注意が向かないうらみがある. エージェンシーの概念は, 相互交渉の場のなかにある身体の共同性に光をあてつつ, ネットワークの結節点としての身体が, 自らおかれる関係性そのものに働きかけ変化させる能力に注目しようとする（田中 2006）.

エージェント（行為主体）は, ある状況のなかで自分がどのような行為をなせるかを実践的に判断する. 自らがおかれた状況の「アフォーダンス」（環境が与える行為可能性）についての実践知的な感受性こそが, 次なる新たな行為を可能にする（ギブソン 1985; Shotter 1993）. そして新たな行為は, 自他の関係性を変え, そのなかで自己のありかたを変える. つまりエージェンシーは, 与えられた環境のなかに, 新しい自己をつくり出す未来の可能性を発見し, それを利用できる能力ともいえよう.

▶関連用語：2-2-A05 ネットワーク, アフォーダンス

文献

アルチュセール, L. 1972.「イデオロギーと国家のイデオロギー装置（上・下）」『思想』577・578.
フーコー, M. 著, 渡辺守章訳 1986.『性の歴史 1 知への意志』新潮社.
Gell, A. 1998. *Art and Agency: An Anthropological Theory*, Clarendon Press.
ギブソン, J. J. 著, 古崎敬訳 1985.『生態学的視覚論』サイエンス社.
佐々木正人 1994.『アフォーダンス — 新しい認知の理論』岩波書店.
Shotter, J. 1993. *Cultural Politics of Everyday Life*, University of Toronto Press.
Strathern, M. 1988. *The Gender of the Gift*, University of California Press.
田中雅一 2006.「ミクロ人類学の課題」田中雅一・松田素二編『ミクロ人類学の実践』世界思想社.

〔田辺明生〕

2-2-A03 ▶▶▶ 生存権　right to life

キーワード●自由権，社会権，救貧法，社会保障，〈生きる権利〉

今日の生存権にいたる概念は，アメリカ独立時の諸州憲法やフランス革命宣言で謳われた，国家による妨害を排除し国民の自律的領域として存在する自由権としての生存権がある．これに対し，社会経済的な不平等を是正して実質的平等を確保する社会権としての生存権は，実定法上，1919年のワイマール憲法から唱えられ「人間たるに値する生存」を国家権力の積極的な関与によって実現しようとする権利と規定された．

日本国憲法第25条は，社会権としての包括的規定といえ，国家に一定の作為を請求し，侵害されたときはその回復を求めて提訴できるとした．だが生存権の請求権的な側面は，「健康で文化的な最低限度の生活」に関する不確定性などから制約的にならざるを得ない（葛西2011）．

生存権の実質化の一つの柱である生活保護法の淵源は，イギリスの救貧法にある．19世紀の「新救貧法」のもとでも「被救恤窮民（ホーパー）」として救済するが「劣等処遇の原則」をもち，労役場に拘束され，選挙権も剥奪された．だが第一次世界大戦後に始まる失業保険制度は，無拠出の無契約給付を含み，「救済をうける権利」へと変化し，1942年のベヴァリッジ報告はミーンズテスト（資力調査）のない最低生活保障を掲げた．

この変化の背景には，労働権とともに普通選挙など労働者の政治的権利の拡大と社会主義の伸長があった．市民革命時には自然権と自由権が強調され生存の保障は「自助の原則」下にあったが，資本主義の展開とともに失業が「社会的貧困」であるとの認識が広がったのである．この影響下，1880年代ドイツのビスマルク時代に，労働実績と強制加入制度での拠出に基づく社会保障制度が始まった．さらに，ベヴァリッジ報告など戦時国家扶助の義務的認識や，公益扶助を含めた社会保障が法的に権利化されるまでに発達した（Marshall and Bottomore 1992）．

以上の背景には，かつての家族や地域共同体のもつ生存保障機能が喪失したという認識がある．また，高付加価値労働の称揚と単純労働の卑下，さらに親密圏の公共圏への隷属がある．対して今日のアジア・アフリカでは，従来の生存保障機能は消滅しておらず，親密圏も多くの場合，公共圏に隷属していないことを考えれば，ケアを軸に従来とは異なった〈生きる権利〉とその受け皿としての社会を考える必要があろう．

関連用語：2-2-C01 親密圏と公共圏，2-2-C02 社会福祉，2-2-C09 ケア，共同体，社会権

文献

福田徳三 1980．『生存権の社会政策』講談社．
葛西まゆこ 2011．『生存権の規範的意義』成文堂．
Marshall, T. H. and T. Bottomore 1992. *Citizenship and Social Class*, Pluto Press.

〔水野広祐〕

キーワード◆市民的公共圏, 国家, 科学技術, 福祉制度, ケア

公共性　publics

公共性とは，人々に共通の価値ないしは利益に関することであり，そのために個々人の意志や選択に還元することができないことに関する概念である．近代の議会制民主主義国家においては，国民の信託を受けた国家が公共性の主要な担い手とみなされてきた．また資本主義社会においては，しばしば「市場」が人々の利益を体現すると理解されてきた．

● 市民的公共圏の理論

ハーバーマスの市民的公共圏の理論は，国家および市場とは全く異なる公共性のあり方を提示したことで画期的なものとなった（ハーバーマス 1994）．市民的公共圏は，討論する人々の集合として定義される．市民的公共圏の理論は第一に，議会制民主主義へのオルタナティブを提示した点で重要である．対立する見解をもつ人々が集まって，暴力や強制によらず，いかに意志決定を行うかという問題に対して，古典的な民主主義の理論は，単に多数の意見を全体の意志とみなすということしか提示できなかった．これに対してハーバーマスは，人間には対話によって相互理解に到達する力（コミュニケーション的理性）がそなわっているとし，互いに対等な人々による自由な討論をとおしてもたらされる合意が，正統な公共性の根拠となることを示した．

またハーバーマスの理論は，テクノクラシーへの反論という側面をもっている．テクノクラシーとは，専門的な知識を有する官僚，技術者，科学者（テクノクラート）によって重要な政策決定の過程が支配されている状況を指す．ハーバーマスによれば，現代社会においては市民的公共圏が力を失い，システムによる生活世界の植民地化が進行している．国家や市場システムが人々の選択を全面的に支配する事態に歯止めをかけるため，ハーバーマスは生活世界の経験に根ざした討論の重要性と，そこから得られる合意の正統性を掲げたのである．

ただし社会をコミュニケーション的行為の領域と技術的な領域とに峻別するハーバーマスの方法論に対しては，科学哲学の立場から批判もある．ラウズ（2000）によれば，科学技術的な知識は，実際には厳密な演繹的手続きによって導かれる体系ではなく（したがってハーバーマスのいう生活世界と本質的に対立するものではなく），その場の解釈や交渉といった過程を経て形成されるものである．カロンは，専門知が形成される現場に市民が介入することをとおして，科学技術がより民主的なかたちで社会に展開するようになると論じている．たとえばHIV陽性者である市民と，製薬会社の研究員，医療従事者，生物学者といった専門家たちとが，治療薬の開発過程における不確実な課題に共同で対処したり，貧しい人々が治療を受ける権利について議論を交わす例が挙げられる（Callon 2009）．

● **ジェンダー，親密圏，ケア**

　ハーバーマスに対しては，ジェンダー論の立場からも強力な批判が展開されてきた．市民的公共圏に参画する者は，近代的な価値観と教養とをそなえた，自立した人格でなければならない．ハーバーマスは，市民的な人格が形成される場としての親密圏を想定し，西欧近代の過程で形成された市民的小家族に，その役割を見いだした（ハーバーマス 1994: 64-72）．

　しかしハーバーマスの議論は，家族制とむすびついた女性の抑圧については何も述べていない．エリーが指摘するように，19 世紀西欧の文脈で形成された市民的公共圏においては，女性は家族の領域にとどまり，公共の議論には参加しないことが暗黙の前提とされた（Eley 1990）．近代社会における小家族は家父長制的な性格を有し，かつ市民社会と市場から二重に排除された場として形成された．つまり家族をケアするという行為は，女性が無償で行うのが当然のこととされながら，男性が家庭の外で行う労働や活動よりも価値の低いものとみなされた（上野 1990）．セインズバリーをはじめ雇用・福祉政策に関心を寄せる政治学者は，現代の福祉国家体制（welfare state regimes）のもとで，往々にして生産労働を男性に，ケア労働を女性に割りあてる政策がとられてきたことを明らかにしている（Sainsbury 1999）．

　フレイザーは，市民的公共圏と近代福祉国家とを同時に問い直す立場から，すべての市民をケアの担い手として承認するような福祉制度のあり方（universal caregiver model）を提起している（Fraser 1996: 41-66）．フレイザーの議論は，福祉国家の見直しを迫ると同時に，市民的公共圏とは異なる公共性の形成を目指すものである．それは国家や市場から独立した公共性，および多様な価値を背景とした合意形成という理念をハーバーマスから受け継ぎつつ，同時に人格の相互依存性を積極的に承認し，ケアの実践に価値を認めることで，互いの生存を支え合う公共性に道を開くものである．

　市民的公共圏をめぐる論争は，人間の生存を支える規範と技術，制度の再構築に向けた洞察を与えてくれる．公共圏を批判的に捉え直すことをとおして人間圏の再構築を目指す議論の道筋については，本講座第 3 巻序章も参照してほしい．

▶関連用語：2-2-A13 国家，2-2-C01 親密圏と公共圏，2-2-A12 ガバナンス，2-2-C02 社会福祉，2-3-A04 技術，市民社会

文献

Callon, M. et al. 2009. *Acting in an Uncertain World*, MIT Press.
Eley, G. 1990. *Nations, Publics, and Political Cultures*, University of Michigan.
Fraser, N. 1997. *Justice Interruptus*, Routledge.
ハーバーマス，J. 著，細谷貞雄・山田正行訳 1994. 『公共性の構造転換』未來社．
ラウズ，J. 著，成定薫訳 2000. 『知識と権力』法政大学出版局．
Sainsbury, D. (ed.) 1999. *Gender and Welfare State Regimes*, Oxford University Press.
上野千鶴子 1990. 『家父長制と資本制』岩波書店．

〔西　真如〕

キーワード◆ノード, リンク, 分散性, ハブ

ネットワーク　network

●**語義と基本的性質**

　ネットワークは語義的には，網状の構造体やその様態もしくは網状につなぐ行為を意味する．ネットワークはそれを構成する要素（ノード, node）と要素同士をつなぐリンク（link）によって構成される．通常は各要素が複数の要素とリンクしている状態が想定されているため，基本的に多対多の関係の連鎖である．よって，AとBとをつなぐ直通のリンクが遮断された場合でも，他の経路を通じてAとBとが依然としてつながりを保ちうる．このような特性から，関係の連鎖をネットワークの概念で分析する場合は，連鎖していること自体や連鎖の様態に注目することが多い．関係の連鎖自体は普遍的に見いだすことができるが，ネットワークの語が意味するところは比喩的な用法も含めてかなり幅広い．それゆえ，安易な使用は概念のブラックボックス化や思わぬ誤解を招来しかねないため注意が必要である．たとえばノード間の階層性や非対称性を強調する際にはヒエラルキー概念をもちいる方が適切だろう．

●**中心と外延**

　ネットワーク概念の基本的な発想では，各ノード・リンクは等質で代替可能であって，特定の中心（機能が他と異なるノード）や境界の存在は与件ではない．米国国防総省が開発したARPAnetはこの代替可能性を生かして，核戦争の際にホストコンピュータが破壊されても他のコンピュータがこれを代替することでシステムの生存確率を高めようとした分散型ネットワークである．現代世界ではもはや必須のインフラとなったインターネットも分散型のネットワークである．しかし逆に，コンピュータネットワークの場合に顕著だが，全体を統御する中心を欠くために管理権限の及ぶ外延が事実上存在せず，いったんネットワークに流れ出た情報（たとえば重大な個人情報や差別に関わる（真偽不明の）情報，軍事機密，大量破壊兵器の製造法など）の回収が不可能になるなど，分散性がかえって生存基盤を脅かす側面も存在する．

●**ランダム型とハブ型**

　すべてのノードが同数のリンクをもつネットワークをランダム型ネットワークと称するが，現実の社会ではほとんど存在しない．大半のネットワークは，多くのリンクをもつ特定少数のノード（ハブ）と少数のリンクしかもたない大多数のノードによって構成されるハブ型のネットワークである．鉄道網であれば多数の路線が乗り入れる主要駅，旅客航空網や貨物船舶航路ならば主要港，インターネットの世界におけるポータルサイトやアルファブロガーのブログ，学術論文の参照関係の場合なら著名研究者やインパクトファクターの高い雑誌などがハブにあたる．食物連鎖や生物の細胞内生化学反応ネットワークなどもハブ型のネットワークである．これに対して道路

網は比較的ランダム型に近い．これは百の地点と直接つながるジャンクションや交差点があり得ないという，現実的物理的制約によっても説明可能である．ハブ型のネットワークは，無作為にノードを除いていった場合，少数であるハブが除かれる可能性は確率的に低いため多くのリンクが維持され，ランダム型よりもネットワーク全体の生存可能性が高くなる．しかし，そのハブに混乱が生じると混乱が連鎖的にネットワーク全体に波及し，ネットワークの一部または大部分が不通に陥るため，ハブの所在が判明している場合にハブを優先的に除去していくと，あっという間にネットワーク全体が崩壊する．これらの知見は，危機管理をはじめ多くの分野で応用されている．

●等質なリンクと非等質なリンク

人間は地縁・血縁をはじめとして多様なかたちで他者とリンクしている．よって個人をノードとみなせば，個人間を結ぶリンクによって構成されるネットワークを人間社会と考えることができる．もともとネットワーク概念はリンク間に優劣や強弱を想定していなかった．鉄道の路線図やコンピュータネットワークなどではすべてのリンクが等質なものとしてまずは想定されている．しかし人間関係ではすべてのリンクが同様の重みをもつケースはまれである．社会によっては特定のリンクによるつながりが他のリンクによるそれに優越するものとみなされたり，特定リンクによって結合された人間集団が社会の基礎的・重要な単位を構成する．インドにおけるカーストや南中国の宗族，近代日本におけるイエ制度などがこれにあたり，地縁・血縁や身分，職能集団，国籍や民族などによる人類社会の分節化は，ネットワークの観点からはこのように理解できよう．すなわち何らかの指標に基づく境界をもちいて人間集団を分割して他者・他集団から峻別するのではなく，人間を取り巻くさまざまな関係の連鎖のなかに組み込んで理解できるようになる．他方で決定的に重要なリンクが存在しないケースもある．父系母系どちらの血統も他方に対して決定的優位をもたず，身分や職能集団なども個人がそのときどきで最も有利な紐帯を選択するような社会では，相対的にリンク間の格差が小さい社会といえる．

▶関連用語：2-2-C03 つながり，社会的ネットワーク

〔蓮田隆志〕

文献

バラバシ，アルバート＝ラズロ著，青木薫訳 2002．『新ネットワーク思考』日本放送出版協会．
生田保夫 2004．『[改訂版]交通学の視点』流通経済大学出版会．
今井賢一 1984．『情報ネットワーク社会』岩波新書．
籠谷直人 2000．『アジア国際通商秩序と近代日本』名古屋大学出版会．
喜多千草 2003．『インターネットの思想史』青土社．
宮澤健一 1988．『制度と情報の経済学』有斐閣．
野田慎司編・監訳 2006．『リーディングス　ネットワーク論』勁草書房．
朴容寛 2003．『ネットワーク組織論』ミネルヴァ書房．

キーワード◆フレーミング,集合行為

社会運動　social movement

●社会運動とは

社会運動とは,「現状への不満や予想される事態に関する不満にもとづいてなされる変革志向的な集合行為」（長谷川・町村 2004: 19）と定義される．今日私たちは，環境問題，差別問題，人権問題などの"問題"が存在していることを知っている．一般的には,"問題"があるからこそ，その解決に向けて人々が立ち上がるものだと思いがちであろう．しかし，何がどう"問題"なのかは自明ではないし，それらは昔から"問題"として存在してきたわけでもない．社会運動研究の視角に立つならば,「環境」「差別」「人権」などのイッシューは，それらを"問題"として提起する人々の社会運動によってこそ，その存在が浮き彫りにされてきたのであり，また運動によってそれらをめぐる新たな価値が生み出されつづけてきたとみなすことができる．世界の何がどう"問題"なのか，そしてその"解決"とはどういうことなのかをめぐる認識自体が，運動をつうじて形成され変容しつづけていくのである（このことを社会運動論では「フレーミング」という）．

●社会運動研究の流れ

社会運動研究は，おもに 1960 年代以降の欧米における諸社会運動の興隆を契機として大きく発展してきた．冒頭に示した定義に含まれている社会運動の3要件（不満，変革志向性，集合行為）のそれぞれは，人々が運動に参加する動機に注目する集合行動論，アイデンティティなど文化的側面を重視する新しい社会運動論，そしてリーダーシップや組織の分析を中心に据える資源動員論という社会運動研究の代表的な三つのアプローチを背景にしている（長谷川 2007）．その他の主要な社会運動論としては，政治的機会構造論（人々は集団の外部に存在する政治的機会や政治的制約の有無を判断し，それを利用して行動を起こす），レパートリー論（人々は，座り込みやストライキなど一定の行為様式にしたがって行動を起こす），サイクル理論（運動は全体として，発生→発展→衰退といった局面を順にたどる）等がある（cf. タロー2006; 曽良中ほか 2006）.

1990-2000 年代以降の社会運動研究には以下の三つの傾向が認められる．まず，先進国の運動が制度化・専門化してきた点に注目する研究がある（Mayer and Tarrow 1998; 長谷川 2007）．一時期に比べ，多くの運動において当局との「たたかい」という性格が薄れてきたことが指摘されている．次に，運動を，組織分析的に捉えるのではなく人々のネットワーキングという観点から捉えようとする動きがある（cf. Edelman 2001）．この背景には，労働組合が中心となって動員するような従来型の運動の低迷や，ソーシャル・ネットワーキング・サービスのような新たなメディアをもちいた運動が盛んになってきたことがある．さらに，運動が一国内にとどまらずグローバルなつながりのなかで展開している点を強調する

潮流がある (Della Porta et al. 1999)．これは，人々が"問題"として認識するイッシュー自体がグローバルな規模での取り組みを必要とするようになったこと（たとえば地球環境問題）や，交通・通信手段の発達によってグローバルな連帯が容易になってきたことと密接に関連している．

● **非先進国の社会運動**

では，非先進国における社会運動にはどのような特徴があるのだろうか．

インドの社会運動には，先進国の運動にはあまりみられない独自の特徴も認められる．たとえば，2000年代のダリト（元「不可触民」）による仏教改宗運動には，「過去思考的」という特徴がみられる（舟橋 2009）．ダリトたちによる仏教への改宗は，ヒンドゥー教のカーストの観念や差別が強まる以前のインド土着の「われわれのもともとの宗教」への回帰という，「過去」への思考に基づいてなされている．これは，よりよき現在や未来をつくるために，過去と決別するのではなく，過去を再解釈する（なぜなら，現在・未来と過去とは宿命的に関連しているので過去と決別することは決してできない）という独特の思考様式 (Nandy 2009: 55-63) とも関連しているようだ．

また，1970年代以降のインドの環境運動には，20世紀前半のインド独立運動からの連続性が認められる（石坂 2011）．独立運動のときにもちいられたスワラージ（独立・自己統治）やサルヴォーダヤ（万物の向上）といった概念，さらに断食や行脚といった独特の手法が，「環境問題」という新たな文脈で活用されている．インドの場合は，インドという国の成立（1947年）自体が，社会運動としての反植民地闘争によって実現したという歴史的経緯があるために，運動に対して人々が正当性を認める度合いが高いようにもみえる．

非先進国の固有の歴史や文化を背景にした社会運動は，先進国中心の従来の社会運動論が想定していなかったようなかたちで，"問題"解決への模索をしてきていたことが明らかにされつつある．

▶関連用語：2-2-C03 つながり，アソシエーション，社会的ネットワーク

文献

della Porta, D. et al. (eds) 1999. *Social Movements in a Globalizing World*, Palgrave.
Edelman, M. 2001. "Social Movements", *Annual Review of Anthropology*, 30.
舟橋健太 2009.「「過去」思考的運動」日本南アジア学会第22回全国大会，北九州市立大学，2009年10月3日．
長谷川公一 2007.「社会運動と社会構想」長谷川公一ほか『社会学』有斐閣．
長谷川公一・町村敬志 2004.「社会運動と社会運動論の現在」曽良中清司ほか編『社会運動という公共空間』成文堂．
石坂晋哉 2010.『現代インドの環境思想と環境運動』昭和堂．
Mayer, D. S. and S. Tarrow (eds) 1998. *The Social Movement Society*, Rowman and Littlefield.
Nandy, A. 2009. *The Intimate Enemy*, Oxford University Press.
曽良中清司ほか編 2004.『社会運動という公共空間』成文堂．
タロー，S. 著，大畑裕嗣監訳 2006.『社会運動の力』彩流社．

〔石坂晋哉〕

2-2-A07 ▶▶ グローカリゼーション　glocalization

キーワード●ローカリゼーション（土着化），対称性／非対称性

「グローバリゼーション」という現象・概念が，人文社会科学分野で広く議論されるようになって久しい．グローバリゼーションとは，総括的に，「政治，経済，文化，社会で起こっているさまざまな事象の越境的過程」（伊豫谷 2002: 34）と捉えられる．ここでの「越境」とは，近代国民国家の枠組み（国境）を超越したものとして，つまり俯瞰的視角としての「国際」ではなく「グローバル」，単位としての「国民国家」ではなく「地域」が想定されている．

ここから，グローバリゼーションに相伴って進行する「ローカリゼーション（土着化）」という過程・現象が登場する．グローバリゼーションは，グローバルな制度や価値の地域社会への一方的な展開にのみとどまるものではなく，そこにはつねに土着化の過程がともなう．この土着化は，グローバルな諸制度などの「対象社会によるズレを伴う受容」であり，「グローバル・ローカリゼーション」＝「グローカリゼーション」として捉えられる（前川 2004: 10）．

小田に従ってこの相関しつつ進展する過程を整理すれば，グローバリゼーションとは，「均質化の方向に働く力の作用と，多様化の方向に働く力の反作用とが同時に」（小田 2010: 1）起こるものであり，この同時進行的な作用・反作用を過不足なく捉えるための概念が，「グローカリゼーション」である．ただし，反作用としての多様化を美化することで，そもそもの作用としての均質化の暴力を隠蔽・看過してはならない（小田 2010: 2）．

また一方では，「グローカリゼーション」として概括的に論じられる現象について，「マクロでグローバルな非対称性のなかで，ミクロでローカルな場における対称性を取り戻すための実践と，そうではない現象」（小田 2010: 2-3）の二つに識別して議論する必要がある．これはすなわち，「中心と周辺の社会的・文化的な非対称性を逆転する，あるいは，社会的・文化的な対称性を回復する可能性」（上杉 2009: 26）を見いだしうるものとなり，今後のグローカリゼーション研究の発展を導く重要な視角となろう．

▶関連用語：2-3-A09 グローバル化，遠隔地環境主義

文献
伊豫谷登士翁 2002．『グローバリゼーションとは何か』平凡社．
キング，A. D. 著，山中弘ほか訳 1999．『文化とグローバル化』玉川大学出版部．
前川啓治 2004．『グローカリゼーションの人類学』新曜社．
小田亮編 2010．『グローカル研究叢書 1　グローカリゼーションと共同性』成城大学グローカル研究センター．
ロバートソン，R. 著，阿部美哉訳 1997．『グローバリゼーション』東京大学出版会．
上杉富之・及川祥平編 2009．『グローカル研究の可能性』成城大学グローカル研究センター．

〔舟橋健太〕

2-2-A08 ▶▶ 先住民　indigenous peoples

キーワード●マイノリティ，集団の権利，国民国家

「先住民」は英語の indigenous peoples の訳語として 1980 年代から盛んに使われるようになった新しい用語である．それは「未開」「野蛮」といった否定的な連想をともないがちな「原住民」という言葉に取って代わるものであり，英語圏で indigenous という形容詞が native や aboriginal の位置を奪ったことに呼応していた（窪田・野林 2009）．さらにこれは 1980 年代以降，国連の委員会，国際労働機関（ILO）や NGO などさまざまな国際的フォーラムで先住民の権利が活発に議論されるようになったことと呼応している．これらの議論のなかからあらわれた先住民の定義にほぼ共通する要素として，スチュアートは次の 4 点を挙げている；(1) 植民地期の入植者たちよりも前からその土地に住んでいたという先住性；(2) 被支配的な立場；(3) 植民地化当時の原住者とその子孫の間の歴史的連続性；(4) 自らを先住民であると認識していること．このうちの (2) は先住民以外でマイノリティと呼ばれるさまざまな集団とも共通するものである．しかし先住民という範疇に独特の政治的な重みを与えているのは，それが国際人権 B 規約に定められた「人民自決の権利」と連動し，資源利用や経済・社会・文化政策決定の（国家とは異なる）主体となる可能性を担わされているからである．上記の定義はアメリカ大陸やオーストラリアなどの先住民に最もよくあてはまるものである．しかし，国際的に認知され大きな政治的可能性をもつ先住民という立場は，古典的な定義にはあてはまりにくい，アジアやアフリカのさまざまな集団によっても主張されるにいたっている（窪田・野林 2009）．ターナーは，先住民の権利を含む集団の権利は，個人を権利の主体としてきた近代法の見直しを迫るものであり，人と社会と環境の相互構築を探求してきた人類学をはじめとする総合科学が，この議論に貢献する必然性を訴える．同時に，1970 年代以降のグローバル化が，平等で均質な国民を創出するという国民国家のプロジェクトを衰退させたことが，逆説的に，先住民による差異への権利主張に大きな機会をもたらしているという政治経済的分析が不可欠であると論じている（Turner 2007）．

▶関連用語：2-2-A03 生存権，2-2-A06 社会運動

文献
綾部恒雄編 2007．『講座世界の先住民族 10』明石書店．
Dove, M. R. 2006. "Indigenous People and Environmental Politics", *Annual Review of Anthropology*, 35.
窪田幸子・野林厚志編 2009．『「先住民」とはだれか』世界思想社．
スチュアート, H. 2009．「先住民の歴史と現状」窪田・野林編『「先住民」とはだれか』世界思想社．
Turner, T. 2007. "Indigenous Resurgence, Anthropological Theory, and the Cunning of History", *Focaal-European Journal of Anthropology*, 49.

〔藤倉達郎〕

キーワード◆宗教実践, 社会改革

改宗 conversion

● 「改宗」の形態

　改宗とは, 自身が信奉・実践する宗教 (宗旨) を替え, その宗教的帰属が改まることである. この帰属宗教の変更には, 集団で行われる場合, 大きく二つの形態があると考えられる. すなわち一つに, いわゆる原始宗教あるいは土着宗教から, 教義・組織等が明確な宗教, とりわけ世界宗教への改宗である. これは, 植民地帝国をはじめとする外来勢力との接触ゆえ, つまり外的要因によるものと捉えられる. たとえば, 西洋帝国主義の進出にともなうキリスト教伝道活動の進展や, アフリカ地域社会における商業活動の展開と歩を同じくするイスラームの伝播などが挙げられよう. またとくに, 植民地化にともなう伝道改宗活動の場合,「文明化」の使命も多分に帯びることから, 社会生活状況の改善が強く求められる.

　いま一つに, 既存の宗教ないし旧宗教から, 他宗教・新宗教への改宗というものが挙げられる. この場合, 改宗者となるのは, 社会のマージナルな人々が主であり, 被差別層, 女性, 先住民等が改宗へといたる. この改宗には多くの場合, 社会改革の企図も含まれており, ゆえに, 差別的・抑圧的社会構造に対する異議申し立てといった内的要因が中心となる. つまり, 平等思想への傾倒など, 宗教教義を理由とする一方, 現存の社会構造に対するオルタナティブな社会の希求といった側面も強く,「社会文化的な改宗」とも認識されうる. またこの異議申し立ては, 改宗前の宗教や社会構造に対してだけではなく, 改宗後の宗教にまで及ぶこともあり (Viswanathan 2001), より強く, 改宗の有する改革的側面を認めることができよう.

　ただし, 外来勢力の影響からしばしば既存の社会構造に疑義が呈され, またそこに社会生活状況の改善が含意されうるように, 両者は相反的というよりも, 相互に関連・連続していることに留意する必要がある.

● 「改宗」の多角的考察に向けて

　実際の「改宗」行為は, 個別具体的にさまざまな現象をともない, それゆえにその分析・解釈も多様である. まず一つの観点として, キリスト教の伝道活動にみられるような世界宗教の地域諸社会への展開において, いわゆる正統的教義や組織・形態がそのまま現地社会に導入されるのではなく, さまざまに「現地化・土着化」される過程とその分析を挙げることができる. これは, 19世紀末から20世紀前半にかけての, キリスト教のアフリカ諸社会との接触における「アフリカ独立教会」の発展に代表される (ヘイスティングズ 1988 など).

　またもう一つの観点として, 改宗を信仰の側面から捉えるか, 実践の側面から捉えるかの大きく二つの視座のありようを指摘することができる. これらは, 相反する視座ではないが, どちらにより重点を置くかによって, 考察の方向性が異

なってくる．たとえば，個人改宗の場合には信仰がより重視され，集団改宗の場合は実践様態が問題とされる傾向にある．具体的に先述の改宗の二形態に即して考えてみれば，外的要因，とりわけ文明化の使命に基づく伝道改宗の場合，また後者の内的要因による改宗（社会文化的な改宗）の場合，宗教の側面すなわち信仰心よりも，社会文化的側面つまりは生活実践に焦点が当てられる．そして，実践の様態を分析することにより，いかに改宗前の宗教（信仰）を脱することができているか，その程度（あるいは改宗の成否）が論じられる．

これに対して，改宗前後の実践ならびに関係の連続性を重視して，改宗教徒の生の様相への接近を試みる研究もみられる（関根 2006; 舟橋 2007 など）．つまり改宗という事象に関して，それが到達点ではなく，改宗にいたるまで，また改宗後の生活のありように着目し，改宗行為自体は過程として捉え（Heredia 2004），総体的にその動態を把握・分析する視角である．この視座によれば，そもそも宗教というもの自体が，教義信仰を中心において論じられるものではなく，宗教実践において構築されつづけるものと捉えられる（cf. Leach 1968; 田辺 1993）．

以上，改宗という行為・現象をめぐっては，そもそも「宗教」とは何であり，どのように捉えるべきか，近代西洋において構築された'religion'概念の再考から行う必要があろう（アサド 2004）．そのうえで，たとえばインドの'dharma'，日本の「道」など，相似するが決して同じではない諸概念を比較検討しつつ，対象とする人々・信仰・実践の歴史的・社会的背景をふまえ，多角的視点から考察することが求められている．

▶関連用語：2-1-B08 宗教と環境，サバルタン研究

文献

アサド，T. 著，中村圭志訳，2004. 『宗教の系譜』岩波書店.
Cohen, A. 1969. *Custom and Politics in Urban Africa*, Routledge and K. Paul.
舟橋健太 2007. 「仏教徒として / チャマールとして」『南アジア研究』19.
ヘイスティングズ，A. 著，斎藤忠利訳 1988. 『アフリカのキリスト教』教文館.
Heredia, R. C. 2004. "No Entry, No Exit: Savarna Aversion towards Dalit Conversion", *Economic and Political Weekly*, October 9, 2004, 39(41).
ジェイムズ，W. 著，枡田啓三郎訳 1969-1970. 『宗教的経験の諸相（上・下）』岩波文庫.
Jondhale, S. and J. Beltz (eds) 2004. *Reconstructing the World*, Oxford University Press.
Leach, E. R. (ed.) 1968. *Dialectic in Practical Religion (Cambridge Papers in Social Anthropology, No. 5)*, Cambridge University Press.
Robinson, R. and S. Clarke (eds) 2003. *Religious Conversion in India*, Oxford University Press.
関根康正 2006. 「『切断する改宗』・『接続する改宗』」関一敏編『「布教」と「改宗」の比較宗教学的研究』.
田辺繁治編著 1993. 『実践宗教の人類学』京都大学学術出版会.
Viswanathan, G. 2001 [1998]. *Outside the Fold*, Oxford University Press.

〔舟橋健太〕

キーワード◆紛争，秩序，可傷性

暴力　violence

　暴力は一般的に「他者へ物理的障害を与える意図的行為」(Riches 1986) と定義される．暴力を分析する際には，それを「不法で受け入れがたいもの」または「社会の外部からやってくる秩序を脅かす力」とみなす立場からは距離を置く必要がある．暴力は人間が他者との交渉や目的達成のために取りうる一手段であり，暴力の行使が社会秩序を生成する契機として作用することもある (田中 1998)．

●**直接的暴力とその抑止**
　近年になって世界各地で頻発した凄惨な暴力現象も，しばしば社会の無秩序化の帰結と捉えられがちだが，その背後には暴力行使者の意図や目的を見いだせる．冷戦終結前後から，組織的暴力を行使する主体として従来の国家にくわえて，政治企業家や軍閥などが登場してきた (カルドー 2003)．それらの主体は，目的達成のために暴力がほかの手段に比べ効率的なときには，躊躇なくそれを行使する．また，グローバル化にともない既存の境界が揺らぐなかで，より純粋な帰属意識を求める大衆は，彼らによる動員に「下から」応じ，「やつら」を暴力的に排除することで，確固たる「われわれ」意識の獲得を試みる (アパドゥライ 2010)．
　この説明は，近年の暴力現象をたとえば「アフリカ人の野蛮性の発露」として異質化する立場に対し，そこにある種の「合理性」を見いだす点で，批判的な視座を有している．ただし同時に，暴力を主体である人間が利用する一手段として捉えるばかりではその特性を見落としかねない．暴力は，その行為者から付与された手段としての役割を超え，あたかもみずから暴力を再生産していくかのような傾向をそなえているからである (アレント 2000)．暴力の行使とそこから生じる被害は，人々の情動をつよく覚醒し，それが暴力行使の規模や強度を管理していた規則を破壊してしまう．当初は人間が管理する対象であったはずが，いつのまにか人間を振り回す主体として行為者間の関係を支配していく点は，他の手段に比して暴力が有するきわだった特性だといえる．

　紛争予防をめぐる議論において，「法制度の整備による暴力の抑止」が最重要の課題として議論されるのは，この暴力の特性と深く関わっている．ひとたび暴力が発現して自身のダイナミズムを獲得してしまえば，それを抑え込むことは困難になるが，暴力が激化する過程にはいくつかの段階があり，それぞれの局面で非暴力的に問題を処理する方途が残されている (Schmidt and Schröder 2001; Fry 2006)．ただし，制度的な抑止を突きつめることで，暴力が発現する可能性それ自体を人間の社会生活から消去することを目指すのが妥当なのかという点は，とくに「構造的暴力」の問題を考慮に入れたとき，議論の対象となる．

● **構造的暴力とその是正**

「構造的暴力」概念を生み出し、暴力研究の枠組みを広げたのはガルトゥング (1991) である。彼は、暴力を「可能性と現実とのあいだの、つまり実現可能であったものと現実に生じた結果とのあいだのギャップを生じさせた原因」と定義する。この定義によって、直接的暴力、つまり相互行為の場で行使される相手を身体的に傷つける物理的力だけではなく、構造的暴力、つまり社会構造のあり方により生み出される、個人の有する潜在的可能性の実現を阻む力も、暴力研究の対象とされることになった (Das et al. 2000)。

構造的暴力の存在を考慮に入れると、直接的暴力への評価は途端に複雑になる。人々の生存基盤をすら脅かす、しばしば不可視化された構造的暴力に対する抗議は、直接的暴力の行使という可視的な形態をとることでようやく社会的注目を集め、その打開に向けた政治的反応をもたらす可能性があるからだ。だとすれば、暴力が発現したときに、その行使者をたんなる他者への配慮が欠如した存在とみなすのでなく、むしろそこに他者からの関心の求めをみてとる視点が必要になるだろうし、構造的暴力の被害者でもある彼らに対する、それまでの「われわれ」の配慮の欠如こそが、そのときに問われる。

そもそも暴力が発現する可能性は、人間が他者との関係のなかで生きる身体的存在であるかぎり、必然的にともなう。その可能性を完全に排除するためには、他者と接触する機会それ自体を消去する制度的境界を設ける必要があるが、それは同時に他者との連帯の可能性を失うことでもある。バトラー (2007) は、暴力の循環から抜けでるためには、自己の周囲に壁をつくり暴力を寄せつけないかのようにふるまうのではなく、「身体的な可傷性が消去されることなく守られる世界」をつくりあげる必要があると指摘する。この世界とは、他者を傷つけ、他者から傷つけられる可能性はとどめつつも、暴力が発現しかねない場面で非暴力的な交渉がもたれ、その原因となった構造的暴力が縮減される方途を議論し、その是正に向けて協働していく可能性を担保する関係性に満ちた世界であろう。

▶関連用語：2-2-A11 安全保障、2-2-C03 つながり、積極的平和と消極的平和

文献

アパドゥライ, A. 著, 藤倉達郎訳 2010.『グローバリゼーションと暴力』世界思想社.
アレント, H. 著, 山田正行訳 2000.『暴力について』みすず書房.
バトラー, J. 著, 本橋哲也訳 2007.『生のあやうさ』以文社.
Das, V. A. et al. (eds) 2000. *Violence and Subjectivity*, University of California Press.
Fry, D. P. 2006. *The Human Potential for Peace*, Oxford University Press.
ガルトゥング, J. 著, 高柳先男・塩谷保・酒井由美子訳 1991.『構造的暴力と平和』中央大学出版部.
カルドー, M. 著, 山本武彦・渡部正樹訳 2003.『新・戦争論』岩波書店.
Riches, D. (ed.) 1986. *The Anthropology of Violence*, Basil Blackwell.
Schmidt, B. E. and I. W. Schröder (eds) 2001. *Anthropology of Violence and Conflict*, Routledge.
田中雅一編 1998.『暴力の文化人類学』京都大学学術出版会.

〔佐川 徹〕

2-2-A11　キーワード◆核心的な価値, 国家の安全保障, 人間の安全保障, ケア, 人間圏の再構築

安全保障　security

●国家の安全保障

　一般的に，安全保障といえば，国家間の紛争や国家の軍事・防衛をめぐる問題，いわゆる国家安全保障（national security）ないし国際安全保障（international security）といった印象が強い．たとえば，『広辞苑』で安全保障の用語を引いてみると，「外部からの侵略に対して国家および国民を保障すること」と定義されている．これらのイメージはあながち間違いではない．安全保障論（Security Studies）は，国際紛争や軍事・防衛の問題が重要であるからこそ，大学の授業や講座において設けられているのである（山本・河野 2005: 2）．そもそも，安全保障論の誕生に大きな影響を与えた国際政治学（International Politics）それ自体が，1,800万人の死者を出した第一次世界大戦を契機として生まれた．「戦争を防止しようとする熱意にあふれた要求が，この学（筆者注：国際政治学）へのはじめの進路と方向をすべて決定した」（カー 1996: 31）のである．

　現在，紛争の死者数は年間18万人（2004年時点，世界保健機関）となっており，紛争や迫害による難民や国内避難民は4,200万人（2009年時点，国連難民高等弁務官事務所）にものぼる．このような人道危機を座して見過ごす正当な理由はない．紛争解決と安全保障の問題は，国際政治学においてきわめて重要な研究テーマであり続けている．

●国家の安全保障と人間の安全保障

　しかしながら，安全保障で取り扱う問題は，国家の軍事・防衛をめぐる問題だけではない．安全保障とは，「人間なり，人間の集団が，核心的な価値を喪失したり，剥奪されたりする事象に関するもの」で，ここでいう「安全とは，核心的な価値を維持する状態であり，安全保障とはそれを守ること」である（山本・河野 2005: 2）．そして，核心的な価値とは，「生存，自由，自立性，財産など」を意味する（山本・河野 2005: 2）．この定義にしたがえば，軍事・防衛のみならず，経済，貧困，環境，文化，情報といった多様な分野においても，安全保障上の脅威の源泉が存在するといえる．どの脅威が一番重要であるかを議論することはあまり意味がない．安全保障として取り扱う脅威は，当事者の状況認識や時代によって大きく異なるからである．

　安全保障を考えること，それは，「誰が，誰のために，どのような脅威から，いかに核心的な価値を守るか」を考えることにほかならない．この哲学的な問いをあらためて提起したのが，「人間の安全保障」（human security）という概念の表出であった．人間の安全保障は，「恐怖からの自由」（freedom from fear）と「欠如からの自由」（freedom from want）を実現するために，国連開発計画（UNDP）の『人間開発報告書1994』において提起された概念である．UNDPは「国家の安全保障という狭義の概念から，『人間の安

全保障』という包括的な概念に移行すべき」(国連開発計画 1994: 24) と主張した。

とはいえ、人間の安全保障は、国家の安全保障と相互補完的な役割を担っている。人間の安全保障委員会が指摘するように、「『人間の安全保障』なしに国家の安全保障を実現することはできないし、その逆も同然である。『人間の安全保障』実現のためには強靭で安定した制度が必要であり、その裾野は一定の現象に焦点を当てる国家の安全保障よりも幅広い」(人間の安全保障委員会 2003: 13-14) といえるからである。

にもかかわらず、人間の安全保障という概念は、国家と安全保障をひとまず切り離すことで、「『人間』という本来の『安全』の主体について論じられる空間が初めてつくりだされた」(武者小路 2009: 3) との肯定的な評価を与えることができよう。

● 安全保障と生存基盤

それでは、安全保障と生存基盤はどのようなつながりがあるのだろうか。講座生存基盤論では、ケア (care) を軸とし

て、人間圏の再構築を試みている。このケアと安全保障には密接な関係がある。security の語源は、「不安や心配 (cura)」が「ない (se)」という、ラテン語の securus にある。この cura は、古代ローマの女神「クーラ」のことで、英語でいうケアにほかならない。倫理学者の高橋隆雄は、古代ローマの伝統において、ケアには二つの意味があったことを指摘している。一つは、自己の (1) 気がかり、心配、心の重荷である。もう一つは、他者への (2) 幸福、献身、配慮という意味である (高橋 2001: 4)。すなわち、安全保障とは、「気がかり、心配、心の重荷がない状態を維持する」とともに、他者への「幸福、献身、配慮」をも意味する。ケアを軸に人間圏の再構築を考えること、それは安全保障概念の根本に立ち返ることで、同概念のさらなる深化を試みるということと同じなのである。

▶関連用語:安全保障のジレンマ、国連平和維持活動、食糧安全保障、人道支援(人道援助)、人道的介入

文献

赤根谷達雄・落合浩太郎編 2001.『新しい安全保障論の視座』亜紀書房.
カー、E. H. 著, 井上茂訳 1996.『危機の二十年』岩波書店.
国連開発計画 1994.『人間開発報告書 1994』国際協力出版会.
武者小路公秀 2009.「羅針盤としての『人間の安全保障』」武者小路公秀編『人間の安全保障』ミネルヴァ書房.
人間の安全保障委員会 2003.『安全保障の今日的課題』朝日新聞社.
佐藤誠・安藤次男編 2004.『人間の安全保障』東信堂.
高橋隆雄 2001.「ケア論の素描と本書の構成」中山將・高橋隆雄編『ケア論の射程』九州大学出版会.
山本吉宣・河野勝 2005.「安全保障とその政治学的研究」山本吉宣・河野勝編『アクセス安全保障論』日本経済評論社.

〔佐藤史郎〕

2-2-A12 ▶▶▶ ガバナンス　governance

キーワード●開発経済学，グッド・ガバナンス

　ガバナンスの語源は，ギリシャ語で「船の舵を取る」を意味するkybernanにある．このkybernanは，ラテン語のgubernare，フランス語のgouvernerを経て，英語でgovernと表記するようになった．ガバナンスは日本語で統治，共治ないし協治を意味する．しかし，それだけでは，ガバナンスがもつニュアンスを伝えることが難しいため，あえて片仮名で「ガバナンス」と表記していることが多い．

　ガバナンスはさまざまな分野で行われている．たとえば，企業の分野では「コーポレート・ガバナンス」が，国際社会においては「グローバル・ガバナンス」が展開されている．前者は企業経営のあり方をめぐるものである．後者は，世界政府が存在しない国際社会において，地球的規模の諸問題を解決していくために，国家および企業や個人といった非国家的行為体が秩序を模索するものである（渡辺・土山 2001）．

　ガバナンスという言葉がはじめて登場したのは開発の分野であった．このガバナンスは世界銀行による造語である（下村 2006: 4）．具体的には，1989年の『サブサハラ・アフリカ —— 危機から持続可能な成長へ』と題する報告書において，「グッド・ガバナンス」(good governance)の文脈で言及された．グッド・ガバナンスとは，途上国の開発を進めるためには，民主化や法の支配などが確立されなければならない，と主張するものである．ただし，グッド・ガバナンスは，主として西欧に起源をもつ政治制度の知であることから，非西欧地域に必ずしも適用可能とは限らない．したがって，ローカル・ナレッジ（在来知）を活かした「内発的なグッド・ガバナンス」（下村 2006: 56）が求められているといえよう．

　近年は，これまでの開発経済学に加えて，開発政治学（木村ほか 2011）の視点からも，ガバナンスをめぐる研究が蓄積されつつある．

▶関連用語：開発経済学，グッド・ガバナンス，グローバル・ガバナンス，ローカル・ナレッジ（在来知）

文献
遠藤乾編 2010．『グローバル・ガバナンスの歴史と思想』有斐閣．
木村宏恒ほか編 2011．『開発政治学入門』勁草書房．
下村恭民編 2006．『アジアのガバナンス』有斐閣．
下村恭民ほか 2009．『新版　国際協力』有斐閣．
渡辺昭夫・土山實男編 2001．『グローバル・ガヴァナンス』東京大学出版会．

〔佐藤史郎〕

2-2-A13 ▶▶ 国家　state

キーワード●主権国家

　国家とは，「ある一定の地域を単位とし，そこに住む人々に相対的に優越する一定の影響力を持続的に行使することのできる組織」（久米ほか 2003: 91）を指す．一般的に，現代における国家とは，対内主権（領域権）と対外主権（独立権）という二つの主権をもつ国家，すなわち主権国家（sovereign-state）を指す．主権国家の起源は近代初頭のヨーロッパにある．主権国家システムの成立は，ヨーロッパという「1 つなるキリスト教共同体」から，「より世俗化されたヨーロッパ」への移行を意味していた（高澤 1997）．こんにち，主権国家は国際社会を構成する主要な政治的単位となっている（河野 2002）．

　もちろん，主権国家のみが国家を意味するわけではない．たとえば，日本の中世における東寺では，「天下泰平国家安全」の祈祷が行われていた．このことは，主権国家以前に国家が存在していたことを意味している（新田 2004）．

　また，琉球王国の歴史空間は，陸をベースとする主権国家とは異なり，海域社会の結びつきをベースとする国家観を浮き彫りにする（浜下 2000）．さらにいえば，ギアーツは，19 世紀のバリ島を事例に，「劇場国家」（theatre state）という国家像を提唱し（ギアツ 1990）．すなわち，社会契約・強制・所有などの概念をベースとする西欧型の国家像ではなく，王を中心とする模範的中央の教義や見世物的な儀礼などをベースとする国家像を提唱している．

　何より，主権国家だけが国際社会を構成する単位ではない．高谷好一が提唱する「世界単位」，すなわち「同じような生態の上で，同じような生業を営み，似たような社会通念を持ち合う人たちの作る地域」（高谷 2010: i）を，国際社会の構成単位としてみなすこともできよう．

▶関連用語：劇場国家，国民国家，国家の退場

文献
エッカースレイ, R. 著，松野弘監訳 2010.『緑の国家』岩波書店．
ギアツ, C. 著，小泉潤二訳 1990.『ヌガラ』みすず書房．
浜下武志 2000.『沖縄入門』ちくま新書．
河野勝 2002.『制度』東京大学出版会．
久米郁男ほか 2003.『政治学』有斐閣．
新田一郎 2004.『日本史リブレット 19　中世に国家はあったか』山川出版社．
高澤紀恵 1997.『世界史リブレット 29　主権国家体制の成立』山川出版社．
高谷好一 2010.『世界単位論』京都大学学術出版会．

〔佐藤史郎〕

2-2-A14 ▶▶▶ 主権国家システム　sovereign-state system

キーワード●主権，主権の実行

　主権国家システムとは，対内主権（領域権）と対外主権（独立権）という二つの主権をもつ国家からなる体系をいう．現在，国際社会には，200にものぼる主権国家が存在している．それゆえ主権国家は，人間社会のあり方に大きな影響を与えている，現代の主要な政治制度の一つであるといえよう（河野 2002）．

　クラズナーにしたがえば，主権は四つの異なる意味で使われてきた．すなわち，(1) 国内の権力構造と支配能力を示す「国内的主権」（domestic sovereignty），(2) 国境を越えるモノ・人・アイディアなどを管理する能力の「相互依存的主権」（interdependence sovereignty），(3) 国内の権力構造が外部から影響を受けないという自律性の「ウェストファリア主権」（Westphalian sovereignty），(4) 国家間の相互承認という「国際法的主権」（international legal sovereignty）である．この四つの主権は，概念上ならびに経験上，区別できるものである．それゆえ，一つの要素を満たしていても，他の要素を満たしていない国家も存在している．たとえば，台湾は，国際法的主権のみを満たしていない（クラズナー 2001: 46-47）．

　ただし，主権国家システムはアプリオリに存在しているのではない．主権国家は，自らの領域外では非権威体にすぎないが，お互いの強制的／非強制的な容認／黙認をつうじ自己権威化することで，自らの領域外で権威体となる．主権国家システムは，このような主権国家による「主権の実行」（practice of sovereignty）をつうじて歴史的に構築されてきた（Suganami 2007）．

　近年，「人間の安全保障」（human security）や「保護する責任」（responsibility to protect）といった概念の表出にともない，主権国家が他の主権国家の内政に干渉するケースが増えている．そのため，この概念は相対化ないし脱領域化しつつあるという見解がある一方，それはきわめて柔軟に持続しているとの見解もある（佐藤 2010）．

▶関連用語：国家承認，人間の安全保障，保護する責任

文献

河野勝 2002．『制度』東京大学出版会．

クラズナー，S. D. 2001．「グローバリゼーション論批判」渡辺昭夫・土山實男編『グローバル・ガヴァナンス』東京大学出版会．

佐藤史郎 2010．「主権国家システムと暴力の管理」長崎暢子・清水耕介編『紛争解決　暴力と非暴力』ミネルヴァ書房．

Suganami, H. 2007. "Understanding Sovereignty through Kelsen/Schmitt", *Review of International Relations*, 33(3).

杉田敦編 2011．『政治の発見 7　守る』風行社．

〔佐藤史郎〕

2-2-A15 ▶▶ 国境　border

キーワード◆境界線，主権国家，非国家的行為体

　私たちは，日常生活において，自己と他者を区別するために，何らかの境界線を引く．国境もその一つである．

　国境とは，「国家の管轄境界に従って地表に引かれた観念上の線」（筒井 2003: 320）をいう．国境は，山脈や河川といった自然をつうじて形成されたものもあれば，アフリカ大陸のように政治的に引かれたものもある．

　国境は，境界線によって国家の内部を画定すると同時に，その外部をも画定する．そして，国境を画定した国家は，対内主権（領域権）と対外主権（独立権）という二つの主権をもつ国家，すなわち主権国家（sovereign-state）へと変貌する．国境とは「人為的制度」（human institution）（Holsti 2004）にほかならない．

　しかしながら，国境は空間における境界線の一つにすぎない．たとえば，イスラームにおいては，ムスリムが統治する「イスラームの家」（dar al-Islam）と，異教徒が統治する「戦争の家」（dar al-harb）という，空間における境界がある．

　また，東アフリカの遊牧民のように，日常の生活において，国境を越えて移動する人間集団もいる．さらにいえば，国際社会には，多国籍企業やNGOのように，国境を越えて活動する非国家的行為体も存在している．たとえば，国境なき医師団（MSF）は，文字どおりに国境を越えて，「苦境にある人びと，天災，人災，武力紛争の被災者に対し，人種，宗教，信条，政治的な関わりを超えて，差別することなく援助を提供」（国境なき医師団の憲章）している．

　国際社会を舞台に活動するNGOの原動力となるもの，それは国益（national interest）を超えた「人類益」（human interest）である．人類益は，自然と人間の調和の確立や，人間の尊厳の確立といった価値から成り立つ（馬場 1980）．富のグローバルな拡大といった問題を解決するためには，「国境を越えなければならないこと自体は，もはや自明であって，問題は，どのような越え方をするか」（杉田 2005: xiv）であろう．

▶関連用語：アフリカ分割，近代国家，国益，人類益（人類的利益）

文献
馬場伸也 1980.『アイデンティティの国際政治学』東京大学出版会.
ホフマン，S. 著，最上敏樹訳 1985.『国境を越える義務』三省堂.
Holsti, Kalevi J. 2004. *Taming the Sovereigns*, Cambridge University Press.
押村高編 2010.『政治の発見 8　越える』風行社.
杉田敦 2005.『境界線の政治学』岩波書店.
筒井若水 2003.「国境」川田侃・大畠英樹編『国際政治経済辞典［改訂版］』東京書籍.

〔佐藤史郎〕

2-2-B01

貧困と開発
poverty and development

◆キーワード◆
所得貧困，潜在能力，開発のミクロ経済学，ミレニアム開発目標，社会的能力

●貧困問題へのアプローチ

貧困は従来，おもに財やサービスの購買力を示す所得ないし消費を基準とする「所得貧困」で語られてきた．センは，人の厚生水準の評価尺度として財やサービスをもちいること自体が不適切であり，財やサービスをもちいて人がどのような状態 (being) を達成し，行動 (doing) をとれるかという「ファンクショニング」の尺度で測ることを提唱した．そしてある人が達成可能なさまざまなファンクショニングの集合を「ケイパビリティ」(潜在能力) と呼び，それがその人の厚生水準を示すとした (セン 1985)．これに基づくと貧困は，「基本的な潜在能力の絶対的剥奪」と定義される．こうした貧困論の深化の延長上に生まれたのが国連開発計画 (United Nations Development Programme; UNDP) の人間開発指数 (Human Development Index; HDI) である．ただし，HDI は 1 人当たり実質所得指標，平均寿命指標，教育指標の三つの指標の単純平均にすぎず，大きな限界と問題を含んでいる．

しかし，貧困に関する経済学的研究，あるいは開発途上国で実際に貧困線を設定し政策を行うにあたっては，HDI どころか，センが徹底的に批判した「所得貧困」がいまだに多用されている．その理由は，ほとんどの開発途上国で低所得と所得以外の面での剥奪とが一定の相関を示していること，また所得が貨幣で量的に評価しやすいのに対して，健康，教育など所得以外の要素は質の違いが大きく，量的指標として集約しにくいからである (黒崎 2009)．

貧困線 (poverty line) とは，所得貧困の考え方に基づき，それ以下の所得ないし消費水準しかない状態を貧困と定義するために設定された金額であり，食料エネルギー摂取法またはベーシック・ニーズ費用法によって推計される．また貧困の国際比較を行う場合，貨幣単位の統一が必要であるが，物価に大きな地域差があ

るため，市場為替レートではなく，購買力平価 (Purchasing Power Parity; PPP) をもちいて換算する．貧困指標として，貧困線以下の人口比率である貧困者比率 (head count ratio) が最もよくもちいられる．ただし，それでは，貧困者比率は同じでも貧困人口の多くが貧困線近くにいる状態と貧困線から遠い極貧の人口が多い状態との差が捕捉されない．それを克服するための指標が，貧困線からの距離をあらわす「貧困ギャップ」をもちいた「貧困ギャップ指数」や「2乗貧困ギャップ指数」である．

● 「開発のミクロ経済学」による貧困研究と政策的処方箋

貧困の経済学的研究は，「所得貧困」を基礎に置きつつ，また近年の「開発のミクロ経済学」の世界的興隆のなかで精緻化の方向を進んできた (Bardhan and Udry 1999; 黒崎 2000)．そのようななかで，所得貧困の軽減にあたって教育や保健の改善が戦略的に非常に重要であるという認識が高まってきたことは特筆に値する（大塚・黒崎 2003）．教育は，より所得が高く安定した職業につくために必須であり，農業新技術の受容を促進するために重要であると認識されている．親（とくに母親）の教育水準が子どもの保健や経済厚生に大きな影響を与えることも明らかになっている．また，病気やケガは，ある世帯が貧困に陥る直接的契機として到底あなどることができず，そのようなリスクやショックに対する脆弱性 (vulnerability) をいかに軽減するかが重要な政策課題として認識されている．リスクやショックが自然災害と関連していることはいうまでもないが，その他，たとえば南アジアのダウリー（女の子の婚姻時に要求される莫大な婚資金）などの社会慣行に関連した問題にも深く関わっている．貧困世帯のリスクやショックに対する脆弱性を軽減する役割を高く評価されているのが，1980年代半ば以降盛んになったマイクロファイナンスであるが，その効果や限界，異なる制度間の優劣論などについても，多くの経済学的研究がある．さらに，貧困の経済学的研究は，貧困削減に影響する要因としてソーシャル・キャピタルの重要性を浮き彫りにすることにも成功している（加治佐 2006）．

以上のように，貧困の経済学的研究の主流が「所得貧困」概念に基礎をもち，貧困を所得や消費で計測しているのは事実であるが，だからといって，それがセンの貧困理論の延長上に生まれた「人間貧困」概念を議論の射程に入れていないという批判があるとすれば，それは全く当たらないといわなければならない．

●スリランカ（ケーララ）・モデル

　以下，開発パラダイムの変遷について少し時代をさかのぼって追ってみよう．経済成長の均霑（trickle down）効果に疑問が投げかけられ，ベーシック・ヒューマン・ニーズ（BHN）アプローチがもてはやされた1970年代，スリランカやインドのケーララ州が，経済成長の点ではあまり成果を上げていなかったものの，教育，医療保健などBHNに高いパフォーマンスを示していた事実に対して，「代替的開発モデル」ということで注目が集まった．現在でも，たとえばインドのパンジャーブ州などでは経済開発の進展に比較してBHNセクターが遅れており，所得貧困が人間貧困と必ずしも並行的に動くものではないことを示すよい例となっている．スリランカやケーララ州では，高い教育水準を活かして，多くの労働人口が中東やインド国内の他州に出稼ぎに出ており，国内（ないし州内）総生産の統計数値には反映されない高所得を得ている．ただし，地元に仕事がなく，出稼ぎに行かざるを得ないことからくる問題点も多い．また，スリランカやケーララ州は近代国家成立以前からBHNに高いパフォーマンスを示していたという歴史的背景もあり，すべての国や地域で経済開発よりもBHNを重視した政策が自由に採用できるというほど，事態は単純ではない．しかし，BHNアプローチが開発の主流になる前に，途上国の多重債務が顕在化し，それどころではなくなってしまう．

●構造調整から貧困削減の時代へ

　1980年代には，中南米やサハラ以南アフリカを中心にして多重債務の問題が深刻化し，IMF・世銀など国際金融機関による「構造調整」の時代となった．多重債務の原因は，外国借款を基にした投資プロジェクトの多くが失敗に帰し，返済の見込みが立たなくなったことによるものであった．国際金融機関は追加融資の見返りに，債務国に対し，緊縮財政，公務員削減，国有企業の民営化，金利の引き上げ，為替レートの切り下げなど，国民生活の切り詰めに直結する一連の政策の実施を強く要求した．「市場自由主義」の復権は，世界規模で生じたかなり普遍的な流れであった．

　1990年の『世界開発報告』は「貧困」をテーマにした特集であった．同じ年から，UNDPの『人間開発報告』の公刊も始まる．マイクロファイナンスが世

界規模で盛況になるのもこの頃からである．多額の投資が必要でリスクの多い個々の国や地域の経済発展を考えるよりも，より確実な個々の家計や個人の貧困削減や BHN の充足を考えようという方向に，時代の流れは大きく舵をきったのである．また，2000 年 9 月に提示された国連のミレニアム開発目標（Millennium Development Goals; MDGs）には，センの貧困理論に基づく「人間貧困」の削減という課題がかなり網羅されている．2000 / 01 年の『世界開発報告』が再び「貧困」特集を組むなど，その流れは基本的に現在まで続いているものと考えてよい．

● 開発の課題

「貧困と開発」に関する現代的潮流のおもなものについて，ごく簡単に整理してきた．最後に，そこから浮かび上がってくる問題を列挙して検討し，今後の展望に代えたい．

第一に，個々の家計の貧困，しかもかなり短期的視点から貧困に焦点があてられている傾向がある．したがって，一国の経済発展や産業の発展，およびそのための政策論といった長期的でスケールの大きな議論がないがしろにされてきたといえる．たしかに，経済成長の均霑効果が期待するほどではなかった（あるいは多重債務を生むだけであった）という批判は一面の真理をついているが，経済成長といってもいろいろあろう．それがサハラ以南アフリカや中南米に典型的にみられたように，農業が軽視され，外国借款による資金が輸入代替的工業化のための大型プロジェクトに投下され，それゆえに失敗した地域と，モンスーン・アジアのように，まず農業の近代化（「緑の革命」）が進められ，そのためのインフラ投資に外国借款が使われ，その成功の上に次に工業化が進められた地域とでは，全く意味が異なってくる（寺西 1995）．センの貧困理論はたしかに革命的ではあったが，反面，貧困問題の根幹をなす所得貧困がいかなる経済メカニズムで軽減されるのかといった問題から人の注意をそらす役割を果たしたのである．

その影響は，日本政府によるインフラ整備に偏った援助のあり方に対する批判というかたちでもあらわれている．国際協力機構（JICA）は近年，インフラの経済効果を測定する研究プロジェクトを数多く実施している．しかし，そのような JICA の対応は，問題の本質から人の目をそらし，問題を矮小化し，欧米の論理に屈するだけのつまらない対応である．なぜ，正々堂々とモンスーン・アジアの成功とそこに果たした日本の援助の役割を論じないのか．短期的には貧困削減が

実現されなくても中長期的には迂回する方が近道といったことは多くあるが、そのような本筋の政策が軽視される恐れがあろう。貧困削減は、極端にいえば次世代で達成できれば十分という考え方はたしかに根拠があり、したがって問題関心が過度に微視的・近視眼的になってはならない。

　第二に、上記問題の延長上に、国家と個人・家計の間に存在する中間組織の重要性が見過ごされがちになっているという問題がある。貧困や脆弱性の削減のための政策オプションについては非常に緻密な議論がなされる一方で、その政策が実現されるための制度的環境については驚くほど関心が薄い。開発途上国では、一般にたとえば地方行財政制度など、貧困や脆弱性を実際に軽減するための制度的基盤が著しく脆弱である。脆弱な制度をいかに改善・強化するかが貧困や脆弱性の問題解決のための急所なのであるが（大鎌 1994）、そこにはあまり関心が向けられない。真に貧困削減に役立ちたいと思うならば、対象としている国なり地域なりの行政、地域コミュニティその他の「社会的能力」を十分に考慮する必要があろう。また、そういう社会的能力の向上のための方策がもっと真剣に考えられるべきである。

▶関連用語：2-1-C04 リスク、2-1-C06 脆弱性、2-2-A12 ガバナンス、2-3-C02 人間開発

文献

Bardhan, P. K. and C. Udry 1999. *Development Microeconomics*, Oxford University Press.
Dasgupta, P. 1993. *An Inquiry into Well-Being and Destitution*, Clarendon Press.
デブロー，S. 著，松井範惇訳 1999.『飢饉の理論』東洋経済新報社.
絵所秀紀 1997.『開発の政治経済学』日本評論社.
絵所秀紀ほか編 2004.『貧困と開発』日本評論社.
エスワラン，M.・A. コトワル著，永谷敬三訳 2000.『なぜ貧困はなくならないのか』日本評論社.
藤田幸一 2005.『バングラデシュ　農村開発のなかの階層変動』京都大学学術出版会.
速水佑次郎 1995.『開発経済学』創文社.
Hayami, Y. and M. Kikuchi 1981. *Asian Village Economy at the Crossroads*, University of Tokyo Press.
Hayami, Y. and M. Kikuchi 2000. *A Rice Village Saga*, Barnes & Noble.
池野旬 2010.『アフリカ農村と貧困削減』京都大学学術出版会.

石川滋 2006.『国際開発政策研究』東洋経済新報社.
加治佐敬 2006.「農外就業とパーソナル・ネットワーク」澤田康幸・園部哲史編『市場と経済発展』東洋経済新報社.
Kurosaki, T. 1998. *Risk and Household Behavior in Pakistan's Agriculture*, Institute of Developing Economies.
黒崎卓 2009.『貧困と脆弱性の経済分析』勁草書房.
黒崎卓・山形辰史 2003.『開発経済学』日本評論社.
Lanjouw, P. and N. Stern 1998. *Economic Development in Palanpur over Five Decades*, Clarendon Press.
峯陽一 1999.『現代アフリカと開発経済学』日本評論社.
ミント, H. 著, 木村修三・渡辺利夫訳 1981.『開発途上国の経済学』東洋経済新報社.
中西徹 1991.『スラムの経済学』東京大学出版会.
恩田守雄 2001.『開発社会学』ミネルヴァ書房.
大鎌邦雄 1994.『行政村の執行体制と集落』農業総合研究所.
大塚啓二郎・黒崎卓編 2003.『教育と経済発展』東洋経済新報社.
大塚啓二郎・櫻井武司編 2007.『貧困と経済発展』東洋経済新報社.
大塚啓二郎・白石隆編 2010.『国家と経済発展』東洋経済新報社.
坂田正三 2004.「ソーシャル・キャピタル」絵所秀紀ほか編『貧困と開発』日本評論社.
斎藤修 2008.『比較経済発展論』岩波書店.
澤田康幸・園部哲史編 2006.『市場と経済発展』東洋経済新報社.
世界銀行著, 西川潤監訳 2000.『世界開発報告 2000 / 2001 貧困との闘い』シュプリンガー・フェアラーク東京.
セン, A. 著, 鈴村興太郎訳 1985.『福祉の経済学』岩波書店.
─── 著, 黒崎卓・山崎幸治訳 2000.『貧困と飢饉』岩波書店.
─── 著, 石塚雅彦訳 2000.『自由と経済開発』日本経済新聞社.
重冨真一 1996.『タイ農村の開発と住民組織』アジア経済研究所.
園部哲史・藤田昌久編 2010.『立地と経済発展』東洋経済新報社.
寺西重郎 1995.『経済開発と途上国債務』東京大学出版会.
脇村孝平 2002.『飢饉・疫病・植民地統治』名古屋大学出版会.
渡辺利夫 1996.『開発経済学 [第 2 版]』日本評論社.
ウィルキンソン, R. G. 著, 斎藤修ほか訳 1985.『経済発展の生態学』リブロポート.
矢倉研二郎 2008.『カンボジア農村の貧困と格差拡大』昭和堂.
山形辰史編 2008.『貧困削減戦略再考』岩波書店.
安場保吉 1980.『経済成長論』筑摩書房.

〔藤田幸一〕

ポスト開発　post-development

　ポスト開発思想とは，第二次世界大戦後に世界を覆った開発主義を批判する思想および活動の潮流の一つである．「参加型開発」や「人間開発」，「持続的な開発」といった開発批判の議論が，"より良い"開発を求めるものであるのに対し，ポスト開発論は開発そのものを否定し，新たなパラダイムを創造する思想である．

●経済成長主義とポスト開発思想

　「開発 development」という目標を世界が掲げ「開発の時代」が始まったのは，1949年のハリー・S・トルーマン米大統領の就任演説に遡る．南半球を「低開発地域」とし，「低開発国」の状況改善と経済成長のために科学の進歩と産業の発展を役立てようと述べられた．この「低開発」という概念の誕生により，20億人もの人々が同時にこのレッテルを貼られることにもなった．そして，トルーマンが政策の象徴として「開発」概念をもち出してから社会的地位を得た「開発論」は「経済成長」の問題に還元されていった（エステバ 1996）．

　ポスト開発思想の第一世代の代表としては，イリイチ（1926-2002）とシューマッハー（1911-1977）が挙げられるだろう．オーストリア出身の哲学者，歴史家であるイリイチは，学校や医療，交通などの諸制度に権力性を見いだし，それが稀少性や効率性の追求，価値の制度化を創出し，人間の自立・自律性を喪失させると産業文明そのものを批判した（イリイチ 1977, 1979）．また，ドイツ生まれの経済学者シューマッハーは，人間性の崩壊，資源の枯渇，自然破壊の危機を招く際限のない成長主義を批判し，人間の背丈に合った発展の方向性を示した（シューマッハー 1986）．イリイチはメキシコを活動拠点とし，またシューマッハーの思想はビルマとインドでの経験がもとになっており，それぞれの思想や活動が熱帯地域を基軸としていた．そして，彼らの思想はポスト開発思想・活動の第二世代ともいえるヴォルフガング・ザックス（ドイツ）やヴァンダナ・シヴァ（インド），セルジュ・ラトゥーシュ（フランス）らに大きな影響を与えていった．

　日本では，イリイチが彼の師とも仰ぐ玉野井芳郎（1918-1985）が1978年に『エコノミーとエコロジー』を発表し，槌田敦，室田武，中村尚司らと共に1983年にエントロピー学会を設立した．そして，物質循環や地域主義の視点から「生命系の経済学」の理論を展開していった．

　ポスト開発思想は，産業化・開発が進展するなかで発生した世界各地での公害問題や世界規模での環境破壊，そして利潤の集中・格差の拡大など，これまでの成長主義や物質万能主義を批判するかたちで生まれ，発展してきた．このポスト開発論の主張の一部を熱帯地域との関係からまとめると以下のようになるだろう．

●熱帯地域とポスト開発論

これまでの経済政策は，経済成長による物質的な豊かさを実現することを目的としてきたにもかかわらず，熱帯地域の貧困解決は実現されず，貧富の格差は拡大を続けている．また，西洋近代の政策や文化，価値観を押しつけることにより，当該社会の文化や自然環境を破壊し，価値観を塗り替え，先進国や西洋近代の諸価値により依存しなければ生存が望めないような状況に追い込んでいるのも事実である．つまり，彼らは，開発の根底には植民地主義に代わる支配権力が働いており，開発とは世界の西洋化にほかならず，途上国の人々は自らの社会や文化を失い，特殊な一つの価値観にすぎない近代西洋主義による支配，均一化を余儀なくされている，と主張する．そして，経済学者にとっては貧困の証として捉えられてきた熱帯地域の多種多彩な価値観や生活様式を，その地域の住民にとって自立的な社会・文化体制の重要な構成要素であると認識し，一元的な価値，経済論理に抗する多様な価値観，文化，生活様式に基づく世界を創造することを提唱している（中野 2010a，2010b；ラトゥーシュ 2010；ザックス 1996）．

▶関連用語：2-1-B07 エコロジー，2-3-C02 人間開発，2-3-C03 持続可能性，エコロジー経済学

文献
エーキンズ，P. 編著，石見尚ほか訳 1987．『生命系の経済学』御茶ノ水書房．
エステバ，G. 1996．「開発」W. ザックス編，三浦清隆ほか訳『脱「開発」の時代』晶文社．
イリイチ，I. 著，小沢周三訳 1977．『脱学校の社会』東京創元社．
――― 著，金子嗣郎訳 1979．『脱病院化社会』晶文社．
ラトゥーシュ，S. 著，中野佳裕訳 2010．『経済成長なき社会発展は可能か？』作品社．
中野佳裕 2010a．「セルジュ・ラトゥーシュの思想圏について」『経済成長なき社会発展は可能か？』作品社．
――― 2010b．「ポスト開発思想の倫理」『国際開発研究』19(2)．
室田武ほか編著 1995．『循環の経済学』学陽書房．
中村尚司 1993．『地域自立の経済学』日本評論社．
西川潤 2000．『人間のための経済学 ―― 開発と貧困を考える』岩波書店．
Rahnema, M. with V. Bawtree (eds) 1997. *The Post-development Reader*. Zed Books.
ザックス，W. 編，三浦清隆ほか訳 1996．『脱「開発」の時代』晶文社．
シューマッハー，E. F. 著，小島慶三，酒井懋訳 1986『スモール・イズ・ビューティフル』講談社．
玉野井芳郎 1978．『エコノミーとエコロジー』みすず書房．
――― 1979．『地域主義の思想』農山漁村文化協会．
―――著，中村尚司・樺山紘一編 1990．『等身大の生活世界』学陽書房．
シヴァ，V. 著，熊崎実訳 1994．『生きる歓び』築地書館．

〔佐藤奈穂〕

貧困　poverty

●「低開発」概念と所得貧困

貧困は，経済学の当初からの主要な課題であり，経済学研究は一貫して貧困で苦しまない経済システムを模索しつづけている．しかし，とりわけ貧困研究が脚光を浴び，世界的な問題として扱われてきたのは開発論の発展にともなったものであった．

1949年1月20日，米国の大統領に就任したトルーマンは就任演説のなかで初めて南半球を「低開発地域」(underdeveloped areas) とし，低開発国の状況改善と経済成長のための開発計画に着手すると断言した．「低開発」の概念はその後一気に世界に広がり，貧困問題があらわれた．

1960年代は「開発の10年」と呼ばれ，国際連合に国連開発計画 (UNDP) が新設された．貧困問題は「先進工業国」と「発展途上国」の間の経済格差として扱われ，経済成長をいかに促進するかが貧困削減の鍵になると考えられていた．つまり，貧困は所得や生産量によって測られる「所得貧困」(income poverty) として認識されていたのである．しかし，これは後に，先進工業国中心の世界秩序観を押しつけた開発一元論のイデオロギーであるとして反発を招くことになった．1970年代初頭からは，貧困を経済成長にのみ結びつける開発思想が見直されはじめる．なかでもILOや世界銀行によって提唱された「人間の基本的ニーズ」(Basic Human Needs; BHN) 論は，1970年代に国際社会に急速に広まった．貧困問題を「人間の基本的ニーズ」に置くことが強調され，医療や教育，保険等が貧困削減の視野に入れられた．

●人間開発と豊かな国の貧困

そして，1980年代後半以降には，センの「潜在能力 (capability) アプローチ」，チェンバースやアッポフらの「参加型開発」などさまざまな理論研究を新たに加え，貧困に関する研究はより多面的な様相を示していくことになる (Uphoff 1996; Chambers 1997)．その新たな理論研究の一つとして，1990年にUNDPが提唱した人間開発 (human development) 論がある．国連開発計画は『人間開発報告』の冒頭で「人間開発は，人々の選択を拡大する過程である．その多様な選択の中で最も重要なものは，長く健康な生活であること，教育を受けること，人間らしい生活に適切な資源へのアクセスをもつことである．さらに，政治的自由，人権の保障，自己尊厳も重要な選択である」と述べている (UNDP 1990)．所得や経済成長だけでなく，人々の選択の拡大が強調され，これを指標化したのが「人間開発指数」(Human Development Index; HDI) であった．

その後，国連開発計画は人間開発の理論をさらに発展させ，貧困は「人間が当たり前の生活を送ることができないことによってあらわれる」とし，広義の貧困を「人間貧困」(human poverty) と呼んだ

(UNDP 1997). これらの新たな貧困概念を使用することにより，それまで経済的に「豊か」だと言われてきた地域の「貧困」や，これまで「貧困」であると言われてきた地域の「豊かさ」も論じることが可能となった。

たとえば，センはアメリカの貧困層の死亡率がバングラデシュ人よりも高いことを例に挙げ，豊かな国における貧困の要因は相対的な所得の問題だけでなく，潜在能力の違いにあると述べている。潜在能力という視点から二つの地域を比較するとアメリカのスラムに生きる人々はバングラデシュ人より潜在能力が乏しく貧困であることを指摘した (Sen 1992)。また，経済発展を成し遂げた日本社会のあり方に疑問を投げかけ，西川 (1994, 2000) は貧困を「社会での様々な分野での不安定性の増大のこと」と定義し，過労死や周辺労働力としての女性の存在や，高齢者の孤独死，小学生の塾通いをその例として挙げている。また中村 (1989, 1993) は，貧困の根源を「個々人ではどうすることも出来ない外的な諸力によって，経済的に従属させられる社会関係」であるとしている。

このような多様な「貧困」を捉えようとする議論は，地球規模の持続性の議論においても，より広範な視野が求められ，多様な価値を示す概念として発展していくことが期待されている。

▶関連用語：2-2-B04 潜在能力，2-3-C02 人間開発，南北問題，新植民地主義

文献

Chambers, R. 1997. *Whose Reality Counts ?*, Intermediate Technology.
コリアー，P. 著，中谷和男訳 2008.『最底辺の10億人』日経BP社.
中村尚司 1989.『豊かなアジア貧しい日本』学陽書房.
——— 1993.『地域自立の経済学』日本評論社.
西川潤 1994.『貧困』岩波書店.
——— 2000.『人間のための経済学』岩波書店.
西川潤編 1997.『社会開発』有斐閣.
サックス，J. 著，鈴木主税・野中邦子訳 2006.『貧困の終焉』早川書房.
佐藤元彦 2002.『脱貧困のための国際開発論』築地書館.
Sen, A. 1981. *Poverty and Famines*, Oxford University Press.
——— 1992. *Inequality Reexamined*, Russell Sage Foundation.
——— 1999. *Commodities and Capabilities*, Oxford University Press.
United Nation Development Programme (UNDP) 1990. *Human Development Report 1990*, Oxford University Press.
——— 1997. *Human Development Report 1997*, Oxford University Press.
Uphoff, N. 1996. *Learning from Gal Oya: Possibilities for Participatory Development and Post-Newtonian Social Science*, IT Publications.

〔佐藤奈穂〕

2-2-B04 ▶▶▶ 潜在能力　capability

キーワード● A. セン，機能（functionings）

潜在能力は，インドの経済学者，セン（Amartya K. Sen）が提唱した概念である．厚生経済学の分野において，センは従来の経済学が採用してきた所得や効用などに代わる概念としてこの「潜在能力」を提示した．

潜在能力とは，人がどのような「機能」（functionings）を実現できるのか，その選択肢の広がりを示すことによって自由を表現しようとする概念である．「機能」とは，人の福祉（well-being; 生活の良さ）を表すさまざまな状態（人がなりうるもの）や行動（人がなしうること）を表す（セン 1988, 1999）．センは，「基礎的機能」の例として"必要な栄養を摂ること"，"避けることのできる病気にかからないこと"，"早死にしないこと"，"必要な教育を受けること"などを挙げ，また，より「複雑な機能」の例として，"社会活動に参加できること"，"自尊心をもつこと"，"文化的アイデンティティを守ること"，"幸福であること"といったより抽象的で社会的文化的な要素を挙げている．つまり，人の生活の良さは，このような機能＝「何ができるか」という選択肢の幅，選択の自由の広がりによって捉えられるべきであるという（セン 1999）．

この潜在能力の議論から，センは所得だけを指標とした貧困の分析を批判し，"潜在能力の欠如"という観点から貧困を捉え直した．たとえ同じ所得や財を有していても，その人の身体的特徴や社会環境によって，実現される機能は異なる．たとえば，同じ所得を有していても健康な人と腎臓障害で透析を必要とする人とでは，それを機能に変換する際の困難により，障害をもつ人の経済手段は健康な人よりも低い，ということになる．

機能を実現する選択肢の範囲を広げることによって，より良い生活がもたらされるという潜在能力アプローチは，経済成長などの一元的な指標ではあらわし得なかった，人や社会の多様性を反映した不平等や自由を表す概念なのである．

▶関連用語：2-2-B03 貧困，2-2-C12 QOL，2-3-C02 人間開発

文献
絵所秀紀・山崎幸治編 2004．『アマルティア・センの世界』晃洋書房．
セン，A. 著，鈴村興太郎訳 1988．『福祉の経済学』岩波書店．
─── 著，大庭健・川本隆史訳 1989．『合理的な愚か者』勁草書房．
─── 著，池本幸生ほか訳 1999．『不平等の再検討』岩波書店．
─── 著，石塚雅彦訳 2000．『自由と経済開発』日本経済新聞社．
─── 著，志田基与師監訳 2000．『集合的選択と社会的厚生』勁草書房．
Sen, A. 1983. "Poor, Relatively Speaking", *Oxford Economic Papers*, 35.
UNDP 1997. *Human Development Report 1997*, Oxford University Press.

〔佐藤奈穂〕

2-2-B05 ▶▶▶ 生存のなかの生産　production in the sustainable humanosphere

キーワード●家族経営, 労働の人間化

親密圏の存立のためにも, 生産は欠くことができない. ただし, そこにおける生産は, 親密圏を公共圏に従属させることなく, 生存基盤持続型社会を目指すものであることが望まれる. 親密圏が公共圏に従属し, 生産が, 生活や環境を従属させることから来る多くの問題点 (たとえば長時間労働) が指摘されてきた. また, 生産過程の問題点としてマルクスは「疎外」を指摘した (Brauner 1964). これらに対し, 多くの途上国の住民農業や, 家族経営による小生産, あるいは都市におけるインフォーマルセクターの諸活動は, 交換価値を生む労働と使用価値を生む労働の差, 親密圏と公共圏の境界が不明瞭で, 家計と経営が分離せず, 所得の概念はあっても利潤の概念はない (水野 1999). このような家族経営は, 親密圏の公共圏への従属を生み出すことが少ない.

大量生産 (テイラーシステム) は, 製品コストを引き下げ大量消費時代を出現させたが, 大規模な労働組織を不可避にし, 単調労働, 労働の社会的意味の喪失などを一般化し, 労働規律やモラールの低下を必然とした. このような諸方策を否定し, 集団重視の理論や技術, また仕事本位と人間本位の両立を図り, 参加的管理と経営参加を支持する組織・管理論に基づく主張がされた. この過程で, 日本のQCサークルや「カンバン」などは柔軟な職場組織として注目された. 議論はさらに, 産業民主主義, 職場民主主義, 自主管理思想を柱とし, 労働者満足と生産性向上を両立させる組織・管理・職場再編の社会心理学的方策の有用性を強調した「労働の人間化」をめざした (鈴木 1999). そこでは, 労働内容に適度の変化と働き甲斐があること, 仕事には継続して学ぶのに適した学習量が含まれることなどに配慮した職務の拡大・充実, 多能工化, ベルトコンベア廃止, 集団の自律的作業などが挙げられている (嶺 1995). さらに, 雇用保障や社会保障, 教育訓練制度の充実化や, 労働と家庭や社会生活のバランスの要求までが意識されるにいたった.

しかし, 1990年代以降唱えられたフレキシブルな雇用システムは, 世界で有期雇用やアウトソーシングを生み, 不安定雇用や分配の不平等化をもたらしている. 親密圏と公共圏の間に存在している途上国の家族経営やインフォーマルセクターなどその積極性を再認識した社会労働政策が望まれよう.

▶関連用語：2-3-A06 労働, 2-3-B11 都市, 疎外

――――――
文献
Brauner, R. 1964. *Alienation and Freedom*, University of Chicago Press.
水野広祐 1999.『インドネシアの地場産業』京都大学学術出版会.
嶺学 1995.『労働の人間化の展開過程』御茶ノ水書房.
鈴木幸毅編 1999.『バーナード理論と労働の人間化』税務経理協会.

〔水野広祐〕

キーワード◆非競合性,非排除性,ただ乗り

公共財 public goods

●公共財とは

公共財とは,われわれ人間にとって価値のある「もの」——これを財と呼ぶ——のうち,「公共的な性質」をもつものの総称である.サミュエルソンによってはじめて経済理論のなかで扱われ(Samuelson 1954),現在では公共経済学や環境経済学における中心的な概念の一つになっている.なお,ここでの「公共的な性質」とは,経済学的に以下のような意味をもつ.

空気を例に考えてみよう.空気は,地球上の全人類にとってアクセス可能であり,ある人が空気を吸うことを他の人が妨げることはできない(非排除性,non-excludability).また,ある人による空気の利用が他の人の利用と競合し,その人が空気を利用できなくなることもない(非競合性,non-rivalness).すなわち公共財は,非排除性と非競合性という二つの性質をあわせもつ財のことであり,両者の性質をもたない私的財(private goods)と区別されるのである.

公共財の供給においては,多数の人々が費用負担を避けようとただ乗り(free ride)することによって外部性(externality)が生じ,市場の失敗が発生するため,私的財のように市場をつうじて社会的に最適な量を供給することが難しい(奥野・鈴村 1988).よって,このような性質を多少なりとももっている国防,警察,公衆衛生,教育,インフラなどの供給は,これまでおもに国家によってなされてきた.同様に,所有権の帰属があいまいな共有資源や土地(コモンズ,commons)に関しても,「コモンズの悲劇(tragedy of commons)」と呼ばれる社会的ジレンマを引き起こすとして,私有地化や国有地化が提唱されてきた(Hardin 1968).

●公共財と公共性

公共財の経済学的な定義は,以上のように明快かつ厳密である.しかし,現実世界において,このような定義に完璧にあてはまる財,すなわち純粋な公共財(pure public goods)は少ない.上に挙げた財のほとんどは,上記の性質を部分的に保有する「公共財的な財」であるにすぎない.したがって,どのような財を公共財としてみなすのかは,その時代の社会的要請と概念の精緻化にともないつねに揺れ動いてきた.

たとえば,第二次世界大戦後から1970年代ごろまでは,教育,電力,郵便事業などの多くは,公共財・サービスとしての性格が認められ,国営企業などによって担われていた.しかし,1980年代以降,小さな政府が志向されるようになり,これら公共事業の民営化が声高に叫ばれるようになっている.また,公共財的ではあるが,純粋な公共財とは異なる性質をもつ財として,クラブ財やコモンプール財の理論が発展した(Buchanan 1965; Ostrom 1990; Ostrom et al. 1994).これらの理論は,コモンズなど

一部の公共財的な財の供給が，必ずしも政府によって担われる必要はないことを知らしめたのである．

一方で，近年は，これまで財としてみなされなかったものを公共財としてみなす動きも出てきている．なかでも，「地球公共財」(global public goods) の概念は，グローバル化が進展する現代社会において，地球規模の気候変動，伝染病，紛争といった国境を越えて広がる問題にどう対処すればよいかを考えるうえで重要である (Kaul et al. 1999)．地球上すべての人々に共通の便益を与える地球公共財の供給は，もはや一国の政府には担えない．そのため，さまざまなアクターによる国際協調が不可欠になってくる．このように，公共財の概念は，一方ではその対象範囲を広げながら，また他方では異なる性質を区別しながら，理論的にも政策的にも精緻化を遂げてきた．

しかし，この精緻化の過程において最も重要なことは，公共財の「公共」がもつ意味である．コモンズのように住民の共同性という意味の公共なのか，それとも，公共事業のように行政による権力行使を正当化する意味での公共なのかを区別する (植田 2006) ことは，公共財の供給のありかたを考えるうえで本質的なことである．これはつまり，公共財という経済学的な概念が，公共性のありかたという規範的・文化的な概念と密接に結びついていることを示している．

とはいえ，そのような区別にかかわらず，自然資本，社会資本，ソーシャル・キャピタルなどを含む広範な公共財的な財が，われわれに共通する生存基盤を構成していることはたしかである（諸富 2003; 杉原 2010）．現代社会において，誰が，どのレベルの公共財をどのように供給するべきなのか，そのための制度や公共性の規範はどんなものでありうるのかが，今改めて問われているといえよう．

▶関連用語：2-2-A04 公共性，2-2-B09 コモンズ，2-2-B10 ソーシャル・キャピタル，市場の失敗，ただ乗り

文献

Buchanan, J. M. 1965. "An Economic Theory of Clubs", *Economica*, 32.
Hardin, G. 1968. "The Tragedy of Commons", *Science*, 162.
Kaul, I. et al. 1999. *Global Public Goods*, Oxford University Press.
諸富徹 2003．『思考のフロンティア　環境』岩波書店．
奥野正寛・鈴村興太郎 1988．『ミクロ経済学Ⅱ』岩波書店．
Ostrom, E. 1990. *Governing the Commons*, Cambridge University Press.
Ostrom, E. et al. 1994. *Rules, Games, and Common-Pool Resources*, University of Michigan Press.
Samuelson, P. A. 1954. "The Pure Theory of Public Expenditure", *Review of Economics and Statistics*, 36(4).
杉原薫 2010．「持続型生存基盤パラダイムとは何か」杉原薫・川井秀一・河野泰之・田辺明生編『地球圏・生命圏・人間圏 —— 持続的な生存基盤を求めて』京都大学学術出版会．
植田和弘 2006．「環境と公共性」環境経済・政策学会編『環境経済・政策学の基礎知識』有斐閣．

〔生方史数〕

2-2-B07 ▶▶▶ 環境税　environmental tax

キーワード◉市場メカニズム，外部不経済の内部化

　環境税は，環境問題の原因となる汚染物質の排出に対して課税する租税のことである（諸富 2006）．二酸化炭素の排出を抑制するために化石燃料に対して課税する「炭素税」は，その代表例である．環境税導入の最大の利点は，市場メカニズムを利用しながら，社会的費用が最小になるかたちで汚染物質を削減することができる点である．これに加えて，税収を環境対策に使うことによる効果も期待されている．

　環境税の理論的基礎は，いわゆる「外部不経済の内部化」にある．環境問題は，外部不経済の発生によって，私的な限界費用と社会的な限界費用が乖離している状態として捉えることができる．このとき，経済厚生の損失が生じており，「市場の失敗」が起こっている．これを是正し，最適な厚生水準を達成するには，限界費用の乖離分だけの税を徴収することで外部不経済を内部化し，両者を一致させればよい．このような税は，イギリスの経済学者ピグーによって提唱されたため，ピグー税（Pigouvian tax）と呼ぶ．

　しかし，適正な税率を決めることが難しいことから，ピグー税を現実に導入することは困難である．次善の環境税として，自然科学的知見に基づいて設定した環境水準を最小の社会的費用で実現するような税（ボーモル＝オーツ税）が考案されている（植田 2003; 諸富 2006）．

　オランダ，ドイツ，スウェーデンといった西欧や北欧諸国では，実際に環境税が導入されている．しかし，これらの税は一般財源に入れられることが多く，環境保全目的のみに税収が使われているとはいいがたい（室田ほか 2003）．また，環境税には逆進性があるといわれているため，分配問題を生み出すリスクも存在する．このような問題を避けるため，理論から乖離した制度設計となっていることも多い（諸富 2006）．なお，日本においても環境省を中心に導入が検討されている．環境税は，国民に受け入れられやすい税だといわれているものの，厳しい国際競争にさらされている産業界の反対もあって，いまだに実現はみていない．

▶関連用語：環境経済学，市場と市場経済

文献
諸富徹 2006．「環境税」環境経済・政策学会編『環境経済・政策学の基礎知識』有斐閣．
室田武ほか 2003．『環境経済学の新世紀』中央経済社．
植田和弘 2003．『環境経済学』岩波書店．

〔生方史数〕

2-2-B08 ▶▶▶ 環境認証制度　environmental certification

キーワード◉環境ラベリング，環境基準

　環境認証制度は，環境に配慮した生産物や工程であることを示すことで，消費者および企業に環境問題への取り組みをうながすものである（渡邉 2008）．代表的なものとして，環境ラベリング制度や国際標準化機構の認証制度が挙げられる．前者は，一定の環境基準をクリアした生産物にラベルを添付する制度で，日本国内においてはエコマークなどがこれに該当する．国際的なものとしては，水産物の MSC 認証や林産物の FSC 認証が有名である．後者は，環境マネジメントに関連する ISO 規格に基づいた審査を経た企業などに与えられるもので，ISO14000 シリーズがこれに該当する．

　環境認証制度の最大の特徴は，認証によって一定の環境基準を満たした生産物取引を推進することで，ビジネスと環境問題の対立構造を越えていくことにある（生方ほか 2010）．この制度によって，生産物や企業は環境基準という点で規格化され，市場をつうじて消費者に選別される．とくに国際的な認証においては，認証に敏感な西欧諸国の消費者が，環境基準を満たさない財の取引を市場から締め出しているという点で評価されている．

　しかし，課題も多い．まず，認証を得たことで得られるはずの価格プレミアムが現状では小さいため，企業に認証取得の利点を十分にアピールできないという問題を抱えている．途上国では，認証取得にコストがかかることから認証は大企業などにほぼ限定され，地域住民による生産は認証から締め出される傾向にある（Vandergeest 2007）．また，認証取得の基準において，生産現場における先住民への配慮などといった社会的な項目も盛り込まれてはいるものの，実際にはそのような配慮は形骸的であることも多い（内藤 2010）．ビジネスと環境の関係に加えて，これらと地域社会との調和を今後いかにはかっていくかが課題となっているといえよう．

▶関連用語：市場と市場経済，環境経営

文献
内藤大輔 2010．「マレーシアにおける森林認証制度の導入過程と先住民への対応」市川昌広ほか編『熱帯アジアの人々と森林管理制度』人文書院．
生方史数ほか 2010．「ローカル，ナショナル，グローバルをつなぐ」市川昌広ほか編『熱帯アジアの人々と森林管理制度』人文書院．
Vandergeest, P. 2007. "Certification and Communities", *World Development*, 35(7).
渡邉智明 2008．「環境認証制度」日本科学者会議編『環境事典』旬報社．

〔生方史数〕

キーワード◆コモンプール財，取引費用，近代化，資源管理

コモンズ commons

●コモンズと近代化

　コモンズ (commons) の語源は，中世のイングランドやウェールズにまで遡る．自然に生み出されるものの一定部分を採取，利用する権利が公認されている土地であるコモン (common) の複数形であり，19世紀にはかなり広く使用されるようになったといわれている (室田・三俣 2004)．イングランドでは，このような土地を含む開放耕地 (open field) は，16世紀と18世紀の2回にわたって行われた囲い込み運動によって，多くが解体され，私的所有地に編入されたが，一部は現在にいたるまで存続し，公園のような形で名残をとどめている (茂木 1994)．
　事実上，個人や国家による排他的な所有，管理のもとにはないこのような土地や資源は，世界各地に存在する．日本の入会地やアルプスの共同放牧地はその典型である．これらは，その土地所有，利用の法的権利および事実上の様相がそれぞれ大きく異なるものの，私的所有でも公的所有でもない土地として，「共有地」と総称されることも多い．
　このような性格上，コモンズという語句には，資源としての側面と，利用および管理の制度としての側面が含まれている．たとえば，井上 (2001: 11) は，コモンズを「自然資源の共同管理制度，および共同管理の対象である資源そのもの」と定義している．イングランド同様，これらの多くは，近代化の過程であいまいで非効率な土地とみなされ，私有地あるいは国有地への編入の対象となった (市川ほか 2010; 本講座第1巻第10章)．
　このような見方は，1960年代まで健在であった．たとえば，デムゼッツらの所有権学派は，土地利用の経済効率性を追求するためには所有権の明確化が不可欠だと訴え，私有化ないしは国有化の政策を支持した (Demsetz 1967)．ハーディンは，利己的な複数の個人によるコモンズの利用 (放牧) が，過放牧という社会的に望ましくない帰結にいたるという社会的ジレンマを「コモンズの悲劇」(tragedy of commons) と名づけた (Hardin 1968)．

●コモンズの「発見」

　しかし，やがて資源管理における市場の失敗と政府の失敗が顕在化するにつれ，これらを見直す研究が行われるようになった．たとえば，オストロムは，コモンズのもつ財としての特徴を，コモンプール財 ── 排除性が低いという公共財的な性格をもつ反面，多くの人が求めれば資源の競合が生じるという公共財とは異なった一面をもつ ── として定義し，一定の条件をそなえたコモンズは，「ただ乗り」への監視・罰則とその執行にともなう取引費用が安いため，制度の生成をつうじてこれをより効果的に抑制できる傾向があると主張した (Ostrom 1990)．また，ラングは，コミュニティ成員がコモンズ管理において実際に直面する問題は，コモンズの悲劇を引き起こ

す「囚人のジレンマゲーム」ではなく，人々が他者の行動に関して何らかの「保証」を受けていれば社会的ジレンマが回避できる「保証ゲーム」であるとし，「囚人のジレンマゲーム」を「保証ゲーム」に転換させ，それをさらに協調行動に導かせるような社会的な規範やルールを形成する能力が，コミュニティには潜在的にそなわっていると主張した（Runge 1981）．

これらの研究は，世界各地で命脈を保ってきた在来の資源利用制度への関心を大きく高め，1980年代よりコモンズ研究は顕著に増加を示すようになった．その多くは，人類学，社会学，経済学などの社会科学的な視点に基づき，コモンズの制度的側面に着目したものである．彼らの間では，人々がコモンズをめぐって協調する動機づけやメカニズムに関して，必ずしも見解が一致しないが（生方 2007），コモンズの「発見」を一つのパラダイム転換だと捉えている点では一致している．

一方で，「エココモンズ」（秋道 2004）の提案にみられるように，近年は制度のみでなく資源の性質そのものを重視し，資源管理に反映させるべきだという主張もなされてきている．また，従来コモンズといえば，規模が小さく地域が限定されている「ローカルコモンズ」を指すことが多かったが，地球環境問題のグローバル化やインターネットの普及による著作権の問題が顕在化するにつれ，グローバルコモンズやクリエイティブコモンズなどの語句も生まれ，従来の対象を大きく超えた研究が行われてきている．

▶関連用語：2-2-A04 公共性，2-2-B06 公共財，囚人のジレンマ

文献

秋道智彌 2004．『コモンズの人類学』人文書院．
Demsetz, H. 1967. "Towards a Theory of Property Rights", *American Economic Review*, 57(2).
Hardin, G. 1968. "The Tragedy of Commons", *Science*, 162.
市川昌広・生方史数・内藤大輔 2010．「森林管理制度の歴史的展開と地域住民」市川昌広・生方史数・内藤大輔編『熱帯アジアの人々と森林管理制度』人文書院．
井上真 2001．「自然資源の共同管理制度としてのコモンズ」井上真・宮内泰介編『コモンズの社会学』新曜社．
茂木愛一郎 1994．「世界のコモンズ」宇沢弘文・茂木愛一郎編『社会的共通資本』東京大学出版会．
室田武・三俣学 2004．『入会林野とコモンズ』日本評論社．
Ostrom, E. 1990. *Governing the Commons*, Cambridge University Press.
Runge, C. F. 1981. "Common Property Externalities", *American Journal of Agricultural Economics*, 63(4).
生方史数 2007．「コモンズにおける集合行為の2つの解釈とその相互補完性」『国際開発研究』16（1）．

〔生方史数〕

ソーシャル・キャピタル（社会関係資本） social capital

●概念の誕生と発展

ソーシャル・キャピタルとは，社会に存在する人や集団間のネットワークや，人々の間の信頼関係，人々の間に共有されている規範などを資本として捉えた概念である．日本語訳による表現は，「社会資本」（フクヤマ 1996），「関係資本」（山岸 1999），「社会的資本」（農林中金総合研究所 2002），「人間関係資本」（萩原 2008）などがあるが，現在ではカタカナ表記による「ソーシャル・キャピタル」（JICA 2002; 稲葉 2008; 内閣府 2003 など）あるいは「社会関係資本」（佐藤寛 2001）で定着していると言ってよいだろう．

ソーシャル・キャピタルという概念は，古くは1910年代の文献で確認できる．ハニファン（Hanifan 1916）は，ソーシャル・キャピタルを善意，仲間，共感，交流と定義し，アメリカの学校教育のパフォーマンスを決定する要素としてその重要性を論じた．このソーシャル・キャピタルの議論は，その後，ブルデュー，コールマン，パットナムをつうじて世界的に知られていくようになる．

ブルデュー（Bourdieu 1986）はソーシャル・キャピタルを「知人同士の関係性にもとづくネットワークによって獲得できる資源」と定義した．個人が家族や血縁，コネクション等を利用することにより資源や権力にアクセスし，ソーシャル・キャピタルを多くもつ人ほど進学や就職に有利であり，その結果，高い社会的地位を獲得し，社会は分化し社会階層が固定化すると論じている．その後，コールマンは，さらにソーシャル・キャピタルの議論を発展させた（Coleman 1990）．コールマンが論じるソーシャル・キャピタルとは，「個人に協調行動を起こさせる社会の構造や制度」を意味し，家族や血縁だけでなく，コミュニティのネットワークや規範等をそこに含んだ．

ソーシャル・キャピタル論の最大の貢献者とも称されるパットナムは，『哲学する民主主義』において，北イタリアの州政府による効率的な統治制度をソーシャル・キャピタルの蓄積から説明した．彼は，ソーシャル・キャピタルを個人の特性ではなく，社会全体の特性として捉え，ソーシャル・キャピタルが蓄積された社会では，人々の協調行動が起こり，不確実性やリスクが低くなり，人々の行政への参加がうながされ，治安や市民の健康が向上し，地域の経済発展がうながされると主張した．

●否定的側面と応用

ソーシャル・キャピタルに関する定義は一様でなく，「ソーシャル・キャピタルとは何か」という具体的な共通認識も存在しない．また，ソーシャル・キャピタルが，本当に「資本」としての性格を有しているのかどうかについても異論がある．また一方で，ソーシャル・キャピタルの否定的側面も指摘されている．ポルテス（Portes 1998）は，ソーシャル・キャピタルによるグループ内の結束

は排他的な方向へ向かうこと，そしてグループ内で個人のイニシアティブを否定し，統一性が求められることを指摘している．また，コレッタ，カレン (Colletta and Cullen 2000) は，カンボジア，ルワンダ，グアテマラ，ソマリアを事例に，ソーシャル・キャピタルが時として虐殺や武力紛争を引き起こし，それらに利用されることを論じている．

その後，世界銀行がソーシャル・キャピタルの議論を取り上げたことにより，その概念は「途上国」の開発問題の議論においても多用されるようになった（World Bank 2001; JICA 2002）．

また，日本でも NPO 論や地域政策論の分野で，ソーシャル・キャピタルの概念がもちいられている．人々の生活の安全や保障の一つの要として，またまちづくりにおける地域力の根源として，ソーシャル・キャピタルは教育や防犯，少子高齢化問題等，日本社会のさまざまな側面において，その重要性が論じられている．

▶関連用語：2-2-A05 ネットワーク，2-2-C09 ケア，2-2-C03 つながり，文化資本

文献

Bourdieu, P. 1986. "The Form of Capital", in J. G. Richardson (ed.), *Handbook of Theory and Research for the Sociology of Education*, Greenwood Press.
Coleman, J. S. 1990. *Foundations of Social Theory*, The Belknap Press of Harvard University Press.
Colletta, N. and M. Cullen 2000. *Violent Conflict and the Transformation of Social Capital*, World Bank.
フクヤマ，F. 著，加藤寛訳 1996. 『「信」無くば立たず』三笠書房．
萩原俊一 2008. 「防犯の視点からの地域再生」『現代福祉研究』8.
Hanifan, L. J. 1916. "The Rural School Community Center", *Political and Social Science*, 67.
稲葉陽二編著 2008. 『ソーシャル・キャピタルの潜在力』日本評論社．
JICA 2002. 『ソーシャル・キャピタルと国際協力』JICA．
内閣府 2003. 『ソーシャル・キャピタル ── 豊かな人間関係と市民活動の好循環を求めて』内閣府．
Portes, A. 1998. "Social Capital: Its Origins and Applications in Modern Sociology", *Annual Review of Sociology*, 24.
パットナム，R. 著，柴内康文訳 2006. 『孤独なボウリング』柏書房．
Putnam, R. 1993. *Making Democracy Work: Civic Tradition in Modern Italy*, Princeton University Press.
佐藤寛編 2001. 『援助と社会関係資本』アジア経済研究所．
佐藤誠 2003. 「社会資本とソーシャル・キャピタル」『立命館国際研究』16(1).
World Bank 2001. *World Development Report 2000/2001: Attacking Poverty*, World Bank.
山岸俊男 1999. 『安心社会から信頼社会へ』中公新書．

〔佐藤奈穂〕

キーワード◆グラミン銀行，無担保融資，貧困削減，SHG

マイクロファイナンス　microfinance

● **嚆矢としてのグラミン銀行**

　貧困削減を目的とする貧困世帯への小規模金融．狭義にはマイクロクレジットといい，少額ローンの供与を意味する．のちに，効果的貧困削減のためには小口の貯蓄機会の提供や保険機能などを含む総合的金融サービスが必要との認識が高まり，広義のマイクロファイナンスがより一般的となった．

　ノーベル平和賞に輝いたバングラデシュのモハマド・ユーヌス氏が始めたグラミン銀行を嚆矢とする．バングラデシュの伝統的農村社会では，女性は屋内と屋敷地周辺に活動を制限され，無報酬の家事労働や農産物収穫後処理，家畜の世話などに従事し，また総じて無教育のため世帯内での発言力が弱く，したがって家族計画が進まず，子どもの保健衛生や教育にも支障があった．グラミン銀行は，担保資産をもたず，自分の名前すら書けないようなこうした貧困女性に商業銀行と同じ条件でローンを供与し，成功を収めた．ローンは，乳畜や米の籾摺りなど女性にも可能な事業に投資され，現金所得をもたらし，さらにそれが彼女らの発言力を高め，短期間のうちに家族計画の普及などを含む広義の貧困削減に目にみえる効果を発揮した．

　グラミン銀行の成功は，複数の制度的革新に支えられていた．モバイル・バンキング（銀行員が村を巡回して業務を行う），5人グループと40人の「センター」単位での貸付（無担保融資や書類作成などでの相互扶助を可能にした），毎週の分割少額返済，完済後増額して融資を継続するシステム（返済インセンティブを高めた）などである．

　バングラデシュではその後，BRAC, ASAなど多くのNGOや政府機関（BRDBなど）が参入するなど，マイクロファイナンスは急進展した．なお，グラミン銀行は1998年の大洪水による滞納問題の広がりを契機に，2000年以降グラミンIIを開始し，融資や返済計画を会員ニーズに合わせて選択可能にし，また一般人から貯蓄受け入れを開始するなどで，危機を乗り越え，さらなる発展を遂げた．

● **世界の多様なマイクロファイナンスとその将来**

　バングラデシュにおける成功の後，マイクロクレジット/ファイナンスは急速に世界に拡大した．1997年2月には，ワシントンでマイクロクレジット・サミットが開催され，世界137ヵ国から政府，NGO，金融機関の代表者ら2,900人が結集し，成功を収めた．サミットは毎年開催され，2015年までに1億7,500万の貧困家計に融資し，1億の貧困家計が1日1.25ドルの貧困線を超えることを目標としている．

　現在，世界最大のマイクロファイナンスは，インドのセルフ・ヘルプグループ（SHG）である．SHGは，NGOの支援を受けて，10-20人の女性がグループをつくり，毎月一定の貯金をし，それを

原資にメンバーに融資する相互金融システムである．また，数ヵ月間の観察期間の後，NGO の紹介で商業銀行，協同組合銀行などから融資を受けることができる．インドでは約 700 万のグループ（メンバー総数 9,700 万人）がある．

SHG は，バングラデシュのマイクロクレジットとは違い，相互金融を基本としており，資金仲介という金融本来の機能により近いシステムである．世界のマイクロファイナンスはより多様であり，たとえば 1990 年代末以降，ラオスのビエンチャン首都圏を中心として，村を単位とした相互金融システムが活況を呈しているが，それはインドの SHG よりも大掛かりで組織的であり，将来さらに大きな金融システムへと成長する潜在力をもつ．

マイクロファイナンスは，貧困世帯の貧困削減や脆弱性克服の実績によって高い評価を得てきた．しかし，貧困削減の万能薬というような過大な評価は禁物である．マイクロファイナンス機関は，近年経営的自立性が求められ，月利 3% というかなり高い金利が標準となっている．そうしたなか，南アジアでは「マイクロファイナンスへの疲労感」とでも呼べる事態が進行している．マイクロファイナンスは，どこまでも執拗に返済を迫り，金利の高さもあいまって借り手にとってのメリットが薄れ，政府がマイクロファイナンス機関をより厳しい規制下に置こうとする動きがみられる．

▶関連用語：開発援助，ジェンダー，市場の失敗

文献

Adams, D. G. et al. 1984. *Undermining Rural Development with Cheap Credit*, Westview Press.
Aghion, B. A. and J. Morduch 2005. *The Economics of Microfinance*, The MIT Press.
藤田幸一 2005.『バングラデシュ 農村開発のなかの階層変動』京都大学学術出版会．
Fujita, K. and K. Sato 2011. "Self-Help Groups and the Rural Financial Market in South India", *Southeast Asian Studies*, 49(1).
Hulme, D. and P. Mosley 1996. *Finance against Poverty*, 1・2, Routledge.
泉田洋一 2003.『農村開発金融論』東京大学出版会．
三重野文晴 2004.「マイクロファイナンスの金融メカニズム」絵所秀紀ほか編『貧困と開発』日本評論社．
西川麦子 2001.『バングラデシュ／生存と関係のフィールドワーク』平凡社．
岡本真理子ほか編 1999.『マイクロファイナンス読本』明石書店．
Robinson, M. S. 2001. *The Microfinance Revolution*, The World Bank.
Rutherford, S. 2000. *The Poor and Their Money*, Oxford University Press.
重冨真一 1996.『タイ農村の開発と住民組織』アジア経済研究所．
須田敏彦 2006.『インド農村金融論』日本評論社．

〔藤田幸一〕

親密圏と公共圏
intimate and public realms

◆キーワード◆
関係性，共同性

●親密圏と家族

　親密圏は，しばしば「家族」や「私的領域」と重ねられてきた．近代において成立した小家族的な親密性の領域は，男女の自由意思によって結ばれる関係性 (Giddens 1992) を基盤にした愛の共同体であり，権威から離れた人間性と教養の形成の場とされてきた (ハーバーマス 1994)．しかしそこは「私的領域」(再生産領域，家庭内領域) として，あくまでも「公的領域」(生産領域) から囲い込まれ分離されたものとして概念化され不可視化されてきた．その後，こうした見方の背後にある異性愛主義的な本質主義が批判されるとともに，家族領域における家父長制という顕著な政治性が指摘された．一方，実態としての家族もまたその危機が喧伝されて久しい．社会から分離されているからこそ安心と養いの場であるはずの家族は，それゆえにプライバシーの名のもとに，その内部では暴力と孤独が進行する場ともなりうる．安全の場が危険の場，そして養いが不足する場となれば，公的な介入が不可欠となり，そのこと自体が，公私領域の分断の再考をうながしている．

　そうしたなかで親密圏という概念は，家族に限定せずより広く自他の生の尊厳と承認，基本的なはぐくみと安心の場を形成する関係性について考えることを可能にする．親密圏は家族という単位に還元されないし，逆に現実の家族がすべて親密圏であるわけではない (齋藤 2000)．しかし，にもかかわらず親密圏の原風景はわれわれにとって，やはり家族以外にはない．親密圏のイメージを近代家族から解放し，親密圏の概念化によって従来の私的領域や家族のこうした前提を取り払う一方で，そこに生み出される新しい親密圏の位置づけは，家族を考えるうえでも意味あるものでなくてはならない．

◉親密圏の関係性

　親密圏は,「具体的な他者の生/生命,特にその不安や困難に対する関心/配慮を媒体とする,ある程度持続的関係性を指す」(齋藤 2000) ものとする.具体的な他者というからには一般的な他者ではなく,身体性・物質性をもち人称性を帯びた他者であり「他ならない」代替不可能な関係性をもつ相手である.

　このような親密圏では,呼応と相互関係によって積み重ねられ容易には解消し得ない関係が形成される.それは生(生命・生活・生存)そのものをめぐるつながりである.人の生を身体性の次元で受け止め,他者の感情にもさらされるぬきさしならない関係性,まさにケアの関係性である.とくに人が乳幼児期において外界への信頼を経験するのは親密圏である.承認に基づく社会的相互行為に始まる関係性が,自我の確立と自他の相互関係,共感をはぐくむ基本的な場となる.そのことは,公共圏において発話主体が相互の了解をめざしてコミュニケーションを行っていく基盤となる(本講座第3巻第1章).人は社会化の過程で相互行為のパートナーとしての規範的な態度を内面化し,相手を承認し,自分が社会的共同連関の成員として承認されていく過程を身につけ,親密圏から公共圏へと踏み出すことができるのである.

　親密圏の価値を生存基盤の中心におくということは,関係性とケアを人間像の中心に据えることであり,それは,生産重視のパラダイムにおける生産への貢献をもって権利の主体としての個々の能力を測る価値づけとは異なる人間像である.

　親密圏は社会における根源的な価値が見いだされ承認される場である.経済的な効率性からはずれる者に居場所を与え,「異端・異常」とされる者を肯定・承認し,受け入れる.アレントはルソーに依拠しつつ「人間の魂をねじまげる社会の耐え難い力にたいする反抗……人間の内奥の地帯にたいする社会の侵入にたいする反抗」(アレント 1994) の場であると述べている.生産を中心に編成された社会の画一化した基準からみれば,否定されあるいは黙殺される生のあり方を肯定し,人格的に受容し,居場所を与え,その生に承認と価値を与える回復と安全の場である.このように多元的な生が承認され生存が守られる場が親密圏である.

◉親密圏の危機

　親密圏は,自尊の感覚の回復,社会の抑圧に対する抵抗を可能にする固有の価

値をもつ場である．しかし，そのような空間は同時に，閉鎖性と内部の等質性につながりやすいともいえるだろう．また受け入れ，守り，支えるということは一方向的な関係となりがちであり，力の関係を生み出しやすい．内向・閉鎖・等質化と顔の見える密閉空間は暴力の危険をはらむ，両義的な空間なのである．それが最も顕著にあらわれるのが家族といえるかもしれない．

国家権力は生産に携わらない余計者を家族などに隔離し，成員の生の保障の機能を弱めてきた．しかし，それでは家族の崩壊によって，自らの生への配慮をしてくれる他者を失った者は，生の保障の場から排除されることになる．さらに，親密圏の喪失は，社会のコンフォーミズムとの距離の喪失を意味する．支配的な価値とは異なった価値の介在を失い，他者なるものの存在が許容されず，直接的に社会的評価にさらされ，多元的価値の源泉が失われる．それは，人間圏自体の危機ともいえる．

親密圏は価値がはぐくまれる場であると同時に，公共圏へ開かれた場でなければならない．それは，親密圏の多元的な生の共存という価値が親密圏から公共圏へと開かれていくことでもある．家族が公的領域から囲い込まれ，自然と生殖の領域として対象化されてきた位置づけから逆転して，親密圏ではぐくまれる価値や関係は公共圏の公論形成をつうじて実現され守られるべき根源的なものである．

●親密圏と公共圏

公的領域と私的領域，生産と再生産という従来の対概念を，そのままたんに親密圏と公共圏によって入れ替えるだけならば，生産を中心に編成された全体のなかで，家族領域が囲い込まれ，不可視化され，価値劣位におかれるという関係を踏襲してしまう．公共圏はオープンで等質性を求めない多様な価値や意見が生成する空間として「人々の〈間〉にある共通の問題への関心によって成立する」（齋藤 2000）．それは，親密圏を包摂するのではなく，むしろ親密圏から派生し，そこではぐくまれる多元的な価値が活かされる場である．親密圏と公共圏は，ひとまず関係性のちがいによって特徴づけられる．親密圏が特定性をもった関係性に基づくのに対し，公共圏は共通の関心事でつながる不特定の他者へと開かれた関係からなる．すなわち，グローバル化する社会にあって，顔の見えない多数の，不特定の他者との関係のなかで，共通の関心事について公論形成をするのが公共圏であり，それによって顔の見える関係性としての親密圏における価値を実現し

ていくのである．多元的で未知の他者との共生のなかに，いかに親密圏の価値を活かすか，ということが問題になる．そこでは小さな単一の関心とそれをめぐる集合から，広くは生存圏全体の関心まで含む．公共圏は，承認と合意形成によって親密圏の論理を実現するべく統治や市場の領域へとはたらきかける場である．ここでは国家という特定の統治主体ではなく，多元的な主体の利害や価値が反映される多層的なガバナンス・システムを想定する．そして，あらゆる差異を含んで共生する他者同士 —— 大きくは地球市民 —— による公論形成がなされ，そこで合意されるルールに基づいて相互的に行為し，絶え間なく展開していく領域である．

　したがって，親密圏と公共圏は包摂の関係ではなくむしろ，相異なる関係性の領域として接合しあう．ケアの対面的実践は，特定の人と人の関係性の間で成り立つかぎりにおいて親密圏で担われるが，それが全体社会においてどのようによりよく実践されるかは，親密圏の価値と経験をもとに，公共圏において決定されていく．親密圏が開かれ，そこで生み出された関係性や価値が公共圏の公論形成につながり，多層的なガバナンス・システムにおいて制度と技術の開発につながることが求められる．国家の単位を超えて政治経済，社会文化のグローバル化が進行する現代において，行政や政治権力，国家に対して一元的に生命の保障を求めることは難しい．生命の問題，生命・生存の維持を価値として求める公共圏において，そのニーズに対してどのように対応するのかが議論されるべきである（田辺 2008）．

　親密圏の価値が生かされれば，様々な差異をかかえた行為主体が多様なコミュニティの間で平等と差異分配に配慮したガバナンスの制度化が行われる．そうした目的のために，大小の公共圏を介したガバナンスへと価値や関係性をどのように広げていけるのか．また，経済システムが，生産性のパラダイムから脱却して，人間圏と生命圏の生のつながりとしての再生産と，それをふまえた個々の多様な生を平等にいかすものとしてどのようにあるべきかが問われる．

　親密圏と公共圏における関係性を対比として捉えてきたが，現実には両者の接合するところに二つのいずれかとはいえないさまざまな共同性をみることができる．親密圏における関係性をベースに少しずつ広がる共同の空間，これが顔の見えないグローバルな広がりとしての公共圏を形成する基盤となる（本講座第 3 巻第 4 章）．そこに見いだされる共同性は，複数性・多元性の共存であり，そこで

自他の生のニーズに応じる配慮である．とくに産業先進国以外のアジア・アフリカの多くの事例は，この連続性を明らかにしてくれる．

●親密圏から広がる価値

　親密圏の経験，他者の生への配慮と応答の経験は，社会を一元的に秩序化する価値への疑問や再考へとつながる．具体的な他者との関わりという基盤をもって初めて，生の空間を分断する力に抗することもできる．

　近年，親密圏が公共圏へ開く方向性の最も具体的な場面として高齢化社会の老人問題，ケアの受け皿としての家族の負担と公的介護保険制度への動きがある．新たに創出される公共圏には親密圏における対話を出発点にそこから開いていくかたちで生まれたものがある（栗原 2005）．ケアや介助のネットワーク，災害に際しての保障にとっても親密圏から公共圏へのこの契機が重要な役割を果たす（田辺 2008；上野 2011）．親密圏から公共圏へ多くのベクトルが開かれる素地が築かれること，その一方で，多元的な価値をはぐくむ領域が守られることが，生のつながりを守りつつ広げ，生存を核とした親密圏と公共圏のよりよい関係を築くことになる．

　親密圏はこのように肯定し承認する他者との関係のなかで生のつながりの基盤を形成する場である．そうした親密圏における生のつながりが，どのようなかたちで展開し，どのように公共圏への広がりをみせるかは，たとえばアジア・アフリカの社会では，先進産業社会と同様ではない．生命圏・地球圏との相互関係のなかではぐくまれ，それぞれのローカリティの歴史のなかで刻んできた生のかたちが，親密圏から公共圏へと広がる多元的共生の展開の背景にある．

▶関連用語：2-2-C03 つながり，2-2-A04 公共性，2-2-A05 ネットワーク，2-2-C06 家族，ホスピス

文献

アレント, H. 著, 志水速雄訳 1994.『人間の条件』ちくま学芸文庫.
フーコー, M. 著, 渡辺守章訳 1984.『性の歴史Ⅰ　知への意志』新潮社.
フレイザー, N. 著, 山本啓・新田滋訳 1999.「公共圏の再考」C. キャルホーン編『ハーバマスと公共圏』未來社.

Fraser, N. 1997. *Justice Interruptus*, Routledge.
ギデンズ，A. 著，松尾精文・松川昭子訳 1995.『親密性の変容』而立書房.
ハーバーマス，J. 著，細谷貞雄・山田正行訳 1994『公共性の構造転換［第 2 版］』未來社.
金井淑子 2003.「親密圏とフェミニズム」齋藤純一編『親密圏のポリティクス』ナカニシヤ出版.
栗原彬 2005.『「存在の現れ」の政治』以文社.
三品（金井）淑子 1998.「新たな親密圏と女性の身体の居場所」野家啓一ほか編『岩波新・哲学講座 6　共に生きる』岩波書店.
Plummer, K. 2003. *Intimate Citizenship*, University of Washington Press.
齋藤純一 2000.『思考のフロンティア　公共性』岩波書店.
齋藤純一編 2003.『親密圏のポリティクス』ナカニシヤ出版.
佐藤和夫 1989.「批判の原典としての「親密圏」」唯物論研究会編『思想と現代』20.
セネット，R. 著，北山克彦・高橋悟訳 1991.『公共性の喪失』晶文社.
田辺繁治 2008.『ケアのコミュニティ』岩波書店.

〔速水洋子〕

2-2-C02

社会福祉　social welfare

◆キーワード◆
救貧法, 社会保障, ケア

講座生存基盤論第3巻『人間圏の再構築』は，ケアの論理 —— 親密圏から公共圏へ向かう価値 —— などを議論した．しかし，福祉政策との関係は問うことができなかった．ケアの実際の社会におけるあり方や今後の展開を考えれば，福祉政策との関係に関する考察は必須であろう．ここでは福祉政策についてその歴史的沿革にさかのぼり，人間圏の再構築の観点から問い直す．

●福祉政策の淵源 —— 救貧法：労働の義務と怠惰への刑罰

福祉は古くから宗教的慈善として存在したが，宗教的慈善を離れ行政の一環となったのは，イギリスにおいて17世紀初めのエリザベス女王時代に完成した救貧法 (Poor Law) に基づく諸政策である．中世農奴制度の弛緩やその後のエンクロージャーは，大量の浮浪貧民を生み出した．リチャード2世治下の1388年の法律に始まり，ヘンリー8世治下の1530年に受け継がれた法律では，治安判事らは，施与や慈悲によって生活する貧民を調査し，無能力者や病人には乞食を許した．一方，労働に耐えうる四肢をもつ強健な貧民でありながら乞食をする者は，裸にして馬車の後部にしばりつけ「身体が血みどろになるまで」鞭打ちながら街中を廻らせた．エドワード6世治下の1557年の法律では，労働につくことを拒否する者は「ならず者」として「V」字の烙印が押され，逃亡を繰り返す者は重罪人として極刑となった．

エリザベス治世の1601年の救貧法は，全財産に対する救貧税 (poor rate) を規定した．このもとでは，教区単位に任命された貧民監督官が救貧税を徴収して救済義務遂行の責任を負った．貧民は，(1) 労働能力貧民，(2) 労働不能貧民，(3) 児童に分けられ，(1) に対しては，労働道具等が用意されて就労が強制され，労働拒否者は治安判事が感化院 (house of correction, 各州に一つ以上建設された) または一般の監獄に送られた．(2)(3) については，祖父母から孫にいたる直系の親

族扶養が義務とされ，それでも生活できない場合にのみ (2) は救貧院 (poor house) に収容される．ないしは在宅での金品の給付による扶養が，(3) は男子は24歳まで，女子は結婚まで徒弟奉公が強制された．エリザベス女王治世の1563年の徒弟条例は，労働能力のある男女は「労働の義務」をもつことを強調し，就労義務に違反した者は犯罪者として刑罰の対象とされたのみならず，救済をうけること自体が市民的権利の剥奪を意味し（のち，選挙制度導入後も，被救済民は選挙権がなかった）これらは救貧法制度と符合した．このような考えの背景には，ルターの，労働を神聖な義務として強調し，怠惰と貪欲を罪であるとして怠惰の原因として乞食を排斥する考えがあった．また，残虐な救貧法による労働力の矯正は，産業革命に必要とされた労働力陶冶の側面もあったとされる．

　旧救貧法が貧窮問題を解決できないなか，1834年に救貧法改革法が定められた．これは，「受給貧民化という病気」は労働能力貧民とその家族に対する救済の制限によって治すことができるとして，労働能力貧民の在宅救済を廃止し，労役場救済に限ること（労役場制度; work house system），すべての救済を実質・外見上ともに「最低級の自立労働者」の生活・労働条件以下に抑えること（劣等処遇の原則）とした．

●労働の権利と労働者保護

　救貧法による児童の教区徒弟の慣行は，産業革命の後，著しい長時間の労働をもたらし，1802年の最初の工場法は，徒弟の労働時間を1日12時間とした．労働運動は，1830年の一揆や，チャーティスト運動の新救貧法への反対，あるいは19世紀終わりの不熟練労働者も組織化する新労働組合主義などをつうじて，労働権や生存権を，さらに社会主義を主張した．ドイツのビスマルクは，1870年代，鞭として社会主義運動を弾圧しつつ，飴として，疾病保険，労災保険，疾病・老齢年金を柱とする社会保険政策を開始した．イギリスでも，1906年の総選挙で労働党が議席を4から29に伸ばすと，自由党政権は，教育法，老齢年金法，児童法，最低賃金法，国民保険法等を成立させ，労働者保護や高齢者・児童保護を進めた．また，学童給食，学童健康診査などの児童保護の背景には，19世紀末の南ア戦争時に志願兵の40％が身体的な理由で不合格となったことへの反省から生まれた「健民健兵」政策があった．

　イギリスの以上の労働者などへの保護は，たとえば国民保険の疾病保険は労働

者の家族に適用されない，保険給付がわずかであるなど効果は限定的であった．第一次世界大戦後，復員兵の生活保障のため，軍隊勤務手当に準じた失業贈与を法制化したが，大戦後の不況下，国民の失業保険の改善要求に対し，政府は，給付期間の延長と妻子に対する給付という無拠出給付を開始した．そして，1934年の失業扶助（拠出によらない）の創設で，労働能力貧民の多数をしめた失業者が吸収され救貧法は実質的にここで終焉した．そして，労働不能貧民は細分化されて，老齢者には国民年金制度，病人・障害者には医療，児童には教育，精神障害者には専門機関サービスが市民一般への普遍的サービスの一環として提供されることが目指された．ただし，失業扶助の給付の許可にあたってはミーンズテスト（資力調査）や求職の誠実性テストを行うことにより，失業給付が過大にならないよう図られた．

●社会保障 ── 反ファシズム戦争動員の大義とイギリス福祉国家モデル

第二次世界大戦に入ると，反ファシズム戦争を戦うための戦争の大義として，1941年，大西洋憲章第六条は「労働条件の改善，経済の進歩と社会保障を確保するをもって経済分野におけるすべての国家の完全な協力をもたらす」と規定し，戦争に打ちかつ平和の目標とした．またILOは，1942年に『社会保障への道』を刊行した．そして1942年，委員長ベヴァリッジのもと作成された『社会保険および関連サービス』がベヴァリッジ報告として政府に勧告された．これは,「窮乏」(want)への対策である社会保険の組織は「社会進歩のための包括的な政策の一部として扱うべき」とした．「完全に発達した社会保険は所得保障になるであろう」として，所得保障が克服する「窮乏」にくわえて，「疾病」(disease)「無知」(ignorance)「不潔」(squalor)および「怠惰」(idleness)をイギリスの再建を拒む「5巨人」悪とし，これに対する社会政策の取り組みが必要であるとした．「疾病」に対しては保健医療，「怠惰」に対しては「完全雇用」政策と職業訓練や「障害者雇用法」，「無知」に対しては15歳までの義務教育，「不潔」に対しては住宅・環境政策を挙げた．

このベヴァリッジ報告に基づき，45年総選挙で圧勝した労働党内閣は，45年の家族手当法，産業災害保険法，46年の国民保険法，国民保健サービス法，48年の国民扶助法および児童法により，「揺りかごから墓場まで」の制度を体系的に組織し，その後の福祉国家の原型とした．保険は拠出と引き換えに生存最低限

水準までの給付を権利として，ミーンズテストなしで与え，個々人はその水準の上にそれを超える生活を自由に築き上げるとした．一方，児童手当は無拠出であり，また年金の支給を開始した．以降は，ベヴァリッジ報告をベースとする，社会保障の権利に支えられた福祉国家モデルが各国の政策に大きな影響を与え，イギリス福祉社会モデルへのキャッチアップ，ないしその修正が各国の政府や福祉政策関係者の関心の的となった．イギリスでは，1978年のサッチャー政権の登場により，公営住宅の民営化，ミーンズテスト付き給付の拡大など「福祉の後退」がみられた．

●三つの福祉国家レジームと東アジアの社会保障

　以上のようなイギリスの福祉国家モデルに対し，実際は各国各々，相違や特色をもっている．アンデルセンは，福祉国家のレジームとして，以下の三つを挙げている．

　第一は自由主義的な福祉国家である．それは，ミーンズテスト付きの扶助，最低限の普遍主義的な所得移転，最低限の社会保険プランを提供する．働く代わりに福祉を選択することがないように福祉を最低限とし，民間保険会社の役割が重視される．自由主義を信奉し市場の効率性や商品化に執着する今日のアメリカが典型である．第二のレジームは，コーポラティズム的福祉国家である．それは，しばしば封建的パターナリズムを背景にもち，カトリック教会によって熱心に推奨された．前資本主義からの伝統をもつギルドや友愛組合，さらにクラフトユニオンにみられる同業組合モデルは，時に障害をもったメンバー，寡婦，孤児の面倒も見た．同業組合モデルは，個人を市場化と競争から守り，保守主義者によって階級対立からも切り離す，有機的な全体と一体化させてゆく手段と考えられた．ビスマルク時代に始まった社会保険は，勤労実績や拠出に応じて受給資格を付与しようとするものである．第三の福祉モデルは「社会民主主義」レジームと呼ぶ．従前の所得，拠出，パフォーマンスの如何にかかわらず，均一の基礎給付を行いその上に二階部分として潤沢な給付を行う普遍主義的で所得比例型の社会保険を制度とした．最低限のニーズを基準とするのではなく，最も高い水準での平等を推し進めようとする．市場依存に代替するものとしては，家族，道徳性，あるいは権威への依存ではなく，個人の自律という考えに依っている．

　東アジアについては，ジョーズが，労働者参加のない保守的なコーポラティズ

ム，教会の支援のない補助，平等概念のない連帯，自由主義思想のない自由放任政策，家族経済を特徴とする「儒教主義的福祉国家」が伝統，儒教，拡大家族のもとで運営されているとした．また，ホリデイは，社会保障制度の設計が労働生産性向上に向けられている「生産第一主義的福祉国家」と定義づけた．その他，政治目的の重視や，経済発展と完全雇用を福祉の手段とするイデオロギーなども強調されている．

●福祉政策批判と親密圏におけるケアの再評価

今，これらの福祉政策の展開について，公共圏と親密圏の概念を導入して考察すると興味深い論点が浮かび上がる．救貧法は，労働を義務とし，これを忌避する者に刑罰を科した．イギリスでは，この救貧法が，14世紀から1930年代まで形を変えながら適用されたが，一方，19世紀初めから徐々に，労働を権利と考えるようになり，生存権が主張されて福祉国家の概念が上の救貧法にとって代わった．この過程で，児童手当や生存最低生活費の支給，あるいは障害者への医療など，労働と関係の薄い政策もあったが，あくまで労働関係の保障（失業手当，老齢年金，労災保険，疾病保険など）の周辺部に位置した．さらに，福祉国家モデル形成の重要な契機は戦争への国民の参加を得ることにあったことは明らかであった．すなわち，大部分の福祉政策の目的は公共圏における労働の円滑な遂行，あるいは公共圏のための労働力の再生産（そして戦争の遂行）にあったということができる．

一方，親密圏からみた福祉政策あるいは福祉の議論はこれまでほとんどなされてこなかった．生活，あるいはそこにおけるケアを考えてみるならば，たとえば今日のインドネシアの農村には，政府の社会保障プログラムを広くとれば学校，病院など，一定程度存在するが，医療保険や年金などのプログラムはほとんどないに等しい．また，市場をつうじた拠出型の保険もきわめて限定的にしか存在しない．しかし，貧困，疾病，老後，障害者へのケアなど，不十分ながら皆存在している．これらは，公共圏からの施策という性格がたいへん薄く，むしろ親密圏のケアの領域である．福祉政策に関する諸議論のなかで，親密圏のケアは実際ほとんど語られることがなく，語られても公共圏施策の補完としてしか論じられてこなかった．親密圏の公共圏への従属を否定するならば，今日の途上国における親密圏のケアを正しく評価し，公共圏における諸施策が，親密圏のケアを減少さ

せることのない方向性が求められよう.

▶関連用語：2-2-A04 公共性，自由主義，社会的なるもの

文献

アンデルセン，G. -E. 著，岡沢憲芙・宮本太郎監訳 2001.『福祉資本主義の三つの世界』ミネルヴァ書房.
ベヴァリジ，W. 著，山田雄三監訳 1969.『ベヴァリジ報告』至誠堂.
Fraser, N. 1997. *Justice Interruptions*, Routledge.
ギデンズ，A. 著，松尾精文ほか訳 1999.『国民国家と暴力』而立書房.
ホリデイ，I.・P. ウィルディング著，埋橋孝文ほか訳 2007.『東アジアの福祉資本主義』法律文化社.
一番ケ瀬康子・高島進編 1981.『講座社会福祉 2 社会福祉の歴史』有斐閣.
伊藤周平 2007.『権利・市場・社会保障』青木書店.
Jones, C. (ed.) 1993. *New Perspectives on the Welfare State in Europe*, Routledge.
片岡昇 1956.『英国労働法理論史』有斐閣.
河森正人 2009.『タイの医療福祉制度改革』御茶ノ水書房.
岸本英太郎 1965.『社会政策』ミネルヴァ書房.
小川政亮 1974.『社会保障権と福祉行政』ミネルヴァ書房.
Olsson, Sven E. 1990. *Social Policy and Welfare State in Sweden*, Lund Arkiv förlag.
大河内一男 1949.『社会政策（総論）』有斐閣.
大沢真理 1986.『イギリス社会政策史』東京大学出版会.
Polanyi, K. 1944. *The Great Transformation*, Rinehart & Co.
Ramesh, M. with Mulkul G. Asher 2000. *Welfare Capitalism in Southeast Asia*, Palgrave.
Sainsbury, D. 1999. *Gender and Welfare State Regime*, Oxford University Press.
末廣昭編 2010.『東アジアの福祉システムの展望』ミネルヴァ書房.
高島進 1979.『イギリス社会福祉発達史』ミネルヴァ書房.
竹中恵美子 2011.『竹中恵美子著作集（全 7 巻）』明石書店.
戸塚秀夫 1966.『イギリス工場法成立史』未來社.
宇佐見耕一編 2001.『ラテンアメリカ福祉国家論序説』アジア経済研究所.
Webb, S. and B. Webb 1963. *English Poor Law History*, Cass.

〔水野広祐〕

再生産　reproduction

●再生産概念の多様な文脈

再生産は分野・文脈によって，多様な問題系をカバーする概念である．生態学では文字どおり繁殖や生殖を指す．経済学では，商品の生産と流通・消費の過程が不断に繰り返されること，その過程を指す．一方社会理論においては，第一に生産活動が円滑に行われるための基盤を支える労働として，出産・育児・ケアや家事労働を中心とした再生産労働がある．フェミニズムで「再生産領域」とは，生産領域（＝公的領域）から不可視化された家内的領域＝私的領域＝再生産領域で，ジェンダー役割分業により，出産・育児に関わる女性がこれにあたることで，女性の劣位がもたらされると議論された（Rosaldo 1974）．こうした用法によれば，近代産業社会における「生産領域」の発展は，「再生産領域」を従属領域として囲い込むことで可能になった．

第二に，教育や文化を含み社会秩序が世代を超えて継承されることを指す社会の再生産がある．生産に携わる諸関係そのものの再生産，ひいては教育や文化などをつうじて職業・階級・社会的地位などが次世代に引き継がれることを指す．アルチュセールによれば，生産様式が維持されるのは，人々が生産現場への配置や，生産関係を必然として受認することで労働力の再生産が継続されることによるのであり，それを可能にする巨大システムが国家であり，教育，メディア，法制度，文化的制度等々は，社会的再生産のためのイデオロギー装置である．

●生産に従属する「再生産」

マルクス主義フェミニストのハリスは，再生産は生物学的な生殖，労働力の再生産，そして社会的再生産と，三重に捉えられるとする（Harris and Young 1981）．さらに，フェミニスト人類学者ムーアは，この三つの再生産を別々に分析する必要を強調し，生産と再生産の関係の議論において，男女の配置の相違が強調され，生産が過剰に価値づけ評価されてきたことを指摘する．そして，世帯や家族とより大きな政治・経済的プロセスとの関係も，再生産の諸関係抜きには理解できず，再生産を二義的に考えていては，両者の関係を正しく理解できないことを強調している（Moore 1994: 88-89）．

産業化社会における資本主義の発達のための生産の効率化は，社会成員の身体を管理し生産のプロセスへと組み込み，人口現象を経済的プロセスにはめ込んでいくことによって可能になった．こうして家族制度も教育も，医療や科学技術も再生産領域を生産に従属させるために，動員された．すなわち，近代産業社会にあって，資本主義の強化は，身体的社会的存在としての人間の再生産を，生産に寄与するものとして取り込むことによって可能になり，それを容易にしたのが家族を含んだ諸制度，そしてそれらを支える知のレジームである（フーコー 1986）．

● **生存基盤の持続と再生産**

　以上のような生産を中心とする社会編成のなかでの再生産を再考し，生存基盤持続型の社会発展を考えるなかで，生（生命・生活・生存）の持続を最優先するために，ここではむしろ生産ではなく，再生産の方をより包括的な概念とし，そのなかで，生産を位置づける．

　人から人への生のあり方の継承において，生殖による生物学的なつながりをもっぱら強調することは，つながりの多元性を看過させてきたのではないだろうか．一元化された生の継承を，再生産領域として生産領域の下位に囲い込んできたのである．モノを介した経済的社会的継承，および社会システム，価値や文化的象徴論的継承，あるいは身体的実践そのものの継承など，人から人，世代から世代への継承にはさまざまな局面があり，生物学的な再生産を表す遺伝子も「血」も数多あるつながりの一つにすぎない．

　近年，家族や親族の関係の理解においても，関係をつなぐモノに注目し，社会的なものと生物学的なものの所与の分別，生殖技術と知識や価値の相互関係の動態，カテゴリーの普遍化や固定化された既存の社会単位・概念・組織原理の再考がなされている (Carsten 2000; Strathern 1992)．私たち自身の生の継承を他社会の生の継承と相互参照させながら，自然と文化，生物と社会という対立を予め前提するのではなく，より豊かに想像することができるのではないか．

　生存基盤持続型パラダイムに向けて，産業資本主義のもとで生産を重視する体制における諸関係を考え直すために，また，私たちの継承のさまざまなあり方の理解をこのパラダイムに向けた議論として意味あるものとするために，再生産領域の位置づけを再考することが肝要である．従来の文脈に抗して，より統合的に再生産を考えていくために，人が次世代へと，生と生のつながりをどのように継承し存続させていこうとするか，という観点から再生産を再考する．グローバル化や新たな技術の展開する現代にあって人としていかに何を継承し，「生のつながり」を実現していくか．再生産とは，生殖活動に限定されず，生命圏をも含んだより広義の生のつながりと生のあり方を伝えていくことである．

▶関連用語：2-2-01 生産から生存へ，生，生権力

文献

アルチュセール，L. 著，西川長夫ほか訳 2005．『再生産について』平凡社．
Carsten, J. (ed.) 2000. *Cultures of Relatedness,* Cambridge University Press.
フーコー，M. 著，渡辺守章訳 1986．『性の歴史Ⅰ　知への意志』新潮社．
Harris, O. and K. Young 1981. "Engendered structures", in J. S. Kahn and J. R. Llobera (eds), *The Anthropology of Pre-Capitalist Societies*, Macmillian.
Moore, H. 1994. *Passion for Difference*, Indiana University Press.
Rosaldo, M. Z. 1974. "Woman, Culture and Society", in Rosaldo, M. Z. and L. Lamphere (eds), *Woman, Culture and Society*, Stanford University Press.
Strathern, M. 1992. *After Nature*, Cambridge University Press.

〔速水洋子〕

2-2-C04 ▶▶▶ つながり　relatedness / connectedness

キーワード◉関係性

　つながりは現在，複数の分野で注目を集めている言葉である．たとえばネットワーク科学では，近年のICTの普及・発展にともなう研究の進展を背景に，個々人の行為や思考が周囲の人々との関係性によって，転職から健康にいたるまでさまざまな側面で大きな影響を受けていることが明らかにされ，それが「つながり」という言葉のもとに論じられている（クリスタキス・ファウラー 2010）．つまり，人々が相互にむすぶ関係性は，彼／彼女らの生のあり方に対して多面的で重要な意味をもつ．ここではそれを念頭に置きつつ，おもに人類学における研究蓄積（Carsten 2000; 速水 2009）をもとに，つながりを，人々の生存を支えるものとしての，物質や情報のやりとりから感情・感覚までを含んだ多層的な親密な関係性として捉える．

　つながりが議論されはじめた背景には，現代の政治経済や社会の大規模で急速な変化がある．それによって，従来のように血縁や地縁をもとに安定的に形成されていたものとして親密圏を（理念的に）捉えることが難しくなると同時に，空間や時間，社会的な立場（民族やセクシュアリティ，政治経済的状況など）の距離や差異を越えるような，親密な関係性の新たなかたちが生まれつつあるのだ．

　つながりは第一に，二人ないし複数の存在をつなぐ関係性である．そこでは互いの生に対する関心と配慮を共有し，生を支え合う．この関係性は，互いに対する責任をともなう，抜き差しならない（時にしがらみを生む）ものだが，日々の実践をつうじて新たに生み出されたり，変化したりもする．さらに，こうした関係性は，人々のある種の「まとまり」を生みだすこともある．古典的な共同体（コミュニティ）が内と外の境界に関して閉鎖的な傾向をもち，ネットワークが定義的には内と外の区別をもたない，開放的な関係性だとすれば，つながりが生みだす親密なまとまりはその中間的な領域だといえよう．この範囲や規模については生態人類学者や霊長類学者による集団概念の問い直しも参考になるが（河合 2009），生存基盤研究においては，それぞれの地域や問題系に応じてこのつながりのあり方を具体的に明らかにするとともに，それを支えるような制度や技術について考えていく必要がある．

▶関連用語：2-2-A05 ネットワーク，2-2-C09 ケア

文献

Carsten, J. (ed.) 2000. *Cultures of Relatedness:* Cambridge University Press.
クリスタキス，N.・J. ファウラー著，鬼澤忍訳 2010．『つながり』講談社．
河合香吏編 2009．『集団――人類社会の進化』京都大学学術出版会．
速水洋子 2009．『差異とつながりの民族誌』世界思想社．

〔木村周平〕

2-2-C05 ▶▶▶ 連鎖的生命　connectedness of life

キーワード●共生

　生命には二つの対極的な意味がある．個別の個体に閉じ込められた生命観（個体的生命）と，個体の枠を超えてほかの個体へ無限に開かれ，連続する生命（連鎖的生命）とである（波平 1996）．前者は，個体の死とともに完結する唯一無二の生命，後者は複数の個体に共通する生命である．延命治療や生殖医療の発達とともに生命観も変化する．一方で，後者の見方は仏教的世界観や先祖観念，諸文化における生命観にも見いだすことができる．いのちは「生物を連続させていくもとになる力」であり，個々の生命は死んでもいのちそのものは死なない（三木 1992）．地球上に生命が発生して以来数十億年，無数の生物個体や生物種が生まれ，一定の時間を生き，死にゆき，あるいは死滅しており，生物進化は不連続によって構成されている一方，最古の生命体以来，現在にいたるまで，いのちが連なっている．地球に生息するあらゆる生物は，「生きている」という事実によって歴史的・通時的に，あるいは空間的・共時的に，生命に連なっている（木村 1997）．

　個々の生き物が生殖をつうじて子孫にいのちを手渡していく基本的な現実について，木村は，生命の「非・不連続性」と表現する．個体同士は通時的には死によって隔たり，共時的には自他関係によって隔たりつつ，いずれも「非・不連続」の生命に連なる．個々の個体の生命は，通時的に一定の時間持続の後終わる．その有限性と一回性が，それぞれの個体の他個体に対する唯一性，交換不能性の根拠となり，それによって共時的次元で，自他の区別が生じる．これに対して「生命そのもの」は絶えることがないため，そこでは「生死」も「自他」もない．

　人間は通時的に親子代々，共時的には他者との協働をつうじて生のつながりをもつ．一方で，個体の生存期間を延ばそうと望み，他方で，自己の生命をより広い「生のつながり」のなかに位置づけ，個体的生命を超えて自らの有限のいのちを無限の時空の広がりと生命連鎖のなかに位置づけようとする（田辺 2010）．人間圏は，動植物の命の犠牲やそれらとの相互依存関係の上に成り立ち，生のネットワークにおいてつながり合う．生存圏とは，連鎖的生命の総体であるともいえる．

▶関連用語：2-2-C04 つながり，生，個体的生命

文献

木村敏 1997.『からだ・こころ・生命』河合ブックレット 29.
三木成夫 1992.『海・呼吸・古代形象』うぶすな書院.
波平恵美子 1996.『いのちの文化人類学』新潮選書.
田辺明生 2010.「生存基盤の思想」杉原薫・川井秀一・河野泰之・田辺明生編『地球圏・生命圏・人間圏 —— 持続的な生存基盤を求めて』京都大学学術出版会.

〔速水洋子〕

2-2-C06 ▶▶▶ 身体　body

キーワード●自然と社会

　西洋的な心身二元論のもとでは身体は自然に近く，人間的理性にとっては障害物，精神性に対する物質性として思考対象の外におかれ，排除され他者とされた．女性は身体による拘束性が大きく，その作用を予測・統御できないため，女＝身体＝負の価値という意味連関がつくられた．このように人文諸科学で等閑に付されてきた身体は，近年，改めて思考対象とされてきた．自然と社会の結節点として，他者との関係性において不可欠であり，また象徴・表象としても多用される（Douglas 1970）．とくにフェミニズムは，男女の身体的相違，およびその論じ方を問題としてきた．生来の身体的性差を極小化して理解するのか，女性の産む性としての特性を強調するのか．意味ある差異はすべて文化的に構築されるジェンダーに付し，セックスは身体に関するものとして棚上げにする議論もあった．しかしバトラーは，身体としてのセックスも，実践をつうじて生み出されることを主張し，物質としての身体は完全に言語により規定されると考える（Butler 1993）．物質としての生身の身体，肉体性を等閑に付すことなく身体とジェンダー・セックスについて考えられるかが問われる．

　身体は，物質＝客体でありながら，同時に社会的作用に開かれた主体でもある．社会は性差に人間の本質的属性としての特権的な意味を付与する．すると，身体はさまざまなふるまいや活動をとおして，規範的な観念としての「性」を自らにとり込む．そして言説的に構築された「性」の機能を介して物質的に構築される．言説中以外に身体は実在しないわけではなく，かといって言説以前のどこかに「純粋な身体」が存在するわけでもない（加藤 2001）．

　人間の身体には，他の生物体と同様の主体性が備わっている．生物主体は環境世界との相即が保たれるかぎり生存を保つ．ただし人間の主体は，歴史的個別意識をもち（木村 1997），それゆえに他者の身体に備わる同様の個別意識を感知し，多様な他者と共感し共生することが可能なのである．

▶関連用語：2-2-A02 エージェンシー（行為主体性），実践，ハビトゥス，パフォーマティヴィティ

文献

Butler, J. 1993. *Bodies that Matter: On the Discursive Limits of "Sex"*, Routledge.
Douglas, M. 1970. *Natural Symbols*, Barry and Rockliff.
フーコー，M. 著，渡辺守章訳 1984.『性の歴史Ⅰ　知への意志』新潮社.
加藤秀一 2001.「構築主義と身体の臨界」上野千鶴子編『構築主義とは何か』勁草書房.
木村敏 1997.『からだ・こころ・生命（河合ブックレット 29）』河合文化教育研究所.
荻野美穂 2002.『ジェンダー化される身体』勁草書房.

〔速水洋子〕

2-2-C07 ▶▶▶ 家族　family

キーワード◉再生産

　近代産業社会における家族は，再生産の基礎的社会単位として経済と統治のシステムに組み込まれた．その一方で，生殖や血のつながりのような生物学的な関係を基盤としていることを理念的に強調することによって自然化された．出産育児などの人間の生殖に関する知識が，科学や医療の対象とされ，母性は「自然」のものとされるようになった．こうした自然化の過程をつうじて，家族が「再生産」の中心に据えられ，「生のつながり」の多様な可能性は限定されていった．婚姻に基づいた閉鎖的単位としての家族という社会集団が分立し，情動，養育，生理的な活動や諸関係の私的領域として確保された．じつは，政治的言説・経済過程のただなかにありながら，あたかも自然の領域として，政治的言説の外におかれ，生産過程に従属する影の領域とされてきたのである．

　しかし，久しく少産少死の高齢化時代にある先進産業社会では，この体制を再生産の領域としてかげで支えてきた家族はもはや，負わされた重荷を担いきれなくなっている．介護問題，DV，引きこもり等さまざまな問題が顕著になり，家族はもはや安全の場，幸せの保障の場からほど遠いものとなり，性役割分業も性的規範をも一元化する抑圧的な装置とされる．それでも，オルタナティブな生の保障の場がないかぎり，家族の存亡は生存基盤の根幹に関わる．現在も，家族は生存の保障の基盤であることにはかわりないのである．

　家族の存立基盤が生物学的なつながりに一元化され，その再生産役割が当然とされること自体をを再考することが，再生産領域の生産への従属という構図に対するオルタナティブにつながる．家族に見いだされるさまざまな「生のつながり」は性と生殖に限定されず多元的な広がりをもつ (Carsten 2000)．アジア・アフリカ社会では，生活の基盤にある関係は，そのような小さな単位に限定されることなく外へ広がる (立本 2000)．そこに，生産に従属する「自然」の再生産領域とは別の関係のあり方が見いだせる．

▶関連用語：2-2-C01 親密圏と公共圏，2-2-C10 子育て，2-2-C11 介護，家父長制

文献

アリエス，P. 著，杉山光信・杉山恵美子訳 1980．『〈子供〉の誕生』みすず書房．
Carsten, J. 2000. *Cultures of Relatedness*, Cambridge University Press.
フーコー，M. 著，渡辺守章訳 1984．『性の歴史 I　知への意志』新潮社．
落合恵美子 1994．『21 世紀家族へ』有斐閣選書．
立本成文 2000．『家族圏と地域研究』京都大学学術出版会．
上野千鶴子 1994．『近代家族の終焉』岩波書店．
山田昌弘 1994．『近代家族のゆくえ』新曜社．

〔速水洋子〕

自我と共感　ego and empathy

キーワード◆発達，承認，相互行為

●自我の発達と人間関係

　自我も共感も，複数の学問分野をまたいでもちいられる専門用語であり，一般にもなじみの深い言葉である．このため，いずれについても異論のない簡潔な定義をすることは難しい．そこで以下では，生存基盤論との関連でとくに有意義だと思われる議論に限定して両者の関わりを解説する．

　自我と共感の関わりについては，まず精神分析学の諸派（e.g. 自我心理学，対象関係論）において活発に議論されてきた．その影響は精神分析学の内部にとどまらず，より社会科学的な研究にも及んでいる．そうした研究は，人間圏の論理の核に親密圏を想定し，生涯をつうじた自我の発達とそれを可能にする人間関係について論じている（「子育て」の項も参照）．

　たとえば，しばしばフランクフルト学派におけるハーバーマスの後継者と目されるホネットは，コミュニケーション行為とコンフリクトの関係についての議論に自我の発達という観点を導入し，これを重層化した．以下にみるようにホネット（2003）は，初期ヘーゲルの承認形式に関わる議論とミードの象徴的相互作用論や精神分析学における社会化についての議論を接合し，健全な自我の発達のためには，他者からの共感的な理解にもとづく承認が必要であると論じる．

　ヘーゲルは私たちが互いに自分を他者において認識するという関係を際だたせるために承認（Anerkennung）という概念をもちいる．またミードは，個人は他者がその個人にとる態度を獲得することをつうじて自我を発達させていくという．こうした議論に依拠してホネット（2003）は，私たちは社会化の過程で次第に相互行為のパートナーの範囲を広げ，その規範的な態度を内面化していくことによって，そのパートナーを承認するとともに自分が社会的共同連関の成員として承認されていることに気づくと論じる．

　承認形式はそれぞれを求める欲求（カッコ内参照）と対応して，個体（具体的欲求），人格（形式的自立），主体（個体的特殊性）という段階を経る．このうち最も初期にあらわれる個体への承認形式についての議論では，対象関係論の代表的な論客の１人であり，相互行為における共同性を基盤として行為主体を理解しようとするウィニコットの主張が援用されている．こうしたウィニコットの主張は，自我心理学を一般に広めることに貢献したエリクソンのライフ・サイクル論から大きな影響を受けている．エリクソン（1977，1980）は人間の生涯にわたる自我の発達を八つの段階に分類し，それぞれの段階を特徴づける課題とそれに失敗したときに陥る危機を対立させて以下のように称えた：(1) 基本的信頼 対 不信，(2) 自律性 対 疑惑，(3) 積極性 対 罪悪感，(4) 勤勉 対 劣等感，(5) 同一性 対 同一性の拡散，(6) 親密性 対 孤立，(7) 生殖性 対 沈滞，(8) 統合 対 絶望．

　上記の自我の発達段階は，ホネット

(2003) が定式化した段階と親和性が高い．またエリクソンが各段階において課題に失敗すると陥ってしまう危機について論じたように，ホネット (2003) は上記の三つの承認様相に対応して，愛情（自己信頼につながる）の剥奪，権利（自己尊重につながる）の剥奪，尊厳（自己評価につながる）の剥奪という三つの尊重の欠如のタイプを想定する．そして，各段階でこれらの尊重が欠如していると，社会生活の再生産が妨げられて社会的コンフリクト，すなわち承認をめぐる闘争がもたらされると論じる．

● 関わりの社会的な組織化

こうしたホネット (2003) の主張に問題点がないわけではない．まず他者が示す態度を鏡像的に取り込むことで自我が形成されていくというヘーゲルやミードに依拠したモデルは，昨今の研究の進展に照らしてみると単純に過ぎる．ゴッフマン (2002) が詳細に論じたように，私たちの日常生活では社会的状況に応じてさまざまな面目 (face) が生じてくる．そして私たちは，「承認をめぐる闘争」へといたる以前に，複数の人々が一つの面目を共有したり，面目が脅かされることを未然に避けたり，侵害された面目を修復したり，複数の面目の関係を調整したりしている．自我の形成と関連してこうした実践が日常生活においてどのように組織化されているのかを明らかにすることは，今後の研究者に託された重要な課題であろう．

またホネット (2003) の主張を基礎づけている精神分析学での議論は，主として西欧における臨床経験にもとづく資料に依拠しており，その普遍性や実証性に関しては疑念が出されている．たとえばライフ・サイクル論には，エリクソンの主張はおもに少数の伝記的な事例にもとづいており検証が難しい，成長につれて拡大していく個人間の多様性をうまく説明できない，各段階を特徴づける課題は普遍的とはいえない，といった批判がある．こうした批判に応えて議論を進展させるためには，さまざまな社会的状況で営まれている人々の行為とそれを導く周囲からの配慮を切り離さずに分析し，さらにその関係が社会のなかで果たす働きについて考察していく必要があるだろう（本講座第 3 巻第 1 章）．

▶ 関連用語：2-1-01 地表から生存圏へ，2-2-C01 親密圏と公共圏，2-2-C10 子育て，関係性，共同体

文献────
エリクソン, E. H. 著, 仁科弥生訳 1977.『幼児期と社会 1』みすず書房．
──── 著, 仁科弥生訳 1980.『幼児期と社会 2』みすず書房．
ゴッフマン, E. 著, 浅野敏夫訳 2002.『儀礼としての相互行為［新訳版］』法政大学出版局．
ホネット, A. 著, 山本啓・直江清隆訳 2003.『承認をめぐる闘争』法政大学出版局．

〔高田　明〕

キーワード◆関係性，相互存在

ケア　care

●人間の実存とケア

ケアには，気がかりや心配という意味合いと，他者への献身，配慮の意味があり，そこには人間の存立基盤としての自他の関係性が見いだせる．ケアは，人間の実存と不可分であり，気遣いや関心の対象としての他者との共同存在，相互存在のもとで，自分自身とも関わることである（ベナー・ルーベル 1999）．こうしたケアの考え方は，関係性を根本におく人間観に基づいている．

ただし，実践の場でみればケアは，する側とされる側の非対称な関係であり，そこに葛藤や攻撃性，搾取や強制，抑圧や差別を生じやすく，潜在的には暴力にもつながりうる（上野 2011）．そうした内在的な両義性は，ケアを担うべき場を家族とし，これを愛によって根拠づけることで隠ぺいされてきた．「具体的な他者の生 / 生命，特にその不安や困難に対する関心 / 配慮を媒体とする，ある程度持続的関係性を指す」（齋藤 2000）と定義される親密圏はまさにケアの領域ともいえる．生と関係性をはぐくむ場としての親密圏をいかに確保するのか，そこからケアをいかにして公共圏の問題へと開いていくのかが問われる（広井 2009）．

●ケアの倫理をめぐる議論

フェミニスト・ケア論者は，女性に担われるケア労働が家族内へ不可視化され周縁化されてきたことを指摘し，これに抗する「ケアの倫理」の議論を展開した．他者に依存せず，自律的に判断や選択ができる自己充足的な人間像を前提とするのではなく，依存・養育・協力・親密性・信頼や関係性，共感なしには生きられないという人間観に依拠し，ケアの価値を公的領域へ広げることを提唱する．そして，公的価値が「正義の倫理」，公平，個人の権利，自由と平等，不干渉，公正な分配などの自律の人間観に基づく普遍的で抽象化されたルールに基づくのに対し，状況依存的に具体的な関係性のなかで作用し，信頼，注意深さ，特定のニーズへの応答，語りのニュアンス，結束や協力，信頼，相互配慮に基づく，人と人との関係性に基づくより状況依存的な「ケアの倫理」をも包含すべきだと論じている（Held 2006）．

「ケアの倫理」をめぐる議論は，これを女性の特質として男性の「正義の倫理」と対置して評価する立場（Gilligan 1982）から出発したが，ケアと正義をともに重視しつつ二項対立を避け，ケアはより広く正義の倫理が適用される基盤を形成するという議論へと展開された．そこでは，ケアが市民性の概念を豊かにし，多様性や複数性に対処し，差異や複数性のあるところに平等性をもたらしうることが指摘された（Held 2006）．ケアを従来もっぱら正義の倫理とされた公的領域（環境・社会・経済・政治生活）にも取り入れ，それが社会の再編をもたらすことを主張する．

● ケアを定義する

「ケアすることとは種としての人間が，世界をよりよく生きられるようにこれを維持し，継続し，修繕するためのすべての行動とみなすべきである。その世界とは，我々の身体，我々自身，そして我々の環境をも含むもので，我々は複雑に生を持続させる〈網の目〉にこれらを織り込もうとする」（Tronto 1993: 103）。ケアの定義は論者や視点によって多様だが，これは，生産から生存へのパラダイム転換を目指すわれわれにも有効な定義だろう。人間の環境との持続的な関係のなかで他者および自然との関係を新たに想像・再構築する権能，依存状況に基礎づけられた自律，関係性を基盤とした責任が概念化されれば，ケアと正義は背反しない社会秩序と理解される。

一方，ケアを制度・政策・実践から論じるうえでは，「依存的な存在たる人の身体的かつ情緒的なニーズを一定の規範的・経済的・社会的枠組みのもとで満たすことに関わる行為と関係」という，より具体的な定義が有効となる（Daly 2001）。

● ケアの現在

少子高齢化時代を迎え，とくに高齢者のケアをどのように担っていくかが，グローバルに問題となっている。先進産業社会では，家族が再生産の場として効率的な生産を支え，乳幼児や老人などのニーズへの対応を含むケアを担ってきたが，人口の高齢化とともにそのニーズは高まり，離婚・非婚率の上昇，少子化の進行とともに，家族はもはやケアを担いきれなくなっている。

私（家族）領域がケアの行きづまりをみせる一方，官（国家）に依存することはできず，民（市場）のみでは十分に機能できないなかで，協（市民）領域が注目されている（上野 2011; 広井 2009）。「公私」や国家と市場，そして協領域といった領域ごとに分断して構想されたケアは，少子高齢化が今後進行していくと予想されるアジア・アフリカ社会ではどのように展開するのか，そこから先進国が学ぶべきことがあるのではないか。

▶関連用語：2-2-C03 つながり，2-2-C10 子育て，高齢化（加齢）

文献

ベナー，P.・J. ルーベル著，難波卓志訳 1999．『現象学的人間論と看護』医学書院．
Daly, M. 2001. *Care Work*, ILO.
Gilligan, C. 1982. *In a Different Voice*, Harvard University Press.
Held, V. 2006. *The Ethics of Care*, Oxford University Press.
広井良典 2009．『コミュニティを問いなおす』ちくま新書．
メイヤロフ，M. 1987．田村真・向野宣之訳『ケアの本質』ゆみる出版．
水野治太郎 2005．「公共世界におけるケアの人間学」『上智大学人間学紀要』35．
齋藤純一 2000．『思考のフロンティア　公共性』岩波書店．
Tronto, J. C. 1993. *Moral Boundaries*, Routledge.
上野千鶴子 2011．『ケアの社会学』太田出版．

〔速水洋子〕

キーワード◆承認，相互調整，文化

子育て　child rearing

　子育てという用語は，一般的・日常的に広くもちいられていることに加えて，人類学，社会学，精神分析学，心理学といったさまざまな学問分野でも使われる．時代や地域が変われば子育ての仕方も異なる．そしてその違いは，それぞれの社会や文化の組織化のされ方とつながっている．この点で子育ては，私たちの生活の文化的多様性をあつかう民族誌的研究にとって恰好の主題の一つである（高田2009）．以下では，生存基盤論との関連において子育てを研究することの重要性について説明する．

● ホネットの承認論

　よく知られているように，ハーバーマスの公共圏に関する議論は，彼のコミュニケーション論に基づいている．このハーバーマスのコミュニケーション論を発展的に継承し，そこに社会化という分析軸をとりいれた代表的な研究者としてホネットが挙げられる．ホネット（2003）はおもに初期ヘーゲルの承認形式に関わる議論とG. H. ミードの象徴的相互作用論にもとづいた社会化についての議論を接合して，"承認をめぐる闘争"という議論を展開している．ヘーゲルは，われわれが互いに自分を他者において認識するという関係を際だたせるために承認という概念をもちいる．承認形式は，それぞれを求める欲求（カッコ内参照）と対応して，個体（具体的欲求），人格（形式的自立），主体（個体的特殊性）という段階を経る．ホネット（2003）は，上の三つの承認様相に対応して，尊重の欠如にも，愛情（自己信頼につながる）の剥奪，権利（自己尊重につながる）の剥奪，尊厳（自己評価につながる）の剥奪という三つのタイプを想定する．この尊重の欠如が動機となって社会的コンフリクトを発生させる．すなわち，われわれは社会化の過程で相互行為のパートナーの規範的な態度を段階的に内面化することによって，そのパートナーを承認するとともに自分が社会的共同連関の成員として承認されていることに気づくことができるのだが，パートナーの適切な承認が得られないと，社会生活の再生産は妨げられ，承認をめぐる闘争がもたらされるのである．

● 精神分析学諸派の乳児研究

　上記のホネットの議論は，人間学的なアプローチをとる同時代のさまざまな子育て研究と響き合う．たとえば，精神分析学の諸派のなかでも，対象関係論は相互行為における共同性を基盤として行為主体を理解する試みを示している．ウィニコットによれば，母親が赤子の生命を保つために示す気配りは子どもの行動と融合しており，これが生命の始まりの未分化な間主観性につながる．その一方で母親も，子どもとの間に個体としての境界線を引くことができず，欲求の充足という点では子どもに依存性を示す（この依存性には第三者の保護による承認が必要である）．この共生的な結びつきが基盤

となって，公共生活に自律的に参加するうえで不可欠の個体の自己信頼にかんする基準がつくり出される（ホネット 2003）．

また優れた精神分析家として知られるエリクソンは，北米インディアンの人類学的な調査も行って精神分析学と人類学を統合した比較分析を試みている（エリクソン 1977, 1980）．エリクソンによれば，人間の生活は肉体的作用，自我の作用，社会的作用という三つの側面からなる．この全体観のもと，エリクソン（1973）は人間の自我の発達を八つの段階に区分している．それぞれの段階は，その段階に特有な心理的葛藤によって特徴づけられる．このうち乳児期は，基本的信頼対不信の段階と位置づけられる．この時期，母親はその文化の生活様式に支えられ，彼女に自信を与えてくれる育て方で乳児の要求に敏感に応じて世話をする．乳児と母親は，口と乳首という焦点的な器官をとおしてだけではなく，身体全体で温情と相互性を示しあい，楽しむ．これが乳児に外界にたいする基本的な信頼感を植えつけ，後の同一性の観念の基礎を形成する．この時期における養育者-子ども間の相互調整の失敗は，基本的な信頼感の欠如により引き起こされるさまざまな不適応行動として顕在化することとなる．このようにエリクソンにとって自我の発達は，人間がもともともっている欲望がその文化に支えられた育て方に出会うことより，さまざまな心理的葛藤を経ながらその文化の様態に適合するようにかたちづくられていく過程である．

ただし，エリクソンが描いたような人生行路が，時代や地域を超えて社会化のプロセスを説明できる枠組みを提供している保証はない．最近の研究はむしろ，私たちの知識体系や生活様式は上で例に挙げたような最初期の母子間相互行為にさえ反映しており，その組織化のされ方は文化により異なることを示唆している．たとえば，密接した長期にわたる母子関係によって知られ，しばしば上記のような精神分析学諸派の理論を支持する事例を提供するとされてきた狩猟採集民のなかにも，離乳が相対的に早い，母親以外の女性，父親，年長児などがよく子育てに携わり，母子間の密着度が相対的に低い，といった集団があることが示されている（高田 2009）．したがって，親密圏が公共圏を支えるメカニズムや制度は，上記の研究者が思い描いていた以上に複雑かつ多様であり，これを論じていくためにはいまだに経験的なデータが圧倒的に不足している．

▶関連用語：2-2-C01 親密圏と公共圏，2-2-C03 つながり，2-2-C08 自我と共感

文献

エリクソン，E. H. 著，仁科弥生訳 1977，1980．『幼児期と社会（1・2）』みすず書房．
―――著，小此木啓吾訳編 1973．『自我同一性』誠信書房．
ホネット，A. 著，山本啓・直江清隆訳 2003．『承認をめぐる闘争』法政大学出版局．
高田明 2009．「赤ちゃんのエスノグラフィ」『心理学評論』52(1)．

〔高田 明〕

介護　nursing care / elderly care

　介護とは，高齢者や病人などを介抱し，日常生活を助けることであり，この用語は1875年に陸軍恩給制度の給付基準の概念で初出される．一方，看護は輸入概念であるが，歴史的にみれば介護も看護の領域に含まれると考えられる（井上2006）．「すべての患者に対して生命力の消耗を最小限度にするよう働きかけること」としたナイチンゲールの看護概念は，本来看護業務として規定されている「療養上の世話」も含む．しかし，人口高齢化にともなって日常生活動作を自立して遂行できない虚弱高齢者が増加したことや，高度に専門化がすすんだ医療現場での業務増大の結果，専門職である看護師が療養上の世話まで手がまわらなくなってきたという現実がある．このため，日常生活を助けるという部分が医療から切り離されて，介護という領域が創り出されたという経緯が一般的な認識であろう．

● 介護保険制度とインフォーマル・ケア

　日本の「介護」概念の特質として，従来，両親は息子（とくに長男）や親族が面倒をみるものという価値観がある．しかし，少子高齢化や核家族化の進行，医療の進歩による寿命の延長，要介護状態の長期化などにともなって，介護を行う配偶者や子もまた高齢者であるという「老々介護」の問題も浮かび上がってきた．こうした現実のなか，社会福祉事業として介護が公的補償制度に取り入れられ，1987年には介護福祉士法が，1997年には介護保険法が制定された（厚生労働省）．介護保険法が施行された2000年以降は40才以上のすべての国民が介護保険に加入して保険料を支払い，65才以上の申請者が自宅や施設での介護サービスをうけられるようになった．施設としては，身体や精神に障害があって，家庭での介護が難しい65才以上の高齢者が入所する特別養護老人ホーム，麻痺やけがの症状が安定した高齢者を原則として3ヵ月を限度に受け入れ，自宅での生活を可能にするためにリハビリテーションを行う介護老人保健施設などがある．これら施設介護サービスのほかに，自宅では介護保険の居宅サービスとして訪問介護員による入浴，排泄，食事等の直接的な介護や，調理・選択掃除などの家事，生活等に関する相談，助言などの訪問介護サービスがある（和田2009）．これら厚生労働省令で定められる公的社会保障に基づくフォーマル・ケアが拡充していったが，同居家族や近隣の地域住民によるインフォーマル・ケアの実践は高齢者や障害者の介護に不可欠であり，ますます重要になってきている．

● ケアの原義と介護の実際

　「介護」は英語では"care"と訳されることが多い．しかし，careは「介護」という日本語がもつ高齢者の身の回りの世話といった意味以上に人間圏に本質的な価値としてうかびあがってくる．古代ローマの伝統においてはケア（care, cura）は（1）気がかり，心配，心の重荷と，（2）他者に幸福を与えること，献身，配慮という二つの基本的に対立する意味をもっていた．この伝統のうちにあって影響を与えたといわれるのは古代ローマ神話の女神クーラ（cura = care）の話である（中山・高橋 2001）．女神クーラは泥から人間のイメージをつくり，それにジュピテルが魂を吹き込んだ，という．人間をつくったもとは泥（テラ；大地）であるが，クーラ（ケア）がはじめに人間をつくったのであるから，人間が生きているかぎりクーラ（ケア）が人間を掌握する．つまりケアによって人間は人間となる（Post 2003）．そして，人間という存在の根底をなすところのケアとは冒頭の二つの意味をもっていた．すなわち，気苦労の意味にせよ，気づかいや世話の意味にせよ，人間はケアを離れて存在できず，ケアによって人間は完成される．人間にとってケアが本質的であるということは時代と文化の相違を超えて当てはまる．

英語の「ケア」と日本語の「介護」の語感には隔たりがあるが，それでもなお，介護の本質にはケアの原義である「他者（患者）の精神的悲痛に対する共感」が最も基本的かつ重要な要素となる点で共通する．心の重荷になるほどに共感し，配慮できたときにはじめてケアが可能となるといえるが，介護の実際はそうした広義のケアがもつ意味の両面性を象徴する行為ともいえる（本講座第 5 巻第 5 章）．

乳幼児期や学童期の子育てとともに，高齢期の介護は人間のライフサイクルのなかでどのような社会においても普遍的にみられる行為である．新しいいのちが生まれ，成人し，そして老いて死にゆくという人の一生を考えるとき，ケアは人間圏にとって本質的な価値といえる．そして，介護はケアの実践の一つの究極的なかたちであるともいえよう．

▶関連用語：2-2-C09 ケア，高齢化（加齢）

文献

長寿科学痴呆・骨折研究，介護予防ガイドライン研究班著，鳥羽研二編 2006．『介護予防ガイドライン』厚生科学研究所．
遠藤英俊 2011．「介護保険改正の焦点は」『医学の歩み』239(5)．
橋本肇 2000．『高齢者医療の倫理』中央法規．
広井良典 2000．『ケア学』医学書院．
井上千津子 2006．「看護と介護の連携」『老年社会科学』28(1)．
厚生労働省「介護保険制度の概要」http://www.mhlw.go.jp/seisakunitsuite/bunya/hukushi_kaigo/kaigo_koureisha/gaiyo/index.html（2012 年 3 月 12 日アクセス）．
中山将・高橋隆雄 2001．「ケア論の射程」『熊本大学生命倫理研究会論集 2』九州大学出版会．
Post, S. G. 2003. *Encyclopedia of Bioethics* [3rd edition], Macmillan Library Reference.
酒井明夫ほか編 2010．『生命倫理辞典［新版増補］』太陽出版．
立岩真也 2000．『弱くある自由へ』青土社．
和田泰三 2009．「介護予防ガイドライン」『理学療法ジャーナル』43(9)．

〔和田泰三〕

2-2-C12 ▶▶▶ QOL　Quality of Life

キーワード●潜在能力，人の福祉

　Quality of Life（QOL，生活の質，生の質）はきわめて広範な概念であるが，「生存基盤」を考えるうえでは，医学分野で扱われる健康関連 QOL をふまえたうえで，センらのいう潜在能力（capability）アプローチへ発展させ，さらに QOL の概念を鍛え上げることが有益であろう（本講座第 5 巻第 5 章）．

　医学分野では近年，健康関連 QOL を構成する最も基本的な三つの構成要素に関して，国際的なコンセンサスができつつある．1 番目は「身体機能」で，階段を上れるか，一人で服を着られるかというような内容である．2 番目は「心の健康」（Mental Health）で，とくに気分の落ち込みや不安が含まれる．3 番目は「社会生活機能」で，これは一般的な社会関係というよりも，身体機能やメンタルヘルスの変化によってもたらされた友人関係やつきあいの変化を指すことが多い（福原 2003）．これら三つの要素は，いみじくも WHO の健康に関する定義とほぼ同じである．加えて，健康状態に起因する日常役割機能（仕事や家事）の変化も，最も基本的な QOL の要素として含まれることが多い．さらに，痛み，活力，睡眠，食事，性生活なども重要な要素として含まれることがある（Wilson 1995）．こ れら健康関連 QOL の測定は患者の視点に立脚して行われることに特徴がある．

　経済学分野では，人の福祉（human well-being）を示すものとして 1 人当たりの所得という尺度をもちいて，一般的な需要理論の基礎に個人効用の最大化という概念を置いてきた．しかし，効用が人の QOL をはかるために適切な指標かどうかは疑わしい．センは効用概念よりも，人の潜在能力を評価することが QOL を考えるうえで重要であると指摘している（セン 2006）．センは，QOL に対する潜在能力アプローチを，生活とはさまざまな「なにかをすること」（doing）や「ある状態でいること」（beings）の組み合わせであるという考え方に基づいて定義している．すなわち，QOL は人が生活をするにあたって価値ある機能を達成する潜在能力の観点から評価されるべきであるということである．QOL が政策立案者のもちいる評価尺度となるためには，伝統と文化的相対性についての哲学的探求もすすめなければならない．これらをすすめるためには QOL の可則度（測定可能性）はある程度犠牲にならざるを得ないといえる．

▶関連用語：2-2-B04 潜在能力，2-2-C09 ケア，日常生活動作

---文献---

池上直己・福原俊一ほか編 2003．『臨床のための QOL 評価ハンドブック』医学書院．
セン，A. K. 著，M. C. ヌスバウム編 2006．『クオリティー・オブ・ライフ』里文出版．
Wilson, I. B. et al. 1995. "Linking Clinical Variables with Health Related Quality of Life", *JAMA*, 273.

〔和田泰三〕

第3章
温帯から熱帯へ

2-3-01

温帯から熱帯へ
from temperate area to tropical area

◆キーワード◆
太陽エネルギー，水循環，周期，時空間スケール，熱帯の知

　人間社会が地球圏や生命圏とどのような関係性を築くのかは，どのような技術や制度を適用するのかによって規定される．異なる地域では，それぞれの社会が向き合う地球圏や生命圏の特質が異なるので，当然ながら，異なった技術や制度が必要となる．今日の人類社会において普遍的に適用可能であると考えられている技術や制度の大部分は，温帯の地球圏や生命圏の特質を前提として開発し精緻化されてきたものである．「温帯から熱帯へ」というキーワードは，今後の人類社会の発展におけるこれらの技術や制度の役割を相対化し，熱帯地球圏の豊富なエネルギー循環や熱帯生命圏の多様性を前提とした技術や制度の展開を目指すことが，持続型生存基盤の構築のために必須であるというパラダイムシフトを端的に表現したものである．近代科学が成立して以降の技術開発や制度整備は，西ヨーロッパが先導し，北米や東アジアが補完してきた．これらはいずれも温帯に位置する．しかし，人間社会の重心は温帯から熱帯へと移動しつつある．熱帯の地球圏や生命圏とどのような関係性を構築するのかは，今日においてもすでに地球規模の課題であるが，その重要性は，将来，ますます大きくなるであろう．持続型生存基盤研究において熱帯は中心課題である．

●熱帯生存圏の発展径路

　近代世界史は温帯中心の歴史だった．そのなかで熱帯は，第一次産品の供給基地として位置づけられ，温帯に位置する宗主国の制度が熱帯の植民地に移植された（本講座第1巻序章）．すなわち，近代以降の熱帯生存圏の発展径路は，資源の収奪，適応なき制度移植，産業用地への転換によって特徴づけられる．それは，熱帯地域社会がはぐくんできた資源利用のための技術や制度を継承し発展させたものではなく，温帯から持ち込んだ技術や制度に依存して特定の物産を大量に獲得する試みであった（本講座第1巻序章）．このような社会構造は，宗主国から独

立した現在においても熱帯諸国に残存している．アブラヤシやアカシアなどの大規模プランテーションが東南アジア各地に急速に広がりつつある状況は，先進国が主導するグローバルな需要に呼応したものである．さらに，熱帯諸国の産業発展においても，自国へ外資系企業を誘致し，温帯先進国向けの製品を生産する輸出志向型工業化を目指すこともその延長にある．熱帯は，温帯のための資源供給源であり，熱帯の自然を温帯への「キャッチアップ」に必要なかぎりで利用するという構造は未だに継承されている．そこでは，経済的効率性が重視され，地球圏や生命圏からみた熱帯地域社会の持続性は軽視されがちである．

●熱帯地球圏の循環とテレコネクション

熱帯地球圏は，豊富な太陽エネルギー，高い気温，活発な水循環によって特徴づけられる．熱帯地球圏が受け取る豊富な太陽エネルギーは，地球上のエネルギー循環のソースである．また熱帯・亜熱帯域の降水量は，地球全体の降水量の3分の2以上を占める．熱帯における活発な水循環は，降水過程の潜熱輸送にともなう大気加熱効果により，熱と大気を地球全体で循環させる動力源になっている（Hirose and Nakamura 2005）．したがって，熱帯地球圏は地球全体の地球圏の中核であり，その変動やゆらぎは温帯や冷帯などへも影響を及ぼす．しかし，熱帯地球圏とそれ以外の地域の地球圏がどのように関係しているのかについては，まだ解明されていない点が多い．たとえば，ある場所における気象が遠く離れた場所の気象と密接に関係していることをテレコネクションと呼ぶ（山川 2005；本講座第2巻第1章）．太平洋の熱帯域における海水温分布が地球全体の気象に影響を与えるエルニーニョはその代表である．テレコネクションのメカニズムの解明や予測は，気象学における重要な課題である．すなわち，熱帯における人間活動が熱帯地球圏になんらかの影響を与えると，それは熱帯のみならず，温帯や冷帯の地球圏へも影響を与える可能性が大きいこと，そしてそれがどのような影響なのかを予測することは現代の科学をもってしてもきわめて困難であることを示している．

このような熱帯地球圏の特徴は，さまざまな現象の周期の多重性にあらわれている．太陽放射は1日や1年という周期をもち，これは地球全体で卓越する．これが，たとえばユーラシア大陸南東部に，その開始時期が前後にずれたり（Wang and LinHo 2002），期間内に気圧や降水活動に数週間スケール（7日から20日）の季節内変動がみられる（Takahashi and Yasunari 2006）が，毎年規則正しくモンスーン

をもたらしている．しかし，赤道域でみられる大気と海洋の相互作用であるエルニーニョ・南方振動（ENSO）の周期は2年から7年である．さらには，数十年スケールの長期的な周期も存在する（Zhang et al. 1997; 本講座第2巻第1章）．これらの現象は熱帯地球圏に特有の自然現象であり，いわゆる異常気象とは切り離して考える必要がある（Takahashi and Yasunari 2008）．さらに，ENSOにくわえてIOD（インド洋ダイポールモード，Saji et al. 1999）などの熱帯特有の現象が，熱帯だけでなく高緯度地域へも影響を及ぼしていることがわかってきた．

地球圏の多くの現象は，熱帯や極域に起因し，それが全球に影響を与えている．これは温帯地域社会にきわめて有利な条件を付与している．熱帯や極域を外的な条件とすれば，温帯の地球圏の現象を予測できるからである．たとえば熱帯低気圧の発生を予測することは今日の科学をもってしても難しいが，それがどのような経路で温帯に到達するのかを予測することは可能である．温帯の大部分は偏西風帯に属しており（田中 2007），その特徴である季節性と周期性のもとに，温帯地域社会の技術や制度は成り立っている．このような前提は，熱帯においては成り立たない．

●熱帯生命圏の多様性と時空間スケール

熱帯生命圏の特徴は，遺伝子，種，生態系レベルでの多様性である．その典型が熱帯多雨林である．地表面積のわずか6％を占めるにすぎない熱帯林に，地球上の半数以上の生物種が棲息していると推定されている．そこではさまざまな動植物が競合しながら共生している．熱帯生命圏は地球全体の生命の遺伝子プールでもある．過去数百万年の間，約2万年から10万年の周期で氷期と間氷期が繰り返されてきた．高緯度に分布する種の多くは，氷期になると熱帯に避難し，間氷期になると熱帯から高緯度へ移動するという往還運動を繰り返してきた．この動きが生命圏の多様性をさらに増長してきた（井上 1998; 百瀬 2003; 神崎・山田 2010）．熱帯は，このような地球圏と生命圏の長期にわたる相互作用の中核を担ってきた．

熱帯の地球圏や生命圏には，時空間スケールの異なるさまざまな力が働く．それらの力が拮抗しているために，熱帯の地球圏や生命圏の動きは複雑で，予測することがきわめて難しい．人間圏からみたときに，この複雑性，予測困難性は大きな意味をもつ．なぜなら，今日の人間圏の発展のパラダイムは，予測可能な環

境，確実に入手できる資源を前提として成り立っているからである．20世紀後半における世界各地での大ダム建設や大規模灌漑排水事業の展開は，温帯や熱帯という地球圏の特性の違いを超えて，このパラダイムに基づく開発が推進されたことが必ずしも長期的な持続性をもたらさないことを示している（河野ほか2010）．東南アジアで広くみられる森林の農業的利用では，森林生態系のもつさまざまな時間スケールを組み合わせたダイナミックな生存基盤が農民の生活を支えている（本講座第2巻第11章）．熱帯の地球圏や生命圏は明らかに温帯とは異なる．この点をふまえて人間圏と地球圏や生命圏との相互作用を考えることこそ，持続型生存基盤論が目指すところである．

●熱帯の知と温帯の技術・制度の融合へ

温帯型の技術や制度は，人間社会の発展のために能動的に地球圏や生命圏を制御し活用することに主眼が置かれてきた．これに対して，熱帯で何千年にもわたって蓄積されてきた人間の知に目を向けると，そこではむしろ，地域社会に固有の地球圏や生命圏が人間圏の技術や制度に指針を与えてきたと思われる事例が多い．熱帯に広く分布するアグロフォレストリー（Sanchez 1995）に代表される農林複合経営なども，柔軟性が高く自然に即した資源利用である．

熱帯地域社会が蓄積してきた熱帯の知を掘り起こして，それを現在の科学と接合し，熱帯における持続型生存基盤を実現するための技術や制度を創出していく必要がある．たとえば，これまで経験知のみに頼っていた予測を，科学的な予測手法に基づく情報によって補完することにより，不確実性に生きる適応戦略にリスク・マネジメントの要素を加えることができる（本講座第3巻第11章）．自然生態系を管理し，野生動物を保護するためのゾーニングを検討する際にも，現代の科学と熱帯の知の双方からのアプローチを統合することが重要となる（本講座第3巻第10章）．

科学技術の進歩により自然環境の理解が進んでも，地球圏や生命圏の変動までも正確に予想することは不可能である．すなわち従来の熱帯人間圏が備えていた，変動に柔軟に対応できる社会システムの構築を合わせて考えることこそが，熱帯地球圏とともに生きるためには必要である（Scoones 1995; 小杉 2010）．温帯パラダイムを持ち込んだことで失われた熱帯地域社会のレジリエンスを再構築するためにも，科学技術で得られた知見と従来のシステムの利点を組み合わせることで，

熱帯生存圏が本来的にもつ潜在力を引き出すことが求められている (本講座第 2 巻第 1 章). 今後, 熱帯のための制度や技術を再定義するうえで,「温帯から熱帯へ」 というキーワードは重要度を増していくであろう.

▶関連用語：1-3-05 熱帯森林資源論, 2-3-02 発展径路 (複数発展径路論), 2-3-A12 モンスーン, 2-3-B11 熱帯バイオマス社会

文献

Hirose, M. and K. Nakamura 2005. "Spatial and Diurnal Variation of Precipitation Systems over Asia Observed by the TRMM Precipitation Radar", *Journal of Geophysics Research*, 110.

井上民二 1998.『生命の宝庫・熱帯雨林』日本放送出版協会.

神崎護・山田明徳 2010.「生存基盤としての生物多様性」杉原薫・川井秀一・河野泰之・田辺明生編『地球圏・生命圏・人間圏 —— 持続的な生存基盤を求めて』京都大学学術出版会.

河野泰之・孫曉剛・星川圭介 2010.「水の利用から見た熱帯社会の多様性」杉原薫・川井秀一・河野泰之・田辺明生編『地球圏・生命圏・人間圏 —— 持続的な生存基盤を求めて』京都大学学術出版会.

小杉泰 2010.「乾燥オアシス地帯における生存基盤とイスラーム・システムの展開」杉原薫・川井秀一・河野泰之・田辺明生編『地球圏・生命圏・人間圏 —— 持続的な生存基盤を求めて』京都大学学術出版会.

甲山治 2010.「地球圏の駆動力としての熱帯」杉原薫・川井秀一・河野泰之・田辺明生編『地球圏・生命圏・人間圏 —— 持続的な生存基盤を求めて』京都大学学術出版会.

百瀬邦泰 2003.『熱帯雨林を観る』講談社.

Saji, N. H. et al. 1999. "A Dipole Mode in the Tropical Indian Ocean," *Nature*, 401.

Sanchez, P. A. 1995. "Science in agroforestry", *Agroforestry System*, 30.

Scoones, I. (ed.) 1995. *Living with Uncertainty: New Directions in Pastoralist Development in Africa*, London, ITP/IIED.

杉原薫 2010.「持続型生存基盤パラダイムとは何か」杉原薫・川井秀一・河野泰之・田辺明生編『地球圏・生命圏・人間圏 —— 持続的な生存基盤を求めて』京都大学学術出版会.

Takahashi, H. G. and T. Yasunari 2006. "A Climatological Monsoon Break in Rainfall over Indochina: A Singularity in the Seasonal March of the Asian Summer Monsoon", *Journal of Climate*, 19.

―――― 2008. "Decreasing Trend in Rainfall over Indochina during the Late Summer Monsoon:

Impact of Tropical Cyclones", *Journal of the Meteorological Society of Japan*, 86.

田中博 2007.『偏西風の気象学』(気象ブックス 16) 成山堂書店.

Wang, B. and LinHo 2002. "Rainy Season of the Asian-Pacific Summer Monsoon", *Journal of Climate*, 15.

山川修治 2005.「季節〜数十年スケールからみた気候システム変動」『地学雑誌』114(3).

Zhang, Y., J. M. Wallace and D. S. Battisti 1997. "ENSO-like Interdecadal Variability: 1900-1993", *Journal of Climate*, 10.

〔甲山　治〕

2-3-02

発展径路（複数発展径路論）
development path (multiple development paths thesis)

◆キーワード◆
要素賦存，大いなる分岐，労働集約型工業化，生存基盤，生命資源

●経済発展径路

　発展径路という用語は，ある国・地域の社会・経済の変化を長期的に捉えたとき，そこに，環境，技術，制度，文化などに規定されて，一定の方向に向かう歴史的傾向があることを示す表現として広く使われているが，厳密な学問的定義があるわけではない．以下では，本講座（とくに第1巻）で使ってきた経済発展径路の概念を中心に説明する．

　経済学では，市場が機能しているかぎり新しい技術は移転可能なので，技術の発展の方向は長期的に見れば収斂（converge）すると想定するのが自然である．事実，工業化自身は世界的に普及してきた（Bénétrix et al. 2012）．技術の収斂を妨げる最も重要な要因は，要素賦存（factor endowments），すなわち土地，労働，資本といった生産要素がどのくらい安く入手できるかが，地域によって異なることだ．資本の移動が自由になれば，資本の価格（利子）は平準化し，それに応じて生産方法も収斂するかもしれないが，土地や労働力は資本ほど簡単には平準化されない．もちろん土地も，交通の発達によって新しい土地が開発されたり，農業技術の発達によって土地生産性が向上したりするから，その利用可能性はつねに変化するが，そのスピードはゆっくりしている．労働力も現実にはかなり国境によって分断されていて，実質賃金の格差が世界的に縮小しているとは必ずしも言えない．

　したがって，ある商品の生産方法を決定する際，土地，労働，資本の価格が少しずつ地域によって違うと，異なった方法が採用される．人口の稠密な地域では，労働集約的な方法が，資源が稀少な地域では資源節約的な方法が採用される可能性が高い．それは「交易の利益」（gains from trade）を新しい条件のもとでつくり出すダイナミズムの源泉でもある．たとえば，19世紀以降のアメリカでは資源が豊富だったので，その技術は，イギリス産業革命後の西ヨーロッパのそれと比較

しても，はるかに資本集約的，資源集約的な方向に発展した（David 1975）．いったん方向が決まると，そこに情報や知識が集積するので，ミクロな視点からみればそれに従ったほうが技術革新が進むことが多い．制度がそれを後押しすることもある．こうして径路依存（path dependency）という現象が生まれる．ハバカクは19世紀後半以降のイギリスとアメリカの経済発展径路が分岐（diverge）しつつ発展した理由をこのように説明した（Habakkuk 1962）．

　ここで重要な点は，両国の要素賦存が大きく違っていたことと，両国の間に商品，資本，労働力の移動があったことである．大西洋を跨ぐ「国際経済」の成立が，西ヨーロッパでは成立しなかった大量生産に基づくアメリカ型生産様式をつくり出したのである．

● 二径路説

　以上は，1960年代に定着した議論であるが，近年はこれを西ヨーロッパと東アジアの長期経済発展径路にも適用しようとする「二径路説」と呼ばれる議論が登場した（Sugihara 2003; Austin 2010）．ここでは，大西洋経済よりもはるかに長期にわたって環境，技術，制度の組み合わせの大きく異なる発展径路が存在したとされる．

　まず，西ヨーロッパと東アジアの資源の賦存状態は工業化以前から大きく異なっていた．すなわち，西洋型径路が労働生産性の上昇を志向しがちだったのに対し，東アジアは稀少な土地の生産性を上昇させることによって，ヨーロッパよりもはるかに大きな人口を扶養する社会をつくり出した．中国の先進地域や日本では，農業とプロト工業で労働集約的な技術が発達し，家族を単位とする小農経済が年間労働日数の増加と家族労働の吸収を可能にした．こうして，方向は異なるとはいえ，西洋でも東アジアでも生産性の上昇に努力を集中する社会が成立したのである．この両地域が，災害や疫病の影響が相対的に軽微で，安定した環境にあったこともそれを助けた．そして，両地域では社会経済の構造がしばしば土地と人口の関係で理解されるようになり，マルサス・ボズラップ型（本講座第1巻第3章: 81; 同第7章: 282）の思考が定着した．

　次に，19世紀における「大いなる分岐」（西ヨーロッパが石炭と北米の資源を独占的に獲得することによって従来の市場の発達に基づく発展径路から大きく逸脱し，世界経済の中心となったこと．Pomeranz 2000）は，資源配分の世界的偏向をつくり出

し，地域の発展径路の差を増幅した．すなわち，大西洋経済が資本集約的・資源集約的な技術と制度（大量生産や規模の経済）を発展させたのに対し，19世紀後半以降の日本では，土地が稀少で外国の資本，資源へのアクセスや移民のチャンスもかぎられていたので，労働力の効率的な利用と労働の質の向上が大きな目標となった．ここに国際競争力の源泉を求めた工業化が「労働集約型工業化」である．この戦略は両大戦間期の中国や第二次世界大戦後の他の東アジア・東南アジア諸国でも採用され，工業化の普及のもう一つのルートを形成した．今日では製造業雇用の過半は発展途上国に位置するが，アジア以外の途上国の要素賦存状況も労働集約型径路を選択することが望ましい場合が多い．

　労働集約型径路の世界的普及の背景には，もう一つ，資源・エネルギーの制約があった．両大戦間期の日本では資源制約が深刻となり，帝国主義的膨張と戦争をもたらす背景となった．と同時に，戦後の日本では省エネ技術の発展にもみるべきものがあった．他のアジア諸国（社会主義国を除く）の高度成長の過程でも，エネルギー集約度（GDP 1 単位当たりのエネルギー消費量）は相対的に低いままであった．そして，1970 年代以降，原油価格の高騰を背景に，欧米諸国や中国のエネルギー集約度も急速に改善し，日本の水準にほぼ収斂しつつある．東アジア型径路は，このような意味で，資源利用の世界史にも貢献した．

●複数発展径路論

　以上の二径路が，温帯の，比較的安定した環境で，生産性の向上に集中する発展径路をつくり出したのに対し，世界人口の半分以上が住む熱帯地域では比較的最近までそのような傾向はみられなかった．そこでは，生産性の向上だけでなく，生存基盤の確保，すなわち水とバイオマス・エネルギー（主として薪）の確保や疫病，災害への対応もまた重要であり，生産性向上志向の前提にあった「生活水準の向上」という目標は，「生存基盤の確保」というより総合的な目標を達成するための（しかしきわめて重要な）手段だったと考えられる．しかし，熱帯地域の欧米列強による植民地化や第一次産品供給基地化は，西洋型発展径路のなかから生まれた技術や制度を主たる価値基準として遂行されたので，「生存基盤確保型発展径路」の存在はこれまであまり認知されてこなかったように思われる．

　杉原（2010a, 2010b），本講座第 1 巻序章および第 5 章，Austin（forthcoming）は，社会経済の構造を，土地と人口の関係で理解するマルサス・ボズラップ型の思考

ではなく，生存基盤の確保を目標とする社会の発展を考えれば，熱帯にも，そして数世紀前までの温帯にも，長期発展径路が存在したのではないかという方向からの試論を展開している．まず，熱帯のなかで歴史的に人口扶養力が圧倒的に大きかった南アジアでは，水やエネルギーなどの「生命資源」の稀少化への対応に特徴がみられた．稀少な水の確保は，農業用水と飲み水に分けられ，それらの安定的確保がつねに社会の維持の焦点と意識されるような制度が形成された．たとえば，ダリット（不可触民）は農業用水の管理ではしばしば重要な役割を果たしたが，飲み水の利用では厳しい差別を受けていた．他方，エネルギーの確保もまた生産，運搬のためのものと家庭（とくに料理）用に分けられ，後者の，とくに市場化されない薪や牛糞の確保が，料理そのものとともにしばしば女性の仕事と結びつけられた（Ravindranath and Hall 1995: 53; Parikh and Radhakrishna 2005: 87）．料理用の水とエネルギーがいかに安定的に確保されるかが社会の再生産にとって重要でないということはあり得ない．そのために蓄積されてきた在来知の多くは，生存基盤の確保のための環境への制度的対応の側面をもち，地域によっては現代にまで続く，長期の径路依存性を有していると思われる．

　ところでアフリカやラテンアメリカでは，モンスーン・アジアの多くの地域とは対照的に，資本のみならず労働も稀少だったところが多い（モンスーン・アジアの発展径路については本講座第1巻第7章および同序章を参照）．アフリカでは，土地も，疫病の危険などによって使えない場合なども考慮すれば，稀少だったとも言える．こうした社会では，生存基盤の確保の重要性は上述の南アジアの場合と同じだったとしても，そのために使える労働力はかぎられていた．それでも，たとえば農業の季節性を利用した労働集約的な手工業の発達がみられなかったわけではない．二径路説の論理が全く機能していなかったわけではないのである．

　こうした観察は，今後のアフリカ社会の発展径路を予測する助けにもなる．たとえば，感染症対策が進むと，従来は働けなかった地域での土地利用が可能になり，人口扶養力が高まる可能性がある．同時に，人口が急増するにもかかわらずしかるべき対策を講じなければ，現在なお伝統的なバイオマス・エネルギーに依存している社会では森林減少がさらに進行することになるだろう．言い換えれば，技術や制度の変化に応じて，要素賦存の状況も大きく変化していくであろう．このように，熱帯地域においても生存基盤の確保という視点から長期の発展径路の存在を確認し，その径路依存性と変化を視野に入れることによって，近未来の予

測も含めた生存基盤持続型の発展を論じることが可能になるように思われる．

そればかりではない．熱帯，温帯を問わず，諸地域の長期発展径路はグローバル化の強い力のなかで他径路との接触や融合をつうじて変容してきた．熱帯の径路といえども，温帯先進国で開発された技術や制度に押しつぶされたのではなく，地域社会における在来知の蓄積が新しい技術や制度の受容の基礎にある場合が多い．複数発展径路論の立場から言えば，その過程を理解しなければ，グローバル化が地球環境に及ぼした影響は理解できない．だとすれば，地球環境の持続性は，たとえば工業化の世界的普及のような温帯起源のルートだけでなく，熱帯の径路の人口扶養力の上昇や外的な力への対応力も考慮に入れた，諸径路の交錯がもたらす環境，技術，制度のダイナミックな変化を解明することによってはじめて理解することができよう（技術については 2-3-A04 を，グローバル化については 2-3-A09 を参照）．

▶関連用語：2-2-01 生産から生存へ，2-2-02 生存基盤，径路依存性

文献

Acemoglu, D., S. Johnson and J. A. Robinson 2001. "The Colonial Origins of Comparative Development", *American Economic Review*, 91(5).

——— 2002. "Reversal of Fortune: Geography and Institutions in the Making of the Modern World Income Distribution", *Quarterly Journal of Economics*, 117(4).

Austin, G. 2008. "Resources, Techniques and Strategies South of the Sahara", *Economic History Review*, 61(3).

——— 2010. "The Developmental State and Labour-intensive Industrialization", *Economic History of the Developing Regions*, 25(1).

——— forthcoming. "Labour-Intensive Industrialization and Global Economic Development: Reflections", in G. Austin and K. Sugihara (eds), *Labour-Intensive Industrialization in Global History*, Routledge.

Bénétrix, A. S., K. H. O'Rourke and J. G. Williamson 2012. "The Spread of Manufacturing to the Periphery, 1870–2007", Working Paper 18221, National Bureau of Economic Research.

David, P. A. 1975. *Technical Choice, Innovation and Economic Growth: Essays on American and British Experience in the Nineteenth Century*, Cambridge University Press.

Dyson, T., R. Cassen and l. Visaria (eds) 2004, *Twenty-First Century India*, Oxford University Press.

Habakkuk, H. J. 1962. *American and British Technology in the Nineteenth Century*, Cambridge University Press.

Mosse, D. 2003. *The Rule of Water: Statecraft, Ecology and Collective Action in South India*, Oxford University Press.

Parikh, K. S. and R. Radhakrishna (eds) 2005. *India Development Report 2004-05*, Oxford University Press.

Pomeranz, K. 2000. *The Great Divergence: China, Europe, and the Making of the Modern World Economy*, Princeton University Press.

Ravindranath, N. H. and D. O. Hall 1995. *Biomass, Energy, and Environment: A Developing Country Perspective from India*, Oxford University Press.

Richards, J. F. 1990. "Land Transformation", in B. L. Turner II, W. C. Clark, R. W. Kates, J. F. Richards, J. T. Mathews and W. B. Meyer (eds), *The Earth as Transformed by Human Action*, Cambridge University Press.

Roy, T. 2005. *Rethinking Economic Change in India*, Routledge.

——— 2007. "A Delayed Revolution: Environment and Agrarian Change in India", *Oxford Review of Economic Policy*, 23(1).

杉原薫 2010a.「グローバル・ヒストリーと複数発展径路」杉原薫・川井秀一・河野泰之・田辺明生編『地球圏・生命圏・人間圏 —— 持続的な生存基盤を求めて』京都大学学術出版会.

——— 2010b.「南アジア型経済発展径路の特質」『南アジア研究』22.

Sugihara, K. 2003. "The East Asian Path of Economic Development", in G. Arrighi, T. Hamashita and M. Selden (eds), *The Resurgence of East Asia*, Routledge.

Tosh, J. 1980. "The Cash-crop Revolution in Tropical Africa", *African Affairs*, 79(314).

Williams, M. 2006. *Deforesting the Earth: From Prehistory to Global Crisis, An Abridgment*, University of Chicago Press.

Wong, R. Bin 1997. *China Transformed: Historical Change and the Limits of European Experience*, Cornell University Press.

〔杉原　薫〕

2-3-A01

グローバル・ヒストリーと環境
global history and environment

◆キーワード◆
ヨーロッパの奇跡，コロンブスの交換
大いなる分岐，生存基盤確保型発展径路

● 「ヨーロッパ世界の勃興」と静態的「環境」

　近年の「グローバル・ヒストリー」の隆盛は，「ヨーロッパ中心的」(Eurocentric)な，これまでの世界史解釈への強い批判意識がバネとなっており，16世紀以降における「ヨーロッパ世界の勃興」をめぐる解釈と思考が主要な主題となっている（この点は，項目1-2-13「グローバル地域研究からみた歴史」で指摘した）。じつは，このような主題が論じられる際に，「環境」がきわめて本質的な要因として作用していることを，ここでは論じたい。

　典型的な「ヨーロッパ中心的」な世界史解釈として位置づけられうるのが，ジョーンズの『ヨーロッパの奇跡』である（ジョーンズ 2000）。ジョーンズは，アジアと対比して，16世紀以降にヨーロッパでなぜ持続的な経済発展が可能であったかと問う。その要因をもっぱらヨーロッパの「環境」要因に求める。自然災害の頻度の低さ，人口戦略（出生率の抑制），市場の発展に有利な地域的多様性と地理的条件（曲がりくねった海岸線と良質の河川），国民国家の基礎となる中核地域の散在といった要因である。

　ジョーンズは，これらの「環境」要因を，国家という政治要因と結びつける。ヨーロッパにおいては，複数の主権国家が競争的に存在する「諸国家併存体制」(the states system)が生まれ，またこれらの主権国家が商業活動や資本蓄積を助長したという。他方，アジアの「帝国」(オスマン帝国，ムガル帝国，明・清帝国)は経済活動に対して干渉的・阻害的であったとみなす。なぜならば，アジアの「帝国」は，ユーラシア大陸中央部のステップの遊牧民に発する征服国家が出自であったからだ。このようなアジアの政治体制は，経済発展を可能にする生産的投資活動の芽を摘んでしまうものでしかなかった。ジョーンズの著書前半のヨーロッパに関わる部分では，「環境」要因の導入がある程度は説得的であるのに対

して，後半のアジアに関わる部分では，ヨーロッパのアジア認識に伝統的に存在した「東洋的専制」といったアジア・イメージに類似していることを指摘しておきたい．

●動態的「環境」としての疾病

このような，静態的「環境」を比較史的に論じるジョーンズの議論に対して，「環境」が動態的な要因として導入され，関係史的な文脈のなかで，16世紀以降の「ヨーロッパ世界の勃興」を弁証するという議論が存在する．マクニールとクロスビーの展開した疾病の世界史がそれである（Crosby 1972, 1994; マクニール 2007）．マクニールとクロスビーは，大航海時代における新大陸への感染症の影響を取り上げ，それが世界史の帰趨を大きく左右した点を明らかにした．彼らは，疾病という「環境」要因が一回性のカタストロフ的事件に大きく関わったことに注目した．

コロンブスがアメリカ大陸に到達して以降，スペイン人とともに大西洋を渡った病原微生物が，新大陸の先住民社会に与えた人的被害は想像を絶するものであった（クロスビーが言うところの「処女地の疫病」(virgin soil epidemics)）．新大陸は，ユーラシア大陸の「疾病プール」(disease pool)から長らく隔てられていたために，ユーラシア大陸では普通の疾病が，ここでは免疫反応を通して致死的な症状につながったのである．アメリカ大陸に新しく登場した感染症のリストには，天然痘，はしか，チフス，インフルエンザなどが挙げられる．コロンブス以前の新大陸における人口規模の推定に不確定な要素が残るにしても，感染症に起因する人口減少が凄まじいものであったことは疑いを入れない．たとえば，かつてアステカ帝国が存在した中央メキシコの人口は，1548年の630万人から1608年の107万人に減少したと推定されている（Livi-Bacci 2001）．

感染症のみならず，動物や植物の移動も，同様に大きな影響をもたらした．ヨーロッパから新大陸に，さまざまな動物や植物の新種（新大陸にとっての新種）が移動し，その逆もまた起こった．

このような「コロンブスの交換」(Columbian Exchange)によって，ヨーロッパは，結果的に「ネオ・ヨーロッパ」という事実上の更地を獲得したことになる．アメリカ大陸の温帯部分では，人口の大半がヨーロッパ出自の人々やその混血種になり，自然景観もヨーロッパのそれと類似したものになった．この「ネオ・ヨーロッ

パ」は,「処女地の疫病」によって人口が激減し,アフリカ大陸から黒人奴隷を導入して労働力の補充したアメリカ大陸の熱帯部分とは対照的な人種構成を示した．マクニールとクロスビーは，ジョーンズとは全く異なったかたちで「環境」要因を世界史の解釈のなかに導入したが，結果的には，ジョーンズと同様に16世紀以降の「ヨーロッパ世界の勃興」を弁証する議論になっている．ただし,「環境」要因は，ヨーロッパに内在的なものではなく，外在的かつ偶然的なものであるとする点で大きく異なっていることも確かである．

● 「大いなる分岐」と資源としての「環境」

ポメランツの *The Great Divergeuce*（『大いなる分岐』）は，2000年代になって「ヨーロッパ中心的」な世界史解釈を転換しようとした「グローバル・ヒストリー」の潮流の中核的な役割を担った革新的作品である（Pomeranz 2000; Wong 1997）．彼の議論においては，資源としての「環境」要因が重要な役割を担っている．

ポメランツの提起する主要な論点の第一は，市場の発展という基準で比較して，近世（16-18世紀）のヨーロッパ（イングランド）とアジア（江南（長江下流域））では，18世紀末までスミス的な意味での経済発展（市場の発展が分業をうながし，生活水準を向上させる）の程度に格差はなかったという主張である．第二の論点は，数世紀にわたるこのような市場主導の経済発展と人口増加の末に，18世紀後半にどちらの地域も，資源危機に直面したとするものである．すなわち，食糧・繊維原料・燃料・建築資材などの土地から得られる資源に限界が訪れていた．こうした事態は,市場の発展が主導する経済発展をほとんど閉ざそうとしていたのである．

しかし，かかる隘路に直面して，イングランドと江南ではその後の軌道が大きく異なることになる．ヨーロッパとアジアはいつ，どのような理由で「分岐」したのであろうか，というのが第三の論点である．ポメランツの答えはじつにユニークなものである．ヨーロッパは，18世紀後半以降，次の二つの要因によって資源危機から脱出したという．第一は，石炭の存在とその理由である．プロト工業化地帯の近隣に石炭が存在しなかった中国とは対照的に，イングランドのプロト工業化地帯には石炭が豊富に存在した．これが「エネルギー革命」としての産業革命を可能にした．第二は,「新大陸」（アメリカ大陸）の存在である．ヨーロッパ（イングランド）は15世紀末以降に獲得した「新世界」の資源を自由に利用す

ることによって，資源危機を突破し得たということになる．他方，「新世界」を持ち得なかったアジア（中国・江南）は，資源制約の淵に沈んでいったとされる．

このように，ポメランツは，16世紀以降に「ヨーロッパ世界の勃興」という既存の世界史解釈に根本的な異を唱えたが，18世紀後半を境にして，ヨーロッパとアジアの間に，経済発展という基準で大きな格差が生じたことは肯定している．その理由として，「環境」要因を重視したが，ジョーンズが説くようなヨーロッパに内在する静態的な「環境」要因ではなく，むしろ「資源」（石炭と新大陸）の存在という外在的かつ偶然的な「環境」要因が重視されている．

● 「生存基盤確保型発展径路」論への道

ポメランツの「大いなる分岐」論とは全く異なった思考過程を経て，しかもある種共通の基盤に立っているのが杉原薫の「労働集約型工業化」論である．杉原は1990年代前半に，国際貿易統計の検討をつうじて，19世紀後半以降における「アジア間貿易」の成長を実証し，近代アジアにおける自律的な経済発展という歴史像を提出していた（杉原1996）．この作業の延長線上に，以下の議論を提出した．東アジア，とくに日本において19世紀にウェスタン・インパクトを受けつつ，膨大な低賃金労働力を利用して，ヨーロッパ型の工業化とは異なる「労働集約型工業化」が展開されたという．そもそも東アジア（中国，日本）では近世（16-18世紀）において，家族という生産単位における労働吸収を高めつつ土地生産性の上昇を達成し，資源（土地）の制約を克服するような経済発展が起こっていたとする．こうした歴史的前提が，19世紀後半以降の近代工業の展開にも影響を及ぼした．日本の経済発展においては，近代的な移植工業の展開と並行して，大量の低賃金労働を雇用した在来産業が重要な役割を果たした．このような「労働集約型工業化」は，20世紀後半の東アジアでは，日本以外にも広がりを見せ，アメリカからの資本集約型の技術の導入と融合しつつ，いわゆる「東アジアの奇跡」を導いたとするのである（Sugihara 2007）．

ポメランツの「大いなる分岐」論が，18世紀後半以降の東アジアを資源制約によって行きづまる世界として描くのに対して，杉原は，「労働集約型工業化」を，むしろヨーロッパ・アメリカにおける資本集約型の工業化に対する代替的（オルタナティブ）な発展径路として強く押し出した点に独自性がある．とくに「資源」＝「環境」という視点から，「西洋型発展径路」が，「新大陸」の豊富な資源に依

存した径路,すなわち「資本集約型・資源使用型」径路であるとする一方,そのような相当物のない「東アジア型発展径路」は,労働集約型で資源節約型（とくに,エネルギー利用の面で節約的）の工業化の径路を歩まざるを得なかったとする.このような歴史像は,地球温暖化問題などの環境制約とエネルギー問題などの資源制約が強まった現代においてこそ一定の意味をもつ問題提起であると言える.

さらに,杉原は,2000年代の後半から,「生存基盤確保型発展径路」という新たな議論を提起している.上記の「西洋型発展径路」は言うまでもなく,それに対して代替的な意義を有する「東アジア型発展径路」にしても,基本的には温帯に位置する地域から生まれた発展径路であり,近世以降,前者は「労働生産性」,後者は「土地生産性」と,いずれにしても「生産性の向上」に傾いた発展径路であったとみなす.それらに対して,熱帯に位置する地域では,「生存基盤確保型発展径路」を採らなければならなかった.なぜならば,「環境の不安定性」の問題が顕著だったからである.たとえば,「ミクロ寄生」の可能性の大きさ,災害（干ばつ,洪水など）の頻度,水の確保の問題など,「生産」よりも「生存」の確保をもっぱらとした発展径路を辿ってきたとするのである.杉原が念頭に置くのはもっぱら南アジアであるが,彼の問題提起に応えて,温帯と熱帯に跨る「モンスーン・アジア」を対象とした発展径路論も生まれつつある（杉原 2010b;本講座第1巻序章・第7章・第8章）.「生存基盤確保型発展径路」論は,生命圏のみならず地球圏まで視野に入れた「生存基盤」論に基づきつつ,これまでの世界史解釈では全く考慮外に置かれてきた熱帯の「環境」要因に正面から取り組む,「グローバル・ヒストリー」の新機軸として注目される.

▶関連用語：1-1-07 歴史学, 1-1-11 医学, 2-3-C05 世界人口, 世界システム論, 大分岐

文献

アーノルド, D. 著, 飯島昇蔵・川島耕司訳 1996. 『環境と人間の歴史』新評論.
クロスビー, A.W. 著, 佐々木昭夫訳 1998. 『ヨーロッパ帝国主義の謎』岩波書店.
Crosby, A.W. 1972. *The Columbian Exchange: Biological and Cultural Consequences of 1492*, Greenwood Press.
―――― 1994. *Germs, Seeds and Animals: Studies in Ecological History*, M.E. Sharpe.
ジョーンズ, E.L. 著, 安元稔・脇村孝平訳 2000. 『ヨーロッパの奇跡』名古屋大学出版会.
―――― 著, 天野雅敏ほか訳 2007. 『経済成長の世界史』名古屋大学出版会.

Livi-Bacci, M. 2001. *A Concise History of World Population* [3rd Edition], Blackwell.
マクニール，W. H. 著，佐々木昭夫訳『疫病と世界史 (上・下)』中公文庫．
見市雅俊ほか編 2001．『疾病・開発・帝国医療』東京大学出版会．
水島司 2010．『グローバル・ヒストリー入門』山川出版社．
大島真理夫 2009．「土地希少化と勤勉革命の比較史」大島真理夫編『土地希少化と勤勉革命の比較史』ミネルヴァ書房．
Pomeranz, K. 2000. *The Great Divergence: China, Europe, and the Making of the Modern World Economy*, Princeton University Press.
ポメランツ，K. 2002．「比較経済史の再検討 ── 「東アジア型発展径路」の概念的, 歴史的, 政策的含意」『社会経済史学』68 (6)．
斎藤修 2008．『比較経済発展論』岩波書店．
杉原薫 1996．『アジア間貿易の形成と構造』ミネルヴァ書房．
─── 2004．「東アジアにおける勤勉革命径路の成立」『大阪大学経済学』54 (3)．
─── 2010a．「グローバル・ヒストリーと複数発展径路」杉原薫・川合秀一・河野泰之・田辺明生編『地球圏・生命圏・人間圏 ── 持続的な生存基盤を求めて』京都大学学術出版会．
─── 2010b．「南アジア型経済発展径路の特質」『南アジア研究』22．
Sugihara, K. 2007. 'The Second Noel Butlin Lecture: Labour-Intensive Industrialization in Global History', *Australian Economic History Review*, 47(2).
脇村孝平 2009．「インド史における土地希少化 ── 勤勉革命は起こったのか？」大島真理夫編『土地希少化と勤勉革命の比較史』ミネルヴァ書房．
Wong, R. B. 1997. *China Transformed: Historical Change and the Limits of European Experience*, Cornell University Press.

〔脇村孝平〕

キーワード◆歴史主義，グローバル・ヒストリー，共同体の歴史

「一つの歴史」と「複数の歴史」 the history and histories

　あらゆる事物や出来事をその歴史的生成過程を参照しつつ解釈するというのが，きわめて大雑把に言えば歴史主義と呼ばれる立場である．近代の歴史主義は19世紀以来人文社会科学の様々な領域に広がり，いわば「諸学の歴史化」とでも言うべき傾向を生み出してきたが，それはまた歴史研究自体にも大いなるフィードバックをもたらした．いわゆる社会史研究や文化史研究が前世紀の歴史研究に新たな広がりと豊かさをもたらしたことは今更強調するまでもないだろう（バーク 2005, 2008）．実証を旨とした啓蒙主義的歴史学の伝統に立ちつつも，これらの研究は社会学，経済学，人類学，心理学，美学などの隣接分野から多くを学び，社会構造の歴史，そこに暮らす人々の歴史，彼らの抱いた心性の歴史へと研究の射程を拡大し，また「歴史化」した諸学との間に実り多い協働を実現した．社会史とともに構造史研究（ブローデル 1991-95）を産み出したのは間違いなく経済史であり，過去の生活文化の研究に大きな役割を果たしたのは歴史人類学だったのである．

　ところで，この二つの研究領域の伝統は，現在のグローバリゼーションのもとで歴史研究に二つの大きな流れを生ぜしめているように見える．第一は「グローバル・ヒストリー」であり，国家，民族，地域の枠組みを超え，人類共通の文化パターンを見いだそうとするその指向は，社会史，経済史が目指した「全体史」のそれと重なり合う．一方特定の場所，時間における歴史的個人やその活動に焦点をあてる文化史研究からは，「小さな歴史」(microstoria)や「日常史」(Alltagsgeschichte)のような歴史研究が発展してきた（e.g. ギンズブルグ 1984）．前者が「一つの歴史」(the history)を指向するのに対し，後者は「複数の歴史」(histories)を描き出そうとしているとも言えよう（ブルーア 2005）．

　この後者について言えば，それはやはりポストモダン的状況下，「大きな物語」が解体されてきたことと無縁ではないだろう．リオタールはまたポストモダンを科学技術的知の優越の時代とみなしたが，あらゆる事柄を数値化し「客観的」評価の対象としようとする現代社会の趨勢はそのあらわれと言えよう（リオタール 1989）．ところが「大きな物語」が脆弱化した状況のもとでかくの如き趨勢が拡大すると，国家や民族より小規模な共同体，あるいは個々人までもが，時に自らの言動の正当性を立証することを求められるようになる．我々が因果論的世界の住人である限りにおいて，そのような正当性の立証は通常過去を参照すること，すなわち歴史的プロセスの検証をつうじて試みられる．そうしてその作業は，自己決定，自己責任を標榜する新自由主義的見解の広まりと相まって，しばしば現代社会に暮らす（歴史家以外の）個人にとって大きな重荷となりうる．

　これに対して，そのような重荷はあく

まで共同体として担うべきだとする立場も依然として存する．そこから導出されるのが「共同体の歴史」(communal history) の創出であり，グローバリゼーションに逆行するかのように世界各地で形成されている新たな「国民史」(national history) はその一形態と見なせよう．ただしグローバリゼーションの進行が，いかなる国家，共同体も他者から独立して自らの「歴史」を護持することを困難にしている点には注意が必要である．ある「歴史」を守るために，しばしば他の「歴史」に異を唱えねばならないのが現実である．

グローバリゼーションの進行が顕著になった前世紀後半は，失われた「大きな物語」を補うかのように，フーコーらの思想をつうじて歴史主義が新たな装いをもって再興した時期でもあった．一般に「強い」歴史主義的立場は歴史相対主義や歴史修正主義へと傾くが，そのような傾向を含有する「複数の歴史」は理念的には「一つの歴史」とは相容れない．このことは，我々の生存基盤を持続せしめるためにも避けて通れない問題である．ただ，両者がつねに二者択一的であるわけではないだろう．現実の生活において我々は，全体性と個別性という二つの極の間のどこかに身を置きつつ（あるいは常にその間を揺れつつ），普遍を指向しながらも人間的・個性的でもあるというリアルな日常を生きている．そのような日常的生の感触と，より大きなシステムとしての国家やグローバル社会を摺り合わせ，そしてそこに「一つの歴史」と「複数の歴史」を共存させるにはどうすればよいのだろうか．

先に，歴史的プロセスの検証がしばしば個人にとって重荷となりうると記したのは，それが実際には，適切な手法（史料批判等）による過去の参照と確たる事実／根拠の発見という手続き（本書 1-1-07B 参照）を何らかのかたちで経ざるを得ないと思われるからである．もちろん上記別項でも述べたとおり，発見された事実が「真に」事実なのか否かをめぐる厄介な問題がさらにその先に横たわってはいるのだが，さしあたって適切な手法で確定された（場合によっては複数の）事実／データを挟んで対話を行い，「一つの歴史」と「複数の歴史」を架橋しようと努めることが，我々が為しうる最も確実な作業であるように思われる．

▶関連用語：社会史，文化史，歴史修正主義

文献

バーク，P. 著，大津真作訳 2005．『フランス歴史学革命』岩波書店．
――――著，長谷川貴彦訳 2008．『文化史とは何か』法政大学出版局．
ブルーア，J. 著．水田大紀訳 2005．「ミクロヒストリーと日常生活の歴史」『パブリック・ヒストリー』2．
ブローデル，F. 著，浜名優美訳 1991-95．『地中海』(全五巻) 藤原書店．
ギンズブルグ，C. 著，杉山光信訳 1984．『チーズとうじ虫』みすず書房．
リオタール，J.-E. 著，小林康夫訳 1989．『ポストモダンの条件』水声社．

〔稲葉　穣〕

キーワード◆差異の体系，資本のダイナミズム，近代

資本主義　capitalism

● 差異の体系としての資本主義

　資本主義という言葉は，それが分析概念であるにせよ，歴史概念であるにせよ，それの指示するスコープをどのように措定するかによってきわめて多様に理解されてきた．

　歴史的に実践されてきたさまざまな経済活動を，資本のダイナミズムのあり方によってそれらの共通性を把握しようとする立場からは，なんらかの差異の体系に依拠した利潤の永続的な追求によって資本の無限の増殖を繰り返すという原理が，通底する特徴として抽出され，そのような原理をもって資本主義であると定義されてきた．

　以上のように理解した場合，資本主義として理解できるような経済活動は，マルクスが，それはノアの洪水以前からさまざまな世界の隙間に遍在していたエピクロスのいう神々のようだと半ば暗喩的に指摘しているように，はるか以前の時代から垣間見ることができる．

　歴史的には，地理的に離れた二つの地点の間の価格の違いという差異を利用して利潤を稼ぐ商業資本主義，都市と農村の間における労働者賃金や原材料価格の差異を利用して利潤を稼ぐ産業資本主義，現在と将来という異時点をめぐる人々の選好の差異を利用して利潤を稼ぐ金融資本主義へと，意匠を巧みに変化させてきてはいるが，いずれにおいても差異の体系に基づく資本のダイナミズムという特徴が通底している．

● 近代的現象としての資本主義

　一方，このような資本のダイナミズムが全面化していくのは18世紀後半の産業革命以降のことである．それは，土地，労働，貨幣といったあらゆる資本が要素還元的に市場化され，差異の体系のなかに組み込まれていく過程であった．そして，ヨーロッパ以外の周縁的な地域がこの全面化の過程に組み込まれていくことで資本主義はグローバル化していったのである．

　このような資本のダイナミズムの全面化という事態を重視して，それ以前の時代とは明確に区別しようとする立場においては，資本主義という言葉は，ヨーロッパ発祥の経済活動を指す近代的現象として理解されている．

● 資本主義の自画像

　ところで，資本主義という言葉は，どのような定義が付与されたとしても，多くの文脈において否定的なニュアンスとしてもちいられてきたことは疑い得ない．差異の体系に依拠した資本のダイナミズムという通時的な共通性として定義する文脈においては，そのようなメカニズムが破綻する蓋然性が自覚されているにもかかわらず，決して逃れられないという意味においてであり，資本のダイナミズムの全面化として定義する文脈においては，資本家と賃労働者，西欧列強と植民地という圧倒的な力関係に基づく搾取のイメージと結びつくという意味において

である．

したがって，資本主義という言葉は，自らの肯定的自画像を策定するためというよりは，否定的自画像，あるいは打破すべき偶像を喚起するための言葉であったといえる．資本主義を分析的に批判することに徹してきたマルクス経済学と比べたときの，近代経済学におけるこの言葉の使用頻度の低さは，そのことを如実に物語っている．

● 資本主義批判を超えて

そのような否定的なニュアンスのもとで，資本のダイナミズムが全面化しはじめた 18 世紀後半以降，資本主義の受け入れを拒絶し，それとは異なる経済活動の原理を打ち立てようとするさまざまな運動が登場してきた．しかしながら，これらのいわゆる「反・資本主義運動」が成功したことは稀である．たいていは，実験段階で頓挫するか，悲劇的な結末を迎えるかであった．われわれは，ルイ＝ボナパルトのような茶番を何度も繰り返すことで，かえって，資本主義がいかに強靱であるかを頑健に証明してきてし まったのである．

このことは，必ずしも，今後も資本のダイナミズムに身を任せつづけたままでよい（身を任せざるを得ない）ことを意味しているわけではない．これまでの資本のダイナミズムが，われわれの生存基盤に大きな悪弊をもたらしたことはすでに明白であり，近年の金融危機に代表されるように資本のダイナミズムの破壊力はそのダイナミズムの複雑化とともに威力を増している．このような自覚のもとで，今後資本のダイナミズムを一義的に本質化して批判するのではなく，資本のダイナミズムのあり方の多様性に着目する視点や，資本のダイナミズムとは異なる規範体系（伝統的慣習，宗教倫理など）との関係性のなかから新たな経済のあり方を模索していくこと —— たとえば昨今，急成長を遂げているイスラーム金融の実践への着目 —— がより求められていくであろう．

▶ 関連用語：1-1-04 経済学，イスラーム金融，市場と市場経済，疎外

文献

原洋之介 1999.『エリア・エコノミックス』NTT 出版．
ヒックス，J. R. 著，新保博・渡辺文夫訳 1995.『経済史の理論』講談社学術文庫．
岩井克人 1992.『ヴェニスの商人の資本論』ちくま学芸文庫．
—— 1997.『資本主義を語る』ちくま学芸文庫．
柄谷行人 2010.『世界史の構造』岩波書店．
加藤博 2005.『イスラム世界の経済史』NTT 出版．
マルクス，K. 著，手嶋正毅訳 1963.『資本主義的生産に先行する諸形態』国民文庫．
ポランニー，K. 著，野口建彦ほか訳 2009.『大転換［新訳］』東洋経済新報社．
ウォーラーステイン，I. 著，川北稔訳 1997.『史的システムとしての資本主義［新版］』岩波書店．
ウッド，E. M. 著，平子友長・中村好孝訳 2001.『資本主義の起源』こぶし書房．

〔長岡慎介〕

キーワード◆資本集約型技術，労働集約型技術，資源・エネルギー節約型技術

技術　technology

　近年の科学革命史・産業技術史においては，諸地域の文化，文明に蓄積された「経験に基づく有用な知識」(useful and reliable knowledge) を評価し，そのうえで16-19世紀のヨーロッパで生じた近代産業技術の特質（とその限界）を理解しようとする傾向が顕著である．生存基盤パラダイムでは，人類史を見据えた環境・技術・制度のダイナミクスを考えようとしているので（本講座第1巻序章），その観点からは当然，狩猟・採集民や農耕・牧畜民の技術や在来知にも紙幅を割くべきであるが，ここではその前提として，19世紀以降現代までの，主として温帯で発展し，工業化を支えた技術を念頭に置いて，それらがいかに世界経済の発展径路を規定してきたかを要約する．

　18世紀末から19世紀初頭にイギリスで起こった産業革命は，16-17世紀のヨーロッパで起こった科学革命を前提としつつ，基本的には腕利き職人や商機に目敏い企業者によって担われた一連の技術革新を直接の内容としていた (Mokyr 1990, 2002)．水力から蒸気機関への原動力の転換，動力機・伝達機・作業機の革新は，綿紡績業における労働生産性を一気に数十倍に押し上げた（チャップマン 1990)．並行して進行した力織機化の過程と相まって，機械が生産過程のリズムを決める工場制度や固定資本投資を前提した原価償却の方法が一般化した．また，綿業や鉄道建設，蒸気船の就航の背後には機械工業と鉄鋼業の発達があった．そしてそれらの産業の発展は，社会や国家の価値観の転換（合理主義，知的所有権を含む私的所有権の保護など），西ヨーロッパ規模の市場経済の発達，さらにイギリスでは石炭が比較的熟練工の集積地に近いところで採れ，北アメリカの資源にも依存できたことなど，環境上，国際関係上の条件にも支えられていた．

　こうして社会の大きな構造転換が実現したのであるが，その過程で中核的な役割を果たしたのは，従来労働によって担われてきた生産過程の一部を，資本，あるいは資本でもって購入する機械や動力で代替する，資本集約型技術であった．第二次世界大戦後流布した成長理論においても，技術の発展径路は，工業品を作るのに資本と労働をどのようなかたちで，いかなる比率で結びつけるかという文脈で成長と結びつけられた．過去2世紀の世界経済の発展における先進国の資本蓄積と技術革新の決定的重要性を強調するのは現在でも通説である（安場 1980; Allen 2011)．

　これに対し，後発工業化，つまり先進国で発達した技術の導入とその土着の技術や制度への吸収の過程では，しばしば資本よりも労働のほうが豊富なので，労働と資本が代替可能な場合は，可能なかぎり労働を使用しようとする，労働集約型技術が発達することが多かった．19世紀末のドイツでは，むしろ技術教育や資金の調達方式などが国家のバックアップとも相まって発展し，資本集約型技術

の枠内でのキャッチアップが図られたが，そういう条件があったのは少数の国にかぎられていた．大多数の発展途上国では，労働力をフルに利用する工業化に向かうのが自然だったと考えられる．

技術導入に際しては，先進技術を，現地の要素賦存やその他の環境的，制度的，国際関係的な条件にあわせて適用することが求められるが，実際にそうした努力を可能にする条件のある国は稀であった．明治日本の場合も，当初は先進技術をそのまま導入しようとし，試行錯誤を重ねて徐々に「労働集約型工業化」と呼ぶべき発展径路ができあがった (Sugihara forthcoming)．大きな技術革新というよりは，その国の要素賦存の状況にあわせた適正技術の丹念な追求がその内容である．技術が現地の条件にあわせて改変された例としては，着物の幅なら織機の強度を節約できることから鉄製力織機をいったん木鉄混成力織機に戻して安価な力織機の普及が図られたこと，伝統的な技術に近代的な技術が接合された例としては，若松―大阪間の石炭輸送において，政府の汽船奨励にもかかわらず，機帆船などの中間技術の発達によって，帆船の流れをくむ輸送法が長い間競争力を維持したことが挙げられよう (中岡ほか 1986; 中岡 2010)．労働力の調達と管理，労働の質の向上に関する制度の発達にも見るべきものがあった．

労働集約型工業化は，その後，両大戦間期の中国や朝鮮，第二次世界大戦後のNIEs，ASEANなどでもみられ，20世紀後半には工業化の世界的普及の最も重要なルートとなった．1970年代以降，マイクロ・エレクトロニクスの技術を従来の (多くは労働集約型の) 機械工業に取り入れた「メカトロニクス革命」が東アジア，東南アジアで普及したこともこの過程を促進した (周 1997; 橋本 1996)．資本集約型技術と労働集約型技術の融合が広汎に生じたと言えよう．

最後に，こうした発展径路の違いは，1973年の石油危機前後から，各国の技術発展径路が急速に資源・エネルギー節約型技術の開発に焦点を合わせたこともあって，一定の方向に収斂したことを指摘しておこう (本講座第1巻第5章)．経済学でこの点を正面から議論するようになったのは比較的最近のことであるが (Acemolgu et al. 2012)，いまや資源・エネルギーの節約は，要素賦存のあり方にかかわらず，企業レベルでも国家単位でも競争力の維持に不可欠の要素と認識されている．そのかぎりで，資本集約型技術と労働集約型技術の差や，要素賦存に応じた対応の重要性は，曖昧になってきているとも言えよう．

とはいえ，先進国における省エネ技術の発達は，なお化石資源利用をある程度減らしたにすぎず，発展途上国における伝統的なバイオマス・エネルギーへの依存や地球温暖化など，地球環境の持続性を脅かす多くの要因は決してなくなっていない．また，環境条件の大きく異なる熱帯に位置する発展途上国における先進国の技術の吸収，消化も依然，大きな課題として残されている．これらの課題に取り組むには，人類史をより長期の視野で理解し，生存基盤の確保と持続を可能にしてきた条件を探る必要がある．

▶関連用語：2-3-02 発展径路，2-3-B05 農

法，エスノサイエンス

文献

Acemolgu, D., P. Aghion, L. Bursztyn and D. Hemous 2012. "The Environment and Directed Technical Change", *American Economic Review*, 102(1).

Allen, R. C. 2009. *The British Industrial Revolution in Global Perspective*, Cambridge University Press.

―――― 2011. "Technology and the Great Divergence", Discussion Paper Series No. 548, Department of Economics, University of Oxford.

Amjad, R. 1981. "The Development of Labour Intensive Industries in ASEAN Countries: An Overview", in R. Amjad (ed.), *The Development of Labour Intensive Industries in ASEAN Countries*, ILO.

Amsden, A. 2001. *The Rise of the Rest: Challenges to the West from Late-Industrializing Economies*, Oxford University Press.

チャップマン，S. D. 著，佐村明知訳 1990.『産業革命のなかの綿工業』晃洋書房．

Clark, John G. 1990. *The Political Economy of World Energy*, Harvester Wheatsheaf.

橋本寿朗 1996.「〈大転換期〉の構造調整と ME 技術革命」橋本寿朗編『20 世紀資本主義 I　技術革新と生産システム』東京大学出版会．

Maddison, A. 2007. *Contours of the World Economy, 1-2030 AD*, Oxford University Press.

Mokyr, J. 1990. *The Lever of Riches: Technological Creativity and Economic Progress*, Oxford University Press.

―――― 2002. *The Gifts of Athena: Historical Origins of the Knowledge Economy*, Princeton University Press.

中岡哲郎 2006.『日本近代技術の形成』朝日新聞社．

―――― 2010.「産業技術史と社会経済史の接点について」『社会経済史学』76(3).

中岡哲郎・石井正・内田星美 1986.『近代日本の技術と技術政策』国際連合大学／東京大学出版会．

Pollard, S. 1981. *Peaceful Conquest: The Industrialization of Europe, 1760-1970*, Oxford University Press.

周牧之 1997.『メカトロニクス革命と新国際分業』ミネルヴァ書房．

Smil, V. 1994. *Energy in World History*, Westview Press.

Sugihara, K. forthcoming. "Labour-Intensive Industrialization in Global History: An Interpretation of East Asian Experiences", in G. Austin and K. Sugihara (eds), *Labour-Intensive Industrialization in Global History*, Routledge.

安場保吉 1980.『経済成長論』筑摩書房．

米倉誠一郎 1999.『経営革命の構造』岩波書店．

〔杉原　薫〕

2-3-A05 ▶▶▶ 工業化　industrialization

キーワード◉技術革新，雇用，脱工業化

イギリス産業革命に端を発し，各国に普及した経済社会の構造変化，すなわち農業社会（前工業化社会）から工業化社会への転換のこと．その主たる指標は，国内総生産（GDP）に占める工業の比重の増大，および雇用に占める工業雇用の増大である．一国単位ではなく，さまざまな地域単位で議論されることもある．世界を総体として捉えれば，工業化は経済成長を促し，生活水準を向上させた．そして，現在なお進行中だとも言えよう．

西ヨーロッパの工業化（industrialization. 産業化とも訳される）では，都市化もこれに密接に関係したが，東アジアでは都市化が工業化より遅れることが多く，日本の場合を「農村工業化」と特徴づける見方もある（スミス1970）．また，近年はサービス部門（流通，金融，運輸だけでなく，行政，宗教・祭式，レジャー，教育，医療に相当する部門を含む）の重要性が強調され，とくに雇用面では農業と工業だけで社会変化を論じることには限界があると考えられるようになった．しかし，抽象的原理の科学的適用に基づく大規模な技術革新が製造業を中心に生じたことは明らかであり，過去2世紀の社会変化における近代工業の発展の基軸性が否定されたわけではない．

18世紀までの世界の工業生産の中心は，量的には圧倒的にアジアの手工業であった（Bairoch 1982）．したがって，たとえば植民地下のインドではイギリスの機械制綿布の流入によって多くの手紡工，手織工が職を失う「脱工業化」（deindustrialization）が生じたとされ，欧米先進国の工業化は非ヨーロッパ世界を第一次産品の供給基地化するものだと批判された（Bagchi 1976）．先進国の開発（development）と発展途上国の低開発（underdevelopment）が同じコインの表と裏だと主張されたときの，経済構造上の一つの根拠はここにあった．

第二次世界大戦後独立したアジア・アフリカ諸国にとって，工業化は経済的自立の指標となった．日本の経験は，非ヨーロッパ世界で最初に工業化に成功した国として広く参照された．そして東アジア・東南アジア諸国の工業化は，発展途上国の工業化のさらなる可能性を示した．ただし，現在では工業化の普及と地球環境の持続性との関係がきびしく問われている．

▶関連用語：クズネッツの逆U字仮説，産業化／産業社会／脱産業化，産業革命，内発的発展，ロストウ理論

文献

Austin, G. and K. Sugihara (eds) forthcoming. *Labour-Intensive Industrialization in Global History*, Routledge.
Bagchi, A. K. 1976. "Deindustrialization in India in the Nineteenth Century", *Journal of Development Studies*, 22.
スミス，T. C. 著，大塚久雄監訳 1970．『近代日本の農村的起源』岩波書店．

〔杉原　薫〕

2-3-A06 ▶▶▶ 労働　labour

キーワード●賃金，労働の質，教育

　古典派経済学者たちは，土地，資本，労働を三つの生産要素とした経済学の枠組を作った．それを受け継いだ初期開発経済学は，不熟練労働を，経済発展の初期の段階では同質的で，無限に供給可能なものであり，したがっていつでも処分可能なものだと考えた．他方，第二次世界大戦後の経済成長理論においても，労働は基本的には資本に擬制して理解された．すなわち労働は「人的資本」(human capital) であった．

　しかし，資本と違って，労働の質は（熟練労働でも不熟練労働でも）つねに変化する．その意味では土地に似ている．土地には優等地と劣等地があり，しかも環境や技術の変化によってその価値が変わるからである．教育投資はたしかに労働の質を上げる可能性が高いが（ベッカー1976），技術革新や国際化が進めばこれまで受けてきた教育が古くなってその価値が減価する可能性もある．ましてや，教育を受けていないすべての労働力が同質だと仮定することはできない．19世紀中葉の日本の平均的農民は教育を受けていなかったが，17世紀初頭の農民よりも二毛作，肥料，農具，灌漑について多くの知識をもち，複雑な労働配分や経営感覚，協調性の大切さなどを理解していた．江戸時代の変化が労働の質に影響し，明治の工業化を支えたことは明らかである．また，明治期の日本の実質賃金は，最近の研究が示唆するように，アフリカのそれよりも低いか同じくらいだったかもしれないが (Frankema and van Waijenburg 2011)，近代工業で雇用されたときの労働の質はおそらく日本のほうが高かった．質の高い労働力を国際競争力のある賃金水準で雇用できることは工業化，経済発展にとって重要な要因だったと考えられる．

　労働の質はどうすれば確保できるのであろうか．人間開発指数では教育と健康に考慮が払われ，生存基盤指数では，生産を担う労働の背後で生存基盤を確保するための環境的条件や親密圏の価値（ケア）が議論されている．労働の質を上げるには，再生産を含むライフサイクル全体の質を上げなければならないという発想も力を得つつある．と同時に，生存にとっての生産の重要性，生産にとっての労働の重要性もまた，そうした視座のなかに位置づけられなければならない．

▶関連用語：2-2-B01 貧困と開発，2-3-C01 生存基盤指数，2-3-C02 人間開発

文献
ベッカー，G. S. 著，佐野陽子訳 1976．『人的資本』東洋経済新報社．ただし，これは第2版の翻訳で，原著では第3版が出ている．Becker, G. S. 1993. *Human Capital* [3rd edition], University of Chicago Press.
Frankema, E. and M. van Waijenburg 2011. "African Real Wages in Asian Perspective, 1880-1940", Working Paper No. 2, Center for Global Economic History, Utrecht University.

〔杉原　薫〕

2-3-A07 ▶▶▶ 自由貿易　free trade

キーワード◉多角的貿易主義，最恵国待遇，地域統合

18世紀末にイギリスで勢いを増した「自由貿易」の思想は「重商主義」（とくに独占）批判を直接の契機としていた．市場原理への信頼を表明し，19世紀の支配的思想の一つとなった．両大戦間期には，政治体制や国際金本位制とともに大きな変容を余儀なくされたが，第二次世界大戦後の自由主義世界で力強く復活し，現在も，個別利害からのさまざまな抵抗にあいつつ，支配的なイデオロギーの地位を維持している．

自由貿易主義はイギリスで声高に唱えられたが，1840年代の穀物法撤廃と航海条例の廃止まで実質化せず，その後も関税率をいち早く下げたとは言えない（Nye 2007）．制度化を主導したのはむしろ大陸ヨーロッパである．国境を超える貿易の必要性をより痛切に感じていたドイツ（正確には後にドイツの一部となった領邦国家群）は1830年代に関税同盟を設立して域内関税を撤廃し，ナポレオン3世下のフランスは主権国家間の自由貿易体制を構想した．1860年の英仏通商条約は，実効力のある「最恵国待遇」条項をもち，二国間通商条約のネットワーク化によって多角的貿易決済構造の形成を促進する契機となった（Coutain 2009）．

その後も，ECからEUにいたるヨーロッパの地域統合（それは他の地域でもある程度みられる）の趨勢と，GATTからWTOにいたる主権国家間の自由貿易体制の促進の二つの流れが，イギリス，アメリカの覇権を背景とした国際秩序と対立・補完しながら，自由貿易体制の制度化を担ってきたと言えよう．

他方，アジア・アフリカ地域の多くは19世紀に欧米列強によって植民地化され，植民地化を免れた東アジアでも，不平等条約のもとで居留地貿易体制が形成された．これが「強制された自由貿易」の体制である．しかし，アジアでは，その下でも伝統的な交易圏で蓄積された商人のネットワークが商業機会に反応して地域間貿易の成長をうながした．自由貿易に親和的なアジア交易圏の発達は，開発主義とともに，第二次世界大戦後の東アジアの高度成長の重要な背景となった（杉原2005）．その事実は，市場原理主義とは距離を置く発展途上国の開発戦略にも多くの示唆を与えている．

▶関連用語：市場経済,市場原理主義,自由主義

文献

Coutain, B. 2009. "The Unconditional Most-Favored-Nation Clause and the Maintenance of the Liberal Trade Regime in the Postwar 1870s", *International Organization*, 63.

Nye, J. V. C. 2007. *War, Wine and Taxes: The Political Economy of Anglo-French Trade, 1689-1900*, Princeton University Press.

杉原薫 2005．「地域統合」日本経済新聞社編『歴史から読む現代経済』日本経済新聞社．

〔杉原　薫〕

2-3-A08 ▶▶▶ 開発主義　developmentalism

キーワード●開発独裁，開発主義国家，成長イデオロギー

1960年代後半以降，後にNIEsやASEANになった東南・東アジア諸国の政府は工業化と開発への強い意欲を示した．日本の文献は，当初から独裁政権と開発との密接な関係を認知してきたが，1980年代後半に韓国と台湾での民主化運動の昂揚によって，それぞれの政府の抑圧的体質が注目され，「開発独裁」という用語が広く使用されるようになった．

開発主義 (developmentalism) という言葉に学術的に定着した定義が存在するかどうかは微妙であるが，一般的には開発がどのような政治体制によって支えられたかにかかわらず，成長イデオロギーが国民に広く共有され，経済ナショナリズムとして遂行されることを指すと思われる．したがってそれは，20世紀のアジアにおいては，開発主義国家 (developmental state) と表現された高度成長期までの日本や，民主化後の韓国や台湾，あるいは共産党の支配下にある中国も含む，高度成長国のほとんどを包括する概念としても使われる．さらに現在では，たとえば南アフリカにもそれが適用できるかどうかが議論されている．

開発独裁体制の成立には，冷戦体制下のアメリカの戦略が絡んでいた．アメリカは，社会主義の挑戦に対抗するために，国有化や所有権の廃止を行わない範囲で国家の介入による開発戦略を許容し，独裁政権主導の経済社会開発を支援した．政府は，社会主義政権のように特定の階級を基盤とするのではなく，国民や民族の用語を使って呼びかけ，経済成長を国家と国民がともに第一義的な目標とする「成長イデオロギーの国民的共有」の状況をつくり出すことによって支配を正当化しようとした．コンセンサスを得るために，労働運動への対処では抑圧的だった政府でも，農民の支持の獲得には熱心で，農村のインフラ整備，教育，社会福祉水準の改善に努める側面もあった．自由，公正，所得の公平な分配ではなく，成長に焦点を合わせる考え方によって大衆の支持を得ることがリーダーシップにとって決定的だったのである（末廣1998）．その結果，たとえば人間開発指数で見ても，民主主義的な開発体制とそれほど違わない生活水準の改善が進んだ．

開発主義は，政治的社会的な価値とその多様性に十分な考慮を払わなかっただけでなく，公害や環境破壊を起こした点でもしばしば批判の対象とされる．しかし，現在なお貧困や飢餓にあえぐ多くの人々が，それらの批判は部分的なもので，開発そのものは必要だと感じる側面があることも否定できない．

▶関連用語：キャッチアップ型工業化，開発独裁，権威主義体制

文献
末廣昭 1998．「開発途上国の開発主義」東京大学社会科学研究所編『20世紀システム4　開発主義』東京大学出版会．

〔杉原　薫〕

キーワード◆世界経済の統合，覇権，国際秩序，新自由主義

グローバル化　globalization

　グローバル化は，ヒト，モノ，カネ，情報の国際的な流れをつうじて，経済的文化的な相互依存が進む状況を指す言葉として広く使われている．その一部，たとえば経済のグローバル化，携帯電話やインターネットの普及によるコミュニケーションのグローバル化，あるいは地球温暖化のような環境問題のグローバル化を取り出して概念化されることも多い．世界がこうしたさまざまな意味で「一体化」しつつあるという事実に大きな異論はないが，急速なグローバル化への賛否は分かれており，多国籍企業や国際金融利害が市場のさらなる開放に期待を寄せる一方で，覇権国の主導によるグローバル化の弊害を指摘したり，地域に固有の価値や発展径路を重視し，より多元的な力の複合，交錯による国際化を示唆したりする議論も少なくない．以下では，近世から現在までの経済と政治のグローバル化の過程を跡づける．

　第一の波は，16-17世紀のヨーロッパ海上帝国の時代である（「プロト・グローバル化」とも呼ばれる）．「地理上の発見」以降，ポルトガルとスペインが主導した「遠隔地貿易」は，インド洋交易圏から香辛料をヨーロッパに，新大陸の銀をヨーロッパとアジアにもたらした．17世紀には英蘭両東インド会社がアジアとの貿易をさらに発展させ，金銀比価がある程度世界的に連動するようになった（Chaudhuri 1985）．インド産の綿織物は東南アジア，アフリカ，ヨーロッパ，日本など，世界各地で需用された（ルミア 2006）．他方，新大陸との接触は，「コロンブス交換」（the Columbian Exchange）と呼ばれる，東半球と西半球の間の植物，動物，食物，人口（奴隷を含む），病原体，鉄器，銃，思想の広範囲な交換をもたらした（Crosby 2003）．しかし，明清帝国，ムガル帝国，オスマン帝国はそれぞれ広大な領域を支配していた一方，東アジア交易圏，インド洋交易圏，大西洋交易圏（奴隷貿易を含む）も基本的には独自の交易のリズムを有していた．ヨーロッパ人主導の遠隔地貿易が地域秩序や地域交易圏を律していたわけではない（杉原 2003a）．

　産業革命と交通・通信革命によって特徴づけられる「長期の19世紀」が第二の波である．この時期には工業化が温帯の先進国に普及するとともに，熱帯の多くの地域が植民地化されるか欧米列強の勢力圏下に入るとともに，第一次産品供給基地として世界経済に組み込まれた．遠隔地航路への蒸気船の就航と鉄道建設による輸送費の低下とともに，保険業の発展や法の整備，疫病対策も進み，リスクを含む取引コスト全体が低下した．覇権国イギリスは，自由貿易体制と植民地支配を組み合わせて，軍事力・安全保障などの国際公共財を提供した．また，世界貿易は，ヨーロッパから新大陸や植民地などへの海外投資によっても補完された．そして，ロンドンを中心とする多角的貿易決済構造と国際金本位制は，植民

地インドからの利子支払いを中心とする膨大な送金によって支えられていた．さらに，大西洋を横断する大量の移民は新大陸の工業化，都市化を，イギリス帝国や東南アジアへのインド人，中国人移民は鉱山・プランテーションの発展を，支えた．こうして要素市場も国際化したが，高賃金の大西洋経済圏に入った欧米諸国と，低賃金の非ヨーロッパ世界との所得格差は拡大する傾向にあった (Lewis 1970, 1978)．前者が新大陸の豊かな土地と資源にアクセスできたことも大きい．グローバル化はいわゆる「南北問題」を内包していたのである．

二度の世界大戦と，両大戦間期の停滞は，いったんこうしたグローバル化の波を止めたが，戦後，自由世界では，覇権国アメリカの圧倒的な軍事力を背景に，世界経済の再建が図られた．第三の波は，情報革命が世界化する 1980-1990 年代以降とする見方もあるが，その制度的基礎は戦後に築かれたと考えられる (Kindleberger 1986; ギルピン 2001)．国連を中心とする新しい国際秩序は，一方では多角貿易主義とドルを基軸通貨とする自由貿易・国際通貨体制に依拠しつつ，同時に，戦後独立を果たしたアジア・アフリカ諸国のナショナリズムとその工業化，経済発展への強い意欲を容認した．1970 年代以降，世界経済におけるアメリカの地位は次第に低下して，国際通貨制度も変動為替相場制に移行し，近年は多角的な一括関税引き下げ交渉も挫折しがちになったが，それでも世界貿易は概して拡大を続け，多国籍企業による直接投資も増加してきた．また，政治的経済的自立をめざした新興国の初期の開発戦略は必ずしも成功しなかったが，東アジア，東南アジアの高度成長国は，閉鎖的なナショナリズムではなく「開かれた地域主義」(Garnout and Drysdale 1994) を標榜してアジア太平洋経済圏の興隆の推進力となり，「開発主義的国際秩序」の形成に貢献した．このような経緯で，グローバル化が結果的に世界経済に未曾有の成長をもたらしたのは明らかである．現代の世界には 200 を超す主権国家が存在し，その大多数は発展途上国で，開発戦略の策定に従事している．すなわち，グローバル化は，主権国家システムを前提し，国家と交渉しつつ，かつそれを超えて進んでいるのである．

問題も多い．そもそも現在の秩序はアメリカの覇権性（軍事力や基軸通貨）に依存しており，対等な主権国家からなるシステムという国連の理想からはほど遠い，帝国型の秩序である（ストレンジ 1998）．他方，スティグリッツの言うように，新古典派経済学やマネタリズムに基づく新自由主義は，規制を排除し，経済活動を市場メカニズムに委ねれば成長が達成されるとして，IMF や世界銀行による 1990 年代の構造調整プログラムで，この政策の採用を発展途上諸国への融資の条件としたが，かえって金融危機を招いた（スティグリッツ 2002）．世界所得分配の趨勢も微妙で，再び格差の拡大が進む恐れもある．にもかかわらず，グローバル化を完全に止めることはできず，それを利用しながらローカル，リージョナルな力をつけていくことが模索されていると言えよう．

▶関連用語：多国籍企業，世界銀行，地球の

文献

Alesina, A. and E. Spolaore 2003. *The Size of Nations*, MIT Press.
Chaudhuri, K. N. 1985. *Trade and Civilisation in the Indian Ocean*, Cambridge University Press.
Crosby, A. 2003. *The Columbian Exchange: Biological and Cultural Consequences of 1492*, Praeger.
Flynn, D. O. 1996. *World Silver Flows and Monetary History in the 16th and 17th Centuries*, Variorum.
Garnout, R. and P. Drysdale 1994. "Asia Pacific Regionalism: The Issues", in R. Garnout and P. Drysdale (eds), *Asia Pacific Regionalism: Readings in International Economic Relations*, Harper Educational.
ギルピン，R. 著，佐藤誠三郎・竹内透監修，大蔵省世界システム研究会訳 1990.『世界システムの政治経済学』東洋経済新報社.
────，古城佳子訳 2001.『グローバル資本主義』東洋経済新報社.
Hopkins, A. G. 2002. "Globalization: An Agenda for Historians", in A. G. Hopkins (ed.), *Globalization in World History*, W. W. Norton.
Kindleberger, C. P. 1986. "International Public Goods without International Government", *American Economic Review*, 76.
Krasner, S. D. 1999. *Sovereignty*, Princeton University Press.
Krueger, A. O. 1995. *Trade Policies and Developing Nations*, Brookings Institution.
Lewis, W. A. (ed.) 1970. *Tropical Development, 1880−1913*, Northwestern University Press.
Lewis, W. A. 1978. *Growth and Fluctuations, 1870−1913*, George Allen and Unwin.
ルイス，W. A. 著，原田三喜雄訳 1981.『国際経済秩序の進展』東洋経済新報社.
ルミア，B. 著，管靖子訳 2006.「インド綿貿易とファッションの形成, 1300−1800 年」『社会経済史学』72(3).
O'Brien, P. K. 2002. "The Pax Britannica and American Hegemony", in P. K. O'Brien and A. Clesse (eds), *Two Hegemons: Britain 1846−1914 and the United States 1941−2001*, Ashgate.
スティグリッツ，J. E. 著，鈴木主悦訳 2002.『世界を不幸にしたグローバリズムの正体』徳間書店.
────，楡井浩一訳 2006.『世界に格差をバラ撒いたグローバリズムを正す』徳間書店.
ストレンジ，S. 著，櫻井公人訳 1998.『国家の退場』岩波書店.
杉原薫 1996.『アジア間貿易の形成と構造』ミネルヴァ書房.
──── 2003a.「近代国際経済秩序の形成と展開」山本有造編『帝国の研究』名古屋大学出版会.
──── 2003b.『アジア太平洋経済圏の興隆』大阪大学出版会.

〔杉原　薫〕

気候 / 気候区分　climate / climatic division

キーワード◆気候，植生，風土，人為的な影響

●気候区分のさまざまな類型

　気候とはある地域における大気の平均的な状態を指しており，地域の産業・文化・農業等を論じるうえで欠かすことができない．気候を科学的に理解するためには，数十年間程度の長期気象データをもちいて，大気の構成要素である気温や降水量の時空間的な変動やサイクルなどを解析する必要がある．一方，現地の自然環境，とくに存在する植生の種類や分布をもとに，その地域の気候を理解する手法も存在する．気象データやその地域の自然・風土などの基準を定め，条件に当てはまる地域を気候区として分類したものを気候区分という．植生分布は，気候区分の重要な指標である．植生はその地域の景観をかたちづくるだけでなく，それ以外の環境形成に重要な役割を及ぼす．農業をはじめとした地域に生活する人々の生業を理解するためには，その地域の植物群落が成立している諸条件を理解する必要がある．

　現在最も知られているのは，気候学および植物学者のケッペンが1884年に最初に発表し，その後さまざまな改良を施されたケッペンの気候区分である．ケッペンの気候区分は，気温と降水量の2変数から単純な計算で全球（全世界）の気候区分を決定する．分類基準が簡便であること，植生や風土の特徴を反映していること，立地条件など気候の成因と相関していることなどが特徴として挙げられる．気温を折れ線，降水量を棒グラフで示した雨温図や，縦軸に気温，横軸に降水量をとった座標上に各月のデータをプロットしたハイサーグラフから読み取るのが一般的である．

　次に，1931年に気候学者のソーンスウェイトは各月の降水量と蒸発量の比と各月の気温と蒸発量の比，およびそれらの年合計値をもとにしてアメリカおよび全球の気候区分を行った．さらに1948年に，蒸発散位という新しい概念を導入して気候分類を行った．蒸発散とは地面からの蒸発と植物からの蒸散を合計したものであり，蒸発散位とは，気温，湿度，日射，風の気象因子に依存し，与えられた気象条件下で得られる最大の蒸発散量のことである．地表面における水収支をとおして世界の気候区分を試みたもので，気候の特性を構成する水収支を基準に置いている点ですぐれた方法である．さらに，同じく気候学者のブディコは放射乾燥度という概念をもちいて全球の熱収支図を作成し，熱収支と水収支とを結びつける重要な業績を残した（ブディコ 1956）．たとえば高緯度に位置するツンドラ地帯においては，降水量は少ないものの気温が低く，すなわち熱が十分でないために蒸発が少なく水が余っている地域であるという解釈が可能である．

●気候区分をめぐる学際学研究

　上記のように，植生分布をもとに作成されたケッペンの気候区分は，ソーンスウェイトやブディコが地域の水収支・熱

収支を考慮することで発展した．これらは基本的には，結果的気候区分の一種である．一方，大規模スケールにおける気候の成因から分類する，成因的気候区分に属する区分も存在する．まずは1950年にフローンが季節風を考慮したフローンの気候区分を，同年アリソフが気団や前線帯の位置を生かしたアリソフの気候区分を提案した．さらに1960年には，ヘンデルが大気の大循環を考慮に入れたヘンデルの気候区分を発表した．これらは風の吹き方や前線で区分できることから，比較的単純で分かりやすいという長所がある．

上記で説明した気候区分図は，主として気候学を専門とする専門家によって提唱されたが，1948年に生態学者の吉良竜夫が温量指数をもちいた森林分布を説明した（吉良1948）．一般的に，植物の生育には月平均気温で摂氏5度以上が必要とされる．このことから，温帯における植生の分布には，それより高温になる期間とその温度の高さがどの程度になるかが大きく影響すると考えられるので，その定量化を試みた．さらに吉良は，日本，中国，東南アジアの調査を行い，日本および世界における森林帯の気候区分体系の解明と確立を行うなど，地球規模で生態学的な事象を説明した．温量指数という概念は，自然植生だけでなく農作物にも適用できることから，人間活動を考慮する際にも有効である．

上記のように気候区分といっても，さまざまな種類が存在する．たとえば，成因に着目した気候区分には，気候システムの理解に役立つという長所があるのに対して，必ずしも現実の気候と一致しないという欠点もある．各々の気候区分にはどれも利点と欠点が存在し，目的や適用地域に応じて使い分ける必要がある．さらには，農地の拡大や森林伐採，都市化など，人為的な影響が植生に与える影響も無視できなくなっている．人為的な影響が気候に与える影響に関してさまざまな研究が行われていることから，それらを含めた新しい気候区分の提案が待たれている．

▶関連用語：2-1-A01 水循環，2-1-A06 熱循環，2-3-B11 熱帯バイオマス社会

文献

ブディコ，M. I. 著，内島善兵衛訳 1956．『地表面の熱収支』河川水温調査会．
吉良龍夫 1949．『日本の森林帯』（林業解説シリーズ 17）日本林業技術協会．
――― 1952．［復刻版 1975］「落葉針葉樹林の生態学的位置づけ」今西錦司編『大興安嶺探検』講談社．
Thornthwaite, C. W. 1931. "The Climate of North America According to a New Classification", *Geographical Review*, 21.
矢沢大二 1956．「ヘルマン・フローン」『地理学評論』（日本地理学会）29(2)．

〔甲山 治〕

2-3-A11 ▶▶ 乾燥地帯　arid and semi-arid areas

キーワード●不確実性，移動性，境界の流動性

　乾燥地帯の自然環境を特徴づけるのはその脆弱性と不確実性である．ここでは，ケッペンの気候区分で乾燥帯に属する砂漠とステップ（大陸性乾燥気候），熱帯に属するサバンナを包含した地帯を指す．とくに降水量は絶対量として少なく，しばしば局所的な干ばつが発生する．また，降雨が時間的にも空間的にも不安定なため，自然災害の程度と場所の予測が困難である．

　この環境下で人間が生活を営むうえで，利用可能な空間を広く保持し，高い移動性を確保する対処が効果的である．実際，乾燥地帯に形成された集団の空間的境界は，気候変動に応じて分布域が大きく変化する生態資源に，異なる集団の成員がともにアクセスすることを可能とする流動性によって特徴づけられる (cf. Dyson-Hudson and Smith 1978)．その社会的境界も，資源の共同利用をとおして集団境界を超えた人間関係が広がることで，ゆるやかなものにとどまりつづけた．乾燥地帯には王国から無頭制社会まで多様な政治体が形成されてきたが，その境界の強い柔軟性という点で，集団の編成原理に一定の共通性がみてとれる．

　この環境利用と集団編成のあり方に大きく影響したのが，他集団との間に相互排他的な空間的・社会的境界を設定する近代国家である．近代国家は，乾燥地帯で営まれてきた環境利用を「非生産的」あるいは「環境破壊的」と断じ，定住化政策を推進して，集団の境界を固定化した．結果，人々の気候変動に対する脆弱性は増大し，集団間の資源をめぐる相克も高まった．

　近年，非均衡系生態学の観点から，乾燥地帯で営まれてきた環境利用が合理性を有していることが示された (Scoones 1995)．人々による権利回復運動も盛んになり，たとえばアフリカ牧畜民は遊動を正当な生活様式として承認することを国家や国際機関に求めている．乾燥地帯で環境の不確実性を前提にはぐくまれてきた柔軟な境界のあり方は，既存の境界が揺らぎ不確実性を増す今日の世界に，多くの示唆を与えてくれるはずである．

▶関連用語：2-1-C02 移動〔人間圏〕，2-1-A02 干ばつ，2-3-B08 牧畜

文献
Baxter, P. T. W. (ed.) 1991. *When the Grass Is Gone*, The Scandinavian Institute of African Studies.
Dyson-Hudson, R. and E. A. Smith 1978. "Human Territoriality", *American Anthropologist,* 80.
小杉泰 2010．「乾燥オアシス地帯における生存基盤とイスラーム・システムの展開」杉原薫・川井秀一・河野泰之・田辺明生編『地球圏・生命圏・人間圏 —— 持続的な生存基盤を求めて』京都大学学術出版会．
Scoones, I. (ed.) 1995. *Living with Uncertainty*, London, ITP / IIED.
嶋田義仁 2010．「アフロ・ユーラシア内陸乾燥地文明の4類型」『文化人類学』74(4)．

〔佐川　徹〕

2-3-A12 ▶▶ モンスーン　monsoon

キーワード◉交易，季節風，雨季，海陸風循環

　モンスーンとは，アラビア語の「*Mawsim*」に由来するとされ，元来は1年のうち特定の時期に行われる特別な行事のことを意味していた．次第に，帆船で交易を行っていたアラビア海の船乗りたちによって，1年のうちで一定の期間と方向をもって交替する風の意味で使われるようになった．

　気候・気象学では，モンスーンは「季節風」を意味する．日本では夏季には太平洋高気圧から吹き出す南東風が卓越し，冬季にはシベリア高気圧から吹き出す北西風が卓越する．モンスーンは大陸東岸，北半球低緯度の大陸南岸（南半球では北岸）に多くみられ，東アジアからインド洋沿岸部，アフリカ大陸東部，カリブ海，南北アメリカ大陸東岸，オーストラリア東岸などが代表的である（新田ほか 2002）．とくにアジアのものは非常に規模が大きく，アジアモンスーンと呼ばれる（Wang et al. 2006）．

　インドやインドネシアでは，モンスーンとは雨季のことを指す．モンスーンの基本的な原理は海陸風循環であり，夏は海洋に比べて相対的に熱くなる大陸方向に風が吹き，冬は相対的に熱くなる海洋方向に大陸からの風が吹く．海洋から大陸に風が吹く場合は，降水をもたらすことから雨季となり，大陸から海洋に風が吹く場合は乾季となる．したがって，上記の傾向が顕著な地域では，風の交替と雨季・乾季の交替をほぼ同義に使うことがある．アフリカのサブサハラや南米などでは雨季の嵐や大雨を，インドや東南アジアでは雨季そのものを意味する語としても使用されている．

　モンスーン・アジアでは，ある時期を境に気候が急激に変化することから，モンスーンの開始時期が記録されている．4月から5月ごろにかけてアジアモンスーンが始まり，インド洋から東南アジアにかけて南西風が強まってくる．この南西風によってインド洋から運ばれる水蒸気がヒマラヤ山脈にぶつかり，この南アジア一帯で強い雨を降らせる（安成 1990）．その後もベンガル湾，インドシナ半島，中国南部を経て，日本を含めた東アジアにも及ぶ．日本の梅雨もモンスーンの一部である．

▶関連用語：2-1-A02 干ばつ，2-1-A04 洪水，雨季と乾季

文献
新田尚ほか 2002．『キーワード　気象の事典』朝倉書店．
Wang, B. et al. 2006. *The Asian Monsoon*, Springer Praxis Books.
安成哲三 1990．「熱帯とモンスーン」高谷好一編『東南アジアの自然』（講座東南アジア学第 2 巻）弘文堂．

〔甲山　治〕

2-3-A13 ▶▶ 熱帯雨林　tropical rain forest

キーワード●湿潤熱帯，一次生産力，生物多様性

　熱帯雨林は，一年をとおして温暖で降雨の多い赤道付近の湿潤熱帯に成立する林である．赤道から遠ざかるにつれて乾燥の季節性が高まり，月降水量が100 mmを下回る乾期が3ヵ月を超えると熱帯モンスーン（季節）林へと移行してゆく．

　熱帯雨林の特徴は，その現存量と生物多様性にある．年間をつうじた高温多雨のおかげで森林の総一次生産力はきわめて高く年間約100 t/haに達する．その4分の3は呼吸によって消費され，残りの4分の1が植物体となる純生産量である．巨大高木の下に多層化した熱帯雨林の現存量は約500 tにもなり，その維持のために総生産量に占める呼吸消費率が高いのである．一方でリターの分解は速く，林床での堆積量は少ない．

　世界の熱帯雨林は，アメリカ（新熱帯），アフリカ，アジアの三つの熱帯で赤道をまたぐように分布している．アメリカ（新熱帯）とアフリカでは過去の氷河期に冷涼で乾燥した気候に覆われたために，熱帯雨林の広がりは狭められ分断化されてきた．しかし東南アジアでは氷河期の乾燥ストレスが比較的弱かったために，現在の熱帯雨林はきわめて多様な種に恵まれている．フタバガキ科をはじめとする多様な樹種で構成され，巨大な幹や板根を発達させる．幹に直接花や実をつける幹生花，幹生果や，つる植物，着生植物，ヤシやトウ（籐）などが著しく多いのも特徴である．進化の歴史がはぐくんできた生物多様性は熱帯雨林にとって代えがたい価値である．

　産業界ではバイオマス（biomass）ということばが本来と異なる意味で使われている．化石資源であれば使えばなくなるが生物由来の「バイオマス」であれば再生可能であるという単純思考には，熱帯雨林の多様性を紡いできた多種共存の歴史認識が欠落している．

▶関連用語：2-3-A12 モンスーン，2-3-B12 熱帯バイオマス社会，一次生産力

文献

井上民二 1998.『生命の宝庫・熱帯雨林』日本放送出版協会．
吉良竜夫 2011.『消えゆく熱帯林』新樹社．
百瀬邦泰 2003.『熱帯雨林を観る』講談社．
Primack R. and R. Corlett 2005. *Tropical Rain Forests*, Blackwell Publishing.
Richards, P. W. 1952. *The Tropical Rain Forest*, Cambridge University Press.
四手井綱英 1992.『熱帯雨林を考える』人文書院．
Whitmmore, T. C. 1975. *Tropical Rain Forests of the Far East*, Clarendon Press.
――― 1990. *An Introduction to Tropical Rain Forests*, Oxford University Press.
山田勇 1991.『東南アジアの熱帯多雨林世界』（東南アジア研究叢書 24）創文社．
湯本貴和 1999.『熱帯雨林』岩波書店．

〔竹田晋也〕

2-3-A14 ▶▶ 山岳域　mountainous areas

キーワード●アンデス，チベット・ヒマラヤ，エチオピア

　標高 2,500 m を超える「山岳域」は，地球上の面積の約 5 分の 1 を占め，地球人口の約 10 分の 1 が，このような山岳地域に生活している．とりわけ，顕著な高地に人類が累代にわたって生活している典型的な地域としては，南米のアンデス，ユーラシアのチベット・ヒマラヤ，アフリカのエチオピアなどが知られている．アンデス高地，チベット・ヒマラヤ高地，エチオピア高地は，今から 6,500 万年前から 180 万年前の間，地質学でいう第三期に，地球の造山運動によってほぼ完成をみた．これらの高地での人類の生活の痕跡は有史以前にまでさかのぼり，現在でもそれぞれ数百万規模の人口を擁している．

　とりわけ 3,000 m を超える高地での生活のためには，低酸素に対する人体の遺伝的な適応が必要であり，高度に付随する寒冷と乾燥土壌という生態条件のために，栽培作物や家畜の選択にも絶妙な工夫がこらされてきた．たとえば栽培植物としては，アンデス高地でジャガイモ，チベット高地では大麦，エチオピア高地ではテフとエンセーテといったその地域の固有性が認められる．家畜についても，アンデスではリャマ・アルパカ，チベットではヤク，エチオピアでは牛と牧畜形態も異なる．

　また高地は，細い間道をつうじて低地との戦略的な交易を維持しながらも外界とは比較的隔絶されており，過酷な生業条件を克服するための民意の統一象徴として篤い信仰生活も発達させてきた．古代アンデスのインカにおける太陽神，チベット・ヒマラヤのチベット仏教，エチオピアではエチオピア正教といった独特の宗教が信仰されている．

　高地における人々の暮らしには，低酸素に対する適応や農業と牧畜をつうじての環境利用の方法，そして信仰の篤さなどにおいて深い共通性がみられるのと同時に，地域固有の多様性も顕著である．

　高地の人々の生活は，これまで数百年から数千年にわたって悠久の持続性を維持してきたと考えられるが，近年の社会のグローバリズムは，高地にも及びつつあり，高地の生活も変容を迫られているのが実情である．

▶関連用語：2-1-01 地表から生存圏へ，2-1-B04 生態系サービス，2-2-A05 ネットワーク

文献
Baker, P. T. 1978. *The Biology of High Attitude People*, Cambridge University Press.
奥宮清人編 2011.『生老病死のエコロジー』昭和堂.

〔松林公蔵〕

2-3-B01

環境と生業
natural environment and livelihood

◆キーワード◆
農業，資源管理

　生業は，人間社会にとって，環境，すなわち地球圏や生命圏といかに関わるかが問われる最も重要な活動の一つである．ここでは，生業をめぐる技術や制度が，人間社会と環境との関わりをどのように展開してきたのか，その展開を持続型生存基盤論ではどう評価し，何を眺望するのかを概観する．

●土地と農業

　農業は約 1 万年前に中近東で始まったといわれている．農業とは，地球圏や生命圏を人為的に操作して，作り出される有用植物の量を増やすことである（タッジ 2002）．それ以前の狩猟採取を生業としていた人々も環境を操作していたが，農業の開始によって，人間は長期にわたって同一箇所で，より大規模に環境を操作し人間社会が設定した目的のために地球圏や生命圏の制約を打ち破ろうと試みるようになった．ほぼ同時期に，野生動物の家畜化も始まっている（ダイアモンド 2000）．世界各地で，さまざまな植物種が栽培植物化され（中尾 1966），野生動物が家畜化されることによって（これらをドメスティケーションという），多様な農耕様式が生まれた（本講座第 2 巻序章）．

　その後，さまざまな技術改良が積み重ねられた．最も顕著なのは，栽培や飼育という目的に沿った個体の選択，すなわち品種改良である（鵜飼・大澤 2010; 正田 2010）．たとえば穀物では，種子が熟すと自然に穂から離れるとか，発芽や登熟の時期にばらつきがあるという性質は，その植物集団が生命圏における競争を勝ち抜くためには有用な性質だが，人間圏での生産のためには不都合である．そのため，このような性質をもつ個体は取り除かれ，種子や穂や果実のように人間が利用する部位の大きいものが選抜された．栽培植物や家畜は，人間の度重なる介入によってその存在場を生命圏から人間圏へと移し，人間との関わりなしに生存

し得ないものとなった.

　品種改良に加えて,生産環境も操作するようになった.地形を改変し,灌漑排水により水環境を制御した.これは,地域社会レベルでの地球圏の操作である.水環境の制御は,近代土木技術が普及するとより大規模なものとなり(河野ほか 2009),それが地球レベルでの気候のメカニズムにも影響を与えるようになった(甲山 2009).農業技術は大きく二つに分けることができる.立地適応型と立地形成型である(田中 1991).前者は地域の地球圏に適した栽培植物,栽培品種,栽培時期等を選択することであり,後者は生産を最大にするために地域の地球圏を操作することである.技術の内容に着目して,農学的適応と工学的適応と呼んでもよい(石井 1975).実際には,二つの型の技術展開を相互に促進し,農業発展をかたちづくってきた.この過程は必ずしも成功の積み重ねではない.人為的に操作できるのは,地域の地球圏や生命圏の変化をうながす糸口でしかない.人間は,森林を伐採することはできるが,土壌微生物や埋土種子を含む生態系そのものを完全に操作することはできない.人為的な糸口は,それぞれの圏の論理にしたがって連鎖的な変化を引き起こし,新たな地球圏や生命圏を生み出す(Brookfield 2001).この変化は,当然ながら,必ずしも人間圏の当初の目的に沿ったものであるとはかぎらない.人間圏の働きかけに対して,地球圏や生命圏がどのように応答するのかを見きわめ,さらに働きかけを工夫,改良するという過程を,長い時間をかけて繰り返してきたのが生業における人間社会と環境の歴史である.

　ところが 20 世紀になると,人間社会は,人間圏の働きかけに対する地球圏や生命圏の応答を見きわめる時間的な余裕のないまま,圧倒的な力で地球圏や生命圏を操作し,人間圏に組み込むようになった(マクニール 2011; Rudel 2005).たとえば農業機械の導入は,役畜を駆逐し,作物－家畜飼料－堆厩肥－作物という農地生態系における養分循環を断ち切った.代わりに,作物生育により効果的な化学肥料や農薬の施用が普及した.すなわち,それまで人間社会と環境のインターフェースであった生業を,人間圏に内在化させ,安定化,大規模化,効率化,高収益化等の人間圏の論理を貫徹しようとした.実際には,それは錯覚でしかない.生業は,土地や水,大気のみならず,さまざまな生命の営みに支えられていることに変わりはない(石川 2008).この錯覚は,地域の地球圏や生命圏を不安定化させたが(久馬 2005),それは次々と開発される技術や資本の投下により覆い隠

された．私たちは，生業を人間社会と環境のインターフェースへと引き戻したうえで，その展開を構想していかなければならない（本講座第2巻第10章）．

熱帯の山地や丘陵部に残存する焼畑農業システムは，森林生態系の論理を取り込んだ農耕様式として注目を集めている（Cairns 2007; 本講座第2巻第5章）．長期の休閑期間を確保した森林伐採と火入れという人為的な操作は，天然更新という森林生態系が本来的にもっているメカニズムを調整しようとするものであり，森林の生産力や生物多様性を必ずしも劣化，不安定化させるものではない．人々は，森林の再生過程に出現する多くの有用植物も利用しており，生態系レベルのドメスティケーションと考えることができる（河野 2008; 横山・落合 2008）．このような人間社会と環境の関わりは，とりわけ地球圏や生命圏の活性が大きい熱帯における生業展開を考えるうえできわめて示唆に富む着想である．

● 森林と造林

造林業は，熱帯においては比較的新しい生業である．ヨーロッパ諸国による植民地化によって導入された．20世紀後半になって，森林資源の枯渇と森林保全に対する関心の高まりが熱帯における人工造林を促進した．そこで適用されたのが，ヨーロッパで発達した単一の早生樹種の一斉造林という技術である（秋道・市川 2008）．地球圏や生命圏の活性度が小さく，人為的な操作による生態系の単純化が比較的容易な温帯諸国で有効なこの技術が，熱帯でも有効かどうかは十分に検証されていない（本講座第2巻第4章）．熱帯においても人為的な森林修復，森林回復が不可欠だし，生業においても造林を組み込むことが温帯にもまして有効だが（田中 2009），そのための技術や制度は，温帯諸国から移植するのではなく，ホームガーデンのような在来の森林利用体系から発想する必要がある（本講座第2巻第7章）．それが，地域の地球圏や生命圏に配慮した森林を基盤とする生業空間の創出，そして熱帯バイオマス社会の構築へとつながる．

● 海洋と漁業

漁業や漁労も重要な生業である．とりわけ水田や河川，湖沼における内水面漁労は，農業と一体化して人々の生活を支えてきた（秋道・黒倉 2008; 野中 2008）．一方，人間社会が生命圏に与えた影響という面では，海洋漁業のインパクトは大きい．かつそのインパクトが，生命圏において，どのような変化の連鎖を引き起

こしているのか，それが将来，人間社会にどのようなかたちで跳ね返ってくるのかが十分に把握できていない（Briones 2008）．

　地球上で生産される有機物の約半分が，地球表面の約70%を占める海洋で生産されている．それが海洋生態系の植物連鎖を経て魚類や甲殻類となり，漁獲の対象となる（木暮 2006）．とりわけ陸域から栄養塩が流入する沿岸域は地球上で最も豊かな生態系である（Whitakker 1975）．20世紀になって漁船と漁具の技術が革新的に進歩し，19世紀初頭に100万t，20世紀初頭に200万tであった世界の漁獲量は1990年代には7,000万tに達した（マクニール 2011）．これは海洋で生産される有機物の約8%に相当する．海洋はオープンアクセスである．もちろんさまざまな取り決めはあるが，資源管理の経費と労力は陸上よりはるかに大きく，乱獲を防止するのは困難である（秋道・岸上 2002；ネクト 2008；赤嶺 2010；Butcher 2004）．同時に，海洋という地球圏，海洋生態系という生命圏に関して私たちが手にしている知識は，陸上の地球圏や生命圏と比較して，きわめて貧弱である．たとえば，海洋に生息する魚類の量はcpue（単位漁獲努力あたり漁獲量）から推定されている．漁獲努力とは，操業日数とか操業回数である．すなわち，漁獲という経済的な利益を追求する活動を生命圏のモニタリング調査として活用せざるを得ないのである．陸域と違って，私たちは海の内部を鳥瞰することができない．

　近年，漁獲量の経年変動は，乱獲や資源保全などの人間の関与のみならず，より大きなスケールでの魚種の入れ代わりやそれを引き起こす気候変動と関係していることが徐々に解明されつつある（川崎 2009）．これは，漁獲努力を適切なレベルに設定することにより魚類資源を保全することができるとする，これまでの生命圏に対する静的な見方を根本から覆す．地球圏や生命圏は，絶えず変化し，変動している．その時間スケールや空間スケールは，人間の想像を超えて大きく，多様であり，連鎖している．それを確認しながら生業の技術と制度を構想していく必要がある．

● 都市と環境

　最後に都市について考えてみよう．都市は重要な生業の場であり，かつ人間社会においてその比重はますます大きくなっている．都市は，人間社会が，本来の地球圏や生命圏を圧倒的な力で操作し，人間圏として創出した空間である．都市

が人間圏の論理が貫徹する空間として成長するためには，洪水や地震などの地球圏のゆらぎへの対策，感染症の蔓延などの生命圏の活動を抑制する対策が不可欠である．このような小さな努力が，都市のみならず，人間圏の成長にとってきわめて重要であることは間違いない．とはいえ，都市でさえ地球圏や生命圏の論理と人間圏の論理が交錯する場であることを忘れてはならない．そのことを人類の歴史は証明している（フェイガン 2009）．

▶関連用語：2-3-A04 技術，工学的適応，生態系，農学的適応

文献

赤嶺淳 2010．『ナマコを歩く』新泉社．
秋道智彌・市川昌広編 2008．『東南アジアの森に何が起こっているか』人文書院．
秋道智彌・岸上伸啓編 2002．『紛争の海』人文書院．
秋道智彌・黒倉寿編 2008．『人と海の自然誌』世界思想社．
Briones, R. M. and A. G. Garcia (eds) 2008. *Poverty Reduction through Sustainable Fisheries: Emerging Policy and Governance Issues in Southeast Asia*, Institute of Southeast Asian Studies.
Brookfield, H. 2001. *Exploring Agrodiversity*, Columbia University Press.
Butcher, J. G. 2004. *The Closing of the Frontier: A History of the Marine Fisheries of Southeast Asia, c. 1850-2000*, Institute of Southeast Asian Studies.
Cairns, M. F. (ed.) 2007. *Voices from the Forest*, Resources for the Future Press.
ダイアモンド，J. 著，倉骨彰訳 2000．『銃・病原菌・鉄』草思社．
フェイガン，B. 著，東郷えりか・桃井緑美子訳 2009．『歴史を変えた気候変動』河出書房新社．
石井米雄編 1975．『タイ国 —— ひとつの稲作社会』創文社．
石川拓治 2008．『奇跡のリンゴ』幻冬舎．
川崎健 2009．『イワシと気候変動』岩波新書．
木暮一啓編 2006．『海洋生物の連鎖』東海大学出版会．
河野泰之編 2008．『論集モンスーンアジアの生態史 第1巻 生業の生態史』弘文堂．
河野泰之ほか 2009．「水の利用から見た熱帯社会の多様性」杉原薫・川井秀一・河野泰之・田辺明生編『地球圏・生命圏・人間圏 —— 持続的な生存基盤を求めて』京都大学学術出版会．
甲山治 2009．「地球上の熱収支と水循環の駆動力としての熱帯」杉原薫・川井秀一・河野泰之・田辺明生編『地球圏・生命圏・人間圏 —— 持続的な生存基盤を求めて』京都大学学術出版会．

久馬一剛 2005.『土とは何だろうか？』京都大学学術出版会.
マクニール，J. R. 著，海津正倫・溝口常俊訳 2011.『20世紀環境史』名古屋大学出版会.
中尾佐助 1966.『栽培植物と農耕の起源』岩波書店.
ネクト，G. B. 著，杉浦茂樹訳 2008.『銀むつクライシス』早川書房.
野中健一編 2008.『ヴィエンチャン平野の暮らし』めこん.
Rudel, T. K. 2005. *Tropical Forests: Regional Paths of Destruction and Reorganization in the Late Twentieth Century*, Columbia University Press.
正田陽一編 2010.『品種改良の世界史　家畜編』悠書館.
田中耕司 1991. "A Note on Typology and Evolution of Asian Rice Culture",『東南アジア研究』28(4).
タッジ，C. 著，竹内久美子訳 2002.『農業は人類の現在である』新潮社.
――― 2009.「東アジアモンスーン地域の生存基盤としての持続的農業」杉原薫・川井秀一・河野泰之・田辺明生編『地球圏・生命圏・人間圏 ―― 持続的な生存基盤を求めて』京都大学学術出版会.
鵜飼保雄・大澤良編 2010.『品種改良の世界史　作物編』悠書館.
Whittaker, R. H. 1975. *Communities and Ecosystem* [2nd edition], Macmillan.
横山智・落合雪野編 2008.『ラオス農山村地域研究』めこん.

〔河野泰之〕

キーワード◆資源，機能，形態，制度

森林　forest

●森林の機能

過去8,000年の人類の活動によって森林の40％が消失した（Krishnaswamy and Hanson 1999）．この消失の原因は森林のもつ資源的価値による．一つの森林がさまざまな異なった資源価値をもつという意味で，森林は重層的な資源といえる．まず森林は，木材資源を供給する場でありつづけた．金属，石油系プラスチックとともに，今後も木材の資源的価値が消失することはないと考えられている．エネルギー資源としての役割も大きく，森林からもち出される木材の47％は直接薪炭として消費されている（FAO 2010）．

森林は木材以外の林産物の生産の場でもある．樹脂類，果実類，きのこ類，医薬品，狩猟鳥獣類などの非木材林産物は，温帯熱帯を問わず，地域市場向けとしても国際市場向けとしても重要な資源でありつづけている（渡辺2002; 神崎・山田2010）．

森林がもつ垂直的な多層構造と永年性樹木から構成されるという特徴は土壌浸食を低減するとともに，厚く孔隙の多い森林土壌をはぐくみ，高い保水力を保つことで河川への降水の流出の調整に貢献する．山地の多い地域や国においては，山岳地域を森林で覆うことが国土保全，水資源管理のために不可欠である（本講座第2巻第3章）．このような機能は公益的機能あるいは環境保全機能と呼ばれる．

その一方で，森林は開発すべき対象として農地へと転換されてきた．湿潤気候のもとでは，森林を破壊することでしか農地をつくり出せなかった．このように，森林は豊かな生物資源，生態資源であると同時に，切り拓かれるべき未開拓地であるという二面性をあわせもってきた．

●人間による森林の改変

人間の利用により，森林の構造と種類組成は変化する．人間がまったく利用していない森林は，原生林あるいは一次林（primary forest），処女林などと呼ばれ，残存する森林の36％を占めている（FAO 2010）．人間が利用した森林は一括して二次林（secondary forest）と呼ばれる．天然林あるいは自然林（natural forest）には原生林が含まれる．しかし，人間の利用による撹乱後に，自然に回復した二次林も，天然林あるいは自然林と呼ばれる．

有用樹種の伐採搬出後の森林は，伐採後二次林と呼ばれる．有用樹種の回復が十分あれば，数十年のサイクルで択伐が繰り返される択伐天然林として持続的に利用できる．薪炭生産のための森林は薪炭林（fuel forest）と呼ばれ，萌芽再生能力の高い樹種で構成されることが多く，落葉などの有機物を農地に供給するための農用林として併用される森林も多い．定住型焼畑あるいは循環型焼畑では，萌芽力の高い樹種やタケ類が優占する焼畑休閑林となる．製材，合板，パルプ用の材生産のための人工林あるいは，パラゴムノキなど樹脂類の採取のための人工林は増加しつつあり，現存する森林の7％を占めている（FAO 2010）．

森林の存在形態，利用形態はこのように多種多様であるが，その機能的な特徴や持続的な土地利用としての評価や技術的な改善が十分に行われているとは言いがたい．多様な森林利用の形態を適正に評価し，現実の土地利用形態のオプションとして積極的に活用していくことが，森林がもつ環境機能に配慮した生存基盤確立に不可欠である（本講座第 2 巻第 5 章，第 6 章，第 7 章）．

● 森林をめぐる制度

森林の持続的利用を実現するためには，社会的な制度もきわめて重要である．多くの国において多様な森林に対するニーズが，過剰な森林利用や複数のニーズ間の競合を起こし，社会的な軋轢を生じてきた．日本では，森林資源の極度の枯渇のなかで江戸時代以降に徐々に森林の育成や利用のルールが確立されていった（タットマン 1998）．現在の熱帯の各国は，このような森林利用の社会的なルールが確立されつつある過程にあり，地方政府や地域共同体がその管理や収益に関与する方向へと徐々に進みつつある（市川ほか 2010）．

森林の劣化を抑えるような低インパクト伐採が推進され，違法伐採材を市場から駆逐し持続的な森林経営を担保する森林認証制度（forest certification）も整備されつつある（本講座第 2 巻第 4 章）．森林のもつ公益的機能や環境保全機能の確保は，熱帯各国においても社会的なコンセンサスになりつつある．

生物多様性条約（伊藤 2011），植林再植林クリーン開発メカニズム，森林減少・劣化からの温室効果ガス排出削減（井上 2011）など熱帯林の減少に歯止めをかける国際的な枠組みも整備されつつある．

▶関連用語：2-1-A08 再生可能資源，2-1-B01 生物多様性，2-3-B04 森林減少と保全，環境サービス，環境認証制度

文献

市川昌広ほか編 2010．『アジアの人々と森林管理制度』人文書院．
井上真 2011．「温暖化防止対策としての森林保全」桜井尚武・松下和夫編『森林環境 2011』森林文化協会．
伊藤智章 2011．「地球生きもの会議（COP10）を振り返る」桜井尚武・松下和夫編『森林環境 2011』森林文化協会．
Food and Agriculture Organization of the United Nations (FAO) 2010. "Global Forest Resources Assessment 2010, Main Report", FAO Forestry Paper 163 http://www.fao.org/docrep/013/i1757e/i1757e.pdf (2012 年 4 月 13 日アクセス)．
神崎護・山田明徳 2010．「生存基盤としての生物多様性」杉原薫・川井秀一・河野泰之・田辺明生編『地球圏・生命圏・人間圏 —— 持続的な生存基盤を求めて』京都大学学術出版会．
Krishnaswamy, A. and A. Hanson (eds) 1999. "Summary Report World Commission on Forests and Sustainable Development", World Commission on Forests and Sustainable Development http://www.iisd.org/pdf/wcfsdsummary.pdf (2012 年 4 月 13 日アクセス)．
タットマン，C. 著，熊崎実訳 1998．『日本人はどのように森をつくってきたのか』築地書館．
渡辺弘之 2002．『熱帯林の保全と非木材林産物』京都大学学術出版会．

〔神崎　護〕

2-3-B03 ▶▶ バイオマス　biomass

キーワード◉生物量，有機性資源

バイオマスは，生態学において「特定の時点においてある空間に存在する生物 (bio) の物質量 (mass)」と定義され，生物量，あるいは現存量と訳されている．一方，生物資源としてみた場合には，生命圏の「再生産可能な生物由来の有機性資源であり，化石資源（石油・石炭・天然ガス）を除いたもの」と表現されている．

地球上のバイオマスの総量は1.8兆t，その約10％にあたる2,000億tが年間に光合成されると見積もられている．世界の農牧地は50億haであり，一方，森林は39億haで陸域の30％を占める．森林バイオマスの蓄積は1兆6,500億tに達し，総量の90％以上を占めている．なかでも熱帯林は全森林面積の47％，亜熱帯林（9％）を含めると過半を占め，現存するバイオマスの蓄積面から最も大きな存在である．しかし，近年南米，アフリカ，東南アジア等の元来バイオマス蓄積の大きい熱帯雨林を有する国での森林の劣化と減少が目立つ．東南アジア諸国のなかではインドネシアの劣化減少が著しい．これは生物種の量（バイオマス）だけではなく，質（多様性）の維持からも大きな課題である（本講座第4巻）．

バイオマスは，一般に，単位面積当りの該当生物の乾重量であらわす．温帯ブナ林のバイオマスはおよそ200-250 t/ha，熱帯雨林のそれは250-350 t/haに達する．これに対して草本は地上部の蓄積が小さく，2-20 t/haである．陸域バイオマスに比べると，海や湖水域のバイオマスは小さな光合成生物が一次生産を担い，その現存量はたいへん小さく，0.1-1 t/ha程度である．

再生産により持続，循環的なサイクルを維持する生命圏の特色は炭素を有機物として貯留し，炭素の循環をつうじて地球圏と人間圏につながっていることである．したがって，バイオマスとはこの炭素循環のプロセスにおいて一時的に生命圏に蓄積された炭素量と考えられる．

▶関連用語：2-1-A11 炭素循環，2-1-B05 生物資源

文献

Food and Agriculture Organization of the United Nations (FAO) 2008. "Global Forest Resources Assessment 2005".
Luque, R. et al. (eds) 2011. *Handbook of Biofuels Production*, Woodhead Publishing.
Lasco, R. D. 2002. "Forest Carbon Budgets in Southeast Asia Following Harvesting and Land Cover Change", *Science in China*, 45.
日本エネルギー学会編 2009. 『バイオマスハンドブック［第2版］』オーム社.
日本農学会編 2009. 『地球温暖化問題への農学の挑戦（シリーズ21世紀の農学）』養賢堂.
太田誠一編 2007. 『森林の再発見（21世紀の農学第4巻）』京都大学学術出版会.
佐々木惠彦ほか編 2007. 『森林科学』文永堂出版.
鈴木和夫ほか編 2003. 『森林の百科』朝倉書店.

〔川井秀一〕

2-3-B04 ▶▶▶ 森林減少と保全　deforestation and forest conservation

キーワード●森林劣化，U字型仮説，多面的機能

過剰で不適切な森の利用や農地への転換が，人類史のなかで何度も生存基盤の崩壊を招いてきた（本講座第2巻序章，第2章）．開発の遅かった熱帯林の減少は20世紀後半から急速に進行しており，コンサーベーション・インターナショナルが森林減少のホットスポットとして挙げた10の地域のうち9地域が熱帯に存在する（Conservation International 2011）．熱帯では，構造材や薪炭材としての木材の収奪，あるいは農業生産拡大のための森林の農地への転換が，森林減少 (deforestation, 森林破壊，森林消失とも訳される）や森林劣化 (forest degradation) をもたらす主要な直接要因となってきた（藤間2011）．ヨーロッパでは，14世紀までに森林面積比率が20％にまで減少したが，産業革命以降の農業人口の減少や化石燃料への転換により，森林減少は底をうち，その後の積極的な造林によって森林面積は上昇に転じるようになった（森林面積のU字型仮説：熊崎2007）．

森林面積の減少は，気候変動，生物多様性の消失，洪水，土砂災害，水資源枯渇など，広域的な環境・社会問題を引き起こす．1992年のリオデジャネイロ地球サミットで採択された「森林に関する原則声明」以降，森林の多面的機能の維持と，持続可能な開発へむけての制度や技術の改善が続けられている．持続性に配慮した熱帯林での森林管理の試みも技術的，制度的な面で進みつつある（本講座第2巻第4章）．

森林消失の構造的な要因としては，森林がもたらす経済的な価値や，社会的共通資本（永田2007）としての価値が正当に評価されないことにある．先進国においては，森林の管理の基本的戦略が，森林の持続的利用に重点を置いた森林保全 (forest conservation) の思想から，森林の生態系サービス全体の活性化に重点を置いた生態系マネジメント (ecosystem management) へと移行しつつある（井上2007）．

▶関連用語：2-2-B07 環境税，2-2-B08 環境認証制度，2-2-B09 コモンズ

文献

Conservation International 2011. "The world's 10 most threatened forest hotspots", http://www.conservation.org/newsroom/pressreleases/Pages/The-Worlds-10-Most-Threatened-Forest-Hotspots.aspx (2012年4月1日アクセス).
藤間剛 2011.「熱帯林の減少と劣化はなぜ続くのか」桜井尚武・松下和夫編『森林環境2011』森林文化協会.
井上真 2007.「人間社会と森林　3. 思想形成と森林」佐々木惠彦ほか編『森林科学』文永堂出版.
熊崎実 2007.「人間社会と森林　1. 人間の歴史と森林」佐々木惠彦ほか編『森林科学』文永堂出版.
永田信 2007.「これからの森林の役割　2. 社会的共通資本としての森林」佐々木惠彦ほか編『森林科学』文永堂出版.

〔神崎　護〕

キーワード◆営農体系，農業革命，作付体系

農法　agricultural system / farming system

● 「農法」の多義性と「日本農法論」

　この言葉自体は「農業のやり方」という程度の意味をもつが，きわめて多義的に用いられるため，たとえば英語にこれを置き換えるのは難しい．さしあたり agricultural system あるいは farming system をあてておくしかない．

　「農法」の多義性を考えるとき，1960年代から70年代に行われた日本農業の近代化をめぐる議論を振り返っておくことは意味がある．農業革命（三圃式から輪栽式への農法転換）を経て資本制への転換を遂げた西欧との比較から，農法の発展過程を軸に日本農業の近代化過程を分析した「日本農法論」と呼ばれる議論である（熊代1969；飯沼1971；加用1972；農法研究会1975）．「生産力＝技術的視点からみた農業の生産様式，換言すれば農業経営様式または農耕方式の発展段階を示す歴史的な範疇」（加用1972）としての日本農法の性格をめぐって，さまざまな議論が行われた．

● 作付体系・農業システム研究

　「日本農法論」と並行して，作物栽培や農業経営に関わる分野では，作物生産を総合的に理解・分析しようとする作付体系研究が行われてきた．研究分野の細分化傾向が強まるなか，畑輪作や田畑輪換，水田多毛作などの耕地利用体系に関する研究が断続的に行われた．

　海外とくに発展途上国でも作付体系研究（cropping systems research）が盛んになった．「緑の革命」の技術普及にみられたような，個別作物の改良技術の導入だけでは生産力の持続的な増大が期待できないことが明らかになってきた．そのため，農村や農家の社会的・経済的要因も視野に入れたより総合的な技術を確立することが必要となり，途上国を対象に水田多毛作体系や作物栽培の技術的・経営的側面に関する研究が広く行われた（Dalrymple 1971; IRRI 1977）．また，経営主体である農家，あるいは賦存資源の管理主体としての農村の持続性により重きをおいた参加型アプローチとしての営農体系研究（farming systems research）も1980年代から途上国で盛んになった（Ruthenberg 1980; Caldwell 2000）．農法という言葉が多義的であるように，世界，地域，国，地方，集落，農家のどのレベルを対象とするかによって farming system の意味内容が微妙に異なり，アプローチも変わってくる．そのレベルに応じて農業体系，営農体系，農法などさまざまな訳語があるのはそのためである．

● 農法研究の現代的意義

　途上国における作付体系研究や営農体系研究の進展とともに，在来農業システムに対する関心も高まっていった（Marten 1986; Brookfield and Byron 1993）．焼畑農業やホームガーデン，水田農業システムの農業生態学的研究，さらに伝統農業が培った農業生物多様性などに関する研究が行われた（Brookfield et al. 2003）．

同様な視点から，永年生の樹木と作物を同一耕地に栽培する農林複合農業あるいはアグロフォレストリーと呼ばれる分野の研究も盛んになった．英領期ビルマで開発されたタウンヤ方式と呼ばれるチーク造林技術がすでによく知られていたが，熱帯における樹木を組み込んださまざまな農業体系が注目されるようになった．時間的・空間的に樹木を組み込んださまざまな形態の農業がアグロフォレストリーの例としてとりあげられ，その対象はホームガーデンからシルボパストラルシステム（林牧複合）などを含むきわめて広い範囲に及ぶ（Nair 1993）．これらも広義の農法研究といえる．

世界各地域における農業の基本的な性格，他地域との比較から明らかとなる当該地域の農業技術の特徴，あるいはミクロなレベルでの農業への取り組み方や農業技術・農業経営に対する考え方や実践・思想など，この言葉はさまざまな意味を包含している．「農法は，農家の人たちが，その生活のなかで育んでいくもの」（守田 1972）「生き方としての『農法革命』」（徳永 2000）などが示すように，持続的な生存基盤を築かなければならない現代にあって，この言葉が使われてきた学術的な背景をたどりながら，たんなる「技術」ではない「農法」という視点から生命圏や人間圏の営みを捉えることが必要となっている．

▶関連用語：アグロフォレストリー，精耕細作，多肥多労農業，輪栽式農法

文献

Brookfield, H. and Y. Byron (eds) 1993. *South-East Asia's Environmental Future*, United Nations University Press / Oxford University Press.
Brookfield, H. et al. (eds) 2003. *Agrodiversity*, United Nations University Press.
Caldwell, J. S. 2000. "Farming systems research", in J. Goto and H. Mayrowani (eds), *Learning from the Farming Systems Research Experiences in Indonesia*, Japan International Research Center for Agricultural Sciences (JIRCAS).
Dalrymple, D. G. 1971. *Survey of Multiple Cropping in Less Developed Nations*, Foreign Economic Development Service, U. S. Department of Agriculture.
飯沼二郎 1971．『日本農業技術論』未来社．
International Rice Research Institute (IRRI) 1977. *Cropping Systems Research and Development for the Asian Rice Farmers*, IRRI.
加用信文 1972．『日本農法論』御茶の水書房．
熊代幸雄 1969．『比較農法論』御茶の水書房．
Marten, G. G. (ed.) 1986. *Traditional Agriculture in Southeast Asia*, Westview Press.
守田志郎 1972．『農法 —— 豊かな農業への接近』農山漁村文化協会．
Nair, P. K. R. 1993. *An Introduction to Agroforestry*, Kluwer Academic Publishers.
農法研究会編 1975．『農法展開の論理』御茶の水書房．
Ruthenberg, H. 1980. *Farming Systems in the Tropics* [3rd Edition], Clarendon Press.
徳永光俊 2000．『日本農法の天道』農山漁村文化協会．

〔田中耕司〕

キーワード◆高収量性品種，世界食料サミット，フードマイレージ

穀物〔アジア〕 grain [Asia]

● 穀物と穀類

穀物は食用となるデンプンを含む乾燥種実を総称し，「五穀」がイネ，ムギ，アワ，ヒエ（またはキビ），ダイズを指すように，イネ科の禾穀類（cereals）以外の作物が含まれる．また，穀類（grain crops）という場合も，イネ科以外のソバ（タデ科），センニンコク（ヒユ科），キノア（アカザ科）などが含まれる．これらは禾穀類に対して偽禾穀類（pseudo cereals）とも呼ばれる．穀物や穀類という概念には広がりがあるが，一般には，禾穀類の種実を指して穀物と総称している．

穀物は農耕の開始以来，最も重要なカロリー源として人類の生存を支えてきた．イモ類が主要なカロリー源となった根栽農耕文化では穀類が栽培化されなかったが，他の農耕文化複合では穀類が重要な構成要素となっている（中尾 1966）．地中海農耕文化のコムギ，オオムギ，ライムギ，エンバクなどのムギ類，サバンナ農耕文化のモロコシ，トウジンビエ，キビ，シコクビエなどの雑穀類，新世界農耕文化のトウモロコシなどである．イネはモンスーン・アジアの主食の位置を占める重要な穀類で，餅や発酵食品，醸造などにコメを利用する照葉樹林文化を共有する東アジアから東南アジアに広がる地域を稲作文化圏ということもある（上山・渡部 1985）．

国際連合食糧農業機関（FAO）の統計（FAOSTAT）によると，2009 年の世界の穀類の総収穫面積（ならびに総生産量）は 6 億 9,919 万 ha（24 億 9,362 万 t）で，そのうちコムギが 32.3%（27.5%），トウモロコシが 22.7%（32.8%），イネが 22.6%（27.5%）を占める．この数字が示すように，この 3 作物が世界の穀類生産の大部分を占めることから，世界の 3 大穀物とも呼ばれる．貿易量はコムギが全生産量の約 19%，トウモロコシが約 13%，コメが約 5% で，3 大穀物のなかでは生産および消費の両面でコメが東アジアに偏在するという特徴がある．

● 食料の安全保障と穀物

1960 年代から 1970 年代にかけて，「緑の革命」と呼ばれる主要穀類の栽培技術改良によって世界各地で穀物生産の飛躍的増大が実現した（Dalrymple 1976）．メキシコでボーログ（1970 年ノーベル平和賞受賞）が半矮性遺伝子を導入して耐病性をそなえた背丈の低いコムギの高収量性品種（High Yielding Varieties; HYVs）を育成したのが端緒である．続いてイネでも HYVs の育成がはじまり，HYVs 導入と栽培技術改良（化学肥料や農薬の投入，水利施設の改良・建設など）をセットとした穀物生産の近代化が進められた．

1973 年の第一次エネルギー危機を契機に，エネルギー多投型穀物生産に対する見直しがおこり（Pimentel et al. 1973; 宇田川 1976），1980 年代になると生産資材多投型ではないオルタナティブな農業生産（NRC 1989）や，在来農業にみられる知識や技術のなかにより持続的な農業の

あり方を探ろうとする方向が模索された．HYVs の急速な普及により種ならびに品種レベルで在来の穀類が消えつつあり，遺伝的な多様性が失われることへの警鐘も鳴らされている（Brookfield et al. 2002）．

1996 年 11 月にローマで開催された世界食料サミットでは，「すべての人は安全で栄養のある食料を必要なだけ手に入れる権利を有すること，またすべての人は飢餓から解放される基本的権利を有することを再確認する」（国際連合食糧農業機関 1998）という文章ではじまる「世界食料安全保障のためのローマ宣言」が採択されたが，依然として食料の安全保障は大きな課題に直面している．世界金融危機やバイオエタノールの需要拡大による穀物価格の急上昇（2008 年に最高値）が示すように，今後も，中国や途上国の経済発展による需要の増大，温暖化などの地球規模での気候変動，バイオ燃料との競合などにより穀物価格は高止まりで推移すると予想され，とくに途上国貧困層への影響が懸念されている．

自由貿易体制が拡大するなか，どの国も食料の安全保障が重要な戦略的課題となっている．また，フードマイレージ（嘉田 2010）やバーチャルウォーター（沖 2010）などの概念を導入して，穀物を含む現在の食品流通システムの再考をうながそうとする議論も高まっている．あるいは遺伝子組換え技術による新品種の作成や穀物の生産・流通・消費システムへの巨大ビジネスグループによる参入など，穀物をめぐるさまざまな新たな問題が指摘されている．フードレジーム（荒木ほか 2007）がすでに転換したいま，「各国の協調した行動及び各国の行動を補足し強化するための効果的な国際努力が必要となる」という「ローマ宣言」の「決意」をどうすれば実効あるものとできるのかが喫緊の課題となっている．

▶関連用語：アジア稲作圏，遺伝子組換え，食糧安全保障，緑の革命

文献

荒木一視ほか 2007．「食料の地理学における新しい潮流」*E-journal GEO*, 2(1).
Brookfield, H. et al. (eds) 2002. *Cultivating Biodiversity*, United Nations University Press.
Dalrymple, D. G. 1976. *Development and Spread of High-Yielding Varieties of Wheat and Rice in the Less Developed Nations* [5th Edition], Economic Research Service, U. S. Department of Agriculture.
嘉田良平 2010．「地産地消とフードマイレージ」総合地球環境学研究所編『地球環境学事典』弘文堂．
国際連合食糧農業機関編，国際食糧農業協会訳 1998．『FAO 世界の食料・農業データブック』農山漁村文化協会．
中尾佐助 1966．『栽培植物と農耕の起源』岩波書店．
National Research Council (NRC) 1989. *Alternative Agriculture*, National Academy Press.
沖大幹 2010．「バーチャルウォーター貿易」総合地球環境学研究所編『地球環境学事典』弘文堂．
Pimentel, D. et al. 1973. "Food Production and the Energy Crisis", *Science*, 182.
宇田川武俊 1976．「水稲栽培における投入エネルギーの推定」『環境情報科学』5(2).
上山春平・渡部忠世編 1985．『稲作文化』中央公論社．

〔田中耕司〕

キーワード◆在来資源, 雑穀, ネリカ米

穀物〔アフリカ〕 grain [Africa]

●過少評価されるアフリカの穀物生産

アフリカにおいて穀物はイモ類と並んで、アフリカの人々の基本的なエネルギー源として基盤的役割を果たしてきた．高いタンパク質含量と短い生育期間，そして保存性のよさは，種子作物としての穀物の優位性を担保している大きな特徴である．それゆえ，より高い収量性や環境適応性を求めて育種・耕種的努力が長年にわたって傾注されてきた．しかし，アフリカの穀物にかぎってみると，その重要性と未来可能性に見合うだけの投入はなされず，むしろ等閑視されてきた作物が大半であるといえるだろう．

現在世界で生産される「穀物」の総量は国連食糧農業機関（FAO）の統計上では毎年約23-25億tといわれている．そのなかで，アフリカ大陸内の諸国で生産される量は2007年から2009年のFAO資料を見るかぎり1,400-1,600万tである．現実の生産消費量は統計とは大幅に異なることが容易に想像できるとはいえ，世界生産量の1割にも満たないことになる．その理由としてまず，公式的な統計には自家消費分がほとんど計上されておらず過少評価となっていることが挙げられる．また，FAO統計による「穀物」は，イネ，トウモロコシ，コムギ，オオムギ，ライムギ，エンバクを指しており，モロコシ，トウジンビエ，シコクビエなど，「雑穀」と呼ばれるアフリカに広範に生産消費されているアフリカ起源のイネ科栽培植物が含まれていない．

●起源と利用の重要性

アフリカにおいて生産消費される穀物は，その起源と利用の重要性から以下の4群に大別して捉えるとわかりやすい．

まず，イネ，コムギ，トウモロコシに代表される世界の食料基盤としての主食作物がある．アフリカにとっては外来の作物であるが，その到来の時期は非常に古い．遅くとも4世紀にはイネはバナナなどアジア起源の作物とともに東アフリカ沿岸部に，コムギは紀元前にオオムギ，マカロニコムギ（デュラムコムギ），レンズマメ，エンドウ，ソラマメなど西アジア起源の作物とともにナイル川流域にそれぞれ到達していたと考えられる (Harlan 1992)．トウモロコシは，トウガラシなど新大陸起源の作物とともに17世紀には内陸部で栽培されていた．これらの作物が現代アフリカにおける穀物の生産と消費に関して中心的な役割を担っているという事実は，アフリカが経験してきた外部世界との歴史的，政治的な交渉の結果であることはいうまでもない．とくに近年の高収量改良品種の開発普及はアフリカ在来の農業システムの変革を迫るものでもある．今後も，アフリカの人口を養っていくうえでこれら3種の穀物がもつ重要性はゆるぎないものであろう．

それに対して，アフリカに起源した作物のうち，モロコシ，トウジンビエ，シコクビエは，アフリカを出て広く域外に伝わり，おもにインドおよび東南アジア

の各地で盛んに利用されてきた．これらは，ササゲやゴマなどアフリカ起源の作物とともにアジアを経て遥か極東の日本にまで伝播した（阪本 1988）．今日でも，アフリカ大陸内でモロコシやトウジンビエは半乾燥地域における自給的な農業に欠かせない作目である．モロコシの国別生産量世界1位は飼料作物として利用するアメリカ合衆国であるが，それについでナイジェリアが多い．地域別の集計ではアフリカ大陸が最大の生産量をほこる．また，エチオピア，ウガンダ，ケニアなど東北部アフリカの高地に多くみられるシコクビエは地酒のモルト用として，あるいは病人や妊産婦の滋養食として重宝されている（重田 2003）．

三つめの群は，アフリカ起源の作物のなかでも，地域限定的にしか利用されていないイネ科穀類である．エチオピアのテフ，西アフリカニジェール川流域のアフリカイネ，西アフリカのフォニオおよびブラック・フォニオ等は，いずれも地域の農耕文化，食文化と深い結びつきがある（Charlotte et al. 2004; NRC 1996）．特筆すべきはエチオピア高地に栽培されるテフである．独特の発酵食品インジェラの材料としてアフリカの雑穀のなかでは例外的に生産量を増加させている．

四つめの群は，ソバ，アマランサス，アワなど外来の作物でアフリカ大陸内の穀物としてはマイナーな利用にとどまっている．

以上の分類群にあてはまらない近年注目されているアフリカの穀物として，アジア起源のイネにアフリカイネを交配して育種されたネリカ米（New Rice for Africa; NERICA）がある．イネの収量性の高さとアフリカイネの環境適応性を兼ねそなえた有望品種として研究と実用の両面で急速に開発がすすめられている（Kijima et al. 2011）．アフリカのもつ在来資源を活用して未来の生存基盤を開発するという意図は高く評価されるべきであろう．同時に，在来資源の機能性に注目するだけでなく，雑穀のような多様な希少資源が創造され維持されてきた歴史文化的背景にも思いをやる余裕をもつことが求められる（高村・重田 1997）．

▶関連用語：2-1-B05 生物資源，2-3-B05 農法

文献

Harlan, J. R. 1992. *Crop and Man* [2nd edition], American Society of Agronomy-Crop Science Society.
Kijima, Y. et al. 2011. "An Inquiry into Constraints on a Green Revolution in Sub-Saharan Africa", *World Development*, 39(1).
Konkobo, Yaméogo Charlotte et al. 2004. "Urban Consumption of Fonio, a Traditional Cereal in West Africa", *Cahiers Agricultures*, 13(1).
National Research Council (NRC) 1996. *Lost Crop of Africa, Vol. 1. Grains*, National Academy Press.
阪本寧男 1988．『雑穀のきた道』日本放送出版協会．
重田眞義 2003．「雑穀のエスノボタニー」山口弘文・河瀬真琴編著『雑穀の自然史』北海道大学図書刊行会．
高村泰雄・重田眞義編 1997．『アフリカ農業の諸問題』京都大学学術出版会．

〔重田眞義〕

キーワード◆木炭, 炭

炭　carbonized wood

●木炭の熱利用

　人間圏の発達を大きく支えてきたものの一つに木材がある．木材は，家屋や家具や容器に，あるときには炭素（炭）に形を変え，またあるときは木炭の熱利用の形で人間社会と密接に関わってきた．炭は世界的にもちいられてきた普遍性のある材料だが，とくに日本における木炭利用の起源は古く，古代社会から日本人の生活と木炭とは密接に関わってきた．これは，外国と比較して石炭・石油などの化石資源の燃料への利用が遅れた，木造床張の家屋で煙を出さない無煙燃料として適当であった，木材資源が豊富にあった，といった理由による．日本では古くから化石燃料ではなく木炭熱を利用することで地球温暖化防止に貢献してきており，木炭の熱利用は環境のケアに役立ってきたといえる（杉浦1992; 岸本1994）．

　日常の暖房用用途のほか，冶金，金属鋳造，ガラス加工にいたるまで，木炭熱による材料加工用用途は古くから行われ，応用範囲も広い．これら以外にも，皮革工業，膠工業，木工業が木炭を燃料にしていた．このことは，近代機械工業の燃料に木炭が使用される以前に，加工業における重要性を示している（樋口 1993a, b）．

　現在では科学・技術の発達にともない，コンクリートやプラスチックが木材の代わりにもちいられ，石油，ガス，電気が木炭に代わって燃料に使われている．これらの人間圏における変化が，生命圏や地球圏に変動や変化を及ぼし，人間圏の持続性に打撃を与える可能性がある．

●木炭の物理的性質の利用

　化石資源由来のマテリアルにない炭のもつ特徴とは何であろうか．木材を無酸素状態で加熱，蒸し焼きにすると炭となる．炭は細胞壁からなるマクロ構造と炭素骨格でできたミクロ構造からなる．これらの構造の表面に無数にできる微細な孔の表面は炭1g当たり100 m^2 以上となる．炭は生物から得られた材料であるが，有機物の特徴である燃える・腐る・狂うといった欠点が克服されており，シロアリなどに食われることなく永く使用することが可能である．炭の大半の成分は炭素であるため，二酸化炭素を回収，輸送し，半永久的に安定して貯蔵することが初めて可能となる（畑 2007）．

　歴史的にみて，木炭の用途は熱利用が大部分で物理的性質の利用は少ないが，近代に入って物理的性質の用途が広がった．古くからの使い方のなかには，顔料および防腐剤への利用があげられる．前者では図案，文字を書くためにもちいられ，画き眉の顔料に使われた．後者では古墳時代の木炭かくや奈良時代以降の火葬や埋経に炭をつめ，中尊寺藤原氏墓棺に炭を敷き詰めたのは，防腐と吸湿のためだった．奈良時代から研磨材にも使われていて，漆器，金属器，ガラス玉など

の光沢剤に炭がもちいられてきた．一方，平安時代初期の井戸では井戸のそこに厚く炭を埋めて濾過が行われていた．千年前のこの技術の延長で，近世以降の井戸水や川水の濾し壺で木炭を底に敷いて使っており，現代の木炭をもちいた河川の浄化にもつながっている（樋口 1993b）．

現在，炭の吸着性能，電気・熱伝導性等，炭素化過程で制御することが可能で，物理的利用において重要であることが科学的な分析をつうじて明らかとなってきた（Pulidoet et al 1998; 井出 1995; 今村 1999）．炭は，細胞壁構造の異方性や 60％の空隙率を有するにもかかわらず適度な強度をもつ興味深い材料である（図1）．炭は，500℃以上の使用において強度低下や酸化が生じるため，今のところはかぎられた用途しかないが，これは他元素との複合化により解決できる．

東南アジアでは現在も燃料にもちいられており木炭の物理的性質の利用はこれからであるが，日本では燃料以外の，たとえば環境のケアへの木炭利用の模索がすでに始まっている．5-6 年前の木炭ブームを経て，燃料以外の炭製品がいくつも販売されている．生命圏と人間圏の持続に役立つ材料が木炭から合成されれば，木材資源の有効利用の鍵として活用することができる．炭の微細組織と加熱処理方法の選択により環境浄化に直接役立つ材料開発やリチウムイオン電池や燃料電池電極などさまざまな機能をもつ材料開発の研究が行われている（Hata et al 2009; 畑 2011）．今後木材からマテリアルとしての機能性炭への変換が，持続的な生存基盤確立の鍵となる．

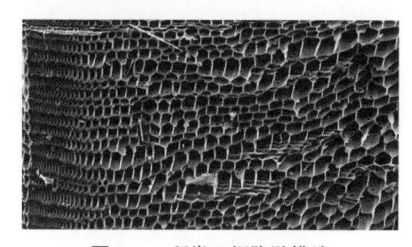

図1　スギ炭の細胞壁構造

▶関連用語：2-1-A07 エネルギー，2-3-C03 持続可能性

文献

畑俊充 2007．「炭化と生成物の利用」木平勇吉編『森林と木材を活かす事典』産調出版．
──── 2011．『燃料電池用電極触媒の製造方法』特願 2011-70711．
Hata, T., Y. Eker, S. Bonnamy, F. Beguin 2009 "Lithium Insertion Characteristics of Carbonized Sugi Wood", *Chemical and Biochemical Wood Valorization: solutions for new materials and products?*.
樋口清之 1993a．『木炭』法政大学出版局．
──── 1993b．『日本木炭史［新装版］』講談社．
井出勇 1995．「熱変換木質の特性とその応用」京都大学大学院農学研究科博士論文．
今村祐嗣 1999．「木炭からの機能性カーボン材料の開発」『触媒』41(4)．
岸本定吉 1994．『炭』ディーエイチシー．
Pulido, L. L., T. Hata, Y. Imamura, S. Ishihara, and T. Kajimoto 1998. "Removal of Mercury and Other Metals by Carbonized Wood Powder from Aqueous Solutions of Their Salts", *J. Wood. Sci.*, 44．
杉浦銀治 1992．『炭焼革命』牧野出版．

〔畑　俊充〕

交換 / 交易　exchange / trade

キーワード◆贈与, 商品, 貨幣, 互酬性

●未開経済の二つの交換

「交換」は、つねに人類学の中心的なテーマであった。そのアプローチは、市場での交易/商品交換とは全く異なる未開社会の贈与交換を描くことからはじまる。マリノフスキー（2010）は、トロブリアンド諸島のクラ交換の詳細な慣習を記述し、そこに道徳的な原理があること、クラが物々交換（ギムワリ）とは明確に区別されていることを指摘した。モース（2009）は、こうした贈与交換において贈物への返礼を義務づける力を考察した。表面的には任意の自由意志に基づく贈与交換も、実際には義務として与えられ、返礼されている。モースは、この「義務」の生成に注目し、道徳と経済との関わりを考えた。

未開経済の贈与交換の研究から、むしろ近代的な市場での商品交換のほうが特異な交換のあり方だと指摘したのが、ポランニーである（ポラニー 2009）。ポランニーは、19世紀ヨーロッパで成立した自己調整的市場が、社会関係から切り離された歴史的にもきわめて特殊な形態であると論じ、非西洋社会の交換に関する人類学的研究の重要性を示した。「経済」は自律した領域ではなく、つねに宗教や政治をめぐる社会関係に埋め込まれてきた。社会に埋め込まれた交換は、近代経済学の視点では分析できない。この「実体主義」といわれる立場から、社会に埋め込まれた多様な交換のあり方が描かれてきた（サーリンズ 1984）。

しかし、贈与交換と商品交換とを全く別の交換形態とみなす見方は、「未開社会＝贈与経済」と「西洋社会＝商品経済」という単純な二項対立的なイメージを強化してきたと批判されるようになる（Carrier 1995）。そして、単純に「贈与経済」が「商品経済」に置き換わるのではなく、「贈物」の対象だったものが「商品」になったり、「商品」として入ってきたものが「贈物」になったりする変化の両義性が強調されるようになる（Gregory 1982; Kopytoff 1986）。商品交換の媒体である貨幣が道徳的な領域で贈与的にもちいられることに注目したブロックとパリー（Bloch and Parry 1989）は、人類学者が描いてきた贈与交換と商品交換の対立は、贈与のイデオロギーが市場交換に相反するものとして構築されてきたためだと指摘している。

●贈物と商品の連続性

商品交換と贈与交換を連続線上で捉える視点に先鞭をつけた代表的な論者が、ブルデューである（ブルデュ 1988）。彼は、アルジェリアのカビールの民族誌的研究から、贈与交換が名誉の平等原則によって方向づけられており、人々が威信や名誉という象徴資本を最大化するための戦略にそって交換を操作していると論じた。アパドゥライは、このブルデューが提起した象徴的闘争としての贈与交換の議論をふまえて、贈与交換と商品循環には共有された性質があり、モノは複数の「価

値の体制」における闘争のなかにあると論じた（Appadurai 1986）．

商品も贈物も，交換を一つの闘争の形式として捉える理解に対して，グレーバー（Graeber 2001）は，最大化している価値が物質的でないだけで，形式主義的な経済化の議論と変わらないと批判する．グレーバーは，そこにネオ・リベラリズムの市場イデオロギーが共有されていると指摘する．

交換をめぐる議論は，贈物と商品を二項対立的に描く視点から，それらの共通性や連続性を描く視点へと変わってきた．ただし，それらをどのような枠組みにおいて理解すべきか，議論が続いている．交換は複数の形式をとおして異なる作用を及ぼす（小田 1994）．さらにモノの贈与や商品としての形式を決めるコンテクストや相互行為のプロセスにも目を向ける必要がある（Callon 1998; 松村 2008）．また金融や商業といった貨幣や商品の交換という現代的な実践のなかにも，一元的ではない豊かな多様性があることが指摘され，現代の「市場」や「資本主義」の意味を再考する研究が進められている（Carrier 1997; Miller 1997; Hann and Hart 2009）．モース（2009）やレヴィ＝ストロース（2000）が「交換」を社会の基盤となる実践と考えたように，交換／交易は，いまなお世界をかたちづくる重要な学問的課題でありつづけている．

▶関連用語：2-3-A03 資本主義，2-3-A07 自由貿易，経済人類学

文献

Appadurai, A. 1986. "Introduction: Commodities and the Politics of Value", in A. Appadurai (eds), *The Social Life of Things*, Cambridge University Press.
Bloch, M. and J. Parry (eds) 1989. *Money and the Morality of Exchange*, Cambridge University Press.
ブルデュ，P. 著，今村仁司・港道隆訳 1988．『実践感覚』みすず書房．
Callon, M. (ed.) 1998. *The Laws of the Markets*, Blackwell.
Carrier, J. 1995. *Gifts and Commodities*, Routledge.
――― (ed.) 1997. *Meanings of the Market*, Berg.
Graeber, D. 2001. *Towards an Anthropological Theory of Value*, Palgrave Macmillan.
Gregory, C. 1982. *Gifts and Commodities*, Academic Press.
Hann, C. and K. Hart (eds) 2009. *Market and Society*, Cambridge University Press.
Kopytoff, I. 1986. "The Cultural Biography of Things: Commodization as Process", in A. Appadurai (eds), *The Social Life of Things*, Cambridge University Press.
レヴィ＝ストロース，C. 著，福井和美訳 2000．『親族の基本構造』青弓社．
マリノフスキー，B 著，増田義郎訳 2010．『西太平洋の遠洋航海者』講談社．
松村圭一郎 2008．『所有と分配の人類学』世界思想社．
モース，M. 著，吉田禎吾・江川純一訳 2009．『贈与論』ちくま学芸文庫．
Miller, D. 1997. *Capitalism: An Ethnographic Approach*, Berg.
小田亮 1994．『構造人類学のフィールド』世界思想社．
ポランニー，K. 著，野口建彦・栖原学訳 2009．『［新訳］大転換』東洋経済新報社．
サーリンズ，M. 著，山内昶訳 1984．『石器時代の経済学』法政大学出版局．

〔松村圭一郎〕

キーワード◆都市化，グローバル都市，インフォーマル経済

都市　city

21世紀は都市の世紀である．国連人口基金によると，2008年には都市人口が世界人口の50%（約33億人）を超えた．つまり，歴史上はじめて，都市人口が農村人口を超えたのである．今後も都市人口の増加は，発展途上国において急速に進み，アジア，アフリカ地域においては2000年から2030年までにほぼ倍増すると予測されている．2030年には，世界の都市人口は約50億人に増大し，その80%が発展途上国の都市に集中するというのである（UNFPA 2007）．

●都市とは何か

都市はつねに農村と対比されてきた．都市は多様であり，画一的な定義は存在していないが，おおまかには，形態と機能の二つから農村と区別されてきた．前者で言えば，都市は多くの人口が集住する場であり，密集した居住空間である．実際の行政的な定義では，国ごとにある人口規模以上が住む地域を「都市」と定義することが多い．後者で言えば，まずは「権力」の中枢である点が重要である．国家の中心，地域の中心としての機能である．都市は，経済，政治，教育，情報，娯楽などの中心であり，ネットワークの結節点としての機能をもつ．異質な個人，集団が混在する空間でもある．一方で，都市の産業基盤は第二次，第三次産業が中心になるため，人間の基本的な生存基盤である食料を農村に依存している．都市は都市だけでは存在できないのである．

以上のような特徴により，都市では，疾病の蔓延（衛生の問題），災害発生の可能性（環境，インフラ問題），食料確保の必要性（経済的生活基盤確保の問題）といった固有のリスクが生じうる．前者二つは密集した集住という形態がよりリスクを高めることに起因する．また都市の商品経済のもとでは，なんらかの賃金労働，所得創出活動が不可欠となる．

●アジア各国の都市化

かつて，東南アジアで急速な都市化が始まった際には，「産業化なき都市化」が問題とされ，本来の許容範囲を超えて，「過剰」に人口が流入しているとされ，「過剰都市論」が盛んに議論された．1980年代までの研究では，このように発展途上国の都市を特殊な形態とみなす議論や，農村-都市間人口移動に着目し，農村の側から都市を理解しようとする試みが多くみられた．

しかし，本格的な都市化から半世紀を経て，このようなメガシティの存在は珍しくなくなった．また外部からの人口流入のみならず，都市のなかで流入人口の第二世代，第三世代が再生産される段階となっている．マクロにも，グローバル化の進展とともに，経済の結節点，金融機能の中枢，生産拠点としての中心的・サブ的機能をもつグローバル都市が出現しはじめる．都市圏は周辺部へと外延的に拡大し，広域都市圏を形成するようになってきた．都市の変化のダイナミクス

や，都市自体の内部の構造を正面から取り上げ，分析する必要性が高まっている．

● **縮図としての都市：内部構造と諸課題**

現代の重要な特徴は「圧縮した変化」と「重層的」な構図にある（遠藤 2011）．急速な経済成長と工業化は，経済や社会に段階的な変化をもたらすというよりも，先進国と共通の課題をもちこむと同時に，発展途上国としての諸課題にも同時並行的に対応せざるを得ないという重層的，複層的な様相を生み出した．各国の都市には，その複雑な構図が凝縮されてあらわれている．たとえば，中進国の仲間入りをしたタイの首都バンコクの労働市場を取り上げてみよう．バンコクは，金融中枢機能と，グローバルな分業の生産拠点の役割をあわせもつ．ホワイトカラーや中間層の増大の一方で，発展途上国の現象とされていたインフォーマル経済従事者も依然として広範に存在する．また，1997 年の経済危機以降，一部では正規雇用の非正規化も進みつつあるという．高学歴者の失業が問題になる一方で，最底辺のいわゆる 3K 労働には多くの移民外国人労働者を吸収しており，まさに新旧の諸現象が共存している状況にある．このような現象は，労働にかぎらず，さまざまな局面で観察され，諸課題への同時対応が求められている．

● **グローバル化時代の都市研究に向けて**

都市の理解を抜きにして，現代の変化のダイナミクスの全容は理解できない．同時に，膨張とその成長の陰で，インフラの不足，階層に応じた住宅供給，ディーセントな職業の確保，地価問題，環境問題，格差と分配の問題などは，依然として充分な対応策を見つけられずにいる．都市内格差のみならず，都市と他地域との格差，都市で生まれる富の再分配問題への対応は，今後の経済と社会の持続的発展，安定の一つの鍵となるだろう．持続可能な都市環境，都市生活をいかに築くのか，都市と他地域はいかに共存するのか，検討すべき課題は多い．

▶関連用語：2-1-C04 リスク，2-2-B03 貧困，2-3-A09 グローバル化，多生業社会

文献
遠藤環 2011．『都市を生きる人々』京都大学学術出版会．
藤田弘夫 2003．『都市と文明の比較社会学』東京大学出版会．
町村敬志 1994．『「世界都市」東京の構造転換』東京大学出版会．
松田素二 1996．『都市を飼い慣らす』河出書房新社．
中西徹 1991．『スラムの経済学』東京大学出版会．
大阪市立大学経済研究所監修，田坂敏男編 1998．『アジアの大都市 [1] バンコク』大阪市立大学経済研究所（全 5 巻，その他の巻も参照のこと）．
サッセン，S. 著，伊豫谷登士翁・大井由紀訳 2008．『グローバル・シティ』筑摩書房．
スコット，A. J. 編著，坂本秀和訳 2004．『グローバル・シティ・リージョンズ』ダイヤモンド社．
UNFPA 2007. *State of World Population 2007*, United Nations Population Fund.

〔遠藤　環〕

キーワード◆多生業空間，環境依存型生業，位相転移

熱帯バイオマス社会　equatorial biomass society

● **熱帯バイオマス社会とは何か**

　この項目では「熱帯バイオマス社会」について，その定義・概要と特徴を簡潔に解説する．その具体例としては，本講座第2巻第11章のマレーシア・サラワク州の事例研究を参照されたい．

　熱帯雨林に代表されるようなきわめて高いバイオマスをもつ空間に形成される少人口社会を一つの理念型として「熱帯バイオマス社会」と呼ぶ．ここで「バイオマス」とは，「再生産可能な生物の総量」を指し，単位面積あたりの該当生物の乾重量を意味する．

　熱帯バイオマス社会は，赤道を中心に北回帰線と南回帰線に挟まれた帯状の地域に形成される．南北両回帰線に挟まれた地域は日射量が多いために年間をとおして温暖となり，それによって上昇気流が生じるために低気圧地帯（熱帯収束帯）となる．この低気圧によって豊富な雨量が得られ，その直下には熱帯雨林が形成される．このような地域は，気候学者ケッペンの気候区分においては「熱帯雨林気候区」に該当し，最寒月の平均気温が18℃以上（ヤシが生育できること）で，年平均降水量が乾燥限界以上といった性格をもつ．ケッペンの気候区分が植生に基づいたものであるのに対して，気候に作用する気団に注目したアリソフの気候区分によれば，バイオマス社会は赤道気団帯に位置することになる．熱帯バイオマス社会の分布域は，東南アジア（島嶼部），中部アフリカ（コンゴ盆地からギニア湾岸），中南米（アマゾン川流域）などであり，広域な集水域を特徴的なランドスケープとする場合が多い．

　熱帯雨林が卓越するランドスケープにおいて，熱帯バイオマス社会は，低い人口密度と低い土地利用圧力を特徴とする．そこでは，さまざまな民族集団が外部世界からの需要に応えながら，豊かな森林資源の商品化が行われてきた．そこでは，歴史的には「多生業空間」と呼ぶことができるような社会が形成され，焼畑陸稲耕作や水稲耕作，野生動物の狩猟，森林産物採取，漁労，木材伐採などの森林資源開発企業における就労，都市への労働移動にいたるまで多種多様な生業に従事することを特徴とする．

● **熱帯バイオマス社会の特徴**

　熱帯バイオマス社会は，以下に挙げるような特徴のいくつかをあわせもつ．

　(1) 熱帯のバイオマス社会は，隔絶された辺境ではなく，多くの場合，温帯につながる広範な商品連鎖のなかで，人々はバイオマス資源利用をとおして生存戦略を変化させてきた．

　(2) ここでは，ゆたかなバイオマスに依拠した焼畑耕作や狩猟採集など環境依存型の生業が営まれてきた．ここでは，低い人口圧のもとで植物相と動物相の多様性と種数が維持され，これらの資源利用が生存基盤の維持に寄与する．ここでは，定着農業による資源ストック確保の要請は低いものとなる．

(3) 環境依存型生業（焼畑や狩猟採集）に森林産物交易や森林伐採現場における賃労働を接合させた弾性的な生計戦略をとおして，生存基盤が比較的容易に確保されてきた．

(4) バイオマス社会では，森林産物の世界市場への接合をとおした生存戦略の多様化により，農業が唯一主要な生計維持活動となることはなかった．すなわち高バイオマスに依拠した多生業空間が形成された．

(5) 熱帯バイオマス社会は，低い人口圧と低い土地利用圧を特徴とするが，これは社会的弾性の基礎であると同時にプランテーション型バイオマス生産の拡大のための必要条件ともなる．

(6) バイオマス社会は，外部社会がもたらす変化に対して弾性的に反応してきた．しかしながら，その反応が臨界点を超えた際には位相転移につながる．この転移は，自然経済に基づいた熱帯バイオマスの「再生産」から土地保有，労働力動員，技術の大規模機械化を基盤とするプランテーション型バイオマスの「生産」への転換プロセスにおいて起こる．

▶関連用語：2-3-A13 熱帯雨林，2-3-B03 バイオマス，アブラヤシ

文献
石川登 2010．「歴史のなかのバイオマス社会」杉原薫・川井秀一・河野泰之・田辺明生編『地球圏・生命圏・人間圏 —— 持続的な生存基盤を求めて』京都大学学術出版会．
川井秀一 2010．「熱帯林生命圏の創出」杉原薫・川井秀一・河野泰之・田辺明生編『地球圏・生命圏・人間圏 —— 持続的な生存基盤を求めて』京都大学学術出版会．
甲山治 2010．「地球圏の駆動力としての熱帯」杉原薫・川井秀一・河野泰之・田辺明生編『地球圏・生命圏・人間圏 —— 持続的な生存基盤を求めて』京都大学学術出版会．

〔石川　登〕

2-3-C01

生存基盤指数
Human Potentiality Index

◆キーワード◆
循環,多様化,ケア

●生存基盤指数とは何か

　生存基盤指数とは，1人当たり GDP や人間開発指数 (Human Development Index; HDI)，環境の持続可能性指標といった，国際社会におけるこれまでの指数開発の流れをふまえ，「地球規模の大気・水循環や多彩な生命の力を正当に評価しながら，その中に人間の営みを位置づけていく」ことを目的として，作成された指数である．その視座は，近代社会が成立する以前から存在している，より根源的な「生存」を支えてきた「生存基盤」にある．言い換えれば，生存基盤指数は，西欧世界から始まって，過去200年の間に世界を席巻するようになった「生産至上主義」によって，大きく変容した世界の現状を，46億年に及ぶ生存圏の歴史をふまえて再評価しようと試みるものである．

●生存基盤指数の分析枠組みと計算方法

[生存圏の論理的構造]

　われわれが暮らす世界は，46億年に及ぶ地球の歴史的重層として捉えられる．地球が誕生したあと，数億年を経てはじめて生命が誕生した．人類は700万年前，現生人類は，現在からわずか20万年前に誕生したにすぎない（本講座第1巻序章）．

　地球がこれまで描いてきた超長期の歴史をふまえ，われわれは，地球圏，生命圏，人間圏という三つの圏によって世界が構成されている，という認識をもつようになった．これら三つの圏は，それぞれ固有の生成・発展の論理を有している（図1）．地球圏の論理とは，地球が吸収した太陽エネルギーを地球全体にあまねく配分し，物理化学的に安定した系として地球を維持しようとする「循環」と考えられる．生命圏の論理とは，地球圏の論理「循環」という前提のもとで，自らの再生産を維持し，その分布を拡大させるために生み出した「多様化」と考えら

れる．さらに，人間圏の論理とは，利己的であると同時に利他的な種としてのヒトが，想像する力（松沢 2011）をもつことによって発達させた，「自律と共感」と考えられる．人間圏においては，この二つの論理によって支えられた，最も広義の意味としてのケア（＝気づかい，関心）にわれわれは着目している．

　生存圏を構成する三圏は，それぞれ固有の生成・発展の論理を有しているが，あとから成立した圏は，先に成立した圏の論理も継承している（図1）．つまり，生命圏は地球圏から「循環」という論理を，人間圏は地球圏と生命圏から「循環」と「多様化」という論理を発展的に継承していると考えている．三つの圏がもつこの論理的な関係を考慮したとき，人間が自らの生存基盤の持続性を確保するためには，まずは人間圏そのものが地球圏の論理「循環」と，生命圏の論理「多様化」とを引き継ぎながら成立していることを認識する必要がある．そのうえで，これらの圏がもつ生成・発展の論理を十分に理解し受容する努力をつうじて，三つの圏の関係を再構築していく必要があると考えられる．

[生存基盤指数の計算方法]

　生存基盤指数は，上に述べたような生存圏の論理的構造をふまえ，三つの圏（地球圏，生命圏および人間圏）における三つの特性（可能性，関係性および撹乱）を表現するもので，その構成要素は全部で九つである．ここで，可能性指数とは，各圏がもつ量的な大きさを示そうとするものである．また，関係性指数とは，各圏における質的側面をできるかぎり表現しようとした指数である．この二つの指数によって，それぞれの圏がもつ「潜在力」（Potentiality）の大きさが示される．最後の撹乱指数は，圏間の相互作用に関する指標である．生存基盤指数ではとくに，各圏の潜在力（可能態としての各圏の大きさ）に対する負の作用に着目することで，生存の持続性を阻害する要因を考慮している．

　地球圏の指標化は，太陽エネルギー（単位国土面積当たりの純放射量），大気・水循環指数（年間降水量から年間実蒸発散量を差し引いた値），人口1人当たりの CO_2 排出量により行う．生命圏の指標化は，森林バイオマス（単位面積当たりの森林バイオマス現存量を炭素量で表現したもの），生物多様性指数（維管束植物，両生類，爬虫類，鳥類および哺乳類の種数をもとに，陸域生態系の生物多様性を推定した指数），HANPP (Human Appropriated Net Primary Production; 人口1人当たりの純一次生産量の

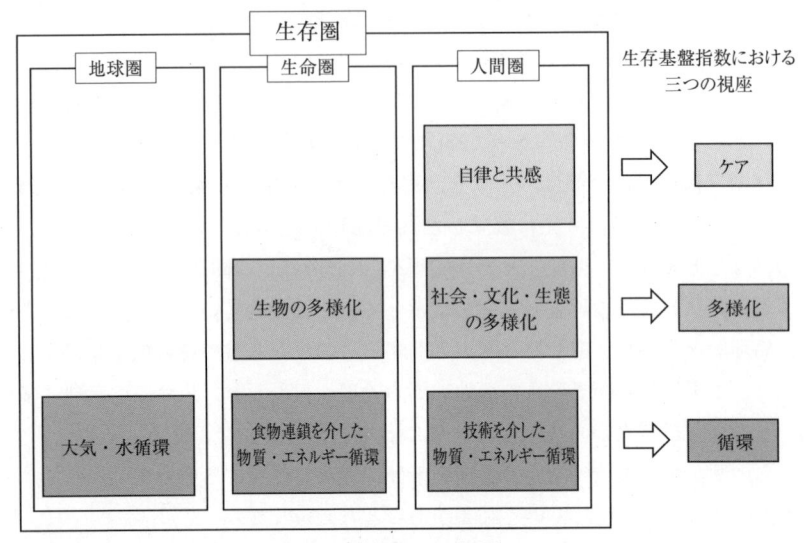

図1　生存圏の論理的構造

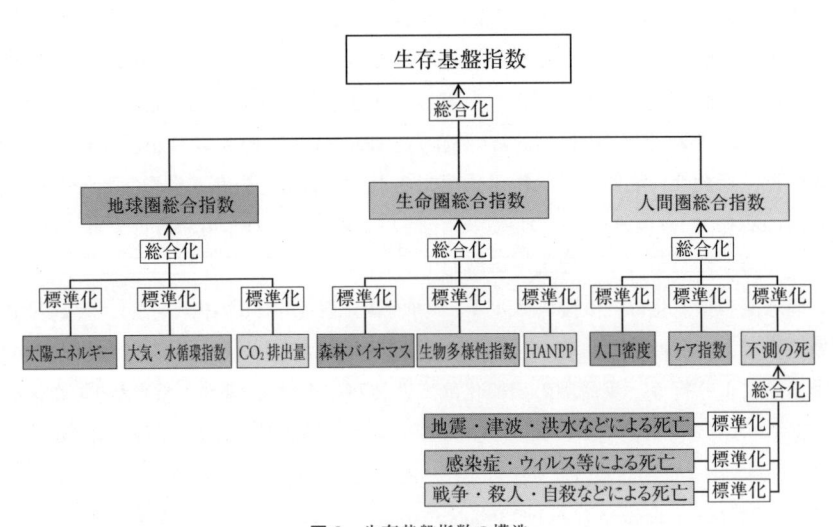

図2　生存基盤指数の構造

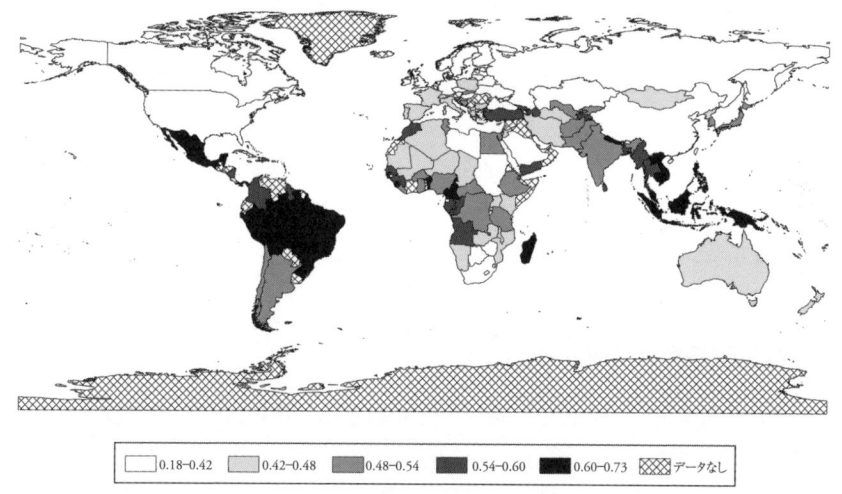

図3 生存基盤指数からみた世界

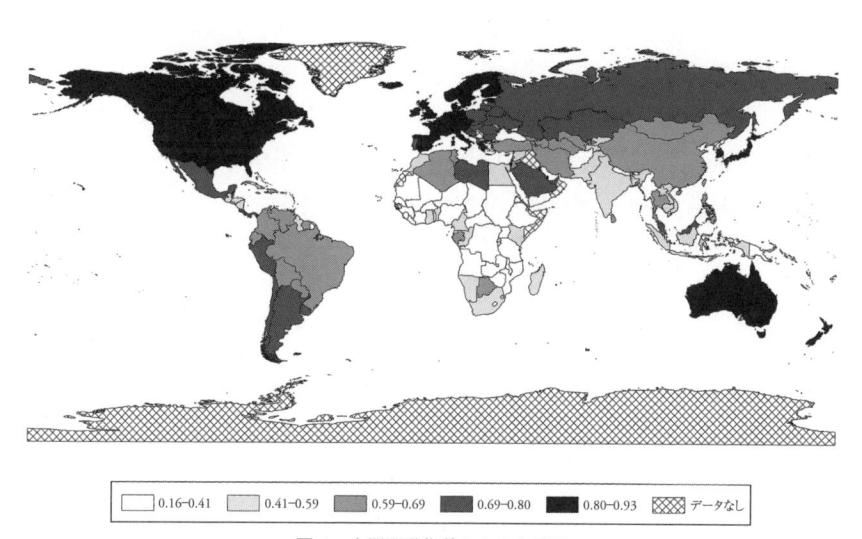

凡例: 0.18–0.42 / 0.42–0.48 / 0.48–0.54 / 0.54–0.60 / 0.60–0.73 / データなし

図4 人間開発指数からみた世界

凡例: 0.16–0.41 / 0.41–0.59 / 0.59–0.69 / 0.69–0.80 / 0.80–0.93 / データなし

収奪[1]による．また，人間圏の指標化は，人口密度，ケア指数（ケア実践の場としての世帯の力を平均世帯構成人数であらわし，男性人口を基準とする女性人口の比率によって調整した指数）および不測の死[2]によって行う．

図2は，上述した九つの構成要素が，生存基盤指数としてどのように総合されるのかを示した図である．各圏の可能性，関係性および撹乱を表現する三つの値は，指標として選択した数値を0から1の間の指数に変換する「標準化」と，三つの特性指数および三つの圏の総合指数を組み合わせる「総合化」という二つの処理によって，生存基盤指数へと組み込まれる．

● 生存基盤指数が意味するもの

生存基盤指数をもとにして作成した世界地図を，図3に示した．概観すると，熱帯の指数値が高いことが直感的に見てとれる．図4に示した人間開発指数（HDI）と比較すると，その対象は鮮明である．生存基盤指数では，東南アジア，ラテンアメリカの熱帯の指数値が高く，南アジア，中部アフリカ，そして一部の中東地域の指数値も高めである．これらの国および地域における指数値の高さは，基本的には地球圏および生命圏指数が高いことに加え，人間圏指数が中程度以上の値を示しているためである．中東の一部の国々における生存基盤指数の高さは，人間圏総合指数の寄与が大きい．

上述したとおり，三圏の評価の基礎には，それぞれの圏の論理を捉えようとする思考がある．分析対象全体における三圏総合指数の相互関係について調べてみると，地球圏と生命圏の間には1%水準での高い相関関係（R=0.681）が認められるものの，人間圏総合指数は，他の総合指数との間に相関関係にない．生存圏を構成する三つの圏の生成には，地球圏→生命圏→人間圏という時間的順序が存在し，生命圏と人間圏は，先に生成された圏の論理を発展的に継承するとともに，固有の論理も生成していた．三圏総合指数相互の関係は，地球圏と生命圏の間に

---

1) 純一次生産量とは，植物が光合成により固定したエネルギーの量から，呼吸による減耗を差し引いたもので，生物世界において循環するエネルギー量を表現する基本単位といえるものである．HANPPは，人間の側から見た場合には「純一次生産量の消費」ということになるが，生命圏に主体をおいて生命圏の側から見た場合には「純一次生産量の収奪」となる（本講座第5巻第4章，本書第3編参照）．
2) ここでいう不測の死とは，地震・津波などの地球圏由来の死者数，感染症などの生命圏由来の死者数，戦争・殺人・自殺などの人間圏由来の死者数を総合して表現したものである．

おける論理の継承と，人間圏の論理「自律と共感」の独立性の強さを意味するものであろう．この独立性は，人類社会の高度な進化を意味していると解釈してもよいが，見方を変えれば現在の人間圏は，地球圏や生命圏への配慮を欠いているともとれるのではないだろうか．

また，生存基盤指数と HDI の関係をみるために，世界（115ヵ国）を大きく温帯（60ヵ国）と熱帯（55ヵ国）に分けたうえで，両者の相関関係を検討すると，世界全体では両者の関係に弱い負の相関を認める．しかしながら，熱帯と温帯で区別してみると，熱帯では正の相関，温帯では負の相関が存在し，二つの地域で全く逆の関係が認められることがわかる．これは，熱帯においては，HDI と生命圏総合指数とが正の相関関係にある一方で，温帯においては HDI と地球圏，生命圏総合指数とが負の相関関係にあることがおもな理由である．生存基盤指数からみた世界は，われわれが持続的な生存基盤を確立するためには，これまで温帯を中心として成立してきた技術や制度を再考するとともに，グローバルな空間軸のなかでは絶対的な重要性をもつ，熱帯生存圏の現状に配慮した技術や制度を創出しなければならないことを指摘しているのである．

人類の持続的な生存基盤を求めていくためには，生存圏の視点から，開発だけでなく潜在力にも目を向けなければならない．生存基盤指数からみた世界は，人間開発指数を超えたところに，大きく広がっているといえよう．

▶関連用語：2-1-01 地表から生存圏へ，2-2-01 生産から生存へ，2-3-01 温帯から熱帯へ

文献

松沢哲郎 2011．『想像するちから』岩波書店．
杉原薫 2010．「持続型生存基盤パラダイムとは何か」杉原薫・川井秀一・河野泰之・田辺明生編『地球圏・生命圏・人間圏 —— 持続的な生存基盤を求めて』京都大学学術出版会．
UNDP 2010. Human Development Reports 2010
　　http://hdr.undp.org/en/reports/global/hdr2010/chapters/（2011 年 10 月 21 日アクセス）

〔佐藤孝宏〕

キーワード◆潜在能力，国際規範

人間開発　human development

●人間開発

人間開発とは，「人びとの生き方の幅が広がることで，価値ある人生を送ることができるようになるプロセス」である．国連開発計画（UNDP）の『人間開発報告書』創刊号（1990年）で初めて提唱された．人間開発の考え方は，セン（1999，2000）やヌスバウム（2005）の潜在能力（capability）の理論に基礎を置いている（Fukuda-Parr et al. 2009）．

潜在能力とは，平たく言えば，特定の社会的および個人的な条件のもとで個人が選び取れる「～すること」と「～になること」の集まりである．一人一人の人間に可能な生き方の幅と言ってもよい．

1980年代，国際通貨基金（IMF）と世界銀行が途上国政府に強制した新自由主義政策（構造調整）は，各地で社会福祉を後退させ，失業の増加を招いた．経済成長のためには貧困が悪化しても構わないというエコノミストに対して，教育，保健衛生，雇用を重視する「反貧困陣営」が反撃を開始する．人間開発は，この陣営が国連を舞台に練り上げた考え方である．

●人間開発指数（HDI）

しかし，考え方だけでは現実の力にならない．そこでUNDPは，GDPに取って代わる新たな指数として，人間開発指数（HDI）を世に問うた．もともとHDIは，生存指数（平均余命），教育指数（就学率，識字率），経済指数（1人当たりGDP）の平均としてデザインされた．

UNDPは，人間貧困指数（HPI），ジェンダー平等指数（GEI）など，ほかにもいくつかの指数を開発している（足立2006）．HDIはこれらの指数の一つにすぎないこと，また，これらの指数が人間開発のすべての側面を扱っているわけではないことに注意したい．たとえば，共同体の一員として幸福に生きることは人間開発の一部であるけれども，これらの指数ではみえない．

『人間開発報告書』2010年版はHDIの計算方法を刷新し，教育指数は就学年数，経済指数は1人当たり国民総所得になった．さらにUNDPでは，ウェブサイトにアクセスした者が自由に指数をデザインできる実験も公開されている．

このHDIを意識し，それを乗り越えることを意図して練り上げた指数の一つが，われわれの生存基盤指数である．

●人間の安全保障

人間の安全保障は，人間開発を脅威にさらす危機的状況を扱う概念として，『人間開発報告書』1994年版で導入された．恐怖からの自由，欠乏からの自由，尊厳をもって生きる自由を統合する国際規範である．欠乏と恐怖からの自由を組み合わせたという意味では，平和学の泰斗ガルトゥングの構造的暴力の概念（ガルトゥング1991）に近い．

安全保障を国民国家に独占させることなく，地域共同体や市民社会，多国間組織など，重層的なセキュリティ・コミュ

ニティの存在を積極的に承認したところも特筆に値する（武者小路 2003）．

カナダ政府は人道危機に対する国際介入の原則を定めた「保護する責任」を提唱し，カナダ型の人間の安全保障と呼ばれることになった（ICISS 2001）．それに対して，「緒方・セン委員会」の報告書は（CHS 2003），人道危機に特化するのではなく，恐怖からの自由と欠乏からの自由を統合する視点を打ち出した．

近年，人間の安全保障をめぐる国連の議論には，「尊厳をもって生きる自由」という第三の要素が追加されている．植民地支配の過去をふまえて人間の安全保障を議論するためには，コスモポリタニズムとは異なるアプローチが必要である．

人間の安全保障は価値の複数性を承認することで，人間開発にはみられなかった相対主義の視点を導入した．人権と人間開発，そして人間の安全保障は国際規範の「ヒューマン・トライアングル」を構成するが，それぞれの概念と実践の守備範囲はかなり異なる．規範的な人権概念と比べると，人間の安全保障はコンテクスト依存的である．また，楽天的で個人主義的な人間開発と比べると，人間の安全保障は共同体の価値を重んじ，それらの調整という課題を引き受ける．

人間の安全保障は，リスク論，災厄論につうじるところがあり，災害研究や安全学との協働が期待できる（村上 1998）．東京大学大学院人間の安全保障プログラム（HSP）が出版した人間の安全保障のテキストは，地域研究との接点を重視したものである（高橋・山影 2008）．

▶関連用語：2-2-A04 公共性，2-2-A11 安全保障，2-2-B04 潜在能力，2-2-C02 社会福祉

文献──
足立文彦 2006．『人間開発報告書を読む』古今書院．
Commission on Human Security (CHS) 2003. *Human Security Now*, Commission on Human Security.
Fukuda-Parr, S. et al. (eds) 2009. *Handbook of Human Development*, Oxford University Press.
ガルトゥング，J. 著，高柳先男ほか訳 1991．『構造的暴力と平和』中央大学出版部．
International Commission on Intervention and State Sovereignty (ICISS) 2001. *The Responsibility to Protect*, International Development Research Centre.
『国際問題』（焦点・「人間の安全保障」と対外政策）2011 年 7・8 月号．
村上陽一郎 1998．『安全学』青土社．
武者小路公秀 2003．『人間安全保障論序説』国際書院．
武者小路公秀編 2009．『人間の安全保障』ミネルヴァ書房．
ヌスバウム，M. 著，池本幸生ほか訳 2005．『女性と人間開発』岩波書店．
セン，A. 著，池本幸生ほか訳 1999．『不平等の再検討』岩波書店．
───著，石塚雅彦訳 2000．『自由と経済開発』日本経済新聞社．
高橋哲哉・山影進編 2008．『人間の安全保障』東京大学出版会．
United Nations Development Programme (UNDP) *Human Development Report*, various years.

〔峯　陽一〕

キーワード◆成長の限界，社会開発，成長と発度

持続可能性　sustainability

●持続可能性の概念をめぐる国際的議論

「持続可能性」に関する国際的な議論は，先進工業国での公害や環境破壊が深刻な国内の政治問題に発展した，1970年代に端を発する．モデルによるシミュレーション結果をもとに「世界人口，工業化，汚染，食料生産，および資源の使用の現在の成長率が不変のまま続くならば，来たるべき100年以内に地球上の成長は限界点に到達するであろう」と述べた，ローマ・クラブのレポート『成長の限界』（メドウズほか1972）は，世界に衝撃を与え，同年にストックホルムで開催された国連人間環境会議では，「かけがえのない地球」（Only One Earth）をスローガンに，「人間環境宣言」と環境問題に関する六つの分野の行動計画が採択された．80年代になると，環境問題として認識されていた持続可能性の議論は，発展途上国の社会開発に関する議論も包摂しながら展開してゆく．1987年には，「環境と発展途上国の発展とを両立させる道を探ることを国際政治の課題として位置づけようとする政治的意図（深井2005）」をもって，「環境と開発に関する世界委員会（通称：ブルントラント委員会）」が，持続可能な発展を「将来の世代のニーズを充足する能力を損なうことなしに，今日の世代のニーズを満たしうるような発展」として定義した（WCED 1984）．ブルントラント委員会による報告書の発表以来，持続可能性または持続可能な発展は，環境や開発に関連する国際機関や学会のみならず，政財界の議論においても中心テーマとして取り上げられるようになったが，「浮き草的意味づけ用語」（floating signifier）(Baudrillard 1992) とも揶揄されるこの概念は，いろいろな立場の人々によって都合のよい意味に使われてきたことも事実である．環境保護重視の立場に立つか，開発重視の立場に立つかによって，持続可能な発展の概念はさまざまな定義が可能であり，ピアス（1994）は，その著書で24の定義を紹介している．

●「成長」と「発展」の違い

持続可能性を考えるうえで，環境と開発の関係をどう捉えるかはもちろん重要であるが，それ以前に「開発」「発展」の意味をどのように理解するかということも問題だろう．スミスは，「労働者の生活状態は富の大きさではなく，その成長率に依存している」と述べた（馬渡1997）．産業革命以降の世界で「先進国」となった欧米や（戦後の）日本のような国では，社会の目標が「生産」，とくに1人当たり所得で測った生活水準の上昇に結びつく生産性の向上に集約されることが多かった（杉原2010）ことは事実であり，この認識は今日においても大勢であろう．これに対してミルは，「経済的進歩は，終局的には資本と人口のそれ以上の増加がなく資本も人口も停滞的で，きわめて多くの財が生産され消費されている状態，つまり資本・人口・生産が高い水準で停止している状態に至

る(=停止状態)」としたうえで,「資本及び人口の停止状態というのは,必ずしも人間的進歩の停止状態を意味するものではない」とし,この状態を「今日のわれわれの状態よりも非常に大きな改善となる」と力説している(馬渡1997).このミルの停止状態論を受けて,デイリー(2005)は,持続可能な発展を「環境の扶養力を超えてしまうような成長を伴わない発展 ── この「発展」は質の改善を意味し,「成長」は量的な拡大を意味する ──」と定義している.

経済が機能する(人間に財・サービスを提供する)ためには,環境や資源(原料や燃料)を取り出し,これらの資源を加工し(消費のための最終生産物に変化させ),エネルギーが失われ科学的に変容した大量の資源(廃棄物)を環境に戻して処分する必要があり(ターナーほか2001),経済活動が自然環境の能力によって制約/限定されていることは,疑う余地がない.人間中心主義に立って量的成長を是とするパラダイムから,環境のもつ「論理」を受容して質的成長を指向するパラダイムへの転換をはかることなしに,持続可能な発展の実現は不可能と考えられる.

▶関連用語:宇宙船地球号,コモンズ(共有地)の悲劇

文献

Baudrillard, J. 1992. "The Evil Demon of Images and The Precession of Simulacra", in T. Doherty (ed.), *Postmodernism*, Columbia University Press.
デイリー,H. E. 著,新田功ほか訳 2005.『持続可能な発展の経済学』みすず書房.
深井慈子 2005.『持続可能な世界論』ナカニシヤ出版.
広井良典 2001.『定常型社会』岩波新書.
馬渡尚憲 1997.『J. S. ミルの経済学』お茶の水書房.
メドウズ,D. H. ほか著,大来佐武郎監訳 1972.『成長の限界』ダイヤモンド社.
ピアス,D. W. ほか著,和田憲昌訳 1994.『新しい環境経済学』ダイヤモンド社.
杉原薫 2010.「持続型生存基盤パラダイムとは何か」杉原薫・川井秀一・河野泰之・田辺明生編『地球圏・生命圏・人間圏 ── 持続的な生存基盤を求めて』京都大学学術出版会.
ターナー,R. K. ほか著,大沼あゆみ訳 2001.『環境経済学入門』東洋経済新報社.
World Commission on Environment and Development (WCED) 1987. *Our Common Future* http://www.un-documents.net/wced-ocf.htm (2011年12月26日アクセス).
矢口克也 2010a.「「持続可能な発展」理念の実践過程と到達点」『総合調査報告書 持続可能な社会の構築』(調査資料 2009-4) 国立国会図書館調査及び立法考査局第 1 部第 2 章 www.ndl.go.jp/jp/data/publication/document/2010/200904/03.pdf (2011年12月27日アクセス).
─── 2010b.「「持続可能な発展」理念の論点と持続可能性指標」レファレンス,No. 711 http://www.ndl.go.jp/jp/data/publication/refer/pdf/071101.pdf (2011年12月26日アクセス).

〔佐藤孝宏〕

2-3-C04 ▶▶ 環境収容力　carrying capacity

キーワード●エコロジカル・フットプリント，持続可能性

　ある一定の空間領域をもつ環境は，すべての生命体に対して無限の包容力をもつことはない．ある環境が養うことのできる最大の生物個体数のことを環境収容力という．この概念はもともと，個体群生態学において発達したものである．資源をめぐる種内競争の結果，生物個体群の出生率と死亡率が等しくなり，見かけ上変化がなくなっている場合の個体数を指し，その増加過程はロジスティック曲線にしたがう（ベゴンほか 2005）．

　20世紀後半に入って出版された『沈黙の春』(1962年) や，『来たるべき宇宙船地球号の経済学』(1966年)，「共有地の悲劇」(1968年)，『成長の限界』(1972年) などは，経済成長を追求する従来の発展パラダイムに警鐘を鳴らし，人類の生存基盤としての自然環境の重要性を強く主張した．このような地球環境問題に対する関心が広がるなかで，ワケナゲルとリースは，環境収容力の概念を人間活動に拡大し，エコロジカル・フットプリントという指標をもちいて持続可能性を定量的に評価しようとした（ワケナゲル・リース 2004）．この指標では，地球の再生産力，すなわち人間の需要にこたえるために利用可能な資源量を示すバイオキャパシティと，実際の資源消費（および廃棄物排出）を表すエコロジカル・フットプリントを比較して，環境に対する人間活動の持続可能性を評価する（本講座第5巻第2章）．WWF (2010) の推定によれば，1970年代以降，人間による自然資源の消費は，地球の自然の再生産力をはるかに上回る状態が続き，かつ，その状況は年々深刻化しているとされる．

　しかしながら，環境収容力の概念を人間活動にあてはめようとしたエコロジカル・フットプリントにおいても，自然環境を人間の側から捉えようとするバイアスが存在する．人類の生存基盤として，環境の持続可能性を構想する場合には，環境収容力という概念を超えて，自然環境のもつ「論理」への配慮をうながすことが必要だと考えられる．

▶関連用語：エコロジー経済学，環境決定論

文献

ベゴン，M. ほか著，堀道雄監訳 2003．『生態学　個体・個体群・群集の科学』京都大学学術出版会．
Boulding, Kenneth E. 1966. "The Economics of the Coming Spaceship Earth", in H. Jarrett (ed.), *Environmental Quality in a Growing Economy*, Johns Hopkins University Press.
ハーディン，G. 著 1993．「共有地の悲劇」シュレーダー＝フレッチェット，K. S. 編，京都生命倫理研究会訳『環境の倫理（上）』晃洋書房．
ワケナゲル，M.・W. リース著，和田喜彦監訳 2004．『エコロジカル・フットプリント』合同出版．
WWF 2010. *Living Planet Report 2010*, WWF.

〔佐藤孝宏〕

2-3-C05 ▶▶▶ 世界人口　world population

キーワード●出生率，高齢化

　世界人口は2011年10月31日，ついに70億人に達した．今後サハラ以南アフリカなどの熱帯各地域を中心に急速に人口は増加して2050年には93億人に達すると予測されている（UN Department of Economic and Social Affairs 2010）．その後も各国の出生率が置換水準（replacement level）におちついていくと仮定すると，世界人口は2085年には100億人を超え，2100年には101億人に達すると予測される．しかし，わずかな出生率の差の持続が予測人口を大きく左右するため，その予測幅は時間軸が長期にわたるほど大きくなる．人口変化のおもな要因は出生率と死亡率の差であるが，1950年には25億人にすぎなかった世界人口が急増をはじめたのは，年平均2.2％に及ぶ途上国の人口増によるところが大きい．これは，途上国の死亡率が急落したのに対して出生率は1970年ごろまで顕著な減少をみせなかったために，人口自然増加率がふくらんだ結果である．近年全世界的に出生率は低下傾向にあり，欧米諸国や東アジアのみならず，東南アジア各国での出生率も軒並み置換水準を下回っている．一方，サハラ以南の各国でも出生率が低下してきているが，東南アジアでみられるほどには出生率は下がっていない．たとえば，ナイジェリアは1億5,800万人の人口をもつ世界で7番目の人口大国であるが，ナイジェリアの出生率が国連の仮定ほどしか低下しないとすると，2100年にはインド，中国についで7億3,000万人の世界第3位の人口規模をもつことになる．総人口増加とともに世界人口の高齢化も急速に進行している．65才以上人口は2010年の7.6％から2100年には22.3％に達するとされる．増える高齢者を少ない生産年齢人口でどう養っていくかという問題は，定年退職後は年金で余生を過ごすというこれまでの社会モデルの再構築なくして解決はできない．また，高齢者自身の健康増進と雇用継続といった視点や増加する一方の移民労働力の統合といった問題もクローズアップされてきている（西川2008）．地球の定員とは，世界人口と食料，資源との関係に左右され，また社会のあり方によっても異なるため，絶対的な答えというものは存在しない．今後の世界の人口問題は，発展途上国を中心とした総人口増加と少子高齢化が中心となる．

▶関連用語：2-3-C01 生存基盤指数，2-3-A06 労働

文献

西川潤 2008．『データブック　人口（岩波ブックレット）』岩波書店．
UN Department of Economic and Social Affairs 2010. *Revision of World Population Prospects* http://esa.un.org/wpp/Other-Information/Press_Release_WPP2010.pdf（2011年12月23日アクセス）．

〔和田泰三〕

2-3-C06 ▶▶ エコロジカル・フットプリント　ecological footprint

キーワード●持続可能性，自然資源消費，バイオキャパシティ

エコロジカル・フットプリントは，人間による自然資源の消費を表現する指標である．環境収容力という生態学の基本概念を人間活動に適用したもので，リースとワケナゲルにより開発された．人間が利用する再生可能資源の供給に必要とされる面積（耕作地，牧草地，森林，漁場），インフラストラクチャーによって占められる面積，そして廃棄物（＝CO_2）を吸収するのに必要とされる面積を足し合わせることによって計算する．地球の再生産力，すなわち，人間の需要にこたえるための資源量を示すバイオキャパシティを基準として議論されており，任意の閉鎖空間においてエコロジカル・フットプリントがバイオキャパシティを超える場合，自然資源の利用が持続可能でないと評価される．持続可能性を直観的に表現できる指標として注目され，欧米諸国を中心に数値政策目標としての導入が検討されている．

国連の「環境と開発に関する世界委員会」が1987年に発行した最終報告書 *Our Common Future* において，「持続可能な開発」という概念が提示され，環境と開発の対立の構図について多くの議論が行われるようになった．従来の市場中心の社会経済において，環境は外部の第二義的世界として取り扱われてきたが，これに対する反省から，経済学において二つの潮流が生まれた．一つは，環境をそれまでの経済学の立場を維持しつつ取り込もうとする環境経済学であり，もう一つは，生物と環境の関わり方を明らかにしようとする生態学の立場から，社会経済を環境に内在する一つのシステムとして捉えようとするエコロジー経済学である．エコロジカル・フットプリントは，後者のエコロジー経済学の考え方をふまえた指標といえる．

しかしながら，エコロジカル・フットプリント算定の基準となるバイオキャパシティとは，現在の技術や制度という前提の下での自然の再生産力を示すものに過ぎない．より長期の時間軸のなかで生存基盤の持続を構想しようとする場合，地球圏や生命圏を人間圏の側から捉えた指標ではなく，地球圏や生命圏そのものがもつ論理に立脚した指標が必要と考えられる．

▶関連用語：エコロジー経済学，環境収容力

文献

Haberl, H. et al. 2004. "Ecological Footprints and Human Appropriation of Net Primary Production: A Comparison", *Land Use Policy*, 21(3).
ワケナゲル，M.・W. リース著，和田喜彦監訳 2004.『エコロジカル・フットプリント』合同出版．
WWF 2010. *Living Planet Report 2010*, WWF.

〔佐藤孝宏〕

第3編

グロッサリー

RNA　Ribo Nucleic Acid
リボ核酸（Ribo Nucleic Acid）を省略した名前．構造は DNA*) に類似しているが，塩基成分は DNA のチミン（T）がウラシル（U）に置き換わる．糖*) はデオキシリボースからリボースに置き換わる．リボソーム RNA（rRNA）・伝令 RNA（mRNA）・転移 RNA（tRNA）などがあり，RNA ポリメラーゼにより，DNA を鋳型として転写*)（合成）され，おもにタンパク質*) の合成に関与する．また，ノンコーディング RNA や触媒作用をもつ RNA（リボザイム）も存在する．

RMA　Revolution in Military Affairs
➡軍事における革命

RPS 法（電気事業者による新エネルギー等の利用に関する特別措置法）　Renewable Portfolio Standard
日本で 2003 年 4 月に施行された「電気事業者による新エネルギー等の利用に関する特別措置法」のこと．RPS は Renewable Portfolio Standard の略語．RPS 法は，電気事業者に新エネルギー（風力，太陽光，地熱，水力，バイオマス*) 等から発電される電気を一定割合以上利用することを国が義務づけ，エネルギーの安定供給と，新エネルギーの普及を図ることを目的とする．

IKGS（国際葛グリーン作戦山南）　International Kuzu Green, Sannan
1991 年 6 月のルソン島西部，ピナトゥボ山の大噴火で壊滅的被害を受けた地域で植林事業を推進するため，1993 年兵庫県氷上郡山南町の住民有志によって組織された非政府組織（NGO）*)．海外青年協力隊として，1992 年より被災地の先住民 NGO・アエタ開発協会に農業専門家として派遣された富田一也が，協力隊の任期終了後に IKGS の現地駐在員となり，現在にいたる．2001 年に「IKGS 緑化協会」と改名し，同年から 2008 年までの 7 年間は，イフガオ州の世界遺産の村および近隣地区での植林を行う．

ICC　International Criminal Court
➡国際刑事裁判所

ICJ　International Court of Justice
➡国際司法裁判所

アイデンティティ　identity
心理学者 E. エリクソンが提唱した，人が成長にしたがって内面化・身体化する，社会の価値体系に即した役割意識をそなえた一貫した自己像のこと．その形成に関わる葛藤などが個人の集団（たとえば民族）や社会範疇（ジェンダー等）に対する同一化の問題とし

て政治や社会・文化の幅広い領域で議論されているが，これは逆にみれば，人がお互いの生を支えあう集団をどのように想像＝創造するかという生存基盤研究の重要な課題にもつうじる．

iPS（人工多能性幹細胞）　induced pluripotent stem cells
体細胞へ数種類の遺伝子を導入することにより，ES 細胞[*]（胚性幹細胞）のように非常に多くの細胞に分化できる分化万能性（pluripotency）と，分裂増殖をしてもそれを維持できる自己複製能をもたせた細胞のこと．分化万能性をもった細胞は，体を構成するすべての組織や臓器に分化誘導することが理論上可能であり，拒絶反応のない移植用組織や臓器の作製が可能になると期待される．

アカシア　acacia
マメ科アカシア属の植物の総称．分布は最も種数の多いオーストラリアを中心に，アジア・アフリカ大陸・アメリカ大陸など広範囲．日本で蜂蜜を採るアカシアは北米原産のニセアカシア属ハリエンジュで別属．東南アジアにおける産業造林の対象種は Acacia mangium や Acacia crassicarpa（おもに泥炭湿地）などオーストラリア区原産の樹種であり，スマトラ島やボルネオ島などでは外来種とみなされる．乾燥や湿地土壌にも適応し，過度の焼畑で草原化した場所にも容易に生育する．成長が早いためおもにパルプ用材としてもちいられる．⇒泥炭湿地林

アクターネットワーク論　actor network theory
科学的な命題が論争を経て事実として確立していくプロセスを，それぞれの命題にそれを主張する研究者がどのように，より多く説得的な証拠群を結び付けられるかというネットワーク[*]同士の争いとして捉える手法．そこでは自然の事物も人（研究者など）も同等にネットワークの強さに影響を与えるアクターとして記述するという対称的な視点がとられ，社会科学の諸分野の議論において，人間以外の存在の行為主体性[*]を再評価する動きを引き起こした．

アグロフォレストリー　agroforestry
1970 年代に持続的な農林開発が求められるようになり，永年生木本植物と作物や家畜とを組み合わせた伝統的な土地利用法が熱帯におけるより持続的な生産システムとして注目されるようになり，これを総称してアグロフォレストリーと呼ぶようになった．1978 年にアグロフォレストリーの国際研究機関（ICRAF）が設立され，組織的な研究と普及が進められた．植民地期ビルマで確立されたタウンヤと呼ばれる造林法が一つのモデルとなったが，アグロフォレストリーの構成種はさまざまで，したがって多様な形態のアグロフォレストリーがある．

アジア・アフリカ会議　Asian-African Conference / Bandung Conference
非同盟中立外交に賛同するアジア・アフリカの29ヵ国が参加して，1955年4月にインドネシアのバンドンで開催された会議．別名バンドン会議．会議の中心となった各国首脳は，ネルー（インド首相），周恩来（中華人民共和国首相），スカルノ（インドネシア大統領），ナセル（エジプト大統領）．主権と領土保全の尊重，人種間および国家間の平等，内政不干渉，国際紛争の平和的解決など平和十原則が採択された．1954年の中印首脳会談とコロンボ会議から受け継いだ会議の趣旨は，非同盟諸国首脳会議に引き継がれた．

アジア稲作圏　Asian rice-growing zone
東アジアから東南アジアを経て南アジアにいたる，イネを主要穀類として栽培する地域．沖積地[*]の肥沃な土壌とモンスーン[*]による豊富な降雨がその成立基盤となっている．モンスーン・アジア地域の水田農業が営まれる地域を指すが，納豆や魚醤などの発酵食品，稲作儀礼などの文化を共有する地域は稲作文化圏とも呼ばれる．世界の3大主要穀類のうち，世界に広く分布するコムギ，トウモロコシ[*]に対して，イネはこの地域に集中するという特徴をもつ．世界有数の人口稠密地域でもある．

アジア間貿易　Intra-Asian trade
植民地化が進展し，世界経済における欧米の支配的地位が確立した19世紀後半以降も，アジア域内諸地域間の貿易が欧州・アジア間貿易を上回るペースで成長した．強制された自由貿易[*]をはじめとするウェスタン・インパクト（西洋の衝撃[*]）を受けながらも，アジアはイギリスを頂点とする世界システムから相対的に自立していた．この自立性を下支えしたのが華僑[*]と印僑（南アジア系移民[*]）の通商網であり，日本や中国の工業化[*]などアジア域内での分業の進展だった．

アジア・グリーンベルト　Asian green belt
ユーラシア大陸の東縁部から東南アジア島嶼部[*]を経てニュージーランドまで連なる西太平洋地域の陸上生態系を総称することば．西太平洋岸グリーンベルトとも呼ばれる．中緯度高圧帯に乾燥地帯が出現して森林植生が裁ち切られるユーラシアの他地域と異なり，高緯度から低緯度まで途切れることなく潜在的植生としての森林が続くことからグリーンベルトの呼称が生まれた．環太平洋造山帯[*]の一部をなし，地理的・気候的な好条件に支えられ豊かな生物多様性[*]が形成された．

アジア通貨・金融危機　The East Asian financial crisis
1997年のタイ・バーツ暴落をきっかけに，東南アジアの経済成長国さらに香港・韓国へと通貨暴落の連鎖が起こり，株価の下落と相まって大規模な金融危機に発展した．タイでは政権交代が起こり，インドネシアではスハルトの独裁体制が倒れるなどいくつか

の国では政治危機にまで転化した．「東アジアの奇跡*)」と称揚されたアジア型の経済発展モデルは，これをきっかけに大きな批判に晒されることになった．

アジア的生産様式　Asiatic mode of production
形式的な史的唯物論における，社会の原始的な発展段階を示した用語．ただし本来は，現在にいたる社会構成を理論的に説明するために要請された概念設定であったもの（「オリエント的生産様式」）が，植民地主義*)的な地政学配置のもとで次第に空間的・社会的な実体として固定化されてしまったことに注意しなくてはならない．現在においてはこの語を，人類史的な「遅れ」を意味するものとしてではなく，単線的な近代化に抗する多様な社会のありかたを捉えるための手掛かりの一つとして設定し直すことができるだろう．

ASEAN（東南アジア諸国連合）　Association of Southeast Asian Nations
1967年にインドネシア・マレーシア・フィリピン・シンガポール・タイによって設立された地域協力機構．現在はオブザーバーの東ティモールを除く東南アジア10ヵ国が加盟している．当初は組織化を抑えて内政不干渉*)原則のもと，国家建設・統合を互いに支援する側面が強かったが，05年のアセアン憲章採択など近年は地域共同体として統合度を高めようとする動きが強まっている．

アソシエーション（結社）　association
歴史学的にみてアソシエーションとはヨーロッパ都市における職業集団などの，いわゆる中間団体のことを指す．理論的にも現実的にも国家*)というシステムが個々人の幸福を十分に達成することが困難である以上，国家と個人の間，あるいはそれを越えて広がる領域にどのような人々をつなぐ仕組みがあり，それがいかに（市場では代替不可能なかたちで）現に人々の生を支えたり制約したりし，またどうそれをよくしていけるか，は重要な生存基盤研究の課題である．

アダット　adat（インドネシア語）
マレー文化圏諸社会の根底を規定する慣習の総体．アラビア語起源．アダットは過去の社会生活のなかで堆積的に形成され，通常は文書化されておらず，口承である．その位相は価値規範，儀礼，社会組織，土地制度，資源管理など幅広い範囲に及ぶ．地域ごとにアダットの様態は異なり，不変性とともに可変性も兼ねそなえている．インドネシアでは，宗教と植民地・国家政策との関わりのなかで，その位置づけは今日にいたるまで変化してきた．

新しい社会運動　new social movement
1960年代以降のフランス，西ドイツ，イタリアなどにおいて出現した学生運動，環境

運動，女性運動，地域運動，平和運動などのこと．社会学者のA. トゥレーヌ，J. ハーバーマス，A. メルッチなどは，それらが「脱産業社会」や「後期資本主義社会」，「複合社会」に特徴的な運動で，階級闘争型の「古い」労働運動とは異なるものだと指摘した．(1) 行為主体が多様，(2) 生活の場の問題が争点とされる，(3) 価値志向的，(4) 運動の実践様式自体にメッセージ性がある，などの特徴をもつとされる．⇒ 2-2-A06 社会運動

新しい戦争　　new wars
イギリスの政治学者M. カルドーの著書と概念．冷戦*) 終結以降に顕著にみられるようになった戦争の新たな形態を指す．新しい戦争では，偏狭的なアイデンティティ*) に基づく権力闘争（アイデンティティ・ポリティクス）が行われ，異質な社会集団を排除するために強制移動やジェノサイドなどが戦闘方法としてもちいられる．こうした戦闘を遂行するために，武装勢力は麻薬や武器取引などにより収益を挙げて資源を調達している．

厚い記述　　thick description
質的な社会調査の一つのモットーであり，調査者はたんに調査対象者のふるまいを記述・分析するのではなく，対象者のふるまいについての対象者自身による解釈を解釈するのだ，という人類学者C. ギアーツの言葉（もとは哲学者G. ライルの概念）に基づく．対象者の解釈を記述し，解釈するためには，綿密な臨地調査をつうじた，対象者および彼/彼女を取り巻く文脈に対する包括的な（政治的・経済的・社会的・歴史的……）理解が必要となる．

熱い社会と冷たい社会　　sociétés chaudes, sociétés froides（仏）
未開/文明，伝統/近代のような対立的な社会観は多々あるが，賭けられているのは両者の間の差異から何を見いだすかである．人類学者C. レヴィ＝ストロースは，変化が速い社会を，多くのエネルギーをもちいて大きな働きをする「熱力学的機械」にたとえて「熱い社会」と呼び，変化の速度がわずかな社会をエネルギーの損耗が少なく，ずっと同じ動きを繰り返せる「工学的機械」にたとえ「冷たい社会」と呼んだが，この区別は社会の編成機構への深い示唆を含んでいる．

圧力団体　　pressure group
➡利益団体

アナーキー　　anarchy
もともとは「王の不在」を意味する語．転じて，国内にあっては中央政府の不在を，国際関係においては世界政府の不在をいう．かつて哲学者T. ホッブズは，アナーキー下で絶えざる争いが繰り返される（「万人の万人に対する闘争」）ことを論じたが，その後哲学者J. ロック等によって，社会秩序の可能性が説かれるにいたる．このロック的思考

が国際関係に適用されると「アナーキカル・ソサエティ」たる国際社会の考えになる．

アナール派　École des Annales（仏）
20世紀初頭にフランスに登場した歴史研究の新しい潮流．1929年，歴史学者のL.フェーブルとM.ブロックによって創刊された学術雑誌『社会経済史年報 Annales d'histoire economique et sociale』にちなむ．それまでの政治史，事件史偏重の歴史研究を批判し，経済学，社会学，心理学などの方法論と成果を参照しつつ，長期的持続*)を特徴とする社会の深層構造や，感性・心性の歴史を解明することをめざす社会史*)を提唱し，20世紀の歴史学に多大な影響を与えた．

アニミズム　animism
精霊や超自然的な存在に対する信仰のこと．進化論的な社会観では文明化の過程としてアニミズムから多神教へ，そして一神教へという図式を提唱したが，研究の蓄積にしたがい，この図式は放棄された．しかし近年になって，ローカルな社会集団のもつ世界観や観念体系に基づき現在世界を覆いつつある近代科学的な世界観を揺さぶるための"梃子"として，E.ヴィヴェイロス＝デ＝カストロらの人類学者を中心に再評価の動きがあらわれている．

アネクメネー（非居住地域）　Anökumene（独）
ギリシャ語を語源とする，非居住地域を指す言葉．地表上で人類の永久的居住が不可能であるか，または行われていない場所を示す．対義語はエクメネー．両極に近い寒冷地域，不毛な砂漠の中心部，高峻な山岳地などがアネクメネーにあたる．現在は，地表面積の約10％強にすぎないが，この数字は近代以降の人口増加や技術革新，気候変化などによって，アネクメネーが減少した結果である．

亜熱帯　subtropics
熱帯と温帯の中間にある気候帯を指す．南北回帰線付近の地域を指すことが多いが，明確な定義はなく，ケッペンによる新しい気候分類では同区分は存在しない．降水量は地域によって大きな差が認められ，ユーラシア大陸の東側ではモンスーンによる影響を受けて比較的湿潤であるのに対し，西側では亜熱帯高気圧の影響を受けて乾燥する．
⇒ 2-3-A10 気候／気候区分

アフォーダンス　affordance
環境が，動物の知覚や行為を引き出そうと提供している意味のこと．知覚心理学者J.ギブソンの造語．アフォーダンスを中心概念とする生態心理学においては，意味は，観察者の心によって構築されるというふうには考えない．意味は，環境のなかに潜在的な情報としてつねにすでに実在しているのである．その情報は，動物がみずからの身体的

な活動を調整しながら環境と関わることをつうじて，知覚や行為のための資源となるのである．

アブラヤシ　oil palm
ヤシ科アブラヤシ属の植物の総称．油料作物である *Elaeis guineensis* は西アフリカ原産．パーム油は果肉から，パーム核油は胚乳から採取され，食用油・洗剤などに加工される．マレーシア・インドネシアには 19 世紀に導入され，プランテーション*) の造成が進み 2 国で世界シェアの 80％以上を占める．面積当たりの生産性が高い利点があるが，先進国の非政府組織（NGO）*) などにより労働者の酷使や環境破壊の批判を受けることが多く，2004 年に生産国を中心とした RSPO（持続可能なパーム油のための円卓会議）が設立された．

アフリカ開発会議（TICAD）　Tokyo International Conference on African Development
アフリカの開発をテーマとする国際会議．アフリカ諸国首脳と開発パートナーとの政策対話の促進を目的とし，アフリカ諸国の「オーナーシップ（自助努力）」および国際社会の「パートナーシップ（協調）」を基本原則とする．日本政府が主導し，国連，国連開発計画（UNDP）および世界銀行*) などと共同で開催しており，1993 年以降，5 年ごとに開催されている．2008 年の第 4 回会議では，野口英世アフリカ賞の第 1 回授賞式が行われた．

アフリカ大地溝帯　African Great Rift Valley
主として東アフリカを南北に走る，全長 7,000 km，幅 30–70 km の巨大な断層陥没帯（谷）．火山活動（マントル上昇流）の影響から約 4,000 万年前にその形成がはじまった．大地溝帯周辺における大地の隆起は，西からの湿潤気流を妨げるようになった．そのため大地溝帯の形成以前は熱帯雨林に覆われていた東アフリカで乾燥化が進んだ．大地溝帯の形成とそれがもたらした気候や植生の変動は，人類進化の謎を解く一つの鍵として注目されてきた．

アフリカ探検　Expeditions to Africa
18–19 世紀を中心にヨーロッパ世界の拡張熱を受けて行われた，ヨーロッパ人によるアフリカ大陸内部踏査．動機は地理的・博物学的情報の収集，アフリカ人のキリスト教化と通商による文明化，のちには植民地化など多岐にわたる．政府や財界，教会や科学協会などの支援をうけて渡航した探検家には，奴隷貿易の廃絶を訴えたリビングストン，コンゴ自由国の下地をつくったスタンリー，間接統治論を提唱したルガードなどがいる．

アフリカの角　horn of Africa
エチオピア，スーダン，ソマリアなどの国からなるアフリカ大陸東部の地域．紅海とイ

ンド洋に接する．その地域の形がサイの角に似ていることから，アフリカの角 (horn of Africa) と呼ばれている．2003年に勃発したスーダンのダルフール紛争は，人道危機をもたらすとともに，多くの難民*)や国内避難民を生み出した．アフリカの角は，民族・宗教の相違や資源の管理が一つの要因となって，紛争が起きやすい状況になっている．

アフリカ分割　Scramble for Africa
ヨーロッパ帝国主義列強がアフリカ諸地域の支配権をめぐり，19世紀末から第一次世界大戦前までの間に争って植民地化していった過程のこと．1912年時点でリベリアとエチオピア以外のアフリカ全土が大英帝国，フランス，ドイツ，イタリア，ポルトガル，スペインとベルギー王レオポルドⅡ世の私領に分割支配され，1960年代以降新興諸国家に独立してもなお，現在までさまざまな植民地遺制をのこすところとなった．

アフリカ連合　African Union
1963年に発足したアフリカ統一機構 (OAU) が，2002年に発展改組して誕生．アフリカ53ヵ国・地域が加盟する世界最大の地域機関である．本部はエチオピアに設置．活動目的は，アフリカの政治的経済的社会的統合の加速，平和と安全保障の促進，民主化，持続可能な開発の促進などである．欧州連合 (EU) をモデルとし，アフリカの地域統合・協力の中核として急速に機能および役割を拡大しており，アフリカ中央銀行や裁判所などの設置も予定する．⇒パン・アフリカニズム

アポロ11号　Apollo 11
1969年7月にアメリカ・ケネディ宇宙センターから打ち上げられた宇宙船．それに搭乗していたアームストロングとオルドリンの2人の宇宙飛行士が，7月20日，着陸船イーグルで人類として初めて月面に降り立った．月旅行じたいが世界中に熱狂を巻き起こすとともに，月面から地球を眺める映像が，地球を一つの共生体と認識する視点をもたらした．そのときに地球に持ち帰られた月の石が，翌年の大阪万博でいちばんの人気を博した．

アミノ酸　amino acid
アミノ基とカルボキシル基をもつ有機化合物で，タンパク質などを構成する生物の基本的な材料となる．人体を構成する要素としては水に次いで多い．20種類あるアミノ酸のうち，人や動物が体内でつくることができない9種類を必須アミノ酸といい，体内で糖質や脂質からつくることができる11種類のアミノ酸を非必須アミノ酸と呼ぶ．生物は，遺伝子*)がコードする順でアミノ酸をつなげることで，タンパク質を形成する．

アラブ連盟　League of Arab States
中東・北アフリカのアラブ諸国がすべて参加している地域機構．1945年に設立．本部

はエジプトのカイロ．2011年時点で22ヵ国が参加．パレスチナも独立国として扱われている．設立当初は，アラブ・ナショナリズムに基づくアラブ世界の統一をめざし，共通戦略の策定や秩序維持に一定の役割を果たしていたが，加盟国間での足並みが乱れることが多く，現在では，域内の経済協力や域外大国（欧米・イスラエル）と加盟各国との仲介的役割を果たすことに軸足を移している．

アル＝カーイダ（アルカイダ）　al-qāʾida（亜）／ Al-Qaeda（英）
急進的なイスラーム主義を標榜する国際ネットワークの総称．ウサーマ・ビン・ラーディンを精神的指導者として，世界各地でテロ活動を起こしている．アメリカ同時多発テロ（2001年）やアフガニスタン，イラクでの反政府テロ活動はこのネットワークによって計画・実行されたといわれている．通常の政治・社会集団と異なり，本部を頂点とする明確な組織や指揮系統がないため，緩やかなネットワーク*）として実態が把握されることが多い．

UNCTAD　United Nations Conference on Trade and Development
➡ 国連貿易開発会議

安全保障　security
誰かが，誰かのために，何らかの価値を，何らかの脅威から，何らかの手段で守ること．
➡ 2-2-A11

安全保障のジレンマ　security dilemma
他国に対する安全保障*）としてとられる自国の軍事力（防衛力）の増大が，他国の自国に対する脅威の認識の拡大と軍事力（防衛力）の増大を招くことで，逆に自国の安全保障の低下をもたらすという矛盾を指す．このような矛盾が想定されるため，安全保障における政策論争にはつねに，軍備増強をする方がよいのか，逆にそれをしない方がよいのかという板挟みの状況が生じる．

アンテナ　antenna
空間の電磁波*）を捉える，または電気回路からの電磁波を空間へ放射する装置で，導体あるいは導体と誘電体の組み合わせで構成される．基本的には導体の形状で放射／受信に最適な電磁波の周波数や電磁波の放射／受信方向や電力量，効率が決まる．電磁波利用には必要不可欠な装置である．一般に導体面積よりも少し広い面積分の電磁波を受信できる．

暗黙知　tacit knowledge
科学を含め，西洋における知というものは文字化された命題群として捉えられていた．

これに対し哲学者の M. ポランニーは，自転車の運転のように，説明できないけれども実際にはできるという知のあり方の重要性を指摘し，従来の「形式知」と区別して「暗黙知」と呼んだ．暗黙知は身体的な経験をつうじて局所的に蓄積されているが体系化されていない知として，経営学や心理学・人類学などにおいて学習の問題と関係づけられ，盛んに議論されている．

EAC　East Asian Community
➡東アジア共同体

ES 細胞　embryonic stem cell
生体の組織や器官になる前の未熟な細胞で，生体を構成するすべての組織に分化する能力をもった細胞のこと．胚性幹細胞または万能細胞ともいう．現在では，実験用動物の生産，遺伝子[*]解析の研究，人工的に臓器細胞をつくる研究などに活用されている．ES 細胞は，クローン動物[*]作成に使用できる可能性があることや，胚の一部を利用していることから，取扱いに関する倫理的な問題も生じている．

ENSO　El Niño-Southern Oscillation
エルニーニョ・南方振動 (El Niño Southern Oscillation) の略で，赤道太平洋の現象であるエルニーニョ[*]と，それに密接に関係する大気現象である南方振動の二つの現象を総称した呼び名である．通常，熱帯太平洋の西部は海面水温が高く，対流活動も大変活発な領域である．しかし，エルニーニョ年には，暖水域が太平洋東部に広がり，それにともなって対流活動域も東に移動するため，西部太平洋周辺（インドネシア・オーストラリア）では干ばつになりやすく，太平洋中部では降水量が増大する．また南アメリカの西岸では，大雨が発生しやすくなる．なお ENSO の影響は赤道域にとどまらず，対流活動域の変動によって励起されたロスビー波によって高低気圧のパターンを左右するなど，遠方にまで及ぶ．⇒ 2-1-A01 水循環

イーミックとエティック　emic, etic
おもに人類学の分野における対象を記述する二つの観点．言語学（音韻論）の音声的 (phonetic) と音素的 (phonemic) の区別に基づき，外部者である観察者の視点から，比較的客観的に捉えることをエティック (etic)，当事者の視点から，その意味や言葉をもちいながら比較的主観的に捉えることをイーミック (emic) と呼ぶ．後者は臨地調査によってはじめて可能になるが，調査者には両者を相補的なものとして往還できる視角が求められる．

イエ　extended family
前近代において一般的であったとされる（拡張された）大家族のこと．経済的単位，軍事

的単位，宗教的単位など，多様な統合原理のもとに結びついた大家族は，その統合原理によって，しばしば血縁者のみならず，奴隷，奉公人などの非血縁者もそのうちに包含した．ただし近年の歴史人口学*)の研究は，じつは前近代においても単婚家族が優位であった可能性を指摘しており，近代以前における世帯構造とその歴史的意義は再考を迫られている．

威嚇と約束の意図表明　commitments of threat and promise
こちらの望まない行動（例：核兵器の使用）を相手にとらせないためには，大別して，二つの手段がある．まず，威嚇（threat）の意図表明である．これは，反撃という威嚇をつうじて，こちらの望まない行動を相手にとらせないというものである（例：核抑止）．これに対して，約束（promise）の意図表明とは，お互いの行動を自制することで，こちらの望まない行動を相手にとらせないというものである（例：核の先制不使用）．

イギリス東インド会社　East India Company
アジアとの貿易を目的に 1600 年に設立されたイギリスの特許会社．当初はインドネシア方面での香辛料貿易をめざしたがオランダ東インド会社*)に敗れ，17 世紀半ば以降インド貿易を進めた．1757 年にプラッシーの戦いで，フランスと組んだインド・ベンガル太守の軍に勝利をおさめ，1765 年にベンガル地方の徴税権を獲得，インド統治を開始した．19 世紀半ばまでにインド全域をその支配下においたが，1857–58 年のインド大反乱の責任を問われ，会社は解散した．

ESA　European Space Agency
European Space Agency（欧州宇宙機関）．ヨーロッパ各国が共同で設立した，宇宙開発・研究機関である．設立参加国は当初 10 ヵ国，現在は 17 ヵ国が参加している．人工衛星打上げロケットのアリアンを開発し，アリアンスペース社（商用打上げを実施）をつうじて世界の民間衛星打ち上げ実績の約半分を占める．21 世紀初頭から宇宙太陽発電所*)の検討プロジェクトを進めているが，日本ほど大きな進展はない．

異種混淆性（ハイブリディティ）　hybridity
異種混淆性（hybridity）あるいは雑種性とは，異なる言語間やアイデンティティ間などを二者択一で捉えるのではなく，それらの交雑や混成もしくは矛盾の状況をあらわす．たとえば，アイデンティティ*)についていえば，黒人と白人の二項対立を超えた「ムラート」（黒人と白人の混血）がある．批評家 H. K. バーバは，異種混淆性を「植民地的アイデンティティの本質を問い直すこと」としている．⇒ハイブリッド

イジュティハード　ijtihād（亜）
イスラーム諸学において，何らかの結論を導くために行われる解釈行為．とくに重要と

されるイスラーム法学におけるイジュティハードは，特定の方法論に基づいて典拠から法規定を導き出す行為を指す．これを行う資格を有する者をムジュタヒドと呼ぶ．イジュティハードは，現在にいたるまで絶え間なく行われているが，19世紀のイスラーム世界の危機以降，その克服のためにイジュティハードが活発に行われるようになっている．

異常気象 unusual weather
➡ 極端現象

異人（他者） alterity
自己と異なる，つまり日常的な仕方でのコミュニケーションが不可能な「他者」という存在は，たとえば哲学においては「神」や「外」という問題系，あるいは人間学＝人類学においては価値観や習慣の大きく異なる人々をどう位置づけ，理解するかという問題として，多くの思考の源泉となってきた．グローバル化*)の進展が「他者」のリアリティを薄れさせるようにみえる現在，より微妙なかたちであらわれる「差異」への鋭敏な感覚が必要となっている．

イスラーム銀行 Islamic bank
イスラームの教義に基づいて業務が行われる銀行．利子やギャンブル性の高い取引を取り扱わないことが代表的な特徴である．世界初の商業イスラーム銀行であるドバイ・イスラーム銀行（アラブ首長国連邦）が1975年に登場して以来，イスラーム世界の内外で数多くの銀行が設立されている．近年では，イスラーム保険会社，イスラーム投資ファンドなど業態も多角化している．

イスラーム金融 Islamic finance
現代の金融制度において，イスラーム的な原則を適用して無利子金融の実現をめざすもの．イスラーム的な経済原理の一つとして，「リバー（≒利子）」や投機*)などが禁止されている．利子を禁ずる理由は不労所得の禁止，リスク負担の適正化などであり，多重債務を防止するためであった．しかし近代のイスラーム世界では，西洋型の銀行および利子を取る金融制度が広まった．そこで1950年代以降に，イスラーム復興*)にともなって無利子の金融が模索され，1975年以降は商業的なイスラーム銀行が設立されるようになった．経営を成り立たせる原理は，損益分配や売買による利潤によって利益をあげるものである．利子を嫌う新規顧客層の開拓に成功したため，1990年代以降は一般の銀行も「イスラミック・ウィンドウ（イスラーム金融部門／支店）」を設けるようになり，また保険などの分野でもイスラーム金融が普及した．イスラーム金融機関は55ヵ国で660行以上が営業している（2010年現在）．

イスラーム諸国会議機構　Organization of the Islamic Conference
➡ OIC

イスラーム復興　Islamic revival
イスラームの文明的な復興をめざす思潮や運動．19世紀後半から始まり，1970年代から現在まで，イスラーム世界の各地や非イスラーム圏のムスリム住民の多い地域で広がっている．狭義の宗教のみならず，政治・社会・経済などの分野においてイスラーム的な価値観や倫理を実現しようとするため，近代西洋的な価値観と対立するとみられることも多い．しかし実際には，現代社会に適合的なイスラーム理解を求める面も大きく，科学やテクノロジーを受容しながら，それをイスラーム社会の発展に役立てようとする傾向が強い．

移相器　phase shifter
電磁波[*]の位相を制御する電子回路のこと．電磁波は回路中でも空間でもお互いに干渉するため，振幅や位相によりその干渉が変化する．移相器は位相を制御することでその干渉を制御し，電磁波干渉を実現するための回路である．おもにアンテナ[*]から放射される電磁波の位相を制御して空間の電磁波の形状を制御するためにもちいられる．移相器は非常に高い精度が要求されるために高コストとなりやすく，フェーズドアレー[*]が普及しない原因の一つとなっている．

一次生産力　primary productivity
太陽エネルギーの一部は植物の光合成[*]により化学エネルギーに変換される．変換されたエネルギー（総生産）の一部は植物の呼吸により消費されるため，総生産量から呼吸量を差し引いた残りが純生産量となる．これを，単位面積・単位時間当たりに生産された乾物重としてあらわしたのが純一次生産力（net primary productivity）という．アジアモンスーン地域の自然植生は一般に $10\ t \cdot ha^{-1} \cdot 年^{-1}$ 以上の一次生産力をもち，その熱帯域は世界でも有数の高い一次生産力を有している．⇒純一次生産量

一党独裁　one-party system / single-party system
一つの政党が政治権力を独占しており，その他の政党は存在しないか，存在しても選挙制度などによって統治機構への参画が事実上不可能になっている政治体制．労働者の政党である社会党や共産党を唯一正統な政党とする社会主義[*]体制および共産主義体制や，経済発展のために民主主義[*]（競争的選挙）を否定する開発独裁[*]体制においてしばしばみられる．前者の典型は中華人民共和国やベトナム，北朝鮮，後者の典型はシンガポール．

一党優位政党制　predominant-party system / dominant-party system / one-party dominant system
競争的選挙において政権交代が生じず，同一の政党が長期にわたって政権を維持している政党システム．政治学者の G. サルトーリが命名．1936 年から 76 年までのスウェーデン，1955 年から 93 年までの日本，1948 年から 94 年までのイタリア，1951 年から 75 年までのインドが典型例．この政党制*⁾が成立する条件には，与党が良好な業績や高度の正統性*⁾により支持を確保し続けているという積極的条件と，政権担当能力のある魅力的な野党が存在しないという消極的条件がある．

一般可能性定理　general possibility theorem
社会を構成する合理的な各個人の選好順序を反映した社会全体の選好順序を考えるとき，次の四つの民主制の条件をすべて満たした社会全体の選好順序は存在しないとする考え方．経済学者 K. J. アローによって証明された．不可能性定理ともいう．(1) 各個人の選好順序が合理的である (推移性と完全性を満たすものである) ならば，それはどのような順序も認められる．(2) 社会の構成員全員が，ある社会状態を他の社会状態よりも望ましいとしているときは，社会全体の選好順序においても前者が後者よりも選好される．(3) 選択の対象となっているもの以外の選択肢は，当該の選択に無関係である．(4) 社会全体の選好順序はただ 1 人の個人の選好だけによっては決まらない．これらの条件のうち，(1) (2) (3) を課するならば，必ず (4) の条件との矛盾が生じることから，社会全体の選好を個人の選好から導く場合，独裁者の登場を避けられないことが示された．⇒ 2-2-A01 民主主義，合理的経済人，投票のパラドックス

イデオロギー　ideology
ある社会集団の世界観を表現する諸概念の体系的で一貫した集合体．従来はマルクス主義の影響のもと，社会的に規定・拘束された虚偽意識を意味したが，現在では政治主体が意図的に創り出す政治・社会的な教義や信条体系を指すことが一般的．ある思想や観念，意識の成立を社会的文脈と関連づけて分析するという方法論的問題意識からもちいられる面と，論敵の偏向や非現実性を非難・中傷するという政治的意図から使われる面がある．

遺伝子　gene
生物の形質 (特徴) が親から子へ遺伝することを説明するために想定された因子．実体としては DNA*⁾ の領域を指す．通常，形質ごとにそれぞれ異なる独立の遺伝子が対応しており，一つの遺伝子は一つのタンパク質*⁾または RNA*⁾と一対一の対応をしている．DNA の領域中にはタンパク質，RNA の情報をもつコード領域，タンパク質へは翻訳されない非コード領域，イントロンが含まれており，これらをまとめて一つの遺伝子としている．⇒染色体

遺伝子組換え　gene recombination
DNA[*]を特定の位置で切断する制限酵素，DNA 断片をつなぎ合わせる DNA リガーゼ，DNA を細胞に導入する形質転換の技術を利用して，遺伝子[*]の改変や導入を行うこと．導入される配列は同じ生物由来の場合もあれば異なる生物由来の配列もある．微生物にインスリン遺伝子を導入するなど有用なタンパク質[*]の生産や，農作物への除草剤耐性の付与など新たな形質の導入による育種などにもちいられる．

遺伝子クローニング　gene cloning
DNA[*]断片を単離し，そのクローン[*]を増幅すること．特定の DNA 領域を制限酵素で断片化した後ベクターに組み込み，大腸菌などに導入する．ベクターを導入した細胞を大量に増殖させれば導入 DNA も複製を繰り返して増幅されることになり，細胞から DNA 抽出を行うことで遺伝子工学実験にもちいる十分量の目的 DNA 分子を調整することができる．クローニングされるものは遺伝子領域の断片から非コード領域の断片などが含まれる．

遺伝子発現　gene expression
遺伝情報に基づいてタンパク質[*]やリボソーム RNA などの機能性 RNA[*]を含む遺伝子産物が合成される過程のこと．ヌクレオチド配列の形で DNA[*]中に保存されている遺伝情報が読み取られ，生産された遺伝子[*]産物の働きにより細胞の構造および機能が調節され，細胞分化や形態形成がなされて生物の表現型が生じる．転写，RNA スプライシング，翻訳[*]，翻訳後調節の段階があり，各段階で調節を受ける．

移動〔地球圏〕　motion [geosphere]
ゆらぎをもち生命圏・人間圏に影響する物質とエネルギーの循環．　➡ 2-1-A10

移動〔生命圏〕　dispersion [biosphere]
方向や時間が規則的な渡り・日周行動や，無規則な分散．　➡ 2-1-B02

移動〔人間圏〕　migration [human society]
資源の利用，リスクの回避，新たな生計のための適応戦略．　➡ 2-1-C02

移動耕作　shifting agriculture
移動生活のもとに営まれる焼畑農業．東アフリカのミオンボ林に暮らすトングウェやベンバを対象として生態人類学的な観点から研究されてきた．それによると，移動とは焼畑後の植生回復にあわせた生活様式であるとされる．移動耕作における生産は必要最低限に抑えられ，不安定になりやすい食物供給は，徹底した平等分配によって補われると

いう．現在，そうした社会が国家政策や市場経済にいかに対応しているかが検討課題とされている．⇒ 2-3-B05 農法

移動牧畜民（移動牧畜民社会） nomadic pastoralist (nomadic pastoralist society)

移動/遊動する牧畜民は，一般に「遊牧民」と呼ばれる．人類史において遊牧民が果たした役割は非常に大きい．とくに，前近代における交易や情報の流通では，遊牧民は不可欠の要素であった．その一方で，定住・農耕を基盤とする文明地帯（とくに中国や西欧）では遊牧民は「野蛮」や「破壊」のパーセプションでみられてきた．産業革命以降，定住文明が遊牧民を軍事的に圧倒するようになり，遊牧民や遊牧社会はいっそう軽視されるようになった．人類史を適切に理解するためには，彼らの位置づけを再考し，遊牧社会の生態環境への適応技術などから学ぶ必要がある．

移入種と外来侵入種 alien species, alien invasive species

意図的・非意図的にかかわらず，本来の生息域外から人為的に運ばれて定着した移入種のうち，在来の生物多様性*)を激減させるほど脅威である種を外来侵入種という．独自の進化を遂げた島嶼生態系や，人為的攪乱*)が進んだ都市生態系ほど，移入種が定着しやすい．2000年にはIUCN（国際自然保護連合）ガイドラインに生物多様性条約に基づいた外来種対策がまとめられたほか，「世界の侵略的外来種ワースト100」が公開された．日本では2005年に外来生物法が施行され，飼育・輸入などが禁止されている．

イノチ（生） life

人間圏を考えるうえで，ヒトが個体としての生命だけではなく，個々の身体を超えた生のつながり（連鎖的生命*)）のなかにあることと，そうした生はヒトとヒトを取り巻く生態的および社会的環境との間の相互的な関係性のなかで可能になっていることの認識は，きわめて重要である．ヒトはつねにそうした関係性に埋め込まれているが，そのエージェンシー*)を発揮することによって，よりよき生＝関係性を生み出していくことができる存在である．⇒個体的生命

異文化理解 cross-cultural understanding

異なる文化的社会的背景をもつ人々・集団が接触し，摩擦や対立・紛争を生じるということは，歴史をつうじてつねに存在していた問題ではあるが，流動化が進む一方でアイデンティティ*)についての意識が高まっている現代社会において，異なる文化的社会的背景についての深い理解がますます不可欠になっている．しかしおそらく今後はそれにとどまらず，文化的な差異と空間性についての柔軟な思考と新たな概念化が必要になるだろう．

移民　migration
もともと住んでいた国家*)・地域*)を離れ，別の国家・地域で生活する人々のこと．出稼ぎ労働から高齢者ロングステイまできわめて多様な理由・形態があるが，送出国側での暴力等の理由で移動を強いられる人々を難民*)，元の居住地を離れ，離散して暮らす人々をディアスポラと呼ぶことがある．受入国で差別を受けたり摩擦を生じたりすることもあり，流動性が高まりつつある現代において，国家や地域社会における重要な課題となっている．⇒華僑，南アジア系移民，交易離散共同体，労働移動

入会地　commons
村落あるいは複数村にまたがる地域を住民が共同で管理し，その資源を利用する権利をもつ山野．入会地が村有，第三者の私有，官有などの場合がある．地球全体の環境問題を広く考えるため，近年ではコモンズ*)という言葉が広くもちいられるようになっている．コモンズは山野（地面）だけにかぎらず，川，海，温泉などを含む地域の資源を，住民が共同で管理・利用する制度，および管理・利用の対象となる資源そのものの両方を指す．

印刷術　printing technology
版木や活字を使ってテキストを印刷する技術で，同一内容のテキストを大量に複製するために開発された．唐の木版印刷が最初の印刷術であり，現存する最古の木版印刷は敦煌出土の『金剛般若経』(868年)である．唐以降の中国では，木活字や銅製鋳造活字を組版する活版印刷が開発されたが，1,000年以上木版印刷が主流であった．西欧においては，15世紀半ばにマインツの発明家J. グーテンベルクが鉛鋳造活字と印刷機を使った印刷術を開発した．

インセスト　incest
どのような社会にもある範囲の親族と婚姻あるいは性交してはならないという決まりがあり，それに違反することは厳しく罰せられる．これをインセスト・タブーと呼ぶが，この範囲や処罰は社会によって異なる．人類学者C. レヴィ=ストロースはこのインセスト・タブーを，家族を越えて婚姻を結ぶことを必要にする制度だと捉え，女性を媒介とした社会的なコミュニケーションの成立，それによる人間の文化の自然からの分離を読み込んだ．

インセンティブ　incentive
ある経済行動を選択した背景にある誘因，動機．1990年代以降の近代経済学では，経済システムにおける制度*)の役割に注目が集まるようになった．そこでは，制度は人間の特定の経済行動を誘引する装置であると捉えられ，インセンティブが制度分析の鍵概

念となった．近年では，どのようなインセンティブを与えることで，効率的な制度を実現できるかについての理論的研究（メカニズム・デザイン*)）もさかんに行われている．

インターロキュター　interlocutor
➡インフォーマント / インターロキュター / 当事者

インダス川　Indus river
チベット高原に発し，カシミール地方からパキスタンを南西に流れ，チャナーブ川等の支流と合流し，アラビア海に注ぐ大河．全長約 3,180 km，流域面積約 96 万 km²．灌漑用の運河が発達しており，とくに下流域のパンジャーブ地方やスィンド地方の貴重な水資源であるが，塩害・湛水害等の環境問題も深刻化している．また 2010 年の大洪水は甚大な被害をもたらした．

インダス文明　Indus civilization
紀元前 3000 年代前半から前 1800 年ごろにインダス川およびガッガル川流域で栄えた文明．1920 年代前半にハラッパーやモエンジョ・ダーロなどの遺跡が発見され，調査が開始された．印章や文字の使用，度量衡の統一，メソポタミアとの交易，下水道設備を備えた都市の存在が知られている．また，強大な権力を暗示するような構造物がないこと，武器の類が貧弱であること，多様な文化（埋葬法，土器等）の並存といった特徴をもつ．生業はおもに雑穀農耕と牧畜*)の組み合わせであった．

インティファーダ　intifāḍa（亜）
イスラエル占領下のパレスチナで行われた 2 度の民衆蜂起運動を指す言葉．第一次インティファーダは，1987 年 12 月にガザ地区で起きた占領軍車両との交通事故によりパレスチナ人 4 人が死亡したことを機に発生した．第二次インティファーダは，2000 年 9 月にイスラエルの右派政党リクード党首のシャロンがエルサレムにあるイスラームの聖域ハラム・シャリーフに武装護衛とともに入場したことを機に発生した．インティファーダは，パレスチナによる反イスラエル抵抗運動の象徴として捉えられている．

インデックス（指数）　index
データ分析において，多数の変数を組み合わせて，ある状態・状況の測定にもちいられる数値．数値の大小にしたがって，当該状態・状況に関する，国や地域，共同体，個人間の比較検討，さらに時間軸における歴史的推移の検討が可能となる．このように数値化することにより，統一された基準での分析・考察が可能となるという利点がある反面，数値化によってみえなくなってしまうもの / 捨象されてしまう部分があることに，細心の注意を払う必要がある．

インド化　Indianization of Southeast Asia
古代東南アジアにおける組織的なインド文明の摂取．東南アジアの初期国家群は2世紀ごろからインド的王権概念，ヒンドゥー教・大乗仏教の儀礼，プラーナ神話，サンスクリットなどを王権[*]強化のために，選択的・組織的に受容した．その影響は語彙・人名や文字などさまざまな側面で現在にも残っている．東アジアでの中国文化伝播やインド亜大陸内でのインド化（サンスクリット化）と並行する現象だが，カースト[*]などほとんど定着しなかった要素もある．

インド洋交易　Indian Ocean trade
インド洋とその周囲の海域における海上交易路を利用した交易．インド洋北西部は，モンスーン[*]およびモンスーン海流により，夏は南西から北東に向け，冬は逆向きに帆船が航行し，季節をまたいで往復することができる．この特徴を利用し，東アフリカ沿岸部，中東沿岸部，インド亜大陸北西沿岸部の間で紀元前後から活発な交易が行われていた．7世紀以降はイスラーム世界全体を覆うネットワークの重要な一部として機能し，しだいにインド洋東海域ならびにモルッカ諸島をつうじて東アジアともつながっていった．

インフォーマルセクター　informal sector
低い参入障壁や零細的な経営などに特徴づけられる雑業層の総称．1972年，国際労働機関（ILO）がケニアに関する労働報告書において提示したことがきっかけとなり，広く知られるようになった．公的に認知された経済活動との対比でもちいられることが多いが，調査・研究によってさまざまな定義がもちいられている．インフォーマルセクターは，公式部門の雇用にあぶれた人々の受け皿となっているほか，有職者が収入補填のために参入することも多く，都市[*]・農村双方において多くの労働人口を支えている．

インフォーマント / インターロキュター / 当事者　informant / interlocutor / concerned people
自分の暮らす日常ではないところで社会調査を行う調査者にとって，現地の人々との関係はつねに大きな問題であった．人類学では現地で調査に協力し情報提供してくれる人々をインフォーマントと呼んできたが，1980年代ごろから研究者とインフォーマントの間の権力関係が問題視され，調査の姿勢が問い直されるようになった．現在では，インフォーマント「を」ではなく，現地の当事者「と」研究・実践する，というスタイルが広まりつつある．

インボリューション（農業インボリューション）　involution（agricultural involution）
人類学者C. ギアーツが19世紀強制栽培制度期のジャワ農村社会をモデルに組み立てた社会経済概念．人口圧が高く外部への移住も技術革新も進まない状況下で商品経済が

浸透していくなか，自給部門への労働投入量の増大で対応し，生産性の向上と生存の確保を図ったとする．そのため農民層分解は起こらず，逆に労働機会と所得分配の均等化をめざす「貧困の共有」が起こった．

ヴァン・アレン帯　Van Allen radiation belt
地球の磁場に捉えられた，陽子，電子からなる放射線帯で，高度 2,000–20,000 km に存在する．二重になっていて，内側には陽子が，外側には電子が多い．人体に有害とされるが，現在の宇宙利用では人体暴露時間が短時間のため影響は報告されていない．

ウィルス　virus
遺伝子[*]を構成する核酸と，タンパク質[*]の殻でできた非常に小さな構造物．他の生物の細胞に寄生（感染）し，自らを複製することができるが，自力で増殖することはできない．構造，種類はきわめて多様であり，核酸も DNA[*] もしくは RNA[*] で構成される．ウィルスが感染した細胞は，ウィルスの増殖に使われるだけでなく，さまざまな変成が起こる．この感染能力をもちいて，細胞に遺伝子を導入する生化学研究の材料としても活用されている．

雨季と乾季　rainy season, dry season
1 年のうちでおよそ 1 ヵ月から数ヵ月にわたって降水が多いと特定できる季節を雨季といい，乾季はその対義語である．熱帯地方では四季の区別が明らかでないため，1 年を雨季と乾季に分けることが多い．季節風（モンスーン）[*]が卓越する熱帯で顕著に認められる．

氏神　tutelary deity
氏族を構成する血縁集団に奉祭され，これを守護する神[*]のこと．しかし特定の氏神を奉祭する集団自体の枠組みは歴史的に変遷し，村落社会のように地縁的集団を守護する神，職業ギルドや武家集団のように特定の機能によって結びつく集団（あるいはネットワーク[*]）を守護する神，などがあらわれる．その意味ではどの氏神を祭るかは，特定の個人がどの集団（あるいは社会的ネットワーク）に属するかを示す指標であるとも言える．

宇宙基本計画　Basic Plan for Space Policy
宇宙基本法に基づき 2009 年 6 月に制定された日本の宇宙計画．日本の宇宙開発利用に関する基本的な六つの方向性が示され，それらを実現するための五つの利用システム・プログラムの構築と四つの研究開発プログラムの推進がうたわれた．研究開発プログラムの一つとして，「我が国が世界をリードする宇宙太陽発電に関する基礎的研究をもとに「宇宙太陽光発電研究開発プログラム」を推進」と初めて明記された．

宇宙基本法　Basic Space Law

2008年5月28日に制定されたもので，日本において，宇宙開発・利用の基本的枠組みを定めるための法律である．内閣に宇宙開発戦略本部を設け，宇宙開発の推進にかかる基本的な方針，宇宙開発にあたって総合的・計画的に実施すべき施策を宇宙基本計画として策定するものである．宇宙開発戦略本部の設置，宇宙開発と安全保障，民間宇宙開発の推進，地方公共団体等との協力等が明記された．

宇宙船地球号　spaceship earth

閉鎖的で自己完結した宇宙船のイメージをもちいて，地球が精密なバランスに支えられた危うい存在であり，かぎられた資源を共有する人類が運命共同体であることを主張する比喩的表現．その言葉の初出は，システム工学者のB. フラーが著した『宇宙船地球号操縦マニュアル』(1963年)であるが，米国国連大使のA. スティーブンスが国連経済社会理事会の演説でもちいて有名になり，流布するようになった．

宇宙太陽発電所（宇宙太陽発電所衛星，宇宙太陽発電所システム）　Solar Power Satellite

宇宙空間で発電を行い，発電した電力を地上に送る発電所構想．SPS (Solar Power Satellite) と呼ばれる．SPSは1968年の提唱以降，さまざまな設計が存在するが，CO_2 フリーで安定・大規模な電源として利用するためには夜側でも地球の影にほとんど入らないGEO[*] にSPSを設置し，雨でもほとんど減衰しない電磁波[*]であるマイクロ波[*]をもちいて無線で電力を地上へ送電する必要がある．このようなSPSは地上のエネルギー問題，環境問題の解決に寄与するのみならず，グリーン経済システムとしても有望であり，さらに将来，地球生存圏（地球閉鎖系）を宇宙生存圏（宇宙開放系）へと広げることができるシステムである．⇒ SPS

海のシルクロード　maritime Silk Road

アラビア海・インド洋からマレー半島あるいはマラッカ海峡を通過して南中国にいたる海上貿易路の総称．東南アジアは海路での東西交易の中継点にあたるが，珍奇な熱帯産物の産地でもある．海のシルクロードの発達は，港市国家[*]など貿易に特化したタイプの国家を生み出し，域内産物の集荷・域外物産の分配をつうじた東南アジア域内での通商網の発展をうながすだけでなく，外来文明の流入・受容をとおして外部世界に開かれた東南アジア社会を形成した．

埋め込まれた自由主義　embedded liberalism

アメリカの国際政治学者であるJ. G. ラギーが提起した概念．第二次世界大戦後の自由主義経済体制，いわゆるブレトン・ウッズ体制は，国際的には多国間主義を重視すること（開かれた市場の構築），その前提として，国内的には各国政府が自らの市場に介入す

ること（雇用確保や社会福祉の充実など），という二つの要素から成り立つ．ラギーは，このような戦後の自由主義経済体制を「埋め込まれた自由主義」(embedded liberalism) と形容した．

右翼　right wing / right
➡左翼と右翼

衛星画像　satellite image
各種地球観測衛星のセンサにより，デジタルデータとして捉えられた地上からの電磁波*)情報をもとに作成された画像．観測対象とする事象の分光波長分解能，空間分解能および時間分解能を考慮したうえで画像を選定する．

HIV 感染症　HIV Infection
ヒト免疫不全ウイルス（HIV）を病原体とする感染症で，免疫*)機能の低下を招く．性交渉や授乳をとおして感染することから，HIV 予防は人々の性規範や出産・育児といった問題との関わりも深い．2009 年現在，世界で HIV に感染している人々（HIV 陽性者）は 3,300 万人以上で，その 3 分の 2 はサハラ以南アフリカで生活しているとみられる．陽性者は，適切な治療を受ければ長期にわたって質の高い日常生活を維持することができるが，低所得国では治療薬へのアクセスが容易ではない．

エージェンシー（行為主体性）　agency
自己のおかれた環境および自らの位置づけを関係性のなかで変容する能力．　➡ 2-2-A02

ADL（日常生活動作）　Activities of Daily Living
Activities of Daily Living の略．朝目覚めてから夜，床につくまでの毎日の生活のなかで，誰もが当たり前に遂行している動作や活動のこと．その基本的な構成要素は，歩行，階段昇降，食事動作，整容（洗面，整髪，ひげそり，歯磨き），更衣（靴のひも結びやファスナーの上げ下ろしを含む），入浴，トイレ動作の 7 項目を指す．Barthel index や Katz index などで定量化される．

疫学（エピデミオロジー）　Epidemiology
人口集団において，どういった病気がどのように発生し，広がっていくか，罹患から死亡，また発生の要因から伝播の形態等を研究する学問である．ある特定の地域における疾病の種類，発生，蔓延等を分析することから，その予防や対処法の検討に大きく資するものであり，公衆衛生と深い関わりを有する．社会学の観点からは，階級や性差などの病気の社会学的要因に考察が向けられる．とくに近年においては，AIDS（後天性免疫不全症候群）に関わる研究で主要な成果をみることができる．

駅伝　postal relay system
主要街道上の宿駅に駅馬（伝馬）とそれを管理する吏員を配し，情報収集，緊急時の情報伝達，および中央要人の地方旅行，外国との間の使節往来の便宜をはかる，などの役割をもたせたもの．中央と地方の間の速やかな情報伝達や，領域内外での人や物の移動のコントロールは，一定以上の領域をもつ国家の統治にとって，きわめて重要であったことから，洋の東西を問わず古くからこのような制度は行われていた．

エキュメニズム（エキュメニカル運動）　ecumenism (ecumenical movement)
世界教会主義，世界教会一致の運動．1910年，普遍的キリスト教について話し合うプロテスタント諸派の代表者会議（エディンバラ世界宣教会議）を嚆矢とし，1948年には世界教会協議会が結成された．第二バチカン公会議（1962-65年）以降，カトリックも他宗教との相互理解を促進する宗教間対話を積極的に行っている．現在では，世界中の宗教者が集う，世界宗教者平和会議や世界宗教者平和の祈りの集いなどへ広がりをみせている．

エコロジー　ecology
生態系*)や生物多様性*)の保護・再生を掲げる思想や運動． ➡ 2-1-B07

エコロジー経済学　Ecological Economics
エントロピー経済学ともいう．エコロジー経済学では，市場取引をつうじた環境問題の解決をめざす環境経済学*)とは異なり，人間と自然の関係を重視し，人間を自然生態系という閉じた体系のなかに位置づけ，一連の経済活動における物質やエネルギーの流れを分析する．そして，環境問題を自然生態系の物質代謝メカニズムの破壊として捉え，それを維持・再生しうる経済活動のあり方とは何であるかを近代文明の再考までを視野に入れて考えるのが特徴である．

エコロジカル・フットプリント　Ecological Footprint
人間活動による環境負荷を表現した指標の一つ． ➡ 2-3-C06

SRI　Socially Responsible Investment
➡社会的責任投資

Si　Si
シリコン（けい素）の化学記号．地球の主要な構成元素であり，コンピュータや電子機器等にもちいられる半導体*)の材料の一つ．太陽電池*)にももちいられる．電子回路用半導体としては，発振／増幅回路用トランジスタや整流回路用ダイオードとしてもちい

られる．昔は適応周波数が 1 GHz 以下と低く，高周波用途には GaAs が多くもちいられていたが，近年の技術発展による 10 GHz 以上でももちいることができるようになっている．太陽電池用では GaAs 等をもちいたものよりも変換効率は低めであるが,量産性・安定性が高いためほとんどの太陽電池に採用されている．

SiC　SiC
炭化けい素の化学記号．Si に比べてバンドギャップが大きいことから，高温，高線量下で利用できる半導体材料として注目され，1980 年代以降の結晶成長技術の発展にともない，青色発光ダイオード，高速ショットキーバリアダイオード，MOSFET（電界効果トランジスタ）などに使われるようになった．熱伝導率が高いので，他の半導体[*]の基板としてももちいられる．適応周波数はまだ低く，マイクロ波用途よりは kHz-MHz 帯でのインバータ等の電源回路用途が多い．⇒ワイドバンドギャップ半導体

SSR　Security Sector Reform
➡治安部門改革

SWF　Sovereign Wealth Fund
➡政府系投資ファンド

STS　Science and Technology Studies
➡科学技術社会論

エスニシティ　ethnicity
民族集団は伝統的には出自と文化的アイデンティティを共有する集団と定義され，一民族（nation）一国家を原則としながらも現実的にはほとんどが多民族から構成されている国民国家[*]システムにおいて対立や差別などさまざまな問題を生じてきた．近年，民族に何らかの本質があるのではなく，その区分は政治的やり取りの歴史的な帰結だということを明らかにする研究が流行したが，民族問題の理解にはそうした複雑な歴史を詳細にみる必要がある．

エスノグラフィー　ethnography
➡民族誌

エスノサイエンス　ethnoscience
多くの社会では，近代科学が入ってくる以前から，生活環境に関する知識を体系化し蓄積しているが，そうした知の体系，およびそれについての研究をエスノサイエンスと呼ぶ．動植物の分類法や暦法などが中心だが，なかには近代科学に匹敵しうるほど詳細な

ものもある．この知の活用は植物からの新薬開発等の分野で進んでいるが，知的財産権など問題も起きている．科学知とは別のあり方をした知として，状況に応じた丁寧な理解が必要である．⇒ローカル・ナレッジ

エスノセントリズム　ethnocentrism
➡自文化中心主義

エスノメソドロジー　ethnomethodology
人々が暗黙のうちに共有するような日常生活を構成していく方法について研究する社会学の一潮流．アメリカの社会学者 H. ガーフィンケルが創始した．レコーダーを駆使した会話分析などの手法をもちいる．文脈依存性と相互反映性が強調される，「値切り」や「不信」など人々のローカルな実践的活動を研究対象とし，社会的事実がどのように産出されるのかを，具体的状況の細部に沿って当該状況の内部から記述，解明することを目指す．

SPS　Solar Power Satellite
Solar Power Satellite ＝宇宙太陽発電所[*]の略語．1968 年に提唱されたときは Solar Power Satellite の略語であったが，その後 SPS 以外にも SSPS（Space Solar Power Satellite），SSP（Space Solar Power）等の類似語や，同じ SPS であるが Solar Power Station，Solar Power System 等，派生語が多くもちいられるようになった．⇒宇宙太陽発電所

エタノール発酵　ethanol fermentation
酵母・細菌などの作用で，グルコース，フルクトース，ショ糖などの糖を分解して，エタノールと二酸化炭素を生成し，エネルギーを得る代謝プロセスのこと．酸素を必要としない嫌気的反応．アルコール発酵ともいう．とくにビール・日本酒・ワインの醸造やアルコール工業で利用されている．最近では，再生産可能な生物資源であるバイオマス[*]を原料としたエタノール発酵によるバイオエタノール[*]が注目されている．

エッジ効果　edge effect
保全生態学において，連続した森林などのうち道路や農地など別の土地利用と接する辺縁（エッジ）部は，光や温湿度といった点で内部とは異なる環境特性をもつために，生息する生物相や行動特性の違いが生じる効果をいう．エッジの空間的定義は生物種群によって異なる．生態系[*]の分断化が強く進むとエッジの割合が高くなり，内部の環境が必要な生物種群を保全することが難しくなる．

エティック　etic
➡イーミックとエティック

NEP　new ecological paradigm
➡ニュー・エコロジカル・パラダイム

NGO　Non-Govermental Organization
➡非政府組織

エネルギー　energy
安定大規模なエネルギー源は今の人間社会を支えている．➡ 2-1-A07

エピデミオロジー　Epidemiology
➡疫学

MMIC　Monolithic Microwave Integrated Circuits
Monolithic Microwave Integrated Circuits＝モノリシックマイクロ波集積回路の略語．一種類の半導体*)基板の上に能動素子・受動素子を集積してつくった回路，さらに複数の機能をもつ回路を集積・構成した回路のことをいう．現在の携帯電話の小型化にはMMIC 技術が寄与している．MMIC は高機能な電子回路を高集積化して小型にできるため，今後さらなる研究開発が望まれている技術である．

LEO（低軌道）　Low Earth Orbit
Low Earth Orbit＝地球低軌道の略語．地球上面からの高度が 350 km から 1,400 km の範囲の軌道を指す場合が多い．高度約 350 km の場合，地球周回時間は約 90 分であり，地球の夜側では地球の影に入るため太陽光が当たらない．国際宇宙ステーションのいる軌道でもある．ロケットの打ち上げ能力は LEO への能力で示されることが多く，たとえば日本の H-IIA ロケットの場合，LEO への打ち上げ能力は約 10 t である．GEO*)に比べ非常に低い軌道であるために打ち上げに必要なエネルギー量が小さく，GEO に設置される SPS*)は，LEO までロケットで材料を運び，LEO に中継地点を設け，LEO から GEO までを軌道間輸送で運ぶというシナリオも検討されている．

LCA（ライフサイクルアセスメント）　Life Cycle Assessment
商品やサービスの製造，輸送，販売，使用，廃棄，再利用までの各段階における環境負荷を明らかにし，その改善策を提示するための環境影響評価の手法．(1) 目的・評価範囲の設定，(2) インベントリ分析，(3) 影響評価，(4) 解釈の四つのプロセスで構成される．すなわち，システム境界と機能単位，評価の目的を明らかにし，境界内の製品のライフサイクルにおけるエネルギーや材料の投入量，また排気ガスや廃棄物の排出量を分析したのち，二酸化炭素などの温室効果ガス，窒素酸化物などの大気汚染物質，油などの水

質汚濁物質など，さまざまな環境負荷を環境影響に換算（これを特性化という）評価する．

エルニーニョ　El Niño（西）
太平洋赤道域の日付変更線付近から南米のペルー沿岸にかけての広い海域で海面水温が平年に比べて高くなり，その状態が1年程度続く現象．逆に，同じ海域で海面水温が平年より低い状態が続く現象はラニーニャ現象と呼ばれている．ひとたびエルニーニョ現象やラニーニャ現象が発生すると，世界中の気候に影響を及ぼす．もともとエルニーニョは，ペルーの漁師達が毎年クリスマスごろに海水温度が高くなることに気がつき，スペイン語で神の子（イエス・キリスト）と同時に，「男の子」を意味するエルニーニョと呼んでいたものである．それが観測網が広がったことにより，ペルー沖にかぎった現象ではなく太平洋全域に渡る広範囲な現象ということがわかってきた．なお，ラニーニャとは「女の子」の意味である．⇒ ENSO

塩害　salt injury / salt damage
土壌中の塩類集積によって農作物が被害を受けること．塩類を含む水分の毛細管現象による上昇や，塩類を含む灌漑水の施用によって生じることが多いが，海水の遡上や連作によっても発生する．乾燥・半乾燥地域で多く発生する．土壌中の塩分の除去は多量の淡水により流去・浸透させる方法が一般的である．

遠隔地環境主義　long-distance environmentalism
政治学者B.アンダーソンの「遠隔地ナショナリズム」(long-distance nationalism)（1992）に触発された清水展の造語．先進諸国で地球環境問題[*]に関心をもつ市民が，遠く離れた第三世界の環境破壊や森林減少などを憂慮し，NGOの活動支援などをつうじてその改善に積極的に関与貢献しようとする行動を指す．大量の資源とエネルギーを消費する自身の生活スタイルを変える意識が薄いという限界をもつが，環境問題が地球規模であるゆえに，大きな可能性も秘めている．

縁組　alliance
人類学者C.レヴィ＝ストロースはその親族構造論において，インセスト・タブー[*]の存在が，ある範囲の親族[*]以外と婚姻するという規則（外婚制），ひいては女性を媒介とした集団同士のつながり[*]を生んだと論じた．縁組とは二つの以上の社会集団（その内部では婚姻を行わない＝外婚の単位）の間で世代をつうじて婚姻が繰り返され，それにともなって婚資などの財の互酬的な交換体系が形成されることで，その集団の連帯が生じることをいう．

エンクロージャー　enclosure
15-18世紀のイギリスにおけるエンクロージャーとは，開放耕地（open fields）を囲い込

み，農民を追い出して，牧羊や大農経営のために特定の所有者の土地とする過程を指す．開放耕地は収穫が終われば，共同放牧地ともなった．これが私有地に取ってかわる過程は，領主と国家による農民の土地からの（時には暴力的な）分離と理解された．他方，牧草地の囲い込みを，統治のない「コモンズの悲劇*)」の克服だったと捉える論者もいる．

遠交近攻　yuǎnjiāo-jìngōng (中)
中国における伝統的な外交戦略の一つで，遠国と交流して味方とし，近国を攻略するというもの．『戦国策』秦策三にみえる．魏出身の范雎が説いたこの戦略を，秦の昭襄王が採用し，秦はまず遠国の楚，斉と手を結び，しかるのちに近国の韓，魏，趙を攻略することに成功した．以降秦は遠交近攻策によって天下統一を達成することになった．この戦略は後世の人口にも膾炙し，兵法『三十六計』にもその一つとして挙げられる．

エントロピー　entropy
熱力学第2法則に規定される状態量であり，乱雑さをあらわす指標．閉じられた系でエネルギーが変換されるときは，化学的変化，物理的変化，生物学的過程のいずれにしても，その一部は熱に変換され，仕事として100％有効には使えない．つまり，エントロピーは増大し，無秩序／乱雑さへと向かう．植物は単純な分子から高度で複雑な構造を構築・維持する過程で系内のエントロピーを減少させるが，これが可能となるのは系外から光エネルギーを取り込んでいるためである．

エンバイロメンタリティ　environmentality
北インドの森林保護の歴史的変遷の研究に基づき，政治学者 A. アグラワルがガバメンタリティ*)という概念と環境という語とを組み合わせてつくった概念．そこでは環境保護が国家による政策の強制の結果としてではなく，ローカルな管理制度をつうじて地域住民に内面化され，彼らが自己の行動を管理する結果として達成されている．現在，世界規模でコミュニティに基づく資源管理が進められているが，この柔らかな統治を肯定的に捉えるかどうかは判断が分かれる．

オアシス　oasis
沙漠*)やステップにおいてつねに淡水が得られる場所．その種類として，地下水の湧き出しによるもの，高山地帯の扇状地によるもの，大規模河川によるもの，井戸などにより人工的につくられたものがある．古くから乾燥地域における人々の生活の拠点となるだけでなく，沙漠を横断して交易を行う隊商の食料・水分補給地となり，乾燥地域における政治・経済上の重要な拠点になった．

OAPEC　Organization of the Arab Petroleum Exporting Countries
アラブ石油輸出国機構．1968年に設立．本部はクウェート．2011年時点で11ヵ国が参

加（資格停止中のチュニジアも含む）．1967年の第三次中東戦争でアラブ産油国がとった石油禁輸政策が失敗したことを機に設立された．1973年の第四次中東戦争では，加盟国が足並みを揃えて石油禁輸措置をとることに成功し，第一次石油危機[*]の引き金となった．

オイル・ショック　oil shock / oil crisis
➡石油危機

オイル・ダラー　oil dollar
産油国が石油輸出によって蓄積した余剰資金．石油の取引は，主として米ドルで決済されるが，このドル建ての原油収入が国際経済に還流することから，この余剰資金をオイル・ダラー (oil dollar) もしくはオイル・マネー (oil money) という．中東産油国による投資・運用資金を主とするオイル・ダラーは，産油国内外のインフラ投資はもとより，海外証券投資など金融市場にも流れるため，世界の経済に大きな影響を与えている．

王権　kingship
国家の主権者がもつ権力．通常，軍事力や強制力を排他的に所有する王の権力が，一体何故に正当なものとして認められ得たかについては，たとえば社会学者 M. ヴェーバーによる三つの類型論などがある．一般に古代の王権はその共同体が奉祭する「神の意志」によって正当化された．以後，それぞれの共同体の歴史的文脈の中でこの「神の意志」がさまざまに展開され，やがて「共同体の合意」や「合法性」などがその内実としてもちいられるようになっていく．

OIC（イスラーム諸国会議機構）　Organization of the Islamic Conference
1969年に設立．本部はサウディアラビアのジェッダ．2011年時点で57ヵ国が参加．イスラーム諸国間の連帯の強化や経済協力の推進などを目的とする．専門機関として，イスラーム開発銀行，イスラーム教育・科学・文化機構，国際イスラーム通信機関，イスラーム法学アカデミーなどがある．

OECD　Organisation for Economic Cooperation and Development
➡経済協力開発機構

オートポイエーシス（自己創出）　Autopoiesis（独）
システムそれ自体が，システムがそこから成り立つところの要素的単位のネットワーク[*]をつうじて再生産され，それによって自身を環境から区別している事態を指す．社会学者 N. ルーマンは，社会システムの構成要素は人や組織ではなくコミュニケーションであるとし，コミュニケーションの秩序は，行為によって生じるのでも，あらかじめ

存在する組織や規範によって生じるのでもなく，偶発的な挙動が相手の挙動を呼び起こすオートポイエーシスによって形成されているとした．

オーラルヒストリー　oral history
現在存命中の関係者から過去の体験を聞き取って記録したもの．とくに文字をもたなかった社会，あるいは社会階層の歴史を解明する際に重要となる．わが国でも1960年代以降の民衆史研究，とくに社会下層民や在日朝鮮人の体験と歴史を明らかにするなかで，この手法が広くもちいられた．ただし直接聞き取りによるオーラル史料も，歴史研究のなかでは適切な史料批判を経ねばならず，その意味では文献史料と相補的にもちいる必要がある．

オカルト　occult
「隠された」を意味するラテン語（occultum）に由来し，占星術，魔術，錬金術などの隠秘的，神秘的側面を意味してきた．この背景から，正統派あるいは多数派の理解と対置された異端を示す語でもあった．19世紀後半からブームとなった欧米で流行したスピリチュアリズムや，現代のUFOや超能力の議論にもみられるように，自然科学を「超えた」諸現象を総称する概念の役割も果たしている．

汚職　corruption
官僚や政治家などの公職者がその地位や職権を利用し，許認可料や謝礼による賄賂を受け取って私的な利益を得ようとする不正な資金獲得および流用行為．法支配の欠如や監査システムの制度的基盤が脆弱な国家においては，国家財産と支配エリートの私財との区別がしばしば曖昧になり，公的な資源を私的な目的のために流用する広範な汚職を招くため，国家資産の過剰浪費や財政破綻を招く可能性が高くなる．

オスロ合意　Oslo Accords
1993年にパレスチナ解放機構（PLO）とイスラエルの間で結ばれた一連の和平協定．正式名称は，暫定自治政府原則の宣言．PLOとイスラエルの相互承認，ヨルダン川西岸地区・ガザ地区におけるパレスチナ人の暫定自治の開始を柱とする．この合意をすすめたPLO議長のヤーセル・アラファート，イスラエル首相のイツハク・ラビン，外相のシモン・ペレスは，翌年ノーベル平和賞を受賞した．

汚染者負担の原則（PPP）　Polluter Pays Principle
汚染物質を出した者が，汚染防止と関連する規制措置にかかる費用を負担すべきであるという考え方．経済開発協力機構（OECD）[*]が，1972年に「環境政策の国際経済面における指導原理」のなかで提唱し，その後，環境政策の国際標準として，各国に普及している．米国におけるスーパーファンド法（総合的環境対策・補償および責任に関する法

律),日本における公害防止事業費事業者負担法や公害健康被害補償制度には,この考え方が反映されている.

オゾンホール　ozone hole
高度 10–50 km の成層圏中に存在するオゾン濃度が急激に減少する現象.両極域でオゾンホールの拡大が認められている.洗浄剤や冷房などに乱用されてきたフロンガスが大気中に排出され,オゾン分子を破壊する連鎖反応が形成された結果生じた現象である.

オランダ東インド会社　Vereenigde Oost-indische Compagnie(蘭)
正式名称は連合東インド会社.交易を独占する特許会社として 1602 年設立.アムステルダムに本社をもち,巨大な海上帝国を築き上げた.香辛料などの熱帯産品の輸入に携わりつつ,戦争の遂行,条約の締結,貨幣鋳造などの権限をもち,植民地経営に従事した.ケープ植民地(現在の南アフリカ共和国南西部)を中継基地,オランダ領東インド(現在のインドネシア)をおもな活動地,バタヴィア(現在のジャカルタ)を主要拠点とし,鎖国時の日本とも貿易して繁栄した.会社は 1799 年に解散.⇒イギリス東インド会社

オリエンタリズム　orientalism
近代ヨーロッパの文学や美術にみられる東洋趣味や,学問としての東洋学を指したが,文芸批評家 E. サイードが『オリエンタリズム』(1978 年,邦訳は平凡社,1986 年)においてヨーロッパの「オリエントに対する思考と支配の様式」と再定義して以降,一般にサイード的定義を指すようになった.オリエント(東洋)を自らと正反対の異質なものと規定してきたヨーロッパの姿勢を,サイードはオリエンタリズムと呼ぶ.

温室効果ガス　green house gas
太陽からの熱を地球に封じ込め地表を暖める大気中の二酸化炭素やメタンなどのガス.1998 年に制定された「地球温暖化対策の推進に関する法律」のなかで,二酸化炭素(CO_2),メタン(CH_4),一酸化二窒素(N_2O),政令で定めるハイドロフルオロカーボンとパーフルオロカーボン,六ふっ化硫黄の 6 種が温室効果ガスとして定められた.二酸化炭素は単位濃度当たりの影響度は小さいが,総量では人為起源の温室効果ガスのなかで最も強い温室効果を及ぼしているとされる.

音声言語　spoken language
言語の区別についての明確な定義はないが,世界には現在,数千の言語が存在すると言われる.グローバル化の進展とともに英語などのいわゆるリンガ・フランカの使用が広がるなか,その裏返しとして,少数言語の消滅の問題やクレオール言語の生成が研究者の注目を集めている.またこれとは別に,音声言語同様,自然で十分に発達した言語としての手話(現在 100 以上存在するとされる)をつうじたコミュニケーションへの認識も

深まりつつある．

温帯から熱帯へ　from temperate area to tropical area
➡ 2-3-01

カースト　caste
インドにおける身分制的序列と共同体内分業のシステム．「ヴァルナ」と「ジャーティ」という二つの概念が含まれている．ヴァルナは，バラモン，クシャトリヤ，ヴァイシャ，シュードラの四つの身分からなるが，世襲的職業集団であり内婚と共食の単位であるジャーティの数は全インドで 2,000 とも 3,000 ともいわれる．19 世紀以来の諸政策のもとで，分業的機能が縮小する一方で，各カースト集団の自律性は強まってきている．
⇒職分制，留保制度

カーボンニュートラル　carbon neutral
バイオマス[*]は有機物であり，燃焼させると二酸化炭素が排出される．しかしこれに含まれる炭素の元をたどれば光合成により大気中から吸収した二酸化炭素に由来する．このためバイオマスを資源・エネルギーとして使用しても，樹木や森林が持続的に再生産されているかぎり大気中の炭素の総量を増加させない．この性質をカーボンニュートラルと呼ぶ．化石資源に含まれる炭素も数億年も昔の大気中の二酸化炭素が固定されたものであるが，現在にかぎってみれば化石資源を消費は大気中の二酸化炭素を増加させているので，これをカーボンニュートラルとは言わない．

ガーンディー主義　Gandhism
インド独立運動家 M. K. ガーンディー (1869-1948) の理想を引き継いで生きる者たち (ガーンディー主義者) の思想・実践・世界観．サッティヤ (真理・真実)，アヒンサー (非暴力)，サッティヤーグラハ (非暴力不服従運動)，スワラージ (独立・自己統治)，サルヴォーダヤ (万物の向上) 等がその根本概念であり，実践としては，簡素・禁欲の共同生活を送りつつ草の根で社会改革のための活動に従事する．また世界的に，近代西洋型発展のオルタナティブをめざす諸運動のインスピレーションの源の一つになっている．

階級闘争　class struggle
生産手段を所有する資本家 (ブルジョアジー) と所有しない労働者 (プロレタリアート) との間の階級対立を解決するための闘争．マルクス主義史観における社会発展の原動力．階級社会における生産力と生産関係との齟齬・矛盾から発生し，結果として新たな生産関係に基づく新しい政治・社会制度を創出する．資本主義段階では社会主義革命に帰結し，所有－生産関係と国家，そして階級対立自体を廃止する．一国単位のみならず，帝国主義や植民地支配，民族対立などの国際関係にも見いだされる．

戒厳令　martial law / state of emergency
政府が軍事力を背景に不安定な政治社会情勢への統制を強めるために発令するもので，多くは一時的に，また地域を区切って実施される．一般的にその内容は，夜間外出禁止，市民権の停止，裁判所の礼状なしでの逮捕，違反者への軍法適用などが含まれ，憲法で保障された人権が著しく制限される状態である．発令はクーデタの後，占領時，大規模な抗議活動発生時など．大規模災害直後の治安悪化時に発令される場合もある．

介護　elderly care / nursing care
高齢者や病人などを介抱し，日常生活を助けること．➡ 2-2-C11

華夷思想　sinocentrism
中国こそが世界で最も優れた文化・社会を有し，他は遅れた文化の夷狄であると蔑視する思想で，先秦時代より一貫して存在する．自己の文化が他よりも優れているという考えは世界中にあるが，中国の場合，夷狄を追い払うべきとする「攘夷」思想と，徳の高い政治を行えば夷狄はなついていき，文化を身につけて「華夏」の一員となるという「王化」思想が華夷思想の基礎をなすものとして存在するところに，その独自性がある．
⇒自文化中心主義

解釈学　hermeneutics
さまざまなテキストを解釈するための文献学的技法理論．元来は古典ギリシア詩の語句解釈，聖書解釈などから発展したが，現在ではテキストのみならず，芸術作品，音楽などさまざまな分野で「解釈する」という行為の理論化が試みられている．とくに歴史文献や出土品，美術品をどのように理解／了解するか，という歴史研究の根本的課題において，「妥当な解釈」とは何か，「どうすれば妥当な解釈をなしうるか」がより強く意識されている．

改宗　conversion
自身が信奉・実践する宗教（宗旨）を替え，その宗教的帰属が改まること．➡ 2-2-A09

階層構造　stratification / hierarchy
相対的な関係性を上下関係にたとえて捉える概念．生態学では，個体サイズによる個体間の階層構造や，競争関係による種間の階層構造（生物の食物連鎖や栄養段階）や森林群集の垂直構造（高木層，亜高木層，低木層，草本層）を表現するためにもちいられる．

階層社会　hierarchical society
社会のなかで財やさまざまな社会的資源が比較的継続して不平等に分配され，社会的地

位が分化し, 財や資源を所有する (またはアクセスしやすい) グループとそうでないグループが段階的に複数の層をなしているような状態のこと. 経済学者 K. マルクスはこの分化を生産手段の所有に基づいて捉え, 階級と呼んだ. また社会学者 P. ブルデューはハビトゥス*) という概念をつうじてこの階層構造が個々人に身体化され, 結果的に再生産されていることを論じた.

海賊　pirate
海上を航行する船舶に対する襲撃略奪行為を行う海賊は, おそらく港市や海上交易が始まった当初から存在していた. しかし近代的な法定義による海賊と異なり, 前近代の海賊をどう定義するかは微妙である. 多くの国家が海賊を体制側に取り込もうとしたことからもわかるとおり, 彼らは基本的には船舶を所有する軍事集団で, それが体制の埒外にあるときに「海賊」と, 体制内にあるときにはたとえば「水軍」とか「海軍」と呼ばれたのである.

皆伐　clearcut
➡択伐と皆伐

開発援助　developmental aid
開発途上国の経済, 社会の発展, 国民福祉の向上や民生安定に向けてなされる政府開発援助や国連, 世界銀行*) などの国際機関, 非政府組織 (NGO)*) が提供する資金・技術協力. 従来の援助がインフラ整備や経済開発中心だったのに対し, 近年においては, 気候変動問題から平和構築・国家建設等の紛争処理, 感染症や疾病対策等へとその課題が多様化, 援助資金をめぐる民間セクターの影響力も拡大している.

開発経済学　Development Economics
開発途上国の経済発展に関わる諸問題を分析する応用経済学の一分野. 分析アプローチの違いから大きく三つの時期に分けられる. 途上国独自の経済構造に見合った政策手段を提示すべきだとする構造学派の時代 (1940 から 60 年代). 途上国の発展の阻害要因を「政府の失敗」に求め, 経済自由化を推進すべきだと考える新古典派経済学の時代 (1970 から 80 年代). 途上国独自の制度や人々の潜在能力*) を経済モデルに明示的に取り込もうとする開発のミクロ経済学の時代 (1990 年代から現在). ⇒ 2-2-B01 貧困と開発

開発主義　developmentalism
成長イデオロギーの国民的共有をつうじた経済ナショナリズムの遂行. ➡ 2-3-A08

開発僧　phra nak phathana (泰)
開発僧 (プラナックパッタナー) とは, 上座仏教*) が盛んなタイで, 田畑の農地開発を行

い，村人の手助けする僧侶を指す．従来，大部分の僧侶は戒律を守り，托鉢を行いながら解脱をめざし，在家者は彼らに布施を行いながら功徳を積むという形態をとってきた．彼らの活動は病治しから森林の環境保護活動にいたるまで多様であり，宗教の社会参画の観点からも研究者たちの注目を集めている．

開発独裁　developmental dictatorship

戦後の新興独立諸国において，経済成長と開発を国家の第一目標として抑圧的な行政支配を正当化する独裁体制．体制基盤の正当性が国家の経済開発におかれ，政治社会秩序の安定を名目に，国民の政治参加や市民的自由はしばしば制限される．上層部の一握りの官僚エリートとテクノクラートが，合理性と効率性を原理とする行政および経済政策を実施する一方で，社会勢力は政策形成過程への参与から排除される．

外部性　externalities

ある経済主体（家計や企業）の行動が，他の経済主体に影響を与えること．プラスの影響がある場合には外部経済があるといい，マイナスの影響がある場合には外部不経済（負経済）があるという．市場をつうじて他の経済主体に影響を与える場合には，金銭的外部性と呼び，それ以外の外部性（技術的外部性）と区別することがある．

解放の神学　theology of liberation / liberation theology

欧米のキリスト教会は，1960年代，黒人や女性の抑圧，民衆の貧困，ラテン・アメリカなどの第三諸国との経済格差，さらに第三諸国のキリスト者たちとの主導権問題に迫られた．「解放の神学」とは，そうした社会構造の改善を模索する実践主義であり，同時に現代社会の諸問題に対して神学的にいかに論じるかが重要な課題となった．代表的な著作に，G. グティエレスの『解放の神学』(1971年) がある．

外来侵入種　alien invasive species

➡移入種と外来侵入種

カウンターカルチャー（対抗文化）　counter culture

1960年代米国の，黒人や女性の解放運動，ベトナム反戦運動，ヒッピーなどに代表される対抗文化運動．当時の主流文化や支配体制に対して異議を唱えることで，別の世界や共同体の構築を目指すコミューン（共同体）や，西洋に対する東洋（オリエンタル）の強調や自然保護活動などが挙げられる．こうした運動は，ニューエイジの思想や精神世界（スピリチュアリティ），今日のサブカルチャーにも大きな影響を与えている．

価格革命　Preisrevolution（独）

16-17世紀にヨーロッパで生じた物価騰貴．とくに，スペインによってアメリカ大陸か

ら大量にもたらされた銀によって，銀価の下落と物価上昇が引き起こされた．安価な銀の流入により増大した貨幣供給は，ヨーロッパに活発な交易活動と投資活動をもたらし，商工業が大きく発展する一方，おもに地代収入に頼る旧来の封建領主層は没落していった．この現象は 19 世紀末に経済史家 G. ウィーベによって「価格革命」と名づけられた．

科学革命　scientific revolution
科学の歴史のなかにみられる劇的な転換点のこと．パラダイムシフト（パラダイム転換）．科学史家 T. クーンによると，科学者は通常，一定のパラダイム（発想，前提，枠組，ルールなど）を共有し，そのもとで研究を進めるが，時としてそのパラダイムが行き詰まり，パラダイム自体が大幅に変更されることがある．それが科学革命である．プトレマイオス天文学からコペルニクス天文学への移行や，古典力学から相対性理論への移行などがその典型とされる．なお，大文字の科学革命（Scientific Revolution）は，17 世紀の近代科学の成立のころを指す時代区分の用語である．

科学技術社会論 (STS)　Science and Technology Studies / Science, Technology and Society
科学技術を対象とした学問の総称．従来の科学の発展についての歴史研究や科学の哲学的基礎づけや認識論等に加え，科学技術の知識の生産過程を詳細に観察・記述する社会科学研究，科学のテーマの変遷を統計的にみる研究，一般の人々の科学技術の受容や理解についての研究，科学技術（者）の規範・倫理の研究や現代社会批判など，現代社会における科学技術の重要性を反映し，きわめて多様な背景に基づくアプローチを含んでいる．

化学推進　chemical propulsion
燃料の燃焼で行うタイプのロケット*⁾推進のこと．ロケットエンジンの推進剤として燃料と酸化剤を合わせている．燃料と酸化剤が両方とも液体の場合は液体（燃料）ロケット，両方とも固体であると固体（燃料）ロケット，固体と液体の組み合わせの場合はハイブリッドロケットと呼ばれる．日本の H-II ロケット，欧州のアリアン 5 やアメリカのスペースシャトル等では液体酸素と液体水素の組み合わせが，開発中の日本のイプシロンロケットは固体燃料がもちいられている．

価格メカニズム　price mechanism
価格の変動によって経済主体が規定されるという考え方．財やサービスの需要が供給より大きい場合には，価格が上昇することで需要が減少し（供給が増加し），需給が等しくなる．一方，財やサービスの供給が需要より大きい場合には，価格が下落することで需要が増加し（供給が減少し），需給が等しくなる．このような価格を介した需給調整を背後で支えているのは，古典派経済学では労働，新古典派経済学*⁾では効用*⁾であると考えられた．

科挙　kējǔ（中）

6世紀末から20世紀初頭まで中国で採用されつづけた，科目別試験による官吏登用制度．隋の文帝のとき，従来の推薦制官吏登用法である九品官人法*)を廃止し，試験制度を導入したことに由来する．貴族政治を止め，優秀な官僚を全国から集めることを目的に皇帝専制体制を支えた．また地域社会における知識層が力を伸ばす契機となった．だが19世紀半ば以降西欧の近代文明に対応する人材を生み出せず，20世紀初頭に廃止された．

華僑　huáqiaó（中）

中国の領域をはなれて海外に永住，半永住する中国系の移民の総称で19世紀の造語．全世界の華僑人口は約2,500万人で，その9割が東南アジア，オセアニアに分布する．同郷出身者のコミュニティと同業者の集団を形成し，しばしば現地の政治経済に大きな影響力をもつ．19世紀に入りアジア・ナショナリズムと国民意識が強く自覚されるなか，華僑側が自他をどう識別し，また現地民と共生するかが課題となっている．

核酸塩基　nucleic acid base

核酸（DNA*)，RNA*)）を構成する塩基成分で，おもにアデニン，グアニン，シトシン，チミン，ウラシルがあり，それぞれA, G, C, T, Uと略す．構造の骨格からプリン塩基（A, G）とピリミジン塩基（C, T, U）に分けられる．核酸中で，特定の相補的な核酸塩基は水素結合を形成する（塩基対生成）．アデニンはチミン（DNAの場合），ウラシル（RNAの場合）と，グアニンはシトシンと対を形成する．

核の冬　nuclear winter

全面核戦争が引き起こす地球規模の気象現象の仮説．1983年に宇宙物理学者のC. セーガンらによって提唱された．具体的には，5,000 Mtの核兵器が使用された場合，2億2,500万tの煙と6,500万tの塵が生じ，地表に届く光線が100万分の1に減少する結果，気温が摂氏30度も低下すると分析した．また，この自然環境の破壊が，農業に深刻な影響を及ぼし，とくに第三世界に多くの餓死者をもたらすことも指摘した．

革命　revolution

現体制に反発する武装勢力や多くの非武装の市民の蜂起をもって政府を退陣させ，それまで体制外にいたグループが国家権力を奪取し，国家の運営体制や階級構造そのものが変化すること．1980年代には，国家，エリート，階級闘争といった従来の説明要因に該当しないフィリピンのピープルパワー革命や東欧革命が起こり，イデオロギー*)や文化といったエージェンシー*)に着目したり，「対決の政治」という概念で説明を試みる研究動向がある．

撹乱 disturbance
適度の撹乱は，環境の改変をとおして生態系を維持している．➡ 2-1-B06

ガザ地区 district of Gaza
パレスチナ地方の地中海沿岸にあるガザ，ハーン・ユーニス，ラファハを含む地域．1967年の第三次中東戦争でイスラエルに占領された．1993年のオスロ合意[*]によってパレスチナ人による自治が開始されたが，2007年にイスラーム主義組織ハマースによって占拠された．ハマースによる武装攻撃をおそれるイスラエルは，2008年12月から2009年1月にかけてガザ地区に侵攻し，多数のパレスチナ人に死傷者が出た．現在もガザ地区は，イスラエルによって封鎖状態に置かれている．

家事（家事労働） housework (domestic labour)
出産，育児，介護，料理，洗濯，掃除など人間の再生産[*]と生活にまつわる労働．産業化は男性を生産労働に従事，女性を家事労働に従事する性別分業を進めた．生産労働に報酬があるのに対し，家事労働は必要不可欠にもかかわらず経済的報酬はない．ここからオーストリア生まれの思想家I. イリイチによってシャドウ・ワーク[*]の典型とされた．今日，家事サービスの普及により家事負担は軽減しつつあるものの依然女性のものという意識も強い．

カジノ資本主義 casino capitalism
変動相場制への移行や各国の金融自由化により国際金融市場は急拡大するとともに不安定性[*]を増した．この不安定性は同時に投機[*]の可能性を生み出し，ここにギャンブルさながらの国際的マネーゲームが始まる．国際政治経済学者のS. ストレンジは，実体経済から乖離した場所で展開される金融ゲームが世界経済を牽引する現代資本主義の様相をカジノ資本主義と形容し，運不運に左右される金融ゲームが実体経済の不確実性を高めている状況に警鐘を鳴らした．

華人の時代 the Chinese Century
1750-1850年ごろの東南アジアを特徴づける呼称で，東南アジア史家A. リードが提起したが，始期を18世紀初頭に引き上げる見解もある．辺境地域での農業・鉱業開発の進展，そこへの南中国からの大量の華人労働者流入と華人社会の出現，貿易相手としての中国市場の重要性の増大および東南アジアから中国への朝貢国・回数の増加，辺境地域での華人による自律的小政体の出現，などがメルクマールとなる．

化石資源 fossil fuel resources
産業革命[*]以降，石炭，石油，天然ガスなどの化石燃料がバイオマス燃料（薪や糞）に

代わって主要なエネルギー資源となった．これらは燃料であるだけでなく製品の原料でもあるので，化石（エネルギー）資源と呼ぶ（ただし，英語で fossil resources というと，考古学などの学術資料として収集された化石を指すので注意）．生命資源（生態系から採取される資源）と異なって容易には再生不可能な一方，主として燃料として使われるという点で鉱物資源とも異なる．二酸化炭素の排出に起因する地球温暖化を防ぐために，脱化石資源化，代替エネルギーの普及が求められているが，容易ではない．⇒ 2-1-A09 枯渇性資源

家族　family
自然の再生産領域として生産に従属するものとされた家族のみでは，もはや生の保障を担いきれない．➡ 2-2-C07

家族計画　family planning
子どもの出産についての夫婦の計画．家族の経済社会的状況や，夫婦の健康，人生観等を考慮して，子どもを何人出産するかや，その出産間隔を調節することである．手段としては受胎調節技術をもちいる．また，上記の意味と若干異なり，人口増加抑制のための国家的な産児制限政策を家族計画と呼ぶこともある．家族計画は女性解放にとっても大きな意味をもってきた．

寡頭制　oligarchy
哲学者アリストテレスは，市民団の大きさと目的利益の種類とによって，政治共同体における政治権力の構造（国政）を六つに分類した．そのうち，少数者が自身の利益を確保するために行う政治を寡頭制（oligarchia）とした．支配者が財産によって選ばれるという点で，貴族制とは異なる．寡頭制から一者の支配による独裁制を経過して，多数者による支配体制である民主制へと行きつくのが国政の発展の終局であるとする．

カナート　qanāt（ペルシア語）
イランやアフガニスタンの乾燥地域でみられる暗渠方式の水路．その歴史は紀元前8世紀にまでさかのぼる．水源のある山麓部に井戸を掘り，そこから長い暗渠をとおって農地に水をひく．南アジア，中央アジアではカレーズ（カーリーズ），北アフリカではフォガラと呼ばれる．

ガバナンス　governance
統治・共治．さらなる含意を伝えるために片仮名で表記することが多い．➡ 2-2-A12

ガバメンタリティ（統治性）　governmentality
哲学者 M. フーコーは，18世紀フランスを中心とした時代の権力[*]のあり方の分析において，主権による家族をモデルとした領土支配というあり方から，家族ではなく人口

の管理を目的とした統治へという変容を見いだした．統治性とは，この人口に関わる諸目的を達成するためのさまざまな制度や手続き，分析や計算などの全体のことだが，それらが形成する装置の機能や効果の分析は，現代の新自由主義的な統治体制の研究にも大きな影響を与えている．

家父長制　patriarchy

人類学における家父長制とは親族*⁾の系譜が父系的にたどられ，財産も父系的に相続されるという社会的制度のことであり，そうした社会では家族内部の権力や権威が家長に集中する傾向がある．ここから1970年代，フェミニストは男性による女性の再生産*⁾領域の支配構造としてこの語を再定義し，現代社会においては資本制システムと家父長制とが結合して女性を労働市場から締め出し，無償の再生産労働を背負わせている，という批判を展開した．

貨幣学　Numismatics

➡古銭学

貨幣の機能　function of money

貨幣には支払手段，価値尺度，価値保蔵手段の三つの機能がある．支払手段の機能とは，貨幣のみが唯一，あらゆる財・サービスと直接交換できる力をもっていることを指す．価値尺度の機能とは，あらゆる財・サービスの価値が貨幣の価値によって確定されることを指す．価値保蔵手段の機能とは，貨幣を資産として保蔵することができることを指す．この3番目の機能は，貨幣にかぎらずあらゆる資産に当てはめることができるが，貨幣は最も流動性が高く，リスク・収益率が低い資産である．

貨幣の定義　definition of money

マネーサプライの定義ともいう．貨幣にはさまざまな定義があり，M1，M2，M3と呼ばれる．M1は現金通貨に金融機関の要求払預金を足したもの，M2はM1に定期預金などを加えたもの，M3はさらに郵便貯金や信用勘定などを足したものである．日本においては，M2にCDと呼ばれる譲渡性預金を足したものが最も標準的な貨幣の定義になっている．

神　god (s)

人類学や比較宗教学などでは，神をめぐり，その普遍的な本質や意味について，あるいは観念の起源・発達，その機能などについて，膨大な議論がなされてきた．諸社会の多様な事例が蓄積されるなかで，神にあたる語彙の厳密な翻訳，および普遍的な定義の困難さが指摘されているが，諸社会の神をめぐる概念体系や信仰実践，価値観や制度などの関係性の広がりを，大宗教になぞらえずにそのものとして捉えることの重要性は失わ

れていない．

ガリー侵食　gully erosion
雨滴の落下や表面流去による侵食の一つ．地表面が均一でない場合に，水が集中するところと流れないところが発生することによって起きるもので，小規模のものをリル（雨溝）侵食，大規模なものをガリー（雨裂）侵食と呼ぶ．

カルチュラル・スタディーズ　Cultural Studies
大文字かつ単数形の文化ではなく小文字で複数形の文化を共同体のなかに見いだす視点を提供した研究潮流．とくにハイ・カルチャーに対抗するサブ・カルチャーに注目し，そこに民衆や若者たちの想像力を見いだし，評価した．また，文化を無味乾燥で中立的なものと考えるのではなく，文化とは抵抗の拠点であり，自分たちの政治的主張が賭けられる抗争の場であると考え，文化概念に政治性を導入した．ポストコロニアル研究にも大きな影響を及ぼしている．

カルト　cult
「崇拝」や「祭儀」を意味するラテン語（cultus）に由来し，キリスト教圏では聖人などを崇拝し，儀礼を行う集団の意味でもちいられてきた．それと同時に，異端的要素を内包する集団をも意味するようになった．学術的には，宗教集団の類型論としてカルトの語が宗教社会学の分野で扱われてきたが，通俗的には宗教教団と一線を画し，時に反社会的な行動を引き起こす集団を意味するラベリングとしてもちいられている．

加齢　aging
➡高齢化

ガンガー川　gangā（梵）
北インド・ウッタラーカンド地方に発し，ヒンドスタン平原を東に流れ，バングラデシュに入りベンガル湾に注ぐ大河．ヤムナー川等の多数の支流があり，下流ではブラフマプトラ川と合流し多くの分流をつくって広大な三角州地帯を形成する．全長約 2,500 km，流域面積約 108 万 km^2．沿岸には数多くのヒンドゥー教の聖地があり，また川そのものがガンガー女神として崇拝される．深刻な公害問題を抱え，また下流のファラッカ堰はインドとバングラデシュの水利権紛争の焦点となってきた．

旱害　drought injury / drought disaster
降水欠乏が長期にわたって続くことを干ばつ*）といい，その結果作物に被害が発生することを旱害という．干ばつは気象現象であるが，旱害は作物において発生する現象であり，両者は異なる意味をもつ．自給的農業において栽培されていた作物が換金作物に転換した

結果，地域の気象条件と作物の水分要求量に差異が発生して干ばつにつながる場合もある．

灌漑　irrigation
作物の生長に必要な水分を供給し，生産性を高めること．➡ 2-1-A03

乾季　dry season
➡雨季と乾季

環境経営　environmental management
企業が環境に配慮して活動を行うべきだという声を反映して登場してきた考え方．環境にやさしい原料の購入や商品の開発のみならず，企業の環境に関わる活動やその影響を貨幣価値で評価する環境会計の作成や，企業の環境管理システムが規格どおりに構築・運用されているかを評価する環境監査の導入まで多岐にわたる．⇒企業の社会的責任

環境経済学　Environmental Economics
環境問題を経済学の理論体系のなかに組み込み，問題解決のための望ましい環境政策のあり方を提起する応用経済学の一分野．分析においては，環境問題を外部不経済と捉え，近代経済学に依拠した方法論を採用する．そして，市場取引（例：排出権許可証取引）や財政措置（例：環境税）をつうじて，効率的な状態を実現させようとするのが特徴である．⇒エコロジー経済学，排出権取引制度

環境決定論　environmental determinism
20世紀前半に地理学者・生物学者F. ラッツェルが提唱した，自然環境が人間活動を規定するという地理学の考え方．これに対し，環境は人間活動を規定するのではなく，可能性を与えるものである，という考えは環境可能論と呼ばれる．生存基盤研究では環境の収奪を基礎としていた近代資本主義社会体制を見直しつつ，環境と人間活動の双方から，両者をよりよいかたちでつなぐための技術や制度のあり方を見定める必要がある．

環境収容力　carrying capacity
ある環境が養うことのできる最大の生物個体数．➡ 2-3-C04

環境税　environmental tax
環境問題の原因となる汚染物質の排出に対して課税する租税．➡ 2-2-B07

環境と生業　natural environment and livelihood
➡ 2-3-B01

環境認識（自然認識） environmental cognition
それぞれの社会集団は，その環境において持続的に生活を営むなかで，環境を認識し，意味や秩序を与え，変化させている．こうした実践と結びついた多様な環境認識を，人類学者T. インゴールドはグローブとスフィアという対比から整理した．彼によれば，前者はいわゆる近代的・科学的な見方で，世界を生命から切り離された，単一の客観的な対象と捉える見方で，後者は世界を重層的な生命世界と捉えるローカルなパースペクティブである．

環境認証制度 environment certification
環境に配慮した生産物や工程であることを示すことで，消費者および企業に環境問題への取り組みをうながすもの．➡ 2-2-B08

間作 intercropping / catch cropping
耕地における作物の空間的あるいは時間的配置の一方式．ある作物の条間や株間に他の作物を栽培する空間的配置を指す場合と，主要な2作物の栽培期間のすき間を利用して短期間で生育する作物や野菜を栽培する時間的配置を指す場合がある．また，このようにして栽培される作物を指す．複数作物の相互作用による収量の増大，干ばつ・病害などに対する危険分散，主作物による間作物の保護などの効果がある．東アジアの多毛作体系を成立させた重要な技術である．

慣習 custom
ある特定の社会集団が共有する，歴史的に形成された，特徴的な行動様式のこと．その社会集団の成員によってどの程度まで言語化・体系化されているかはケースによって異なるが，社会的な行動を統制する規則のようにみえる場合もあり，法学においては法と慣習をいかに区別すべきかは大問題であった．近年では国家法が十分に機能していない領域を補うため，その地域の慣習（法）に公的な立場と役割を認める動きもある（法的多元主義）．

慣習法 customary law
立法者や職業的法律家によってではなく，民衆の慣行によって確立された法規範．法源として効力をもちうる背景は，社会の成員がその慣行を遵守しなければならないとする意識であるとみなされる．歴史的には，ある国家が支配領域を拡大する過程で，異なる文化をもつ被征服地を円滑に統治するため，当該地域の旧来の慣行の一部を慣習法として是認し，いわば上位法に対する下位法としての機能をもたせた例が多く見受けられる．

関税　custom duty

領域の境界を通過する貨物に対し，国内産業の保護育成，あるいは財政上の目的で課せられる租税．前近代においては，商人たちが，政治的に独立した複数の国家の領域を横断して交易を行う際に徴収された関税が，各国（あるいは中継都市や交易港）の重要な収入源となったが，一方でそれは交易の拡大を阻害する要因ともみなされた．近代以降は，もっぱら国内産業保護育成の目的による保護関税のあり方が，主要な議論の対象となっている．

完全競争　perfect competition

ある財やサービスについて以下のような条件が整っているとき，市場が完全競争な状態にあるという．(1) 供給者と需要者が十分な数である，(2) 市場全体への影響力をもつ独占的経済主体がいない，(3) すべての経済主体が市場や財・サービスの完全な情報をもっている，(4) 取引される財・サービスが同質である，(5) 新規参入が自由である．新古典派経済学*) では，この完全競争の条件を参照した理論体系が構築されている．

乾燥オアシス地帯　arid oasis area

熱帯および亜熱帯の乾燥・半乾燥地域では，生存基盤のなかでも水源が最も重要である．水源およびその質量は，人間の居住可能性のみならず，農業における収量をも直接的に規定している．そのため，乾燥・半乾燥地帯で人間圏が成立する要件としての水源を「オアシス」によって代表させ，そこに都市民・農民・遊牧民が生態環境に適応しながら生活している地域を「乾燥オアシス地帯」と呼ぶ．この場合の「オアシス」は狭義のオアシスのみならず，ナイル川やチグリス川，ユーフラテス川のように，沙漠の中を流れて人間圏を成立させている大河をも含む．

乾燥地帯　arid and semi-arid areas

近代以降に周縁化されてきた柔軟な境界運用の復権に向けて．➡ 2-3-A11

環太平洋造山帯　Pacific ring of fire / the ring of fire

太平洋の周囲を取り巻く造山帯を指し，火山が多いことから環太平洋火山帯とも呼ばれる．アルプス・ヒマラヤ造山帯とならぶ世界の2大造山帯の一つで，いずれも中生代・新生代以降の比較的新しい造山運動により形成された．太平洋プレートなどの海洋プレートが周囲の大陸プレートや海洋プレートに沈み込むことによって形成され，急峻な列島や山脈が連なる．アリューシャン列島，千島列島，日本列島，フィリピン列島などの火山諸島やロッキー，アンデスなどの山脈からなる．

干ばつ　drought
長時間にわたって無降雨状態が続くこと．➡ 2-1-A02

官僚制　bureaucracy
組織目的の貫徹のために，リーダーから相対的に自立した常勤スタッフが，自律的な規則とメカニズムにしたがって行う組織管理運営システム．近代官僚制は，人格に依存せず事柄だけに即した合理的運営を基本理念とし，(1) 形式的で合理的な規則に基づく運営，(2) 階層秩序による指揮命令系統の確立，(3) 運営手段とスタッフの分離，(4) 資格任用制と専門性をつうじた，専門分化した職務の分業的遂行，(5) 法による職務専従スタッフの地位保障，(6) 文書主義，という特徴をもつ．精確性・一貫性・規律が長所．規則万能主義や無謬性の神話，前例踏襲，繁文縟礼，セクショナリズムといった「官僚主義」「お役所仕事」が弊害．

議院内閣制　parliamentary system
立法権を担う議会と行政権を担う内閣が一応分立はしているものの，内閣の存立は議会の信任に基づく制度．首相は議会によって選ばれ，内閣は連帯して議会に対し責任をもつ．議会は内閣に対し不信任権をもち，内閣は議会解散権をもっている．よって議会において内閣不信任案が可決される，議員または政党の内閣支持から離脱などにより議会の過半数を失った場合には，内閣総辞職または議会の解散および選挙となる．

記憶　memory
過去の出来事・人物・環境，自身に関して現在から想起する観念・イメージ・感情．個人的記憶であれ集合的記憶であれ，過去の事象や人物や客体についてのイメージは，現在の視点から置き直され配列される．記憶の組織化は，家族，宗教集団，社会階級など「集団的枠」，ジャーナリズムなど「流動的枠」，制度や集団を超えた「歴史的枠」から行われる．このような記憶概念は戦争，虐殺，災害，事件の記憶現象の有効な分析の用具となる．

機械的連帯　mechanical solidarity
➡有機的連帯と機械的連帯

機会費用　opportunity cost
ある生産要素を特定の用途に使った場合，それを他の用途に振り向けていたならば得られたであろう最大の貨幣額のこと．たとえば，昼寝の機会費用とは，昼寝をしていた時間分だけアルバイトをしていたならば得られたであろう賃金総額を指す．経済学においては，この機会費用の概念を使って，経済主体の最適な行動の選択を考える．

企業の社会的責任 (CSR)　　Corporate Social Responsibility
企業が株主や自らの利益を追求するだけでなく、社会に与える影響に責任をもって経営を行うこと。株主だけでなく幅広いステークホルダー（消費者，従業員，取引先，地域社会）に対して説明責任を果たすことだけでなく、環境保護や障害者雇用，地域コミュニティへの貢献といった問題にも積極的に関わることも求められるようになってきている。このような社会貢献に積極的な企業のみを対象とした投資（社会的責任投資*）にも注目が集まるようになっている。なお，企業による慈善活動や寄付行為，メセナ（文化・芸術活動）とは必ずしも一致しない。

飢饉　　famine
なんらかの要因により深刻な飢えが起こった状態を指す。狭義にはたんに食料不足が生じた状態ではなく、樹皮や根など何でも口にするような極限状態で、死者が多数発生する状況を指して定義されることもある。原因となるのは水害や干ばつ*）といった自然災害と、紛争や経済混乱といった人的要因がある。また飢饉の問題点としては、食料の絶対量の不足ではなく、不足している場所に食料が届かない配分が指摘されることが多い。

気候/気候区分　　climate / climatic division
大気の平均的な状態のデータや自然・風土などの基準を定め、条件に当てはまる地域を分類したもの。➡ 2-3-A10

記号論　　semiology
人間の思考において記号（言語もその一部である）や象徴の使用は大きな特徴であり、記号がどのように意味を担い、伝達するかは哲学や言語学などで重要な研究対象となってきた。現在の記号論にはロシア・フォルマリズムから言語学者 F. ド＝ソシュールを経由して構造主義へとつながる流れと哲学者 C. S. パースらのアメリカ・プラグマティズムの二つの流れがあるが、近年は認知科学とも接合し、新たな視点から人間の思考を明らかにしようとしている。

騎士道　　chivalry
西欧における騎士道は、乗馬術と武芸を磨いて職業戦士として熟練した者を、キリスト教会が騎士として叙任する過程で、実践的な技芸とキリスト教的倫理道徳をあわせもつ理想的な騎士像が成立することによって生まれた。同様の観念はイスラーム世界においてもみられ、いわゆるマムルーク騎士達のフルースィーヤはさまざまな点で西欧の騎士道に類似する。この両者が本格的に出会った十字軍以降、皮肉なことに西欧の騎士階級は衰退を始める。

技術　technology
温帯で発展し工業化*) を支えた技術は，世界経済の発展径路*) をいかに規定したか．
➡ 2-3-A04

希少金属　rare metal
➡ レアメタル

稀少性　scarcity
経済学が前提とする財やサービスに関する考え方の一つ．人々の欲望が無限である一方，財やサービスは有限であると考える．この有限な財やサービスをいかに効率的に選択利用し，配分するかという課題は，経済学の根本的な問題関心となっている．

季節風　monsoon
➡ 2-3-A12 モンスーン

貴族　nobility
血統や門地のゆえに社会的特権を有する人．その身分は，多くは世襲される．貴族がどのような成り立ちをもつかは地域によって異なる．古代ローマにおいては，元老院議員を輩出する階層（パトリキ）が貴族であった．日本では，基本的に天皇家の血縁に連なる者が貴族と呼ばれた．一方，中世西ヨーロッパや中国南北朝期のように，前代における地方豪族などが，時の統治者から爵位や官位を与えられて貴族階級を形成した例もある．

期待効用　expected utility
ある行動を取ったときに起こりうるあらゆる結果と，それぞれの結果が起こる確率が事前にわかっていると仮定する．ある結果から得られる効用とそれが起こる確率を掛け合わせたものを，すべての結果について足し合わせた数値のことを期待効用と呼ぶ．この概念をもとにした期待効用理論では，不確実性*) が存在する状況下では，この期待効用を最大化することが合理的な行動であると考える．

基底流量　base flow
降雨からある程度の時間が経過した後の河川流量．地表に降った雨の一部は，土壌等に貯留された後，徐々に河川に流れ出る．基底流量はこうした遅い流出により維持される河川流量であり，安定的な利用が期待できることから，近代河川工学における水利の基本対象量となっている．これに対して降雨直後の河川流出は変動が激しいうえ，取水に危険がともなうこともあり，近代河川工学では制御・防除の対象とされる．

紀伝体と編年体　　jìzhuàntǐ, biānniántǐ（中）
中国における代表的な歴史叙述の形式．紀伝体は本紀（帝王の事績）と列伝（著名な人臣の伝記）などを並列して記し，編年体は年代順に事実の発生・発展を記す．紀伝体は司馬遷の『史記』に，編年体は『春秋』に始まる．『史記』以来，各中国王朝の公式な歴史書である正史は紀伝体で記され，また日本の史書にも影響を与えた．編年体の代表的な歴史書として，北宋の司馬光が編集した『資治通鑑』（1084年）がある．

軌道間輸送　　orbital transfer
宇宙空間の衛星軌道間の移動にもちいられる手法のこと．地上からの打ち上げ時と同じ化学推進のほか，イオン推進器やプラズマ推進器等をもちいた電気推進，研究段階の太陽光の放射圧により推進するソーラーセイルや磁気セイル，帯電セイル等さまざまな手法がある．小惑星探査衛星はやぶさはイオン推進をもちいていた．

ギニアサバナ　　Guinea Savanna
セネガル南部からナイジェリアにかけて帯状に広がる湿潤なサバナ[*]地域．年間降雨量は800–1,200 mm．サバナといえども森林が成立するところにある．逆に樹木が全く生育しない草地もみられる．人口密度は乾燥したスーダンサバナ[*]よりも低く，農業はもっぱら休閑耕作によって営まれている．ツェツェバエ[*]の生息範囲であるため家畜の飼養はかぎられているが，狩猟や漁労など多様な生業が営まれる地域である．

機能主義　　functionalism
社会科学における機能主義とは，文化や社会を構成する諸要素を互いに緊密に関係しあう一つの有機的統合体として捉える理論的枠組みであり，所与の文化的・社会的事象を，それが果たす機能の側面から分析する．社会学者 E. デュルケームらのフランス社会学を端緒とし，20世紀中盤のイギリス人類学において隆盛し，その後社会学者 T. パーソンズがこの視点から社会学を体系化，また社会学者 N. ルーマンがシステム論的社会理論を打ち立てるなど，現在まで大きな影響力をもっている．

キノコ　　fungus / mushroom
一般的に菌類のうちで比較的大型の子実体を指す場合が多いが，生物としての本体は菌糸体．発生環境は腐葉土や朽ち木のほか，土中，虫，死骸などさまざまで，とくに木材中の難分解性のリグニン[*]を分解する能力をもつなど，生態系[*]において重要な役割を果たす．身近な存在であるが，生態や機能は不明な点も多い．食用になるものとよく似た形状で有毒のものもある．

騎馬民族　equestrian people

中央ユーラシア草原地帯における牧畜*)を生業とする遊牧民族の総称だが，わが国ではとくに考古学者の江上波夫が唱えた「騎馬民族征服王朝説」と関連して使用される．中国東北地区にいた扶余系騎馬民族が朝鮮半島南部に侵入・支配し，やがて日本に入って4，5世紀に征服王朝の大和朝廷を建てた，とする説である．戦後すぐに発表されたこの学説は一般の人気を博したが，学問的には研究方法や細部に多くの疑問があるとされ，批判も多い．

規範　norm

規範とは「～べきである」というかたちで記述することができる命題ないしその体系であり，社会規範とはある社会集団において，その成員がそれに倣うことが期待されている，社会的な役割に応じて定まった（しばしば理想化された）ふるまいのことである．この意味で慣習（法）ときわめて近い概念であり，社会科学では逸脱行動やそれへの制裁も議論されてきたが，多くの場合，成文化されておらず，文脈や社会的な立場によって変化しうる．

規模の経済　economies of scale

生産規模や産出量の拡大にともない，生産の平均費用が低下すること．工場や機械設備の大型化や労働の専門化と分業の増加などがその理由として挙げられる．

逆選択　adverse selection

情報の非対称性が引き起こす非効率的な現象の一つである．取引当事者の一方が，取引対象となる財やサービスについての完全な情報をもっていない場合に，望ましい財やサービスが市場から淘汰され，望ましくない財やサービスだけが残ってしまう現象を指す．たとえば，中古車市場では，買い手は中古車に関する完全な情報をもっていないため，それほど高価で取引しようとはしない．そのような市況では，質の良い車の持ち主は決して手放そうとしないため，結果的に中古車の質が下がることになる．

キャッサバ　cassava

南米に起源し，現在熱帯地域で広く栽培される作物である．学名は *Manihot esculenta*．トウダイグサ科の低木で，根茎のほか葉が可食部である．品種によっては青酸配糖体を多く有するため，その相対含有量によって有毒種と無毒種に分けられる．痩せた土地でも育つ救荒作物で，アフリカが世界の総生産量の半分を占める．食料以外にも，バイオ燃料や飼料としての利用も進んでいる．

キャッチアップ型工業化　catch-up industrialization
遅れて工業化を開始した国の工業化パターン．後発ゆえに，先発工業国の既存技術・知識の体系を利用できるため，技術開発やそのための資金を節約できる点で優位性をもつ．一方で，やはり後発ゆえに，工業化*)を開始するにあたって，先発国から工業製品輸入に依存せざるを得ない．そのために貿易による外貨獲得が大きな制約となり，貿易と産業とが不可分の関係にあることになる．

キャラバン　caravan
「隊商」を意味し，ペルシア語カールヴァーン kārwān に由来する．道中の過酷な自然環境や，襲撃してくる盗賊・遊牧民から身を守るために，商人や巡礼者が集団で移動する形態で，ラクダ，ラバ，ロバ，馬などの駄獣によって編成される．19世紀にいたり鉄道，自動車が出現するまで，陸上輸送の主役を占め，シルクロード沿いに行われた東西交易や，イスラーム世界の交流・融合は，キャラバンによって支えられたといっても過言ではない．

QOL　Quality of Life
「生活の質，生の質」を指し，きわめて多義にわたる．医学的な身体機能，心の健康，社会生活機能をふまえた，人の潜在能力*)の評価が重要性を増している．　➡ 2-2-C12

宮廷　royal court
支配者および支配階層が構成する中枢的統治機構を「宮廷」と呼び，そのような統治機構が実際に置かれた場，建築物である「宮殿」と区別する．その意味では支配者のいまあるところが，建築物の有無にかかわらず宮廷となるのであり，実際，前近代の中国，西アジア，ヨーロッパなどにおいて，君主とその宮廷が，国内統治の必要や，避暑・避寒目的の季節移動等の理由から頻繁に移動を繰り返す，いわゆる「移動宮廷」の例が多く知られている．

九品官人法　jiǔpǐn-guānrén-fǎ（中）
中国の科挙制度が確立する以前の官吏登用法．魏から隋まで行われた．各地方の州郡におかれた中正官が，地方の人物を郷品と呼ばれる九品の序列によって評価し，中央政府に推薦する制度．九品中正法とも呼ぶ．元来は，地方の能力者を中央政府に登用するために導入されたが，時代が進むにつれ地方の有力豪族が高い郷品を独占，世襲化し，貴族層を形成することになった．隋の文帝にいたり廃止され，代わって科挙制度が導入された．

窮乏化成長　immiserizing growth

一国の経済成長が，交易条件を大きく悪化させることによって，経済成長の利益を相殺してしまうこと．たとえば，輸出向けの工業製品の生産増加に強く依存した経済成長が生じた場合，輸出先で工業製品の価格が下落したり，工業製品への生産特化によって減少した他の財（例：農産物）の輸入量が増加したりすることで，結果的に経済成長前より国内総生産が減少することが考えられる．

境界性（リミナリティ）　liminality

人間はものごとを区分することで秩序をつくり出すが，記号論的な人類学は諸社会におけるそうした分類のあり方を研究し，聖と俗，男と女，中心と周辺のような二項対立の原理を見いだした．このうち人類学者V. ターナーは，通過儀礼*⁾における「移行」期のようなどっちつかずの境界状況をリミナリティ，そこで生じる日常の社会構造とは対照的な，平等的・直接的な人間関係をコムニタス*⁾と呼び，日常と非日常のダイナミックな弁証法的関係を論じた．

恐慌　depression

景気循環の後退局面において，企業・銀行の倒産や失業者の増大が大規模かつ急速に進行する現象．マルクス経済学では，資本主義に内在するさまざまな矛盾の爆発とその強引な調整過程だと捉えられている．信用恐慌は，金融市場における信用関係の崩壊にともない，人々が現金貨幣を過度に需要することによって引き起こされるものである．

共在感覚　senses of co-presence

人と人が「共にある」という態度，身構えのことであり，相互行為を可能にする基礎的な枠組み．人類学者の木村大治はアフリカの小規模社会における臨地調査をもとにこの概念を提示し，コミュニケーションにおいて相手が何をするかを相互に予期し，その複数ありうる展開のなかから一つの行為を選択することでその相互行為がどのようなものであるかについての枠が生成し，その枠が行為を方向づける，という共生成の図式（双対図式）を示した．

共時性と通時性　synchrony, diachrony

スイスの言語学者F. ド＝ソシュールの用語．共時は，言語の静止した体系としての状態を問題にする観点．通時は，同じ言語の示す時間的な変化を問題にする観点．この区分は社会構造やその変動を考える際にも通用する．すなわち，ある現象は，同時的に共存する所与の体系（共時態）と，時間的・歴史的変化（通時態）から捉えられる．ただし，現象の変化は要素の共時的体系内での配置を無視しては記述できないように，区別は絶対ではない．

郷紳　xiāngshēn（中）

中国の明・清時代にあらわれる，地方社会における有力者たち．官僚経験者や科挙資格保有者によって構成された．また，郷官や郷宦とも呼ばれる．官僚と民衆の間に立って地方政治に参画する一方，地方の商人や地主と一体化して富を蓄積し，また権力側に立ち民を苦しめる存在として批判の対象ともなった．19世紀半ばのアヘン戦争以降，地方産業の振興や自治運動に寄与し，辛亥革命にも一定の役割を果たすことになった．

行政権（執行権）　executive / executive branch

国家作用のうち立法および司法作用を控除したものが行政であり，行政を行う権能を行政権という．具体的には国の意思決定としての国会による立法を執行する権限を指し，執行権とも呼ばれる．議院内閣制*)では行政権は内閣に属するが，立法権*)および司法権*)により監督される立場にあり，内閣は国会に対して法案や予算の議決を求め，国会に対して連帯して責任をもつ．また政策の立案や外交などの政治的分野について，広範囲な責務を担当する．⇒三権分立

競争均衡　competitive equilibrium

市場均衡またはワルラス均衡ともいう．各個人が所与の価格のもとでの予算制約を満たしながら，自らの効用*)が最大となるよう保有する財どうしの交換を行う純粋交換経済を考える．そこにおいて，すべての財の需要と供給が一致した状態を競争均衡という．また，競争均衡における各財の各個人への配分の組み合わせを競争均衡配分，競争均衡における各財の価格を競争均衡価格と呼ぶ．

共同森林管理　Joint Forest Management
➡ JFM

共同体（コミュニティ）　community

共に生を営み，諸活動を行う人々の集まり．伝統的な村落共同体では，血縁・地縁に基づく社会関係が形成され，慣習的な生活が営まれた．そこにはよい側面（顔の見える，相互扶助的関係）だけでなく悪い側面（しがらみや保守性，排他性）などもあったが，現在，この概念は理想化されたかたちで，さまざまな文脈で拡張的に使われている．それがいかなる意味で（実態としてあるいは理念のうえで）共同体なのか，個々の文脈での検討が必要である．

共同体規制　community based regulations / community based management

村落共同体などが，その成員の利得や便益を全体として確保したり向上させたりするために，各成員に特定の活動への参加を命じたり禁止したりする規制．広くコモンズ*)と

呼ばれる共有の土地・川・海などの資源を適正に維持管理するためには，アクセス道の修理，清掃などのための定期的な労働投入のほか，猟期や漁期の制限が必要である．共同体規制により，そうした維持コストを負担せず規制にしたがわない者の出現を阻むことができる．

共同労働組織　cooperative labor associations
互酬的な労働交換を行う組織の総称．とりわけ農村社会において，複数の世帯の成員が共同で農作業や家屋の建築・修繕といった作業にあたる際に労働力が組織される形態を指す．原則として，組織の成員間で等量の労働を交換することによって維持される制度であり，賃労働すなわち賃金を対価として支払うことにより調達される労働の形態と対比される．共同労働は多くの場合，村落住民の「助け合い」といった特別な価値を付与され，酒食のふるまい等の文化的な行為をともなう．⇒互助

京都議定書　Kyoto Protocol
地球温暖化を防ぐために，先進諸国に対して二酸化炭素やメタンなどの温室効果ガス[*]の排出量削減の数値目標を定めた取り決め．1997年12月に京都市で開かれた第3回気候変動枠組条約締約国会議（地球温暖化防止京都会議；COP3）で採択された．2008年から12年間で，先進締約国全体で1990年比5%以上の削減を目標としている．しかし，最大の排出国である中国と米国がいまだ批准しておらず，多くの問題を抱えている．⇒クリーン開発メカニズム，排出権取引制度

共和制　republic
国家元首を（直接または間接）選挙で選出する国家形態．対義語は君主制[*]．国家を，特定の個人や一族，階級のものではなく，構成員（国民，市民）全体の利益に資するための共有財産とみなす発想が基盤にある．そもそもは世襲君主や皇帝の専制支配を批判する含意があった．大統領制[*]をとることが一般的．アメリカ合衆国が典型例．概念上は民主主義と親和的であるが，実際には独裁的な共和国もあるため，現在では政体分類以上の意味は少ない．

極循環　polar cell
極循環は，極域で冷やされた大気が下降し，地表面に沿って南北緯度60度付近の中緯度帯に向かう循環である．極や高緯度では気温が非常に低いため，冷たい空気が地表面付近に溜まり，極高圧帯をつくる．この極高圧帯からは低緯度側に向かって風が吹き出すが，地球の自転の影響でコリオリ力[*]が働いて西向きに曲げられ，東寄りの風となる．

極端現象（異常気象）　extreme event (unusual weather)
日本の気象庁では過去30年の気候に対して偏りを示した天候を，世界気象機関では平

均気温や降水量の偏差が25年以上に1回しか起こらない程度の現象を，異常気象と定義している．しかしこれではENSO*⁾などに起因する現象を過大評価することになるため，めったに起こらず災害につながる気象を指す極端現象（extreme event）という語をもちいるようになりつつある．これは気象現象を，地球圏と人間圏の関係性のなかで理解する必要性のあらわれである．また住民も固有の変動を経験上理解しており，近年では学術的な成果も社会に反映されつつあることから，それらを考慮したうえで特異的な現象を評価するということである．

拒否権　veto
決議や条約の採択の票決手続きに関して，全会一致もしくは特定の国家の同意が必要条件とされる場合，前者ではすべての国が，後者では特定の国家のみが拒否できる権限を有する．このような権限を「拒否権」と呼ぶ．たとえば，ジュネーヴの軍縮委員会は全会一致制のため，包括的核実験禁止条約はインド等の反対で採択にいたらなかった．国連安全保障理事会では，五つの常任理事国（米・英・仏・露・中）に決議の採択に対する拒否権が与えられている．

儀礼　ritual
所与の社会で慣習的に（また多くの場合，集合的に）行われ，直接的には実効的ではない行為を，人類学では儀礼と総称し，それが社会のなかで果たす機能やそれが伝達する意味についての研究が蓄積されてきた．これに対し，社会学者のE.ゴフマンやP.ブルデューなどは，われわれが日常的に行っている慣習的（＝非反省的）な身体的行為を儀礼と連続的なものとして捉え，その身体化の過程や効果，規則性などを分析している．
⇒ハビトゥス

緊急食糧援助　emergency food aid
長引く干ばつ*⁾や紛争等によって，とくに深刻な食料危機に直面する地域に対し，人道的配慮から行われる食料援助である．緊急食糧援助は，全食料援助の2分の1から3分の2を占めるといわれる．食料危機は食料の利用可能量の絶対的な不足の結果ではなく，むしろ食料の入手手段が広範に欠けていることにある．食料危機に直面する地域に供給されるのは，食料だけでなく，その補足的資源も配布されることが望ましいとされる．

金権政治　money politics
一般に，政治家などの権力者が多額の財源を駆使して支持者を掌握しようとする政治手法を指す．選挙制度を有する国家においては，政・官・財の公権力と利権の癒着による汚職など，政治とカネの問題が発生しやすい．過剰な金権政治においては，利権獲得を目的とした政治献金や寄付等に絡む賄賂や汚職*⁾の構造化，有権者票や議会採決における買収などから，非合理的な政策決定や政治的判断を招く結果，民主主義*⁾の健全な運

営が妨げられる．

均衡（平衡）　equilibrium
システムを構成している諸要素が，システム内に変動を引き起こさないようなかたちで相互に関連しあって作用している安定的状態．自然科学では平衡と訳す．閉鎖システムにおいて，互いに逆向きの過程が同速度で進行するなどによりシステム全体として釣りあいがとれている場合，動的平衡と呼ばれる．これに対し，外部の環境との相互作用がある開放システムにおいて，ミクロにみると変化しているがマクロにみると変化していない状態は，定常状態と呼ばれる．

近接　neighborhood
人やモノの移動性が高まるなか，共同性や主体形成は，人類学がそれまで研究してきたような，ある空間における安定的な再生産*)というあり方ではなくなりつつある．人類学者 A. アパドゥライはこれを具体的な社会形態としての「近接」とそこにおける感情や意識の構造としてのローカリティの相互的な生産という問題として捉え直し，「近接」が安定した社会組織体と異なる様態をとるようになっている現代のローカリティのあり方を論じている．

近代化　modernization
近代化という語はさまざまな文脈でここ 5 世紀ほどの間に起きた社会変容（の要因）として多用されるが，それが含意するものは民主化*)や法の支配の進展などの法・政治的現象，産業の発展や資本主義*)的経済体制の導入などの経済現象，個人主義化や宗教の世俗化などの社会的現象，あるいは科学技術の発展や導入など，必ずしも一定でない．歴史的区分あるいは哲学的概念としての近代も見据えて個別の状況に即した検討がなされるべきである．

近代国家　modern state
ウェストファリア条約による主権国家システム*)の成立，フランス革命とナポレオン戦争によるナショナリズム*)の興隆，社会契約説*)と自由民主主義*)といった政治思想の登場，市民革命による市民社会*)の出現，産業革命*)（工業化*)）による資本主義*)の発展などを特徴とする近代という時代に形成された国家．国民国家*)が典型．領域の一元的支配，近代官僚制による集権的行政，立憲主義と権力分立による市民的自由の保障，民主化による平等な国民の統治機構参画を特徴とする．

金融工学　Financial Engineering
理財工学または数理ファイナンスともいう．金融商品や不動産などの資産運用やリスク・マネジメントを効率的に行うために価格動向や収益性，ポートフォリオを分析する

応用的学問領域．経済学，統計学，工学，数学における高度な数理的手法をもちいる．金融工学は1980年代以降の金融市場の高度化に大きく貢献した一方，経済危機を招く一因にもなったとの批判も少なくない．

金融派生商品　financial derivatives
デリバティブ．従来からもちいられてきた金融取引（預金，貸出，債券売買，株式売買，外国為替取引）の相場の将来にわたる変動リスクを回避・緩和するために開発された金融商品．差金決済や空売りを使って，少額の証拠金による大口の取引が可能であることが特徴．将来の決められた期日に取引を行うことを保証する先物取引，異なる条件の金融商品の元利支払を交換するスワップ取引，将来の決められた期日に取引を行う権利を売買するオプション取引などが代表的である．

偶像　idol / cult image
木，石，金属などを材料に，神[*)]や祖霊など神的存在を人間に似せてつくったもの．人の似姿だけでなく，剣や鏡などの人工物，あるいは山岳，河川，巨木，巨岩など自然の物も神的存在の象徴とみなされることがある．偶像そのものが神的存在の力（の一部）をそなえていると信じられる場合も多く，その場合はとくに，偶像に接触したり，あるいは五感をもって感じることで，人は神的力の分け前に与ることができると考えられる．

クーデタ　coup d'état（仏）
すでに国家機構の一員であるか，または現体制の内部にいる少数のグループが，ごく短時間に強制的に政府を交代させること．将校の率いる軍人グループが中心となって軍事行動で権力奪取することも多いが，無血の場合もあり，また，交代後の政府は文民政権の場合も軍事政権の場合もある．

供犠　sacrifice
儀礼的屠殺によって家畜などを自己の身代わりの犠牲として神霊に捧げ，そのことで神霊の恩寵その他を獲得しようとする行為．宗教社会学者H. ユベールとM. モースによると，供犠は一般に「入場→執行→退場」という構造をもっており，供犠を媒介とする犠牲の聖化によって執行者たる人間や関わりをもつ事物を変化させるという機能をもつ．他方，文芸批評家R. ジラールは，供犠を，暴力を共同体の外部に追いやり，共同体内部に秩序を実現させるメカニズムとして捉えた．

草の根協力事業　JICA partnership program with focus on grassroots-type
日本の民間団体（NGO，大学，地方自治体および公益法人等）が，開発途上国の地域住民を対象として行う協力活動を促進し助長することを目的として，国際協力機構（JICA）が2002年から実施している，政府開発援助（ODA）．国際協力の経験が少ない団体を対

象とした草の根協力支援型（総事業費上限 2,500 万円，3 年以内）と，国際協力の経験が豊富な団体を対象とした草の根パートナー型（総事業費上限 1 億円，5 年以内）がある．

クズネッツの逆 U 字仮説　Kuznets' inverted-U hypothesis
経済学者 S. クズネッツによって提起された経済成長と所得分配の関係を説明する仮説．経済成長の初期局面（前工業化社会から工業化社会への転換期）においては，所得分配の不平等傾向が増大し，その後安定期を経て，後期局面に入ると不平等度が縮小するというもの．米国，英国，ドイツなどではこうした傾向がみられた．

グッド・ガバナンス（良い統治）　good governance
世界銀行[*]によって初めてもちいられた用語．その背景には，途上国の開発のためには，(1) 民主化[*]，(2) 政府の権力行使をめぐる説明責任や透明性，(3) 法の支配，(4) 過度の軍事支出の抑制などといったガバナンス[*]の改善，すなわち「グッド・ガバナンス」(good governance) が必要であるという認識がある．ただし，開発とグッド・ガバナンスは，相関関係にあるものの，因果関係にあるかどうかについては，依然として意見が分かれている．

クライストロン　klystron
マイクロ波発生用真空管の一種である．電子ビームと共振空洞をもちいて電子の集群作用を利用する発振/増幅器である．1939 年に発明されて以来，高効率・大出力な特長を生かし，さまざまなマイクロ波機器で応用されてきた．現在はプラズマ[*]研究用に多くもちいられている．1975 年にアメリカで行われた世界最大のマイクロ波無線電力伝送実験では 450 kW のクライストロンがもちいられ，1980 年前後の宇宙太陽発電所[*]の設計はほとんどクライストロンが検討されていた．しかし，近年の宇宙太陽発電所の設計では経済性でマグネトロン[*]に，性能で半導体[*]に取って代わられてしまい，設計に採用されることはほとんどなくなった．

グラミン銀行　Grameen Bank
バングラデシュにあるマイクロファイナンス[*]の嚆矢的金融機関．1976 年に経済学者 M. ユヌスが始めた少額融資プロジェクトにさかのぼる．1983 年に銀行化．融資は比較的低利．無担保である代わりに 5 人一組となって行われ，相互に返済を助ける義務がある．融資対象はおもに低所得層の女性．グラミン銀行とユヌスは 2006 年にノーベル平和賞を受賞．世界各地のマイクロファイナンス事業のモデルとなっている．

グリーン・ポリティックス（緑の政治）　green politics
ドイツの「緑の党」(Die Grünen)（原語的には「緑の人々」）に起源があり，主として環境保護を政治的な争点として取り上げる．グリーン・ポリティックス (green politics) は，

原発事故による放射能汚染，酸性雨の被害，地球温暖化，生物多様性*)の減少，砂漠化など，国内と国外を問わず，環境の保護を試みている．また，環境保護のほか，女性解放運動や同性愛運動なども展開している．

グリーンウォーター　green water
降水により陸地にもたらされた水のうち，土壌水分となり，海洋に流出することなく陸面から蒸発する部分．ストックホルム国際水研究所の水文学者 M. ファルケンマークが 1993 年に提唱した用語．グリーンウォーターの一部は土壌から植物に移行し，さらにその植物が動物を養う．液体として直接利用することはできないが，重要な水資源であり，天水農業や牧畜*)はこのグリーンウォーターを利用する技術体系であると言うことができる．

クリーン開発メカニズム (CDM)　Clean Development Mechanism
二酸化炭素排出削減のために制定された京都議定書*)のなかで定められた，メカニズムの一つ．先進国に課せられた削減義務のなかの一定量は，排出量を直接削減する代わりに，開発途上国に対する技術移転などによって排出量の削減が実現された分を，自国の削減量としてカウントするメカニズム．たとえば，工場における燃料使用量の削減する技術を移転するような，工業における CDM と同時に，いったん草原化あるいは裸地化したような土地に造林することで炭素吸収源をつくり出す，植林再植林 CDM と呼ばれる方式が存在する．産業革命以降の大気中二酸化炭素濃度の上昇分の約 20％は土地利用の変化，すなわち森林消失にともなうバイオマス*)中炭素の放出分と見積もられていて，植林再植林 CDM は，森林の復元によって，いったん大気中に放出された炭素を再固定する意味がある．同時に森林，とくに熱帯林再生にも貢献すると期待されていた．しかし，炭素吸収量の認定がきわめて厳しいことや，その吸収量の予測やモニタリングの義務もプロジェクト実行者に負わされるため，実際に CDM プロジェクトとして認定された数はきわめて少数にかぎられている．2012 年以降のポスト京都議定書の段階で，植林再植林 CDM が継続されるかどうかは不透明である．⇒排出権取引制度

クルアーン　al-Qur'ān (亜)
イスラームの聖典．唯一絶対神（アラビア語でアッラーという）から啓示された言葉を集成したもの．具体的には，預言者としてのムハンマド (c. 570-632) が「神の言葉」として弟子たちに伝えた章句が，ムハンマド存命中に口承で集成されたものであり，死後 20 年ほどで書物のかたちに書き記された．ムハンマドが伝えたままのアラビア語であることが原則で，翻訳は他言語による解釈とみなされる．近現代でも，クルアーンを「神の言葉」とみなす教義は揺らぐことなく，イスラームの教えと法規定の第一の源泉として有効性を保っている．イスラーム金融*)も，現代においてこの聖典の教えを実現しようとする試みである．

クルド人問題　Kurdish problem
トルコ，イラク，イランにまたがって居住するクルド人に関わる諸問題．第一次世界大戦後に成立したこれらの国々は，それぞれ特定の民族主義に基づく国家を建設し，国境線を画定した．その結果，クルド人はいずれの国においてもマイノリティとなり，同化を迫られたり，差別を受けたりすることになった．これに反発するかたちでクルド民族運動が高揚するが，中東地域の国家体制を揺るがす問題であることもあり根本的な解決にはいたっていない．

グレーザー　grazer
主として草本植物の茎や葉などを採食する（grazing）草食動物．家畜のうち，ウマ，ウシ，ヒツジがグレーザーである．比較的に湿潤でイネ科草本類が多く生える場所を好む．採食行動の特徴は，頭を低くして地面に生えた草を唇で剥ぎ採って食べること．一般的にブラウザー*⁾ に比べて肉質がよく泌乳量も多いが，干ばつ*⁾ などの自然災害に弱い．

グレートゲーム　The Great Game
19世紀初めから20世紀初めにかけ，英国，帝政ロシア両国がイランから東西トルキスタン，さらにチベットにいたる中央アジアで繰り広げた勢力圏抗争．南下してインドを目指す帝政ロシアと，それを阻止しようとする英国が，おもにアフガニスタンの覇権をめぐり駆け引きを繰り広げた．最終的には極東をも巻き込む抗争となったが，1907年の英露協商をもって一旦終結した．その後，冷戦*⁾ 時代には米国，ソ連が勢力圏抗争を引き継いだ．

グローカリゼーション　glocalization
グローバル化に相ともなう過程・現象としてのローカル化を，過不足なく捉えるための概念．　➡ 2-2-A07

グローバル・インバランス　global imbalances
国際収支上の経常収支のバランスが著しく良くない状態のこと．具体的には，米国の経常収支の赤字額と，日本を含めたアジア諸国や資源輸出国の経常収支の黒字額がそれぞれ拡大を続けている状態を指す．アジア諸国や資源輸出国は，貿易黒字で獲得した外貨を米国財務省証券やそれに匹敵する米国の安全資産に投資している．このことは，これらの国々が米国の経常収支の赤字を実質的にファイナンスしていることを意味しており，それによってグローバル・インバランスの状態が継続している．

グローバル化　globalization
ヒト，モノ，カネ，情報の国際的な流れをつうじた経済的文化的相互依存の進展．　➡ 2-3-A09

グローバル・ガバナンス　global governance
各国政府による伝統的国際政治を超えた世界的規模の統治．国家以外の主体（国際機構，非政府組織*)（NGO），企業，個人等）が参画し，国際政治上の手法や制度（外交，国際法等）にとらわれない方法で，世界規模で起こる諸問題に対処する点に特徴がある．超国家レベル，国家間レベル，国内レベルをまたいだ形態が多く，「複合的ガバナンス」(multi-level governance) と呼ばれることもある．⇒ 2-2-A12 ガバナンス

グローバル・ヒストリーと環境　global history and environment
➡ 2-3-A01

クローン動物　clone animal
一般に，一個の細胞（個体）から無性生殖によって増えた細胞（個体）群，同一の遺伝子をもつ細胞や個体（の集合）をクローンと呼び，人為的に親となる個体から単離した核を，脱核した卵に移植するなどして成体とした動物をいう．親と全く同じ遺伝子セットをもつ．魚類，両生類，哺乳類などでつくられており，育種や再生医療への応用なども期待されているが，技術的，倫理的な問題が議論されている．

軍国主義　militarism
軍事上の効率を国家の最高利益とし，政治・経済・財政を軍事力増強のために合理的に結びつけ，軍事をつねに優先する政治システムを指す．対義語は，文民的要素が軍事的要素に基本的な優位を占める文民主義 (civilianism) である．典型的な軍国主義は 19 世紀のプロイセンであり，宰相ビスマルクによってドイツ統一のために軍国化が進められた．また第二次世界大戦時のドイツと日本の社会が軍国主義の例とみなされる．

軍事における革命（RMA）　Revolution in Military Affairs
一般に RMA とは革新的な技術の導入によって生起する兵器，組織戦術など軍事諸要素の変化のことをいう．とくに近年注目されているのは，情報通信技術 (IT) を中核とする先端技術の導入にともなう軍事上の変化（情報 RMA）であり，この取組みを世界に先駆けて開始した米国は，RMA が実現することで，相手を圧倒する情報優位の確保，攻撃・防御能力の強化，軍種を越えた戦力の統合，軍事作戦の無人化や省人化，兵站の効率化等が可能としている．

群集中立説　neutral theory in community ecology
生態学者 S. ハッベルが 2001 年に提唱した群集の成立メカニズムに関する説．彼は，同じ栄養段階にある種で構成される群集を構成する種の間には，生存率や死亡率，拡散速度，あるいは種分化の確率などに差はなく，すべて一定の確率で生じると仮定しても，

現実の群集にみられるような種多様性や個体数などの配分が再現できることを，モデルシミュレーションで示した．多数の種で構成される多様性の高い群集は，それぞれの種がそれぞれ一定のニッチを獲得して高い適応度を有していて，そのニッチが種間で重複しないことによって多様性が維持されると考える群集平衡仮説に対して，非平衡仮説とも呼ばれる．⇒ 2-1-B03 保全生物学，平衡群集，非平衡群集

君主制　monarchy
世襲の君主が元首として君臨する国家形態．対義語は共和制*)．君主が絶大な権力をもつ場合は専制君主制（絶対君主制），君主の権力が憲法や法律で制限されている場合は立憲君主制（制限君主制）と呼ばれる．王権と議会主権（民主主義*)）を両立させる立憲君主制では，君主は議会の制定法にしたがう名目的元首にすぎず，行政権*)は国王の信任を受けた内閣に与えられる．イギリスに代表される立憲君主制の原則は，「議会のなかの国王」「国王は君臨すれども統治せず」．

軍備管理と軍縮　arms control, disarmament
一般的に，「軍縮」(disarmament) は軍備の削減や撤廃または武装解除を，「軍備管理」(arms control) は軍備やその移転の制限や規制，検証・査察，信頼醸成を指す．他方，軍備管理が部分的・副次的な軍縮措置もしくは全面的な軍縮の基礎となる場合もあり，両者の明確な区別は難しくなっている．たとえば，国連安全保障理事会決議 1887 号（2009 年 9 月 24 日採択）は，核不拡散条約（NPT）が「核兵器のない世界」の実現のための不可欠な基礎であると述べた．

群落　plant community
同一の場所に生育する複数の植物の集合体．植物共同体ともいう．一般的には，環境に規則的に依存し，また競争によって条件づけられた植物の種類の組み合わせを指す．優占種などの組成的基準のほか，相観や立地などによっても識別，類型化される．植生分類の基本単位である「群集」と同じ意味でもちいられることもある．

ケア　care
ケアは人間存在の基盤にある関係性と相互存在の表出であり，ケアの倫理を公共圏へと開いていくことが求められる．➡ 2-2-C09

傾圧不安定　baroclinic instability
流体力学における不安定の一つで，大気や海洋において適用される．一般的に状態が不安定なときにはその不安定な状況を解消して，安定な状況に戻そうとして運動が起こる．大気における傾圧不安定とは，偏西風*)が高度とともにあまりに急激に増加すると，そのような状況は不安定であり，東西方向に数千 km の波長をもつ波動を起こすことであ

る．ジェット気流の赤道側では吸収する太陽放射*)エネルギーが赤外放射で出ていくエネルギーより大きいから，大気の温度は上昇しようとする．極側では逆で大気の温度は下がろうとする，つまり南北の温度傾度は増大する．その温度傾度がある限界を超えると，大気はその状態に耐え切れず波動を起こして温度の南北傾度を弱めようとする波動が，傾圧不安定波である．

景観　landscape
相互に影響しあう複数の「景観要素」から構成されるひとまとまりの領域で，少なくとも一つの要素について空間的に不均質な領域．もとは地理学で提唱された用語で，現在は生態学，造園学，都市工学などさまざまな分野でもちいられる．景観要素や時空間スケールは，扱う対象や現象によって異なる．人間と環境の相互作用によって形成された領域のみを対象とすることもある．「風景」と同義でもちいられることもある．⇒ランドスケープ管理

景気循環　business cycles
景気が周期的に良くなったり，悪くなったりすること．毎年起こる季節変動に加えて，在庫の変動・調整によって18ヵ月から40ヵ月の周期で生じる小循環，設備投資の変動によって10年の周期で生じる主循環，50年の周期で起こる長期波動があるとされる．それぞれ発見者の名前にちなんで，キチンの波，ジュグラーの波，コンドラチェフの波とも呼ばれる．

経済協力開発機構（OECD）　Organisation for Economic Cooperation and Development
戦後，欧州復興という目的を果たした欧州経済協力機構（OEEC）が，米国・カナダを加えて1961年 OECDへ改組した．経済成長や途上国への援助，自由貿易維持のための各国間の政策調整の場となっている．「先進国クラブ」と言われる OECDへの加盟は，先進国として認められることを意味し，日本が加盟した1964年以降，加盟国は増加している．「世界最大のシンクタンク」とも言われ，膨大な調査報告書も作成している．

経済人類学　Economic Anthropology
広義の経済現象を扱う学問．何をもって経済と呼ぶかは形式論（その他の社会活動から相対的に自立したものとしての，手段合理的な経済活動）と実体論（社会の広義の再生産活動に埋め込まれた経済活動）があるが，経済史家 K. ポランニーによる市場経済の成立史や，実体論の立場に基づく互酬的な贈与交換や再分配の実証的研究，あるいは近年の金融や市場における人々の実践に関する民族誌的研究など，資本制経済を再考するうえで大きな役割を担っている．

経済地理学　Economic Geography
地理的空間における経済現象の特徴を分析する経済学の一分野．古くから人文地理学の一分野に組み込まれていたが，19世紀の経済学者 J. H. v. チューネンによる農業立地論以降，経済活動の地理的配置を経済学的に説明する研究が出されるようになった．近年では，一般均衡理論をもちいたモデル化も活発に行われており，そのようなアプローチは，新経済地理学あるいは空間経済学と呼ばれるようになっている．

経済物理学　Econophysics
統計物理学の手法をもちいて複雑な経済現象を分析しようとする経済学と物理学を架橋する研究領域．エコノフィジックスともいう．高頻度の市場データを解析することで，市場の価格変動の法則性や価格の暴落や暴騰が起こるメカニズムを解明し，従来の研究における想定以上に市場が不安定であることが明らかにされている．⇒ 2-1-A12 複雑系

計算機シミュレーション　computer simulation
世のなかの科学現象・社会現象を計算機をもちいて再現し，その挙動解析や将来予測を行う手法のこと．たとえば電磁波に関するものは電気回路の等価回路を解く回路解析シミュレーション，Maxwell方程式を解く電磁界シミュレーション，電磁界シミュレーションにプラズマ粒子の運動を加えたプラズマシミュレーション等，さまざまなものが存在し，その解法もさまざまなアルゴリズムが存在する．ローマクラブ[*]が示した「成長の限界」も，生存圏を対象とした計算機シミュレーションの一種と言える．

形質転換　transformation
外部から遺伝物質（多くはDNA分子）を導入することにより，細胞の性質を遺伝子レベルで変化させること．狭義にはバクテリアといくつかの種で自然界においても起こる現象を指すが，動物細胞や植物細胞などへの外来遺伝子の導入についてももちいられる．研究の際には実験室内で人為的な方法により実施されており，エレクトロポーレーション法などさまざまな方法がもちいられる．

系図　genealogy / pedigree
ある一族の代々の系統を書きあらわした図表．一般に前近代社会においては，特定の個人がどの部族，氏族，あるいはイエ[*]に帰属するかが，その人物の社会的地位や機能と深い関わりをもったため，系図の重要性はきわめて大きかった．新興あるいは外来の支配者たちは自らの統治の正統性を示すために，過去の偉人に連なる系図を創作し，支配者以外の者達も，社会的必要に応じて適切な系図を作成し，あるいは既存の権威ある家系の系図を購入した．

ケイパビリティ　capability
➡ 2-2-B04 潜在能力

系譜　genealogy
人類学では親族のつながりのことを系譜的関係と呼び，系譜図（親族図）とはそれを図示したものである．他方，人文社会科学における系譜学は，理念的に歴史学と対置される，哲学者のF. ニーチェやM. フーコーに基づく思考法であり，歴史学が出来事の継起のなかに因果関係や必然性を想定するのに対し，系譜学はある出来事の発生を偶然の結果と捉え，そうではない事態が起こり得た可能性を想定しながら，その発生に関わった諸要素について考察する．

啓蒙思想　enlightenment
理性の力によって宗教的迷妄を打破し（蒙を啓き），人間をその本来の理性に基づく合理的存在として自立させようとする知的態度および思想傾向．理性による世界の根本的法則の認識という思潮に立脚した，自然科学的方法の発達，自然法思想や社会契約説の流行，近代的年代学に基づく歴史的合理性や法則の探求，といった文化的特徴をもつが，一方で感情表現や生命に関わる営みなどを排除するものとしての批判もなされた．

契約理論　contract theory
非対称情報および契約の不完備性のもとでのインセンティブ設計を考える近代経済学の一分野．情報が非対称な状況においては，逆選択[*]やモラル・ハザード[*]などさまざまな非効率的な行動が生まれる．また，契約が不完備な状況においては，契約には記載されていないことを逆手にとった機会主義的行動が生じる．契約理論では，どのようなインセンティブ[*]によって人々をそのような望ましくない行動へと導くのかを明らかにし，適切なインセンティブを設計することを課題としている．⇒ゲーム理論，情報の経済学

径路依存性　path dependency
社会の発展の方向が，長期にわたって蓄積されてきた技術[*]や制度[*]の性格に規定される傾向のこと．たとえば，資本が豊富で労働が稀少なところで労働を機械や資本で代替する資本集約的な技術が発達し，資本が稀少で労働が豊富なところで労働集約的な技術が発達すると，二つの発展径路[*]が長期間継続し，後者の（東アジア型）径路から前者の（西洋型）径路に容易には転換しなくなる．歴史的な径路依存には文化や言語を含むことも多い．⇒経済発展論

ケインズ経済学　Keynesian Economics
経済学者J. M. ケインズが『雇用・利子および貨幣の一般理論』で論じた理論を中心に

展開された経済学．購買力に裏づけられた需要を指す有効需要の原理に基づいて理論が構築されている．その後，ケインズ経済学の諸命題を合理的な経済主体の最大化行動から導き出そうとするケインズ経済学のミクロ的基礎づけが行われ，この担い手はニュー・ケインジアンと呼ばれる．これらは標準的なマクロ経済学[*]の理論の大部分を占めている．このほかに，ケインズの問題意識を直接継承しようとする人々はポスト・ケインジアンと呼ばれる．

ケインズの美人投票理論　Keynesian beauty contest
株式価格がどのように形成されるかを説明するために経済学者 J. M. ケインズがもちいた寓話．美人コンテストでは，最も多くの票を獲得した候補者に投票した審査員が賞金をもらえるようになっている．この仕組みでは，審査員は自らが美しいと思う候補者に投票するのではなく，他の審査員の投票動向を予想して投票を行う．ここから，株式市場においても多くの投資家は，企業の長期的予想収益ではなく，他の投資家の動向を重視して投資を行うと説明し，それによって将来有望な企業に資金を提供するという株式市場の本来の機能が損なわれることを指摘した．

ゲーム理論　game theory
複数の主体の意思決定に関わる問題を考える近代経済学の一分野．ゲーム理論では，以下の三つのものを特定化して分析するゲームを定義する．(1) ゲームのプレーヤー，(2) 各プレーヤーの選択できる戦略，(3) プレーヤーの選択する戦略の組み合わせごとに各プレーヤーが受ける利得．このようにして定義されたゲームにおいて，各プレーヤーがとると考えられる最適な行動の組み合わせの解を求めることになる．ゲーム理論は，経済学のみならず政治学，社会学，心理学などにも幅広く応用されている．

劇場国家　theater state
人類学者 C. ギアーツが前植民地期バリをモデルに提唱した国家類型．所有や暴力を基盤とする従来の国家像に対して，劇場国家では見世物的要素を濃厚にもつ国家儀礼とその体系こそが政治秩序の実体であるとされる．儀礼や建築・日ごろの立ち居振る舞いなどをつうじて王を頂点とする宮廷は国全体の模範的中心となる．聖職者や貴族から庶民にいたるまでそれぞれが配役を与えられ，人々が役を演じることで国家が成立する．

結社　association
➡アソシエーション

ゲノム　Genom (独) / genome
ある生物がもつ遺伝子[*]すべてをひとまとまりのセットとした遺伝情報の総体．とくに，この情報を運ぶ DNA[*]（一部のウイルスでは RNA[*]）を指す．遺伝情報にはタンパ

ク質のアミノ酸配列情報などをもつ遺伝子領域とそれ以外の転写・翻訳の調節へ関与する配列や機能の判明していない配列を含む非遺伝子領域が存在するが，ある生物のゲノムという場合にはこの両方の領域が含まれる．

ゲマインシャフトとゲゼルシャフト　Gemeinschaft, Gesellschaft (独)

社会学者 F. テンニエースによる社会の類型概念．有機的に結合された共同社会 (ゲマインシャフト) と，諸個人の利益関係のみによって人工的に形成された社会 (ゲゼルシャフト) とを対比し，時代の進展にしたがって後者の優位のもとに社会が再編成されるものとした．もちろんこれは実体的な存在としてではなく，あくまで理念型として捉えられるべきであり，社会におけるその両者の相互関係や併存・混交の様相を分析するための手掛かりとして利用されうる．

権威　authority

権力[*]が，他者に対する圧迫や強制でもって行使されるのに対して，権威は，他者による承認・受諾に基づく行使がその特徴とされる．社会学者 M. ヴェーバーは，この他者による承認・受諾の形態によって，合法的権威，伝統的権威，カリスマ的権威の三類型を提示した．いずれも，時に一方向的作用となって働く権力とは異なり，基本的に双方向的な作用のうえに成り立つものとして，権威の行使者と被行使者の相互行為において現出してくるものと考えられる．

権威主義体制　authoritarian regime

現代の多様な政治体制において全体主義と民主主義[*]の中間に位置づけられる第三の体制．権威主義体制の特徴としては (1) 限定的な国民の政治参加と多元主義，(2) 保守的かつ伝統的なイデオロギー[*]，思考様式，(3) 限定的な政治動員と国民の政治的無関心による体制批判の抑制が挙げられる．権威主義体制の概念は，戦後の1950年代から60年の開発独裁[*]国家の政治体制の研究に大きく貢献した．⇒全体主義体制

限界効用　marginal utility

財の購入量・消費量を1単位追加させたときに増加する効用[*]の大きさ．限界効用の概念は，1870年代に経済学者の C. メンガー，W. S. ジェヴォンズ，L. ワルラスによってほぼ同時に唱えられ，古典派経済学における労働価値説に代わる新たな価格メカニズムの理論となった．これにより，近代経済学が成立したとされる．限界効用の理論に代表されるような経済主体の行動が経済諸量の限界値によって決められるとする考え方の登場は，総じて限界革命と呼ばれる．⇒新古典派経済学

原核生物　prokaryote

細胞内で DNA[*] 分子を包む膜をもたず，核のない生物．核膜をもつ真核生物[*]が地球

上に誕生する前に生じた生物と考えられ，すべての細菌類が含まれる．染色体DNAは一つで，ヒストンと呼ばれるタンパク質をもたない．真核生物の細胞に比べて細胞が小さく，一般的に，光合成*)を行う葉緑体，呼吸系の代謝に関わるミトコンドリア*)などの細胞小器官をもたない．真核生物において膜を必要とする代謝は，すべて細胞質膜で行われる．

言語論的転回　linguistic turn
歴史研究における言語論的転回は1980年代以降明確に意識されるようになったが，端的に言えば，言語が世界を意味的に構成する力をもつという認識に立ち，テキストの記述に基づいて「いかなる事実があったのか」を解明するという伝統的研究態度から，そのテキストに「なぜそのことが記述されたのか」の意味を問う姿勢へと方向を転換しようとするのである．この立場は，20世紀後半における文化史研究の隆盛にも大きな影響を与えている．

現象学　Phänomenologie（独）
20世紀初頭，哲学者E. フッサールに始まる思想潮流．フッサールは対象が何らかの現象としてあらわれる際に，その前後で機能する意識の志向性の働きを解明しようとした．歴史研究に関して言えば，個々人の思想や活動と，一定規模以上の社会集団の歴史意識や歴史観などがどう結びつくのかを考える際，フッサールの「生活世界」（直接的に体験できる知覚的経験世界の範囲）のような空間が，いかなる役割を果たすのかが重要である．

言説　discours（仏）
言説とは，一般にはあるテーマについて言語で表現された内容の総体を意味する語である．言語学や社会学では談話とも訳され，語り手がもつ暗黙の前提などを分析するのにもちいられる．他方，哲学者M. フーコーは，ある時代・社会において言語によってなされた個々の表現（エノンセ，言表）の総体として言説を位置づけ，その編成のあり方の分析をつうじて，その時代・社会における真理や知を生み出す諸力の機制を明らかにしようとした．

限定合理性　bounded rationality
経済主体が自らの能力の限界によってかぎられた合理性しかもち得ないこと．経営学者H. サイモンによって提起された概念．この概念では，人間は認知能力や計算処理能力に限界があるため，意思決定プロセスにおいて，最も高い効用を得られる選択肢を探すという最大化は成り立たない．その代わりに，過去の経験や選択の過程，選択の満足化などによって選択肢が決められると考える．

原理主義（ファンダメンタリズム）　fundamentalism

「テロリスト」や「狂信的信者」とほぼ同じニュアンスでもちいられる一般的な用法を離れるなら，原理主義とはそもそもは，聖書の無謬性を主張するキリスト教原典主義者を形容するためにもちいられた言葉である．その後，イスラーム，ヒンドゥー教などにおいても，原初の真正なる信仰のあり方を尊び，それに反対する（と覚しき）者たちを，時に激しく非難し，物理的に攻撃する傾向をもつ者たちに対してももちいられるようになった．

権力　power

権力とは一般に，ある主体が別の主体に対して望まない行動を強制する能力をいう．権力については政治学を中心とする社会科学において長い研究史があるが，社会学者 M. ヴェーバーは権力を社会関係のなかで抵抗に逆らって自己の意志を強要する可能性として定義した．また哲学者 M. フーコーは権力を「国家」のような抽象的な主体に帰属させるのではなく，日常的な場面において言説*），身体*），空間などをつうじて機能するテクノロジーとして捉え，分析した．⇒ガバメンタリティ

権力政治　power politics

➡パワー・ポリティクス

講（頼母子講・葬儀講など）　association

講とはおもに金銭の融通を目的とする，民間の互助的な組織のことを指す．構成員は定期的に少額ずつ出資しあい，積み立てた金で旅行などを行ったり，くじ引きなどで選ばれたメンバーが利用する．人類学においては近年，アフリカ都市部における葬儀講や頼母子講などが注目され，その柔軟なメカニズムについての研究が進められているが，個人化が進む現代社会における自生的な社会的連帯のかたちとしてより広い文脈で再評価されつつある．⇒ 2-2-B11 マイクロファイナンス，アソシエーション

広域不安定性　broad ecological instability

環境は人知を超えた広域不安定性をもっている．過去数世紀，ライン河流域や揚子江下流，日本の多くの河川で氾濫が少なかったことは，地域社会が災害*）への対応よりも農業生産性の向上に集中することを許した．だが，氾濫，地震・津波などの災害が頻繁に起こると生産をベースにした組織原理が揺らぎ，社会は生存基盤*）の確保という，より基本的な原理に立ち返る．物的インフラの弱い熱帯の発展途上国では，それは日常的な意味をもつ．

行為主体性　agency
➡エージェンシー

交易港　port of trade
非市場経済において，継続的な対外交易のために開かれた開港場で，商人の安全を提供し，商取引を保証する制度をそなえる．経済史家 K. ポランニーは，交易港が出現した背景を，経済的行政管理の必要，政治的中立性の維持の必要，輸送の便の三つの理由があるとする．例として，古代地中海における交易港（アレクサンドリア等），16-17世紀における東南アジア各地の港（アユタヤ，マラッカ等）が挙げられる．

交易の時代　the age of commerce
東南アジア史家 A. リードが提起した東南アジアの時期区分の一つで，14世紀初頭から17世紀後半までに相当する．スパイス貿易など遠距離交易に牽引された世界経済の拡大のなかで東南アジアが中核的役割を果たした時代とする．その結果，交易によって蓄積された富を活用した火器・武力の集中による集権的国家の成立，規範的宗教の普及などが起こった．また，17世紀末の国際交易縮小によるダメージが植民地化につながったとする．

交易離散共同体　trade diaspora
遠距離交易に従事した商人たちの一部が，出先の現地社会に定着して形成した共同体，およびそれらの共同体間のネットワークを意味する．前近代におけるユダヤ人やソグド人，近現代における華僑*)や印僑（南アジア系移民*)），アルメニア人たちがその典型と考えられている．このようなネットワークをつうじて恒常的に人や物，金や情報が流通してきた歴史的過程の研究は，政治・経済的ヘゲモニーとは別の次元でグローバル経済の歴史を考察するためにも有用である．⇒移民

工学的適応　industrial adaptation
農業開拓の類型で，農学的適応*)との対概念．堤防建設や堰・導水路の建設による灌漑など，自然条件を人為的に改変することによって農業環境を整えること．歴史学者の石井米雄が自然科学者との協働のなかで，北部タイ山間盆地をモデルとして提案したが，前近代ベトナムなどでも適用されるようになった．農学者の田中耕司は二つの概念を広域の地形区分・歴史的段階と対応させて理解する点を批判し，立地形成型技術という用語を提唱した．

交換　exchange
交換はさまざまな文脈でもちいられる概念であり，広くは，異なる主体間の相互的な，

有形無形の財や情報等のやり取り（コミュニケーション）を指す．経済史家K.ポランニーは経済統合の原理として互酬性*)，再分配，交換という三つを示し，交換を市場社会において利益をめざして行われる財の相互移動に限定したが，人類学ではむしろ，ある程度慣習化された，異なる集団間の互酬的な贈与交換に焦点を当て，それが社会関係の形成や維持をどう支えているかを論じてきた．⇒贈与

交換 / 交易　exchange / trade
交換・交易の研究は，贈物と商品の関係を軸に展開してきた． ➡ 2-3-B09

鉱業　mining industry
鉱物などの地下資源を採掘し，精錬する産業．アフリカ諸国には，ダイヤモンド，金，銅，レアメタルなどの鉱物資源が豊富に存在する．また近年では石油資源の埋蔵確認や生産増大が著しい．しかし，輸出収入の大半を鉱物資源に依存する国も多く，資源依存の経済は価格変動などの外的環境に左右されやすい．豊富な資源は，多くの地域で紛争や戦争，貧困などの社会不安を引き起こす要因にもなっているとの指摘があり，「資源の呪い*)」と言われる．

工業化　industrialization
農業社会を超え，経済成長と生活水準の向上をもたらした社会経済構造の大転換． ➡ 2-3-A05

公共財　public goods
非排除性と非競合性という二つの性質をあわせもつ財． ➡ 2-2-B06

公共宗教　public religion
B.フランクリンに由来し，公的領域において社会のさまざまなレベルで機能している宗教．国家における国教，政治における宗教政党，災害の際に行政と連携して復旧にあたる宗教の社会貢献などが挙げられる．社会学者R. N.ベラーに代表される市民宗教*)の語は，聖書に基づく宗教伝統がアメリカ市民にとって国教的な役割を果たしている．公共宗教の語は，こうしたベラーの見方を包括する概念としてもちいられている．

公共性　publics
人々に共通の価値ないし利益に関することをあらわす概念． ➡ 2-2-A04

光合成　photosynthesis
植物や植物プランクトン・藻類が，太陽光の光から変換した化学エネルギーをもちいて，空気中の二酸化炭素（CO_2）と水（H_2O）からデンプンなどの炭水化物を合成する生化学

反応．水を分解する過程で生じた酸素（O_2）を大気中に放出する．炭化水素は，植物の栄養となる．呼吸と反対の反応である．近年は，CO_2と光エネルギーから人工的に化合物を合成する人工光合成の研究も行われている．

皇国史観
昭和初期から敗戦期にかけて盛行した天皇中心の超国家主義的日本歴史観．日本は神国であり，神の子孫として万世一系である天皇の統治は永続的正義であり，これに忠義を尽くすことこそが臣民の務めであるとし，その正義に基づいて侵略戦争の正当化をはかった．言うまでもなくそれは科学的に構築された歴史像などではなく，政治的主張にすぎないが，現在でも皇国史観的「歴史観」は消滅せず，さまざまに装いを変えつつ生き延びている．

港市国家　port-polity
貿易港*)とそこに存在するマーケットでの経済活動を国家の存立基盤とするタイプの国家．15世紀のマラッカ王国のように食糧の自給すらできない場合もあり，後背地での農業生産を前提としない点で古代ギリシャや中国の都市国家*)とは異なる．王は市場での公正で安全な取引を保証する保護者・調停者であり，また自らも専売や特定商品の独占的買い上げなどをつうじて市場に参加する商人王でもある．

恒常性維持（ホメオスタシス）　homeostasis
生体が外的および内的環境の変化のうちにおかれながら，形態的状態や生理的状態をつねに一定の安定した範囲内に保ち，個体としての生存を維持する性質．生理学者 W. B. キャノンが提唱した．社会学者 T. パーソンズはこの考えを彼の社会システム論に導入し，社会がこのような自動制御の仕組みをそなえていると構想した．恒常性維持の状態からの大きな質的転換はカタストロフィーと呼ばれる．

工人集団（職人集団）　artisans
音楽演奏，皮なめし，染色，鉄器づくり，木地づくり，土器づくりなど特定の仕事に専念する集団．西アフリカのサバンナ地域などでは，衣食住にまつわる物質文化，また芸能文化の多くが彼らによって伝えられてきた．一般の農民からは蔑視の対象とされており，通婚関係がない．他方，彼らが特殊技能をもつことから畏怖の対象ともなっている．今日のアフリカでは，技能を活かして商業を展開する職人もみられる．

洪水　flood
大雨や融雪などの多すぎる水が原因で引き起こされる自然災害．➡ 2-1-A04

厚生経済学の基本定理　fundamental theorem of welfare economics
次の二つの定理から構成される．厚生経済学の第一定理は，競争均衡配分は，それが存在するかぎり必ずパレート効率[*]的であるというもの．第二定理は，任意のパレート効率的配分は，適切な一括型の税・補助金による再分配を行うことにより，競争均衡配分として実現することができるというものである．後者の第二定理は，消費者の選好および企業の生産可能集合の凸性に本質的に依存する．

酵素　enzyme
体内の化学反応や代謝の触媒をするタンパク質[*]．生命の行うほとんどすべての反応に関与しており，温和な条件下で分解，合成などの反応を円滑に進める．変化する前の原料を基質といい，酵素は基質をかなり厳密に識別して，特異的に反応を触媒する．触媒反応に直接関与する部位を活性中心といい，酵素活性は温度，pH などに依存する．その働きを利用して，発酵食品や医療品製造，バイオエタノールの製造などに広くもちいられている．

構造主義（構造人類学）　structuralism (Structural Anthropology)
さまざまな学問で横断的な影響力をもった関係論的な思考．言語学者 F. ド＝ソシュールによる言語システムの研究（体系のなかの要素のもつ価値は他の要素との差異から生じるとする）等の影響のもと，個々の対象よりも共時的な体系の構造，つまり要素間の差異の関係性のあり方に焦点を当てる．人類学者 C. レヴィ＝ストロースはこれを親族体系や神話の研究に応用して諸社会の多様性の奥に潜む普遍的な二項対立の構造を見いだし，人間の思考の深層について考察した．

構造調整プログラム　structural adjustment program
1980年代に世界銀行[*]が IMF[*] との協力のもとに，国際収支不均衡と対外債務危機に陥った非産油途上国に対して適用したプログラム．このプログラムでは，新古典派経済学[*]のアプローチに基づき，構造調整融資と引き換えに経済の自由化政策が途上国に要求された．融資の手法は，国際収支支援型のプログラム・ローンであり，従来からのプロジェクト・ローンを中心とする世界銀行の融資政策を大きく変更するものとなった．

酵素糖化　enzymatic saccharification
多糖類を糖質分解酵素で加水分解すること．近年では，植物細胞壁多糖であるセルロース[*]やヘミセルロース[*]を，糖質分解酵素であるセルラーゼ[*]やヘミセルラーゼで処理し，発酵可能な単糖にまで分解するプロセスとして注目を集めている．硫酸をもちいた酸糖化法に比べ，常温・常圧で行うので安全である．さらに，酵素反応には過分解が起こらないという利点があるが，バイオマス[*]を酵素と反応する状態にする前処理の効

率や酵素の価格が高いことが課題となっている．

構築主義　constructionism
当たり前で自然なもののようにみえている概念やカテゴリー，制度などの歴史的な形成過程を分析する社会科学のアプローチ．その対象が今あるようなかたちで存在するのは偶然の結果にすぎない（＝根拠がない）ことを暴くという社会批判的な側面もあるが，むしろ構築性自体は当然として，その対象が今まで知られているのとは異なるかたちで（異なる要素が関わって）つくり上げられているということを明らかにする分析としての方が真価を発揮する．

行動経済学　Behavioral Economics
人間の合理性には限界があること（限定合理性[*]）を前提とした枠組みにおいて，経済主体がどのような選択や行動をとるのかを解明する経済学の一分野．限定合理性の考え方をもとに，最適な行動からの乖離（アノマリー）を分析の中心に据えることが特徴．

購買力平価（PPP）　Purchasing Power Parity
国どうしの財・サービスの価格を比較するためにもちいる物価指数の一つで，同じ商品の価格は一つに決まるという一物一価の法則が，国をまたいでも成立する場合の均衡為替相場（通常，米ドルが基準となる）を指す．したがって，米ドルの購買力平価は，1米ドルあたりの外貨の均衡為替相場＝外国での価格／米国での価格として求めることができる．購買力平価ベースで測ったGDPは，各国の物価の違いを修正できるため，より実質的な豊かさを比較できると言われている．

酵母　yeast
出芽，分裂によって繁殖し，発酵を起こす菌類の名称．大きさは2-20 umで，球状，楕円球状を呈する単細胞性．酸素のないところでは糖分をアルコールにかえる発酵を行い，酸素存在下では好気呼吸を行い生育する．種類は多く，その生理作用は古くから利用され，発酵工業をはじめ種々の食品工業でもちいられている．その用途により，パン酵母，清酒酵母，ビール酵母，ワイン酵母，焼酎酵母などに分類されている．

効用　utility
財やサービスに対する経済主体の満足の度合いを示すもの．近代経済学における意思決定理論の根幹をなす．19世紀後半の近代経済学の成立時には，効用は測定可能だとする基数的効用主義が主流であったが，20世紀に入り，効用の水準は測定不可能ではあるが，比較による順序づけは可能だとする序数的効用主義が台頭し，それに基づくミクロ経済理論がつくられた．しかし，不確実性[*]下の合理的選択理論である期待効用[*]理論においては，再び，基数的効用主義が採用されている．

合理的期待仮説 rational expectation hypothesis
合理的な経済主体が，利用しうるあらゆる情報を駆使して期待形成を行うならば，それは平均的に正しいものとなるはずであるという考え方．1970年代から，経済学者R. ルーカス，R. バロー，T. サージェントによって，この仮説をマクロ経済学*)に適用する動きが本格化し，ケインズ経済学*)の主張する政府や中央銀行の裁量的政策の無効性を主張した．

合理的経済人 rational individual
完備性と推移性を満たした選好をもつ経済主体が，最大化行動（効用最大化，利潤最大化）を行うとき，そのような主体を合理的経済人という．(1) 完備性とは，任意の二つの選択肢のうち，いずれかを望ましいと考える，あるいはいずれも等しく望ましいと考える選好があることをいう．(2) 推移性とは，ある選択肢が別の選択肢よりも望ましく，後者の選択肢が第三の選択肢よりも望ましいと考える場合，第一の選択肢は，第三の選択肢よりも必ず望ましくなるような選好があることをいう．⇒投票のパラドックス

高齢化（加齢） aging
人口構造で老年人口の比重が高まることを高齢化という．WHO（世界保健機関）や国連の定義では，老年人口比率（総人口のうち65歳以上人口の占める割合）が7％超で「高齢化社会」，14％超で「高齢社会」，21％超で「超高齢化社会」となる．高齢化が問題になるなか，高齢者＝無能力な弱者とする年齢差別が批判され，老化でなく加齢，とくに加齢にともなう発達の視点から捉える見方があらわれ，現在の老いは生の連続性から多様に研究されている．⇒人口転換

コースの定理 Coase theorem
環境汚染のような外部不経済がある場合，取引費用*)を無視できるならば，当事者（汚染者と被害者）の自発的な交渉によってパレート効率*)的な資源配分が達成できるとする考え方．経済学者R. コースによって示された．この定理では，所有権の授権方法は問われない．つまり，汚染者に所有権（汚染する権利）があると考える場合，被害者が汚染者に対して逸失利得の補償を行うこともありうる．⇒外部性

コーヒー coffee
おもに熱帯地域で栽培される常緑低木（コーヒーノキ）の果実から得られる嗜好飲料．世界的には大規模農園での生産量が多いが，原産地とされるエチオピアでは小規模農家による栽培が主であり，自生コーヒーの採集活動も行われる．1990年代末より，ベトナムにおける生産量の急増などを背景にコーヒーの市場価格が低迷し，コーヒー農家の貧困が問題となった．2011年時点では，新興国の消費増や投機マネーの流入から，コー

ヒーの市場価格は急騰局面にある．

コーポラティズム　corporatism
中世の身分制国家やイタリアのファシズムにおける団体統合原理．B. ムッソリーニが主張したコーポラティズムとは，国家に経営者や労働者の代表者を組織して取り込み統制経済を行う国家コーポラティズムであった．また，スカンディナヴィア諸国に存在する，政府，労働組合および経営者団体の協議に基づく労資協調型の政策立案，政策運営，利害調整もコーポラティズムとされ，ネオ・コーポラティズムと呼ばれる．

小型兵器　small arms and light weapons
拳銃や自動小銃などを指す「小火器」と携帯用小型ミサイルなどを指す「軽兵器」，弾薬や爆発物など（ただし，個別条約のある地雷は除外）を含む一群の兵器の総称である．特に冷戦後の地域紛争は，高度な小型武器が違法かつ大量に持ち込まれることで，悲惨な状況となっている．国連小型武器会議などをつうじて，違法製造の犯罪化と許可製造者による刻印の義務化を柱とする武器貿易条約（ATT）の採択に向けた国際交渉が行われている．

枯渇性資源　non-renewable resource
エネルギー量が莫大であるが，いずれ枯渇する可能性が高い．➡ 2-1-A09

呼吸　respiration
外呼吸と細胞呼吸の二種類の意味があり，外呼吸は，生物が外部から酸素を吸収して，体内で消費され二酸化炭素を放出することで，光合成[*]と反対の反応．植物はつねに外呼吸を行っており，明るいときには光合成も行う．細胞呼吸は，細胞が酸素をもちい，二酸化炭素を放出する異化代謝系で，有機物を分解することによってエネルギーを得る．内呼吸ともいう．

国益（ナショナル・インタレスト）　national interest
国家が実現し，保護し，推進すべき価値と利益の総体．国家自身の生存や自国民の生命といった死活的かつ物質的なものを中核に据えつつも，体制維持や国際社会における自国の評判といった非物質的内容をも広く含むにいたっている．各国政策決定者の追求すべき目的として，国際社会・人類社会の利益と一線を画して考えられてきたが，グローバル化[*]の進む今日，両者の区別は難しくなりつつある．⇒人類益

国際河川　international river
複数の国の領土内を流れている河川のこと．世界中で 260 以上の国際河川が存在し，そのうちの 13 の河川は五つ以上の国々によって共有されている．河川の上流と下流では

原則として上流側が取水に有利な立場にあり，これらの地域では水利権調整をめぐって政治問題に発展する場合もある．

国際機構（国際組織，国際機関）　international organization
共通の目的達成のために，国家間の条約に基づいて直接設立された常設的な組織体．独自の主体性を有するもので，国際組織，国際機関，政府間機構，国際団体などとも呼ばれる．国境を越えた人々の活動が活発化したことを背景に，19 世紀に設立された国際行政連合や国際河川委員会などが組織的に発展したもので，国際連合のように世界規模で活動する普遍的な機構と，欧州連合やアフリカ連合のような地域的な機構とがある．

国際葛グリーン作戦山南　International Kuzu Green, Sannan
➡ IKGS

国際刑事裁判所（ICC）　International Criminal Court
国際社会全体の関心事項である最も重大な犯罪を犯した個人を，国際法に基づき訴追・処罰するため，オランダのハーグに設置された常設的な国際刑事裁判機関．その任務は「国際刑事裁判所に関するローマ規程」により規律され，管轄犯罪として「ジェノサイド」，「人道に対する罪」，「戦争犯罪」，「侵略の罪」を対象とする．もっとも，ICC は国内裁判所に取って代わるものではなく，あくまでその裁判を補完するものである．

国際公共財（地球公共財）　international public goods (global public goods)
国際社会・人類社会において公共財[*]の役割を果たすもの．平和や秩序，正義の実現といった世界の一般的状態や，国際連合・世界貿易機関のような国際制度，交通・通信・度量衡の基準など，多様なかたちをとってあらわれる．どの主体が公共財を提供し維持するのか（覇権的地位にある国か，あるいは国家間による合意や国際制度によるのか等）をめぐって 1970 年代以降，論争が存在する．

国際司法裁判所（ICJ）　International Court of Justice
国際連盟期に設置された常設国際司法裁判所を継承し，国際連合憲章およびその不可分の一体をなす国際司法裁判所規程に基づき設置された国際連合の主要な司法機関．国連加盟国は当然に ICJ 規程の当事国になる．ICJ の管轄は，当事者が付託するすべての事件および国連憲章または他の条約がとくに規定するすべての事項に及ぶ．ICJ は国家間紛争の裁判とは別に，国際連合および専門機関の諮問に応じ，勧告的意見を与えることができる．

国際社会　international society
主権国家からなる社会．アナーキー下であっても個人の共存や社会秩序の維持は可能で

ある，とするロック的思考を国家間関係に適用したものである．その構成員は国家であり，国際政治上の諸制度（外交や国際法等）をもちいて国際的な社会秩序（国際秩序）の維持につとめる．社会の構成員を国家でなく個人にもとめ，個人間での社会秩序を世界的規模で構築し維持しようとする考えに進む場合，「世界社会」の思想へと発展する．

国際人道法　international humanitarian law
人道的な理由，考慮または原則によって武力紛争を規制する国際法規群のこと．この概念の定義や範囲をめぐっては，交戦法規のなかでとくに戦争犠牲者の保護を目的とする規則（ジュネーヴ法）のみが含まれるという狭義の立場から，平時を含む人権の尊重を確保するための国際法規範を含むとする広義の立場，ハーグ法とジュネーヴ法を含む人道的な性質を有する武力紛争法の諸規則とする中間的な立場など，見解は多様である．

国際正義　international justice
国際社会における正義．おもに，先進国－開発途上国間での経済的利益や各種負担の公平な配分をめぐる問題を扱う．その範囲は，国家間での配分に加え，世界的規模での個人間の配分や，世代間での配分といった，「世界正義」の問題へと広がりつつある．また近年では，配分的正義とは別に，過去に犯した不正行為をいかにただすかを問う矯正的正義（とくに移行期正義）の問題にも，注目が集まっている．⇒南北問題

国際組織　international organization
➡国際機構

国際レジーム論　international regimes
➡レジーム論

国体
万世一系の天皇によって統治される「国の体（かたち）」を意味し，皇国史観の中軸となる概念．意味する内容としては，天皇制あるいは天皇の地位・権威・権能とほぼ同じものと考えうるが，その内実に公式に明確な定義を与えられることはなく，そのことが逆に，19世紀後半以降，外部から脅威を受けるたびに，状況にあわせてこの概念に具体的な意味を賦与することで，「天皇による政体」のもとに国民を統合することを可能としたともいえる．

国内総生産（GDP）　Gross Domestic Product
国内に所在する経済主体（企業・政府など）が生み出した付加価値の総額．経済全体の総産出額から，原材料などの中間投入物の価値額を差し引いたものに相当する．類似概念の国民総生産（GNP）は，国内総生産に海外からの要素所得（海外保有資産の投資収益や出

稼ぎの労働所得）の受取りを足しあわせ，海外への要素所得の支払いを差し引いたものに等しい．

国民会議派　Indian National Congress
1885年に英領インドで結成されたアジアで最も歴史ある政党．M. K. ガーンディーの主導のもと，非暴力主義に基づいた大衆運動と議会制への参加を組み合わせた反英独立運動を展開し，インド民主主義の礎を築いた．1947年の独立後20年間は，会議派システムと称された安定した一党優位支配を行ったものの，中・下層民の政治的台頭により1989年以降，単独政権を維持できなくなった．2004年以降は，大政党連合である統一進歩連合を率いて，自らが開始した経済自由化政策を推進している．

国民国家　nation-state
一つの民族が一つの国家を形成するという民族自決の理念に基づいた国家のあり方．西欧で形成された国民国家モデルは，植民地化をつうじて全世界に普及した．とくに，アジアやアフリカ諸国では，宗主国によって人為的に国境*)が確定させられたために，民族や部族などの諸集団の境界と国境が一致しておらず，民族紛争*)の要因ともなっている．また，国民国家の理念は，少数派を抑圧するナショナリズム*)を強化する効果も有する．

穀物　grain / food grain
食用となるデンプンを含む乾燥種実．自由貿易下の戦略物資でもある．➡ 2-3-B06〔アジア〕，2-3-B07〔アフリカ〕

国連平和維持活動（PKO）　Peace-Keeping Operation
国連の実践をつうじて形成，発展した紛争処理の方式で，局地的な紛争や事態の拡大防止のために，国連が小規模の軍事組織（各加盟国から派遣された要員で構成され，平和維持軍と総称される）を派遣する活動をいう．紛争当事者の同意と協力のもとに，あくまで平和理に武力衝突を収拾し (peace-keeping)，その後に紛争の最終的解決 (peace-making) をめざして国際社会が介入するスキームがナミビアやカンボジアで試みられてきた．

国連貿易開発会議（UNCTAD）　United Nations Conference on Trade and Development
1960年代の「南」の諸国の発言力が増すなかで，先進国に有利な自由貿易体制において途上国の「自立化」をうながすことを目的として1964年に設立された国連の補助機関．非産油途上国を中心として，特恵，一次産品，貿易金融，投資保護，技術移転，途上国間経済協力，その他の分野で積極的な活動を展開した．多国間での貿易協定交渉の時代を経て，二国間の自由貿易協定交渉が急速に進む今日，新たな役割が求められているといえる．

互酬性　reciprocity

諸社会において，贈与*)に対しては返礼の義務がともなわれるが，この双方向的なやり取りのあり方を人類学では互酬性と呼ぶ．返礼の「義務」は多くの場合，法的な（違反が罰則をともなう）ものというよりは，「負い目」のような道徳的に相手との関係に影響を与えるものであり，その適切さには，やり取りのタイミングや事物の等価性なども関わる．このような道徳的な規則としての互酬性を，人類学では社会の結合の基礎的な原理とみなしてきた．

互助

共同体*)の内部や共同体間の成員が互いに助けあう行為．たとえば村落内において，人々が協同で農作業を行ったり，冠婚葬祭のときに当事者に対する労働力や経済的な支援を行ったり，あるいは自然災害をうけた地域住民に対する近隣地域からの援助などがある．互助行為は血縁や地縁をはじめとするさまざまな社会関係に基づいて行われる．互助目的で結成される「組」や「講*)」と呼ばれる社会集団も多くの地域でみられる．⇒共同労働組織

個人主義　individualism

社会や共同体全体ではなく，個人の重要性を強調する思想．倫理的（個人の自立性・人格の尊重），政治的（個人の自由の重視），経済的（私的利益の追求の肯定）な個人主義がある．ただし，他者にも個人として自己同様の人格や権利を認めることから，たんなる利己主義とは区別される．一方，社会や文化を思考する際の方法論として，方法論的全体論に対するものとしての方法論的個人主義がある．フランスの人類学者L. デュモンは，個人主義という思考形態は西欧近代において創られたイデオロギーであるとして，インドにおける「階層的人間（ホモ・ヒエラルキクス）」との対比をふまえつつ，個人主義そのものへの論究を行っている．

コスモロジー　cosmology

それぞれの社会や集団が共有する，宇宙（世界）のあり方について解釈の体系のこと．その集団の起源神話や信仰や知識の体系，あるいはその集団が生活する環境のあり方などと結びつきながら，多様な仕方で秩序化されていると言われるが，諸社会において整合的な全体性を形成していない場合も少なくない．人類学者M. ダグラスは宇宙（マクロコスモス）と身体（ミクロコスモス）の象徴の関連性から社会組織と個人の認知の連動を論じている．

古銭学（貨幣学）　Numismatics

硬貨やメダルを考古的歴史的観点から研究する学問．それぞれの形態や目的，発行年月

日，形状，単位，重量，成分，流通地域，銘文，デザインなどが研究対象となる．以前はおもに文書・叙述資料の稀薄な地域，時代の歴史（ある王の支配地域や即位年代など）を解明するために利用されたが，近年の資料数の増加にともない，近代以前の商業史，経済史研究において，ある程度まとまった数量データの源としての存在意義が増大している．

子育て　child rearing
時代や地域によって子育ての仕方は異なり，それぞれの社会や文化の組織化のされ方につながっている．　➡ 2-2-C10

個体的生命　individual life
ひとまとまりの生物体としての個体にそなわる生命のこと．個体を構成する個々の細胞にも生命があり，生命をもつ細胞の集まりであるからこそ個体は生きている．しかし，個体を構成する一部の細胞の死が個体の死に直結するとはかぎらないので，細胞の生命とは別に個体の生命があると考えるべきであり，個体としての統一体を維持するに際しては心臓と脳が重要な役割を果たしている．他方，個体を超えた，より広い生命の連なりの全体を「連鎖的生命*⁾」と呼ぶ．

国家　state
一定の領域を基とする政治的単位．人間社会の主要な政治制度の一つ．　➡ 2-2-A13

国家承認　recognition of state
新たに成立した国家を，国際社会の既存の諸国が自らと同じ国際法主体として認めること．学説および先例上，この承認の性質と効果については見解が分かれており，代表的なものに「創設的効果説」と「宣言的効果説」とがある．国家承認は法的な判断よりも政治的な思惑に左右される傾向が強く，実行上，各国は両者を適宜使い分けている．国家の構成要件を充足していない実体に対する承認は，「尚早の承認」として国際法上違反となる．

国家の退場（国家の衰退）　the retreat of the state
国境を越える市場の力が増大するなかで，主権国家の機能や役割の低下は避けられないとする議論．代表的論者である国際政治経済学者のS.ストレンジは，グローバル市場に各国経済が統合されるなかで国家の権威が低落し，代わりに非国家的権威が拡大すると述べている．しかし国家と市場が強く結びついた新興国の台頭，あるいは金融危機後にみられた先進国政府の積極的な財政政策など，近年では国家*⁾の復権ともいえる状況が散見されるのも事実である．

国家理性　ragion di Stato (伊) / Raison d'État (仏)
国家*)の存続と強化を理由づける価値観．これは，近代欧州国家の成立に際して，キリスト教世界秩序に対抗するために，国家の対内的統一と対外的自立を裏づける理論として構成された．それゆえ，国家理性の理念は，国家が国家以外の価値を実現する手段として存在するのではなく，国家の存続自体を目的とする価値を意味する．これを実現する手段として，非道徳的な軍事力の行使を正当化する根拠にもなった．

国境　border
国家の内部と外部を確定する観念上の空間的境界線．　➡ 2-2-A15

コミュナリズム　communalism
インドにおいて，宗教やカースト*)などに基づいた特定の社会集団の優越性を信じ，その利益の実現をめざすと同時に，他の社会集団を排斥する非寛容な思想・信条を指す．独立以来コミュナリズムの克服がインドの大きな課題であり，対概念であるセキュラリズムの護持が憲法に明記されるなどさまざまな努力が行われてきた．しかし，2002年にインド・グジャラート州で起こった大規模な反ムスリム暴動にみられるように，現在でもなお問題は解決していない．

コミュニティ　community
➡共同体

コムニタス（コミュニタス）　communitas
人類学者V. ターナーに由来し，祭りや巡礼などの儀礼において，人々が日常の地位や役割を離れて，一時的に平等となる，あるいは逆転すること．イスラームの巡礼やインドの粉かけ祭などが挙げられる．それに対して，トリックスター*)のような境界者の登場は，社会的な不安的や身分の逆転をもたらす．これらは民衆のストレスを解消し，社会構造を安定させる機能をもつと論じられる．集合的沸騰やオルギーと類義．

コモンズ　commons
自然資源の共同管理制度，および共同管理の対象である資源そのもの．　➡ 2-2-B09

コモンズの悲劇　tragedy of the commons
生態学者G. ハーディンの同名論文（1968）によって注目された，コモンズ（共有地）の管理に関わる問題．彼は牧草地を例に挙げ，各人が自分の財産を増やそうとできるだけ多くの牛を牧草地に放すと，頭数が過剰になって牧草を喰いつくし破滅にいたると指摘し，野放図な自由を厳しく制限すべきと主張した．ハーディンが想定したフリー・アクセス

の問題は，小規模コモンズでは例外的であったが，近年の地球大の環境問題に関して，再び注目されている．⇒フリーライダー

コリオリ力　coriolis force
回転座標系上で移動した際に移動方向と垂直な方向に移動速度に比例した大きさで受ける慣性力の一種．地球科学では，地球が自転している影響であらわれる，見かけの力のことを指す．大気や海洋などの流体の水平速度とは直角の方向（北半球では進行方向の右，南半球では左）に働く力であり，運動の向きのみを変える力であることから転向力ともいう．高緯度ほどコリオリ力は大きく，また流体の移動速度が速いほど大きい．

コリドー　corridor
比較的狭く細長い景観*)要素で，回廊ともいう．島状で比較的面積の小さい景観要素はパッチと呼ばれる．コリドーは，景観のなかで機能的な役割を果たすことがある．生態学的には，空間的に離れた生態系*)同士を連結し，動物の移動経路や植物の伝播経路（生態的回廊）として機能する．生物の保全や保護のためには，地域内に存在する生育地・生息地をコリドーで連結させることが重要である．

婚姻　marriage
人類学において配偶関係を結び，かつそれを維持している状態を婚姻と呼ぶ．性交や生殖など人間の生物学的側面に関わる社会制度としての婚姻は，多くの社会集団における組織の基礎となっており，人類社会の理解にとって不可欠だといえる．その多様なあり方ゆえに普遍的な定義は困難だが，くわえて現在は性交や生殖とも関わらないが生存のユニットであるような婚姻のかたちもあらわれており，ケア*)やつながり*)などの観点からの再考が求められる．

混作　mixed-cropping
同時期に複数の作物を一つの耕地のなかで栽培する方法．複数作物を規則的に配置する場合と，不規則に混ぜ合わせて栽培する場合がある．主要作物のなかに他の作物を短期間栽培したり，規則的に空間配置したりする方法を間作と呼ぶこともある．近代農業では単一作物を栽培する単作が一般的であるが，在来農業では混作するところが少なくない．特性の異なる作物の相互作用による生育促進や収穫量増大，投入労働力の分散，収穫物の多様化などの効果がある．⇒ 2-3-B05 農法

コンタクト・ゾーン　contact zone
人類学者 M. L. プラットが提唱した概念．植民地支配のように非対称的な力関係が明らかな状況下で，支配側の文化と被支配側の文化が接触することでもたらされる相互変容を照射する．旧来的な理解では，支配者の文化の影響を被支配者が一方的に受けること

が強調されていたが,プラットは被支配者との接触がもつ力を重視し,交渉の結果,互いの文化が混ざりあい異種混交的な文化ができ上がることを明らかにした.

ゴンドワナ〔ゴンドワナ大陸〕　Gondwana
原生代後期 (約6億年前) から中生代中ごろ (約1億年前) にかけて存在したと考えられている大陸.中生代後期 (約3億年前) には他の大陸と合わさって巨大なパンゲア大陸を形成していたが,ジュラ紀中期ごろ (約2億年前) に再び分裂し,その後の分離移動を経て,現在のアフリカ大陸,南アメリカ大陸,オーストラリア大陸,南極大陸,マダガスカル島,インド亜大陸などを形成したと考えられている.⇒ローラシア〔ローラシア大陸〕

SAARC (南アジア地域協力連合)　South Asian Association for Regional Cooperation
1985年12月に発足した南アジア地域初の地域協力連合.原加盟国は,インド,パキスタン,バングラデシュ,スリランカ,ネパール,ブータン,モルディヴの7ヵ国から構成され,2007年にアフガニスタンが加盟した.ASEAN[*]と比較して経済分野や安全保障面での協力は依然として不十分であるが,加盟国相互の紛争や対立にもかかわらず定期的に会合が行われ,協議・対話の機会を提供してきたことは注目に値する.

再イスラーム化　re-Islamization
近代以前までイスラーム国家であった国々に近代以降導入されたヨーロッパ起源の諸制度を,再びイスラームの理念に基づいた制度に置き換えること,あるいは置き換えようとする動き.1970年代に盛り上がりをみせたイスラーム復興[*]運動によって顕在化した.再イスラーム化は,必ずしも近代以前のイスラーム的制度の復活ではなく,預言者ムハンマド時代に掲げられたイスラームの理念を現代的に再興させることに特徴がある.

災害　disaster
自然や人為的な要因をきっかけに社会に大きな被害が生じること.➡ 2-1-C05

災害エスノグラフィー　disaster ethnography
日本で開発された災害研究の一つの手法で,人類学における民族誌[*] (エスノグラフィー[*]) をモデルに,発災直後の対応など,経験者のもつ暗黙的な知識を非構造化インタビューをつうじて収集し,非経験者にも利用可能なかたちで体系化することを目的とする.当事者の視点からの見方を重視し,研究者の解釈を極力含めないため,人類学的な災害の民族誌とはやや異なる.社会的な問題の解決に資する質的調査法の応用の成功例とみなされている.

再帰性　refloxivity
社会科学における再帰性 (反省性) は,主体が自己や他者の行為や思考をモニタリング

しながら行為・意思決定することを指す．社会学者 A. ギデンズは，近代化の進展にともない社会が合理化され，社会の統制・予測可能性が高まるという想定を批判し，現代においては個人の伝統からの脱埋め込み*），社会の複雑化やリスク*）の増大などにともない，社会の不確実性*）が高まり，再帰性が諸主体の行為のモードとなっていると指摘し，「再帰的近代」と呼んだ．

細菌　bacterium / bacteria

バクテリア（複数形）とも言う．原核細胞からなる微生物のうちラン藻類を除いたもの．多くは 0.5–2 μm 程度の大きさで，球状，桿状，螺旋状などを呈する単細胞で細胞壁をもつ．原則として分裂して増殖する．その種類，生育地は多彩で，ヒトに有用な細菌は，発酵食品や抗生物質などの製造のほか，生物学研究や環境浄化などに広くもちいられる一方，ヒトに対して有害な病原性を有するものもある．

宰相　cancellarius（羅）/ wazīr（亜）/ zǎixiàng（中）

中央政府の最高責任者として君主を補佐する官職．広域帝国の出現にともなう官僚組織の肥大化の結果として，君主 1 人で国政を運営することが実質的に不可能になった際に登場したと考えられる．たとえば中国においては非常に早い時代（戦国時代）にあらわれるが，西ヨーロッパにおいては絶対主義的統一国家の形成過程でようやく明示的に姿をあらわし，イスラーム世界においてはやはり巨大な官僚組織を産み出したアッバース朝期以降重要な役職となった．

再生医学　regenerative medicine

胎児期にしか形成されない人体の組織が欠損した場合にその機能を回復させる医学分野．再生医学を行う手法として，クローン作製，臓器培養，多能性幹細胞（ES 細胞，iPS 細胞）の利用，自己組織誘導の研究などがある．従来の材料による機能の回復（工学技術に基づく人工臓器）には困難が多く限界があること，臓器移植医療が移植適合性などの困難を抱えていることから，再生医学には大きな期待が寄せられている．

再生可能資源　recyclable resource / renewable resource

自然のプロセスにより，生物の利用速度を超えて補給される天然資源．➡ 2-1-A08

再生産　reproduction

生産に従属する再生産ではなく，生存基盤*）の人間圏における根幹として人間の生のつながりを定置する．➡ 2-2-C03

最大化行動の原理　principle of maximizing behavior

経済主体が合理的であるならば，それは何らかの最大化をめざす行動をとるのだとする

経済学における基本的な考え方．極大化原理ともいう．消費者は，所与の財・サービスの価格と予算制約のもとで自らの効用を最大化するように行動する．企業は，所与の生産技術，生産物価格，生産要素価格のもとで自らの利潤を最大化するように行動する．前者からは需要曲線，後者からは供給曲線が導かれる．

裁定行為　arbitrage
市場の間に存在する価格差を利用して利ざやを得ようとする行動．価格が安い市場で買い，高い市場で売る．そのような裁定取引が繰り返されると，価格が安い市場での需要の増加により価格が上昇し，高い市場での供給の増加により価格が下落し，市場間の価格差は消滅する．これを裁定が働くという．裁定取引には，為替相場の地域差・時間差を利用する為替裁定取引や，金融市場間の金利差を利用する金利裁定取引などがある．

サイバー宗教　cyber religion
インターネットなどのサイバー空間でさまざまな活動を行う宗教．宗教団体の活動を紹介するものから，終末論や過激思想を展開することで信者を募るカルトのサイトまで，多岐にわたる．1997年にアメリカで起きた集団自殺が有名（ヘブンズ・ゲート事件）．近年では実在の神社へインターネットを介して参拝できるウェブサイトなど，不特定多数に発信し，伝達できるサイバー空間は，新しい布教方法や儀礼空間を形成しつつある．

栽培化　domestication
野生状態の植物を，種子の採取や発芽，生育に関して人為的な補助をすることにより，収穫量を増加させるような過程を栽培化と呼ぶ．栽培化の過程で，植物の種子の成熟の同時性など人為的な淘汰圧によって植物の形質は変化し，人類がより利用しやすい形質が選抜されていく．この過程が育種と呼ばれる．栽培化の前段階として半栽培*)の段階が想定されている．動物における家畜化に対応する用語．

在来知　local knowledge
➡ローカル・ナレッジ

作付体系　cropping system
栽培作物の組み合わせや栽培時期に関する農業技術の体系．熱帯では，豊富な太陽エネルギーや降水をより効率的に利用するためや洪水*)や干ばつ*)のリスクを分散するために，同一農地で複数の作物を栽培するより複雑な作付体系が発達している．これらは，年に複数回栽培する多毛作，複数の作物を同時に栽培する混作，栽培時期の一部を重ね合わせて複数の作物を栽培するリレー作などに区分される．⇒ 2-3-B05 農法

冊封体制　cèfēng-tǐzhì (中)
前近代の中国が国際関係を秩序づけるために形成した体制で，前漢から清朝にいたるまで外交・交易における基本理念としてもちいられた．世界の中心である中国皇帝の徳を慕って，周辺国は貢ぎ物を捧げにおとずれ，皇帝は彼らを臣下と位置づけたうえで爵位を与えて冊封する．冊封体制によって東アジアの国際関係の構造を説明する，いわゆる冊法体制論は，歴史学者の西嶋定生によって提起され，中国史のみならず日本史・朝鮮史にも影響を及ぼした．

作物限界　limit of crop production
農作物にとって栽培の限界となる生態的・経済的条件のこと．各作物は光，温度，水分等への反応が種類によって異なるため，それぞれに生育しうる限界が存在する．地表面温度が氷点下になるかどうかの限界である降霜限界や，降水量が可能蒸発散量を上回るかどうかの限界である乾燥限界などが限界気候条件として存在するが，作物限界はこのような生理的限界のみならず，他の栽培地域との社会・経済的な相対関係によっても決定される．

里山　satoyama
人間が自然資源を利用するため，農業を中心とする伝統的な営みのなかで成立した農業景観．資源を調達する場と利用する場の両方が含まれる．「里山」の定義はさまざまで，集落や耕作地，農用林，薪炭林など農業景観全体を指す場合や，農用林や薪炭林など森林景観のみを「里山」とし，集落や耕作地を「里地」と区別する場合もある．人里から遠く生活空間に含まれない山を「奥山」，日常的に利用されてきた山を「里山」とする場合もある．

沙漠　desert
年間降水量が 250 mm 未満の地域や，降雨量より蒸発量が多い乾燥地域．地球の陸地面積の約 5 分の 1 を占める．土壌粒子の大きさによって礫漠，砂沙漠，土漠（シルト，粘土）に分類され，また分布域によって熱帯・亜熱帯・冷涼海岸・雨陰沙漠に分類される．沙漠には「砂」のほか，岩山やワーディー*），オアシスなど多様な地形が含まれ，極乾燥・高温・日射・昼夜の激しい気温差に適応した少数の動植物が生息している．⇒半沙漠地帯

サバナ　savanna
年間降水量が 200–1,000 mm で，はっきりした乾季のある亜熱帯・熱帯地方にみられる草原のこと．疎林や灌木が点在していることも多いが，地表面にはイネ科植物が密生しているという共通性をもつ．冠水サバナ，湿生サバナ，乾生サバナ，有棘サバナなどの

型がある．その分布は熱帯雨林と砂漠の中間を占め，北回帰線と南回帰線の間に多く分布する．

サバルタン研究　Subaltern Studies
下層民を主体とした歴史を描こうとしてきた研究潮流．「サバルタン」とは思想家 A. グラムシの用語で「下層民」の意．インドで 1980 年代初頭に歴史家 R. グハ（グホ）を中心に始められ，史料においてもエリート主義的歴史記述においても隠蔽されてきたサバルタンの声を拾い上げるため，文書史料を補完するデータとして宗教や噂などに注目した．インド歴史学界のみならず，広くポストコロニアリズムの動向等にも強い影響を与えている．⇒アナール派，脱構築

差別　discrimination
特定の個人ないし集団を対象として，何らかの理由（その多くは偏見である）を付して，自分や他の人々より劣ったものと認識し，権利を認めなかったり，排除したりすること．差別の対象とされるカテゴリーは，人種[*]や民族をはじめとして多岐にわたるが，そのいずれもが「社会的構築物」であると認識されうる．つまり差別とは，社会的構築物を本質化して，蔑視・排除することとも言い換えられる．人権[*]思想の広まりによって，公の場における明白な差別的行為は減少しつつあるが，一方，私的な場や隠匿的なかたちでの差別は依然多くみられている．差別の行為はすなわち他者の生を否定することとなる．⇒構築主義，人種差別

サヘルサバナ　Sahelian savanna / Sahel savanna
サハラ砂漠の南縁に帯状に広がる最も乾燥したサバナ．年間降雨量は 100-400 mm しかなく，植生は草本に灌木が混じる程度にしか発達しない．降雨をもたらす熱帯収束帯（ITCZ）の南北移動に最も左右される地域であり，干ばつ[*]などの天候不順が生じやすい．そのため，天候に応じた移動が可能となる牧畜[*]がこの地域の一般的な生業となっている．フルベやモールの人々がラクダ，ウシ，ヤギ，ヒツジを飼養している．

左翼と右翼　left wing, right wing / left, right
相対的な位置関係を示す空間的概念であるため，時代や国，争点領域によって定義は異なるが，左翼が急進的または進歩的，革新的な政治的立場を意味し，共産主義，社会主義[*]あるいは社会民主主義を志向するのに対して，右翼はそれに反対する保守的な立場を指すことが多い．左翼が合理主義，平等主義，産業国有化，福祉国家，労働者，既存秩序への挑戦，国際協調を重視するのに対して，右翼は反合理主義，階層性，市場経済[*]・資本主義[*]，夜警国家（小さな政府），経営者・資本家，秩序と権威，現実主義外交を重んじる．両者の中間的立場は中道．

サラフ　salaf（亜）
イスラームにおける優れた初期世代．預言者ムハンマドと同時代を生きた教友，それに続く二世代を指し，後代のムスリムがしたがうべき模範が示された時代として概念化された．近代以降に登場してきたサラフィー主義は，このサラフの概念に基づいて，イスラームの理念を再構築することを提起した動きである．

参加型　participatory
開発プロジェクトなどを行う際，意思決定や実施，管理に対象者も関わること．従来は開発実施機関が内容（多くはインフラ整備や食糧などのモノの譲渡）を一方的に決定し実施していたが，これに対して現場から問題点を指摘する声が起こり，当事者の能力の向上をめざしたプロジェクトのあり方が求められ，対象者自らがニーズを明らかにし，どれに取り組むかを合意形成し，実施するこのアプローチが発展してきた．

山岳域　mountainous areas
山岳域は，地球上の約5分の1を占め，地球人口の約10分の1が生活している．➡ 2-3-A14

産業化 / 産業社会 / 脱産業社会　industrialization / industrial society / post-industrial society
産業構造の農業中心から工業中心への移行を産業化という．そして産業化にともない，機械技術システムにより編成された社会構造を産業社会という．その発展につれ，ブルーカラーの減少とホワイトカラーの増加，管理・情報化の強化，階級構造の多様化と平準化などの傾向がみられる．アメリカの社会学者D. ベルは，産業化の次の社会を脱産業社会とし，その特徴に財の生産からサービスへの移行，専門・技術職層の役割増大などを挙げた．

産業革命　Industrial Revolution
一般には18-19世紀初めにかけてイギリスで起こった産業構造と社会の変革を指すが，その後の後発工業国家における工業化[*]の進展もまた産業革命に含めて論じられることがある．農業革命による人口成長・資本蓄積・労働力[*]の流動化，市民革命による政治経済活動の自由化など，さまざまな前提条件がそこには指摘されている．近代工業化社会の基点として位置づけられ，それゆえに貧富の差の拡大，社会不安，労働問題などの起源ともされてきた．

三権分立　tripartite separation of powers / separation of powers
国家権力が，立法権[*]，司法権[*]および行政権[*]に分離され，各権能を議会，裁判所，内閣が担う制度を指す．三権が相互に監視しあうことにより，国家権力の暴走を防止す

ることが期待される．三権いずれを重視するかによって，立法国家型，司法国家型，行政国家型に分類される．民主主義体制は行政権の所在に応じて，議院内閣制[*]（首相），大統領制[*]（大統領），半大統領制[*]（首相と大統領）に分類される．インドやシンガポールは象徴的な大統領をおく議院内閣制である．アジア・アフリカ地域には行政権が過剰な非民主主義体制が多い．

三項連関

イスラーム文明は，乾燥オアシス地帯[*]のなかにあるアラビア半島で生まれた宗教が近隣の文明地帯を糾合して，新しい文明を生み出したものである．その特徴は，定住・農耕・都市のみならず，遊牧文化（アラビア語でいうバダーワ）をも取り入れた世界観と社会システムを構築した点にある．農耕/農民性，都市性，遊牧文化の三つの結びつきを三項連関と呼び，中国や西欧の定住文明が農耕と都市に立脚して，遊牧文化を排除してきたことと対比させることができる．イスラーム文明の特質の一部は，この三項連関によって説明される．

参与観察　participant observation

人類学や社会学などの臨地調査のアプローチの一つ．現地の人々と関わり，ともに活動することをつうじて，その人々の考えや経験を（多くの場合，質的に）調査する．観察や質問紙調査などと比較して，対象者へのアクセスや，調査の遂行における対象者との信頼関係（ラポール）の形成などの過程における難しさがあるが，当事者かつよそ者という独自の視点から対象を見られる，対象について重層的・多面的な情報を得られる，などの利点がある．

死　death

死は生物学的・普遍的であると同時に文化的・社会的な現象であるため，死への対応や態度，死の意味や基準は社会集団ごとに多様である．人類学は従来，葬送儀礼をつうじて慣習化された死への態度を研究してきたが，近年は脳死など医学の発展から生じた新たな事態，介護やホスピスケアなどの実践への関心も高まっており，そこでは死の前後の社会関係や諸実践をつうじてかたちづくられるものとしての死のあり方や意味，基準などが議論されている．

GIS（地図情報システム）　Geographic Information Systems

1960年代から開発が始まった，空間解析を主要な機能とする情報システムのこと．地理情報システム（Geographic Information Systems）の略．地理的データ（地球上で空間的に言及されたデータ）を取得し，管理し，統合し，操作し，分析し，表示する，総合的コンピュータシステムを指す．

シーア派　al-Shī 'a, tashayyu' (亜) / Shiite, Shiah (英)

イスラームの預言者ムハンマドの権威は，ムハンマドの従弟であり娘婿であるアリーとその子孫に受け継がれるべきだと主張する人々のこと．イスラームの共同体を指導する者をイマームと呼ぶが，どのような者がイマームとなるべきかをめぐって十二イマーム派，イスマーイール派，ザイド派などの支派に分かれる．

GEO（静止衛星軌道）　Geostationary Orbit

Geostationary Orbit ＝静止衛星軌道の略語．通常は赤道上空で地球表面からの高度約 36,000 km のことを指す．この軌道を回る衛星は，地球の自転と並行して移動し，地上からは天空の一点に止まっているように見えるため，静止衛星軌道と呼ばれ，通信衛星や放送衛星によくもちいられる軌道である．また地軸の傾きの影響から，静止衛星軌道にある衛星は春分・秋分の一定の期間を除き，地球の影に入らないため，宇宙太陽光発電所[*]の設計ではそのほとんどがこの軌道に建設するものとしている．しかし，静止軌道は，LEO と比べ高度が高いため，軌道への投入には大きなエネルギーが必要になる．

GaAs　GaAs

ガリウム砒素の化学記号．Si[*]と同様，電子機器等にもちいられる半導体の材料の一つ．太陽電池や赤色レーザーにももちいられる．Si よりも電子移動度が高く，もともとの性能として抵抗率が非常に高いため，高い抵抗率によって基板への漏れ電流や寄生容量を抑えることができ，高効率・高周波に応用できる．そのため電子機器でも太陽電池でもより高性能なものを構成することができる．しかし砒素の毒性と，ガリウムの希少性から，現在は高性能，高周波化してきた Si に置き換わられつつあり，宇宙太陽発電所[*]の設計でも採用案は限定的である．

GaN　GaN

窒化ガリウムの化学記号．SiC[*]と同様ワイドバンドギャップ半導体[*]の一種であり，大電力対応が可能で，SiC よりも高周波数に適応可能である．また青色 LED の材料としてももちいられ，LED の発展の中心的役割を果たしている．電子回路等としてはマイクロ波発振/増幅用の HBT や FET 等がおもな研究開発目的であり，近年市販も始まっているが，マイクロ波整流用ダイオードは無線電力電力伝送以外の一般のニーズがまだ少なく，かぎられた研究にとどまっている．⇒ワイドバンドギャップ半導体

CSR　Corporate Social Responsibility
➡企業の社会的責任

GCC（湾岸協力会議） Gulf Cooperation Council
1981年に設立のサウディアラビア，クウェート，バハレーン，カタル，アラブ首長国連邦，オマーンの6ヵ国からなる地域機構．本部はサウディアラビアのリヤード．1979年のイラン革命やソ連のアフガニスタン侵攻，1980年のイラン・イラク戦争勃発などのペルシア湾岸地域の緊迫した政治情勢に対応するために結成された．

CDM Clean Development Mechanism
➡クリーン開発メカニズム

GDP Gross Domestic Product
➡国内総生産

CBM Confidence-Building Measures
➡信頼醸成措置

CBD Convention on Biological Diversity
➡生物多様性条約

寺院／神殿 temple / shrine
超自然的な力をもつ神を祀る場としての建築物．偶像やイコンが祀られることも多い．おもな機能としては，神官が神々への祭祀の儀式を行う，専門的聖職者が修行を行う，信徒たちが祈りを捧げる，あるいは信徒たちへの説教や新たなる布教の場となる，などが挙げられる．それぞれの寺院／神殿がどのような機能を主とするかは，それぞれの宗教の教理や地域的文脈によって異なり，また一つの寺院／神殿が複数の機能を兼ねそなえることも多い．

JFM（共同森林管理） Joint Forest Management
インドで1990年に開始された住民参加型*)の森林管理・経営のあり方．州森林局と森林地域住民の住民組織との協働により，劣化森林の保護や植林活動を行い，森林保全を図る．科学的林学に基づく植民地期以来の政府による一元的な森林管理が森林の劣化・減少を阻止できなかった反省から，一方ではより効率的な森林ガバナンス*)を求めて，他方では住民のエンパワーメントの視点から，推進されるようになった．

ジェノサイド genocide
1948年の国連総会で採択された「集団殺害罪の防止及び処罰に関する条約」では，「国民的，民族的，人種的または宗教的な集団の全部または一部を集団それ自体として破壊

する意図をもって行われる……行為」と定義される．ただし，その基準は曖昧であるため，特定の暴力現象を「ジェノサイド」と名指すこと自体がつよく政治的な行為となる．近年では，スーダンのダルフール地方で起きている事態が「ジェノサイド」か否かをめぐって，国際的に大きな議論となった．

ジェンダー　gender
性差を生物学的・解剖学的な事実に基づくものというより，後天的・社会的に身体化されるものとして捉えた見方．欧米諸国を中心にフェミニズム*)による家父長制批判につながり賛否両論の大議論を巻き起こしたが，この考え方のポイントは，身体的＝個人的なものがじつは政治的＝社会的なものであり，現実を構成する諸力の交渉のなかで人に働きかけ，人を形成するというプロセスを理解し，個別の状況に応じて検討することの重要性である．⇒構築主義

自我（自己）　self
知覚や行為の主体であり，人文社会科学諸分野における基本的な分析概念の一つ．哲学者 R. デカルトによれば，自我（あるいは自己）とは思惟の主体であり，精神分析家 S. フロイトにしたがえば，自我（エゴ）はイド（本能や衝動をあらわす）と超自我とともに人格を形成するものとされる．また心理学者 G. H. ミードは，自我とは，知覚の主体である主我（I）と，他者の役割期待を内面化した客我（me）との相互作用から社会的に形成されるもの，すなわち，他者との関わりのなかにおいて立ちあらわれてくるものだとした．

自我と共感　ego and empathy
二つの関わりは精神分析学の諸派で議論され，その後より社会科学的な研究へと及んだ．
➡ 2-2-C08

時間－空間の圧縮　compression of time and space
社会学者 D. ハーヴェイが，『ポストモダニティの条件』(1990) のなかで提唱したモダニティの特徴をあらわす概念．人や物の輸送手段が，馬車と帆船から蒸気機関車と蒸気船へ，そして飛行機へと革新されることにより，われわれの経験する空間的，時間的な諸世界が圧縮されてきたことを意味する．高速移動が可能にした空間的な距離と差異の消滅は，しかし逆説的に，資本による場所の多様性の再発見と差異の利益化を生み出している．⇒地球の収縮過程

時間論　theory of time
時計などによって計測される時間が普遍的で物理的なものであるのに対し，人類学では，時間の区切り方や時間意識は社会的文化的なものであり，多様であるとして，さまざまな言語の時間表現や，社会集団ごとの時間のイメージ（繰り返す時間と直線的な時間），暦

などを研究している．他方，経済学や歴史学においては，時間をリズムの異なる複数の流れからなる重層構造と捉えることで歴史的な出来事や変化を読み解こうとする考え方がある．

識字（リテラシー）　literacy
文字についての知識，読み書きの能力のこと．かつて歴史や比較社会研究をつうじて読み書きの能力が合理的な思考能力の獲得につながるという主張がなされたが，これに対しては批判も多い．とはいえ人間の潜在能力[*]を高めるものとしての読み書き能力の向上は教育や開発の文脈で重要な課題であり，人間開発指数（Human Development Index）においても三大要素として「知識」が挙げられ，その指標化のためのデータに成人識字率と総就学率がもちいられている．⇒ 2-3-C02 人間開発，インデックス

自給的農業　self-sufficient agriculture
生産者の自給自足のために生産する農業を指す．商業的農業[*]の対義語．一般的には，商業的農業と比較した場合，生産性が低い．しかしながら，自給的農業システムは地域の環境条件に適合した持続的な農業システムであることも多く，地域環境との関わり方を考える場合にはとくに注目される．

シク教　Sikhism
➡スィク教

資源外交　resources diplomacy
国家にとって重要な天然資源を安定的に確保するための外交上の取り組みをいう．資源エネルギーのほとんどを輸入に依存する日本は，資源供給国との関係強化のための経済協力や国際機関との連携強化，エネルギー効率改善をつうじた需要抑制のための取り組みを行っている．近年では，中国やブラジルといった新興経済国が資源供給国に対する経済協力をテコに資源確保を図る動きが目立ってきている．

事件史　history of events
いわゆる出来事（event）を中心に政治史を記述する研究は，歴史家 F. P. ブローデルらアナール派[*]によって強く批判されたが，近年ではそのアナール派のうちに事件史の復権が認められる．それは，事件がしばしば社会深部の「構造」を映し出したり，革命のように「構造」を破壊することによって，逆にそれを浮彫にする，という機能をもつことによる．「事件」のみの羅列ではなく，社会構造の把握と連動する，新しい事件史研究が進められつつある．

資源の呪い　resource curse
天然資源に恵まれる国は，その資源を輸出し外貨を獲得することで，自国の経済を成長させることができよう．だが，天然資源国は，資源に乏しい国と比べても経済成長率が低く，また貧困や紛争といった諸問題に直面していることが多い．この逆説的状況を「資源の呪い」（resource curse）あるいは「パラドックス・オブ・プレンティ」（paradox of plenty）と呼ぶ．資源の呪いの背景には，政治腐敗といったさまざまな問題がある．

自己　self
➡自我

自己創出　Autopoiesis
➡オートポイエーシス

市場　market
本来，供給者と需要者の合理的な取引行為と自由な競争によって成立する関係性を意味するが，そうした理想的な状況はもちろん実現が困難である．資本主義経済において一種の超人格的な実体として機能している市場[*]は，今日のグローバル化[*]のもとで，水資源や知的所有権といった多様な対象をもその内部に取り込みつつある．このように人々の生活を一元的な価値観によって緊密に規定しようとする市場経済に対し，具体的な生活実践や社会関係を資源とした地域通貨や労働通貨，物品のシェアリング，さらには生産者と消費者の新たな社会関係構築を目指す協同組合（cooperative）運動といった，多様な対抗実践が近年活発となっている．

市場原理主義　argument for market force
規制措置の緩和ないし撤廃をつうじ，競争的で自由な市場を確保することで，経済成長を試みるという主張．いわゆる「小さな政府」や規制の撤廃（たとえば金融ビックバン）などの重要性を主張する市場原理主義は，グローバリゼーションによる負のインパクト，すなわち貧富格差の拡大と相まって，モラルが欠けた資本主義[*]として批判されている．

市場と市場経済　market, market economy
経済主体による消費活動や生産活動のために，財・サービスおよび生産要素（資本・労働・土地）の自由で競争的な取引が行われ，それらをつうじて価格が形成される場を，市場（しじょう）と呼ぶ．この市場において形成された価格メカニズムをつうじて資源配分が行われる経済を市場経済という．

市場の失敗　market failure
自由で競争的な取引が行われている市場において，効率的な資源配分が妨げられている状態．それが生じる例として，公共財*⁾が存在する場合，外部性*⁾が存在する場合，不確実性*⁾が存在する場合が挙げられる．このほかに，独占・寡占企業が存在することで市場における価格メカニズム機能が働かない状態や，収穫逓増企業が存在することで競争均衡を実現させる前提が崩れている状態も市場の失敗に含まれる．⇒政府の失敗

地震　historical seismology
災害知としての歴史地震データベース構築．➡ 2-1-A13

指数　index
➡インデックス

システム生物学　System Biology
システム工学の考え方や解析手法を生物学に導入し，システムとしての生物現象の理解をめざす生物学の新分野．システムの構成要素の同定を目的とする網羅的な解析や，システムの動的な特性を解明することを目的とする研究が含まれる．近年，ゲノムプロジェクトなどの網羅的研究を基にした大量の実験データがバイオインフォマティクスの手法により解析されており，最終的に，生物現象のシミュレーションが期待されている．

自然権　natural right
人間が生まれながらにして普遍的にそなえており，かつ享受しうるとされる基本的な諸権利のこと．個人の自由，平等，所有権，またこれらが侵された場合の抵抗権など．実定法に優先して存在する自然法に関する理論は古代ギリシア以来の伝統をもつが，17世紀に活躍した哲学者の T. ホッブズや J. ロックによって社会形成の積極的な構成原理としての自然権の考え方が確立し，近代市民社会の基本的な原理となった．

自然人類学　Physical Anthropology
人類（あるいは広く霊長類）について，その特性と由来（進化や変異，適応の過程）を，自然科学的な立場から研究する学問であり，形質人類学とも呼ばれる．おもに発掘された霊長類や人類の化石を対象とし，その骨や歯の形態を分析するというのがその手法だが，臨地調査をつうじた観察も伝統的に行われているほか，遺伝学や生理学などの視点や手法を応用して，多面的に研究が進められている．

自然認識　environmental cognition
➡環境認識

持続可能性　sustainability
自然環境と人間活動の関係性を評価する概念の一つ．　➡ 2-3-C03

持続可能な開発　sustainable development
将来世代の人間に対する責任という観点から，環境悪化による不利益を軽減し，また有限な資源をより有効に活用できるような，新たな開発のあり方を検討しようとする認識枠組み．環境保護と開発を対立するものと捉えるのではなく，その両者は共存しうるものだ，もしくは共存させねばならないという認識に立つ．1987年の「環境と開発に関する世界委員会」の報告書「我ら共有の未来」によって世界的に認知されるようになり，1992年の国連地球サミットでは中心的な概念となった．

持続循環型生産林
人間が植え，育て，伐採後，また植林を繰り返す木材資源生産のための森林．持続性確保のためには森林蓄積を減らさない，すなわち，森林の生長量以上には伐採せず，木材を循環的に生産していくことが大切である．森林は多面的機能をもち，土砂崩れを防ぐ，水源を涵養するなど水土保全林のほか，自然と人間の境界にあって人為の介入が入りながら維持管理される共生林，さらには，人間が積極的に介入し，資源としての木材生産を目的とした資源生産林にゾーニングされる．

時代区分論　Periodisierung（独）
歴史の流れに画期を見いだし，それに基づき区分を設定する思想で，古くから各地で行われた．古典学者C.ケラーの提唱した古代・中世・近代（近世）という時代区分が最も一般的である．経済学者K.マルクスが提唱しV.レーニンが一般化した，唯物史観に基づいた生産様式による時代区分は全世界で影響力を及ぼしたが，現在は下火になった．時代区分という概念自体を疑問視し，歴史の重層性・連続性を重視した時代移行論も提唱されはじめている．

実験経済学　Experimental Economics
実際の人間を被験者にして実験を行うことによって，経済理論の妥当性を検証する手法をとる経済学の一分野．既存の経済理論の検証のほかに，新たな経済理論や制度を導入するためのテストとして実験経済学の手法がもちいられるようになっている．また，市場均衡やオークション，公共財[*]の実験においては，既存の経済理論では想定されていなかった重要な結果も数多く得られている．⇒限定合理性

執行権　executive / executive branch
➡行政権

実在論　realism
一般には，普遍的抽象的なものは名前や言葉にすぎず実在しないとする唯名論に対し，それらが実在するとみなす立場を意味するが，とくに言語論的転回*)以後の歴史研究においては，過去の出来事を記録したテキストは言語的構築物であり，そこに記録された事実の十分な実在性は問えないとする立場に対し，どのように恣意的に切り取られ，描写されたとしても，そこにはやはり実体としての事実があったのだと考える立場を指してももちいられる．

湿潤気候　humid climate
降水量と蒸発散量を比較して，降水量が上回る気候．降水量が十分あるため，森林*)が形成される．逆に，蒸発散量が降水量を上回る地域を乾燥気候といい，そのうち，程度が弱い地域を半乾燥気候と呼ぶ．

実証主義　positivism
元来は，神学的・形而上学的なものに依拠することなく，経験的事実にのみ認識の根拠を求めようとする哲学上の立場を指す．歴史学における実証主義は，歴史家 L. ランケの謂う「事実が実際にどのようであったのか」を明らかにするため，一次史料を重視し，それを批判的に検討して事実をできるかぎり網羅的に確定すること，帰納的論証によって史実の詳細な考証を行うこと，などを特徴とする研究態度および研究手法を意味することが多い．

実践　practice
実践においては，広い意味での政治的活動を指す哲学的な概念としてのプラクシスと日常的な慣習的行動（プラティック）の二つを区別するべきだが，人類学で問題となるのは後者である．そこでは合理的な計算にしたがって意志決定する個人をモデルとした古典的な社会科学への反論として，日常生活の大部分を半ば無意識・反復的に行っている慣習的行動が占めていると指摘され，その身体化の過程やノウハウの獲得，変化などが議論されている．⇒ハビトゥス

実践共同体　community of practice
認知プロセスについての状況論的な研究に基づき，伝統的な徒弟制をモデルとして生み出された，学習のモデル．そこではコアとなる技能や知識を身につけるため，新入りはその技能をもつ集団に参加し，そこで周辺的な作業から開始し，次第に高い技術が必要となる作業を任されながら螺旋状に技能に習熟しまた集団への帰属意識を身につけていく．教育学では学校教育批判，人類学ではアイデンティティ*)の身体化の文脈で活用された．

実践宗教　practical religion
経典や法制度が表象する規範的な宗教ではなく，それぞれの信徒によって身体化され，慣習化された行為としての宗教を指す．実践宗教の研究を提唱した人類学者 E. R. リーチは，教理研究が聖職者の高度な哲学的・神学的思想のみを強調するのに対して，人々の日常生活において生きられる宗教に研究者が目を向けるべきだとした．この視点は，聖典をもつ宗教を，それを受容した民族や国家・政治との社会的な諸関係のなかで解明する方向を示した．

質的研究　qualitative research
おもに社会科学において定量的・統計的研究と並んでもちいられる調査・研究の方向性で，定性的研究とも呼ばれ，インタビューや（参与）観察*)などが含まれる．定量的研究が演繹的で，標準化・数量化の傾向があるのに対し，質的研究では帰納的・記述的なアプローチがとられ，データから得られた知見の客観性や信頼性に関しては問題があるが，対象の個別性・多様性や変化などを捉えることができ，量的研究と相補的にもちいられるべきである．

疾病負担　burden of disease
疾病や負傷による死亡や障害（有病）が集団にあたえる影響をいう．公衆衛生学者のC.マレーらによる global burden of disease 研究のなかで，疾病負担が定量化された．死亡による負担を生命損失年数 (years of life lost; YLL)，障害による負担を相当損失年数 (years lived with disability; YLD) と呼び，これらの和を障害調整生存年 (DALY) という．障害調整健康余命 (DALE または HALE) はこれらをもとに算出される．

私的所有権　private property rights
私的所有そのものは古くからみられたが，西洋近代に個人の排他的所有権を国家*)が保護する制度が成立し，これによって財の売買や蓄積が容易になった．商品市場とともに，労働市場，資本市場，土地市場も発達し，資本主義*)を支える最も重要な制度となった．経済学者 K. マルクスは所有の有無による階級分化が生じるとしてこれを批判したが，近年は経済学者 D. ノースなどの比較制度分析が進み，市場*)を支える制度の根幹をなすものと評価されている．

史的唯物論　Historischer Materialismus (独) / historical materialism
マルクス主義における，歴史に対する基本的な視座．唯物論的歴史観とも言う．歴史的な生産力・生産関係の進展に対応しながら変容する，政治的な力関係や社会的な諸関係の展開を捉えようとする．ただしそれは，単線的で段階論的な歴史の「一般法則」としてではなく，人々が社会や環境ととり結ぶ多様な諸関係とその相互作用を記述するための，

一つの「導きの糸」として理解されねばならない．その意味で，歴史 - 社会の様相を認識するための創発的な装置として，今日再賦活化されようとしている．

ジニ係数とローレンツ曲線　Gini coefficient, Lorenz curve
ジニ係数は，所得分配の不平等の程度を数値化してあらわす最も一般的な指標．横軸に所得の低い人から高い人を百分比で並べ，それに対応する累積所得の百分比を順にプロットしたものを結んだ線をローレンツ曲線という．ジニ係数は，このローレンツ曲線と45度の対角線（均等分布線）で囲まれた面積と対角線下の三角形の面積の比によって得られる．ジニ係数が0のときに所得分配は完全平等，1のときに完全不平等となる．

死の商人　merchant of the death
元来，中世ヨーロッパにおいて敵味方双方に営利目的で兵器を販売した商人を意味する語であったが，今日では紛争や国際的な緊張を利潤獲得の機会と捉え，武器を生産，販売する軍需企業への蔑称として使用されることがある．米国では1934年に上院に設置された「軍需産業調査特別委員会（ナイ委員会）」が，第一次世界大戦でデュポン社などの「死の商人」が莫大な利益を獲得したことを明らかにし，これを厳しく批判した．

ジハード　jihād（亜）
イスラームの信仰と共同体[*]の防衛・拡大のためにムスリムに課せられた義務のこと．聖戦．原義は，定まった目的のために努力すること．武器を取る戦いだけではなく，自己の信仰を高める日々の行動や内面的努力も含まれる．近代以降のイスラーム世界におけるヨーロッパ諸国に対する反植民地闘争や抵抗運動の多くは，ジハードを標榜して行われている．

自文化中心主義（エスノセントリズム，自民族中心主義）　ethnocentrism
自分が属する集団のものの見方や価値観を絶対視し，それを基準に文化的背景の異なる人々の行為や考え方について価値判断を下そうとすること．日常レベルでは他民族に対する敵意や差別などにつながり，深刻な事態を引き起こすこともある．また学問領域でもみられ，権力構造と結びつくこともある．これは文学者 E. サイードが欧米の東洋学者（オリエンタリスト）がもつ自文化中心主義的な眼差しを鋭く批判したのを嚆矢に，脱植民地化の文脈で大きな問題となった．⇒オリエンタリズム，華夷思想

司法権　judiciary / judicial branch
司法作用を司る権能を司法権と呼び，事件または紛争を解決するために法を解釈および適用する作用を指す．裁判所に属する権限の総称または活動を指し，その作用は通常裁判形態によって実現され，公権力行使の適法性の保障，国民の基本的人権[*]および法的権利の救済の責務を担う．原則的には立法作用を含まないが，近年は違憲審査制度など

をつうじて司法権が憲法判断により法を拡大解釈し，実質的に立法および行政作用を果たす傾向がみられる．⇒三権分立

脂肪酸　fatty acid
脂肪酸は脂質の主要な成分であり，化学的には長鎖炭化水素の1価のカルボン酸である．炭素数や二重結合の数の違いでさまざまな種類が存在するが，二重結合を含まない飽和脂肪酸と二重結合をもつ不飽和脂肪酸に大別される．不飽和脂肪酸には，体内で合成できるものとできないものがある．脂肪酸は，生体膜の構成要素として，また，エネルギーの貯蔵や代謝[*]において重要や役割を担っている．

資本主義　capitalism
なんらかの差異の体系をもちいた資本増殖のダイナミズムに（部分的あるいは全面的に）依拠した経済システムを指す． ➡ 2-3-A03

資本逃避　capital flight
政治・経済・社会情勢の悪化によって，国内居住者が資産を外貨建てにシフトさせたり，海外投資家が資金を引き上げたりすること．1980年代に累積債務問題が表面化した中南米諸国や1990年代に通貨危機に見舞われたメキシコ，東アジア，ロシアにおいて資本逃避の動きが顕著にみられた．経済のグローバル化[*]や金融自由化により，資本逃避の影響が短期間で世界中に波及するようになってきている．

市民社会　civil society
国家[*]と個人の間に存在する中間的な団体から構成される社会を指す．概念自体は古代ギリシアに遡り，分析概念としてだけではなく，規範概念としてももちいられる．論者によりさまざまな意味が込められてきたが，特権的な少数者による支配を否定し，一般的な民衆による政治の実現を示唆する点において，既存の政治秩序と対抗する緊張感をはらんでいることが共通している．ヨーロッパのみならずアジアの民主化[*]革命を分析する際にも重要な概念としてもちいられている．

市民宗教　civil religion
国家や社会全体を統合し，構成員としてのアイデンティティの形成機能を果たす宗教．思想家J.-J. ルソーによって初めて提唱され，宗教社会学者R. N. ベラーに代表される．米国では，独立戦争をはじめとする国家の形成過程において，聖書に基づく宗教伝統や超越的存在への信仰が，国家内の行事に組み込まれた．大統領が就任式で聖書に手を置いて行う宣誓や，国民に対してもちいられる「神[*]」の語も，市民宗教の儀礼的・象徴的表現として理解される．

自民族中心主義 ethnocentrism
➡自文化中心主義

シャーマニズム（シャマニズム） shamanism
シャーマン（シャマン）とは巫女，巫者など霊的存在と交霊する宗教的職能者であり，シャーマニズム（シャマニズム）とはその呪術‐宗教的現象である．その特徴は彼らの変成意識（トランス）状態である．宗教学者 M. エリアーデによって，脱魂型（魂が霊的存在のいる場所へ向かう型）と憑霊型（霊的存在が肉体に憑依する型）の二つの分析枠組みに大別されている．シャ"ー"マニズムとシャマニズムの語は，語源の論争史に由来する．

ジャイナ教 Jainism
紀元前6世紀のマハーヴィーラを開祖とする宗教．とくにアヒンサー（不殺生）の教義を重視し，信徒は原則的に菜食主義である．異なった思想の対立がある場合に，いかなる思想も部分的真理性をもっているものだとする考え方でも知られる．1世紀頃に白衣派と空衣派に分裂したが，同時代に興った仏教とは異なって，インド以外の地にはほとんど伝わらなかったが，インド国内に定着し，信徒数は相対的に少ないながらも多方面に影響を及ぼしてきた．信徒には商業関係者が多い．

社会運動 social movement
不満に基づいてなされる変革志向的な集合行為．➡ 2-2-A06

社会関係資本 social capital
➡ 2-2-B10 ソーシャル・キャピタル

社会契約 social contract
国家と個人の間に結ばれているとされる理論上の契約．自由，平等な個人の自発的意志に発する相互の契約こそが国家の成立の起源だとみなす．近代憲法の基礎となっている概念．中世の封建制度のもとでの主君と家臣との間の相互の義務関係からなる契約が，あくまでも身分制に基づく秩序を前提としていたのに対し，伝統的秩序を前提としない点に特徴がある．また，国家の正当性*)の契機は契約にあるので，王権神授説に基づく君主主権は否定される．

社会史 Social History
字義的には人間社会に生起するあらゆる現象の歴史を研究対象とするのが社会史であるが，狭義には19世紀における政治史中心，事件史中心の歴史研究への批判としてあらわれた研究分野で，人口動態や価格変動など，社会経済構造の中長期的変化，あるいは

人間関係の構築形態や心性の表象としてのモノ (artifact) など，それまで軽視されてきた分野をおもな対象とし，とくに数量データやその統計的分析を幅広くもちいることを大きな特徴としている．⇒アナール派

社会主義　socialism
個人の私的所有権に基づく資本主義*)と市場*)の需給調整メカニズムを否定し，生産・分配・交換手段の集団所有または国家所有を基礎とする政治経済体制ならびに理論．計画にしたがって生産・管理する（計画経済）とともに，その生産物を平等に分配することで，生産力増進と同時に経済格差と階級対立の解消を図る．ロシア革命により初の社会主義国家であるソヴィエト連邦が成立したが，過度の権力集中と腐敗，経済停滞などにより1991年に崩壊し，社会主義の威信も失墜した．

社会進化論　theory of social evolution
生物進化の法則を応用すれば，さまざまな人間社会の変化や，諸制度，文化的特性の変化を説明することができるとする議論．博物学者C. ダーウィンの進化論に触発されて誕生した．また社会ダーウィン主義とも呼ぶ．19世紀後半から流行し，その理論的影響はナチスドイツの優生学的，人種主義的政策にも及んだ．文化相対主義*)などの影響により第二次世界大戦後は衰退したが，「生存競争」といった語が今でも使用されるなど，一定の影響力を有する．

社会的位相転移　social regime shift
構造的に安定した状態が急激に変化する社会現象．安定的であった機能連関が別の機能連関に変化し，その移行が不可逆的であることを意味する．相反する社会システムの極の間を振り子状に移行する可逆的社会変化から，全く異なる社会的制度，体制，技術などへの移行に起因するトータルなレジームシフト*)（構造転換）の性格をもつ．

社会的支援　social support
➡ソーシャル・サポート

社会的責任投資（SRI）　Socially Responsible Investment
企業の経済的価値だけでなく，社会的価値を考慮して行う投資を指す．社会的責任投資ファンドも数多く設立されており，そこでは何らかの選別基準を設けて投資対象のスクリーニングを行っている．そこでは，企業の社会的責任*)の観点から望ましくないものを排除し（ネガティブ・スクリーニング），社会貢献に積極的な企業が選び出されている（ポジティブ・スクリーニング）．どのような基準によって選別を行うかは，そのファンドの方針（環境，社会福祉，宗教など）によって大きく異なる．

社会的なるもの　The Social

人間はつねに集合的に生活を営んできた．その意味でつねに社会というものは存在したが，それがある種の実在として科学や政策の対象となったのは貧困などが「社会問題」として捉えられた 19 世紀西欧でのことである．「社会的なるもの」は同時期にあらわれた「社会保障」や「社会福祉」などの語にみられ，共同体的な相互扶助に代わって人々のより良い生を支える仕組みのための概念だが，脱新自由主義体制に向け，現在再び重要性を増している．

社会的ネットワーク　social network

人類学や社会学における，地縁や血縁，社会階層などでは包括されない社会関係の秩序を説明するための概念．個人をノードとし，日常的なやり取りをつうじて形成されるコミュニケーションのネットワーク[*]に焦点を当て，その形態（コミュニケーションの密度や閉鎖性）や機能（情報の流通や集合的な行動）などを分析する．近年はソーシャル・キャピタル[*]の研究などに応用されているが，ネットワーク科学の発展にともない新たな可能性が見いだされつつある．⇒ 2-2-C04 つながり

社会福祉　social welfare

➡ 2-2-C02

JAXA　Japan Aerospace eXploration Agency

Japan Aerospace eXploration Agency ＝独立行政法人宇宙航空研究開発機構の略語．日本の航空宇宙開発政策を担う研究・開発機関である．総務省・文部科学省所管の独立行政法人で，同法人格の組織では最大規模である．2003 年 10 月 1 日付けで日本の航空宇宙 3 機関，文部科学省宇宙科学研究所（ISAS）・独立行政法人航空宇宙技術研究所（NAL）・特殊法人宇宙開発事業団（NASDA）が統合されて発足した．宇宙基本法により今後は内閣府に設置された宇宙開発戦略本部が，本法人の位置づけの検討・見直しを行うことになっている．日本の宇宙開発の中心機関である．

ジャジマーニー制　Jajmani system

インドの農村部でみられた，ジャジマーン（施主）世帯とカミーン（仕事をする人）世帯の間でのサービスやモノの授受関係をつうじた世襲的な分業・相互依存のシステム．1930 年代に初めてこの概念について論じた宣教師・人類学者の W. ワイザーは，これが支配従属の上下関係ではなく，互恵的な性格をもっている点を強調した．

シャドウ・ワーク　shadow work

社会学者 I. イリイチが提唱した概念．資本主義[*]・社会主義[*]に代表される近代的経済体制下において，賃金が発生する労働とみなされないにもかかわらず，賃金労働によっ

て回転している当の経済体制そのものが成立し円滑に維持されるためには不可欠な労働を指す．具体的には，家事労働や養育行為など，家庭の外で働く労働者と彼らに依拠する社会や経済を下支えし，労働者が労働力*)を再生産*)するのには欠かせない家庭内の労働活動を意味する．⇒ 2-2-C01 親密圏と公共圏

シャマニズム　shamanism
➡シャーマニズム

シャリーア　sharī'a (亜)
イスラーム法．原義は，水場にいたる道．礼拝，断食，巡礼といった儀礼的規範から，婚姻・離婚，親子関係，遺産相続，商行為，刑罰などの法的規範にいたる社会生活のあらゆる側面がカバーされている．具体的な法規定は，イスラーム法学者の典拠からの解釈行為から導かれる．シャリーアは，あらゆる時代・場所に対応できる不変の体系であり，時代や地域差を反映して導かれる具体的な法規定はシャリーア自体ではないとされることもある．

宗教戦争　religious war
自らの宗教や信仰のみを正しいとし，それと異なる宗教・信仰を排除あるいは殲滅するために戦われる戦争．異なる宗教間での戦争（十字軍など）と，同宗内での異端に対するもの（16-17世紀のキリスト教宗派間の戦争やイスラム教における異端攻撃など）とがある．ただし純粋に宗教的理由によってのみ引き起こされる戦争は少なく，多くの場合，政治経済的要因や民族対立が根源にあり，それが宗教を理由に激化していったのである．⇒原理主義，コミュナリズム

宗教多元主義（宗教多元論）　religious pluralism
神学者 J. ヒックや K. ラーナーを代表とし，一つの宗教（キリスト教）を唯一の救済手段，救済に与る者とみなすのではなく，それぞれの宗教にも救済手段があり，キリストの救済に与るという考え方．それとともに，各宗教がその多様性を尊重しあう宗教間対話やエキュメニズムは宗教多元主義の代表である．イスラームにおいても，クルアーン*)の一節を引用しながら，イスラームの多元主義*)的側面を強調するムスリムもいる．

宗教的ナショナリズム　religious nationalism
ナショナリズム*)が，宗教的イデオロギーとして顕在化した状況．1979年のイラン・イスラーム革命のように，近代主義への挑戦であるにもかかわらず，宗教的伝統の再構築や回帰であるという点で，近代的な国家観や政治観に基づいている点に特徴がある．

宗教と環境　religion and environment
イスラーム学者ナスルらは，環境危機の根源は宇宙の脱聖化にあると主張する．➡ 2-1-B08

宗教紛争　religious conflicts
20世紀以降の宗教紛争は，おもに同一国内で異なる宗教に属する集団・組織の対立が激化して生ずるものである．民族紛争[*]と同様に，国民国家の形成と発展の過程で，政府が少数派の宗教への差別[*]を容認・助長するような政策や，さらには強制的な宗教的同化政策（改宗[*]の強要など）を採り，国民統合が不首尾に終わった結果ともいえる．民族紛争と重なる部分もある．⇒コミュナリズム，宗教戦争

集合体　assemblage
科学技術社会論（STS）[*]において，社会生活が「非人間」（動植物や事物など，人間以外の存在）をともなうことではじめて可能になっていることを明らかにする研究が盛んになるにつれ，人間のみを社会の構成要素とする社会科学の枠組みへの批判があらわれてきた．社会学者B.ラトゥールはこうした，人間以外のものも含めた構成体を集合体（assemblageあるいはcollectiveとも）と呼び，その構成要素のつながり方を追うことを目的に据えた社会学を提唱している．

集合的記憶　collective memory
個人の記憶とは別に，集団や社会によって分かちもたれ，継承され，また構築される記憶．記憶というきわめて個性的かつ主観的実践が，いかにして客観的「歴史」へと変成されるのかを考える際，その個人が属する社会集団の集合的記憶は，個々人の記憶によってつねに造型されつつ，同時に個人の記憶に想起の枠組みを与え続けるというかたちで，両者の中間領域を満たすため，歴史が産み出される機序の解明に大きく貢献する可能性をもつ．⇒心性

集合表象　représentation collective（仏）
社会学の始祖の1人E.デュルケームによる概念．彼は社会的な事象が，心理学の対象たる個人意識では説明し得ず，また個人に対する外在性と拘束性という性格をもつことを社会についての学の存在理由としたが，その際，教育や道徳，宗教など，物理的なモノとは異なる仕方で個人に働きかけたり人々をまとめたりするものを考察の対象とし，集合表象と呼んだが，それは社会集団と個人との結びつきを考えるうえでの重要な考察を含んでいる．

自由主義　liberalism
自由を指導原理とする思想や運動，体制．恣意的支配や強制を免れている状態である消極的自由（〜からの自由）を重視する古典的自由主義は，国家や行政権力による市場や社会，宗教など私的領域への介入を忌避し，小さな政府を志向する．1970年代以降，新自由主義（ネオリベラリズム）[*]やリバタリアニズムとして復権した．他方，自己支配（自

律・自治）としての自由である積極的自由（〜への自由）を重視するニュー・リベラリズムは，所得再分配や福祉拡充，義務教育制度など個人の自己実現の条件整備を希求し，大きな政府を志向する．

囚人のジレンマ　prisoners' dilemma
ゲーム理論*）においてプレーヤーどうしが明示的に合意を形成する制度的枠組みがないゲームを非協力ゲームという．囚人のジレンマとは，そのような非協力ゲームにおいてナッシュ均衡*）が存在した場合に，そこで実現する利得よりも高い利得が達成できる戦略が存在することを指す．具体例として，共犯の疑いのある容疑者が別々に尋問を受けた場合，両者とも黙秘を続ける戦略をとれば刑が軽くなるにもかかわらず，両者がともに自白をする戦略を最適戦略として選んでしまうことにより刑が重くなるような状況をいう．

集団の権利　group rights
近代法における権利の主体は個人である．しかし個々人が権利を有するだけでは足らず，集団も権利の主体たりうるとするべきではないかという議論が，1970年代から，環境・持続可能性・平和・人道援助や先住民の権利等をめぐってなされている．その根底には，人間が自然的・社会的・文化的存在であり，ある人のとある存在の仕方が保障されるためには，それを支える他者たち（社会や環境）の在り方も同時に保障されていなければならないという見方がある．⇒人権

自由貿易　free trade
地域統合と多国間条約によって制度的に支えられた，市場原理を追求する思想．➡ 2-3-A07

周波数　frequency
電気工学・電波工学や音響工学などにおいて，電磁波や音波などの振動が単位時間（単位がHzの場合は1秒）当たりに繰り返される回数である．マイクロ波は 10^9 Hz = 1 GHz 程度の電磁波*）である．電磁波では周波数が高いほど通信・放送の情報量を多くできるため，通信・放送等では日進月歩でシステムの高周波化が進んでいる．無線電力伝送*）の場合は高い周波数をもちいると理論的に送受電アンテナ径が小さくできるという利点があるが，逆に送電/受電回路の変換効率が悪くなり，出力も小さくなるという技術的欠点も同時に発生する．そのため，現状の技術ではマイクロ波周波数程度が無線電力伝送に適しているとされるが，今後の技術進展によってはより高周波がもちいられる可能性もある．

重力傾斜　gravity gradient
高度により重力の大きさがわずかに異なる現象のこと．この現象を利用すると棒状の形

状をもった物体は宇宙空間で自然と地球表面に垂直な体勢となる．これにより人工衡星の姿勢制御がエネルギー不要で可能となる．宇宙太陽発電所*)の最近の設計では，姿勢制御のエネルギーを減らすためにこの重力傾斜を利用した形状とするものがある．

主権国家システム　sovereign-state system
領域権と独立権をもつ国家からなる体系のこと．➡ 2-2-A14

首長制　chieftainship
多数の村落や共同体からなる政治組織の一形態で，慣習法上の広範な権威を有する首長（チーフ）によって統治される．首長は，その支配する領域で生活する臣民や一時的な滞在者に対して，土地，水，樹木といった資源を配分したり，貢納を課す権利を有する．植民地期のアジア・アフリカにおいては，植民地政府が首長を介して住民を統治する，いわゆる間接統治が実施された地域もある．また近年では，地方分権化*)の文脈で再び首長の重要性が認識されることがある．

出自　decent
多くの社会においてみられる，社会的に認知された親子関係に基づく帰属集団のあり方で，それをつうじて財産や資格などの相続・継承が行われる．子供が父（母）の集団に属す場合，父（母）系出自集団と呼ばれ，原則的にはある個人はどちらか一方にのみ属す（単系）とされる．伝統的な社会において親族*)は社会の構成の重要な要素であり，諸社会における出自のあり方をめぐりきわめて詳細な議論がなされたが，結果として一般化の困難さが露呈している．

出生時平均余命　life expectancy at birth
平均寿命のこと．新生児の出生時における一定の年齢の死亡率パターンが，この新生児の生涯をつうじて変わらないと仮定した場合の生存年数．人間開発指数（Human Development Index）では健康指標としてもちいられており，2009年の報告までは，そのゴールポストの最高値は85才，最低値は25才と定められていた．つまり，ある集団の平均余命が85才を超えると最高レベルの健康，25才未満であると最低レベルの健康とされていた．2010年の報告よりゴールポストの設定をせず，実際の最高値と最低値を使用するように改訂された．

種の供給源　source population
ある種の複数の個体群が存在するランドスケープのなかで，個体数が大きく安定しているために長期存続し，他の小さなハビタット（生息地）の個体群が絶滅したときに，再加入によって個体群の復活を可能とする個体群．生物の繁殖成功度はつねに確率的にぶれるため，あるハビタットが完全に保存されていても個体数が少なければ絶滅が起こり

やすい．このためその種の地域個体群の保全のためにはこのような個体群の維持が重要となる．

ジュマーア・イスラミーヤ　Jemaah Islamiyah（インドネシア語）

イスラーム急進派組織の一つ．1980年代半ば，インドネシアからマレーシアに国外逃亡したアブドゥラー・スンカルとアブ・バカル・バアシル によって発足したと言われており，アル・カーイダ*)とも人的ネットワークをもつ．インドネシア，マレーシアだけでなく，シンガポール，南部フィリピン，南部タイなどにも支持派が存在する．その究極の目的はイスラーム国家の樹立であり，90年代半ばから急進化していくと，武力行使をともなう「聖戦*)」によってその目的樹立を図るメンバーも現れた．2002年には，一部のメンバーがバリで202名を殺傷する自爆テロを行った．このテロが契機となり，インドネシア政府がアメリカなどの支援を得てテロ対策を本格化した結果，ジュマーア・イスラミーヤは組織として弱体化し，長期的に支持母体を拡大する路線に転換する一方，警察やキリスト教徒を暗殺する小規模な急進派組織が生まれはじめた．

樹木作物　tree crops

花，果実，樹皮，樹脂などの有用な生産物を得るために栽培される樹木類で，草本作物に対することばとしてもちいられる．木本作物ともいう．嗜好料（コーヒーやチャなど），香辛料（チョウジやニクズクなど），甘味料（サトウヤシなど），油脂（アブラヤシやココヤシなど），樹脂（パラゴムなど）などを産する樹木類や果樹類が含まれる．樹木から葉や新梢，花などを野菜として利用する場合は樹木野菜とも呼ばれる．熱帯地域では，これらが農林複合農業の重要な構成種となっている．

狩猟採集　hunting-gathering

野生の動植物を生活基盤として狩猟採集すること．アフリカでは熱帯雨林*)に暮らすピグミーやカラハリ砂漠のブッシュマンを対象とした研究によって，彼らが生存に必要な量の食物を少ない労働で獲得しうること，また，それを平等に分配すること，そして，近隣民族との多彩な関係を歴史的に構築してきたことなどが明らかにされてきた．現在の狩猟採集社会は自然保護政策と市場経済化の狭間で揺れ動いており，生活文化と環境保全の両立に関する研究が期待されている．

狩猟採集社会　hunter-gatherer society

自然の資源をそのまま獲得し利用することをおもな生活様式とする社会．社会集団は家族あるいは複数の家族が構成するバンドからなり，内的な分業や分配，協働などが行われる．狩猟採集は農耕や牧畜がかぎられた環境条件のもとで成立するのに対し，地球上のほとんどの地域でみられ，人類史においてほぼすべてを覆う，きわめて適応的・柔軟な生活様式だが，近代以降，人間圏における急激な政治経済的な変化に晒されてもいる．

純一次生産量　net primary production
一次生産者である植物が光合成[*]によって固定したエネルギーの総量から，植物自身の呼吸によって使用された量を差し引いた値．従属栄養生物が消費・利用できる新しい生物体量の真の生産速度を示す．その空間分布は，基本的には地表面に降り注ぐ太陽放射に依存するが，植物の成長にとって不可欠な水や栄養塩の分布にも大きな影響を受ける．

循環する水　water circulation
陸地や海洋から蒸発し，大気圏に滞留したのち，降水となって戻ってくる水．地球上には14億 km^3 の水が存在する．そのうち一年間に循環する水は，その0.04%の50万 km^3 にすぎないが，これが河川水や土壌水となり人間の生存を支える水資源となっている．

巡礼　pilgrimage
宗教や民間信仰において，聖なるものや超越的存在が顕現している地へ行き，祈りや儀礼を行うこと．組織的宗教には宗教的理念に基づいた聖地とともに，聖者廟などのローカルコミュニティと結びついた参詣地も多い．近年では，宗教的な聖地や施設がパワースポットや癒しの地として若者の人気を集めており，アニメの舞台となった神社へ赴くことが聖地巡礼と呼ばれるなど，ツーリズムなど観光産業の観点からも注目されている．

障害調整健康余命（DALE）　Disability Adjusted Life Expectancy
障害がなく自立して健康に過ごせる年数（disability free life expectancy; DFLE）と，障害をもって過ごす期間にその程度を重みづけした年数の和．各傷病の障害度は完全な健康（=1）から死に等しい（=0）まで分類されている．DALEの算出には年齢・性別の死亡率のほか，傷病の有病率のデータが必要である．健康寿命（Healthy Life Expectancy; HALE）とも呼ばれる．

商業的農業　commercial agriculture
生産物を販売することを当初から目的として営まれる農業．自給的農業[*]の対義語．農業の資本主義化にともなって発展してきた．商業的農業の対象となる作物を商品作物または換金作物という．生育時期や生育期間の長さといった生理生態的特性等により，商品作物の要水量は自給的作物よりも高いことが多く，乾燥・半乾燥地では灌漑[*]設備の整った地域で商業的農業が拡大する．

状況論　situated theory
認知研究における状況論的アプローチとは，人々の行動や意思決定などの認知プロセスが，個々の人の脳内での合理的な計算のみに基づくのではなく，社会的なプロセスだとする考え方．心理学者L.ヴィゴツキーらの子どもの発達や学習における他者や事物の

媒介の役割の研究，経営学者 H. サイモンらの経済学における限定合理性[*]などを源泉とし，コンピュータ的アルゴリズムをモデルとする認知研究に大きな衝撃を与え，学習や協働的な活動の研究を革新させた．

消極的平和　negative peace
➡積極的平和と消極的平和

証券化　securitization
企業の保有する資産を担保として証券を発行すること．資産が小口化し，流動性も高まるため企業の資金調達が容易になる．具体的な手順は次のとおり．(1) 保有資産を特別目的事業体 (SPV) に売却する．(2) SPV は，その資産のキャッシュ・フローを裏づけとして証券 (資産担保証券，ABS) を発行し，市場をつうじて投資家に販売する．(3) 満期の時点で企業は SPV から資産を買い戻し，SPV は証券を償還する．

上座仏教　Theravada Buddhism
東南アジア大陸部（ミャンマー，タイ，ラオス，カンボジア）を中心に，スリランカ，中国雲南省と南ベトナムの一部で信仰されている仏教[*]の部派．大陸部には，インドからセイロン島を経て伝わり，現在では各国人口の6割から9割以上の信徒を擁する．同じパーリ語経典を聖典とし，教義の面では他の部派より均質性を保持している．また出家者の集団（サンガ）で自力救済を追求する出家主義，戒律の厳守を重視する持戒主義を特徴とする．

小人口世界　small population world
19世紀以前の東南アジアは，中部ジャワや北部ベトナム紅河デルタを除いて 1 km^2 当たりの人口密度が4人から6人程度で中国やインドなど隣接地域の数分の1だった．その少ない人口は上記の地域のほかビルマ内陸部など早くから定着農耕が営まれていた一部平野部と貿易港（港市）[*]とに集中していたため，土地ではなく労働力[*]が稀少な社会が支配的で，統治技術や生産様式などもこの小人口的状況を前提としたものであった．

小選挙区制度　single-seat constituency system
一つの選挙区から議員を1人選ぶ選挙制度．二大政党制[*]の発達をうながすとされるが，問題点として，各選挙区で落選候補に投じられた票（死票）を合計すると多くなり，各政党の得票率と実際の議席占有率とが大きく乖離しやすいこと，また投票前から結果が明らかで事実上選択肢がないような無風選挙区が生まれることなどがある．1回目の投票結果が一定の条件を満たさない場合に，上位候補者の間で2回目の決選投票を行う制度もある．⇒比例代表制度

象徴　symbol
象徴とは別のものを代理して示す事物のことであり，人類学者は異文化の，一見して意味のわからない事物を象徴として捉え，所与の社会には一定の象徴の体系があると想定し，その分析や解釈を中心的な営為としてきた．たとえば人類学者 V. ターナーは儀礼が象徴によって構成されているとし，象徴が帯びる意味の多義性や両義性から儀礼を分析した．また，文化を意味の網の目と捉える人類学者 C. ギアーツは，象徴を意味を運ぶ容器だとして文化の解釈の中心的な対象とした．

浄と不浄　purity, impurity
インド社会（とくにヒンドゥー社会）に広く流布しているとされる宗教的観念．フランスの文化人類学者 L. デュモンは，カースト*)制のヒエラルキーはこの浄・不浄の濃淡と密接な相関関係があるとした．現代においては，浄・不浄観念の様相や強度は変化をみせつつあるが，依然，飲食物ならびに血の授受（婚姻）の場面においては，強い影響力を及ぼしている．また，物質的な清潔・不潔の観念や，両義的な「ケガレ」観念との重複ならびにズレにも注意する必要がある．

商品連鎖　commodity chain
商品の生産・流通・消費の一連の過程がどのように形成されているのかを描き，その統治構造や領域性を分析することで，世界的規模で行われている分業の動態を批判的に考察するアプローチ．当初は，歴史学者 I. ウォーラーステインによって主導された世界システム論*)における史的分析のために提唱されたアプローチ概念であったが，1990年代以降，グローバル化*)する現代世界の動態を実証的に解明する方法論として幅広くもちいられるようになっている．グローバル商品連鎖，GCC ともいう．

上部構造　superstructure
➡土台と上部構造

情報の経済学　Information Economics
経済主体が十分な情報をもっていないときに，経済主体の行動や資源配分の効率性にどのような影響を与えるのかを解明する経済学の一分野．とりわけ，取引当事者の間でもっている情報に格差のある情報の非対称性の問題を中心に研究が進んでいる．具体的には，契約理論*)における逆選択やモラル・ハザードの問題などが挙げられる．

植生図　vegetation map
植物群落の具体的な広がりを示した地図のこと．現存植生図，原植生復原図，潜在自然植生図の三つに大別される．過去の植生図との比較から群落*)の動態が把握され，また

立地図との比較から群落分布と立地条件の関係が見いだされる．自然保護計画，土地利用計画の基礎資料として利用される．

職人集団　artisans
➡工人集団

職能代表制　vocational representation system
同業組合など職業身分的な利益集団からの代表を選任し立法府の議員とする制度．地域を選挙区として議員を選ぶ地域代表制に対する概念で，欧州において社会の複雑化・多元化にともない地域代表では真の国民代表たり得ないとの考えから，20世紀以降導入された．議会の一部分を職能代表で構成するやり方や，議会の外に職能代表で経済関係の会議体を設けるやり方がある．第二次世界大戦後のフランスの経済議会がその例である．

職分制　system of entitlements
中世インド等において発達した，共同体内の世襲的な分業・分配のシステム．職分権体制．それぞれの人あるいは世帯が自分の職分権という権利をもち，自分の職分を果たすことで共同体の生産物から一定程度の取り分を得ていた．取り分には大きな格差があったとはいえ，取り分が保証され，最低限の生活が保証されていた点は重要である．

植民地　colony
ある人間集団が本国を離れ，新たな土地に定住して形成する社会．古代ギリシア，ローマの時代からみられるが，とくに近代に西欧諸国によってアジア，アフリカ，南アメリカに形成された植民地は，帝国主義的支配体制の根幹をなすものであった．一般にそれらは宗主国の政治的支配下にあり，過重な経済的収奪を受けた．また西欧文明の普遍性とその伝播の必要性の主張は，西欧による植民地支配の正当化の目的にかなうものでもあった．

植民地支配　colonial rule
15世紀以降に西欧諸国がアジア，アフリカ，南北アメリカに進出して領土化し，自国民を移住させ，政治的な支配関係を背景に略奪的な貿易を行い，本国の産業発展と資本蓄積に利用したことを指す．当初はスペイン，ポルトガルが，16世紀末以降は英国，オランダ，フランスが，19世紀末から20世紀初頭には米国，日本，ドイツ，イタリアなどが植民地獲得に参加した．植民地の多くは第二次世界大戦後に独立を達成したが，植民地経験の影響は今日の社会の有り様に深く影響している．

食物連鎖　food chain
生物は群集内部において互いに食う－食われるの関係で結ばれているが，その関係を食

物連鎖と呼ぶ．また，食物連鎖を，植物を生産者，生産者を捕食する一次消費者，これを捕食する二次消費者～n 次消費者，さらにこれらの遺体や排泄物を分解する分解者として分けて表現したとき，それぞれのグループを栄養段階という．

食糧安全保障　food security
食糧安全保障は，誰が食糧を確保するのかという主体と，誰に保障するのかという客体に着目することで，二つの種類に分けることができる．まず，国家安全保障[*]のレベルにおいて，食糧自給率の低い国の政府が，自国の国民に食糧を安定的に供給するという保障である．つぎに，人間の安全保障[*]のレベルでは，国連食糧農業機関（FAO）といった国連の諸機関が，食糧不足で苦しむ途上国の人々に食糧を供給するという保障である．

初等・中等教育期待年数　school life expectancy, primary to secondary education
4 歳児が 16 歳までにうける初等・中等教育年数の期待値．UNESCO が発表している school life expectancy, primary to secondary education のこと．「持続可能な開発[*]」という考え方を中心に人間が環境との関係性のなかで生きていることを認識し，行動を変革することをうながすための教育理念を浸透させるためにはとくに初等・中等教育が重要である．⇒ 2-3-C02 人間開発

所有　property
近代法的な概念としての所有権はある財に対する排他的な使用・収益・処分の権利のことだが，人類学がとくに土地所有に焦点を当てて明らかにしてきたのは，諸社会の所有をめぐる概念体系や慣習的な実践の多様性，歴史的なあるいはその場の交渉をつうじたダイナミックな流動性である．こうした多様性は，コモンズ[*]や知的財産権，あるいは臓器移植など身体の所有に関わる例などの，現在あらわれつつある問題を考えるうえで示唆をもっている．⇒私的所有権

史料　historical source
過去における人間の存在の痕跡であり，歴史研究の拠って立つ基礎的材料．古くは文字によって記録されたテキストが史料と呼ばれたが，近年では遺跡，遺物，図像，儀礼やパフォーマンス，電子資料など，多様な史料が歴史研究の素材とみなされている．これらの史料は特定の出来事（事態）に関する限定的情報を含むにすぎず，さまざまな材料を組み合わせてその性格を明らかにし（史料批判），事態の総合的なあり方を検討する必要がある．⇒オーラルヒストリー

人為植生　cultural vegetation
人間活動と連動して成り立つ植生．アフリカでは狩猟採集，農業，牧畜といった生業活動によって地域の自然植生が種組成やバイオマスなどのレベルで改変されてきた．その

過程の解明をめざす生態史研究は，住民が自然の産物に依存するだけでなく，自然の再生をうながしてきた事例を数多く報告している．住民を排して原生林を保護するこれまでの立場に代わって，住民の文化と歴史に配慮した自然保全のあり方を考えるうえで現在，人為植生に注目が及んでいる．

真核生物　eukaryote
細胞内に核膜で包まれた核をもつ生物．細菌類とラン藻類を除く大多数の生物が含まれるが，それらの細胞構造や機能は基本的に同じ．核のなかには複数個の染色体が存在し，細胞分裂時には，これら染色体が二つの細胞に糸状構造のもので分けて運ばれる．細胞内には呼吸代謝を行うミトコンドリア，光合成を行う葉緑体のほか複雑に分化した膜系の小器官が存在する．ほとんどの真核生物では有性生殖が行われる．

新家産制　neo-patrimonialism
近代国家における支配のあり方の一つ．社会学者 M. ヴェーバーが提示した支配の一類型である家産制に由来する．家産制は支配者が自らの資産や社会的地位をもちいて行う恣意的な支配を指し，近代国家に限定される概念ではない．一方，「新」家産制の場合は，この支配のあり方が，公私の区別を前提とする近代国家においても存在し，国家運営の機能として公的な制度（法制度や国家機構）よりも優先されると解釈される．

シンクレティズム　syncretism
ギリシア語のシンクレティスモスに由来し，既存の宗教や信仰体系が新しい宗教的要素と混じりあうこと．混合主義，習合主義とも表現される．シンクレティズムの語は，日本における神仏習合や本地垂迹，さらにキリスト教やイスラームが，土着宗教や民間信仰と境界面で結びついて，世界各地へ伝播したことを表現する際にももちいられる．ただし，「正統」の教義との関係から，政治性や価値判断を含む語として避けられる傾向にある．

人権　human rights
人間であれば誰もが有している生来的な権利．西欧の市民革命期には，表現の自由などの自由権や，恣意的に逮捕されない権利などの市民的権利が強調されたが，20世紀に入り人権の意味が拡大するようになると，健康で文化的な生活を営む権利などの社会権も人権の一部とみなされるようになった．第二次世界大戦以降，人権の保護は国際的な課題となっており，そのための国際協力の推進は国際連合の主要目的の一つにもなっている．⇒ 2-2-A03 生存権，難民，集団の権利

人工多能性幹細胞　induced pluripotent stem cells
➡ iPS

人口転換　demographic transition
社会経済的発展にともなって人口動態が多産多死型から多産少死型へ，さらに少産少死型へと変化すること．人口転換は死亡率の低下と出生率の低下から成り立っており，死亡率の低下が先行する．またこれは，不可逆的な現象だとされる．死亡率の低下は健康転換（疾病や死因の変化）と並行して起こるが，健康転換の進行の仕方には地域差がある．また，出生率の低下についても，「希望子供数」など多様な媒介要因が関係するためその進み方はやはり地域ごとに多様である．

新古典派経済学　Neoclassical Economics
1870年代の限界革命以降に主流となったミクロ経済学[*]の内容とその方法論を指す．合理的経済人[*]を前提とした経済主体の行動を，数学的な一般均衡分析の枠組みで分析するのが特徴である．以前は，経済学者 A. マーシャルに代表されるイギリス・ケンブリッジ学派を指す言葉としてもちいられていたが，1970年代ごろから現在一般に膾炙する意味でもちいられるようになった．⇒限界効用

新古典派総合　neoclassical synthesis
経済学者 P. サミュエルソンが『経済学』第3版で主張したケインズ経済学[*]と新古典派経済学[*]を折衷する考え方．労働の完全雇用が実現するまでは，ケインズ経済学が主張する政府による積極的な財政・金融措置の必要性を唱える一方で，完全雇用の実現以後は，新古典派経済学が主張するような市場をつうじての効率的な資源配分を重視した．

人種　race
人類の生物学的な特徴による区分のこと．そもそも一つの生物学的な「種」である人類を生物分類における「種」と同列な基準で区分することはできないにもかかわらず，さまざまな政治的差別や暴力の正当化に「科学的」な人種研究がもちいられた．そうした外観的あるいは地理的な差異を基にした分類とは異なる，人類の遺伝的な多様性やそのばらつきの形成プロセスについての近年の研究は，生物としての人間の理解に大きな貢献をなしている．

新宗教　new religion
江戸後期以降の日本に登場した宗教団体や運動の総称．研究者たちから民衆宗教とも呼ばれてきた天理教，金光教，黒住教から，創価学会や立正佼成会まで多数を包括．特徴は現世的救済観や平易な教義による信仰実践を説くことにある．高度成長期に教勢を拡大した諸宗教を，新宗教と区別するために新新宗教と呼ぶこともある．これらは価値的・政治的判断を含んだ類似宗教や新興宗教の語に比べて，中立性を保つことを試みた語である．

新自由主義（ネオリベラリズム） neoliberalism
福祉や教育，経済分野における公共財の資源配分に関して，公的な財政負担を軽減させる一方，規制緩和，民営化や法人税減税による民間企業の経済活動活性化等をつうじ政府の政策介入を制限しようとする政策的志向．急速なグローバル化による国内経済環境の変化を受け，従来の国家体制下での公共部門維持見直しの必要性から各国で政策として実現されたが，新自由主義の追求は国内社会における格差拡大をもたらした．

人種差別 racial discrimination
生物学的な特徴によって人間を分類し，集団ごとに優遇したり排斥したりする社会的実践．白人種，黄色人種，黒人種の三分類が代表的である．実際には人種分類の生物学的根拠は薄弱であり，集団内の個体差の方が大きい．人種集団はむしろ社会的構築物だと考えるべきであるが，奴隷制や植民地支配と結びついた黒人差別，アジア人の経済進出にともなう黄禍論など，偏見に基づいた人種差別の実践は根強く残っている．

新植民地主義（ネオ・コロニアリズム） neo-colonialism
かつて西欧や日本の植民地となった国々は，20世紀後半において，「政治的」には独立を果たした．しかし，「経済的」ないし「社会的」には，依然として植民地システムが維持されているケースがある．国際関係論では，このような状況を新植民地主義（neo-colonialism）と呼ぶ．最近，国連食糧農業機関（FAO）の事務局長 J. ディエフは，アジア・アフリカ諸国に対する「土地収奪」（land grab）を新植民地主義にほかならないと警鐘を鳴らした．

心性 mentalité（仏）
アナール派*）の歴史学者たちが意識的に取り上げたことから，ある時代の人々がどのような感性をもち，周囲の世界をどのように眺めたのか，という点が歴史研究の重要な対象の一つとなった．断片的に表出する現象や言明の背後に特徴的な心性を読み取るという作業は，現在の文化史*）研究の基礎をなしており，また人間の心性と行動の関連の評価という面で，心理学や社会学，人類学などの隣接分野との豊かな協働をもたらしている．

新制度学派経済学 New Institutional Economics
経済システムを支えるさまざまな制度*）の役割を解明しようとする経済学の一分野．同じく制度の役割を重視する旧制度学派経済学と異なり，ミクロ経済学*）の方法論をもちいて分析を行うのが特徴である．具体的な研究トピックとして，企業組織論，法の経済分析，所有権理論，比較制度分析，歴史制度分析など多岐にわたる．

親族　kinship
親族とは，親子・兄弟姉妹関係をとおしてたどられる，社会的に認知される関係のことであり，多くの社会集団における社会組織のあり方の基礎である．人類学では姻族も包含した概念として，諸社会の親族関係の形態，制度*)としての親族がともなう権利や義務の配分，親族集団に関わる民俗観念（「血」や「骨」など）のあり方等が議論されてきたが，生殖技術の発展とともに新たな親子関係が生まれつつあり，親族のあり方や制度も再考を迫られている．

身体　body
人間の身体は他者の身体に自己と同質の個別意識を感知し，共感するもので，身体は物質存在でありながら主体として社会的作用に開かれている．➡ 2-2-C06

身体観　body culture
あらゆる人間にとってほぼ共通の組成と構造をもつ身体が，特定の歴史的，社会的文脈のなかでどのように認識され，扱われてきたのかという「身体観」の歴史については近年とくに関心が高まっている．破損した身体の修復（癒し，医療），身体障碍の社会的扱い，思索の主体としての意識と物質的存在である身体との関係，あるいは模範的古典文献には顕れにくい肉体的生理的欲求に関する事柄など，非常に広範な領域を含む研究分野である．

神殿　shrine
➡寺院／神殿

人道支援（人道援助）　humanitarian assistance
自然災害や武力紛争などの被災者に対する援助や保護．これは，被災者の苦痛の予防と軽減，生命と健康の維持，個人の尊厳の確保を目的として行われる支援である．こうした支援には，食糧や医薬品などの物資的援助だけでなく，精神的支援や法的支援を含むものである．ただし，支援者と被災者との関係が扶養関係にある場合は，一般に人道支援とはいわれず，両者の関係は第三者関係である必要がある．

人道的介入　humanitarian intervention
集団殺害，迫害，甚だしい人権侵害などの深刻な人道上の危機が他国で生じている場合に，その国に対し，それをやめさせる目的で武力行使を含む強制的な介入を行うこと．人道的干渉ともいう．この行為が国際法上合法であるかどうかについての評価は確定していない．武力行使をともなう以上，国連憲章に違反するという見解がある一方，国連憲章上も重要な規範である人権の保護を目的とすることから，これを合法とする見解も

ある．⇒民族紛争

親密圏と公共圏　intimate and public realms
➡ 2-2-C01

信頼醸成措置（CBM）　Confidence-Building Measures
潜在的または顕在的に敵対関係にある国々の間での，武力紛争の発生もしくは拡大を予防するために取られる諸措置．相互不信を背景とする緊張状態ないし誤解は，紛争を引き起こす一因であることから，信頼を醸成すべく提唱された．具体的には，軍事の透明化と削減，非武装地帯の設置，ホット・ラインの設置，軍事演習などのオブザーバー招致，軍事代表団の相互交流などをつうじて，相互の信頼関係を構築し，紛争予防を行っている．

森林　forest
生存基盤構築に不可欠の景観要素としての森林とその機能．➡ 2-3-B02

森林減少と保全　deforestation and forest conservation
危機的状況の熱帯林と地球規模に広がる保全の取り組み．➡ 2-3-B04

森林減少・劣化からの温室効果ガス排出削減（REDD）　Reducing Emission from Deforestation and Degradation
開発途上国における森林消失や森林劣化を防ぐことによって，二酸化炭素の排出を低減しようとする考え方．これを二酸化炭素排出とオフセットさせることで植林再植林CDMに代わるメカニズムとして採用しようという考え方もある．すなわち，先進国からの資金援助によって森林消失が抑制され，それによって発生したはずの二酸化炭素を，削減義務を負った国が排出権として利用できるようにしようという考え方である．ポスト京都議定書のなかで実現されるかどうかは不透明だが，日本をはじめ先進国が行う開発途上国援助のなかで，REDDへの貢献がすでに強調されているケースが多い．開発途上国側では，森林の単なる保護ではなく，森林資源としての管理強化によって持続的利用を可能にして炭素貯留量の増加も積極的に図るといった施策が好ましいとしている．この考え方はREDD＋（レッドプラス）と称されている．⇒排出権取引制度，クリーン開発メカニズム（CDM）

人類益（人類的利益）　human interest
1980年代に日本の国際政治学者である馬場伸也が提起した概念．(1) 永久平和の確立，(2) 全人類の経済的福祉の確立，(3) 自然と人間の調和の確立，(4) 人間の尊厳の確立，という四つの価値から成り立つ．馬場は，グローバルな地球的規模の諸問題を解決するためには，国益（national interest）[*]を超えて，人類益を重視しなければならないと主張し，

非政府組織（NGO）*）といった非国家主体の役割が高まることを主張した．

人類生態学　Human Ecology
あるヒトの集団が，その地域の生態環境とどのように相互作用しながら長期的に生存を維持しているかを多様なアプローチを組み合わせて調査・研究する．人類学や医学・疫学などと隣接した学問．比較的小規模の集団を対象とし，臨地調査をつうじてその人口や社会組織，食事（栄養）や生業を，また生体計測や尿・血液その他の現地で採取した試料の分析などをつうじて，集団の健康状態や環境の変化を調査し，それらの相互関係を明らかにする．

神話　myth
ある社会集団において共有されている，その社会集団自身や世界の起源，あるいはその他さまざまな物事や社会制度などの存在の根拠や基礎づけが示されると受け止められている一群の話．一見すると荒唐無稽なものも少なくなく，その意味や流通・伝播をめぐってさまざまな解釈アプローチがとられてきた．伝説や昔話などとともに口頭伝承の一つのジャンルであり，語り継がれるなかで変化しながら現在を支えるものという側面が強調されている．

水害　flood damage
多量の降雨が原因となって生じる，直接あるいは間接的な被害のこと．冠水，浸水，土地の流出，山崩れなど，広い範囲の被害が含まれる．台風による高潮や地震による津波を含める場合もある．長江，ガンガー川，ナイル川河口など，大きな河川の下流で広大な低地が広がっている場合，長雨によって水害が発生しやすい．⇒ 2-1-A04 洪水

スィク教（シク教）　Sikhism
グル・ナーナク（1469-1539）を開祖とする宗教．教典は『グル・グラント・サーヒブ』，総本山はインド・パンジャーブ地方アムリトサルにある黄金寺院．身分差別や偶像崇拝を否定する．男性は頭髪と髭を切らず，頭にターバンを着用する習慣がある．男性はスィンフ（シン），女性はカウルという名前をもつ場合が多い．欧米や中東，東南アジア等に多くの移民*）を送り出してきた．

水稲作　paddy rice cultivation
湛水状態にある耕地（水田）において稲を栽培すること．アジアの広域で人々の生存を支えてきた．耕地を湛水状態に保つ必要上，水に対する依存性が非常に高い．このため年間降水量が 1,000 mm を超える地域の，さらに谷間やデルタといった表流水が集まる地形条件下で営まれる．また農民側も，水資源を効率的に水稲作に振り向けるため，灌漑*）といった土木技術や，湛水時期・湛水深による品種の使い分けといった農学的技術

を発達させてきた．

水平的国際分業と垂直的国際分業 horizontal international specialization, vertical international specialization
水平的国際分業とは，国どうしがそれぞれ生産を得意とする最終財を輸出しあう貿易の形態のこと．先進国間の工業製品貿易を指すことが多い．これに対して，最終財と原材料を輸出しあう形態を垂直的国際分業という．同一産業内貿易においては，属性が異なる財どうしを輸出しあう形態を水平的産業内貿易，品質の異なる財どうしを輸出しあう形態を垂直的産業内貿易と呼ぶ．⇒比較生産費説

水利共同体
河川などの水資源を共同で管理・維持し，また公平に分配するための社会組織を指し，中国や日本，東南アジアなどアジア各地の農村社会において確認される．中国においては，春秋戦国時代にすでに水利共同体が発生したと考えられている．とくに雨の少ない華北では，先秦から秦・漢において国家権力によって灌漑[*]が行われたが，それらの用水路灌漑やため池の管理維持のため，水利会（水利組織）がつくられた．

スーダンサバナ Sudan savanna
サヘルとギニアサバナに挟まれたサバナ地域．年間降雨量は 400-800 mm 程度で，イネ科草本にシクンシ科やマメ科の高低木が混交する植生が発達する．サヘル地域とならんで不安定な気候下にあるが，人口密度は熱帯雨林や他のサバナよりも高い．トウジンビエ，モロコシ，ササゲを中心とした天水農業や窪地・氾濫原を利用した稲作が古くから営まれてきた．家畜飼養もさかんであり，牧畜民と農耕民との間には多様な社会関係が築かれている．⇒サヘルサバナ

スーフィズム taṣawwuf（亜）/ Sufism（英）
イスラームにおいて，内面性・精神性を重んじる思想潮流・運動．「イスラーム神秘主義」と訳されることが多い．ただし，日常道徳や民間信仰の要素も含むことに留意する必要がある．前近代にイスラーム世界全域で隆盛をきわめたのに対し，近現代ではイスラーム復興[*]運動やモダニズムの台頭にともなって，相対的に重要性を低下させている．しかし依然一定の影響力を保持しており，近年では環境問題に積極的に取り組む姿勢などが注目される．⇒ 2-1-B08 宗教と環境

スピルオーバー効果（波及効果） spill-over effect
ある一つの出来事が他領域にまで影響を及ぼす現象．国際関係論においては，一分野における国際協調が他分野での協調へつながる状態として理解される．あるいは，政治的争点の低い領域（技術協力[*]など）から高い領域への波及を指すこともある．国際関係論者 E. ハースによってもちいられて以来，とくに欧州統合における国家間協力の進展を

把握するのにしばしばもちいられてきた．

スピンオフとスピンオン   spin-off, spin-on
軍事技術の民生転用をスピンオフ，民生技術の軍事転用をスピンオンと呼ぶ．冷戦期には巨額の予算が投じられた軍事研究開発からのスピンオフが趨勢的な技術の流れであり，ここからコンピュータやインターネットなど軍事に源流をもつ技術が商品化，商業化されていった．しかし，民生産業で熾烈な技術開発競争が始まり，研究開発の大規模化，高度化が進められた 1980 年代以降，民生先端技術のスピンオンが急速に拡大した．

スポイルズシステム（猟官制）   spoils system
公職を党派的理由から任免する制度．政党政治が進展した 19 世紀の米国とイギリスで盛んにもちいられた．第 7 代アメリカ合衆国大統領 A. ジャクソン（在職 1829-37 年）が支持者を数多く官職に任命したのが典型例．官僚組織を民主的統制下に置きやすい一方，汚職・腐敗や素人行政の弊害を生みがちである．対極にあるメリット・システム（資格任用制）では公務員の専門性や公平性・中立性が確保されるものの，官僚主導の政治運営に陥る危険が大きい．両者のバランスをとった政治任用制の確立が多くの国で課題となっている．

炭   carbonized wood
機能性炭は持続的な生存基盤確立の鍵である．➡ 2-3-B09

棲み分け   habitat segregation
生態学者の今西錦司と可児藤吉の水生昆虫に関する研究から生まれた概念．生活様式がよく似た二つ以上の生物の個体群が，競争の結果，空間的あるいは時間的に生活の場を互いに分けあっている現象をいう．

生   life
➡イノチ

生活組織
生活をともにする人々が形成する組織．その形成原理は親族*）関係や互助関係などの人間関係に依拠することが多い．組織のサイズや継続性は成員間の関係や組織に対する帰属意識によって変化する．組織は生産活動に必要な労働力の確保や成員の生活を支える資源に対する所有・分配・利用の規則／規範をもつ．組織の内部にはさまざまな親族集団や労働協同組織が存在し，これらの小集団が相互に機能的に関連しあって，組織としての統合性が保たれる．

生業　livelihood
生活を営むための仕事のこと．人類学において主要な対象となってきた狩猟採集から農耕牧畜・漁撈などを営む社会集団においては，その集団の成員を組織化する要因でもあり，生業に関わるローカルな資源利用や生産物の分配や消費，流通のあり方の解明は重要な研究課題であった．現代の世界規模での人やモノ，情報の流通の増大は地域社会における生業のあり方に大きな影響を与えているが，逆向きの影響もあることも見逃してはならない．

政教一致　the unity (union) of church and state
政治的統治者と宗教的権威者の一致，またはイスラーム法のように宗教法が統治法と分離しておらず一致していること．イスラームのカリフ論は，政治的指導者と宗教的指導者の一致を理想としており，その理想を預言者ムハンマドと彼に続く正統カリフの時代に置く．今日でも，バチカン市国のようにイタリアの統治を離れて，教皇を元首とする政教一致や，イスラーム諸国のようにイスラーム法と国家統治が並存する状況がみられる．

政教分離　the separation of religion and politics
政治活動と宗教的思想原理の分離を定めることで，国家統治における宗教的中立性と一般的な信教の自由権を確保するための制度および原則．多くの近代国家憲法に取り入れられた原則だが，その制度的な実現方法には各国間で相違がある．日本やフランスは教会等の宗教特権や権力行使を認めない厳格な政教分離を規定している．政教分離は個人の宗教の自由を保障する原則ではなく，あくまで国家と宗教の一般的関係性における原則とされている．

政軍関係　civil-military relations
シビリアン・コントロールすなわち文民政権が軍を統制することが，軍が国家を支配する軍事政権よりも好ましいとの前提のもと，いかに軍を統制するかを研究関心として第二次世界大戦後の米国で始まった研究分野．軍が政治に影響力を行使したり，クーデタ[*]などのかたちで直接介入する事例は世界的に少なくない．政府の行政能力の低い途上国では，むしろ規律のとれた軍人が行政を補完しうるとして，一定程度の政治介入を肯定する議論もある．

制限酵素　restriction enzyme
DNA[*]分子中の 4-8 塩基ほどの短い特異的な配列を認識し，配列内部またはその付近で DNA を切断する酵素．認識部位の多くは二本鎖 DNA のそれぞれの鎖上で同じ塩基配列が逆方向に並んだ回文構造になっている．切断面は二本鎖 DNA の片方が数塩基突出する粘着末端と同じ位置で切断される平滑末端の二種類がある．大腸菌[*]で外来

DNA を切断しファージの増殖を制限するところから名づけられた．

生権力　bio-pouvoir (仏) / bio-power

フランスの哲学者 M. フーコーが提唱した生命を対象とする権力．人間を抑圧し従属させるのが権力だと理解するマルクス主義的権力論に対し，生権力とは，身体に知が介入し，その分析により真理を措定し，その真理に自ら従属する主体を生みだす生産的な権力である．また，従来の権力論が支配／被支配という二項対立で権力関係を理解するのに対し，生権力は，網の目状に偏在し，容易に支配／被支配の区別が立てられないものが権力であると捉える．⇒ガバメンタリティ

精耕細作　jīnggēng-xìzuò (中)

中国の土地・労働利用集約的な農業技術の特徴を示すことば．中国農業の近代化を進めるために，西洋近代の農学や農業技術の無批判な導入ではなく，中国古来の農業の伝統を継承発展させる必要があるという考えが強調され，その伝統を集約することばとして使われた．土壌の深耕，中耕除草，栽培管理などに精を出し（精耕），季節，水，作物の状態をよくみきわめて輪作や混作などの多毛作体系をきめ細かく管理する（細作）伝統的な農業技術の特徴が表現されている．⇒ 2-3-B05 農法

政策過程　policy process

政策が形成・決定・執行されるプロセス．合理的モデルでは，問題の調査，目標の設定，選択肢の確定，最適な政策の選択，決定，執行，評価，修正の各段階からなる．しかし，現実には修正によって漸進的に進む，あるいは政策の諸条件の時々の組み合わせが重要であるとする見方がある．

生産から生存へ　from production to livelihood
➡ 2-2-01

生産力仮説　productivity hypothesis

地球上の生物種の多様性のばらつきを説明するための仮説の一つ．生物生産力の高い地域で，種多様性が高いとする仮説．陸上生態系では，熱帯のなかでも高温・多湿な環境で最も生物生産力が高く，植物多様性もこのような環境下で最も高いことはこの仮説の有力な証拠となっている．⇒ 2-1-B01 生物多様性

静止衛星軌道　geostationary orbit
➡ GEO

政治過程 political process
政治現象を，諸制度を所与とした諸アクター間の相互交渉の過程として捉える概念．特定のイシューをめぐる利益代表，支持・対抗，対案の提示，調整・操作，決定，執行とそれにともなうフィードバックの過程を含む．さらには，世論による各アクターへの拘束，選挙過程，立法過程，司法過程，組織内過程との関係などの広がりをもつ．政策過程*⁾の概念に比べ，政策決定をめぐる権力的対抗というマクロの広がりに焦点を置く．

政治献金 political donations
政治家や政党がもちいる政治活動費として，民間から行う寄付金，あるいはその寄付行為．贈収賄や不正な利益誘導の要因になるとして法的に規制されていることが多い．企業献金を全面禁止するフランス，企業や労組からの献金を禁止して個人からの献金は承認する米国，企業や労組の献金を承認するがその内容を公開し，寄付対象や寄付金額を限定する日本など，さまざまな制度がある．

脆弱性 vulnerability
所与のシステムの外的な要因からの被害の受けやすさ． ➡ 2-1-C06

成層不安定 unstable stratification
大気の成層状態の安定度が低いこと．通常の大気は高度が上昇するとともに一定の割合（100 m につき摂氏約 0.6 度）で気温が下がるが，この状態は変化する．成層状態が変わって，大気の対流が発生しやすくなり雲が発達するような大気を成層不安定な大気または不安定成層という．成層不安定の際には，積雲，積乱雲，乱層雲などの雲ができやすい．大気の上下で気温の差が大きいほど，下層の大気に含まれる水蒸気の量が多いほど，成層不安定になりやすい．

生存基盤 the basis of livelihood catering for survival, reproduction and subsistence
➡ 2-2-02

生存基盤指数 Human Potentiality Index
➡ 2-3-C01

生存権 right to life
公共圏への従属を超え，ケア*⁾を軸にした〈生きる権利〉を保障する． ➡ 2-2-A03

生存戦略 survival strategy
「適応*⁾」とともに生態人類学*⁾における中心的な概念であり，ある社会集団がその自

然・社会環境のもとでの持続的に生存を支えるものとしての，その社会集団がそなえ，受け継いできた状況的・暗黙的な知識や行動様式，社会制度などのことを指す．そこにはたとえば牧畜社会において，干ばつ*⁾を耐え，かつそこからできるだけ早く回復できるように家畜の群れを分散させ管理するというような，その環境の特性や可変性に対する深い洞察が含まれる．

生存のなかの生産　production in the sustainable humanosphere
途上国の家族経営等の積極性をふまえ，親密圏の従属をもたらさない生産．➡ 2-2-B05

生態系　ecosystem
一定の場所にすむ全生物とその環境を，物質循環とエネルギーの流れに着目して一つのまとまりとして捉えたもの．生産者・消費者・分解者・無機的環境の四つが基本的な構成要素．海洋，湖沼，河川，森林，草原，砂漠，都市などが代表的な生態系であるが，数滴の水たまりから地球や宇宙まで，さまざまなレベルの生態系がありうる．

生態系サービス　ecosystem service
生態系がもつ調整・供給機能など人類の利益になる機能．➡ 2-1-B04

生態人類学　Ecological Anthropology
人間と自然の相互的な関係，適応や進化を研究する人類学の一分野．狩猟採集民や農耕民，牧畜民*⁾などを対象に，臨地調査に基づき，定性的・定量的双方のアプローチを駆使して，その生業活動や食糧の獲得の形態や組織，食糧や財・資源の分配と消費の単位や実践，集団の構成と再生産の仕組みなどを明らかにするが，近年では対象社会の政治的な周辺化や環境問題との関わり等も重要なテーマである．文化（社会）人類学*⁾と対置されることもある．⇒ 2-1-C03 牧畜，狩猟採集

生態的な地位　niche
➡ニッチ

制度　institution
人々によって共有され，規則的・持続的に繰り返される社会構造，あるいは価値や規範，確立した行動様式の体系のことをいう．人々によって築きあげられるものであると同時に，個々人の行動にある程度拘束的に働き，個人のパーソナリティ形成にも大きく影響を及ぼすことから，規定性・規範性・社会化・内面化の側面から，個人と社会との相互関係の要諦をなすものとなる．

政党制　party system
政党間の勢力分布などの枠組みを政党制という．政党制の基本的分類法は，政党の数によるものである．主たる政党が一つの場合は一党制，二つの場合は二党制度，それ以上の場合を多党制とする．また，政治学者の G. サルトーリは，政党の相対的規模，イデオロギーの距離，連合政権形成軸の数などを変数として，一党制，ヘゲモニー政党制，一党優位政党制*)，二党制，穏健な多党制，極端な多党制，原子化政党制に分類している．⇒複数政党制

政党政治　party politics
政治が政党を中心に展開され，政党が議会をつうじて政権を掌握および運営する政治をいう．議院内閣制*)においては，選挙によって多数を得た政党が内閣を組織する．現代民主主義国家において政党政治が広く行われている背景には，議会が選挙をつうじて選ばれた国民代表の集まりとして民主的支配の正当性をもつこと，政党が民意を最も忠実に反映し集約する能力をもつという前提が存在する．

正当性と正統性　justice, legitimacy
特定の意見や行為が，ある理由に基づいて肯定される場合には，正当性をもつ．とくに，統治者による統治や支配，すなわち，統治の組織，制度*)，構造が，ある理由に基づいて維持されて，十分に正当化されている場合に，正統性をもつ．社会学者 M. ヴェーバーは，正統性の類型として，伝統や習慣によって正統性を担保する伝統的支配，個人の特殊な能力に基づくカリスマ的支配，法律や制度による合法的支配を挙げている．

聖と俗　the sacred, the profane
宗教社会学において中心となる概念の一つ．社会学者 E. デュルケームによれば，聖なるものと俗なるものの二元論で世界を捉えることが，宗教の根本的思考法である．宗教は，聖なるものを俗なるものから隔離・保護することによって成り立つとされる．聖／俗二元論は，非日常／日常，ハレ／ケの二元論と重なる概念と捉えられる．ただし，「ケガレ」概念によって把握される，聖が含蓄する敬いと畏れ，創造と破壊の両義的性質にも注意を払う必要がある．

政府間関係〔中央−地方関係〕　intergovernmental relation [centre-regional relation]
国家における中央政府と地方自治体*)との関係．地方自治体も中央政府と同じく行政（執政）と立法という統治機能をもつため，最近では垂直的関係を意味する「中央−地方関係」よりも，水平的な「政府間関係」という用語が一般的である．行政権限や財源の配分を定める行財政制度や，政治家（首長と議員）ならびに官僚の人事（中央からの首長や官僚の派遣など），政策策定のための情報の分布などを基準に，集権的か分権的かが判断

される．⇒地方分権

征服王朝　dynasties of conquest
中国史において，遊牧民族が建てた王朝（遼，金，元，清）を指す．もとは歴史学者 K. A. ウィットフォーゲルが『中国社会史・遼』(1949 年) において述べた概念で，遊牧民族の契丹が建てた遼において遊牧民と漢族を区別して統治する二重統治体制をとったところに注目し，漢人の王朝と区別するために，征服王朝（Dynasty of conquest）と呼んだことに始まる．日本の学界にも一定の影響を与えたが，批判も多く見直しが進みつつある．

政府系投資ファンド（SWF）　Sovereign Wealth Fund
政府の保有する資産の運用を目的に設立された投資ファンド．中東やアジアの新興諸国で多くみられる．運用主体に政府が何らかのかたちで関与しているのが特徴．運用原資が資源輸出収入主体となっているものと，それ以外の資金（経常黒字，財政黒字，年金基金からの収入など）となっているものに分けることができる．運用先はおもに株式投資が中心だが，近年，多角化が進んでいる．

生物資源　bioresource
自然資源のうち，生物に由来する資源．➡ 2-1-B05

生物多様性　biodiversity
遺伝子，種，生態系の変異性と多様性．➡ 2-1-B01

生物多様性条約（CBD）　Convention on Biological Diversity
生物の多様性を，生態系*)・種・遺伝子*) の 3 レベルで捉え，(1) 生物多様性の保全，(2) 生物多様性の構成要素の持続可能な利用，(3) 遺伝資源の利用から生ずる利益の公正かつ衡平な配分，を目的とする国際条約．1992 年リオ・デ・ジャネイロでの国連環境開発会議で気候変動枠組み条約とともに調印された．2010 年現在で米国以外の全国連加盟国が締約している．詳細は約 2 年ごとに開かれる条約締約国会議（COP）で順次決定される．

政府の失敗　government failure
市場の効率的な資源配分が妨げられている状態（市場の失敗*)）を改善するために導入された政府による裁量的政策が，かえってより非効率的な状態をもたらしてしまうこと．政府の失敗が生じるのは，政府の目的が社会の厚生を最大化するという理想主義的なものではなく，利害の異なる各経済主体の対立を調整することにあるからであると考えられている．このような捉え方は，公共選択の理論と呼ばれる．

生命資源の稀少化　the tendency towards the scarcity of biosphere-derived resources

生態系から採取される資源が稀少化すること．環境の劣化による資源確保の困難を「土地の稀少化」よりも包括的に捉えようとする．人口増加，耕地の拡大，土地生産性の上昇は，森林伐採や水の集約的利用がもたらす生態系*⁾の変化をつうじて環境の劣化を招きがちである．人間が資源を確保する場合，経済価値の追求とともに生態系の保全への考慮が必要だとされるようになったのは，比較的近年になってのことである．⇒ 2-1-02 地球圏・生命圏・人間圏 —— 土地再考，土地の稀少化

生命倫理　bioethics

生命（bio）と倫理（ethike）を意味するギリシア語を合成した，バイオエシックスの邦訳．近年の ES 細胞*⁾やクローンから，死刑制度や脳死による臓器移植までさまざまな問題を総括する語としてもちいられている．科学技術の進展にともなって，生と死の定義が揺らぐなか，人工中絶に反対するカトリックやプロテスタント諸派や，妊娠 120 日目以降の堕胎を認めないイスラームなど，宗教的理念に基づく反対意見と対立している．

生モラル政治　bio-moral politics

哲学者 M. フーコーは 18 世紀以降の統治のあり方について，権力*⁾の装置はもはや個々の臣民の生殺与奪ではなく人口の維持管理に向けられているとし，生政治という概念を示した．哲学者 G. アガンベンのビオスとゾーエーという生の区分はこの議論を展開したものだが，これに対し人類学者の田辺明生はインド社会の研究に基づき，他者の存在，生命への配慮と尊重に基づくよりよき生の追求という生モラルを目的とする「関係性の政治」を来たるべきデモクラシーとして提示した．⇒生権力

西洋中心史観　Eurocentric view of history

ルネサンス，宗教改革，科学革命，主権国家システム*⁾の成立から産業革命にいたる西ヨーロッパで生じた一連の変化を近代社会の成立と考え，その普及によって近代世界史を説明する歴史観．西欧中心史観とも言う．その視角から古代史，中世史や非ヨーロッパ世界の歴史も組み立てられてきた．非ヨーロッパ世界の支配や収奪を重視する立場や，東アジアに独自の発展径路*⁾があったとする見方からは「一方的普及主義」だとの批判もある．

西洋の衝撃　Western impact

東アジアにおける「近代」の始まりは，アヘン戦争によって生じたとする視点．この論理にしたがえば，西洋は東アジアを開国・開港することで，近代世界システムをアジアに浸透させていった，という単線的な歴史的展開になる．しかし近年，西洋の衝撃という歴史過程は，西洋が東アジアの国際システムに参入していった過程であること，また

西洋に対する開港だけではなく東アジア間における開港の過程であったことが指摘されている. ⇒アジア間貿易

世界観　world view
ある主体 —— 個人, あるいは集団 —— が世界をどのように捉えているか, その統一的な認識・理解・視角を指す. 主観的な世界に関する観念的見解となることから, その複数性に注意を払い, 相対主義的観点から把捉する必要がある. すなわち, 世界観にしたがって, 自らの生[*]ならびに他者の生をどのように捉えるかが, 多分に決定されることになるのである. また, 集団的見解が個人に拘束的に働く場合, 世界観とイデオロギー[*]はほぼ同義となる.

世界銀行〔世銀〕　World Bank
国際復興開発銀行（IBRD）と国際開発協会（IDA）の二つの機関の総称. この二つの機関に, 国際金融公社（IFC）, 多数国間投資保証機関（MIGA）, 投資紛争解決国際センター（ICSID）とあわせて「世銀グループ」と呼ばれる. IBRDは1944年にブレトン・ウッズ体制を担う機関として国際通貨基金（IMF）と並び設立された. 1980年代には途上国政府に対し構造調整をつうじた融資を行ったが, 近年では民間セクターの整備支援にも強い関心を示している. ⇒構造調整プログラム

世界システム論　world-systems theory
16世紀以降現在にいたるまでの世界史を, 単一の世界システムの生成と展開の過程として考えようとする歴史学者I. ウォーラーステインの学説. 16世紀以降ヨーロッパ諸国は東欧やラテンアメリカを原料供給地とし, 工業製品の産地である自国との間に大規模な不等価交換を成立させて剰余価値の多くを収奪した. とくに16世紀以降の海上交通の発達にともなって, 西欧を中核として成立した広範囲な分業と収奪の仕組みが近代世界システムである. ⇒商品連鎖, 中心と周縁

世界人口　world population
世界人口は現在70億人であるが, 2085年には100億人に達する. ➡ 2-3-C05

世界単位　unit-world
生態学者の高谷好一らによって提唱された, 世界を分割する地域単位. 住民が世界観を共有しているような地域範囲を指し, いわゆる国家の範囲とは必ずしも一致しない. 高谷はその類型として, (1)生態適応型の世界単位, (2)ネットワーク[*]型の世界単位, (3)大文明型の世界単位, (4)近代がつくった世界単位を挙げている.

世界貿易機関（WTO）　World Trade Organisation

多角的自由貿易体制の確立のために，1986 年「関税・貿易に関する一般協定」（GATT）ウルグアイ・ラウンドでの合意に基づき，1995 年マラケシュ協定で設立された国際機関．GATT のほか，「サービス貿易に関する一般協定」（GATS），「知的所有権の貿易関連に関する一般協定」（TRIPS）なども管轄し，強力な紛争解決手続きをもつ．近年，多角的貿易交渉は難航し，二国間・地域での自由貿易が展開している．環太平洋戦略経済連携協定（TPP）がその例である．

世界水会議　World Water Council

グローバルな視点から水問題に対処するために 1996 年に設立された民間シンクタンク．本部はマルセイユ．世界水会議や世界水フォーラムの開催において重要な役割を果たし，安全・安心な水の不足は人類共有の課題であるという認識を国際的に普及した．

石油化学　petrochemistry

石油を原料として種々の化学製品をつくる化学．現在では，石油のナフサ留分を主原料としている．石油化学製品には，エチレン，プロピレン，ブタジエン，ベンゼン，トルエン，キシレンなどの基礎製品，塩化ビニル，アクリロニトリルなどの中間製品，およびこれらの基礎製品や中間製品を原料とし，化学反応によってつくるポリエチレン，ナイロン 6,6，ブタジエンゴムなどの最終製品がある．

石油危機（オイル・ショック）　oil shock / oil crisis

1973 年に勃発した第四次中東戦争において，OAPEC[*]が行った原油価格の削減とイスラエル支持国への石油禁輸措置，および OPEC による原油公示価格の引き上げにより，先進国が大きな経済的打撃を受けたこと．1979 年のイラン革命による同国での原油生産中断とそれにともなう原油価格の上昇によっても同様の影響を受けた．前者を第一次石油危機，後者を第二次石油危機と呼ぶ．

石油リファイナリー　oil refinery

原油から，ガソリン，ナフサ，軽油，アスファルトなどの石油製品を製造する工程を石油精製と呼ぶ．これに対し，石油および天然ガスなどを原料として，合成繊維，合成樹脂など加工度の高い製品を製造する化学を石油化学という．石油リファイナリーは元来石油精製を指すが，バイオマスからさまざまな化学品を製造するバイオリファイナリー[*]と対比して，石油精製から石油化学にいたる石油関連化学を石油リファイナリーと位置づける場合も多い．

セクシュアリティ　sexuality
セクシュアリティは性に関わる欲望や観念，表現，実践などの集合をあらわすことばであり，多様な位相をもつため（性的指向，生物学的性，性自認，社会的性役割などが構成要素として挙げられる），個々の主体においても内的に葛藤を生じうる．哲学者 M. フーコーはセクシュアリティを主体のあり方と深く結びつくものとして定位し，その歴史を知＝権力との関わりから分析し，またクィア理論家の J. バトラーはそのパフォーマティヴな構築性について論じた．⇒ジェンダー，パフォーマティヴィティ

セクト　sect
宗教の類型論において，既存の宗教集団からの分派．ただし，自発的な参加者によって構成され，加入した集団以外の世俗的，宗教的な帰属意識を排除する小規模な集団を指すことが多い．カトリックに対するプロテスタント，仏教の各宗派をセクトと呼ぶ枠組みもあるため，セクトの語だけでは厳密な意味を示していない．代表的な研究者として，社会学者 M. ヴェーバーや神学者 E. トレルチ，セクトに関する七つの類型を提示した宗教社会学者 B. ウィルソンがいる．

世俗化　secularization
「世俗化」は，宗教や聖なるものの影響力の衰微を表現する語として，1960年以降の欧米を中心にもちいられた．その背景には，教会の礼拝への参加率や洗礼の低下があった．社会学者の T. ルックマンは，世俗化を，合理化の過程において「聖なる天蓋」である宗教から多くの社会的側面が離脱することだと考えた．しかしながら，イスラーム復興[*]や原理主義[*]の動向は，世俗化をたんに宗教の衰退とみなし得ないことを示唆している．

積極的平和と消極的平和　positive peace, negative peace
ノルウェーの政治学者・社会学者 J. ガルトゥングが提起した概念．消極的平和（negative peace）とは戦争の不在を意味する．「消極的」には，「戦争の不在＝平和の実現」とはかぎらない，という意味合いがある．ガルトゥングは，消極的平和だけでなく，貧困[*]や社会的不公正といった構造的暴力（structural violence）を「積極的」に除去すること，すなわち積極的平和（positive peace）も達成しなければならないと提起した．⇒ 2-2-A10 暴力

絶対的利益　absolute gains
➡相対的利益と絶対的利益

セパレートタイプ〔シロアリ〕　separate type
地中や樹上などに巣をつくり，巣とは異なった場所で採餌をするような生活様式をもったシロアリのこと．セパレートタイプは派生的なシロアリ種にみられる．営巣場所と餌

の種類によって，さらに樹上に営巣する樹上シロアリグループ，地中に営巣する地中シロアリグループ，地中に営巣し土壌有機物などを餌とする土食いシロアリグループなどに分けられる．日本では，沖縄県に分布するタカサゴシロアリやタイワンシロアリ，ニトベシロアリなどが分布している．⇒ワンピースタイプ〔シロアリ〕

セルフヘルプ・グループ　self-help group
自助グループとも訳される．何らかの問題や悩みを抱えた人々が，同様な問題を抱えている当事者同士で自発的に形成した集団で，組織化されたものから緩やかなつながりまで多様な形態がある．人類学ではHIV/AIDSやアルコール中毒等をめぐるセルフヘルプ・グループを対象に，その集団との関わりをつうじた当事者たちの変容，その集団の公共圏への働きかけ，専門家や地域社会など集団の外部を巻き込んだ活動の展開が調査される．なお，大文字の場合（SHG）は，インドのマイクロファイナンス[*]事業を指す．

セルラーゼ　cellulase
セルロースを加水分解する酵素[*]で，セルロースのグルコース間の結合をランダムに分解するエンドグルカナーゼ，末端からセロビオース単位に加水分解するセロビオヒドラーゼ，セロオリゴ糖をグルコース単位に加水分解するβ-グルコシダーゼが存在し，これらの複合酵素として機能する．繊維や食品の加工，洗剤への配合などにも応用されているが，バイオエタノールに関連して，高活性なセルラーゼを安価に生産する方法が重要となっている．

セルロース　cellulose
植物細胞壁の主成分で，自然界に最も多く存在する天然高分子である．その構成成分はグルコースであり，それらがβ-1,4結合により直鎖上につながっている．一本のセルロース鎖は，さらに束になって結晶構造をとり，ミクロフィブリルを形成する．綿や紙の主成分であり，セルロース誘導体は幅広く利用されている．人はセルロース分解酵素をもたないが，反芻動物の胃にはセルロースを分解する細菌や原生動物がおり，セルロースを消化・利用する．

世論　popular sentiments
➡輿論と世論

全球再解析データ　global meteorological reanalysis data
過去の大気や海洋の循環場・気温場などを，観測データと最新の数値予報モデルを使って，コンピュータで再現した時空間的に均質なデータのこと．数値予報モデルの開発のための初期値データ作成や，検証データとしても活用される．過去の気候変動や異常気象を詳細に調べることができ，メカニズム解明に役立てられる．

宣教活動　missionary
➡ミッショナリー

潜在能力　capability
人がどのような「機能」(functionings)を実現できるのか，その選択肢のひろがりを示すことによって自由を表現しようとする概念．　➡ 2-2-B04

センサス／全数調査／国勢調査　census
センサスとは，ある特定の時点における，人口に関する統計調査をいう．またそれは，集団からの抽出による標本調査ではなく，統計集団に関わるすべての要素の収集を目的とする「全数調査」(悉皆調査とも)となる．さらに統計集団の単位として一国が設定された場合，とくに「国勢調査」と呼ばれる．量的調査においてはもちろん，質的調査においても，基礎的なデータとして扱われる．昨今においては，人口から派生して，農業や工業などに関わる基礎的な全数調査についても，センサスの語が使用されている．

先住民　indigenous peoples
先住民は国民国家*⁾に対して差異への権利を主張する．　➡ 2-2-A08

染色体　chromosome
細胞において，遺伝情報を含む構造体．細胞核内に存在し，長い DNA*⁾分子がヒストンとよばれるタンパク質に巻き付きながらコンパクトに折り畳まれた構造で，莫大な数の遺伝情報を収納している．真核生物*⁾の遺伝子*⁾は複数の染色体で構成される．ヒトの場合は 46 本．動物や雌雄異株の植物には常染色体のほかに性別を決定している性染色体が存在する．細胞が分裂する際には，折り畳まれた染色体が順次変化し，DNA を複製する．

全数調査　census
➡センサス／全数調査／国勢調査

全体主義体制　totalitarianism
公的，私的の区別なくすべての領域における全面的服従を強制する独裁的政治体制．ドイツのナチズム体制と旧ソ連のスターリン体制が典型．独裁者が市民の自由を著しく制限して支配する点では伝統的専制や権威主義体制*⁾と類似するが，イデオロギー*⁾による強力な動員が行われ，経済活動から宗教，芸術，娯楽にまでいたる全領域が党と国家権力に統制されるという生活全体の政治化が特徴．権威主義体制ですら許容される内面の自由（面従腹背）とプライバシーさえ認められず，テロルや強制収容所，秘密警察，密

告制度がもちいられる．

セントラルドグマ　central dogma
遺伝情報は DNA[*] から DNA へ複製される．また，DNA から RNA[*] へ転写され，さらにタンパク質へと翻訳される．タンパク質から DNA や RNA はつくられない．この情報伝達は一方向で不可逆であることから生物に普遍的な基本原理として，宗教における教義になぞらえて生物学者 F. クリックにより提唱された概念である．今日では RNA から DNA を合成する逆転写酵素の発見により，RNA から DNA への経路も加えられている．

葬儀講　funeral association
➡講

双系制　bilineal descent
父方・母方の双方にたどることが可能で，どちらかが一方的に優位ではない系譜観念．東南アジアでは出自や親族[*]組織に関しては，父系親族集団の発達したベトナムを除いて，双系制や系譜観念自体が希薄もしくは存在しない社会が主流である．そのため父系制の卓越する他地域と比べて相対的に女性の地位が高く，個人のネットワーク[*]形成においても状況に応じて双方の親族をたどって自己に有利な関係の形成を志向することが多い．

相互依存　interdependence
各国が自国のみでは存立できず，相互に他国に依存する状態．とくに国際経済の深化にともなって言及され，ネオリベラル制度主義者による国際関係理論の基盤となっている．国際関係論者の J. ナイと R. O. コヘインによれば，相互依存下にあって国家は，他国からの行動からも，また国際社会自体の変化からも影響を受けるとされる．前者は国家の「敏感性（感受性）」と，後者は「脆弱性」と，それぞれ呼ばれる．

創唱宗教　founded religion
特定の個人（founder）によって創始された宗教で，宗教類型の一つ．アニミズム[*]など創唱者のいない信仰体系である自然宗教や，成立年が不詳である民族宗教[*]などと対置される．キリスト教，仏教，イスラームばかりでなく，スィク教[*]や日本の新宗教[*]も含まれる．特定の個人によって創始されるため，当人が属していた既存の宗教組織とともに，当時の社会的，文化的背景に大きな影響を受けているのが特徴である．

早生樹　fast-growing tree
成長の早い樹木の総称．代表的な樹種はユーカリ，アカシア[*]，マツ，ポプラ．熱帯に

おける大規模造林では，単一の早生樹種を，同時期に植栽し同時期に伐採する一斉造林により生産するのが一般的である．これは経済的には最も効率的な造林方法だが，このようにして形成される林地は生物多様性*)や生態系サービス*)という観点からは自然林や二次林と比較して大きく劣る． ⇒ 2-3-B02 森林

想像の共同体　imagined communities
米国の政治学者 B. アンダーソンによる著作と概念．国民や民族という認識は，その共同体に所属している人々を直接知らなくても，構成員のなかで共同体のイメージ（想像）をもつことで生まれる．こうした想像は，近代の出版技術をつうじて，同じ言語で新聞などの出版物を読むことができる環境によって促進された．それゆえ，アンダーソンによれば，国民や民族は古くから存在した実体ではなく，近代の産物である．⇒ナショナリズム

相対的利益と絶対的利益　relative gains, absolute gains
国家の追求すべき利益が何かをめぐる二つの見解．利益の内容を自国一国の文脈で決めるのが絶対的利益であり，他国との関係のなかで決めるのが相対的利益である．国際協調の是非をめぐって対立しており，絶対的利益を重視する立場（ネオリベラル制度主義）が肯定する姿勢を示す一方，相対的利益を重視する立場（ネオリアリズム）は，協調が自国の相対的優位を実現しないとの理由から，否定的態度をとっている．

贈与　gift
一方の当事者が自己の財産を無償で相手方に与える契約．社会学者・文化人類学者の M. モースは，数々の民族誌やローマやインドの古代法典を分析し，人間には贈り物を贈り，贈り物を受け取り，贈り物のお返しをするという三つの義務が課されている，とみなした．他方，見返りを期待するものかどうかという点から贈与（純粋贈与）と交換*)とを峻別すべきだとする議論もある．⇒ 2-3-B09 交換／交易

ソーシャル・キャピタル（社会関係資本）　social capital
社会に存在する人や集団のネットワーク*)や，人々の間の信頼関係，人々の間に共有されている規範などを資本として捉えた概念．➡ 2-2-B10

ソーシャル・サポート（社会的支援）　social support
個人が人間関係をつうじて受けるさまざまな支援のことをいう．家族*)や友人との関係が主となるインフォーマルな支援と，機関や制度との関係となるフォーマルな支援との大きく二つがある．それぞれ，親密圏ならびに公共圏におけるケア*)のあり方の問題と深く関わるものとなる．またこれらの支援全体は，「ソーシャル・サポート・ネットワーク」として総体的に捉えられ，議論されている．⇒ 2-2-C01 親密圏と公共圏

疎外　alienation
本来は人間の創造物であったものが次第に自律性を獲得し，ついには人間自身を規定する疎遠な力としてたちあらわれること．とりわけマルクス主義の文脈においては，賃労働関係そのものを疎外の概念から批判し，資本主義*)における基本的な矛盾の一つとして規定した．労働力*)を自らとは無関係な商品として売り渡すだけでなく，そうした労働関係によって支配されるようになった労働者が，再び主体として疎外からの回復を企てる行為こそが，革命*)にほかならない．

俗　the profane
➡聖と俗

即位儀礼　enthronement / coronation
ある人物が当該国家*)の君主になるために行われる通過儀礼*)．前近代においてはとくに，新しい君主に聖性を賦与し，新たな王の正統性を保証するために，信仰システムが関与する事例が多い．日本の天皇が代々受け継ぐ三種の神器のような宗教的象徴物（regalia）の譲渡，古代インドの王の頭に神官たちが水を注ぐ灌頂儀礼，あるいは病者を癒したイエスにちなんで司祭が王に聖なる油を塗布する中世西欧の即位式などがその例である．⇒主権，政教一致

尊厳ある死　death with dignity
自らの傷病が不治かつ末期にいたったとき，インフォームドコンセントに基づく健全な判断のもとでの自己決定により，いたずらに死期を延ばす延命措置を断り，自然の死*)を受け入れる「死の迎え方」で，自然死と同義語．薬物による積極的安楽死とは全く異なる．近年，advanced care planningという概念が欧米を中心に広まり，より広範なケア*)計画を比較的傷病早期から話し合うプロセスを重視する傾向にある．⇒ホスピス

村落共同体　village community
土地や水利といった資源の共有，規範の共有，封鎖性，自給性，互恵性をその特徴とする共同体*)を指す．資本主義*)以前の社会に代表的な形態として捉えられるが，同時に，近代市民社会*)の登場とともに，その反動 ── すなわち，近代の喪失であり，近代からの憧憬 ── として生まれた共同体概念であるともされる．またその共同体的特性から，親密圏と公共圏*)のはざまにあるもの，あるいは，双方の特徴を兼ねそなえるものとしても捉えられる．

ターミナル・ケア　terminal care
1960年代以降，末期ガンなど終末期の患者やその家族*)に対して，身体的・精神的な

苦痛を軽減するために盛んとなった医療や看護．特徴としては，痛みを取り除き，緩和する治療（キュア）とともに，精神面での看護（ケア*)）を行うことが挙げられる．患者の命を少しでも延ばすという治療姿勢ではなく，患者自身の余命を充実したものとするQOL*)（Quality of Life: 生活の質，生の質）を尊重し，さらに家族に患者の死を受け入れるための準備を与えている．⇒尊厳ある死，ホスピス

ダイオード　diode

整流作用（電流を一定方向にしか流さない作用）をもつ電子素子であり，現在は半導体*)で構成されたものがほとんどである．半導体ダイオードでは，p型とn型の半導体が接合されたPN接合や，半導体と金属が接合されたショットキー接合などが示す整流作用がもちいられる．とくにショットキー接合をもちいたショットキーバリアダイオードは整流効率が良いため，無線電力伝送用*)受電整流回路では多くの場合ショットキーバリアダイオードをもちいる．

対抗文化　counter culture

➡カウンターカルチャー

第三の波　the third wave of democratization

米国の政治学者S. ハンティントンによる著作と概念．非民主主義体制から民主主義体制へと移行する「民主化*)」には三つの波があるとする説．第一の波（1828-1926年）は米国やフランスなどで，第二の波（第二次世界大戦後）はドイツや日本などで，そして第三の波（1975年-1980年代後半）はハンガリーやペルーなどで生じた．民主化の波の後には，民主主義*)の一時的な後退という「揺れ戻しの波」が生じると指摘している．

代謝　metabolism

生命の維持のために，体外から取り入れた物質をもちいて新たな物質を合成したり，それにともなってエネルギーの出入りを行ったりする生体内の化学反応．大きく異化と同化の二つに区分される．異化は有機物を分解することによってエネルギーを得る過程であり，呼吸*)はその一例である．同化は，エネルギーを使用して有機物を合成することで，タンパク質*)や核酸の合成が挙げられ，そのほとんどが，酵素*)反応を介して行われる．

代謝物　metabolite

代謝により，体外から取り入れた物質をもちいて新たに合成された化学物質．一次代謝物と二次代謝物に分類できる．一次代謝物は生体を維持するのに必須の物質であり，生物界に共通して存在する物質群．おもに，糖*)，タンパク質*)，脂質，核酸などの高分子やその構成単位である．二次代謝物は，各生物種や生物群が固有にもつ物質群．役割

は不明なものが多いが，天然由来の医薬品や新薬のリード化合物として重要である.

大衆政党　mass party
現代大衆社会において，選挙権の拡大で飛躍的に増加した有権者を組織し党員数を伸ばすことで得票数を拡大，支持基盤を固める政党．基本的に個人党員をもたず労組や知識人団体がメンバーとなって支持を形成する．左翼社会主義[*]政党の一般的な組織形態であり，議会外の大衆の利益や意見を議会のなかにもち込み政治に反映させようとする点にその特徴がある．⇒包括政党

対称性　symmertry
科学技術社会学者 B. ラトゥールは，近代 (modern) は自然と社会の分離を前提とする思考法の上に成り立っているとする．その思考法では，社会現象 (政治や経済等も含む) は人間のみによって生み出され，自然現象は人間以外の生物やモノが構成し，両者は相互に不干渉だとされる．対称性とは，この前提に基づく社会科学と自然科学の分断を越え，対象とする物事が自然と社会双方の要素によりハイブリッドに構成されていることを明らかにする研究姿勢を指す．⇒アクターネットワーク論，ハイブリッド

大絶滅　mass extinction
地球上の生物進化の歴史のなかで，地殻変動や火山活動，隕石の衝突などのカタストロフィックな変動によって生物の大絶滅が何度も引き起こされた．カンブリア紀以降，5回の最も大きな絶滅が有名．5回のうち最も最近に生じたのは，恐竜の絶滅した白亜紀末の大絶滅．このような大絶滅をきっかけに，優勢な生物のグループが入れ替わってきたと考えられている．白亜紀末の大絶滅以降は，恐竜類にかわって哺乳類が，そして裸子植物にかわって被子植物が地上の優勢な生物グループとして適応放散を果たしてきた.

代替医療　alternative medicine
近代医学ではない医学・医療形態．多くの人が近代医学と代替医療を併用していることもあり，相補 (補完)・代替医療とも呼ぶこともある．この概念は，科学的効果が実証された医療から，民間療法や伝承なども含んでいる．2009 年，ドイツを中心に広がっているホメオパシー療法に対して，医学的根拠がないという公式見解が，2010 年に日本学術会議や日本医師会から出されたのは記憶に新しい.

大腸菌　Escherichia coli
哺乳類の腸管内に常在する細菌．多くは鞭毛をもち活発に運動する．大部分はヒトに無害だが，食中毒などの毒素を産生したり病原性を示すものもあり，食品や飲料水から検出される場合は汚染を意味する．他の細菌の DNA[*] をもちいた形質転換[*] など，遺伝学や生化学の研究材料として頻繁にもちいられる.

大統領制　presidential system
厳格な三権分立*)を前提としたうえで，大統領が行政権*)を担当する制度が大統領制である．議会の議員と大統領はともに公選制により選ばれ，お互いに別々の機関として存在しているため，議会と大統領の間には，議会による大統領不信任権および大統領による議会解散権は存在しない．閣僚は大統領が任命し，議会議員と兼任することはできない．また，大統領は国家元首でもある．

大分岐　The Great Divergence
歴史学者 K. ポメランツは『大分岐』(2000年)で，西ヨーロッパ，東アジア，インドの先進地域ではいずれも 18 世紀末までにスミス型成長と呼ばれる市場経済の発達がみられ，生活水準も違わなかったとした．そして，19 世紀における西ヨーロッパとそれ以外の地域との「大分岐」(the Great Divergence) は，石炭や新大陸の資源が利用できたなどの「偶然」によると論じた．グローバルな生活水準論争を巻き起こすとともに，資源集約的な工業化*)の起源論の側面ももつ．⇒ 2-3-02 発展径路（複数発展径路論）

太陽電池　solar cell
光起電力効果を利用し，光エネルギーを直接電力に変換する電力機器である．Si*)太陽電池が現在主流であるが，GaAs 太陽電池などの III-V 族系と呼ばれる化合物太陽電池や発電原理が異なる有機薄膜太陽電池等，さまざまなものが存在する．変換効率は Si 太陽電池の場合 17％程度，GaAs 太陽電池の場合 22％程度である．太陽光により瞬時に発電するので，発電量は太陽光変動に依存する．変動する発電量を大規模化しつつ電力系統の安定性を保つためには (1) 蓄電池で発電量を安定化させる，(2) 変動する発電量に応じて電力系統を対応させるスマートグリッド（賢い送電網）を導入する，(3) 宇宙空間に太陽電池を附設し，太陽光照射を安定させる＝宇宙太陽発電所*)，という三つの手法がある．

太陽風　solar wind
太陽から吹き出すプラズマ*)のことである．この風が地球の公転軌道に達するときの速さは平均約 450 km/s であり，温度は 10^6 K に達することもある．太陽風は地球磁場に影響を与え，オーロラの発生の原因の一つとなっている．太陽風の様子は激しく変動することもあり，コロナ質量放出 (CME) と呼ばれるプラズマの塊が太陽から放出され地球の磁場にぶつかったときに磁気嵐と呼ばれる現象が発生することが多い．この磁気嵐は，人工衛星の搭載機器を壊したり，姿勢を変えたりすることがある．そのため，太陽風の予測は今後の宇宙生存圏のためには非常に重要なものであり，現在「宇宙天気予報」の取り組みも行われている．またこの太陽風を利用して宇宙空間を航行するシステムが現在研究されており，磁気セイル・帯電セイルと呼ばれる．

太陽放射と地球放射　solar radiation, terrestrial radiation

太陽放射とは，太陽が出す放射エネルギーのことで，日射とも呼ばれる．一方，地球が出す放射エネルギーのことを，地球放射という．放射における波長とエネルギーの関係は放射源の温度に依存し，太陽の光球の温度 (5,780 K) と地球の放射平衡温度 (255 K) の放射を考えたとき，太陽放射では波長約 $0.475\ \mu m$ のところに放射強度の最大値があり，地球放射は波長約 $11\ \mu m$ のところに最大値がある．このことから，太陽放射のことを短波放射，地球放射のことを長波放射と呼ぶ．

大陸部〔東南アジア〕　mainland Southeast Asia

東南アジアの地理区分でインドシナ半島にほぼ相当し，ベトナム・ラオス・カンボジア・タイ・ミャンマーが含まれるが，マレーシアの半島部は生態的条件から除外される．ほぼ全域が熱帯モンスーン気候で，内陸部は乾季の乾燥が強い．紅河・メコン・チャオプラヤー・イラワジの4大河が存在し，その下流には広大なデルタが存在する．言語・居住民族は島嶼部[*] に比して非常に多様である．

大量破壊兵器　weapons of mass destruction

一般的に，無差別な大量殺傷性や桁違いの破壊力を有するために，その非人道性や大規模な環境破壊（例：放射能汚染）の問題から，国際的な規制もしくは禁止対象とされている核兵器・化学兵器・生物兵器の三つを指す．現在，核不拡散条約 (NPT)・化学兵器禁止条約 (CWC)・生物兵器禁止条約 (BWC) が，それぞれの兵器の開発・生産・取得・保有・貯蔵に制限を設け，また国際機関の査察などを加盟国に義務づけている．

タウヒード　taw$h_.$īd（亜）

イスラームにおける神（アッラー）の唯一性を示す概念．「アッラー以外に神はなし」という信仰告白の前半部に代表されるようにイスラームの教義の中心を占める．神の本質とその諸属性が議論されるイスラーム神学はタウヒードの学問とも呼ばれる．スーフィズム[*] では，自己が消滅し神と合一する境地をタウヒードと呼び，諸階梯の最高段階と考える．

多極共存型民主主義　consociational democracy

政治学者 A. レイプハルトが，各国の政党・選挙制度に注目して提起した民主主義[*] 概念．小規模で多党制をとっている国は，英米のように二大政党制をとる代表的民主主義国と比べて政治的に安定しないとする従来の説（典型は政治学者 M. デュヴェルジェ）を覆し，これを比較研究によって実証した．政治エリートによる協調や大連合の可能性，小さな区域に分割された政治地域間での相互拒否権行使等が，この場合の条件とされる．
⇒複数政党制

択伐と皆伐　selective logging, clearcut

択伐は天然林施業の一種で，特定の樹種のみを選択的に伐採する方法．皆伐はすべての樹木を伐採する施業方法で，皆伐後には植林か，農地への転換が行われることが多い．また近年では択伐の方法にも変化がみられ，伐採後の樹木の再生が困難な従来型の択伐から，持続的に木材を生産し，環境への影響を抑えた方法（reduced impact logging: 低インパクト伐採*)）が模索されている．⇒ 2-3-B02 森林

多元主義　pluralism

権力と権威の中心が複数あることおよび，複数性を重視する考え方．政党政治*)において複数の政党が，政策決定過程において複数の利益集団が，自由な競争をつうじて影響力を行使する，自由民主主義と代表制（議会制）民主主義の制度的特徴を示すことが多い．対立・競争・調整をつうじて多様な意見や利害が最適なかたちで公共政策に反映され，全体として公共の利益が実現されるという議論もあれば，むしろ動員できる資源の違いなどにより競争が歪められて公共性*)が阻害される側面を強調する議論もある．こうした政治的多元主義のほか，文化多元主義や宗教多元主義*)もある．

多国籍企業　multinational corporation

複数の国に生産，流通，研究開発等の拠点を構え，グローバルな視点に基づく事業活動をつうじて利益の最大化をめざす世界的な大企業．直接投資，企業内貿易，技術移転などの国境を越える多国籍企業の活動は，世界経済のボーダレス化を促進する原動力となっている．自由貿易協定の締結が進み，貿易や投資，知的財産権等の国際的ルールを規定する世界貿易機関（WTO）*)が設立された1990年代以降，多国籍企業のグローバル展開は一層加速した．

他者　alterity

➡異人

多生業社会　multi-subsistent society

個人，世帯，コミュニティの生計維持のために複数の生業が組み合わされている空間．多様な生業選択を行い，複数の経済的ポートフォリオ（分散投資）を組み合わせながら，社会的弾性*)を高める社会で，単一の生存基盤*)への依存を回避し，危険分散を基本とする弾性的な性格をもつ．都市部での出稼ぎによる賃労働と農村部における生産という異なる経済活動に依拠し，単一生業に依拠しない世帯の増加は，都市化の進行とあいまって多生業が一つの生存基盤のプロト・タイプとなる状況を示している．⇒ 2-3-B01 環境と生業

ただ乗り free-rider
➡フリーライダー

脱構築 déconstruction（仏）
フランスの思想家 J. デリダが提唱した．二項対立的な問題設定において，優位にある項そのものが，もう一方の項の存在に寄りかかって初めて成立しうることを暴きだし，問いの有効性そのものを宙づりにすることで問いの立て直し（再構築）やその概念のもつ自明性の再考をうながす．ポストコロニアル批評家 G. スピヴァクは，言葉が捉えきることのない濫喩性（≒言葉が示す意味が一つではなくその都度状況に応じてずれていくこと）の実際的な側面に着目し，政治の文脈，とくに主体の再考という文脈に脱構築の手法を導入した．

脱産業社会 post-industrial society
➡産業化／産業社会／脱産業社会

棚田 terraced paddy fields
山の斜面あるいは沖積地*)や段丘面の傾斜地に階段状に造成した水田のこと．多大な労働力を必要とし，かつ労働は過酷，大規模化・機械化が困難であるため，稲作の近代化という観点からはマイナスのイメージでみられがちであるが，古代より世界各地で，さしたる傾斜地でないにもかかわらず棚田がつくられてきた例が多くみられる．近年は，その美しい景観を観光資源として活用する動きが活発化している．

頼母子講
➡講

多肥多労農業 heavy manuring and labor intensive agriculture
外部調達した肥料を大量に施用し，畜力をもちいず労働力*)を多投して作物を栽培する農業を指す．日本農業のなかでもとくに稲作の近代化過程における技術的特徴を示すとともに，西洋農業に対比したときの後進性を指す言葉としても使われた．輪作によって地力を維持し，畜力によって労働時間を節約する欧米の畑作技術を規範とする立場から，水田農業の非効率性を批判する言葉としてもちいられた．その一方で，この特徴が日本の稲作発展を支えたとする見方もある．⇒ 2-3-B05 農法

WTO World Trade Organisation
➡世界貿易機関

多文化主義　multiculturalism

国民国家*)の概念は，国家の統一を目的として国民の同質性を強調するがゆえに，マジョリティがマイノリティの民族や人種がもつ文化の存在を軽視ないし存在そのものを認めない可能性がある．そこで，1970年代に，各民族や人種の多様性や多元性を尊重すべきであるという考えや政策，すなわち「多文化主義」(multiculturalism) が登場した．最近では，労働者の国際的移動や難民*)／国内避難民をめぐる問題などを背景に，多文化主義が語られている．

多民族国家　multi-ethnic states

複数の民族から構成される国民国家*)．逆に単一の民族からなる国家は今日ほとんど存在し得ない．一般的に多民族国家の運営の鍵は民族間の融和と統合といえるが，多数派民族が覇権をもち強硬に統治する国家，多数派への同化を推進する国家，「国民」や「国家語」を創り上げて統合を目指す国家，多民族であることを前面に出して（実態はどうあれ）対等な共存と共生を国是として謳う国家など，さまざまである．

タムノップ　thamnop (泰)

タイ東北部からカンボジアのトンレサップ湖周辺にかけての地域で広くみられる，水田灌漑*)等，利水を目的とした土堰堤．湖畔や氾濫原に設置して洪水期に溢れる水を囲い込むため池型のものと，河川の流れをせき止める井堰型のものとがある．後者は降雨後の河川増水時に河川水を河岸に溢れさせることにより周囲の水田を湛水状態にする．いずれも基底流量*)をおもな利用対象とする近代河川工学とは対照的な利水技術である．

多毛作体系　multiple cropping (systems)

作付体系の1方式．1年に1作物をつくる一毛作に対して，2作物以上を栽培する作付体系を指す．表作にイネ，裏作にムギ類を栽培する水田二毛作は日本の多毛作の典型的な例である．熱帯などの開発途上国では，この方式が農業生産力を向上させるシステムとして注目されるようになった．また，経済発展にともなって，新たな商品作物を導入して多毛作化が進展した地域がある一方で，労働力*)の流出によりかつての多毛作体系が維持できなくなった地域も少なくない．⇒ 2-3-B05 農法

タリーカ　ṭarīqa (亜)

スーフィー*)教団．イスラーム神秘主義教団．タリーカの語は元来「道」，転じて「修行道」を意味し，後にその修行道に励む人々の集団を指すようになった．さらに，後には宗教的機能に加えて政治的・経済的・社会的機能をもつようになり，イスラーム社会を考える際に重要な要素となっている．セネガルの国家経済を牛耳るムーリッド教団はその一例．イスラーム世界全域に広がるほか，近年では欧米にも大きな影響力を及ぼし

ている．⇒スーフィズム

ダリト　dalit（梵／印／マラーティー語）
インド現地諸語で，「抑圧された者たち」(the oppressed) を意味する．広義には，社会の被抑圧層全体を指すが，狭義には，とくに元「不可触民」のことを指す．従来他称で呼ばれてきた不可触民が，1960年-70年代にマハーラーシュトラ州において興隆した解放運動のなかで，とくにその名を冠したダリト・パンサーに代表されるように，自称として名乗りはじめた呼称である．とくにこの語をかれら自らが使用する際には，強い自負心の表明であると認識されうる．

弾性　resilience
力を加えると変形するが，除荷すれば元の寸法に戻る性質．生態学や社会学においては，ストレスや社会変化のもとで影響を受けたシステムが回復する性質を意味する．心理学においては，困難な状況下における適応能力（回復力・復元力）といった意味でもちいられることが多い．

炭素循環　carbon cycle
地球上と大気中，海洋中の炭素の交換という生化学的な循環．➡ 2-1-A11

炭素ストック　carbon stock
炭素を貯蔵する大気，森林[*]，海洋等の炭素プール内に貯蔵される炭素の量．政策的には森林の炭素ストックが重要である．樹木は二酸化炭素を使い光合成[*]によって酸素を放出すると同時に二酸化炭素を有機物として樹木の体内に取り込み固定する．樹木の成長過程では光合成と呼吸との差し引きで二酸化炭素の吸収量が大きく，成長がとまると等しくなり，枯れて腐朽すると固定された炭素が二酸化炭素として放出される．老齢化した人工林の伐採・再造林は森林を若齢化させ，二酸化炭素固定量を増大させるのに有効である．また，伐採木材を燃やすのではなく建築材等として使用することは，炭素をストックさせることでもある．⇒森林減少・劣化からの温室効果ガス排出削減

炭素税　carbon tax
環境破壊や資源の枯渇に対処する取り組みをうながす「環境税[*]」の一種．石炭・石油・天然ガスなどの化石燃料に，炭素の含有量に応じて税金をかけて，化石燃料やそれを利用した製品の製造・使用の価格を引き上げることで需要を抑制し，結果として二酸化炭素排出量を抑えるという経済的な政策手段である．対象となる化石燃料は，石炭・石油・天然ガスおよびそれから由来するガソリン，軽油，灯油，重油などの燃料である．

炭素貯蔵機能
植物が光合成*)によって大気中の二酸化炭素を有機物に変換し，体内に取り込んで固定する働きをいう．⇒炭素ストック

タンパク質　protein
生物の主要構成成分．アミノ酸が鎖状に連なった構造（ポリペプチド）からなり，それが折り畳まれ複雑な高次構造を形成し，複数のポリペプチドが会合することにより機能をもったタンパク質が構成される．構成するアミノ酸の配置や折り畳み構造によって，生物体の細胞成分や酵素となるなど，さまざまな機能を発揮する．一般的に構造は熱で変性しやすい．アミノ酸以外の成分を含んだ複合タンパク質などもある．

弾力性　elasticity
ある変数の値が1％変化したときに，他の変数の値が何％変化するかを示す値．たとえば，需要の価格弾力性といった場合，価格が1％変化したときに，需要が何％変化するかを示すものとなる．弾力性の概念は，二変数間の関係を考えるために経済学で利用される最も基本的な指標の一つである．

治安部門改革（SSR）　Security Sector Reform
民主化や紛争後の社会において法の支配を定着させるため，組織や制度を改革すること．治安部門とは，国家や市民を暴力から保護する権限を有する国家機関や，これを指揮・監督する文民機関を指す．治安部門改革には，軍隊の再構築と文民統制，文民警察の確立と警官の訓練，紛争における犯罪行為の処罰と免責に関する移行期正義（transitional justice），裁判所，検察，刑務所など司法機関の整備と司法関係者の養成が含まれる．

地位　status
社会内における個人の位置を示すもの．刹那的・対面的なものではなく，ある程度，長期的・集合的・合意的なものを指す．地位はまた，当人の社会における「役割」とも密接に関係する．つまり，個性を有するものというよりも，没個性的・規範的なものとして認識され，同種の性質を有する集団として，水平の関係性をそこに認めることができる．また一方，地位は，その社会の価値基準にしたがった社会・文化資本によって決定され，その有無あるいは多寡によって，垂直的関係性が生じる．⇒文化資本

地域〔issue-oriented な地域〕　area
地域研究のみならずさまざまな研究分野において対象となる地域の画定はきわめて重要な問題であるが，従来の社会科学では国家*)などの政治的に決定された区分にしたがうことが多かった．こうした枠組みが研究の蓄積を可能にした点は疑い得ないが，限界も

ある．近年，人やモノの移動や流通に焦点を当てた研究を中心に，そうした区分や空間的近接性にとらわれず，対象とする問題の広がりに即して研究の対象地域を考えようという見解があらわれている．

地域主義（リージョナリズム）　regionalism
社会的文化的に同一のあるいは近接する地域のなかで，国家間連携や協力を推進する傾向．進んで，地域機関（例：EU，AU*），ASEAN*)等）や地域的国際条約の設立につながることも多い．地域主義において，諸制度は，世界全体を対象とする「一般的」国際制度と対置され，これに優先ないし補完する機能を果たす．近年では，地理的文化的近接性を越えた新しい地域主義も出現している（ASEM 等）．

地域通貨　community money
特定の地域やグループ内においてのみ通用する通貨．域内取引の促進による地域の活性化，環境や社会福祉といった特定の問題の解決などを目的として導入されることが多い．1983 年にカナダで導入され，欧米各国に普及している LETS が代表的な仕組みである．

地域統合　regional integration
地理的に近接する国家間で，経済障壁を取り払い経済政策の一元化を図る経済統合，政治的に一つの国家をつくろうとする政治統合，社会的に共有される価値の統合などを図ろうとする動きをいう．ASEAN（東南アジア諸国連合）*)や北米自由貿易地域（NAFTA），南米共同市場では，経済統合が先行して進んでいるのに対して，欧州連合（EU）やアフリカ連合（AU）*)での統合の局面は経済・政治・文化にまで及んでいる．

地縁　territorial bond
伝統的な社会において血縁*)とならび重要な意味をもつのが，一定の地理的な範囲内に居住することに基づいて形成される地縁的なつながり*)であるが，両者は互いに対立するものではなく，多くの場合深く関わりあっている．また地縁は複数の階層を成すこともある．血縁や地縁の重要性は近代化の過程で薄れるとされたが，近年，地域*)や共同体*)が再び評価されつつある．それが何を背景とし，いかなることを指すのか，注意深い検討が必要である．

地下水　groundwater
地下にあって，地層の間隙を飽和している水のこと．地球上にある淡水資源のうち約 30％を占める．世界人口の４分の１以上が飲料水を地下水に依存しており，また世界の農業の多くが地下水による灌漑*)に依存している．地下では，透水層と難透水層が何層も重なって存在している場合が多いが，難透水層によって加圧されている地下水を被圧地下水，加圧されていないものを不圧地下水と呼ぶ．涵養されるよりも速いスピード

で取水された場合，地下水位の低下が起こる．地表面から数百 m の深さに存在する地下水を深層地下水と呼ぶが，これらの地下水涵養には数百年から数千年かかるものもあるため，石油などの化石資源と同様に枯渇性資源*) として捉えられるべきである．

地球環境共同体　global eco-community
人類学者の B. A. コンクリンと L. R. グラハムが，「地球環境コミュニティ」や「地球エコ想像界」(global ecological community, global eco-imaginary) と名づけた概念を意訳したもの．今日の環境問題は国境を越え，地球に暮らす人々に共通で深刻な問題をもたらすゆえに，先進国や途上国の区別なく，人類が一蓮托生の運命共同体にあることを意味する．先進国で地球環境問題*) に関心をもち解決のために NGO などをつうじて支援や関与をしようとする人々の動機づけとなっている．

地球環境問題　global environmental problems
問題の発生源や被害がとくに広域的な (地球規模の) 環境問題．温暖化，沙漠化，酸性雨，海洋汚染，生物多様性*) の減少など．一国のみでの対処は困難であり，国際的な取り組みが必要とされる．環境社会学者の飯島伸子は，地球環境問題と「地球規模の環境問題」を分けて考えるべきだと主張した．後者は，木材輸出による森林消失や公害輸出など，問題の原因が一国内に限定されず，南北問題*) の性格を強くもつものである．

地球圏・生命圏・人間圏 ── 土地再考
geosphere, biosphere, human society: land reconsidered ➡ 2-1-01

地球公共財　global public goods
➡国際公共財

地球磁場　earth's magnetic field
地球がもつ磁気により地球上に生じる磁場．地磁気とも呼ばれる．地球は大きな磁石であり，北極と南極をそれぞれ S 極，N 極とする磁気双極子として近似できる．地球磁場は赤道では弱く，高緯度地域では強くなっており，磁力は 24,000–66,000 nT (0.24–0.66 ガウス) 程度である．地球磁場が存在することで，地球はプラズマ粒子*) で構成される太陽風*) の直撃から守られている．

地球の収縮過程　shrinkage of the globe
今日のグローバリゼーションが引き起こしている状況を，政治哲学者 H. アレントが先取りして指摘した概念．そもそも大航海時代の探検者や世界周航者の目的は，経済活動や生活世界の場を地球上に拡大してゆくことにあったが，その結果，スピードが最終的に空間を征服し距離が無意味なものになり，「人々は，いまや地球大の連続した全体の

なかで生活している」状況を指す．⇒時間 - 空間の圧縮

地球放射　terrestrial radiation
➡太陽放射と地球放射

地産地消　local production for local consumption
地域生産地域消費の略語で，地域で生産されたさまざまな生産物や資源をその地域で消費すること．農業製品の生産，流通，消費と関連して使われはじめた言葉であるが，林産物など，農業以外の分野で使われることも多い．農業に関する国の基本計画では，地域で生産されたものを地域で消費するだけでなく，地域で生産された農産物を地域で消費しようとする活動をつうじて，農業者と消費者を結びつけることも目的の一つとしている．

知識共同体　epistemic community
国際関係論者 P. ハースが 1992 年に提唱した，専門家集団の名称．国際的な政策決定に際して有用な知識を提供し，問題解決のための指針を提起する．提供される知識は，軍事，経済，先端科学技術，環境等，多岐の分野に及ぶが，科学的因果関係に基づき，技術的内容を含むことが多い．活動の内容上，政策決定過程へ積極的にはたらきかけを行う集団であり，政策決定者に対する影響力も高い．

地図情報システム　Geographic Information Systems
➡ GIS

チテメネ　chitemene
ミオンボ林に暮らすベンバに特有の焼畑耕作．焼畑では一般的に耕作予定地のなかの樹木が伐倒・焼却される．これに対してチテメネでは，耕作予定地の外からも樹木が肥料源としてもち込まれる．ただし，ベンバが切るのは樹上の枝にかぎられる．これは樹木密度の低さを補うと同時に，幹を残すことでスムーズな植生再生を図るためだと生態学的に解釈されている．枝を切るのは男性であり，それを運ぶのは女性である．この共同作業は世帯経済の文脈からチテメネの社会的側面として考察されている．

血のダイヤモンド　blood diamond
➡紛争ダイヤモンド

地表から生存圏へ　from land-based to humanosphere-based perspective
➡ 2-1-01

チプコー運動　cipko āndolan（印）/ Chipko movement

北インド・ウッタラーカンド地方で1973年から81年にかけて展開した森林保護運動．域外企業による商業伐採に対し，地元住民たちが木に抱きついて抵抗した（チプコーとは「抱きつけ」の意）．この地方の森林*)の大半は植民地期以来森林局の管理下にあり，森林局は1960年代には商業化を進めていたが，この運動により，洪水や土壌流出等が森林伐採の弊害だとの認識が広まり，インドの省庁レベルにおける環境保護推進派の勢力拡大ともあいまって，以後の森林政策は保護を主眼としたものになった．⇒ 2-2-A06 社会運動，2-3-B04 森林減少と保全

地片　the piece of land

土地をベースにした社会では，地片が農耕や牧畜の経営単位となり，同時に行政や課税の単位ともなった．土地の商品化が進んだ近代以降は，私的所有権*)が導入され，地片の売買が可能になった．それは小農社会を変革して大土地所有による資本主義的農業を発達させる契機となったが，同時に自然を人工的に切り取り，商品に擬制する制度をつくったことで，人間と自然の関係に大きな歪みを生むことにもなった．⇒ 2-1-02 地球圏・生命圏・人間圏 ── 土地再考

地方自治体（地方政府）　local government

国家の領土の一部に対する統治権（自治権）を法令により付与された，その地域の住民を構成員とする政治機構．最近では中央政府と対等な自律的存在として地方政府とも呼ぶ．日本における法令上の名称は地方公共団体．中央政府と比べて住民に近接しているがゆえに，政治参加への関心を高め，政治活動を経験する「民主主義*)の学校」として重要な役割を負っている．さらに福祉国家と国民国家*)が動揺し，地方分権*)が進められる状況下で，統治機能の担い手として一層の注目を集めている．

地方政治　local politics

国家の下位単位における政治．米国のような連邦制国家と比較すると，英仏日のような単一国家では県など地方政府の自律性が相対的に小さく，地方政治が国政からより大きな影響を受ける傾向にある．政治アクター（首長，議会，官僚）ならびにそれらアクター間の関係に加えて，中央−地方関係が独立変数となる点が，国政と異なる特徴である．地方政治は一国内に相当数の事例があるため，多国間比較の場合よりも独立変数をコントロールしやすいという点で，比較分析の恰好の対象でもある．⇒政府間関係

地方分権　decentralization

中央政府から地方政府に権限と責任が委譲される過程，または委譲された状態．決定・執行・説明責任を自己完結的に実行できる，自己決定・自己責任という自治の原則を地

方自治体（地方政府）*)に確立することでもある．中央集権*)の対義語．財政赤字の増大と福祉国家の危機，集権的行政の非効率性を背景に，1980年代以降各国で推進された．住民との距離が近い地方政府の権限を拡充することにより，多様な行政ニーズに迅速かつ効率的に対応できるようになることが利点である．

中央集権　centralization
地方政府から中央政府に権限と責任を移管して一元化・集中させる過程，または集中した状態．地方分権*)の対義語．封建制から絶対王制，さらに国民国家への変遷は，中央集権化の歴史でもある．ある段階までは規模の経済が生じて，効率的な情報処理と意志決定が可能となるほか，大規模な社会・経済・行政インフラの整備が容易となる．行政の統一性と公平性が重視され，国の指導下で地域格差を是正しやすいという利点もある．

中継貿易　entrepôt trade
輸出国と消費国の間にあって，第三国やその商業資本が媒介する形態．中世末期までの世界商業は基本的に中継貿易の形態をとり，また15世紀の大航海時代以降，アムステルダムなどで行われた中継商業は目覚ましい発展を遂げた．しかし18世紀の産業革命期には，世界貿易の構造変化が起こり，二国間貿易が主流となるにいたった．ただし現在でも中継貿易は行われており，シンガポールや香港がアジアの中継貿易基地として機能し続けている．

中心と周縁　core-periphery
古今東西にみられる「自文化中心主義*)」的観念（華夷思想*)など）において，自己と他者の間に社会的・精神的な距離と傾斜勾配を設定する考え方．また，歴史学者I. ウォーラーステインは近代世界システムにおける世界的分業の発展を説明するためにこれをもちい，中枢としての西欧・アメリカ，周縁としてのアジア・アフリカ，およびその中間の半周縁（南欧・東欧など）という構造のなかで，中枢による周縁の富の収奪の仕組みを示した．⇒世界システム論

沖積地（沖積平野）　alluvial plain
河川の堆積作用（沖積作用）により形成された低地のこと．山麓から海岸までの沖積平野は上流から下流に向かって，扇状地，自然堤防地帯（中間帯），三角州（デルタ）に区分される．洪水*)時にあふれた水に浸水する沖積平野の部分を氾濫原という．

中東和平プロセス　Middle East peace process
1991年にスペインのマドリードで開催された中東和平国際会議から始まるパレスチナ問題の解決を念頭に置いた一連の交渉の流れ．1993年にパレスチナ解放機構（PLO）とイスラエルの間でオスロ合意*)が結ばれ，実質的な和平プロセスがスタートした．しか

し，オスロ合意の立役者の1人であるラビン・イスラエル首相の暗殺（1995年），イスラエルにおける右派政党リクードによる内閣成立（1996年）と，和平プロセスに逆行する出来事が相次いだ．そして，2000年の第二次インティファーダの勃発によって中東和平プロセスは完全に崩壊した．

長期的持続　longue durée (仏)

アナール派*)社会史家たちが研究対象とした，自然環境・経済・社会構造など，半永続的な，あるいは比較的緩やかに変化する事象のあり方を示す用語．短期的に生起し終結する「事件史」*)研究に対置される．とくに歴史家 F. P. ブローデルはその主著『地中海』において，歴史を「長期的持続」「中期的持続」「短期的持続」という異なる時間の三層構造として捉え，なかでも歴史を動かす要因として，長期的に持続する「構造」を重視した．

朝貢貿易

中国の冊封体制に則った伝統的な貿易形態．宗主国である中国に冊封された周辺国は中国に貢ぎ物を献上し，中国はその国に対し回賜を与える，というかたちをとる．回賜の方が質量ともに価値が高く，周辺国にとっては利益となる一方，中国にとっても周辺国を懐柔する手段であった．18世紀以降周辺諸国の経済力が上昇すると，周辺国が朝貢貿易から得られる利益は低下し，さらに，清朝の財政不振や西欧列強の介入も手伝って衰退した．

貯水池　reservoir

水供給の安定化や洪水*)防止を目的として一時的に水を貯えておくための池．堤によって河川をせき止め，堤に設けられた水門の開閉により下流への流出（放流）量を調整する．降雨時や多雨期，融雪期など，上流からの流入量が多い時期に貯えた水を，流入量が少ない時期に徐々に放流することにより，下流の河川流量を安定化させる．農業目的では，水需要が少ない時期に水を貯め込み，水需要が多い時期に放流するという操作も行われる．

通過儀礼　rite of passage / initiation

多くの社会集団では，その成員は生物学的な成長・成熟につれて複数の社会的地位を経るが，ある地位*)から次の地位になること（「子ども」から「成人」など）はさまざまな仕方で徴づけられる．民俗学者 A. v. ヘネップはこうした儀礼を「通過儀礼」として一般化し，集団からの「分離」，どこにも属さない「移行」期，そして集団への「再統合」の三つの局面からなるとしたが，人類学者 V. ターナーは構造と反構造（コミュニタス*)）の弁証法として再整理した．

通時性　diachrony
→共時性と通時性

ツェツェバエ　tsetse fly
ハエ目ツェツェバエ科に分類される吸血性の昆虫（23種8亜種）の総称．熱帯雨林，湿潤サバナ，ミオンボ林を含むアフリカの北緯15度から南緯20度に分布する．雌雄ともに動物の血液を餌とし，ヒトに対してアフリカ睡眠病を，ウシやウマなどの家畜に対してはナガナ病の病原体として知られるトリパノソーマを媒介する．かつてアフリカ内陸部の植民地化を阻む要因だったツェツェバエは，近年の駆除対策によって生息域が変化している．

創られた伝統　The Invention of Tradition
「伝統」という言葉で形容される諸概念のうちには，じつは近代以降に，しかも比較的短期間のうちに「創造」されたものがあることを明らかにした，歴史学者E. ホブズボウムほか編による論集（邦訳，紀伊国屋書店，1992年）．近代になって創造された伝統が，いかなる目的で，いかなる政治的背景のなかで出現したのか，さらにそれらの創造に際してどのような「歴史的過去」が選択的に採用され，伝統と接続されたのか，を論じた重要な研究．

つながり　relatedness / connectedness
諸存在どうしが結ぶ相互的な配慮に基づく関係性．➡ 2-2-C04

冷たい社会　sociétés froides（仏）
→熱い社会と冷たい社会

ディアスポラ　diaspora
ある文化的・民族的・宗教的共同体が，それまで住処としていたところから自発的に移動すること，あるいはそうした経験をもつ集団．その語源から，「離散」という意味を有しているが，強制的な移動に基づくものではない点に特徴がある．歴史的にユダヤ人社会をめぐる文脈でもちいられてきたが，今日では，ユダヤ人を問わず自発的な離散を行った集団一般を指す．⇒移民

TRMM　Tropical Rainfall Measuring Mission
1997年11月に種子島宇宙センターから打ち上げられた，熱帯降雨観測衛星（tropical rainfall measuring mission）のこと．日米共同プロジェクトとして，日本側が打ち上げロケットと新しい観測機器である降雨レーダ（Precipitation Radar; PR）の開発を担当し，NASA[*)]

が衛星本体，降雨レーダ以外の四つの観測機器の開発，衛星運用を担当した．降雨レーダ PR で取得されたデータは，たとえば台風内部での降雨の強さを立体的な分布として示すなど，新しい種類のデータとして世界的に注目を浴びており，降水に関するさまざまな新しい知見をもたらしている．

DALE　Disability Adjusted Life Expectancy
➡障害調整健康余命

DNA　Deoxyribo Nucleic Acid
遺伝情報を司る生体物質．デオキシリボ核酸 (Deoxyribo Nucleic Acid) を省略した名前．アデニン (A)・グアニン (G)・シトシン (C)・チミン (T) の四つの塩基，デオキシリボース (五炭糖)，リン酸から成り立つ構成単位 (ヌクレオチド) をもち，2 本のヌクレオチド鎖が結合して，塩基を中心側に向けて水素結合でつながる．この二重らせん構造モデルは生物学者 J. D. ワトソンと F. H. C. クリックにより提唱された．一般には，たんに「遺伝子」の意味として使用される場合もある．

DOA　Direction of Arrival
電波方向探知のこと．到来する電波の方向を，受信した電波の振幅や位相他の情報をもちい，さまざまな数値アルゴリズム (MUSIC 法や ESPRITS 法等) を使い方向推定を行う．これを利用し，パイロット信号を目標から放射してそれを使って目標方向を推定する手法がレトロディレクティブ[*]方式である．

TWT (A)　Traveling Wave Tube (Amplifier)
Traveling Wave Tube (Amplifier) = 進行波管 (増幅器) の略語．電子ビームと収束コイルを利用する発振 / 増幅器であり，通信・放送衛星等でよくもちいられる．1970 年代以前は変換効率が 30％程度と低く，宇宙太陽発電所[*]の設計で採用されたことはなかったが，1980 年以降，電子ビームからのエネルギーの回収率向上により現在は 70％以上の変換効率を実現したため，近年は宇宙太陽発電所の検討の俎上にあがることがある．

DDR　Disarmament, Demobilization, and Reintegration
➡武装解除・動員解除・社会復帰

低インパクト伐採　reduced impact logging
伐採の生態系[*]に対する負の影響を緩和するように設計された施業方法．一般には熱帯林の択伐[*]施業に対して行われる．具体的には伐採前の大径木全木マッピング，河川沿いや急傾斜地にバッファーの設定，蔓の除去，計画的な林道の設計，指向性伐採などを含む．熱帯林の持続的管理の手法として森林認証機関などによって強く推奨されている

が，短期的には経済的・人的コストが高いため普及が進んでいない．⇒ 2-3-B04 森林減少と保全，択伐と皆伐

低開発　underdevelopment

経済学や社会学の従属理論において，第三世界が，国際的に不均等な分業構造によって低開発化されている（underdeveloped）ことを強調するために使われた用語．発展途上社会は先進産業社会からの影響によっていずれは離陸を開始するとした経済学者 W. W. ロストウの近代化論（ロストウ理論*)）に対し，従属理論の代表的論客 G. A. フランクは，欧米を中枢とする世界資本主義の構造のなかに衛星すなわち従属地域として組み込まれた第三世界は，経済的剰余を中枢によって恒常的に搾取され，自律的な発展を遂げることができないと論じた．⇒ 2-2-B02 ポスト開発

TICAD　Tokyo International Conference on African Development
➡ アフリカ開発会議

低軌道　Low Earth Orbit
➡ LEO

帝国主義　imperialism

国家が軍事力をもって他国の領土に侵攻し，自国の民族主義や文化・宗教・政治的イデオロギー*)および経済権益を拡大させようとする思想・政策の様態．第二次世界大戦中の帝国主義国家には，独伊日などのファシズム国家のほか，列強諸国の英米仏，旧ソ連が含まれる．また戦後の国際政治における米ソの政治，文化，経済的支配にあたる間接的影響力の行使を膨張主義や覇権主義として形容する際，帝国主義の概念が使用される．

停滞論　theory of stagnation

アジアを「停滞した」社会とみる立場で，西欧において進歩史観が広まるとともに，「進歩する」西欧社会の対極として想定された．モンテスキュー『法の精神』（1748 年）にてアジアを専政体制の地と規定したのがその嚆矢で，19 世紀にはいるとより一般化した．とくにマルクス主義の発展段階説にてアジア的生産様式*)が最初期に置かれたことにより，アジア停滞論は一般に浸透し，マルクス主義が衰退した現在でも，一定の影響力を有する．

泥炭湿地林　peat swamp forest

熱帯に分布する森林*)タイプの一つで，木材起源の木質泥炭が堆積する湿地林．熱帯の巨大な蛇行河川沿いに成立する．河川沿いの淡水湿地林から泥炭の堆積量の異なるさまざまな泥炭湿地林へと空間的にも時間的にも連続的に以降していく．淡水湿地林から泥

炭の厚みが増していくと，*Shorea albida* のようなフタバガキ科樹種が純林に近い森林をつくる状態になり，森林のバイオマス*) は最大に達するが，さらに泥炭の堆積が続くと，地下水位からの標高差が増し，植生は貧弱化していく．泥炭湿地林を覆う水を排出することによって農地としての利用が可能となり，水田やアブラヤシ*) のプランテーションとして利用されることが多い．しかし，泥炭土壌の乾燥化によって，土壌中の泥炭に酸素が供給され，泥炭の分解が進んで硫酸酸性を示すようになり，植物の生育が阻害され，持続的な農地利用が不可能となるケースが多く，泥炭湿地林の開発が問題となっている．

出稼ぎ労働　migratory labor
一時的に故郷を離れ，他地域に滞在しながら賃金労働に従事すること．アフリカ諸国では植民地時代，プランテーションや鉱山の発達にともない労働力*) 需要が急増したことがきっかけとなり，農村部から各国内外への出稼ぎ労働が行われはじめた．出稼ぎ労働は，受け入れ地域における不法居住区の増大や，送り出し地域での経済的効果，労働力流出など，双方の地域における社会現象と密接に関わっている．⇒多生業社会，移民

適応　adaptation
人類学において適応は，ある社会集団がその環境に対してさまざまな手段をもちいて調整し，生存を維持しようとする反応過程を指す．その手段には生業に関わる技術や道具のようなものから諸社会制度，コスモロジーや価値観のような文化的な要素まで含まれる．かつては閉鎖的な人間‐環境系における恒常性の維持の議論が盛んだったが，生態環境の動的平衡という側面が主張されるなか，適応の捉え方も動態的・開放的なものへ変化している．⇒工学的適応，農学的適応

適者生存　survival of the fittest
環境に最も適した人や動物，生物，また制度が，時を超えて生き残っていくとする理論．哲学者 H. スペンサーが発案・提唱した造語．博物学者 C. ダーウィンの『種の起源』における使用によって，生物進化論の文脈において広く流布することになった．生物学においては，自然選択説として捉えられる．一時期，社会進化論*) においても導入されたが，社会進化論そのものが西洋中心主義的として拒否されるにともなって消滅した．「適応」の所以を，闘争に求めるか生得にみるかの大きく二つの見解があり，前者は新自由主義*)，後者は運命論との親和性を有する．

テザー　tether
衛星でもちいる長く強靭な紐のこと．宇宙船などの軌道を変更する方法をテザー推進と呼ぶほか，長いテザーの構造を利用した重力傾斜による姿勢制御，プラズマ*) 中を高速でテザーが移動する際にテザーに電流が流れることを利用したテザー発電等，テザーにはさまざまな利用法が提唱され，実証実験が行われている．テザーをもちいた宇宙太陽

発電所*⁾ の設計もある.

デフォルト法　default approach
伐採木材製品 (harvested wood products; HWP) の炭素ストック*⁾ の取り扱いについての国際的な取り決めの一つ．乾燥木材の製品重量の約半分は炭素から構成されている．住宅等に使われる木材製品の炭素貯留効果はきわめて大きく，わが国の場合森林全体の炭素蓄積の約 2 割に相当する．しかし，2005 年に発効した京都議定書の第 1 約束期間 (2008-2012 年) においては木材製品の炭素貯留効果が認められず，森林からの木材伐出を二酸化炭素の排出とみなしている．これをデフォルト法という．

デブリ　debris
宇宙ゴミのこと．小惑星や彗星起源の微小天体である自然デブリと，機能していない人工の軌道上物体である人工デブリに分類される．自然デブリは小さく，数 cm から数 mm 程度の大きさであり，人工デブリは使い終わった人工衛星から部品レベルまで数 m から数 cm の大きさである．大きさは小さくとも宇宙空間では物体は銃弾よりもはるかに速い秒速数 km で飛行しているため，人工衛星等に衝突すると致命的な破壊を引き起こす．人工デブリは大きいものはその存在場所がほぼすべてマッピングされている．宇宙太陽発電所*⁾ のような大きな物体はデブリをすべてよけるのは困難とされ，衝突により破壊されないような，また衝突しても機能が失われないような設計が重要である．

デモクラティック・ピース論　democratic peace theory
➡民主主義平和論

デュアル・ユース技術　dual-use technologies
➡汎用技術

電気事業者による新エネルギー等の利用に関する特別措置法　Renewable Portfolio Standard
➡ RPS 法

電気推進　electric propulsion
軌道間輸送*⁾ でもちいられる，電気を推進力としたロケットエンジンシステムの一種である．電気推進の推力は化学推進*⁾ に比べて著しく小さいが，比推力 (ロケットエンジンの燃料効率を示す尺度) が非常に高いのが特徴である．推力が小さいということは移動に時間がかかることも意味する．宇宙太陽発電所*⁾ の建設の検討で，電気推進をもちいて LEO*⁾ から GEO*⁾ に機材を運搬するのに必要な時間は半年から 1 年以上と計算されたことがある．イオンエンジンやホールスラスタをもちいた静電加速型, DC アークジェット等の電熱加速型，ローレンツ力をもちいた電磁加速型等さまざまな方法がある．

電磁波　electromagnetic wave
電界と磁界がお互いの電磁誘導によって交互に相手を発生させあうことで振動する状態が生まれて，この電磁場の周期的な変動が周囲の空間に横波となって伝播していく，エネルギーの放射現象の一種．通信・放送，レーダー，加熱等でもちいられ，人類の生存圏を支える最大の物理現象の一つである．物理学者 J. C. マックスウェルによって 1864 年に理論的にその存在が予言され，その後物理学者 H. ヘルツの実験で実在が証明され，物理学者 N. テスラの実験で電磁波をもちいたエネルギー輸送の実験が行われた．残念ながらテスラの実験は失敗であったが，その後の無線電力伝送*)と宇宙太陽発電所*)へとつながっていく．

転写　transoription
RNA ポリメラーゼ（RNA 合成酵素）によって DNA*)鎖と相補的な配列をもつ RNA*)が合成されること．生物の形質はすべて遺伝子のもつ情報に基づいてかたちづくられるため，遺伝情報から形質が発現するまでには，情報の読み取りと読み取った情報に基づく活動が必要となる．この情報の読み取りが転写のかたちであり，タンパク質合成に必要なメッセンジャーRNA を合成する．

天然資源　natural resources
天然資源には，大別して，枯渇性（鉱物資源など）と非枯渇性（森林*)など）の二種類がある．1972 年のローマクラブ*)による『成長の限界』は，天然資源が枯渇する危険性を指摘したことから，天然資源および環境に対する国際社会の認識に大きな影響を与えた．天然資源は，特定の地域や国に偏在するため，貿易をつうじた問題のほか，資金源としての資源をめぐる争いなど「資源の呪い*)」と呼ばれるさまざま問題が生じている．⇒ 2-1-A09 枯渇性資源

田畑輪換　paddy-upland rotation
排水条件が良好な乾田で夏作物としての水稲を連作せず，1 年おきあるいは数年ごとに水田を畑に転換して他の夏作物を栽培する耕地利用方式．近世の農業先進地域であった畿内ではイネとワタの輪換が広く行われた．近代以降は，奈良県のイネとスイカのようにこの方式によって商品作物の栽培が盛んになった．連作障害の回避，肥培効果の上昇，農家の収入増などの効果がある．一方で，水利の都合により畑転換が困難な場合もあり，その実施に村落規制が加わることがある．⇒ 2-3-B05 農法

電離層　ionosphere
地球を取り巻く人気の上層部にある分子や原子が，おもに太陽の紫外線（極端紫外線）により電離した（＝プラズマ*)）領域のこと．ある周波数よりも低い電磁波は電離層で反射

される.高度約 60 km から 1,000 km に存在し,そのプラズマ密度は場所や日変化や年変化により複雑に変動する.数十 MHz 以上の高い周波数の電磁波は電離層を通過するため,古くから遠距離通信に使われている.

電力試験衛星　power satellite
宇宙太陽発電所*)に必要なさまざまな技術,とくにマイクロ波無線電力伝送*)技術の実証のために計画されている実験衛星である.非常に小型な実験衛星から直径 10 m 程度のものまでさまざまな検討がされているが,2010 年現在まだ実際の計画はスタートしていない.宇宙太陽発電所実現に向けての必須の実験段階であり,電力試験衛星のあと数段の規模を大きくした実証実験を経る必要がある.

糖　carbohydrate
糖は,タンパク質*),脂質,核酸などとともに,主要な生体物質であり,エネルギー貯蔵と代謝*),生物の形態形成,シグナル伝達などにおいて重要な機能を果たしている.糖は,多価アルコールの酸化生成物であり,アルデヒド基またはケトン基をもつ.炭水化物ともいわれる.それ以上加水分解されない糖類である単糖,単糖が 2-10 個程度つながったオリゴ糖,さらに数多くつながった多糖類,タンパク質や脂質などと結合した複合糖質がある.

投機　speculation
経済学的に定義される投資*),および一般にもちいられる意味での投資の双方において,大きなリスク*)をともなうものを指す.しかし,どの程度のリスクをともなう投資を投機と呼ぶのかについて,事前に判断する明確な基準はない.多くの場合,事後的な経済への悪影響の度合いによって,投資であるか投機であるかを判断されることが多い.

投資　investment
経済学では,一般にもちいられる意味とは異なり,投資は何らかの実物資産の増加として定義される.したがって,購入(プラスの投資)と売却(マイナスの投資)が表裏一体である株式投資や実物資産の増加をともなわない中古設備の購入は経済学的な意味での投資には当たらない.工場や機械などの固定資産が増加することを設備投資,商品の在庫が増加することを在庫投資という.

当事者　concerned people
➡インフォーマント / インターロキュター / 当事者

島嶼部〔東南アジア〕　insular Southeast Asia
東南アジアの地理区分でマレーシア・ブルネイ・シンガポール・インドネシア・東ティ

モール・フィリピンが含まれる．多島海が卓越し，ボルネオなどを除いて火山島が多く，噴火や地震などの災害も多い．気候は熱帯雨林気候と熱帯モンスーン気候だが，北半球と南半球の両方にまたがっているため，赤道を挟んで雨季と乾季*）が逆転する．歴史的に言語や民族はオーストロネシア系が多数を占め，大陸部に比べて均質的である．

統治性　govermentality
➡ガバメンタリティ

東南アジア諸国連合　Association of Southeast Asian Nations
➡ ASEAN

投票行動　voting behavior
選挙での投票により，候補者，政党，政策について有権者が意思を表明する行動．投票か棄権かの選択，どの政党や候補者に投票するかの選択を規定する要因の説明が研究対象となる．政治学では，有権者個人の意識や意見を規定要因と仮定した世論調査データの分析による研究のほか，有権者の社会的な環境やネットワークの分析，有権者自身のなかで行われる候補者情報の処理などに注目する研究がある．

投票のパラドックス　voting paradox
各個人の選好順序が推移性を満たしているにもかかわらず，集団全体での選好順序に循環があらわれること．たとえば，ある3人がA＞B＞C，B＞C＞A，C＞A＞Bの選好順序をそれぞれもっていた場合，集団全体では，C＞A＞B＞C＞A＞B＞…という選好順序になってしまう．この現象をもとに導かれたのが経済学者K. J. アローの一般可能性定理である．

東方問題　Eastern question
18世紀以降，衰退しつつあったオスマン帝国領をめぐる利害対立により西欧諸国が繰り広げた一連の紛争．地中海・インド洋の制海権をめぐる英仏，黒海からドナウ川流域の覇権を争う露墺など，中央アジアのグレートゲームに比してプレイヤーの数も，西欧諸国の政策に与える影響も大きかった．紛争は20世紀初頭のオスマン帝国の解体まで継続するが，その過程で東欧に出現した民族国家群とその間の対立は，20世紀をつうじて紛争の火種となった．

同盟のジレンマ　alliance dilemma
いわゆる「同盟」とは，一定の共通利益（国家安全保障や経済など）を相互に保証ないし増進させるために，二国間もしくは多国間で形成される国家集団やその関係性を指す．ただし，深い同盟関係の場合には，他の同盟国により生じた事態に自国が「巻き込まれ

る恐怖」を生じさせ，その逆に疎遠な関係の場合には，自国が必要な時に他の同盟国に「捨てられる恐怖」が生じてしまう．この板挟みのような状況を「同盟のジレンマ」と呼ぶ．

トウモロコシ　corn / maize
新大陸起源のイネ科の一年生作物．アフリカには16世紀にヨーロッパ人がもち込んだ．アフリカの多くの国で栽培・消費されているが，その規模がとりわけ大きいのがザンビアやマラウィを含む東南部アフリカ諸国である．ザンビアなどでは農産物の生産と輸出量の拡大を図ろうとした構造調整期においてトウモロコシの生産体制の整備が国策として実施された．それが地域社会に与えた影響を明らかにする研究が，焼畑農耕民などを対象になされている．

トービン税　Tobin tax
国際金融市場における為替相場の不安定性の増大を防ぐために考案された税．外国為替取引に課税を行うことで，何度も取引を繰り返す投機[*)]目的の資金移動を抑制する効果がある．ケインズのアイデアを受け継いだ経済学者J.トービンによって提唱された．近年では，貧困問題や環境問題のような国際的な枠組みによる解決が必要な分野への財源としてトービン税を活用する考え方も登場している．⇒ 2-2-B07 環境税

ドーンデーン　don daeng village
東北タイ，コンケン近郊の村落．1960年代に社会学者の水野浩一が調査を行い，80年代前半には京都大学東南アジア研究センターを中心とするチームによる長期の文理融合学際調査が行われた．文理融合・協働を特徴とする日本の東南アジア研究形成にとって揺籃の地となった村落である．その成果は福井『ドンデーン村――東北タイの農業生態』，口羽編『ドンデーン村の伝統構造とその変容』の2冊をはじめとする諸研究に結実した．

徳治主義
有徳の為政者が，その高い人徳によって人民を教化し，統治すべきであるという思想で，孔子に始まり，儒教の基本理念となった．法令や刑罰を人民統治の要とする法治主義の反意語としてもちいられる．前漢以降の中国王朝においては儒教を正当思想として認めたため，王朝の理念として徳治主義を標榜することになった．しかし実際には徳治の不備を「刑罰」で補うことが要請され，統治の実態面では法治主義が活用されることになった．

都市　city
都市人口は年々増加しているが，都市内外の格差や固有のリスクなど，課題も多い．➡

2-3-B10

都市国家　city-state

都市*)とその周辺の地域が一つの政治的独立体としてまとまり，国家的機能を保持したものを都市国家と呼ぶ．古代メソポタミアの如く領域国家*)出現の前段階となったもの，古典期ギリシアの如く自立性を強く保ったもの，世俗王権と教皇権の狭間にあって自立性の高い自治都市を営んだ中世イタリア，オアシスという自然環境に制約され都市国家とならざるを得なかった中央アジアなど，地域によってその性格や歴史はさまざまである．

都市性　urbanism

都市性は，都市を成立させる生存基盤的な条件と都市的な価値観や文化が複合して成立する．都市性は，都市革命以降の人類文明の特徴の一つである．比較文明学では，人類革命・農耕革命に続いて，都市革命を文明形成の大きな画期とみなす．もっとも初期の都市はメソポタミア（現イラク）で形成され，オリエントの都市的な伝統はイスラーム文明にも継承され，8-10世紀にはバグダード（アッバース朝首都）が世界最大の都市として栄えた．近代的な都市研究はルネサンス以降の西欧をモデルとしているが，人類史的に考察する場合には，より広角的で歴史的な深度のある研究が必要とされる．

都市農村二分論　urban-rural dichotomy

地域社会を都市地域社会と農村地域社会という二つの対立的な社会として捉え，それぞれの社会的・文化的特徴を対比的に考察する立場および研究方法のこと．同一社会内部に異なった社会的要素が共存する可能性を認めていないことが，この論の決定的弱点とされる．

都城　dūchéng（中）

統治者の宮殿（統治の場＝都）を含む空間が，市壁（外壁）によって取り囲まれたもの（城）を都城と呼ぶ．そもそも人間の住み暮らす場所に外壁や濠をめぐらせて防衛することは先史時代から行われており，ヨーロッパなど，都市*)（国家）防衛のために強固な城壁をめぐらせた都城は多い．一方中国の大都城は，古代より皇帝権力の視覚化のために，一定の理念と計画に基づいて建設され，日本の古代都城などもそれに倣ったものがみられる．

土台と上部構造　base, superstructure

生産力や生産関係といった社会の客観的な経済基盤（土台もしくは下部構造）と，それに応じて成立・進展する政治・法・文化といった社会的諸関係（上部構造）との関係をあらわすマルクス主義の用語．かつての教条的なマルクス主義哲学の影響のもとでは，前

者が後者を決定，あるいは強力に規定するという主張（「下部構造決定論」）がなされることがあったが，とりわけ 20 世紀後半以降においては，後者の相対的な自律性やその展開の独自性に焦点を当てた議論が行われてきている．

土地・労働基盤社会
土地と労働を基礎とする社会編成．バイオマス*）ならびに無償の世帯労働を生存基盤とする社会とは異なり，人々の労働が組織的動員の対象となり，土地に経済的価値がおかれる社会を指す．人類史のなかでは，土地・労働基盤社会への移行は，プランテーション型の生産システムへの移行時に典型的にみられ，土地と労働の商品化が進行する．
⇒ 2-1-02 地球圏・生命圏・人間圏 —— 土地再考

土地収奪（農地収奪） land grab
食料輸入国の政府や企業は，2008 年の食料価格高騰を契機として，食料確保を目的にアジア・アフリカに対する大規模な農業投資を加速化させた．これを土地収奪（land grab）または農地収奪という．国連食糧農業機関（FAO）の事務局長 J. ディエフは，世界に拡大する土地収奪を新植民地主義（ネオ・コロニアリズム）*）にほかならないと警鐘を鳴らしている．そのため，土地の取引の際には，透明性や公開性を確保することが求められている．

土地の稀少化　the tendency towards the scarcity of land
土地は，資本，労働とともに主要な生産要素の一つであるが，人口増加や食糧需要の増加にともなって簡単には増やせず，限界地で収穫逓減に陥ることも多い．古典派経済学以来，「土地の稀少化」は経済発展の大きな制約となりうると考えられてきた．しかし，人口増加は，二毛作，灌漑*），施肥，農具の改良などの労働集約的な技術*）や労働吸収的な技術によって土地生産性の上昇を誘発することによって，緩慢な成長を可能にすることもある．

突然変異　mutation
細胞中の遺伝物質に生じた急激かつ無作為の変化．とくに外観の異なったものを指すことが多い（つまり表現型の変化に関連する遺伝子型の変化を受けたもの）．主として DNA*）の複製の誤りが原因の自然突然変異と，物理的・化学的変異源によって誘発される誘発突然変異とがある．多くの突然変異は有害であるが，ときに変異が環境と合致すると自然選択の結果，変異した系統が繁殖するため，生物進化において重要である．

富　wealth
経済的資本が余剰的に存する状態，または有している状況ないし人々，あるいはそうした資本そのものを指す．富の追求すなわち生産（性）の追求であり，資本主義経済およ

び新自由主義*)において強く求められている．ただし，こうした富/生産への過剰な傾倒が，現在，地球規模で起こっている諸問題 —— 自然資源の過剰な収奪，生態環境への甚大な負荷，地域内および地域横断的な貧富の差の拡大 —— の元凶とも目され，近年では，生活の中心において希求すべきものが，「富」から「豊かさ」へと転換してきているといえよう．

ドライスペル　dry spell

降水量が減少する期間．とくに農業分野では，雨季の間に生じる数週間程度の少降雨期を指す場合が多い．雨季と乾季*)がはっきり分かれる地域では，作物の栽培期間としての雨季に生じるドライスペルはしばしば作物の収量低下の要因となり，とくに天水農業において，その影響は時に深刻である．このため，雨季の間のドライスペルの発生時期や持続期間の予測に対して大きな関心が払われる．

ドライゾーン　dry zone of Southeast Asia

東南アジア大陸部はほとんどがモンスーン*)の影響を受けるが，東北タイや上ビルマのように内陸部に年間降雨量の少ない地域を抱えている．これらの地域は天水や小規模河川を利用した灌漑*)農業が営まれてきた．パガンやアンコールはこれらの地域を基盤とした内陸国家で，10世紀以降大きく勢力を拡大して沿岸部の港市*)国家を征服・影響下に治めることで，陸海のネットワーク*)を統合した強大な国家となったが，13世紀には衰退した．

トランスパーソナル　transpersonal

いわゆる「無意識」という領域のなかに想定された，自己を超えた大いなる自己（超自己，超個的）．こうした「無意識の発見」は心理学者 F. マイヤーズや W. ジェイムズらによる心霊研究の影響が大きい．その後，心理学者 C. G. ユングや A. マズローを経て，思想家 K. ウィルバーに代表されるトランスパーソナル心理学へとつながる．こうした見方は神秘主義などの唯心論の議論や，彼らの宇宙論や後世の論者による進化論的な意識へも援用された．

トランスミグラシ　transmigrasi（インドネシア語）

インドネシアにおいてオランダ統治下の時代に始まった国内移住事業のこと．人口稠密で可耕地の拡大が困難なジャワなどから，人口稀薄なスマトラやカリマンタンなどへの移住によって，前者における人口圧の軽減と，後者の農業開発をめざす事業である．日本占領期に中断されたオランダ統治期の国内移住事業（コロニザシ）を独立後のインドネシアが再開した大規模な移住政策．人口稠密で耕地拡大が困難なジャワなどから，人口稀薄なスマトラやカリマンタンなどへの移住により，前者の人口圧軽減と，後者の農業・地域開発を目指した．

トランスローカル　trans-local
現代における人やモノの移動*)や，移動を可能にするネットワーク*)のあり方を，グローバル化*)という概念が含意する均質化・普遍化というニュアンスや，トランスナショナルという概念が前提する国民国家システム*)への言及を避け，空間的も属性的にも距離のある人々が普遍的なものを経由せずに結びついているものとしてあらわす言葉．複数のローカリティの差異をはらんだ結びつきとして肯定的に（時に理想化して）使われることがある．⇒ 2-1-C02 移動〔人間圏〕，地域

トリックスター　trickster
既存の社会秩序や権力*)に無秩序をもたらす人間や動物．道化，いたずら者をとおして，彼らは混沌と秩序の境界を自由に行き来しながら，時に新しい文化的秩序や幸いをもたらすことで「文化英雄」とみなされる．非常識な言動，奇抜な外装など，通常の社会通念とは異なった行動をとる者として描かれる．日本では，スサノヲやヤマトタケル，彦一，吉四六などの神話や笑い話に登場する人物たちが，トリックスターとみなされている．

取引費用　transaction cost
市場での取引を行うために必要とされる費用．経済学者 R. コースによって着目された．取引費用の具体例としては，取引の関連情報の収集費用，取引の交渉費用などがある．取引費用が大きすぎる場合，取引を中止するか，取引自体を内部化するインセンティブが働く．内部化費用が取引費用よりも小さければ，市場取引は組織内取引に移行する．取引費用の経済学では，このことが組織（あるいは企業）の存在理由として説明される．

奴隷貿易　slave trade
奴隷の国際取引で，古代ギリシア時代から確認される．中世における奴隷貿易の中心はイスラーム圏で，「白人奴隷」（トルコ人，スラブ人，ギリシア人）をマムルークと呼び，「黒人奴隷」をアブドと呼んだ．大航海時代以降，ヨーロッパを出航した船がアフリカ大陸で原住民を獲得し，アメリカ大陸に黒人奴隷として送り込んだ，いわゆる三角貿易が行われ，16世紀から19世紀にかけて1,100万人の奴隷を運んだとされる（大西洋奴隷貿易）．

トレード・オフ　trade-off
経済学において，相互に関連する複数の政策目標が同時には達成できないことを指す．典型例として，物価と失業率の間にあるトレード・オフの関係を示したフィリップス曲線が挙げられる．そこでは，一方で失業率を抑える政策をとることで物価が上昇し，他方で物価を抑制する政策をとることで失業率が上昇することが説明されている．

内政干渉　interference in the internal affairs
国家が他国家の政治に事実上強制的・高圧的な口出し・介入をすること．国際法上の原則として，国家間での相互の内政干渉は禁止される（友好関係原則宣言）．国内管轄事項への不干渉という意味で広く解釈され（国連憲章2条7項），何が国内管轄事項かを各国が特定することはできず，国際法が規律する．また，その範囲は国際関係の進展によって変化する相対的なものである（チュニス・モロッコ国籍法事件常設国際司法裁判所判決）．

内政不干渉　non-interference
国際法上，各国家の自由な決定・処理に委ねられている事項（国内管轄事項）に干渉しない義務．この事項には内政に関するものだけでなく，対外関係の処理に関するものも含まれる．干渉とは，これら事項に関し他国が強制的な方法で介入し，自己の意思にしたがわせようとすることである．現代国際法では武力行使または武力による威嚇が禁止されているため，それ以外の強制的な方法でなされた介入が不干渉義務違反に当たるかが問題となる．

内戦　civil war
同一国家に帰属する複数の集団の間で起こる武力紛争．20世紀においては分離独立や自治権を要求する反政府武装勢力と政府の間で闘われる場合が多く，また国家解体の過程（分離独立後）でも，民族間の内戦として闘われる．極端な人権抑圧や非人道的行為が起こりやすく，内政不干渉を原則としつつも「人道的理由」による国際社会の介入事例が増えている．民族だけでなく経済的・社会構造的な要因も無視することはできない．

内発的発展　endogenous development
個人もしくは地域という「下」から，外来ではなく土着の知識や資源などを活用して開発を試みる概念．1970年代半ばに，途上国の開発を「上」から試みる近代化論への批判として提起された．近代化論は，西欧化をつうじて工業化[*)]を試みることから，その発展形態は単一となる（単系発展説）．これに対して内発的発展は，ローカル・ナレッジ[*)]や資源を重視するがゆえに，その発展の形態は多様となる（多系発展説）．⇒ 2-2-B02 ポスト開発，2-3-02 発展径路（複数発展径路論），参加型

長い平和　long peace
米国の代表的な歴史学者の1人である，イェール大学歴史学部教授のJ. L. ギャディスが，1989年に提唱した冷戦史観．ギャディスは，核兵器を使用すれば，その結果として，お互いの滅亡の危機に瀕する可能性があることから，米ソだけでなく両陣営諸国の間で熱戦（戦争）が起こらなかったという事実に着目する．すなわち，冷戦[*)]時代は核抑止の存在ゆえに，「長い平和」（long peace）の時代であったと主張した．

ナクサライト　Naxalite movement
インドにおいて，議会制を否定し，暴力革命路線を掲げる左翼過激派の総称．名称は，1967年に初めて運動を開始した西ベンガル州ナクサルバリという地名から取られた．分裂と統合を繰り返す過程で議会制に回帰する勢力も出現したが，暴力革命路線を信奉する勢力も今なお活発に活動している．おもな活動地域は山岳の辺境地帯であり，支持者も指定カースト[*]や指定部族といったインド社会の周縁[*]に属する人々である．政府の徹底的な弾圧にもかかわらず勢力を維持している理由は，インド社会に厳然と存在する格差の存在に求めることができる．⇒ 2-2-A10 暴力，革命

NASA　National Aeronautics and Space Administration
National Aeronautics and Space Administration＝米国宇宙航空局の略語．米国の宇宙開発の中心機関であると同時に，世界の宇宙開発をリードする研究機関である．世界初の宇宙太陽発電所[*]の詳細検討はNASAとDOE（米国エネルギー省）の協力で行われ，その後期間をおきNASA単独で数回の検討も行っているが，NASA自体が宇宙太陽発電所を研究計画の中に組み込んだことはない．

ナショナリズム　nationalism
主権・領土・国民を基礎とする近代国家秩序確立のため，主権の及ぶ領域に居住する人間に共通言語や歴史，文化を共有したネイションのアイデンティティ[*]を普遍化させる政治的思想，運動を指す．標準語の確立や国民国家[*]の歴史編纂，国旗や国歌のような政治的シンボルの浸透をつうじ，前近代社会に内包された身分，職業，地域等の差異を標準化・同質化することで，近代国家建設の重要課題である国民統合のイデオロギー[*]として機能する．⇒想像の共同体，民族自決

ナショナル・インタレスト　national interest
➡国益

ナッシュ均衡　Nash equilibrium
経済学者J.ナッシュによって考案されたゲーム理論[*]の非協力ゲームにおける最も基本的な均衡概念．ゲームの他のプレーヤーの戦略を所与とした場合，自分が戦略を変更したとしても，それ以上利得を高めることのできないような戦略の組み合わせを指す．ゲームのプレーヤーの数と各プレーヤーの戦略の数が有限であり，各プレーヤーがそれらの戦略を確率的に組み合わせてもちいるならば，ナッシュ均衡は少なくとも一つ存在することが明らかになっている．

南南問題　South-South divide / South-South problems
1960年代末までは「南北問題*)」は国際社会の主要課題であり「南」の開発途上国は影響力を強化したが，第一次石油危機*)を契機として「南」の諸国間の格差が拡大した．石油収入を増大した産油国，資本・技術の導入と自国の労働力で輸出産業を育成し工業化*)に成功した新興工業国群がある一方で，資源もなく工業化も進まない諸国もあり，南南連帯は頓挫した．このような「南」内部の対立の構図をいう．

南北問題　North-South divide / North-South problems
南半球に多い旧植民地国が直面する貧困と格差の問題群の総称．第二次世界大戦後の東西冷戦*)の枠組みのなかで，これらは(旧)宗主国が処理すべき国内問題と認識されていたが，1960年代には新興独立国が増えて国際社会において多数派を形成し，南北問題を国際的課題として定着させ，「南」はおもに国連を舞台に影響力を強化した．その後「南」の内部分裂が生じ，今日この概念は死語とする意見もあるが，経済格差や貧困*)が存在することに変化はない．

難民　refugee
難民とは，民族紛争*)や人種差別，宗教的・思想的な迫害，経済的困窮や自然災害*)などの理由で，もともと居住していた国家を強制的に追われ，他国の庇護と援助を求める人々を指すが，国境を越えない「国内避難民」も近年増加している．UNHCR(国連難民高等弁務官事務所)によれば難民と庇護申請者の合計は2010年現在で1,000万人を大きく上回っており，その対応については，国際社会および受入国や地域社会における大きな問題となっている．

二重経済　dual societies
一つの空間のなかで，二つの異なる経済原理で動く社会が併存している状況．植民地期の東南アジアでは，西ジャワやマラヤのプランテーションのように資本主義*)の原理のもとで大規模な投資*)が行われ，世界市場と直結した商品作物生産が展開される地域と，中部ジャワや北部ベトナムのように非市場的な経済制度や慣行が卓越し植民地権力による開発があまり進まなかった地域とが併存した．

日常生活動作　Activities of Daily Living
➡ ADL

ニッチ（生態的な地位）　niche
生態系*)のなかである種もしくは集団が利用する物理的・生物的環境の範囲．1917年に動物学者J.グリンネルが初めてニッチという概念を提唱し，「完全に同じニッチを持

つ生物は共存できない」と主張した．しかし，生物は多様な生息場所や活動時間・時期，餌資源の利用パターンをもっており，他種と異なるニッチを利用することで互いに共存している．これをニッチ分割という．

ニッチ分割説　niche segregation theory
群集を構成する種の間には進化の結果，利用する資源や環境がお互いに重複が少なくなるような方向で淘汰圧が働き，種間の競争関係が低減されているとする説．それぞれの種は獲得したニッチ内で高い適応度をもち，他の種との競争による絶滅が回避され，種多様性の維持に貢献していると考える．群集中立説[*]と対極にある考え方．

ニュー・エコロジカル・パラダイム（NEP）　new ecological paradigm
人間は生物物理的環境に依存して生きており，技術[*]や社会の進歩によってもその制約を無効にすることはできない，という認識にたつパラダイムのこと．社会学者R.ダンラップが1970年代後半に，新たな学問分野としての環境社会学が前提とすべきパラダイムとして提唱した．人間を，エコロジカルな制約と無関係に存在する特例とみなし，技術や社会の進歩によっていずれすべての社会問題が解決されるとする「人間特例主義パラダイム」(human exemptionalism paradigm; HEP) の対概念となる．

人間開発　human development
選択の幅が広がり，各人が価値ある人生を送れるようになること．➡ 2-3-C02

ネオ・コロニアリズム　neo-colonialism
➡新植民地主義

ネオリベラリズム　neoliberalism
➡新自由主義

妬み　envy
➡平等主義と妬み

熱循環　heat cycle
太陽放射エネルギーを宇宙空間に再放出し，地球全体で定常状態を保つ過程．➡ 2-1-A06

熱帯雨林　tropical rain forest
赤道付近の湿潤熱帯に成立する森林．➡ 2-3-A13

熱帯バイオマス社会　equatorial biomass society
赤道を中心に形成された高いバイオマス*)をもつ熱帯雨林*)社会．→ 2-3-B11

ネットワーク　network
網状の構造や網状につなぐ行為でノードとリンクによって構成される．→ 2-2-A05

燃料税　fuel tax
燃料に課税することにより，石油の使用量を抑え，同時に，二酸化炭素の排出抑制，省エネルギー，税収の増大によるインフラの整備などを狙った課税制度．燃料税には，航空機燃料税，揮発油税，軽油引取税，石油ガス税などがある．このうち，揮発油税は，製造所から出される揮発油，または保税地域から引き取られる揮発油に対して課される税金である．揮発油税と地方揮発油税とをあわせて，ガソリン税といわれる．

農学的適応　agricultural adaptation
農業開拓の類型で，工学的適応*)との対概念．雨期深湛水地での浮き稲の導入など，作物の生理的性質を利用して自然条件に適応する農業．歴史学者の石井米雄が自然科学者との協働のなかで，中部タイデルタ地域の開拓をモデルとして提案したが，前近代ベトナムなどでも適用されるようになった．農学者の田中耕司は二つの概念を広域の地形区分・歴史的段階と対応させて理解する点を批判し，立地適応型技術という用語を提唱した．

農業インボリューション　agricultural involution
➡インボリューション

農業生物多様性　agrobiodiversity
自然界における生物多様性*)の概念を援用して，農業における生物多様性や在来の技術・文化の多様性を評価しようとして提案された．農業は自然と人為の高度な協働のもとに営まれる．その結果，農業は，疑似的自然とも言うべき環境を提供して，さまざまな生物種の生活環の場を提供するとともに，多数の作物種や品種を生み出した．伝統的な知識や技術がこの多様性を維持するうえで重要な働きをしていることを明らかにしようとする研究が盛んになっている．

農耕　agriculture / traditional agriculture
語義的には田畑を耕作し，作物を栽培することを指すが，しばしば産業としての農業や近代的農業と対比的に使われ，なりわいとしての農の営みや文化を強調するときにこのことばが使われる．伝統的農業がもつ農耕文化や農耕技術，あるいは在来農耕という用例のなかにそのことがうかがえる．農耕文化複合*)，遊牧*)や牧畜*)との対概念として

の農耕，あるいは実作業としての耕作や栽培に付随する農耕儀礼など，このことばはきわめて多義的かつ象徴的にもちいられる． ⇒ 2-3-B05 農法

農耕文化複合　agricultural complex
農業の営みから派生するさまざまな文化的要素を一つのまとまり（圏）として捉える概念．アフリカでよく知られているのは，西アフリカの乾燥サバナに広がる「サバナ農耕文化圏」と，湿潤サバナから熱帯雨林*)にかけて広がる「根栽農耕文化圏」である．前者は雑穀，イネ，ゴマ，豆類の栽培と牧畜*)を基幹とした文化圏であり，後者は，ヤムイモ，タロイモ，キャッサバ，バナナなどを焼畑*)によって栽培することで生じる文化圏である． ⇒ 2-3-B06 穀物〔アジア〕，2-3-B07 穀物〔アフリカ〕

農書　agricultural accounts and books in the Pre-modern Period
日本の近世から明治前期にかけての時代に著された農作業や農家経営に関する記録，農業技術書などを指す．作業日誌や，年間の作業暦，耕作の要諦を家訓として残した記録など当時の有力農家に残された稿本から，地方役人が記した農業技術書，『農業全書』や『広益国産考』などの学者が記した刊本まで，多様な内容と形態の書物からなる．中国や朝鮮に伝わる農業書は中国農書，朝鮮農書と総称される．これらが刊行されたころの農村生活や農業技術の様子を知ることができる貴重な資料である．

農地収奪　land glab
➡土地収奪

農法　agricultural system / farming system
耕地の永続的利用を可能にする合理的な土地利用と耕種技術の体系． ➡ 2-3-B05

バイオエタノール　bioethanol
バイオ燃料の一つ．バイオエタノールは，バイオマス*)由来の，デンプン，蔗糖，セルロース*)などを原料として製造されたエタノール*)をいう．多糖を酸や酵素で分解して単糖にし，これをエタノール発酵能をもつ酵母*)や細菌*)で，エタノールに変換してつくる．バイオマスを高温加熱してガス化し，生成した合成ガスを触媒反応でエタノールに変換する方法もある．食糧と競合しないセルロース系エタノールを，第二世代バイオエタノールと呼ぶ．

バイオキャパシティ　biocapacity
エコロジカル・フットプリント*)分析においてもちいられる，生物生産力を評価した値のこと．全世界平均の生物生産力を1とする，グローバル・ヘクタール（gha）という単位によって表現される．生命圏*)に対する人為的介入を考慮したうえで算定されている

ので，各地域の生命圏が本来有している生物生産力と異なることに注意が必要である．

バイオソーシャル　biosocial
生命のありようが社会的なコミュニケーションの過程で構成されていることを示す際にもちいられる形容詞．たとえば文化人類学者 M. マリオットによると，インドでは，人の身体は食物・言葉・行為・体液などの相互交換によって構成されており，食事・会話・場の共有・接触・性交などをつうじて物質の動きが生じ，物質のやりとりをつうじて価値や属性も移動すると考えられているという．そこでのコミュニケーションは，たんなる情報の伝達ではなく，バイオソーシャルなコミュニケーションだといえよう．

バイオディーゼル　biodiesel
バイオマス由来の油脂からつくられるディーゼルエンジン用燃料の総称であり，バイオ燃料の一つ．バイオディーゼルフューエル（Bio Diesel Fuel）の略で，BDF と呼ばれることもある．バイオディーゼルとして規格化がなされているのは脂肪酸メチルエステルであるが，厳密な化学的定義はない．通常，原料となる油脂をメタノールと反応させて，脂肪酸メチルエステルとし燃料化する．この反応では，グリセリンが副生する．

バイオブタノール　biobutanol
バイオマス[*]由来のブタノール（炭素数4のアルコール）．ブタノールは，化学合成と発酵のどちらの方法でも製造できる．発酵法としては，これまでアセトン・ブタノール発酵がおもに研究されてきたが，近年遺伝子工学により 2-ブタノールのみを高効率生産する方法が開発された．エタノール[*]よりカロリーが高く，水と混和しにくく，燃料輸送やガソリンスタンドのインフラがそのまま使える利点がある．

バイオマス　biomass
ある時空間の生物量をいい，該当生物の面積当たり乾重量であらわす．➡ 2-3-B03

バイオリファイナリー　biorefinery
バイオマス[*]から化学品，燃料，エネルギーを体系的に生産することによって，バイオマスのもつ付加価値を最大限にまで高める新しいシステム．石油化学工業に代わって，化学産業の主役となると予想される．バイオリファイナリーは，バイオマスリファイナリーとも呼ばれるが，米国でバイオリファイナリーという造語がいち早く定着したことから，現在では，バイオリファイナリーをもちいることが多い．⇒石油リファイナリー

バイオレメディエーション　bioremediation
微生物等の働きを利用して有害化学物質を分解することにより，土壌地下水等の汚染された環境の浄化を図ること．バイオ（bio＝生物）とレメディエーション（remediation＝修

復)を組み合わせた名前．環境に与える負荷が少なく，経済性が高いことが利点である．具体的には，汚染土壌や汚染水に栄養分などを与え，分解微生物の増殖によって分解を促進させたり，分解微生物を散布したりする．

排出権取引制度　marketable permits

環境負荷物質の排出権を市場取引によって行う制度．排出削減目標によって決められる排出量上限をもとに，各経済主体に排出枠が分配され，その排出枠と実際の排出量の差が取引可能な排出量となる．取引市場における価格メカニズムを利用することによって，効率的な排出権の配分による排出削減を実現させるための制度である．1997年の京都議定書では，温室効果ガスの排出権取引制度が導入された．⇒クリーン開発メカニズム，森林減少・劣化からの温室効果ガス排出削減

排除と包摂　exclusion, inclusion

社会内部における経済的格差の拡大や国際移動の増加にともなう社会の多様化のもとで，社会保障などの政策や社会的な諸権利の享受者の範囲をどう設定するかは重要な問題となっている．排除／包摂とは，この範囲を限定し，自己責任の原理などを盾に社会的弱者を排除するか，あるいは条件や差異を越えて受け入れるか，という二つの対立する態度のことである．後者の原理として贈与[*]や歓待などの人類学的な概念がもち出されることもある．

ハイパーインフレーション　hyper-inflation

物価が数百倍，数千倍の勢いで上昇する現象．政府が発行する貨幣への信用が極度になくなり，貨幣よりも財やサービスを直接手に入れることを欲するようになり，貨幣価格が急激に上昇することで発生する．多くの場合，戦争や内乱により財政赤字が膨大化し，政府への信頼が失われる事態となった場合に発生しやすくなる．

ハイブリッド　hybrid

人類学における文化の異種混淆性[*]への主張は，文化が均質な本質をもち，その全体像の描写が可能であると考えた，従来の民族誌的研究が前提とする枠組みがはらむ権力性への批判に基づく．他方，近代を自然と社会とを分断する思考として捉える社会学者B. ラトゥールは，そうした分断を批判し，それにともなう隘路を脱却するため，現実の物事がハイブリッド，つまり自然と社会の諸要素の混成物であることを明らかにしている．

ハイブリディティ　hybridity

➡異種混淆性

波及効果　spill-over effect
➡スピルオーバー効果

剥奪　deprivation
社会的・文化的な資源が奪われている状況．資源を有していない程度を，客観的・絶対的基準ではなく，主観的・相対的基準によった場合の不平等感が「相対的剥奪」とされる．社会学者R. K. マートンは，相対的剥奪の概念から，依拠する帰属集団を問題とする準拠集団理論を展開した．相対的剥奪の観念は，生産の追求に，つねにどこまでも付随するものであり，積極的側面からは，生産性向上への（飽くなき）動機となるが，消極的には，不満や嫉妬の（しばしば暴力的な）具現行為につながる．

覇権　hegemony
国際関係における覇権（hegemony）とは，圧倒的な政治力・軍事力・経済力をもって自国の支配権を確立することをいう．国際政治経済学者のC. P. キンドルバーガーやR. ギルピンらは，覇権国が国際公共財[*]を提供する結果，国際秩序が安定する一方で，覇権国が衰退した際には，別の覇権国との間で覇権戦争が起きると論じた（覇権安定論）．だが，国際政治学者のR. O. コヘインらは，覇権以後であったとしてもレジームは存続することから，国際秩序がつねに不安定になるとはかぎらないと批判した．⇒レジーム論，ヘゲモニー

ハザードマップ　hazard map
火山・地震・洪水などの自然災害の危険情報や，予想される被害状況などをあらわした図．災害時の避難地や避難路等をあらわすものもある．災害[*]多発地域ではその作成が強く求められているが，自然科学的な情報の開示のみならず，住民に対して具体的な情報を提供する必要がある．

発展径路（複数発展径路論）　development path (multiple development paths thesis)
➡ 2-3-02

ハディース　ḥadīth（亜）
イスラームの預言者ムハンマドの言行を記録したもの．ムハンマドが語った言葉（マトン）と，それを伝承した者を記述した部分（イスナード）に分かれ，どちらも同じように重視される．クルアーン[*]に次いで重要な預言者の慣行（スンナ）を知る術であることから第二の啓典とも呼ばれる．編纂されたハディース集のうち，最も権威の高いものを『真正集（サヒーフ）』といい，イスラーム法学者のブハーリーとムスリム・イブン・ハッジャージュによるものを指す．

波動‐粒子相互作用　wave-particle interaction

プラズマ粒子[*]とプラズマ波動が相互にエネルギーを交換する物理過程のこと．宇宙プラズマは非常に希薄なため，粒子間の衝突がない．そのため，粒子間の運動論的エネルギーのやり取りは波動を介して行われ，宇宙プラズマの研究には欠かせない現象となっている．

ハドレー循環　hadley cell

赤道域で上昇し，北緯および南緯 30 度付近で下降する大気の循環である．ハドレー循環の上昇域である赤道付近では低圧帯（熱帯収束帯）が，下降域である南北緯度 30 度付近では高圧帯（亜熱帯高圧帯）が形成される．コリオリ力[*]を受けるために，地表面近くでは南北緯度 30 度付近から赤道に向かって，北半球では北東風が，南半球では南東風が吹く．

パトロン＝クライアント関係　patron-client relationship

人間の社会的結合形態の一つ．社会的あるいは経済的に上位にある者が保護・便益を提供し下位者は労働力[*]や忠誠を提供することで成立する相互依存的で持続的な二者間関係で，直訳すれば親分＝子分関係となる．東南アジアでは，身分や組織のような外延が比較的明瞭な人間集団よりも，この二者間関係の連鎖がかたちづくるネットワーク[*]が最も基礎的な社会的関係と理解されている．

ハビトゥス　habitus（羅）

社会的に獲得され，身体化された性向の総体．人が社会化されるとともに社会の階層的構造も再生産[*]されるという一連のメカニズムを社会学者・文化人類学者 M. モースの身体技法論などをもとに説明する社会学者 P. ブルデューの概念．この概念をつうじ，一見恣意的にも思える嗜好や価値判断の分散も，社会における経済的および文化的な資本の分散から説明されうるが，実際の身体化のプロセスや，社会構造自体の変化との相互作用については十分説明されていない．⇒ 2-2-C06 身体，文化資本，実践

パフォーマティヴィティ　performativity

クィア理論家 J. バトラーが代表的な論者．語用論の議論に則り，「語る」ことは同時に他のメッセージを伝達する行為である，と考え，そこに権力論の視点を注入した．この概念の要諦は，実践[*]とは現実をたんに再生産[*]するのではなく，ずれをもち込み，変革をもたらすものでもある，という点にある．日常実践による現実の変動に動態的な理論枠組みが提供された結果，「再生産される構造」という構造主義[*]以来の暗黙の静態的な前提は変更を余儀なくされた．

バブル　bubble
資産価格が，その決定要因であるファンダメンタルズ（現在から将来にかけて資産が生み出す利益，資産価格の成長率，利子率，資産保有者のリスク・プレミアム[*]）から乖離している状態を指す．その原因には，リスク[*]の過小評価や価格の値上がり期待などがあるが，実際にバブルが生じているかどうかをみきわめるのは難しく，事後的に判断される場合が多い．

ハマース　Ḥamās（亜）
パレスチナで活動するイスラーム主義組織．正式名称はイスラーム抵抗運動．1987年に登場．創設者はアフマド・ヤースィーン．パレスチナ解放機構（PLO）とは一線を画した活動を行い，中東和平プロセス[*]に反対してきた．手厚い福祉活動によって支持を拡げ，2004年のパレスチナ地方議会選挙によって過半数の議席を獲得したが，欧米・イスラエルと対立しファタハ（PLOの一派）との挙国一致内閣は崩壊．ガザ地区を占拠し，独自に自治を進めるにいたっている．

パラダイム　paradigm
科学史家T. クーンによって，新しい科学史叙述のために提起された概念で，科学研究を先導する模範的な指針（paradigmaのラテン語での意味は「範例」）や手続きのこと．そのような指針では説明できない例外事例が増大し蓄積すると，やがてそれらを説明しうる，全く新しいパラダイムに拠る研究が出現する．現在では科学史の枠組みを超えて，「ある時代に特有の物の見方」という，拡張され一般化された意味で広くもちいられている．

パレート効率的　Pareto efficient
ある資源配分が実現している状態において，誰かを不利にしなければ誰も有利になることができない状態を指す．パレート最適ともいい，社会学者V. パレートによって提起された．パレート効率的な状態は，それ以上改善の余地のない状態を意味する．近代経済学における効率性を測る基準として最も一般的なものとして利用されている．

パワー・ポリティクス（権力政治）　power politics
政治の本質は権力関係によって規定され，権力[*]を求める闘争（権力闘争）であるという思想や政策．とくに，中央集権的な主体が不在である国際社会（アナーキーな国際社会）においては，国家の存続が十分に保障されないので，国家は軍事力を中心とする権力を保持することで自国の安全を確保しようとする．一方，権力闘争に秩序をもたせる方法の一つとして，勢力均衡（バランス・オブ・パワー）政策も追求されることになった．

パン・イスラーム主義　pan-Islamism
イスラーム世界の衰退と西欧勢力の進出という状況のもと，ムスリムの団結とイスラム世界の一体化を求めたイデオロギー*)．一体化されたイスラーム世界を導くのはカリフの役目であり，その意味では反西欧を掲げた他のナショナリズム*)的運動（パン・アラブ主義など）とは性格を異にする．オスマン朝のアブデュルハミト2世（1842-1918年）は帝国と王位の安泰のためにこれをもちい，ジャマール・アッ＝ディーン・アフガーニーなどを利用しようとした．

パン・アフリカニズム　pan-Africanism
アフリカ人，アフリカ系人の主体性と権利の歴史的復権をめざす思想および運動．19世紀末，カリブ海諸島や欧米に離散したアフリカ系人によって生み出され，1900年にロンドンで第1回パン・アフリカ会議が開かれた．1945年にマンチェスターで第5回パン・アフリカ会議がクワメ・ンクルマらアフリカ知識人の主導で開催された後は，アフリカの独立と統一をめざしてアフリカ大陸で運動が活発化し，1963年にはアフリカ統一機構（OAU）が創設された．⇒アフリカ連合

半栽培　semi-domestication
野生植物の採集と作物栽培の中間にあたる植物利用一般を示す概念．植物学者の中尾佐助は農業の起源を探る研究において，人が有用植物に関与し，植物が改変されていく歴史的過程として半栽培を捉えた．それに対して人類学者の松井健は，利用される植物と利用する人間との間に永続的な平衡関係がある点に着目し，人と植物の共時的関わりとして半栽培を捉えた．最近では環境問題をローカルな文脈から考える視点としても援用されている．

半沙漠地帯　semi-desert area
年間降水量が200-500 mm程度の乾燥地域．降雨の地域的・季節的な変動が大きいため，植生は潅木がパッチ状に分布したり，雨季直後に草原が現れたりする．代表的な地域はアフリカのサハラ砂漠南縁のサヘル地域や，モンゴル高原のステップなどがある．天水農耕の限界を超えているため，おもに家畜を飼養し，水や牧草など自然条件の変化に応じて移動する遊牧民が暮らしている．干ばつ*)や沙漠化の影響を最も受けやすい地域である．⇒沙漠

半大統領制　semi-presidential system
議院内閣制*)を採用するものの，大統領の権限がより大きい政治制度を指す．大統領と首相が併存する政治制度としては，共和国における議院内閣制と，大統領制*)および議院内閣制を組み合わせている場合が存在する．前者では行政権*)の中心は首相である

が，後者の場合は公選制によって選ばれた大統領に強い権限をもたせることによって不安定な政府を統合することが期待されており，代表例はフランスの第五共和国制である．

パンチャーヤット　pañcāyat (印) / panchayat
インドの地方自治制度を指す．かつてインドの村落が「五人の長老（パンチャーヤット）」によって治められていたという故事にちなむ．独立後，制度は導入されたものの州により制度から運用にいたるまで異なり，権限もかぎられていたことから自治の十分な機能を果たしてこなかった．しかし，1993年に憲法改正が行われ，全国に三層構造が一律に適用されると同時に権限も拡大されたことで，活発に制度運用が図られるようになった．現在では，女性や下層階層に対する留保制度*)が積極的に導入されるなどインド民主主義の深化に貢献している．

バントゥー　Bantu
ニジェール・コンゴ派のバントゥー語群，またはそれを使用する400以上の民族に対する総称．中央アフリカ，東アフリカ，南部アフリカの広い範囲に分布する．その起源は，およそ4,000年前の現在のナイジェリアとカメルーンの境界線付近にあると考えられている．バントゥーは数千年をかけてアフリカ各地に拡大していった．その過程で生じた文化的事象の多様性に関する研究が言語学や考古学などの立場からなされている．

半導体　semiconductor
電気をとおす導体と電気をとおさない絶縁体の中間の性質をもった物質である．電気をどの程度とおすかという電気伝導性を周囲の電場や温度によって変化させることができ，現在の電子機器や計算機では最重要素子である．Si，GaAs，SiC，GaN等さまざまな材料が半導体となる．

半農半牧　agro-pastoral
農業と牧畜*)の両方を独立的に営む生業複合の一形態．アフリカの半乾燥地で広くみられる．農業と牧畜の規模関係は，各社会をとりまく諸環境によって大きく異なる．有畜農業と異なり，農牧業が関連しないため，農業と牧畜の規模関係を調整しやすく，干ばつ*)や経済変動に適応的である．牧畜と農業の規模は反比例すると想定されてきたが，近年では市場経済化の影響から比例的な関係に置き換わっている事例が報告されている．

汎用技術（デュアル・ユース技術）　dual-use technologies
軍事，民生両領域で利用可能な先端技術．軍事と民生は本来，異なる技術体系に属すると考えられていたが，1970年代以降，双方において情報通信技術の重要性が高まるなかで，両者に共有される技術領域が拡大した．国際政治において，汎用技術はおもに輸出管理の文脈で注目されることが多く，今日では大量破壊兵器*)や通常兵器の拡散防止

のため，先進工業国からの汎用技術移転を規制する輸出管理レジームが複数形成されている．⇒平和の配当

PKO　Peace-Keeping Operation
➡国連平和維持活動

PCR　Polymerace Chain Reaction
ポリメラーゼ連鎖反応．目的とするDNA*)の特定領域を増幅することができる技術．(1) 熱変性により鋳型DNAを一本鎖にした後，(2) 温度を下げて鋳型DNAとプライマーと呼ばれる短いDNA断片を結合させる．(3) 続いてプライマーの結合部分を起点としてDNAポリメラーゼにより鋳型DNAに相補的なDNAが合成される．その後再び熱変性により相補的な鎖を分離させ，(1) から (3) を繰り返すことでDNAを増幅する．

PPP　Polluter Pays Principle
➡汚染者負担の原則

PPP　Purchasing Power Parity
➡購買力平価

ビームフォーミング　beam forming
フェーズドアレー*)をもちいて電磁波ビームの形状や方向を制御すること．最適なビーム形状や方向制御のためにはさまざまな手法がある．最適解を求める計算時間の高速化も課題の一つである．DOAと組み合わせてビームの方向を制御するとレトロディレクティブ*)の一種となる．

比較史　Comparative History
特定の社会や制度*)に関わる問題を解明すべく，異なる社会や時代の類例との間で比較対象を行い，その歴史的特質の明確化を目指す研究手法．19世紀以降，自覚的な比較史的方法が実践されるようになり，経済学者K. マルクスによる社会経済的発展の比較論や，文明史家O. シュペングラー，A. トゥインビーらの比較文明論があらわれた．とくに1928年に出版された歴史学者M. ブロックの研究(『比較史の方法』創文社，1978年)は後の研究者たちに大きな影響を及ぼした．

比較生産費説　theory of comparative costs
経済学者D. リカードゥによって提起された国際分業に関する理論．比較優位説ともいう．何らかの二つの財があり，それらが二国のいずれにおいても生産可能であるという状況下では，両国が二つの財をそれぞれ生産するよりも，相対的に低い費用で生産でき

る一方の財にそれぞれ特化し，貿易をつうじて相互に財を交換する方が，より多くの財を生産することができるという考え方．⇒水平的国際分業と垂直的国際分業

東アジア共同体（EAC）　East Asian Community
経済のグローバル化の一方で大規模な地域経済の統合化が進むなか，日中韓とASEAN[*]諸国を統合する地域経済協力メカニズムとして提唱された．共同体とはいえ，大国の思惑が働いており，中国はASEAN＋3（日中韓）を，中国の台頭を牽制したい日本はさらにインド，オーストラリア，ニュージーランドを加えた統合を構想している．共同体の実現には，人，もの，情報の自由な往来が必要であるが，同時に，共同体を構成する各国の独自性を尊重した協調体制の確立も重要な課題である．⇒地域主義

東アジアの奇跡　East Asian miracles
世界銀行[*]が1993年にまとめたレポートのタイトル．日本を含めた東アジア（韓国，台湾，香港）および東南アジア（インドネシア，シンガポール，タイ，マレーシア）諸国の高成長は，市場指向から国家主導まで幅広い政策の組み合わせによって実現したと述べられている．このレポートは，それ以前の世界銀行の途上国に対する市場指向的・非介入主義的アプローチからの転換を意味するものとして受け入れられた．

非関税障壁　non-tariff barrier
関税以外で輸入を実質的に制限してしまうような規制，制度および慣習．輸入数量制限，国内生産に対する助成金制度，基準・認証制度，各国独自の商慣習まで多岐にわたる．これらのなかには，輸入規制を意図してつくられたわけではないが，結果として輸入を規制する方向に機能しているものも多くある．

非居住地域　Anökumene（独）
➡アネクメネー

ピジン / クレオール語　pidgin / creole
ピジンとは，現地人と，貿易商人など異言語を話す人々の間で意思疎通を行うために自然にできあがった混成言語．英語と現地語が混成したものをピジン英語，フランス語との混成の場合はフランス語ピジンと呼ばれる．ピジンが世代を超えて使用され，その過程で文法組織が発達し，統語法が安定し，かつ語彙が増大して完成言語の段階に達すると，それはクレオールと呼ばれるが，両者の間にはっきりとした線引きがあるわけではない．

非西欧的国際関係理論　non-Western International Relations theory
国際関係理論における流れの一つ．従来の諸理論が西洋地域に固有の文化や価値，歴史

経験や思考方法に立脚しており，その意味で西洋中心主義に陥っていることを批判，文化や価値の多元性に基づいた国際関係理論の再構築を試みる．1970年代に提起された従属理論がその嚆矢とされ，近年ではアイデンティティ・ポリティクスやポスト植民地主義に影響された見解が提起されている．

非政府組織（NGO） Non-Governmental Organization

営利目的企業，党派的政治集団または私的な集団を除く，何らかの公益を目指す民間団体．この概念は，通常，政府機関との区別のためにもちいられる．NGOのうち，国連憲章第71条に基づき経済社会理事会との協議上の地位を認められたものは，同理事会関連の会議，国連主催の環境，女性，人権等の国際会議への参加資格を得る．現在では，その専門知識と能力の有用性から，同理事会以外の多数の国連機関がNGOとの連携を深めている．⇒ 2-2-A12 ガバナンス

非同盟諸国 non-aligned nations / non-aligned states

植民地主義*)と帝国主義*)を批判し，いかなる軍事ブロックや軍事同盟をも拒絶する非同盟運動に参加する第三世界の国々（インド，中国，エジプト，キューバなど）．非同盟主義は，植民地支配から脱した新生国家が独立を維持するために，冷戦*)時代に米国主導の西側陣営（自由主義・資本主義陣営）にもソ連率いる東側陣営（共産主義陣営）にも加わらず，中立を堅持した外交方針をおもに意味する．ほぼ3年ごとに開催されている非同盟諸国首脳会議の参加国は増加しているが，冷戦終焉（ソ連崩壊）や地域紛争，グローバル化*)により存在意義と結束力は急速に低下している．

ヒトゲノム human genome

ヒトの全遺伝情報のセット．核ゲノム（約30億塩基対）とミトコンドリアゲノム（16569塩基対の環状DNA）からなる．核ゲノムは24種の線状DNA*)に分かれて染色体*)を形成しており，22種類の常染色体とXとYの2種類の性染色体に分類される．全塩基配列は国際的共同研究プロジェクトにより2003年に解読が完了し，その後の解析でヒト遺伝子数は推定22,000個程度であることが明らかとなった．⇒ゲノム

碑文学 Epigraphy

石や金属（おもに青銅器）に刻まれた文を分析し，その意味や由来を研究する学問領域．金石学ともいう．中国の金石学の嚆矢は北宋・欧陽修の『集古録跋尾』（1063年）であり，その後に元・明において一時衰退したが，清に入り考証学が盛んになるとともに最盛期を迎えた．阮元『積古斎鐘鼎彝器款識』（1805年）や王昶『金石萃編』（1805年）が中国金石学の代表的成果である．一方，欧米では碑文研究 epigraphy として17世紀以来発展した．

非平衡群集　non-equilibrium community
群集を構成する種の組み合わせやその生態的なニッチ*⁾が，平衡状態には達しておらず，種の交替や，利用しているニッチの変動がつねに生じている群集．群集中立説*⁾では，生物群集は基本的に非平衡群集であると想定している．⇒平衡群集

非暴力　non-violence
暴力*⁾に反対し抵抗する思想・実践のこと．M. K. ガーンディーはこれを運動の原理・戦術とした．思想史家の葛西實によると，ガーンディーは非暴力を，真理にいたる唯一の道と捉え，(1) 万物への愛，(2) 人生のあらゆる領域へのコミットメント，(3) 心と言葉と身体の自己浄化，(4) 自己を無にすること，(5) 自己を最下位におく謙虚さ，という5条件を満たすものでなければならないと考えていたという．また歴史家の長崎暢子によると，ガーンディーの非暴力運動の要諦は，強大な相手に暴力を使わせないようにすることだったという．

ヒマラヤ山脈　himālaya（印）/ the Himalayas
インド亜大陸北部に東西に連なる山脈．世界最高峰エヴェレスト（別名チョモランマ，サガルマーター）を擁する．アフガニスタン，パキスタン，インド，ネパール，ブータン，中国にまたがり，全長は 2,400 km にわたる．プレートテクトニクスによると，インド亜大陸のユーラシア大陸への衝突により形成された．気候，高度，雨量，地質の複雑な変化が多様な生態系*⁾をはぐくんでいる．

費用‐便益分析　cost-benefit analysis
政府支出の効率化を図って導入される分析の手法．対象事業の費用および便益を計算し，どのような方法が最も効率的であるのかを判断する．費用および便益を計算する際には，その事業がもたらす外部経済，外部不経済も考慮に入れられるが，この部分をどのように見積もるかによって結果が大きく異なることがよくみられる．⇒外部性

表象の危機　crisis of representation
脱植民地化という政治的な流れと，ポストモダン思想における表象概念の再考を背景とし，民族誌*⁾を中心とする人類学における他者表象がはらむ権力性や虚構性を糾弾する動き．1980年代から90年代にかけて，文化を表象する権利は誰にあるのか，いかに表象すべきか，という問題を人類学に突き付け，一方では新たな民族誌作成手法についての実験的な取り組み，他方では修辞的な記述や抽象的な理論化を排した実証主義的な研究群を生み出した．

平等主義と妬み　egalitarianism, envy
アフリカの狩猟採集民社会や焼畑農耕民社会は，食料の分与や共食など広汎な分配の習慣が認められ，富*)や権威の集中を回避する傾向がみられることから，平等主義的な社会といわれている．そこでは，多くのものをもつ者が他者に分け与えることが重要な生活原理であり，これに反する行動は人々の妬みや恨みを刺激し不幸につながる呪いをもたらすと考えられている．また，こうした呪いへの恐れにより富の平準化が促進される．

比例代表制度　proportional representation system
各政党の得票数に比例して議席数を配分する選挙制度．有権者の民意を議席に反映させやすい．議席の配分計算の方法は多岐にわたる．議席配分後の各政党における当選者の決定方法には，拘束名簿式と非拘束名簿式とがある．前者は選挙前に各政党が届け出た名簿の順位に基づいて当選者を決定する．後者は有権者が政党名だけでなく候補者名を記入して投票することができ，候補者の得票順に名簿順位が決まる．

貧困　poverty
所得や生産量の低さ，権利の剥奪や社会での不安定性などにより，人が当たり前の生活を送ることができないこと．➡ 2-2-B03

貧困と開発　poverty and development
➡ 2-2-B01

ヒンドゥー教　Hinduism
南アジアの土着的な諸宗教が植民地期に「ヒンドゥー教」と総称されるようになったもの．特定の開祖や統一的な聖典をもたず，集権的な僧侶集団や寺院制度をもたないという特徴がある．古代の『ヴェーダ』諸聖典に始まり，その哲学的展開としての『ウパニシャッド』を経て，中世にカースト*)制度が確立するとともに，シヴァ神やヴィシュヌ神を崇拝する民衆的ヒンドゥー教が展開した，と説明されてきたが，そうした説明自体が植民地期の構築だという批判がある．

ファウナとフローラ　fauna, flora
特定のかぎられた地域に分布し，生育する植物の全種類をファウナ（植物相）といい，同様に動物の全種類をフローラ（動物相）という．生物相はファウナとフローラによって構成される．フローラが特定の地域で生育する全植物を同定しているのに対し，植生はその地域の代表植物によって特徴を表現する．

ファンダメンタリズム　fundamentalism
➡原理主義

不安定性　instability
不確実性*)と同義に使われ，人間の生存基盤*)を考えるうえで重要な概念の一つである．自然環境と人間社会の二つの側面がある．自然環境がもつ不安定性は，干ばつ*)や洪水*)に代表される自然災害や，予測困難な長期的な気候変動や，天然資源*)の枯渇などが含まれる．一方，人間社会の不安定性は戦争や資源の略奪，金融危機，民族・宗教の対立など政治・経済・文化的な要因が複雑に影響しあうことによる．現代社会では自然・社会の不安定性の相互作用が注目されている．

VOC　Vereenigde Oost-indische Compagnie (蘭)
➡オランダ東インド会社

ブーメラン効果　boomerang effect
先進国から途上国への資本財輸出および技術移転が現地の工業化*)や産業育成に寄与し，それが結果的に先進国企業のライバルを創出するという効果．先進国企業が労働コストの安い途上国での生産を始めた1970年代にこの効果の存在が指摘された．

フェアトレード　fair trade
貿易をつうじて途上国の持続的発展やそこに住む人々の生活改善を支援する運動．従来までの貿易形態では，途上国の産品が不当に安い価格で買い叩かれたり，国際的な価格変動の大きなリスクに晒されたりしており，それらによって生産者や労働者の自立が妨げられているとの認識に立つ．そこで，彼らの権利を保護し，産品を適正な価格で継続的に購入するとともに，途上国との貿易の実態を先進国の消費者にも知らせる活動が行われている．

富栄養化　eutrophication
生態系*)の栄養状態が，貧栄養から富栄養へと移行する現象．海域・湖沼・河川・土壌などの系にもちいられる．本来は，湖沼の非人為的な遷移によって湖沼型を変化させていく過程を指す言葉であったが，近年では人間活動の影響による栄養塩類（窒素やリンなど）の濃度上昇を指す場合が多い．人為的な要因は下水・農業・工業など多岐にわたり，海域では赤潮などを二次的に引き起こすため，公害や環境問題として広く認識されている．

フェーズドアレー　phased array

複数のアンテナ*)で構成されたアンテナで，各アンテナから放射される電磁波の振幅や位相を制御することでビームフォーミング*)を可能とする高度なアンテナである．航空レーダーや気象レーダー，合成開口レーダー等にもちいられている．振幅や位相を制御する制御回路（移相器等）が非常に高コストであり，全体としてフェーズドアレーは高コストとなっている．宇宙太陽発電所*)では正確なエネルギー伝送ビーム形成のために必須のアンテナである．

フェミニズム　feminism

既成の制度*)や思想の男性優位主義を指摘し告発する思想・運動．女性参政権獲得を目指す18世紀から20世紀にかけての第一次と，性別役割分担廃絶や性と生殖の自己決定権を主張する1960年代からの第二次がある．現在では，女子割礼問題を非難する欧米フェミニズムの「普遍的正義」に隠れた異文化差別や白人中心主義を問う第三世界フェミニズムなど，性差だけでなく，人種，文化，階級などが交錯したさまざまなフェミニズムが存在する．⇒ジェンダー

フェレル循環　ferrel cell

ハドレー循環*)と極循環*)は，温度が高い地域で上昇し，温度が低い地域で下降する．このような大気の循環を直接循環と呼ぶ．これに対して中緯度帯に卓越するフェレル循環は，相対的に温度の低い地域で上昇し高い地域で下降する間接循環であり，地球全体で緯度帯に沿って平均をとることであらわれる見かけの循環である．南北緯度60度あたりでは，いくつかの場所で北東方向に進んできた温帯低気圧が発達して強い上昇流があるので，その周辺に弱い下降流があっても地球全体で平均すると上昇流が卓越することになる．逆に南北緯度30度あたりでは，温帯低気圧の背後に下降流があり，地球全体で平均すると下降流が卓越する．その結果として，中緯度に間接循環であるフェレル循環がみられる．

不確実性　uncertainty

起因，発生の確率，結果などが予測できない危険．➡ 2-1-C01

不可触民　untouchable

インド社会（とくにヒンドゥー社会）において，文字どおり，「触れ得ない者」として，カースト*)制のヒエラルキーにおいて最下層（あるいはカースト外）に位置づけられ，差別・抑圧されてきた人々．宗教的な意味においてだけでなく，政治・経済的にも被差別の状況におかれてきた．現在においては，たとえば留保制度*)の効果や「ダリト*)」とのかれら自身の名乗りのもとに，インド各地において，さまざまなかたちでの生活状況改善・

地位向上の動きがみられている．

武器移転　arms transfer
武器の貿易や無償譲渡など，国境を越えた武器の移動を総称して武器移転と呼ぶ．輸入国は先進国から途上国まで幅広く分散しているが，金額ベースでみた輸出国の上位はつねに米国，ロシア，西欧諸国により占められている．近年，国際人道法[*]上の重大な侵害行為に使用されたり，非合法の使用者に渡ったりする恐れのある武器移転を規制するため，共通の国際基準を設けようとする条約案（武器貿易条約）の検討が国連で進められている．

複合社会　plural society
一つの政治的領域のなかで，人種・民族による分業が成立し，経済取引などごくかぎられた場面以外では互いに没交渉で混じり合うことなく生活するような社会．支配者の白人，下級官吏や農民としてマレー人，兵士やゴム農園で働くインド人，商業や都市雑業に従事する華人など，英領マラヤの都市で典型的にみられる．経済面では諸集団に共通する社会的需要（公共財[*]への需要），文化面では価値観の共有や摺り合わせが欠如する傾向がある．

複雑系　complex system
現象全体のありのままを観察することが，個々の複雑な現象の解明につながる．➡ 2-1-A12

複数政党制　multi-party system
政党を全く認めない，または一つしか認めない政党制[*]とは異なり，複数の政党に政権担当の可能性が開かれた政党制を指す．権威主義体制[*]においても多くの国で政党が存在するが，共産主義国のような一党独裁体制や支配政党以外の政党は条件つきで許されている場合が多い．自由な選挙に基づく民主化[*]の達成のためには，野党が認められ政権担当の可能性をもつことが重要であり，旧共産主義圏やアフリカ諸国でも順次導入されている．

複数発展径路論　multiple development paths thesis
➡ 2-3-02 発展径路

不浄　impurity
➡浄と不浄

武装解除・動員解除・社会復帰 (DDR)　Disarmament, Demobilization, and Reintegration

紛争後の社会において安定と平和を実現するために，軍隊や武装集団に所属していた兵士の社会復帰を進めること．具体的には，小型武器から重火器までの兵器を兵士や民間人から徴収し (Disarmament; 武装解除)，軍隊組織を解体して兵士を解放し (Demobilization; 動員解除)，兵士とその家族に対する技術支援や経済支援をつうじて兵士を社会に再統合 (Reintegration; 社会復帰) させることを意味する．兵士が報復されず安全な状況で社会に復帰することが必要になる．

物価指数　price index

さまざまな財やサービスの価格をもとにして，総合的な物価の動向を算出した値．消費者が購入する財・サービスの価格からつくられる消費者物価指数と，企業間で取引される財・サービスの価格からつくられる卸売物価指数が代表的である．物価指数の算出の仕方には，基準年の価格をもとにするラスパイレス指数と，比較年の価格をもとにするパーシェ指数などがある．

仏教　Buddhism

ゴータマ（あるいは釈迦，悟りをひらいたのちはブッダ）を開祖とする世界宗教の一つ．紀元前5世紀ごろにインドにおいて起こった．輪廻から解脱して涅槃に入ることを至極の境地とする基本的教義を有する．紀元前3世紀のマウリヤ王朝時代に，アショーカ王によって保護され，広く伝播されたのちは，インドにおいては，他宗教の優勢により衰退の一途をたどった．現代インドにおいては，1956年のB. R. アンベードカルの仏教改宗を嚆矢とする「不可触民*)」たちによる仏教運動を大きな動きとして挙げることができる．⇒上座仏教

物質循環　material cycle

主として生態学で使われる用語で，生物体を構成する物質が，無機的環境から取り入れられ，食物連鎖や腐食連鎖をつうじて生態系内を循環して再び環境に戻される循環のこと．主要なものとして水循環*)，炭素循環*)，窒素循環，リン循環などが挙げられる．

ブミプトラ政策　Bumiputra policy

マレーシアで行われているマレー人優遇政策．イギリスの植民地支配政策によって英領マラヤでは人種間の融合が進まなかった．独立後のマレーシアでは人種間の平等と経済格差是正を目的として，政府主導で規制や租税格差の設定などをつうじてマレー人の商工業部門への進出が推進され，高等教育でも奨学金の優先給付などが行われた．同時に，人種・民族に関わる議論を禁止するなど，国民統合を阻害しかねない言論の鎮圧も行われた．⇒留保制度

ブラウザー　browser
主として木本植物の灌木や樹木の枝，葉，果実などを採食する (browsing) 草食動物．家畜のうちラクダとヤギがブラウザーである．採食行動の特徴として，首を伸ばして長い舌で木の葉や小枝をむしりとって食べたり，ヤギなど小型ブラウザーでは前足を木の幹や枝にかけて後足だけで立って採食したりする．グレーザー[*]に比べて乾燥地域や干ばつ[*]などの自然災害に強く，灌木がパッチ状に分布する半沙漠地域[*]にも適応している．

プラズマ　plasma
電離してできたイオン，電子から構成される物質であり，固体，液体，気体に次ぐ物質の第4の状態と呼ばれる．知られている宇宙の99%以上はプラズマ状態にあり，宇宙環境の理解とはプラズマの理解にほかならない．プラズマは産業にも利用される現象であるが，プラズマ中にはプラズマに起因するさまざまな波動が存在し，波動-粒子相互作用が起こり，複雑な環境を形成している．プラズマの理解には計算機シミュレーションも有用である．

プラズマ波動　plasma wave
プラズマ中に存在する波動のこと．真空中における電磁波[*]のように電界，磁界成分をもつ波動と電界のみをもつ波動（静電波）に分けられる．また真空中では，電磁波は光速の位相速度をもつ波動のみ存在するが，プラズマは分散性媒質であるため，さまざまな位相速度をもつ波動（モード）が存在する．プラズマ波動の理解が宇宙環境の理解につながり，ひいては生存圏の環境の理解と利用の推進にもつながる．

プラズマ粒子　plasma particle
プラズマを構成するイオンと電子のこと．とくに宇宙プラズマ中では粒子同士の衝突がないため，エネルギーの交換は波動をとおして行われる．

プラズミド　plasmid
細菌[*]や酵母[*]の細胞質に染色体DNA[*]とは独立して存在し，自律的に複製する小型の環状二本鎖DNA分子．細菌の接合を起こすものや薬剤耐性を宿主に付与するものがあり，細胞分裂によって娘細胞へ引き継がれる．遺伝子工学においてはその性質を利用し，人工的に改変したプラスミドを作製して遺伝子クローニングのベクター[*]として広くもちいられている．

フリーライダー（ただ乗り）　free-rider
他人が費用を負担した財やサービスを無料で利用して便益を得ようとする者．とりわけ，消費における排除不可能性と非競合性によって定義される公共財[*]では，便益に対す

る費用負担を各個人が最小にとどめようとするインセンティブが働くため，フリーライダーの問題が起こりやすい．このことが，公共財の過小供給の原因となり，政府による公共財供給の必要性の根拠になっている．

ブリコラージュ　bricolage（仏）
人類学者 C. レヴィ＝ストロースは，近代的・合理的な思考（理論や設計図に基づき多様な材料・道具をもちいてモノをつくる「エンジニアリング」に代表される）と，世界各地の伝統的な社会の慣習や神話などにみられる思考とを対比し，前者を「飼い慣らされた思考」，後者を「野生の思考」と呼び，後者を，かぎられたありあわせの材料を使い，試行錯誤しながら何かをつくり上げる日曜大工的なブリコラージュ（器用仕事とも訳される）にたとえた．

武力の行使および威嚇の禁止　prohibition of the threat or use of force
国際連合憲章において規定されている戦争の一般的な範囲での禁止．1928 年に締結された不戦条約においては，自衛権に基づく戦争および反撃戦争を除き，一切の戦争がその合法性を否定されたが，国際連合憲章では，戦争と呼ばれると否とを問わず，国際関係におけるおよそ一切の武力の行使又は武力による威嚇が禁止された（憲章第 2 条 4 項）．許容される例外は，自衛権の行使など，それに対する反撃としての武力行使に限定される．

ブルーウォーター　blue water
降水により陸地にもたらされる水のうち，河川や滞水層をつうじて海洋に流出する部分．ストックホルム国際水研究所のファルケンマークが 1993 年に提唱した用語．人間が直接的に目にし，利用することが可能な水と言い換えることもできる．従来の水資源利用計画はブルーウォーターを対象としており，河川工学や灌漑工学は，ブルーウォーターを制御し，治水と利水を効率的に行う技術体系として発展してきた．⇒ 2-1-A01 水循環，2-1-A03 灌漑

ブルジョア　bourgeois（仏）
Bourg, すなわち城郭をもつ中世都市に住む人々がブルジョア（bourgeois）であったが，そのような都市*）の市民として一定以上の税を支払うことができた商工業者や富裕都市民が実質的にはブルジョアであった．この言葉に労働者（プロレタリアート）に対立する資本家という意味を賦与したのはマルクス主義で，そこではブルジョアは，近代社会における資本主義的生産様式確立の主体と規定され，同時に労働者によって最終的に打倒されるべき社会的身分とみなされたのである．

ブレトン・ウッズ体制　Bretton Woods system

第二次世界大戦後に採用された国際通貨体制．その名称は1944年に米国ブレトン・ウッズで開かれた会議で調印された協定に由来する．金と唯一兌換可能な米ドルを基軸通貨とした金ドル本位制を敷き，固定相場制を採用した．米国の国際収支の悪化にともない，1971年に新たな協定（スミソニアン協定）が結ばれ，ブレトン・ウッズ体制は終焉を迎えた．

フローラ　flora
➡ ファウナとフローラ

フロンティア　frontier

辺境あるいは国境の意味で，transregional あるいは transcultural な移動・越境に関わる近年の歴史人類学研究においてきわめて重要な研究領域．一方，アメリカ史においては特別な意味をもつ．すなわち，歴史家 F. ターナーは1893年に行った講演のなかで，開拓期のアメリカにおいて，開拓を待つ西部の広大な土地こそが，機会均等，個人主義[*]，民主主義[*] の発展を助長し，開拓者精神（フロンティア・スピリット）に富む米国の国民性を産み出したと主張した．

フロンティア型資源利用

人々の高い移動性と投機性，複数生業の併存，持続性よりも搾取的な資源利用を特徴とする．国家領域周辺部や資源フロンティアに典型的な経済活動であり，国家，企業，コミュニティ，世帯，個人による短期的な利潤追求を基本形態とし，定着的，安定的，持続的な資源利用への移行を必ずしも常態とはしない．たとえば，このような資源利用を基盤とした社会編成は，東南アジア島嶼部[*] に多く存在する．

分益小作制　sharecropping system

小作制度の一形態．地主と小作人の間で小作地の収穫物を一定の比率で分け合う．アジアで広くみられる方法．一定の賃料を支払う定額小作制と異なり，分益小作制では，生産量が増加するにつれて地主が獲得する絶対量が増加していく．そのため，小作人の労働意欲が削がれ，生産性が低下することで，社会的に非効率な資源配分が実現してしまうといわれている．これをマーシャルの非効率仮説と呼ぶ．

文化　culture
➡ 文明と文化

文化決定論 cultural determinism
人の行動や思考の様式が，後天的に，社会的な相互作用をつうじて，その社会集団の文化を学習することで形成されるという考え方．20世紀前半にF.ボアズら人類学者はこの立場から優生学や人種差別の基礎となる生物学的決定論に反対した．その後の社会生物学や遺伝決定論などの議論に対抗し，生物学的なものの影響を認めない極端な一元的決定論を主張する者もあるが，双方の相互作用的な影響を認める穏健派が一般的である．

文化史 Cultural History
文化史という言葉自体は，人間の精神・文化的活動に関わるきわめて多様な事象を対象とする歴史研究に冠せられるが，とくに20世紀後半以降にあらわれたいわゆる「新しい文化史」は，アナール派*)社会史の流れを承け，人類学，民俗学，心性史，日常史，ジェンダー論などと深い関わりをもつ．そこでは，政治史や事件史*)の対象となりにくかった，制度*)そのものの成立，伝統概念の創出，儀礼*)やシンボルの歴史などが，主要な研究対象となっている．

文化資本 cultural capital
個人または集団が，それぞれの社会的活動の場で有する文化的有利さの可能性の大小．フランスの社会学者P.ブルデューの著書『再生産』に詳しい．経済資本，ソーシャル・キャピタル*)と区別される．客体化されたもの（絵画・楽器・蔵書等），制度化されたもの（学歴・資格等），身体化されたもの（ハビトゥス*)・知識・言語能力・センス等）の三様態がある．文化資本を教育システムが評価するので，支配階級の子が高い学歴を得て高い階級へ再生産される．

文化相対主義 cultural relativism
文化の価値を相対的なものと捉え，文化的に優劣をつけたり文化を評価したりしない立場．20世紀半ばに米国における人種主義に対し，F.ボアズを中心とする人類学者たちは臨地調査に基づく実証研究によってこの立場をとり，反論を加えたが，それ以来，長い間にわたり人類学における中心的な研究姿勢とされてきた．ただ，過度の相対主義は異文化間の意思疎通が不可能（不要）だという議論を導きかねず，注意が必要である．

分業 division of labour
複数の人員が役割を分担して財の生産を行うこと．イギリスの経済学者A.スミスは，生産における分業を定式化し古典派経済学を創始した．のちに経済学者K.マルクスは，肉体労働と精神労働とを分かつ分業を，人間と自然との物質的代謝過程を媒介する生産活動の疎外*)された形態であると批判した．フランスの社会学者E.デュルケームは分業を社会規範に基づく道徳的事実として捉え，道徳のあり方から社会の形態を有機的連

帯*)と機械的連帯*)に分類した．

紛争ダイヤモンド（血のダイヤモンド）　conflict diamond (blood diamond)

紛争当事者のなかには，自国ないし自らの勢力地域のダイヤモンドを（時には違法に）輸出し外貨を獲得することで，軍事資金を調達している主体がある．この「紛争ダイヤモンド」(conflict diamond) または「血のダイヤモンド」(blood diamond) は，シエラレオネやコンゴ民主共和国の内戦などを契機に問題となった．国際社会は，ダイヤモンドの原産地証明を義務づける「キンバリ・プロセス」などにより，紛争ダイヤモンドの撲滅を試みている．

分断化　habitat fragmentation

保全生態学*)において，空間的に連続していた森林*)などが，道路，宅地開発，農地転換などにより細かく孤立・分断されることを指す．森林の分断化により生物の生息地が脅かされる事例や，都市域では種子の散布様式が鳥や風にかぎられるため植生が偏って遷移する現象などが知られる．そのため，空間的に生息地をつなげるコリドー（生態回廊）*)の創出や，残された生態系*)の質の向上が課題となっている．

文明と文化　civilization, culture

文明 civilization とは元来未開や野蛮の反意語で，都市化や都市*)生活を意味したが，現在では一般に人知が進み技術の進歩によって物質的に豊かな生活を営む状態を指す．一方，文化 culture はそれぞれの民族・社会などに固有の生活様式・形態を意味し，とくに哲学・芸術・科学・宗教などの精神的所産を指す．ゆえに両語の一般的な使い分けとして，ある地域の各時代にわたる精神的活動を文化，一定の地域・時代における物質的所産を文明と呼ぶ．

文明の衝突　the clash of civilizations

米国の政治学者 S. ハンティントンが提起した，ポスト冷戦期の国際秩序観．冷戦*)期の国際秩序は，国民国家*)を単位としてイデオロギー*)や経済体制をめぐり対立したが，ポスト冷戦期では，文明を単位として相互の文明が接する断層線（フォルト・ライン）をめぐり衝突するという．しかし，歴史を回顧すれば文明の対話や融合が絶えず行われており，この学説に対しては文明間の対立を強調しすぎているという批判もある．⇒歴史の終わり

文明の生態史観　An Ecological View of History

生態学者の梅棹忠夫が 1957 年に提唱した文明論．生態学における遷移をモデルに文明の発展を説明し，ユーラシア大陸を，高度文明を形成している第一地域（おもに西欧と日本）とそれ以外の第二地域という空間的な区分から捉えた．生態学モデルのみならず，

日本を「機能主義的に見て」西欧と肩を並べるものと捉える視点，それまで等閑視されてきたインドや中央アジアの「中洋」としての位置づけなど，非常に独創的で，日本社会に大きな衝撃を与えた．

分離主義運動　separatism movement
同一国家内の文化的，宗教的，言語的，民族的少数派が，多数派の支配や同化政策を嫌って，政治的な独立や大幅な自治権確立を求める運動，あるいはその組織．アパルトヘイトのような多数派による隔離 (segregation) とは異なり，あくまで自主的な分離を求めるものである．政策提言や啓発活動を主とする非暴力的な運動から，武装して政府軍と交戦するものまで幅広い．

平衡　equilibrium
➡均衡

平衡群集　equilibrium community
群集を構成する種の組み合わせやその生態的なニッチ*)が，一定の平衡状態に達していて，構成種の間には一定の生態的なニッチの分割が存在している群集．⇒非平衡群集, ニッチ分割説

平和構築　peace-building
国連事務総長であった B. ブトロス＝ガーリーの『平和への課題』において広く認識されるようになった概念．これは，紛争中や紛争後の社会において，紛争が再燃しないように平和を強化し定着させることである．具体的には，紛争解決と和解の促進，兵士の社会への再統合，警察・司法制度の確立と運用をつうじた法の支配の強化，人権侵害に関する捜査と監視，選挙やメディアに対する支援をつうじた民主化*)支援などが挙げられる．⇒武装解除・動員解除・社会復帰

平和の配当　peace dividend
戦争終結や緊張緩和を受け，それまで軍事に投入していた資源を民生転用することで生じる経済的，社会的利益，あるいはその可能性への期待を一般に平和の配当 (peace dividend) と呼ぶ．米国における 1990 年代の長期好景気の背景には，国防費の削減によりもたらされた財政状況の改善および長期金利の抑制，また軍事から民生に開放された先端技術や人材による「IT ブーム」の加速化など，冷戦*)終焉にともなう平和の配当の影響が指摘される．⇒汎用技術

ベクター　vector
細胞*)へ外来の遺伝物質を導入するために運搬体としてもちいられる（ウイルスまたは

プラスミドの) DNA*），自律的に増えるための複製起点，導入したい遺伝子配列を挿入するマルチクローニングサイト，遺伝子を導入した細胞を検出する選択マーカーをもつ．導入遺伝子の大きさや目的により，プラスミド*），バクテリオファージ，人工染色体などがベクターとして使用される．

ヘゲモニー　hēgemonía (希) / egemonia (伊) / Hegemonie (独)
ある社会集団が支配関係のなかで下位に置かれる現状を自明なものとして受け入れるようにする権力*）の作用．とりわけ，イタリアの思想家 A. グラムシによる定義と分析が広く知られている．たんなる暴力*）によってではなく，経済活動や教育・文化といった多様でより精緻な回路をつうじて，被抑圧者はその従属的な立場を自然化するようになる．たとえば植民地人民や女性，あるいは労働者は，こうした作用に日々晒されつづけてきたわけである．⇒覇権

ヘッジファンド　hedge fund
金融派生商品*）を駆使して，運用先の相場変動のリスクを抑えながら投資を行うファンド．運用資金は，機関投資家や富裕層からの私募によって賄われることが多い．運用担当者は運用成績によって成功報酬を得る．投機*）的な運用を好んで行っているわけではないが，市場の動向を左右するだけの運用規模をもっているため，1997 年のアジア通貨危機におけるロング・ターム・キャピタル・マネジメント（LTCM）の破綻に代表されるように，金融危機が発生するとその影響が甚大になることがある．

ベトナム戦争　Vietnam War
1960 年ごろから 1975 年まで戦われた戦争．南部解放民族戦線と南ベトナム（ベトナム共和国）政府とによる南ベトナム内部での内戦，北ベトナム（ベトナム民主共和国）と南ベトナムとの国土・民族統一をかけた戦い，北ベトナムおよびそれを支援する東側諸国と南ベトナムを支援する西側諸国とが対峙した冷戦*）のなかの熱戦という三つの性格を有している．

ヘミセルロース　hemicellulose
セルロース*），ペクチン以外の植物細胞壁多糖であり，代表的なものに，キシラン，マンナン，キシログルカンなどがある．植物細胞壁の約 2-3 割程度を占め，セルロースとの水素結合やリグニン*）との共有結合などを介して細胞壁を補強する働きをもつ．広葉樹では 8-9 割がグルクロノキシランであり，針葉樹ではグルコマンナンが約 3 分の 2 を占める．キシログルカンは広葉樹や針葉樹の一次壁に存在する．

偏西風　westerlies
中緯度においてほとんど常時吹いている西寄りの風のこと．地表付近においては亜熱帯

高圧帯から極側に吹き出す風がコリオリ力*)によって東向きとなり偏西風となる．また，赤道付近の大気は極付近の大気よりも暖められているため，上層においては赤道が高気圧，両極が低気圧となっている．このため地衡風の関係により中緯度上層においてもやはり東向きの風が吹き偏西風となる．偏西風は温度風の関係のために高度とともに強くなり対流圏界面付近で風速が最大となり，ジェット気流と呼ばれる．赤道と極の温度差が大きくなると偏西風は南北に蛇行するようになる．この蛇行を偏西風波動という．

編年体　biānniántǐ (中)
➡紀伝体と編年体

貿易風　trade wind
貿易風は，亜熱帯高圧帯から赤道低圧帯へ恒常的に吹く東寄りの風のこと．赤道付近で強い日射のために生じた上昇気流は，圏界面付近を極に向かって流れるが，地球の自転によるコリオリ力*)を受けて次第に東寄りに向きを変え，緯度30度付近で滞留するため，下降気流となって海面（地表面）に吹き下りる．これが亜熱帯高気圧であるが，先に述べた上昇気流により生じた赤道付近の低圧部に向けて南北から吹き込む気流が貿易風である．北半球では北風，南半球では南風になるはずだが，コリオリ力の影響を受け，北半球では北東貿易風，南半球では南東貿易風となる．

包括政党　catch-all party
有権者の政党支持態度から政党の特徴を捉えた場合，特定の社会階層や宗教，民族，地域別のグループを支持者対象とするのではなく，選挙戦略や政策争点において，中道路線を取ることでより広く支持者の取り込みを図る政党．包括政党の登場は，保守革新の対立軸が流動化し，政党と支持基盤であった有権者の結びつきが不安定化し，有権者の政党支持態度がアドホックな争点や政策効果により変動しやすくなった傾向を背景とする．⇒大衆政党

封建制　feudalism
中世ヨーロッパにおいて君主が臣下に土地（封土）を下賜し（保護の授与），臣下が軍務などの義務を君主に対して負う（忠誠の提供）相互関係．土地だけではなく，その土地に対する政治的経済的権利も下賜され，その結果多くの地方的封建領主が出現した．中国周代の「封建制度」と類似するとの考えから，feudalismに日本語で「封建制」の訳語が与えられたが，両者の相違が明らかになるとともに，適切な訳語とは言えなくなっている．

放射線　radiation / radial rays
電離性を有する高いエネルギーをもった電磁波*)や粒子線のこと．正確には「電離性放射線」と呼ばれる．アルファ線，ベータ線，ガンマ線のほか，中性子線や宇宙線等も含

む．ヴァン・アレン帯*)にとくに高密度で存在する．

包摂　inclusion
➡排除と包摂

放牧　herding
家畜を飼養する人々の最も基本的な生産活動．草食動物である家畜は生きるうえで牧草，水，そしてミネラルが欠かせない．家畜をこれらの資源にアクセスできる場所に連れて行き，採食させることが放牧である．広い地域を移動する遊牧*)や，季節ごとに定住地と放牧地を往復する移牧といったかたちがある．牧夫には，家畜の群れを統率する能力だけではなく，資源の分布状況や季節的な変化といった自然環境の要因と，資源の所有・利用に関わる社会的な要因に熟知することが求められる．

暴力　violence
関係性をとおした構造的暴力の是正が求められている．　➡ 2-2-A10

牧畜　pastoralism
乾燥地に展開される自然・家畜・人間の三要素からなる生業．　➡ 2-1-C03

牧畜民　pastoralists
家畜を飼養し畜産物を直接・間接的に利用して生活する人々．自然環境の制約と社会的・文化的な影響によって家畜飼養だけを行う専業牧畜民，農耕や狩猟採集*)と組み合わせる兼業牧畜民，そして家畜をおもに交易対象として利用する商業牧畜民などがある．低・中緯度の乾燥地域では大型家畜のラクダ・ウマ・ウシと小型家畜のヤギとヒツジとを組み合わせて飼養することが多い．高緯度地域ではトナカイを飼養し，南米の高地ではリャマやアルパカを飼養する牧畜民が暮らしている．⇒半農半牧，有畜農業

保護する責任　responsibility to protect
介入と国家主権に関する国際委員会（ICISS）が提起した概念．保護する責任（responsibility to protect）とは，国家が市民の生命や安全を保護する責任のことを意味し，主権は国民を統制する権限としてではなく，国民を保護する責任として認識されることになる．国家がこうした責任を果たせない場合に，国際社会が軍事介入を含めて対応する責任をもつことになる．保護する責任には，紛争の諸段階に応じて予防の責任，対応の責任，再建の責任がある．

ポスト開発　poot development
第二次世界大戦後に世界を覆った開発主義を批判する思想・活動の一つ．　➡ 2-2-B02

ポストモダニズム　postmodernism
モダニズムを理性中心主義的なものと特徴づけ，そこから差異化しようとする，1970年代ごろからあらわれてきた雑多な思想や文学，芸術などをまとめる言葉．ポスト構造主義と呼ばれることもある．何でもありのニヒリズムと揶揄されることもあるが，現代社会を捉えるための新たな諸概念も生んだ．思想家 J.-F. リオタールは時代としてのポストモダンの特徴を近代が依拠してきた「大きな物語」の終焉だとし，地理学者 D. ハーヴェイは「時間 − 空間の圧縮*⁾」だとした．

ホスピス　hospice
ラテン語のホスピティウムに由来し，キリスト教の巡礼者のための宿を意味していた．今日では，終末期患者に対して，肉体的苦痛の除去や緩和や精神的な看護，さらにその家族の心理的ケアなど，延命ではなく充実した余生を過ごすことを目的とした医療形態を指す．一般に緩和ケア病棟と呼ばれるのは，厚生労働省から設置認可を得て，健康保険が適用可能なホスピスである．今後，こうしたホスピスのニーズはさらに高まると予想される．⇒尊厳ある死，ターミナル・ケア

保全生物学　Conservation Biology
遺伝学と生態学を基礎とし，保全につなげる応用科学．　➡ 2-1-B03

保全と保存　preservation, conservation
保存は生物多様性*⁾を極力人為を加えずに維持すること．保全は人為的に手を加えることによって維持を図ること．ほかにも文化財などに対しても行われる．里山*⁾や草原など，人間の利用によって維持されてきた生態系*⁾は保全によってのみ維持しうる．保全は生態系が持続的に維持されるかぎりにおいて人間による利用を認めるため，より多くのステークホルダーからの合意を得られやすいが，持続性の評価が難しいため抜け穴も生じやすい．

ポピュリズム　populism
政治家がその支持形成を図る際，政策合理的な主張よりも大衆の情緒や感情に沿った主張を代弁することで国民の支持獲得を得ようとする政治的手法を指す．ポピュリズムは，時に既得権益層の腐敗やエリートの特権を是正する政治的改革を方向づけるが，政治家が大衆迎合的な人気取りに終始，あるいは国民の不満・不安を過度に煽ることで支持動員が強化される傾向があるため，衆愚政治や少数者の自由抑圧を招く恐れがある．

ホメオスタシス　homeostasis
➡恒常性維持

ポリティカル・エコロジー　political ecology

生態系*)に対する人間の働きかけや，それによる生態系への影響，さらに生態系の変化がもたらす人間社会への影響などを，政治経済社会的な文脈のなかで捉えようとする学問潮流．人文地理学・文化人類学・開発研究・農学・自然地理学・政治経済学など多様なディシプリンの手法が援用される点に特徴がある．近年は，ローカル・レベルの生産過程に関与するすべてのアクターに注目し分析するアクター・オリエンテッド・アプローチなどが提唱されている．

翻訳〔人類学〕　translation [Anthropology]

翻訳は差異を媒介する行為であり，その意味で人類学の本質は翻訳，つまり異文化の概念や実践を自分化の言葉で言い換えることだといえるが，翻訳のあり方をめぐっては脱植民地化に関わる政治的な議論（誰が翻訳するのか，翻訳する権利があるのか）や分析哲学に影響を受けた議論などが後を絶たない．他方アクターネットワーク論*)では，多様なアクターがネットワーク*)を形成するのを，個々の関心が相互にうまく翻訳されたためと捉える．

翻訳〔生物学〕　translation [Biology]

転写*)により生じたメッセンジャーRNA*)からタンパク質*)を合成する過程．DNA*)の配列を相補的に写し取ったメッセンジャーRNAは核外へ出てリボソームに移動する．リボソームではメッセンジャーRNAのコドンに対応するアミノ酸がトランスファーRNAにより順に運び込まれ，それらのアミノ酸が重合することで遺伝情報にしたがったタンパク質がつくられる．

マイクロ波　microwave

電磁波*)の一種で，周波数が 1-30 GHz（GHz = 10^9 Hz）程度の電磁波のこと．自然界に存在しない電磁波であり，20世紀中期になって初めて発生させられるようになった．電磁波は通信・放送やレーダー等にもちいられ，人類の活動に不可欠のものとなっており，電磁波の周波数が高ければ高いほど通信・放送の情報量が多くなることから，現在の携帯電話やデジタル放送はこのマイクロ波をもちいている．またエネルギーとしても利用可能な電磁波であり，電子レンジで食品加熱にもちいられるほか，無線電力伝送*)にももちいられる．宇宙太陽発電所*)はマイクロ波技術の発達があって初めて提唱された．マイクロ波は大気での減衰が非常に小さく，宇宙から地上への無線電力伝送に最適な電磁波である．

マイクロファイナンス　microfinance

貧困削減を目的とする貧困世帯への小規模金融．　➡ 2-2-B11

マイノリティ minority
ある社会集団における権力*)関係のなかで，他の成員から区別され，構造的に弱い立場に置かれた人々のこと．外見的な特徴や内面的な性向，出自や属性，行動様式などのさまざまな要因がこの区別＝差別*)を正当化するための示標としてもちいられうる．こうした差別や権利剥奪に対しては米国における公民権運動のような地位向上の動きがあるが，少数民族や被差別民の問題に対し，少なからぬ社会科学者が学問的だけでなく実践的にも関与してきた．

マクシミン原理とミニマックス原理 maximin principle, minimax principle
ゲーム理論*)において考えられている利害が完全に相反するゲーム（ゼロサム・ゲーム）の合理的行動原理．相手は自分にとって最も不利な戦略をとるのだという前提のもとで，自分の利得を最大にする戦略を選ぶ．一方，相手の利得が最大になるような戦略を相手がとるのだという前提のもとで，自分の損失を最小化する戦略を選ぶ行動原理をミニマックス原理という．一方がマクシミン原理をとり，他方がミニマックス原理をとり，両者の利得が一致するとき，ゼロサム・ゲームは確定するといわれ，その戦略の組を鞍点と呼ぶ．

マグネトロン magnetron
マイクロ波*)発生用真空管の一種である．電場と磁場をもちいて発振する構造である．高効率・安価な特長を生かし電子レンジにもちいられ，世界中に普及している．高効率化の決定的な改良に日本人が寄与しており，20世紀は日本のメーカーが世界シェアのほとんどを占めていたが，現在は中国・韓国メーカーが生産のほとんどを行っている．通常のマグネトロンは発生マイクロ波の制御が困難なため，通信応用はほとんどされないが，1960年代に位相制御マグネトロンという発生マイクロ波の制御が可能なシステムが発明され，日本でも無線電力伝送*)にももちいられるようになっている．

マクロ経済学 Macroeconomics
投資*)や消費といった経済全体の集計量の間にどのような因果性や規則性があるのかを分析する研究領域．おもな伝統的トピックとして，国民経済計算，財政・金融政策，失業とインフレーション，景気循環，経済成長などがある．ケインズ以降に急速に発展し，マクロ経済学とケインズ経済学*)が同義とされる時代もあったが，ケインズ経済学のミクロ的基礎づけが進み，現在ではミクロ経済学の手法をもちいた分析が主流になっている．

魔術 magic
人間の意志によって，見かけ上，超自然的な変化を生じさせようとする行為，または

そのための知識と技術の体系．社会学者 M. ヴェーバーが近代化の特質としての合理化を「魔術からの解放」(Entzauberung) と呼んだことにもみられるとおり，合理的な近代科学・技術とは峻別される．また，おもに西洋魔術を指し，日本で古くから知られてきた風水や祈祷などを魔術と呼ぶことは稀である．宗教学では，「呪術」という語のほうが好まれる．

魔女狩り　chasse aux sorcières (仏) / witch-hunt
16-17 世紀に西欧を席捲した魔女 (悪魔と契約した者) に対する迫害．基本的に魔女に対する告発も裁判もきわめて恣意的にすすめられ，自白を引き出すために拷問ももちいられた．かつてはカトリック教会主導による異端，異分子の大量虐殺と説明されていたが，近年の研究は，いわゆる民衆法廷が魔女狩りに大きな役割を果たし，厳密な規則や手続きを顧慮しない民衆法廷において，より残虐な拷問や処刑がなされたことを明らかにしている．

末法思想
仏教[*)]的歴史観の一つで下降史観の一種．釈迦入滅後，仏教は正法 (教え，実践，さとりが具わった時代)，像法 (実践が失われる時代)，末法 (教えのみが残る時代) の三時代を経て衰退するという考え方である．正法は五百年 (一千年説もある)，像法が一千年，末法が一万年とされる．中国では 6 世紀半ばにあらわれて以来，隋・唐期に盛んになり，三階教や浄土教が成立する素地となった．日本では平安後期から鎌倉時代にかけて流行した．

マネー・ロンダリング　money laundering
資金の洗浄．麻薬取引や脱税，武器の闇取引などの犯罪によって入手した資金を，金融機関の口座間取引を繰り返したり，租税回避地の金融機関を経由させたりすることで出所を曖昧にし，あたかも合法的な資金であるかのように偽装すること．国際テロの資金源になっているとの指摘もあり，各国の金融当局は規制と取り締まりを強化している．

マネタリズム　monetarism
ケインズ経済学[*)]の主張する政府による裁量的な政策の有効性に疑問を呈し，財政政策の無効と固定的な貨幣供給ルールの適用を主張した．代表的人物として経済学者 M. フリードマンがいる．ケインズ経済学の現実的有効性が失われはじめた 1970 年代に台頭し，その主張は米国のレーガン政権，および英国のサッチャー政権の経済政策に採用された．

マラッカ海峡　Strait of Malacca
マレー半島とスマトラ島東岸との間にある海峡．7 世紀ごろ以降にマレー半島横断ルートに代わって東西貿易の主要ルートとなった．古代のシュリーヴィジャヤや近世のマ

ラッカ王国など，この地を押さえることで得られる交易の富を基盤とする交易指向型の港市国家[*]が栄えた．また，交通の要路であるため，文化の発信基地としての機能も古来から果たしており，インド文明やイスラームもこの地を基地として東南アジア全域に拡散した．

マラリア　malaria
マラリア原虫（寄生虫の一種）を病原体とする感染症で，ハマダラカによって媒介される．熱帯に広く分布し，とくにマラリア流行がおきやすい低湿地では，農業等の生産活動を制約する要因となる．DDT等の殺虫剤の開発により，マラリアは容易に撲滅できると考えられた時期もあった．しかし薬剤耐性をもつ蚊の出現に加え，農業開発によってハマダラカの棲息に適した環境が新たに広がったこともあって，現在でも毎年2億から3億人以上がマラリアに感染しているとみられる．

マルク諸島　Maluku Islands
東インドネシアにある島嶼．英語ではモルッカ諸島．狭義にはハルマヘラ島の西に浮かぶテルナテ，ティドーレなどの島々を指すが，広義には南のバンダ諸島なども含む．香辛料の産地として知られ，チョウジとニクズクとは18世紀末にいたるまで長らくこの地域でしか生育しなかった．そのためこの地域は香料諸島の異名が生まれた．大航海時代にはこの地で産するスパイスをめぐって角逐が繰り広げられ，世界中から商人が集まった．

マンダラ・システム　mandala system
歴史家O. W. ウォルタースが提出した古代・中世東南アジア国家の類型．小人口で分散性・流動性の高い東南アジアでは，特定の社会集団や血縁原理で人を縛ることが困難なため，王の個人的能力に基づく二者間関係の累積が支配の根幹となる．官僚制[*]や地域間分業も未発達なため，地方の小国と中央とは本質的に同じ構造で，国とは王の中の王たる国王の威光が及ぶ圏域のことであり，王のカリスマが衰えれば容易に空中分解する．
⇒小人口世界

マンデル＝フレミング・モデル　Mundell-Fleming model
他国との貿易・金融取引がある状況（開放経済）における財政・金融政策の効果を説明するモデル．経済学者R. マンデルとJ. M. フレミングによって提起された．変動相場制のもとでは，財政政策は有効性を失うが，金融政策は自国の国内総生産に影響を与えることができる．逆に，固定相場制のもとでは，財政政策は無効である一方，金融政策は有効である．このモデルは，以降の国際マクロ経済学研究に大きな影響を与えている．

ミクロ経済学　Microeconomics
家計や企業の市場における経済行動や希少な資源の配分のあり方を分析する研究領域．おもな伝統的トピックとして，消費者行動，企業行動，一般均衡分析，不完全競争市場などがある．価格を所与とした分析アプローチがとられたこともあり，価格理論とも呼ばれてきた．近年は戦略的相互関係にある個人の行動を分析するゲーム理論*)や契約理論*)に基づいた分析が台頭している．

ミクロストリア　microstoria (伊) / micro history
限定的で微細な研究対象（特定の出来事，家系，人物など）を徹底的かつ詳細に調べ上げ，それをつうじて社会史*)や文化史*)に関わるより大きな問いに答えようとする研究手法．1980年代以降，心性史，日常史，歴史人類学などとともに，文化史研究の重要な領域となっている．代表的研究として，C. ギンズブルグ『チーズとうじ虫』（みすず書房，1984年），N. Z. デーヴィス『マルタン・ゲールの帰還』（平凡社，1985年）などがある．

水資源　water resource
水はすべての生命にとって必要不可欠な資源である．➡ 2-1-A05

水循環　water cycle
太陽エネルギーを主因として引き起こされる，地球における継続的な水の循環．➡ 2-1-A01

ミッショナリー（宣教活動）　missionary
宗教や思想を広める活動を行う者．キリスト教の宣教師を指すことが多く，ここでもそれに倣う．キリスト教の成立期より活動しているが，とくにヨーロッパ帝国主義の拡大に果たした役割が顕著である．たとえばアフリカ探検*)から分割支配にいたる過程では，大陸内部の踏査と拠点づくり，本国の世論形成に深く関与した．また宣教拠点はしばしば教育や保健機能をそなえ，ヨーロッパ的な思考や生活様式の普及に一役買った．

ミトコンドリア　mitochondria
真核細胞内に存在し，おもに呼吸に関与する棒状または粒状の細胞小器官．一つの細胞に100個から2,000個ほど含まれている．内膜と外膜という二重の脂質膜に囲まれていて内膜はひだ状をなしており，酸素とグルコースからATPと呼ばれる生命活動に必要なエネルギーを取り出す役割を担っている．このATPは細胞のミトコンドリア以外の部分でも働く．独自のDNA*)をもち，細胞内で分裂増殖する．

緑の革命　Green Revolution

1960年代後半に始まる，コメ・コムギの高収量品種の導入による食糧増産．コメについてはフィリピンにある国際稲研究所（IRRI）で1966年に育成されたIR-8が，コムギについてはメキシコにある国際トウモロコシ・小麦改良センター（CIMMYT）で育成されたメキシコ短桿小麦が代表的品種として挙げられる．いずれの品種も多収穫，短桿で風に強く，短い生育日数，高い耐肥性と季節を選ばない播種などの優れた特徴を有し，灌漑*)施設が整備され肥料・農薬を多用できる条件下でそれまでの在来種に較べ2-3倍の収量をもたらした．⇒ 2-3-B05 農法

緑の政治　green politics
➡グリーン・ポリティックス

南アジア系移民　South Asian diasporas

南アジアを出身地もしくは起源とする移民*)．在外インド人，南アジア系ディアスポラ，印僑，NRI（Non-Resident Indians，非居住インド人）などの呼称もある．歴史的に，英国植民地政府の直接的な移民政策（プランテーションの雇用担当者が移民を徴募する「年季契約制度」等）のもとで移住が進められたという経緯がある．また，南アジアの多様な言語・宗教・文化を反映して，南アジア系移民にも多様なグループがある．現在，南アジア系移民の数は2,000万人とも3,000万人ともいわれ，世界各地に広く分散している．⇒華橋，ディアスポラ

南アジア地域協力連合　South Asian Association for Regional Cooperation
➡ SAARC

ミニマックス原理　minimax principle
➡マクシミン原理とミニマックス原理

身分制度　social class system

人間が集団として共同生活をおくる際，各成員の欲望を調整し，利害衝突を防ぐために，当該社会が何らかの原理で階層化され，各階層が特定の機能を担うという構造は一定の有効性をもつ．この階層化と機能分担の基準を，個人の自由意志とは無関係な，出自*)・血統に求めたのが身分制社会である．階層化の基準が多様化する近代より以前の時期に特徴的な仕組みとみなされるが，カースト*)制度のごとく現代でも可視的に残存している例もある．

民衆文化　popular culture
ある社会において学術や芸術の面で高い達成度を示したエリート層の文化や教養に対し，一般大衆が愛好した文化．ただしエリート文化と民衆文化の間を線引きすることは通常容易ではない．民衆文化に包含される要素も多種多様であるが，一般には文字記録や図像として残されたエリート文化に対し，記録化されず，口伝や慣習として継承された祭式儀礼，あるいは音曲などの身体パフォーマンスが，その代表的な例として取り上げられる．

民主化　democratization
権威主義および全体主義から民主主義への政治変動，あるいは体制移行のプロセス．政府機構や政治制度などの体制基盤のみならず，国民の政治的権利，社会経済レベルの政策自由化をともなう．そのため民主化後には，制度的合理性や政治的リーダーシップの観点から，大統領制*) および議院内閣制*) の選択が問題となるほか，急激な市場化や政治的統合の障害となるナショナリズムの活性化等が体制安定面において懸念される．

民主主義　democracy
➡ 2-2-A01

民主主義平和論（デモクラティック・ピース論）　democratic peace theory
米国の政治学者 B. ラセットらによる理論．民主主義国間では戦争が起きにくいという仮説を計量的に実証したとされる．この仮説は，哲学者 I. カントが『永久平和のために』のなかで民主的な共和国間の平和的連合を論じたことに由来する．この理論は，民主化*) を進める理論的基盤となるが，民主主義国家が非民主主義国家と交戦する可能性を否定しておらず，国際秩序の安定と平和を一般に保障する理論的支柱とはなり得ない．

民俗学　Forklore
自国における伝統的な習俗や思考の様式，およびその歴史的変遷を，祭礼や慣習，民間伝承や民具などの有形・無形の資料をもとに再構成しようとする学問．近代的生活様式の浸透とともに消えゆく伝統文化へのロマン主義的な憧憬が強まり，それがナショナリズム*) の高揚とつながるなかで誕生した．日本における民俗学の形成には柳田國男や折口信夫らの影響が大きく，人類学や歴史学・農村社会学などと交流しながら独自の発展を遂げている．

民族誌（エスノグラフィー）　ethnography
人類学などにおける臨地調査の成果をまとめた体系的な記述．本来はこの名のとおり，通文化的な比較・一般化のための材料としての，ある民族集団の社会文化的現実の総体

の記述を指したが，現在はかなり定義が緩やかになっている．1980年代，テクストとしての側面が強調され，その生産をめぐる政治性・権力性が批判された（表象の危機*）．近年はビジネスなどの文脈で問題発見ツールとしての質的調査法がこの名で呼ばれ，脚光を浴びている．⇒災害エスノグラフィー

民族自決　self-determination of peoples

民族（人民）がその政治的地位（宗主国の支配下に止まるのか否か）を自ら自由に決定できるという考え方で，20世紀に続いた植民地*)の独立に大きく寄与した．とくに第二次世界大戦後は，国連憲章，植民地独立付与宣言，二つの国際人権規約に明文化され，民族自決権の弾圧は国際法違反といえる．しかし今日，独立国家内の民族集団が民族自決権を主張する場合，自決権の権利の主体となりうるか否かについて解釈は分かれている．⇒ナショナリズム

民族宗教　national religion

民族宗教とは，宗教類型論においてヒンドゥー教*)，ユダヤ教など特定の民族や部族に限定される宗教である．これに対置されるのが，キリスト教，仏教*)，イスラームなどの国や民族を超えて広がる「世界宗教」である．しかしながら，民族という近代国家の成立にともなって形成された概念は，単一の民族というよりも，さまざまな個人や集団によって構成されている．そのため，民族宗教を考える際，つねに民族と宗教の関係性を考える必要がある．

民族紛争　ethnic conflicts

民族的な自他の区別を標榜する集団・組織間の対立が激化して生ずる紛争．国外からの武器供与，資金供与が存在する一方で，国内紛争であるがゆえに平和的解決のための国際社会の介入に時間がかかることが多い．国民国家*)の形成と発展の過程で，国民統合とくに民族や宗教の融和が不首尾に終わった結果ともいえる．ただし，民族的アイデンティティ*)を口実に動員がなされるとはいえ，経済的・社会構造的な要因も無視することはできない．⇒人道的介入

無線電力伝送　wireless power transmission

電磁波*)および電磁気現象をもちいて，無線で電気エネルギーを伝送する技術のこと．電磁波が発見された19世紀末より実証実験も行われているが，本格的な研究・実験は1960年代に入りマイクロ波*)技術が発展し，電磁波をある程度集中できるようになってからである．原理上数万kmでも高効率で無線電力伝送が行える．21世紀に入り，類似であるが異なる電磁気現象をもちいた1m程度の近距離で無線電力伝送方式が提唱され，家電への応用研究が盛んとなっている．

ムフェカネ　mfecane（ズールー語）
現南アフリカの東部に帝王シャカが建国したズールー王国の軍事的拡張を発端として，1820年代から1830年代にかけて南部アフリカ一帯で大規模な戦乱と玉突き的な人口移動が起こり，多くの王国・首長国が形成された．現在の南部アフリカ地域の人口構成をかたちづくったこの出来事を，ングニ語でムフェカネ（大破壊）と呼ぶ．その背景には，ズールー王国の軍事的イニシアチブのほか，自然環境の劣化と土地をめぐる競争，奴隷商人を含むヨーロッパ人の進入などがあったとされる．

ムフティー　muftī（亜）
イスラームの法規定に関する裁定（ファトワー）を出すことを公的な職務としている法学者．国事についてイスラーム法の見地から意見を出す機能をもつ大ムフティーから，モスクや宗教団体から指名されるムフティーまでさまざまである．大ムフティーの制度は，オスマン朝時代の首都イスタンブルのムフティー職であるシェイヒュル・イスラームに由来するが，現在では各国政府がそれぞれ大ムフティーを任命している．

無文字社会　non-literate society
伝統／近代のように，社会が文字をもつか否かを基準に，社会のあり方を区分する概念．従来，歴史（学）は文字記録の存在に基づいており，その意味で無文字社会は歴史なき社会と捉えられていた．これに対し人類学者の川田順造は，無文字社会が蓄積している口頭伝承を中心としたさまざまな非文字資料をつうじて，その社会の歴史（意識）や身体化・物象化された記憶のあり方を明らかにし，そこから「近代」というものを再考しようとした．

ムラユ世界　melayu world
近世の東南アジアにおいてムラユ語がつうじ，イスラームが信奉される文化圏．狭義にはマラッカ海峡*⁾地域，広義ではジャワ海沿岸からモルッカ諸島，西ボルネオ，南部フィリピンをも含む．マラッカ王国の商業ネットワークを利用してイスラームと商用語としてのムラユ語が広まり，マラッカ王国崩壊後はその交易網を引き継ぐ形で一定の文化的共通性をもったが，のちの英蘭協約などで政治的国境によって分断されることになる．

名望家　Honoratioren（独）／aʿyān（亜）
財産，家柄，教養や学識などによって大きな名誉と人望を有する者たちのことで，伝統的な地域共同体における代表者として行財政に携わることが多い．社会学者M.ヴェーバーは支配の三類型の一つである「伝統的支配」の一形式として「名望家支配」を措定した．その際彼は16世紀から18世紀のイギリスのジェントルマンを例に挙げて論じたが，イスラーム世界におけるアーヤーンや，明代以降の中国における郷紳なども類似

の存在だったと考えられる．⇒正当性と正統性

メカニズム・デザイン　mechanism design
社会における効率的な資源配分を実現するために，各個人のインセンティブを利用しながら制度*⁾を設計することを目的とする研究領域．ゲーム理論*⁾および契約理論*⁾の枠組みによって分析を行う．公共意思の決定方法やオークション，学校選択などのマッチング手法などの制度設計に広く利用されている．

メシア　māšīaḥ（ヘブライ語）/ Messiah（英）
「油を注がれた者」を意味するヘブライ語に由来．世界の終末期に登場し，困窮や不当な圧制から人々を救う存在．キリスト（クリストスというギリシア語）とはヘブライ語でメシアを意味し，キリスト教とはイエスをメシアとして信じる宗教である．千年王国論（ミレナリアニズム）は，キリストが最後の審判までの千年間を治めるという教説である．イスラームにおいても，マフディーと呼ばれる救済者が終末にあらわれると考えられる．

メタン発酵　methane fermentation
有機化合物が嫌気性条件下（酸素のない状態）で，微生物による分解作用によってメタン（CH_4）を主成分とするバイオガスを発生するプロセスのこと．生ゴミなどの有機物は，微生物による加水分解により低分子化され，その後，酸生成細菌により酢酸などの有機酸，アルコール，アルデヒドなどが生成される．最終的に，メタン生成細菌によって，メタンと二酸化炭素に変換される．

メッシュ　mesh
網の目の意．地理学では空間上に規則的に並んだ矩形の網目のことを指す．各種座標系であらわされる地域を網の目上の小区画に区分し，これを単位に作成された自然環境や社会環境に関するさまざまな数値情報をメッシュデータ（グリッドデータ）と呼ぶ．

メディア　media
情報の記録，伝達，保管などにもちいられる物や装置．記録・保管のための媒体と，コミュニケーションのための媒体がある．メディアはメッセージを受け手に忠実に伝える透明な媒体ではないので，受け手には情報の加工，編集，検閲をふまえるメディア・リテラシーが必要となる．送り手にも，内容よりもメディアをどのように機能させるかが重要となる．ここからメディア・ポリシー，メディア・エコロジー，情報環境論の問題が出てくる．

免疫　immunity
一度侵入してきた病原体や毒素に対して，抗体（免疫グロブリン）により特異的な抵抗性

（応答性）をもつ生体の仕組みで，その異物（抗原）が原因で引き起こされる病気に対して抵抗できる機能のこと．広義には生体が自己と非自己を識別して，非自己を排除するために行う反応の総称．細菌感染の防御のようにリンパ球が生産する抗体による体液性免疫と，移植片に対する拒絶反応のようにリンパ球自身が対象を攻撃する細胞性免疫がある．⇒ワクチン

木質バイオマス　wood biomass

バイオマス*)とは，生態学において特定の時点においてある空間に存在する生物（bio）の量を，物質の量（mass）として表現したものをいう．木質バイオマスは，木本および草本植物由来のバイオマスを指す．とくに後者のリグノセルロース*)資源は再生可能資源*)やエネルギーとして注目されている．地球陸域のバイオマスの蓄積は1兆8,400億tと見積もられている．そのうちの90％以上を（木本系）木質バイオマスが占めている．

物語り　narrative

人・物・事件・背景などの諸要素を時系列や因果関係のうちに紡ぎ合わせて語る行為．いわゆる歴史記述もまた基本的にこのような営みであるとの認識は，近年の歴史研究の大きな特徴である．ただし特定の目的に適うよう要素を選択し，関連性を調節して語ること，たとえば国家の利益に資するような「国民史」の創造などは，語るべき内容への不断の省察と探求とを欠くかぎりにおいては，客観的歴史研究と区別されねばならない．⇒言説

模倣　mīmēsis（羅）/ imitation

植民者と被植民者の間に結ばれる非対称かつ不安定な関係性．前者は後者に自らの文化や制度*)を踏襲するよう強制するが，それはあくまでも「本来」のものとはどこか異なる「ものまね」や「模造品」としてしか位置づけられない．一方で，後者がこのプロセスを意識的に貫徹させようとすること，あるいは無意識的にそれを流用することは，前者の優位性や正統性を脅かすことにつながる．こうして，安定した統治を可能にする装置であったはずの模倣は，逆にその支配関係に齟齬を呼び込む転覆的な行為ともなるのである．

モラルエコノミー論争　moral economy and political economy

農民の生存戦略・価値規範をめぐってJ. スコットとS. ポプキンの間で交わされた論争．スコットは村落成員全員の生存を優先する倫理規範が農民の社会的・経済的行動を律しているとした．これに対してポプキンは前近代社会においても農民は個人の利益の最大化をめざす合理的存在であり，互酬的関係や倫理規範も費用便益を計算したうえでのことだとする．ただ，両者ともに概念化が過ぎて実証的側面が弱いという批判がある．

モラル・ハザード　moral hazard
情報の非対称性が引き起こす非効率的な現象の一つである．使用者が被用者の行動について完全な情報をもっていない場合に，被用者の行動に歪みが生じ，効率的な資源配分が妨げられる現象を指す．たとえば，被雇用者が勤勉か怠惰かを十分に知り得ない雇用者は，労働態度にかかわらず一定の賃金を払わざるを得ないが，それによって，被雇用者は怠惰となる可能性が高くなり，労働成果と報酬の間に歪みが生じることになる．⇒情報の経済学

モンスーン　monsoon
地球上の広範囲に季節をもたらす風と雨．➡ 2-3-A12

屋敷地共住集団　multihousehold compound
社会学者の水野浩一が東北タイでの調査をもとにして提出した概念．屋敷地共住結合とも言う．親の世帯と一つあるいはそれ以上の子の世帯が，共通の屋敷地にそれぞれの家屋を建て，生産と消費の一部を共同で行う．東南アジア各地で広くみられるが，東北タイでは団体的性格が強く，それゆえに核家族や個人の優越を強調する従来の議論に反省を迫るものとなったが，マレーでは団体的性格が弱いことが指摘されるなど，地域によって偏差がある．

有機的連帯と機械的連帯　organic solidarity, mechanical solidarity
フランスの社会学者 E. デュルケームが『社会分業論』で掲げた社会的連帯の二類型．共通の信念と感情をもつ成員が直接的に結びつく「機械的連帯」から，独立した人格をもつ異質の成員が個性を能動的に生かしながら，分業[*]に基づき相互に結びつく「有機的連帯」へと社会は変動する．この理論から彼は同時代の社会を分析し，無規制な分業が社会問題を起こしているとして，分業の基礎となる多様な個人の能力を尊重する同業組合の再生を訴えた．

有畜農業　mixed farming
家畜あるいは牧畜[*]を取り込んだ農業や土地利用．アフリカではエチオピアなど半乾燥地の一部でみられる．有畜農業において家畜は，乳製品や肉をもたらすほか，犂耕に欠かせない畜力や，地力維持に欠かせない肥料の源として積極的に利用されている．農業から得られる作物の残渣は家畜の基本飼料とされる．農牧業が双方向的に関連し合うことで生産性が高まると考えられており，両者の規模は比例的に変化すると想定されている．⇒半農半牧

遊牧　nomadism

移動*⁾ / 遊動しながら牧畜*⁾を営むこと，またその生業的・文化的な特質を指す．牧畜の下位概念としてみることもできるが，移動牧畜民*⁾は土地に執着する（＝大地に縛りつけられる）ことを嫌い，財産形成も持ち運べる家畜，絨毯，装身具などにかぎられるというように，独自の生活様式や価値観をもっている．その意味で，定住農耕民（定住牧畜民を含む）と遊牧民を対比的にみることができる．アラブ / イスラーム圏では，そのような遊牧の特徴を「バダーワ（遊牧文化，遊牧性）」として一つの価値体系とみなす伝統がある．バダーワの民＝「バダウィー」が西欧語での「ベドウィン」の語源となった．なお，移動は，集団ごとにその範囲が決まっているのが通例であり，勝手な放浪を行うわけではない．⇒半農半牧

遊牧国家

遊牧民によって構成される国家で，中央ユーラシアの草原地域が国家の中心となった．騎馬の機動性と遊牧移動を利用して広大な地域を統治し，モンゴルのようにユーラシア大陸の東西を統治する大帝国が出現した．商業ルートの支配や農耕地・オアシスとの交易をつうじて，農産品や手工業製品を獲得し，経済的に繁栄したが，近代に強大な政治力・軍事力をもつ清朝やロシア帝国が登場すると，次第に弱体化され衰退・消滅した．

輸入代替工業化と輸出志向工業化　import-substitution industrialization, export-oriented industrialization

輸入代替工業化とは，関税と輸入数量制限によって外国からの輸入を抑えることで，国内産業を保護しながら工業製品の国産化を進めることを指す．第二次世界大戦後のインドおよび中南米諸国で採用された．輸出志向工業化とは，工業製品の他国市場への輸出をつうじて，国内産業を発展させることを指す．途上国にとって比較優位のある労働集約的製品が輸出を牽引する．1960年代以降のアジアの途上国の多くで採用され，輸入代替工業化よりも優れた実績を残した．⇒ 2-3-A05 工業化，比較生産費説

ユネスコ世界遺産　UNESCO world heritage site

1972年のユネスコ総会で採択された「世界の文化遺産及び自然遺産の保護に関する条約」に基づき世界遺産リストに登録された，人類が共有すべき「顕著な普遍的価値」をもつ遺跡や建造物群，文化的景観，自然などの不動産．2011年7月現在，合計で936件が登録されており，内訳は文化遺産725件，自然遺産183件，複合遺産28件である．日本は，1992年に締約国となり，文化遺産12件，自然遺産4件が登録されている．

良い統治　good governance

➡グッド・ガバナンス

要素賦存　factor endowment

人間と自然との関係を経済の側からみると，自然は生産に必要な資源の宝庫である．ある地域や国にどのような資源があるかを資源の賦存状態と言い，資源のなかの生産要素の賦存状態を要素賦存と言う．経済学では主要な生産要素は土地，労働，資本であり，要素賦存の状態によってその地域の技術[*]や制度[*]の発展の方向が規定される．しかし，資源を土地で代表させると，化石資源，生命資源の多様な役割が見失われる可能性がある．⇒ 2-1-02 地球圏・生命圏・人間圏 —— 土地再考

抑止　deterrence

戦略理論の中心的概念．具体的には，武力衝突を避けるために，相手国が武力行使を自国に対して行う場合には，それに対抗して耐えがたい軍事報復が自国からなされる旨の意思を示し，かつそれに見合う軍事能力をあらかじめ準備しておくことで，相手国のそのような行動を思いとどまらせるという概念である．また，抑止は，ゲーム理論[*]をもちいて，それが可能となるような自国と相手国の間の軍備の均衡点を探る概念でもある．

予防原則　precautionary principle

化学物質，遺伝子組換え[*]などの新技術や開発計画などが人間や生態系[*]に重大な負の影響を与える可能性（リスク[*]）がある場合は，現時点では因果関係が十分に立証できなくても規制すべきという考え方．しかし予防原則の強調のためにリスクの相対的評価が行われず，適切な資源配分がなされない事例が多いことへの反省から，近年では可能なかぎりリスク評価をし，リスク要因ごとに「許容可能水準」を設定すべきという考え方が有力である．

輿論と世論　public opinion, popular sentiments

輿論（よろん，public opinion）が公共空間における理性的な討議（熟議，審議）をつうじて形成された公衆の意見（公論）であるのに対して，世論（せろん，popular sentiments）は情緒的な好悪や世間の空気・気分に流された大衆の臆見・感情論を意味する．ただしこうした区別は，概念上は可能であるが，現実問題としてはきわめて困難であり，主観的判断に大きく依存する危険がある．その意味で，分類のための類型ではなく，分析のために抽出された，それ自体は実在しない理念型である．

ライフサイクルアセスメント　Life Cycle Assessment
➡ LCA

ランドスケープ管理　landscape management

空間的な配置を考慮した生物の保全のための管理方法．GIS[*]やリモートセンシング[*]

技術の進歩により，さまざまなスケールで生物の空間分布や動態，非生物的プロセスとの相互作用を明らかにする景観生態学が発展した．土地利用に基づいた景観管理や森林管理，リスク評価，モニタリングなどに応用されるが，生態だけでなく社会・経済などを統合する学際的分野として発展途上にある．⇒景観

リージョナリズム　regionalism
➡地域主義

利益団体（圧力団体）　interest group (pressure group)
政治的決定および執行過程に自分たちの利益の実現を図ろうと影響力を行使する団体をいう．経営者団体，労働組合，農業団体，同業者団体などを指す．こうした団体の活動によって政治過程[*]が展開されるのが圧力政治である．政党・政治家が社会からの要求をすべて扱うわけではないので，圧力団体の活動によって補完される面もある．また，圧力活動が本来の活動ではない団体も圧力団体として活動することもある．

リグニン　lignin
維管束植物の細胞壁および細胞間層にヘミセルロース，セルロース[*]と結合して存在し，20-30％を占める．構造はフェニルプロパン（C_6-C_3）を基本骨格としてp-クマリルアルコール，コニフェリルアルコール，シナピルアルコールのリグニンモノマーが，ランダムにラジカル重合し三次元網目構造を形成した高分子である．難分解性で抗菌，抗酸化作用があり，単独で分解可能な生物は白色腐朽菌のみである．

リグノセルロース　lignocellulose
植物の木質部にみられるような，セルロース[*]とヘミセルロース，およびリグニンが結合した物質．セルロースはグルコースが直鎖状に結合した高分子の多糖類で，ヘミセルロースはキシロース，マンノース，アラビノースなどグルコース以外の糖[*]が結合した高分子の多糖類である．リグニンは複雑な構造をもつ芳香族の高分子化合物で，細胞壁中でセルロース，ヘミセルロースと絡み合って三次元網目構造を形成している．

陸面過程モデル　land surface scheme
陸域のうち，水や熱の大気との交換に寄与する地表面部分を陸面（land surface）と呼び，その過程をモデル化したものを陸面過程モデルという．これと大気モデルを結合することで，数値天気予報などのシミュレーションを行うことができる．土壌・植生・大気間伝達の式からなり，多くのモデルは水・エネルギーだけでなく運動量や二酸化炭素の輸送過程を解析することができる．⇒ 2-1-A01 水循環

離床〔脱埋め込み〕 disembeddedness

経済史家 K. ポランニーは，狩猟採集社会*⁾ における食物分配など，経済的行為が社会関係をつうじて行われ，そこから切り離すことができないことを経済が社会関係に埋め込まれている状態と呼び，そこから経済的行為が相対的に自律したシステムを形成していき，市場経済*⁾ が成立するプロセスを離床（脱埋め込み）と呼んだ．これに対し近年，反資本主義的な立場から，経済行為を再度社会関係に埋め込もうという地域通貨*⁾ などの試みも行われている．→埋め込まれた自由主義

リスク risk

将来に起きうる望ましくない事象，それへの認識や対応．→ 2-1-C04

リスク・プレミアム risk premium

株式の期待収益率から債券の利子率を差し引いた額．一般に，株式は債券よりもリスクが高い資産である．リスク・プレミアムは，そのような株式を購入するインセンティブを投資家に対して与えるための，リスク負担に対する追加的報酬に相当している．資産の期待収益率とそのリスクの関係を表現する CAPM（資本資産価格モデル）は，リスク・プレミアムを測定するための有力な数理モデルの一つである．

リスク回避的とリスク愛好的 risk averse, risk loving

利得の期待値が同じである次の二つの選択肢がある場合を考える．一つめの選択肢では，期待値と同額の利得を確率 1 で得られ，もう一つでは，確率 2 分の 1 で期待値よりも高い利得と低い利得がそれぞれ得られるものとする．前者を好む場合をリスク回避的といい，後者を好む場合をリスク愛好的という．期待効用*⁾ 理論では，逓減的な効用関数であるときリスク回避的であるといい，逓増的な効用関数であるときリスク愛好的という．逓減的でも逓増的でもないときはリスク中立的という．

立憲主義 constitutionalism

支配者による権力*⁾ の恣意的な行使を防止するために，権力を憲法によって制限することにより，国家に対し国民の自由と権利を擁護する原理を指す．立憲主義の具体的な制度化は多様であるものの，共通する原則は，(1) 国家からの自由に重点を置く基本的人権の保障，(2) 人権保障のための国家権力分立制，(3) 国民主権の原則に基づく直接もしくは間接の国民参加すなわち代表民主制が挙げられる．

立法権 legislature / legislative branch

国家と国民ならびに国民相互間を規定する法規を定立する国家権力の作用を指し，一般的には，立法機関を指す．立法権の中心をなすのは国民代表機関である国会であるが，

実際には，立法の権能は行政府および裁判所によっても分有されている．また，実際の立法過程は，政党，官僚または圧力団体などの政治勢力の相互作用によって影響を受ける．⇒三権分立

リテラシー　literacy
➡ 識字

リミナリティ　liminality
➡ 境界性

リモートセンシング　remote sensing
対象物体に直接触れず，その特性情報を取得すること．一般的には，航空機・人工衛星などに搭載されたセンサによって，さまざまな現象を広い範囲にわたって調査する手法を指し，主として航空写真と衛星画像がある．物質から反射・放射される電磁波[*]の特性は，物質の種類や状態によって異なるため，反射・放射電磁波のスペクトル特性を把握することにより，対象物の大きさ・形・性質などの情報を得ることが可能である．

掠奪と交易
掠奪とは他人の所有物を暴力的に奪い取ることで，交易とは互いに物品を交換すること．しばしば表裏一体であり，たとえば匈奴に代表される中央ユーラシアの遊牧国家[*]は，中国の諸王朝の財物や人間を掠奪する一方，国境においての交易（絹馬交易）を求めた．時代が進むにつれて掠奪重視から交易重視へと政策の転換が起こり，8世紀の第二突厥帝国以降交易が重視されるようになり，ウイグル帝国期には掠奪がほとんど行われなかった．

流域　watershed / drainage basin
河川や湖沼などにおいて，水源となる雨や雪が降下する範囲を指す．集水域ともいう．ローカルな領域での水文循環システムの一部を構成する．流域の特性は主として気候，植生，地形，地質などにより規定される．流域と流域の境界を分水界という．水需給が逼迫する乾燥・半乾燥地域においては流域全体を対象とした統合的流域管理が政府によって推進されている場合もある．

留保制度　reservation system
指定カースト，指定トライブ，その他の後進諸階級といった，社会的に後進とされる人々に，その人口比率に応じて，高等教育，公的雇用，諸議会の議席において一定数の枠を割り当てる，インドの積極的差別是正政策．ただし，基本的にカースト[*]を基盤として後進階級との認定・留保が行われるために，恩恵の偏重という批判は免れ得ず，留保枠

の妥当性が長く議論の的となっている．一方，恩恵を受けた層を中心に社会運動*)が活発化するなど，共同体全体の社会的地位向上に大きな影響を及ぼしていることもまたたしかである．⇒ブミプトラ政策

猟官制　spoils system
➡スポイルズシステム

輪栽式農法　crop rotation Norfolk four-field rotation system
アルプス以北のヨーロッパで開発された休閑をともなわない近代的な輪作方式．古代の二圃式では耕地を二分し［主穀類－休閑］の順序で，中世の三圃式では三分された耕地を［主穀類－マメ科作物－休閑］の順序で利用した．16世紀以降，休閑を排除する輪作があらわれ，18世紀，英国ノーフォークにおいて耕地を四分して［コムギ－飼料カブ－オオムギ－クローバー］を栽培する輪栽式が成立した．耕種部門と畜産部門を結合した合理的輪作と呼ばれ，18世紀イギリス農業革命の基盤技術となった．⇒2-3-B05 農法

ルースな構造の社会　loosely structured social system
人類学者 J. エンブリーが日本などタイトな社会と比較してタイ社会を特徴づけた概念．村落成員の資格や権利義務が不明確で移動も多く，相互扶助「関係」は存在しても世代を超えて存続するような組織にはならない．家族生活の場面でも，日本のイエ制度や中国の宗族のような強い規制は働かず，親子関係や夫婦関係における一応の規範は存在するものの，個人本意的な行動が普通に観察され，それは規範とはみなされないことが多い．

ルネサンス　renaissance（仏）
14世紀から16世紀にかけ，イタリアを中心とする西欧に生じた，古典古代文化を復興しようとした運動．その知的基盤をなした人文主義（humanism）は，現世の地上における人間の精神と活動に積極的評価を与え，神＝教会の権威に代えて，人間を価値の中心に据えたことを特徴とした．それゆえその影響は芸術や科学技術にとどまらず，人間としての生のあり方にまで及ぶ．また行動と思索のあるべき模範としての古典の精緻な研究が進んだ．

レアメタル（希少金属）　rare metal
レアメタル（rare metal）は，埋蔵量が少ない一方で，自動車，携帯電話，IT機器など近代産業には欠かせない金属．コバルト，タングステン，チタンなどが代表的．その希少性と偏在性から，発展途上国では紛争要因となりうる．また，新興経済国の発展にともなって，国家間でのレアメタルをめぐる争いの激化が指摘される．たとえば，中国はレアメタルの主要産出国であるが，その消費量も増加しており，輸出制限による価格高騰も懸念される．

冷戦　Cold War

第二次世界大戦後から 1980 年代末ごろまでの，米国を代表とする資本主義*)陣営とソヴィエト連邦を代表とする社会主義*)陣営の間での戦争をともなわない緊張状態を指す．米ソは直接戦火を交えなかったが，アジアやアフリカ諸国などを自国の陣営内に取り込むために，政府や反政府勢力を支援したことから，この地域において実際の戦争（熱戦）を引き起こすこともあった．朝鮮戦争やベトナム戦争*)などの米ソの代理戦争は，その代表的な例である．

レーザー送電　laser power transmission

レーザー光をもちいた無線電力伝送*)技術のこと．太陽光は波長が多数含まれる白色光であるが，レーザーは波長が一つの単色光であり，半導体技術をもちいて電気や光から発生させる．無線電力伝送は波長の 2 乗でビームの広がりが決まるため，波長がマイクロ波*)よりも 6 桁以上短いレーザーをもちいると非常に狭いエネルギービームがつくれる．そのため宇宙太陽発電所*)ではシステムを小さくするためにレーザー送電をもちいたシステムも検討されている．欠点は光であるために大気・雨等での減衰が大きく，ビームが非常に狭すぎるために方向制御技術がまだ未熟な点である．

歴史観　Geschichtsauffassung (独)

客観的歴史研究の結果明らかとなった種々の事象や構造の関係性を考察する際，どのような要素を重視するかに関わる態度を理論化したもの（普遍史観，進歩史観，唯物史観，生態史観など）．しばしばイデオロギー*)と強く結びつく．ただし一般的には，各社会や個人が，自らのあるいは他者の過去を振り返って，そこに何らかの物語り*)を読み取る際に無意識的に働く，ものの感じ方，それに対する好悪の情なども，漠然と歴史観と呼ばれる．

歴史修正主義　historical revisionism

学術的には新発現史料や既知史料の再解釈によって歴史を再解釈する試み一般を指すが，しばしば，特定の歴史観およびそれを唱道する者たち（ホロコースト否認論者や，南京大虐殺否定論者など）に対し，「客観的歴史研究の成果を無視し，自らに都合の良い事実を強調したり捏造したりし，そうでない事実は無視しつつ，特定の目的に適うよう過去の歴史を修正して語り直している」と非難する際にもちいられるレッテルとなっている．

歴史人口学　Historical Demography

過去の人口変動を人口学の概念・方法によって考察し，過去の社会を再構築する学問領域で，1950 年代，フランスで教区登録簿をもちいた家族復元法が開発されたのが，その嚆矢である．人頭税報告書や徴兵名簿等の，元来は人口調査を目的としない記録を史

料として利用し，そこから結婚性向や出生力などの人口諸指標を復元することを目的とする．フランス，イギリスで確立・発展したが，近年米国等の他地域にも応用されている．

歴史の終わり　the end of history
米国の政治学者 F. フクヤマの著書および概念．冷戦*⁾の終結とは，権威主義体制*⁾に対する民主主義*⁾体制の勝利であり，最良の普遍的な政治体制とは何か，というイデオロギー論争の終焉を意味した．歴史の終わりとは，こうした人類全体を揺るがす歴史的対立の決着を意味する．一方，米国の政治学者 S. ハンティントンはこうした歴史観を批判して，文明が冷戦終結以後の新たな対立軸となると主張した．⇒文明の衝突

レクテナ　rectenna
rectifying antenna の略であり，1960 年代にマイクロ波*⁾無線電力伝送*⁾研究の際に定義された新語である．電磁波*⁾を受電するアンテナ (antenna) と，電磁波を直流に変換する整流回路 (rectifying circuit) で構成される．マイクロ波帯のレクテナで最大 90％の変換効率も実現しており，無線電力伝送の受電には必須の装置である．整流回路の特性上数 W 程度の電力しか整流できないため，宇宙太陽発電所*⁾等の大電力システムでもちいる場合は複数を接続 (アレー化) してもちいることが多い．

レジームシフト　regime shift
環境や生態系*⁾の基本構造 (レジーム) が転換する現象．1980 年代から注目された概念で，気候の急速な変化や，それにともない水産資源が数十年スケールで変動する自然現象などを指していた．最近では生態学などで，生態系がレジリアンス (回復力)*⁾を超えて別の安定状態へと急激に変化する現象にも使われるようになり，人為的な撹乱*⁾の影響も含まれる．とくに栄養塩量などの環境要因がある閾値を超えた場合に，種の絶滅などが起こり非可逆的に変化する現象を指すこともある．⇒社会的位相転移

レジーム論 (国際レジーム論)　international regimes
1970 年代以降，北米を中心に流行した国際関係論の一学説．規範，決定手続き，ルール，制度*⁾の総体とする国際関係論者 S. クラズナーによる定義が有名であるが，後には国際制度と事実上同一視されるにいたる．レジームは多国間協調に際して生じる情報の非対称性や不確実性の問題を解決し，各国に協調をとおした (絶対的) 利得をもたらすと同時に，国際協調自身を促進する手段としても機能する．

REDD　reducing emission from deforestation and degradation
➡森林減少・劣化からの温室効果ガス排出削減

レトロディレクティブ　retrodirective
電磁波*)をもちいた目標位置推定方式のこと．送電目標から放射されたパイロット信号（電磁波）を送電側で受け，パイロット信号の位相情報をもちいて目標の方向とともに送電アンテナの形状も求める方式である．計算機をもちいず，電気回路のみで方向推定を行う方式が基本であるが，近年は計算機をもちいて方向推定を行い，その情報をもちいてビーム形成する手法もある．長距離の方向推定も高精度で行うことができるため，宇宙太陽発電所*)では必須の技術とされる．

レバレッジ効果　leverage effect
レバレッジとは梃子を意味し，小さな投入量で大きな効果が期待できることを指す．たとえば，企業の資本構成において借り入れを増やすと，自己資本に比べた他人資本の割合が高まり，株主資本利益率（ROE）が増加する効果が生まれる．また，金融取引においては，信用取引や金融派生商品を駆使することで，少額の資金で多額の投資*)が可能になるが，期待収益も高まる一方でリスク*)も大きくなる．

レフュージア　refugia
氷河期には氷河の発達によって海水面は低下し，地球環境は現在よりも寒冷で乾燥していたとされる．この時期，熱帯雨林*)の分布は今より大幅に縮小していたと考えられている．この時期に熱帯雨林*)が残存した湿潤な地域を，熱帯雨林*)のレフュージア（避難場所）と呼んでいる．南米アマゾン川流域では，このようなレフュージアが多数点在していた．東南アジアでは，南シナ海は陸化し，熱帯雨林*)はボルネオ島東部やスマトラ島南部にかぎられ，この2地域で挟まれた陸化した南シナ海を中心とした地域には，乾燥地が広がっていた．アフリカではギニア湾岸とコンゴ盆地の一部にのみ熱帯雨林*)が存続していた．

連鎖的生命　connectedness of life
生命には個体的生命*)と生命を時空でつなぐ連鎖的生命の二つの位相があり，個々の生命は前者を守りながら，後者の中で自らを位置づけネットワークを広げようとする．➡ 2-2-C05

連邦制国家　federal state
相当に強い自治権をもつ政治単位が一つの政治体のもとで統合された国家．対義語は単一国家（unitary state）．典型は米国．構成体（州など）が強い権限を保持し，対内的に高い自立性を維持するが，対外的には連邦が単一の主権国家としての役割を果たす．連邦形成の要因には安全保障や経済利害などがあり，その過程も中央主導の「上から」のものと構成体主導の「下から」のものがある．そうした違いを反映して，連邦政府の強い集

権的な国家と，地方政府の強い分権的な国家がある．⇒政府間関係，地方自治体

労働　labour
「人的資本」としての擬制的理解から，質の確保と向上をめざす条件探求へ．➡ 2-3-A06

労働移動　labour migration
労働移動は人間の移動の歴史の大変重要な側面である．奴隷貿易の廃止後，19世紀後半からの「移民*⁾の時代」には，ヨーロッパから新大陸へ，アジアから熱帯の鉱山・プランテーションへ，数千万人ずつが移動した．その後，国境による分断と交通・通信手段の改善により複雑化したが，経済的動機と移動がもたらす知識・習慣・経験の重要性に変化はない．それは，熱帯の生態系*⁾のなかで多様な生業を営む地域社会の労働移動にも当てはまる．

ローカル・ナレッジ（在来知）　local knowledge
所与の社会集団において蓄積された実践的・経験的な知のことで，土着の知とも呼ばれる．伝統的な共同体*⁾における自然・社会環境との持続的な関わりのなかで形成された生業や医療に関わる知識から企業組織における暗黙的なノウハウまで，多様なものを指す．必ずしも固定的・体系的であるわけではなく，知識自体が状況依存的であったり集団内に分散している場合もあるなど科学知と異なるあり方をしており，容易に回収されるものではない．⇒エスノサイエンス

ロードマップ　roadmap
将来計画・目標のこと．現在の技術動向を元に，今後数十年先の技術動向を予測して立てる．予測と同時に技術的な目標を含むことも多い．宇宙太陽発電所*⁾のような現存しないシステムの場合，目標から逆算し，何年に何をすべきかという目標を立てることが多い．

ローマクラブ　Club of Rome
1970年3月にスイス法人として設立された民間組織．世界各国の科学者，経済学者，プランナー，教育者，経営者などから構成されるが，現に政府の公職にある人々はメンバーに含まれない．1972年に同クラブが発表したレポート『成長の限界』では，「世界人口，工業化，汚染，食糧生産，および資源の使用の現在の成長率が不変のまま続くならば，来るべき100年以内に地球上の成長は限界点に達するであろう」というシミュレーション結果を発表し，その後の持続可能な開発*⁾に関する議論の契機となった．⇒ 2-3-C03 持続可能性

ローラシア〔ローラシア大陸〕 Laurasia

ジュラ紀中期ごろ（約2億年前）にパンゲア大陸から分裂した大陸．パンゲア大陸は赤道上のテチス海を挟んだ北側のローラシア大陸と南側のゴンドワナ大陸に分裂した．ローラシア大陸はその後の分離移動を経て，現在のユーラシア大陸（インド亜大陸とアラビア半島は除く），北アメリカ大陸，グリーンランド島などを形成したと考えられている．
⇒ゴンドワナ〔ゴンドワナ大陸〕

ロールズ的正義 Rawlsian justice

政治哲学者 J. ロールズによって提起された次の二つからなる正義の原理．(1) 各個人は，他人の同様な自由と両立するかぎりにおいて，広範な基本的自由への平等な権利をもつべきである．(2) 社会的・経済的不平等が容認されるのは，最も不利な立場にある者が最大の利益を享受でき，職務や地位に就く機会が万人に開かれている場合のみである．これらの原理は，各個人が原初状態において，それぞれの地位や能力，資産などを知り得ない状態（無知のベール）にあることで，合理的に選択されるものだと考えられた．

ローレンツ曲線 Lorenz curve

➡ジニ係数とローレンツ曲線

ロケット rocket

自らの質量の一部を後方に射出し，その反作用で進む力（推力）を得る装置（ロケットエンジン），もしくはその推力を利用して移動する装置である．ロケットエンジンを搭載して人工衛星などを宇宙へ打ち上げる打ち上げ機全体をロケットということが多い．20世紀半ば以降さまざまな方式が存在する．現在のロケットは 10 t 程度のペイロードを LEO[*]へ打ち上げ，使い捨てるタイプが主流であるが，スペースシャトルのような宇宙往還機も存在する．日本の主流ロケットである H-IIA で 1 機 80 億円程度のコストであり，今後の宇宙開拓の推進のためにはより低コストのロケットが求められる．低コスト化のためにはより安価な宇宙往還機が必要であるとする声も多い．

ロストウ理論 Rostow theory

経済史家 W. W. ロストウによって提起された経済発展段階に関する理論．経済は，(1) 伝統社会，(2) 離陸のための先行条件期，(3) 離陸（テイク・オフ），(4) 成熟への前進，(5) 高度大衆消費社会の順序で発展するというもの．とりわけ，工業化[*]を意味する三番目の離陸の概念が中心を占め，途上国から先進国への移行は，この離陸を経験するかどうかにかかっていると考えられた．

ワーディー（ワジ）　wādī（亜）
沙漠*)やステップにおいて普段は水の流れない河川．表面は乾燥した堅い河床となっているが，地下水流があり，地表に近い場合は井戸として利用ができる．また，大量に湧き出た場合はオアシス*)を形成することもある．

ワイドバンドギャップ半導体　wideband gap semiconductor
SiC*)とGaN*)に代表される化合物をもちいた半導体*)のこと．半導体は電子と正孔を制御することで高度な回路をつくるものであるが，価電子帯と伝導帯の間に存在するバンドギャップが半導体の性能を決める要因の一つとなる．SiCやGaNはこのバンドギャップ間がこれまでのSi*)やGaAs*)よりも広いため，ワイドバンドギャップ半導体と呼ばれる．バンドギャップ間が広いため，大電力で使える半導体となり，大電力を必要とする無線電力伝送*)には適している．現在通信用途等として世界中で研究開発が盛んになっている．

ワクチン　vaccine
感染予防のために注射される弱毒化した病原体や毒素．病原菌や毒素への抵抗力を高め伝染病を予防する目的で，人体および動物を能動的に免疫*)するためにもちいられる免疫原．死菌（または不活化ウイルス）ワクチン，弱毒生菌（または生ウイルス）ワクチン，無毒化毒素（トキソイド）などがある．血清療法のように，ほかから受動的に免疫体を注射した場合と異なり，自らの抗体産生が持続するという利点がある．

ワクフ　waqf（亜）
イスラーム独自の財産寄進制度．財産の所有権を停止することで，そこから生じる利益を将来にわたって特定目的に提供することを可能にしたもの．慈善目的に設定したものを慈善ワクフ，子孫のために設定したものを家族ワクフと呼ぶ．近代に入ってからはワクフの役割は小さくなってきたものの，近年では，ワクフ財産をイスラーム金融*)の枠組みをもちいて再活用しようとする動きが活発化している．

湾岸協力会議　Gulf Cooperation Council
➡ GCC

ワンピースタイプ〔シロアリ〕　one-piece type
一つの材のなかに営巣しその材のみを餌とするような生活様式をもったシロアリのこと．ワンピースタイプは祖先的なシロアリ種にみられる．利用する材の質によって，さらに乾材シロアリグループ，湿材シロアリグループに分けられる．輸入家具などに入り混んでもち込まれるのはこのタイプのシロアリである．日本では，おもに沖縄県にコウシュ

ンシロアリやダイコクシロアリ，カタンシロアリなどが分布している．⇒セパレートタイプ〔シロアリ〕

謝辞

　本講座は，京都大学グローバル COE プログラム「生存基盤持続型の発展を目指す地域研究拠点」（平成 19-23 年度，代表 杉原薫）の成果です．この間，多くの方からの知的貢献に支えられて，文系諸科学と理系諸科学を交響させ，フィールドワークと理論研究を統合することにより，21 世紀を見通したアカデミック・パラダイムの創出を目指してきました．本学東南アジア研究所，大学院アジア・アフリカ地域研究研究科，地域研究統合情報センター，生存圏研究所，人文科学研究所，生存基盤科学研究ユニット，大学院農学研究科および大学院工学研究科の教員，研究員，大学院生の方々のみならず，国内外の研究者の方々からいただいたアイディアや助言が，すべての巻および章に埋め込まれています．お名前を挙げることは差し控えさせていただきますが，厚く御礼申し上げます．また，今後も，持続型生存基盤研究の深化，発展を温かく見守っていただきますよう，心よりお願い申し上げます．
　なお，本講座の出版に際しては，京都大学学術出版会の鈴木哲也氏と斎藤至氏に献身的なご助言やご協力をいただきました．また，本間咲来氏には丹念に編集をコーディネートしていただきました．深く感謝します．

編者一同

編者紹介

東長　靖（とうなが　やすし）

京都大学大学院アジア・アフリカ地域研究研究科教授．専攻：イスラーム学，中東地域研究．
東京大学文学部卒業，東京大学大学院人文科学研究科博士課程中退．博士（地域研究，京都大学）．
東京大学文学部助手，東洋大学文学部専任講師，同助教授，京都大学東南アジア研究所助教授，同大学大学院アジア・アフリカ地域研究研究科助教授，同准教授を経て現職．
主要著作に，『イスラームのとらえ方』（山川出版社，1996 年），『岩波イスラーム辞典』（共編著，岩波書店，2002 年），『イスラームの神秘主義と聖者信仰』（共編著，東京大学出版会，2005 年），『イスラーム世界研究マニュアル』（共編著，名古屋大学出版会，2008 年），ティエリー・ザルコンヌ『スーフィー —— イスラームの神秘主義者たち（「知の再発見」双書 152）』（監修，創元社，2011 年）など．

石坂　晋哉（いしざか　しんや）

京都大学大学院アジア・アフリカ地域研究研究科客員研究員，人間文化研究機構地域研究推進センター研究員．専攻：南アジア地域研究，環境社会学．
国際基督教大学教養学部卒業，弘前大学大学院人文社会科学研究科修士課程修了，京都大学大学院アジア・アフリカ地域研究研究科博士課程修了．博士（地域研究）．京都大学東南アジア研究所非常勤研究員を経て現職．
主要著作に，『現代インドの環境思想と環境運動』（昭和堂，2010 年），『資料集インド国民軍関係者　聞き書き』・『同　証言』（共編，研文出版，2008 年）など．

執筆者紹介

池田丈祐　（O. P. ジンダル・グローバル大学）
石川　登　（京都大学）
石坂晋哉　（京都大学）
伊藤千尋　（横浜市立大学）
稲葉　穣　（京都大学）
岩尾一史　（神戸市外国語大学）
岩田　剛　（京都大学）
上田知亮　（龍谷大学）
内田晴子　（京都文教大学）
生方史数　（岡山大学）
梅澤俊明　（京都大学）
遠藤　環　（埼玉大学）
岡野英之　（日本学術振興会／大阪大学）
片岡美和　（京都大学）
上野友也　（岐阜大学）
茅根由佳　（京都大学）
川井秀一　（京都大学）
神崎　護　（京都大学）
木村周平　（富士常葉大学）
甲山　治　（京都大学）
河野泰之　（京都大学）
小杉　泰　（京都大学）
小西　鉄　（京都大学）
小林慶子　（横浜国立大学）
小林繁男　（京都大学）
近藤　史　（京都大学）
坂田有弥　（大阪大学）
佐川　徹　（京都大学）

佐々木祐　（大阪市立大学）
佐藤史郎　（大阪国際大学）
佐藤孝宏　（国際稲研究所）
佐藤奈穂　（京都大学）
佐藤量介　（一橋大学）
鮫島弘光　（京都大学）
澤井　真　（東北大学）
塩谷雅人　（京都大学）
重田眞義　（京都大学）
篠原真毅　（京都大学）
清水和裕　（九州大学）
清水　展　（京都大学）
杉原　薫　（東京大学）
杉山淳司　（京都大学）
園部太郎　（京都大学）
孫　暁剛　（筑波大学）
高田　明　（京都大学）
高田理江　（京都大学）
竹田晋也　（京都大学）
田中耕司　（京都大学）
田辺明生　（京都大学）
津田敏隆　（京都大学）
東長　靖　（京都大学）
外山文子　（京都大学）
長岡慎介　（京都大学）
中西宏晃　（京都大学）
中溝和弥　（京都大学）
中山節子　（金沢大学）

西　真如　（京都大学）	松村博行　（岡山理科大学）
西村裕志　（京都大学）	水野広祐　（京都大学）
蓮田隆志　（新潟大学）	南　正彦　（京都大学）
畑　俊充　（京都大学）	峯　陽一　（同志社大学）
速水洋子　（京都大学）	村尾るみこ　（東京外国語大学）
原　正一郎　（京都大学）	矢崎一史　（京都大学）
平井將公　（京都大学）	安井大輔　（日本学術振興会／京都大学）
藤岡悠一郎　（近畿大学）	矢野浩之　（京都大学）
藤倉達郎　（京都大学）	山越　言　（京都大学）
藤田幸一　（京都大学）	山田明徳　（東京工業大学）
藤田素子　（京都大学）	山本達也　（日本学術振興会／京都大学）
舟橋健太　（京都大学）	山本　衛　（京都大学）
星川圭介　（京都大学）	吉岡康一　（京都大学）
本田与一　（京都大学）	脇村孝平　（大阪市立大学）
松林公蔵　（京都大学）	和田泰三　（京都大学）
松村圭一郎　（立教大学）	渡辺隆司　（京都大学）

（五十音順，所属は 2012 年 7 月現在）

索　引

1. 本索引は，原語表記から和文の項目名を引けるようにしたものである．
2. 本書でもちいられる表現に即して掲載箇所を特定している．そのため，略語と正規表記が混在して掲載されている．
3. 異なる和文の項目名で，同一の原語表記をもつものは（　）内に和文名を付した．
4. 日本語独自の概念で，ローマ字表記の存在しないものは最後の［あ-わ］行に一覧している．

[A]
aʿyān　500
absolute gains　429
acacia　297
Activities of Daily Living
　→ AOL
actor network theory　297
adaptation　450
adat　299
adverse selection　344
affordance　301
African Great Rift Valley　302
African Union　303
the age of commerce　364
agency　150
aging　369
agricultural accounts and books in the Pre-modern Period　465
agricultural adaptation　464
agricultural complex　465
agricultural involution
　→ involution
Agricultural Science　20
agricultural system　268
agriculture　464
agrobiodiversity　464
agroforestry　297
Agronomy　20
agro-pastoral　472
alien invasive species　311
alien species　311

alienation　431
alliance　322
alliance dilemma　455
alluvial plain　445
Al-Qaeda　304
al-qāʿida　304
al-Qurʾān　353
al-Shīʿa, tashayyuʿ　385
alterity　307
alternative medicine　433
amino acid　303
An Approach to the Study of Sustainable Humanosphere: Environment and Technology　69
An Ecological View of History　486
An Historical Approach to the Study of Sustainable Humanosphere　68
anarchy　300
animism　301
Anökumene　301
antenna　304
Anthropology　14
AOL　317
Apollo 11　303
arbitrage　380
area　440
Area Studies　4
argument for market force

389
arid and semi-arid areas　254
arid oasis area　339
arms control and disarmament　356
arms transfer　480
artisans　366
Asian–African Conference　298
Asian green belt　298
Asian rice-growing zone　298
Asiatic mode of production　299
assemblage　400
association（アソシエーション）　299
Association of Southeast Asian Nations　299
association（講）　363
authoritarian regime　361
authority　361
Autopoiesis　324

[B]
bacterium / bacteria　378
Bandung Conference　298
Bantu　472
baroclinic instability　356
base　456
base flow　342
Basic Plan for Space Policy　315

索　引　523

Basic Space Law 316
the basis of livelihood catering
  for survival, reproduction
  and subsistence (see text)
  138
beam forming 472
Behavioral Economics 368
biānniantǐ 343
bilineal descent 429
biobutanol 466
biocapacity 465
biodiesel 465
biodiversity 110
bioethanol 465
bioethics 423
biomass 266
bio-moral politics 423
bio-pouvoir / bio-power 418
biorefinery 466
bioremediation 466
bioresource 115
biosocial 466
blood diamond 486
blue water 483
body 208
body culture 412
boomerang effect 478
border 169
bounded rationality 362
bourgeois 483
Bretton Woods system 484
bricolage 483
broad ecological instability
  363
browser 482
bubble 470
Buddhism 480
Bumiputra policy 481
burden of disease 393
bureaucracy 339
business cycles 357

[C]
cancellarius 378
capability 180

capital flight 395
capitalism 240
caravan 345
carbohydrate 453
carbon cycle 104
carbon neutral 327
carbon stock 439
carbon tax 439
carbon 416
care 212
carrying capacity 292
casino capitalism 333
cassava 344
caste 327
catch cropping 338
catch-all party 489
catch-up industrialization 345
CBD → Convention on
  Biological Diversity
CDM → Clean Development
  Mechanism
cèfēng-tǐzhì 381
cellulase 427
cellulose 427
census 428
central dogma 429
centralization 445
centre-regional relation 421
chasse aux sorcières 494
chemical propulsion 331
chieftainship 402
child rearing 214
the Chinese Century 333
Chipko movement 444
chitemene 443
chivalry 341
chromosome 428
cipko āndolan 444
city 278
city-state 456
civil religion 395
civil society 395
civil war 460
civilization 486
civil-military relations 417

the clash of civilizations 486
class struggle 327
Clean Development
  Mechanism 352
clearcut 436
climate / climatic division 252
Climatology 30
clone animal 355
Club of Rome 513
Coase theorem 369
coffee 369
Cold War 509
collective memory 400
colonial rule 407
colony 407
commercial agriculture 404
commitments of threat and
  promise 305
commodity chain 406
commons（入会地） 312
commons（コモンズ） 186
communalism 376
communitas 376
community based management
  347
community based regulations
  347
community money 441
community of practice 392
community 347
Comparative History 473
competitive equilibrium 347
complex system 106
compression of time and space
  387
computer simulation 358
confidence-building measures
  413
conflict diamond 486
connectedness 206
connectedness of life 207
conservation 491
Conservation Biology 113
consociational democracy 435
constitutionalism 507

constructionism 367
contact zone 377
contract theory 359
Convention on Biological
　Diversity 422
conversion 160
cooperative labor associations
　348
core-periphery 444
coriolis force 377
corn 455
coronation 431
Corporate Social Responsibility
　341
corporatism 370
corridor 377
corruption 325
cosmology 374
cost-benefit analysis 476
counter culture 330
coup d'état 351
creole 474
crisis 346
crisis of representation 476
cropping system 380
crop rotation 509
cross-cultural understanding
　311
cult 336
cult image 351
cultural capital 485
cultural determinism 485
Cultural History 485
cultural relativism 485
Cultural Studies 336
cultural vegetation 409
culture 486
custom 338
custom duty 338
customary law 339
cyber religion 379

[D]

DALE → Disability Adjusted
　Life Expectancy

dalit 439
DDR → Disarmament,
　Demobilization, and
　Reintegration
death 384
death with dignity 431
debris 451
decent 402
decentralization 445
déconstruction 437
default approach 451
deforestation and forest
　conservation 267
democracy 144
democratic peace theory 498
democratization 498
demographic transition 410
Deoxyribo Nucleic Acid
　→ DNA
deprivation 467
desert 381
deterrence 505
Development Economics 329
development path 226
developmental aid 329
developmental dictatorship
　330
developmentalism 248
diachrony 346
diaspora 447
diode 432
Direction of Arrival → DOA
Disability Adjusted Life
　Expectancy 404
Disarmament, Demobilization,
　and Reintegration 480
disaster ethnography 378
disaster 128
discours 362
discrimination 382
disembeddedness 507
dispersion [biosphere] 112
district of Gaza 333
disturbance 116
division of labour 485

DNA 448
DOA 448
domestic labour 333
domestication 380
dominant-party system 309
don daeng village 455
drainage basin 508
drought 94
drought disaster 336
drought injury 336
dry season 315
dry spell 458
dry zone of Southeast Asia
　458
dual societies 462
dual-use technologies 472
dūchéng 456
dynasty of conquest 422

[E]

EAC / East Asian Community
　474
earth's magnetic field 442
the East Asian financial crisis
　298
East Asian miracles 474
East India Company 305
Eastern question 454
École des Annales 301
Ecological Anthropology 420
Ecological Economics 318
Ecological Footprint 294
Ecological Medicine 76
ecology (エコロジー) 118
Ecology (生態学) 22
Economic Anthropology 357
Economic Geography 358
Economics 10
economies of scale 344
Econophysics 358
ecosystem 420
ecosystem service 114
ecumenical movement 318
ecumenism 318
edge effect 320

索　引 525

egalitarianism   477
egemonia   488
ego and empathy   210
El Niño   322
El Niño-Southern Oscillation   305
elasticity   440
elderly care   216
electric propulsion   451
electromagnetic wave   451
embedded liberalism   316
embryonic stem cell   305
emergency food aid   349
emic   305
enclosure   322
the end of history   510
endogenous development   460
energy   100
Energy Science   34
enlightenment   359
enthronement   431
entrepôt trade   444
entropy   323
environment certification   185
environmental cognition   338
environmental determinism   337
Environmental Economics   337
environmental management   337
environmental tax   184
environmentality   323
envy   478
enzyme   367
enzymtic saccharfication   367
Epidemiology   317
Epigraphy   475
epistemic community   443
equatorial biomass society   280
equestrian people   344
equilibrium community   486
equilibrium   350
Escherichia coli   434
ethanol fermentation   320

ethnic conflicts   499
ethnicity   319
ethnocentrism   394
ethnography   498
ethnomethodology   320
ethnoscience   319
etic   305
etnocentrism   320
eukaryote   409
Eurocentric view of history   423
European Space Agency → ESA
eutrophication   478
exchange   364
exclusion   467
executive / executive branch   346
expected utility   342
Expeditions to Africa   302
export-oriented industrialization   504
extended family   305
externalities   330
extreme event   348

[F]
factor endowment   505
fair trade   478
family   209
family planning   334
famine   341
farming system   268
fast-growing tree   429
fatty acid   395
fauna   477
federal state   512
feminism   479
ferrel cell   478
feudalism   489
financial derivatives   350
Financial Engineering   350
flood   96
flood damage   414
flora   477

food chain   407
food security   408
Forest Science   26
forest   264
Forklore   498
fossil fuel resources   333
founded religion   429
free trade   247
free-rider   483
frequency   401
from land-based to humanosphere-based perspective   80
from production to livelihood   132
from temperate area to tropical area   222
frontier   484
fuel tax   462
functionalism   343
fundamental theorem of welfare economics   367
fundamentalism   362
funeral association → association（講）
fungus   343

[G]
GaAs   385
game theory   360
GaN   385
Gandhism   327
gangā   336
Gemeinschaft   361
gender   387
gene   309
gene cloning   310
gene expression   310
gene recombination   310
genealogy   359
general possibility theorem   309
genocide   386
Genom   360
genome   360

Geography 18
geosphere, biosphere, human
　　society: land reconsidered
　　86
geostationary orbit 385
Geschichtsauffassung 510
Gesellschaft 361
gift 429
Gini coefficient and Lorenz
　　curve 394
GIS 384
global eco-community 442
global governance 355
global history and environment
　　230
global meteorological reanalysis
　　data 428
global public goods
　　→ international public
　　goods
globalization 249
glocalization 158
god(s) 335
Gondwana 378
good governance 352
governance 166
government failure 422
governmentality 334
grain [Africa] 272
grain [Asia] 270
Grameen Bank 352
gravity gradient 401
grazer 354
The Great Divergence 434
The Great Game 354
green house gas 326
green politics 352
Green Revolution 497
green water 352
Gross Domestic Product 372
groundwater 441
group rights 401
Guinea Savanna 343
Gulf Cooperation Council
　　386

gully erosion 336

[H]
habitat fragmentation 486
habitat segregation 416
habitus 469
ḥadīth 468
hadley cell 469
Ḥamās 470
hazard map 468
heat cycle 98
heavy manuring and labor
　　intensive agriculture 437
hedge fund 488
hegemonia 488
Hegemonie 488
hegemony 467
hemicellulose 488
herding 490
hermeneutics 328
hierarchical society 328
hierarchy 328
himālaya 476
the Himalayas 476
Hinduism 477
Historical Demography 510
historical materialism 393
historical revisionism 510
historical seismology 108
historical source 408
Historischer Materialismus
　　393
history of events 388
History 16
HIV Infection 317
homeostasis 366
Honoratioren 500
horizontal international
　　specialization 415
horn of Africa 302
hospice 491
housework 333
huáqiáo 332
human development 288
Human Ecology 414

human genome 475
human interest 413
Human Potentiality Index
　　282
human rights 410
humanitarian assistance 412
humanitarian intervention
　　412
humid climate 392
hunter-gatherer society 403
hunting-gathering 403
hybrid 467
hybridity 306
Hydrology 30
hyper-inflation 467

[I]
ICC → International
　　Criminal Court
ICJ → International Court of
　　Justice
identity 296
ideology 309
idol 351
ijtihād 306
IKGS 296
imagined communities 430
imitation 502
immiserizing growth 346
immunity 501
imperialism 449
import-substitution
　　industrialization 504
impurity 406
incentive 312
incest 312
inclusion 467
index 313
Indian National Congress 373
Indian Ocean trade 314
Indianization of Southeast Asia
　　314
indigenous peoples 159
individual life 375
individualism 374

索　引　527

induced pluripotent stem cells 297
Indus civilization　313
Indus river　313
industrial adaptation　364
industrial revolution　383
industrial society　383
industrialization（工業化）245
industrialization（産業化）383
informal sector　314
informant　314
Information Economics　406
initiation　446
instability　478
institution　420
insular Southeast Asia　453
intercropping　338
interdependence　430
intereference in the internal affairs　460
interest group　506
intergovernmental relation　421
interlocutor　313
International Court of Justice　371
International Criminal Court　371
international humanitarian law　372
international justice　372
International Kuzu Green, Sannan　→ IKGS
international organization　371
international public goods　371
international regimes　511
International Relations　12
international river　370
international society　371
intifāda　313
intimate and public realms 192
intra-Asian trade　298
The Invention of Tradition　447
investment　453
involution　314
ionosphere　452
irrigation　95
Islamic bank　307
Islamic finance　307
Islamic revival　308

[J]
Jainism　396
Jajmani system　398
Japan Aerospace eXploration Agency　→ JAXA
JAXA　398
Jemaah Islamiyah　403
JFM　386
JICA partnership program with focus on grassroots-type　351
jihād　394
jīnggēng-xìzuò　417
jiùpín-guangrén-fǎ　345
jìzhuàntǐ　343
Joint Forest Management　→ JFM
judiciary / judicial branch　394
Jurisprudence　6
justice　421

[K]
kējǔ　331
Keynesian beauty contest　360
Keynesian Economics　359
kingship　324
kinship　412
klystron　352
Kurdish problem　354
Kuznets' inverted-U hypothesis　352
Kyoto Protocol　348

[L]
labour　246
labour migration　513
land grab　457
land surface scheme　506
landscape　357
landscape management　505
laser power transmission　510
Laurasia　514
LCA　321
league of Arab states　303
left / left wing　382
legislature / legislative branch　507
legitimacy　421
leverage effect　512
liberalism　400
liberation theology　330
life　311
Life Cycle Assessment　→ LCA
life expectancy at birth　402
lignin　506
lignocellulose　506
liminality　346
limit of crop production　381
linguistic turn　362
literacy　388
livelihood　416
local government　444
local knowledge　513
local politics　444
local production for local consumption　443
long peace　460
long-distance environmentalism　322
longue durée　446
loosely structured social system　509
Low Earth Orbit　321

[M]
Macroeconomics　493
magic　493
magnetron　493

mainland Southeast Asia 435
maize 455
malaria 495
Maluku islands 495
mandala system 495
marginal utility 361
market 389
market economy 389
market failure 390
marketable permits 467
marriage 377
martial law 328
māšīaḥ / messiah 501
mass extinction 433
mass party 433
material cycle（物質循環） 481
Material Cycle（物質循環論） 32
Materials Science 28
maximin principle 493
mechanical solidarity 503
mechanism design 501
media 501
Medicine 24
melayu world 500
memory 340
mentalité 411
merchant of the death 394
mesh 501
metabolism 432
metabolite 432
methane fermentation 501
mfecane 500
micro history 496
Microeconomics 496
microfinance 190
microstoria 496
microwave 491
Middle East peace process 445
migration 312
migration [human society] 124
migratory labor 450

militarism 355
mímēsis 502
minimax principle 493
mining industry 365
minority 493
missionary 496
mitochondria 496
mixed farming 503
mixed-cropping 377
MMIC 321
modern state 350
modernization 350
monarchy 356
monetarism 494
money
　function of ── 333
　definition of ── 333
money laundering 494
money politics 349
Monolithic Microwave Integrated Circuits → MMIC
monsoon 255
monsoon 255
moral economy and political economy 502
moral hazard 503
motion [geosphere] 103
mountainous areas 257
mritime silk road 316
muftī 500
multiculturalism 438
multi-ethnic states 438
multihousehold compound 503
multinational corporation 436
multi-party system 480
multiple cropping (systems) 438
multiple development paths thesis 226
multi-subsistent society 436
Mundell-Fleming model 495
mushroom 343

mutation 457
myth 414

[N]

narrative 502
NASA 461
Nash equilibrium 461
National Aeronautics and Space Administration → NASA
national interest 370
national religion 499
nationalism 461
nation-state 373
natural environment and livelihood 258
natural resources 452
natural right 390
Naxalite movement 461
negative peace 426
neighborhood 350
Neoclassical Economics 410
neoclassical synthesis 410
neo-colonialism 411
neoliberalism 411
neo-patrimonialism 409
net primary production 404
network 154
neutral theory in community ecology 355
new ecological paradigm 463
New Institutional Economics 411
new religion 410
new social movement 299
new wars 300
niche 462
niche segregation theory 463
nobility 342
nomadic pastoralist (nomadic pastoralist society) 311
nomadism 503
non-aligned nations / non-aligned states 475
non-equilibrium community 476

Non-Governmental
    Organization 475
non-interference 460
non-literate society 500
non-renewable resource 102
non-tariff barrier 474
non-violence 476
non-western international
    relations theory 474
Norfolk four-field rotation
    system 509
norm 344
North-South divide / North-
    South problems 462
nuclear winter 332
nucleic acid base 332
Numismatics 374
nursing care 216
Nutrient Cycle 32

[O]
OAPEC 323
oasis 323
occult 325
OECD → Organisation for
    Economic Cooperation
    and Development
OIC 324
oil crisis 425
oil dollar 324
oil palm 302
oil refinery 425
oil shock 425
oligarchy 334
one-party dominant system
    309
one-party system 308
one-piece type 515
opportunity cost 340
oral history 325
orbital transfer 342
organic solidarity 503
Organisation for Economic
    Cooperation and
    Development 357

Organization of Arab Petroleum
    Exporting Countries
    → OAPEC
Organization of the Islamic
    Conference → OIC
orientalism 326
Oslo Accords 325
ozone hole 326

[P]
Pacific ring of fire 339
paddy rice cultivation 414
paddy-upland rotation 452
pan-Africanism 471
pañcāyat / panchayat 472
pan-Islamism 471
paradigm 470
Pareto efficient 470
parliamentary system 340
participate-observation 384
participatory 383
party politics 421
party system 421
pastoralism 125
pastoralists 490
path dependency 359
patriarchy 335
patron-client relationship 469
PCR → Polymerace Chain
    Reaction
peace dividend 487
peace-building 486
peat swamp forest 449
pedigree 358
perfect competition 339
performativity 469
Periodisierung 391
petrochemistry 424
Phänomenologie 362
phase shifter 308
phased array 479
photosynthesis 365
phra nak phathana 329
physical anthropology 390
pidgin 474

the piece of land 444
pilgrimage 404
pirate 329
PKO 373
plant community 356
plasma 482
plasma particle 482
plasma wave 482
plasmid 482
plural society 480
pluralism 436
polar cell 348
policy process 418
political donations 419
political ecology 492
political process 419
Politics / Political Science 8
Polluter Pays Principle 325
Polymerace Chain Reaction
    472
popular culture 498
popular sentiments 505
populism 491
port of trade 364
port-polity 366
positive peace 426
positivism 392
postal relay system 318
post-development 176
post-industrial society 383
postmodernism 491
poverty 178
poverty and development 170
power 363
power politics 470
power satellite 453
PPP → Polluter Pays
    Principle, Purchasing
    Power Parity
practical religion 393
practice 392
precautionary principle 505
predominant-party system
    308
Preisrevolution 330

preservation 491
presidential system 434
pressure group 506
price index 480
price mechanism 331
primary productivity 308
principle of maximizing
　　behavior 379
printing technology 312
prisoners' dilemma 401
private property rights 393
productivity hypothesis 418
the profane 421
production in the sustainable
　　humanosphere 181
prohibition of the threat or use
　　of force 483
prokaryote 361
property 408
proportional representation
　　system 477
protein 439
public goods 182
public opinion 505
public religion 365
publics 152
Purchasing Power Parity 368
purity 405

[Q]
qanat 334
QOL 345
qualitative research 393
Quality Of Life → QOL

[R]
race 410
racial discrimination 410
radial rays 489
radiation 489
ragione di Stato 376
rainy season 315
Raison d'État 376
rare metal 509
rational expectation hypothesis

369
rational individual 369
Rawlsian justice 514
realism 392
reciprocity 374
recognition of state 375
rectenna 511
recyclable resource 101
REDD → reducing emission
　　from deforestation and
　　degradation
reduced impact logging 448
reducing emission from
　　deforestation and
　　degradation 413
reflexivity 378
refugee 462
refugia 512
regenerative medicine 379
regime shift 511
regional integration 441
regionalism 441
re-Islamization 378
relatedness 206
relative gains 429
religion and environment 120
religious conflicts 400
religious nationalism 399
religious pluralism 399
religious war 399
remote sensing 508
renaissance 509
Renewable Portfolio Standard
　　296
renewable resource 379
représentation collective 400
reproduction 204
republic 348
reservation system 508
reservoir 446
resilience 439
resource curse 389
resources diplomacy 388
respiration 370
responsibility to protect 490

restriction enzyme 417
the retreat of the state 375
retrodirective 511
Revolution in Military Affairs
　　355
revolution 332
Ribo Nucleic Acid 296
right to life 151
right wing 382
the ring of fire 339
risk 126
risk averse 507
risk loving 507
risk premium 507
rite of passage 446
ritual 349
RMA → Revolution in
　　Military Affairs
roadmap 513
rocket 514
Rostow theory 514
royal court 345

[S]
SAARC 378
the sacred 421
sacrifice 351
sahelian savanna / sahel savanna
　　382
salaf 383
salt damage 322
salt injury 322
satellite image 317
satoyama 381
savanna 381
scarcity 342
school life expectancy, primary
　　to secondary education
　　408
Science and Technology Studies
　　331
Science for Diagnostics and
　　Control of Humanosphere
　　74
scientific revolution 331

Scramble for Africa 303
sect 426
secularization 426
securitization 405
security dilemma 304
Security Sector Reform 440
security 166
selective logging 436
self 387
self-determination of peoples 499
self-help group 427
self-sufficient agriculture 388
semiconductor 472
semi-desert area 471
semi-domestication 471
semiology 341
semi-presidential system 471
senses of co-presence 346
separate type 426
separation of powers 383
the separation of religion and politics 417
separatism movement 487
sexuality 426
shadow work 398
shamanism 396
sharecropping system 484
sharī'a 399
shifting agriculture 310
Shiite, Shiah 385
shrine 386
shrinkage of the globe 442
Si 318
SiC 319
Sikhism 414
single-party system 308
single-seat constituency system 405
sinocentrism 328
situated theory 404
slave trade 459
small arms and light weapons 370
small population world 405

The Social 398
social capital 188
social class system 497
social contract 396
social history 396
social movement 156
social network 398
social regime shift 397
social support 430
social welfare 198
socialism 397
socially responsible investment 397
sociétés chaudes 300
sociétés froides 300
solar cell 434
solar power satellite 316
solar radiation 435
solar wind 434
source population 402
South Asian diasporas 497
South-South divide / South-South problems 462
Sovereign Wealth Fund 422
sovereign-state system 168
spaceship earth 316
speculation 453
spill-over effect 415
spin-off 416
spin-on 416
spoils system 416
spoken language 326
SPS 320
SRI → Socially Responsible Investment
SSR → Security Sector Reform
state of emergency 328
state 167
status 440
Strait of Malacca 494
stratification 328
structural adjustment program 367
structuralism 368

STS → Science and Technology Studies
Studies on Human-environment Relations 70
Subaltern Studies 382
subtropics 301
Sudan savanna 415
sufism 415
superstructure 456
survival of the fittest 450
survival strategy 419
sustainability 290
sustainable development 391
Sustainable Humanosphere in Arid Areas 71
SWF → Sovereign Wealth Fund
symbol 406
symmetry 433
synchrony 346
syncretism 409
system biology 389
system of entitlements 407

[T]
tacit knowledge 304
ṭarīqa 438
tawḥīd 435
taṣawwuf 415
technology 242
temple 386
the tendency towards the scarcity of biosphere-derived resources 423
the tendency towards the scarcity of land 457
terminal care 432
terraced paddy fields 437
terrestrial radiation 435
territorial bond 441
tether 450
thamnop 438
theater state 360
theology of liberation 330

theory of comparative costs 473
theory of social evolution 397
theory of stagnation 449
theory of time 387
Theravada Buddhism 405
thick description 300
the third wave of democratization 432
→ democratization
Tobin tax 455
Tokyo International Conference on African Development 302
totalitarianism 428
trade diaspora 364
trade 276
trade-off 459
trade wind 489
traditional agriculture 464
tragedy of the commons 376
transaction cost 459
transformation 358
translation [Anthropology, Biology] 492
trans-local 459
transmigrasi 458
transoription 452
transpersonal 458
Traveling Wave Tube (Amplifier) → TWT(A)
tree crops 403
trickster 459
tripartite separation of powers 383
tropical rain forest 256
Tropical Forest Resource Management 72
Tropical Rainfall Measuring Mission 447
tsetse fly 447
tutelary deity 315
TWT(A) 448

[U]
uncertainty 122
underdevelopment 449
UNESCO world heritage site 504
United Nations Conference on Trade and Development → UNCTAD
United Nations Conference on Trade and Development 373
unit-world 424
the unity (union) of church and state 417
unstable stratification 419
untouchable 479
unusual weather → extreme event
urbanism 455
urban-rural dichotomy 456
utility 368

[V]
vaccine 515
Van Allen radiation belt 315
vector 487
vegetation map 406
Vereenigde Oost-indische Compagnie 326
vertical international specialization 415
veto 349
Vietnam War 488
village community 432
violence 162
virus 315
VOC → Vereenigde Oost-indische Compagnie
vocational representation system 407
voting behavior 453
voting paradox 454
vulnerability 130

[W]
wādī 514
waqf 515
water circulation 404
water cycle 92
water resource 97
watershed 508
wave-particle interaction 469
wazīr 378
wealth 457
weapons of mass destruction 435
westerlies 488
Western impact 423
wideband gap semiconductor 514
Wildlife Conservation 73
wireless power transmission 499
witch-hunt 494
wood biomass 502
World Bank 424
world population 293
World Trade Organisation 425
world view 424
World Water Council 425
world-systems theory 424
WTO → World Trade Organisation

[X]
xiāngshēn 346

[Y]
yeast 368
yuǎnjiāo-jìngōng 323

[あ-わ]
皇国史観 366
国体 372
互助 374
三項連関 384
持続循環型生産林 391
水利共同体 415

生活組織　416
炭素貯蔵機能　440
朝貢貿易　446
土地・労働基盤社会　457

徳治主義　455
末法思想　494
フロンティア型資源利用
　484

遊牧国家　504
掠奪と交易　508

(講座 生存基盤論 6)
持続型生存基盤論　ハンドブック

　　　　　　　　　　　　　　　　　　　　　　　　　　Ⓒ Y. Tonaga, S. Ishizaka 2012

平成 24 (2012) 年 11 月 5 日　初版第一刷発行

　　　　　　　　　　編　者　　　東　長　　　靖
　　　　　　　　　　　　　　　　石　坂　晋　哉
　　　　　　　　　　発行人　　　檜　山　爲次郎
　　　　　　発行所　　**京都大学学術出版会**
　　　　　　　　　　京都市左京区吉田近衛町 69 番地
　　　　　　　　　　京都大学吉田南構内（〒606-8315）
　　　　　　　　　　電　話（０７５）７６１-６１８２
　　　　　　　　　　ＦＡＸ（０７５）７６１-６１９０
　　　　　　　　　　Ｕ Ｒ Ｌ　http://www.kyoto-up.or.jp
　　　　　　　　　　振　替　０１０００-８-６４６７７

ISBN978-4-87698-207-3　　　　印刷・製本　㈱クイックス
Printed in Japan　　　　　　　定価はカバーに表示してあります

本書のコピー，スキャン，デジタル化等の無断複製は著作権法上での例外を除き禁じられています。本書を代行業者等の第三者に依頼してスキャンやデジタル化することは，たとえ個人や家庭内での利用でも著作権法違反です。